VENEZUELA,
NEW GRANADA
AND
EQUADOR.
PUBLISHED BY J. H. COLTON & Co. No. 172 WILLIAM St. NEW YORK.
ATLANTIC OCEAN
RIO NEGRO
RIVER SOLIMOENS OR AMAZON
SCALE OF MILES.
50 100 150 200
NOTE _ The Amazon River is called by the Peruvians Maranon as far as the Brazilian frontier at Tabatinga; it thence takes the name of Solimoens to the junction of the Rio Negro; and thence to the Ocean the Amazon
Entered according to Act of Congress in the year 1855 by J. H. Colton & Co. in the Clerks Office of the District Court of the United States for the Southern District of New York.
LONGITUDE FROM WASHINGTON
EAST

MANESSE BIBLIOTHEK DER WELTGESCHICHTE

SALVADOR DE MADARIAGA

Simon Bolivar

Der Befreier Spanisch-Amerikas

Mit einem einleitenden Essay
von Golo Mann

MANESSE VERLAG
ZÜRICH

GOLO MANN

Simon Bolivar
Der Befreier als Opfer und Prophet

Bolivar überstrahlte von seinen Zeitgenossen alle, wußte und wollte es auch. Zu einem seiner kraftvollsten militärischen Gehilfen, Paez, sagte er in einem Moment des Stolzes: «Ich bin wie die Sonne inmitten meiner Offiziere; leuchten sie, so ist es dank dem Licht, das ich ihnen borge.» Lieber würde ich ihn einem Sturmwind vergleichen, zerstörend und befreiend. Seine Energie ließ kein Hindernis gelten. Er gewann so viele Bataillen, wie er Ideen produzierte, Ideen, die hilfreich waren oder hätten sein können, wäre man ihnen gefolgt – mit ganzer Konsequenz verfolgte er sie mitunter selber auch nicht. Man sagt wohl, Bolivar war seiner Zeit voraus. Zu fürchten steht, daß er allen Zeiten voraus war. Zwei bedeutende Schriftsteller, nicht zufällig Spanier, haben ihn dem Don Quijote verglichen; sie wollten das spanische Element in ihm sehen, was unvermeidlicherweise in ihm war, wenn auch keineswegs ausschließlich. Der eine, de Madariaga, der dem Helden seiner Biographie nicht verzeihen kann, daß er Spaniens Weltreich zerstörte, sieht in Don Quijote eine übertrieben egozentrische, tragikomische, in den Folgen ihres Tuns mehr schädliche als nützliche Figur.

Der andere, Miguel de Unamuno, Spaniens bedeutendster Philosoph in unserem Jahrhundert, verstand den Don Quijote als einen wahren Helden, ernst und edel, der Gerechtigkeit, Frieden auf Erden machen will, wo keines von beiden ist, also beinahe überall; für sein Ziel kämpft er manchmal mit gar zu rauhen Mitteln, großmütig ist er im Sieg. So einer sei auch Bolivar, und ohne ihn, so endet Unamuno seinen schönen Essay, wäre die Menschheit nicht vollständig.

Übrigens soll es noch einen dritten gegeben haben, der Bolivar mit Don Quijote verglich, und das war der Befreier selber. Während seiner letzten Krankheit habe er diese Worte gesprochen: «Die drei größten Narren der Geschichte waren Jesus Christus, Don Quijote ... und ich.» Sicher ist, daß Bolivar zu Selbstironie, zu Zweifeln und Spott neigte.

Wie die Laufbahn Napoleons, so war die Bolivars zunächst die Laufbahn eines Kriegers; und ohne seine Leistungen im Krieg wäre alles andere nicht möglich gewesen. Die Taten des Kriegers, nach unglaublich kurzer Lehre, ein paar Monate nur, mehr nicht, bleiben nach ihren geographischen, natürlichen, zivilisatorischen Bedingungen einzig in ihrer Art. Unvergleichlich ist schon der erste Feldzug, den der junge Flüchtling aus Venezuela im Jahre 1813 unternahm. Da erhielt er vom nationalen Kongreß der neuen, noch arg ungesicherten Republik Neu-Granada, dem späteren Colombia, den Auftrag, an der Spitze eines höchst geringfügigen Heeres, am Anfang ganzen siebenhundert Mann, die Verteidigung oder Vorverteidigung eines Stückes Ostgrenze zu unternehmen, die Region zu säubern von spanischen Truppen, wie wir sie der Einfachheit halber nennen.

Sofort war Bolivar entschlossen, sich um diese Einschränkung nicht zu kümmern, sondern bis Caracas vorzustoßen, in einem Marsch, der später mit Grund die «Campaña Admirable» genannt wurde. Die Planung setzte genaue Kenntnis des weiten Landes voraus, der Flüsse als Hindernisse wie auch als Möglichkeiten für den Transport, der Gebirge und Täler, der Städte. Der Erfolg beruhte auf Schnelligkeit, Überrumpelung, Täuschung, leider auch auf Terror, mit dem er den Terror der Gegner erwiderte. Nach drei Monaten und fünfzehn Bataillen, die man sich, was die schieren Zahlen betrifft, nicht nach europäischen Maßstäben vorstellen darf, die aber, was die Hemmnisse der Natur, die Entfernungen betrifft, noch die Siege Napoleons als bequem erscheinen lassen, zog er in Caracas ein, aus dem er im Jahr vorher hatte fliehen müssen. Sein Rang oder Ehrenname als Libertador stammt von daher, obgleich die Freiheit, die er gab, für diesmal nur ein flüchtiges Geschenk war und getrübt durch blutige Taten in der Stadt und draußen. Jedoch der kriegerische Ruhm dessen, der eben noch ein Anfänger gewesen war, stand von nun an fest, spätere Niederlagen, die seine inneren Feinde ihm als selbstverschuldet anrechneten, konnten ihm nichts mehr anhaben.

Der andere Feldzug, der immerhin erwähnt werden muß, ist der von 1819, sechs Jahre nach der Campaña Admirable. Hatte er durch sie seine Heimat von Neu-Granada aus befreit, so schlug er diesmal die spanischen Truppen nahe Bogotá, indem er sie aus den Ebenen Venezuelas, den Landen des Orinoco und Apure, her angriff. Sein früh in ihm wach gewordenes Ziel, die beiden neuen Republiken zu vereinigen, beruhte, neben anderen Motiven und von ihnen nicht zu isolieren, auf dieser militärischen Erfahrung; sie gehörten zusammen, die Unabhängigkeit der einen konnte nicht dauern ohne die Unabhängigkeit der anderen.

Der Feldzug von 1819 übertrifft noch bei weitem den von 1813 in den Entfernungen, in der Grausamkeit, mit der die Natur sich ihm widersetzte; in den Ebenen zuerst, die Überquerung von einem Dutzend zu Seen angewachsenen Flüssen ohne jede Ausrüstung dafür, ein Wechsel zwischen Durst und Wassernot, dann die Überquerung der Anden, dort, wo man sie für unmöglich hielt, zwischen drei- und viertausend Meter Höhe. Daß die spanischen Anführer es für unmöglich hielten, machte es möglich. Danach der Sieg bei Boyáca, welcher der spanischen Herrschaft über Neu-Granada ein Ende machte, diesmal für immer. Alle späteren Unternehmungen Bolivars, in den Äquatorial-Landen, demnächst Ecuador genannt, in Peru, in Hochperu, bald República Bolivar genannt, wie auch die zweite und endgültige

Befreiung Venezuelas im Jahre 1821, sind späte Früchte jenes furchtbaren Abenteuers auf der Höhe der Anden.

Bolivar also war Krieger; nicht von Haus, nicht nach Plan, sondern hineingerissen, aber nach eigenem Willen, in einen Katarakt von Ereignissen, aus denen er als Feldherr auftauchte. Nur so konnte er zum Staatsmann und Staatengründer werden; als bloßer Politiker, Parlamentarier, Jurist hätte er es nie vermocht. Aber seine Begabungen waren viele; Flüge eines starken, phantasiereichen und generösen Geistes nach vielen Richtungen, getragen von der Kraft des Willens. Er war nicht starr wie Napoleon, der während seiner langen Agonie sich regelmäßig weigerte, zur rechten Zeit die Kompromisse zu schließen, die ihn hätten retten können. Dazu war Bolivar durchaus bereit, momentan; später würde man sehen. Momentan neigte er auch zum Kleinmut, ja, zur Verzweiflung, nicht nur am jugendlichen Anfang, auch in der Mitte, vom Ende zu schweigen. Immer, bis hin zur letzten Krankheit, überwand er solche Versuchungen, ging er mit neu gesammelten Kräften aus ihnen hervor. So erreichte er mit vierzig, oder etwas darüber, das Ziel, das der Jüngling sich während eines mehrjährigen Europa-Aufenthaltes konzipiert, das er im Jahre 1805 auf dem Monte Sacro in Rom feierlich beschworen hatte: seiner Heimat die Unabhängigkeit zu gewinnen. Von der Stärke seines Willens zeugt eine Anekdote. Es ist die Geschichte von dem Erdbeben des 26. März 1812, welches die Stadt Caracas zum größten Teil zerstörte, ungezählte Tausende unter den Trümmern begrabend, eine Naturkatastrophe, die zugleich diese erste Phase des Krieges entschied. Ein Doktor José Domingo Díaz erzählt: «Ich hörte die Schreie derer, die in der Kirche starben, kletterte über die Trümmer und trat in das Innere. Ich sah, daß etwa vierzig Personen tot oder sterbend unter den Trümmern lagen ... Ich kletterte wieder hinaus und werde diesen Augenblick nie vergessen. Auf dem Trümmerhaufen traf ich Simon de Bolivar in Hemdsärmeln, der ebenfalls heraufkletterte, um zu erblicken, was ich gesehen hatte. Auf seinem Anlitz standen äußerstes Entsetzen und äußerste Verzweiflung geschrieben. Er sah mich an und richtete diese gottlosen und unerhörten Worte an mich: ‹Stellt die Natur sich gegen uns, so werden wir sie bekämpfen und sie zwingen, uns zu gehorchen.›» Zu betonen ist, daß dieser Doktor ein entschiedener Gegner Bolivars war oder wurde. Aber nur ein Poet hohen Ranges hätte die zitierten Worte erfinden können, ein Poet, wie Domingo Díaz gewiß keiner war, wohl aber Bolivar, der Krieger. Es sind Worte, die das innerste Metall seiner Seele enthüllen, die sonst aus einer so wunderlichen Legierung gemacht scheint; warmherzig gegenüber Elend, Armut, Unwissenheit und Sklaverei, aber gleichgültig gegenüber Menschenleben, wenn es Zwecke zu verfolgen gilt; immer bereit zur äußersten Kargheit, zu den härtesten Strapazen und auch vergnügungssüchtig zum Erstaunen; von unstillbarem Tatendrang, aber bedroht durch Melancholie; gesellig und sehr einsam, geliebt und gehaßt. Es war in den großen Krisen, daß er nicht nur über alle anderen, sondern auch über sich selbst hinauswuchs. «Was werden Sie nun tun?» fragte ihn einer, als es wieder einmal überaus schlimm stand. Bolivar: «Ich werde triumphieren.»

Die Trennung Hispano-Amerikas vom Mutterland lag in der Zeit. Die Nordamerikaner hatten vorgemacht, wie so etwas getan werden kann. Die Französische Revolution hatte das Selbstbestimmungsrecht der Völker zum Prinzip erhoben, freilich, ohne ihm treu zu bleiben. Lange vor Bolivar hatte es in diesem Sinn Vorläufer gegeben, Verschwörer, Märtyrer.

Anderthalb Kontinente wollten unabhängig werden von einer europäischen Halbinsel. Genauer gesagt: die herrschende Rasse und Klasse jener Länder. Es waren die Kreolen, die zu allen Vorrechten, die sie schon besaßen, Monopol des Reichtums und der Bildung, nun auch das höchste Privileg zu fügen wünschten, jenes, sich selber zu regieren. Der Ehrgeiz, die unnatürlich gewordene Beschränkung loszuwerden, war unvermeidlich, und losgeworden wäre man sie auch ohne Bolivar, nur daß niemand bestimmen könnte, wann und wie.

Aber der großen Mehrheit der Einwohner Venezuelas lag an der Unabhängigkeit gar nichts. Die Mestizos, die Indios, von denen es in dieser Gegend nur wenige gab, zu schweigen von den afrikanischen Sklaven, verhielten sich gleichgültig oder feindlich, insoweit sie wußten oder fühlten, daß eine ferne wohlmeinende Autorität sie bisher doch ein wenig geschützt hatte vor der Arroganz der Kreolen und besser hatte schützen wollen, obgleich nicht können.

Bolivar war der reichste Kreole im Land, aufgewachsen in Samt und Seide, bedient von Sklaven, erzogen von den besten Hauslehrern, die man finden konnte; nach dem frühen Tod seiner Eltern Herr über ein Riesenvermögen, lange bevor er mündig gesprochen wurde; in Madrid, wo er zwischen dem sechzehnten und neunzehnten Lebensjahr lebte und lernte, aufgenommen fast wie ein fremder Prinz, Federball mit dem Thronfolger Ferdinand spielend, wohnend in einem Haus, in dem die Königin heimlich aus und ein ging, Leutnant der spanischen Armee, ohne daß er Ernsthaftes dafür geleistet hätte. Es gehört zu den schönsten Aspekten seines Lebens, daß er alle diese Vorrechte preisgab, daß von den vier Millionen Pesos, auf die sein Vermögen geschätzt worden war, ihm ganze siebentausend blieben, als er ins letzte Exil ging, und die waren dem Verkauf seines Silbergeschirrs zu verdanken. Aus Ruhm machte er sich überaus viel, aus Geld rein gar nichts, so daß er es verschenkte, Stück für Stück.

Bolivar, der Aristokrat, stellte sich als erster unter den Kriegern die Frage, warum denn die Mehrheit nicht mitmachte, warum, wie er sich einmal ausdrückte, «wir an unsern eigenen Mitbürgern gescheitert sind». Zunächst noch tröstete er sich mit solchen allgemeinen, klassischer Staatsphilosophie entlehnten Weisheiten, wonach es eben leichter sei, Menschen zu versklaven, als Sklaven zu freien Menschen zu machen. Auf die Dauer genügten solche billigen Erklärungen ihm nicht. Aus dem Manne des Krieges wurde ein sozialer Denker und Reformer. Und da stieß er nun auf die gleichen zähen Widerstände, an denen die bestmeinenden Könige von Spanien in Amerika gescheitert waren.

Nach der ersten Niederlage, dem Ende der Ersten Republik von Caracas 1812, verfaßte er in Cartagena, der Hafenstadt, welche der Theorie nach zum Bereiche Bogotás, zu Neu-Granada gehörte, aber nun den Rang einer souveränen Republik erstrebte, ein paar Denkschriften, in denen er sich über die Ursache des Zusammenbruches klarzuwerden versuchte. Hier ist sein Denken noch rein politisch-militärisch, nicht sozial. Schuld sei eine von den Nordamerikanern kopierte Föderativ-Verfassung, wunderschön an sich, aber für dort und dann ungeeignet bis zum Grotesken: eine Anzahl von Regierungen, mit neuen, unfähigen, verschwenderischen Bürokratien, anstatt starker, zentraler Führung; schuld sei der Aberglaube, in einer Republik müsse jeder freie Bürger zugleich auch Soldat sein, anstatt daß man ein diszipliniertes Heer geschaffen hätte, solange Zeit dafür war. Schuld sei eine mißverstandene Philantropie, in deren Sinn man die inneren Gegner schonte, anstatt sie zu vernichten; Schuld sei der irrige Glaube an die Perfektibilität des Menschen überhaupt ... Hier werden harte, von harter Erfahrung abgezogene, entschieden anti-ideologische Grundsätze formuliert. Nie, bis zum Ende nicht, hat Bolivar sie aufgegeben, am wenigsten den von der Notwendigkeit einer starken, dauerhaften Zentralregierung. Aber er fügte ihnen einiges sehr Wichtige hinzu.

Drei Jahre später, nach der zweiten Niederlage wieder im Exil, diesmal auf Jamaica, kehrt er zurück zu seinen Meditationen, denen die Schriftstellerei folgte; eine Mischung aus Einkehr bei sich selber und politischer Propaganda höchsten Niveaus. Er kennt auch das tiefere Wort, kennt und beherrscht seine Macht, von der überströmenden Schönheit vieler seiner Briefe, über die Ausgewogenheit vieler seiner Staatsreden, von der Freiheit und Stärke seiner Manifeste bis hin zur eigentlichen Demagogie. Die Publizistik nennt er eine «Artillerie des Geistes», ist selber der Gründer von Zeitungen, in denen er schreibt, mit Namen oder anonym. Der sogenannte Jamaica-Brief befaßt sich nicht mehr mit der unmittelbaren Vergangenheit, viel weniger mit der eigenen Verteidigung, sie hat der Libertador nicht mehr notwendig, sondern mit der Zukunft dessen, was er am liebsten das «ehemals spanische Amerika» nennt, América antes española.

Die Frage, mit der er sich vor allem befaßt, ist: Wer sind wir und was werden wir sein? Wir werden ohne Zweifel souverän über das ehemals spanische Amerika sein. So prophezeit er in einem Moment, in dem es mit den «Patrioten» übler steht als je zuvor. Denn erst jetzt, 1815, nach dem Ende des großen Krieges in Europa, kommen aus Spanien reguläre Truppen in Massen, wie sie Amerika noch nie sah, geführt von den erfahrensten Könnern. Aber das ist nur der Schein für den, der die historische Perspektive besitzt, es wird nicht dauern, es ist nicht einmal der Rede wert. Wer also sind wir? Ganz offenbar noch immer die herrschende Rasse und Klasse, die Kreolen. «Wir sind weder Indio noch Europäer, wir stehen in der Mitte zwischen den legitimen Besitzern des Landes und den spanischen Eroberern. Amerikaner von Geburt, leiten wird doch unsere Rechte von Europa her und müssen sie durchsetzen gegen die Rechte der Eingeborenen, indes wir uns gleichzeitig gegen die europäischen Eindringlinge zu verteidigen haben. Das bringt uns in eine außerordentliche und verworrene Situation.» Das ist noch immer die Stimme eines, der sich der herrschenden Schicht zugehörig fühlt und deren Privilegien ungern preisgeben möchte, Revolution hin oder her.

Aber schon in dieser Schrift finden sich auch andere Töne. Weitausholend in die Vergangenheit, empört der Verfasser sich ehrlichsten Herzens über die Greueltaten, deren die spanischen Ureroberer, die Conquistadores, sich schuldig machten, zumal über die zum Himmel schreiende Arglist und Grausamkeit des alten Pizarro in Peru. Indem er von einer seiner Lieblingsideen spricht, der Vereinigung Venezuelas und Neu-Granadas, will er die erst noch zu gründende Bundesstadt nicht etwa Bolivar nennen, wie seine Verehrer es wollen, sondern Las Casas: zu Ehren jenes Bartolomé de Las Casas, spanischer Dominikanermönch, Missionar, «Beschützer der Indios», der in der Mitte des 16. Jahrhunderts ein Buch voller furchtbarer Anklagen gegen die Conquistadores und ihre Nachfolger veröffentlichte. Drei Jahre später, in einer Rede vor dem Kongreß von Angustura, ist er auf dem hier nur angedeuteten Weg schon ein großes Stück weiter. Ganz anders schon beantwortet er die Frage: Wer sind wir? «Wir dürfen nicht vergessen, daß unser Volk weder europäisch noch amerikanisch ist; vielmehr sind wir eine Mischung von Afrikanern und Amerikanern, die aus Europa stammen. Spanien selber hatte schon aufgehört, europäisch zu sein, kraft seines afrikanischen Beisatzes, seiner Institutionen, seines Charakters. Es ist unmöglich, irgendwie genau unseren Platz innerhalb der menschlichen Familie zu bestimmen. Die eingeborenen Indios wurden zum großen Teil vernichtet, Spanier vermischten sich mit Amerikanern und Afrikanern, Afrikaner sich mit Indios und Spaniern. Wir alle kommen von der gleichen Mutter (da meint er nun den Kontinent), aber unsere Väter sind verschieden nach Herkunft und Blut, sind Fremde unter sich durch die Farben ihrer Haut; eine Tatsache, die uns die allerschwerste Verantwortung auferlegt.» Es ist, als begänne er erst, vorsichtig, seine Mitbürger engeren Sinnes an eine Aufgabe heranzuführen, bei deren Erfüllung er gerade bei ihnen auf bösartigen Widerstand stoßen würde.

Wohin immer Bolivar kam, von Bogotá nach Ecuador, von Ecuador nach Peru und Hochperu, das er zur Republik Bolivien umschuf, wo er hingerufen wurde, um die spanischen Truppen zu schlagen, zu vertreiben oder schachmatt zu setzen, da wirkte er auch im Sinn der von ihm erstrebten sozialen Verbesserungen. Die Negersklaverei wurde abgeschafft im Prinzip, jedoch auf längere Sicht, mit Entschädigungen für die ehemaligen Besitzer. Überall sollten die Indios von ihrer Fronarbeit befreit werden, mit ihren ehemaligen Herren regelrechte Arbeitsverträge schließen. Kein Kazike, das waren die privilegierten, wohlhabenden Indios, kein Richter, kein Priester sollte noch irgendwelche Vorrechte gebrauchen dürfen, und Schulen sollten sein für alle, Schulen mit anständig bezahlten Lehrern, damit aus unwissenden Knechten gleichberechtigte Bürger werden könnten, oder wenn nicht mehr aus ihnen, so doch aus ihren Kindern. Das waren seine unmittelbaren sozialen Ziele, für die er die Zeit reif hielt; ein Irrtum. Was die Ureinwohner betrifft, so sind sie noch nicht einmal heute überall in Hispano-Amerika erfüllt, noch nicht in Guatemala, um nur ein düsteres Beispiel zu nennen.

Bei dem Versuch, das Leben der Mehrheit ihrer Bürger ein wenig menschenwürdiger zu machen, gab es erbitterten Widerstand. Im Jahre 1828 schrieb Bolivars Vizepräsident in Bogotá, Santander, in einem Privatbrief: Schon öfter hätten die zahlreichen und konsequenten Anhänger Bolivars «unsere Existenz» – jene der Oberschicht – bedroht. «Was kann das Ergebnis sein? Ein Bürgerkrieg, den die gewinnen, die nichts haben, die immer die vielen sind, und den wir verlieren werden, wir, die etwas haben und die wir wenige sind.» Das ist deutlich.

Den Haß, dessen Gegenstand Bolivar in den letzten Jahren seines Lebens wurde, am bittersten in seinem heimatlichen Caracas, aber auch in Bogotá, auch in Lima, hatten bis unlängst die Historiker mit seinen wirklichen oder angeblichen Diktaturgelüsten erklärt, mit der Atmosphäre von Schmeichelei, ja Vergottung in seinem engsten Kreis, mit der baren Tatsache, daß, nachdem im Jahre 1825 der Krieg aufgehört hatte, man den Feldherrn Bolivar nicht mehr

SIMON BOLIVAR IN CARABOBO

benötigte, endlich damit, daß er ganz einfach zu lange zu machtvoll gewirkt hatte auf der historischen Bühne und man des großen Mannes überdrüssig war. In alledem ist gewiß etwas Wahres. Die stärkste und tiefste Quelle des Hasses könnte aber recht wohl die Abtrünnigkeit des Aristokraten gewesen sein, der die Privilegien seiner eigenen Standesgenossen reduzieren und allmählich aus der Welt schaffen wollte.

Es hat den Anschein, als ob der Libertador dieses Konfliktes sich nie recht bewußt geworden ist. Wohl mußte er auf seinen gelegentlichen Inspektionsreisen erfahren, daß seine Reformen sabotiert wurden, überall. Dann griff er zornig ein, und der Eingriff wirkte, solange er anwesend war, und war er wieder fort, dann versickerte auch die Wirkung seines Besuches. Das Reich, so schrieb er einmal in jubelndem Stolz, welches er erfahren hatte und gleichsam umarmte, von Potosi im Süden Hochperus bis zur Mündung des Orinoco – es war zu groß, als daß ein einzelner, im Grunde einsamer Wille es hätte durchdringen können. Wäre es besser gewesen, Bolivar hätte sich auf sein Columbia beschränkt? Unnützer Zweifel. Es war sein historisches Schicksal, das ihn in immer weitere Ferne zog und dem sein Glaube korrespondierte: der Glaube, dem ganzen ehemals spanischen Amerika zu gehören. Daß in diesem einen Geist die Verbundenheit aller hispano-amerikanischen Nationen aufleuchtete und für einen flüchtigen Moment der Verwirklichung nahekam, darin liegt nicht zuletzt seine historische Bedeutung.

Nie war Bolivar ein Diktator dem Wortlaut nach. Der Sache nach wohl, kraft der unbeschränkten Vollmachten im militärischen wie im zivilen Bereich, die ihm immer wieder aufgedrängt wurden, die er sich jedoch auch wünschte; nie war er ein Caudillo. Aber er verstand seine Diktatur wie eine römische zur Zeit der frühen Republik: anzunehmen in höchster Not und zurückzugeben, wenn die Not überwunden war. Daß er immer wieder seinen Rücktritt anbot, hält mancher Historiker für bloße Taktik und Heuchelei. So viel sichere Seelenkenntnis traue ich mir nicht zu. Ohne jeden Zweifel fühlte er sich während der letzten fünf oder sechs Jahre seines Lebens früh gealtert, verbraucht und krank, ohne noch zu wissen, wie krank er war. Warum sollte eine ehrliche Sehnsucht nach Ruhe nicht gestritten haben mit dem ihr entgegengesetzten Wunsch, sich an der Macht zu halten, zumal er sich für unentbehrlich hielt? Einmal nur riß er die Diktatur durch einen dünn verschleierten Staatsstreich an sich, in Bogotá, im Sommer 1828. Die folgenden anderthalb Jahre waren dann die unglücklichsten seiner Laufbahn. Im Inneren wütete blutiger Parteienstreit, für ihn, gegen ihn, draußen, jenseits der Grenzen, ging sein Groß-Colombia schon wieder verloren, trennten sich erst Venezuela, dann Ecuador davon ab; gegen Peru, wo er vor kurzem noch der Vater des Vaterlandes gewesen war, der Präsident auf Lebenszeit, müßte er einen Krieg führen, den ersten jener Grenzkriege, die dann ein Jahrhundert lang Hispano-Amerika blutig heimsuchen sollten und die für immer unmöglich zu machen sein leidenschaftlich verfolgtes Ziel gewesen war.

Ob Bolivar, wäre er noch der Bolivar von 1819 gewesen, die Auflösung hätte hintanhalten können? Jedenfalls macht das Folgende ihm Ehre. In dem Dekret, kraft dessen er noch einmal die ganze Macht an sich riß, war auch schon deren Dauer bestimmt: zu Beginn des übernächsten Jahres, 1830, würde er eine neue Versammlung wählen lassen, vor ihr Rechenschaft geben und seine Ämter niederlegen. Dieses Versprechen hielt er aufs Wort. Die neue Versammlung, in ihrer Mehrzahl von Anfang an gegen ihn, wählte ihn trotzdem noch einmal, er nahm auch an: dann kam es zu einem Konflikt über die Abtrennung Venezuelas, wieder trat er zurück, und diesmal wählte man einen anderen. Er reiste nach Norden, mit der Absicht, in Europa, in England, allenfalls in Frankreich ein Asyl zu suchen. Unnötig, nach dem Ernst dieses Reiseplanes zu fragen; ein letztes Mal stritten zwei Seelen in seiner Brust. Nährte ein neuer Umsturz in Bogotá seine Hoffnungen im Frühsommer, so wußte er im Herbst, daß seine Uhr abgelaufen war. Im Dezember starb er nahe Santa Marta, auf dem Landsitz eines seiner spanischen Verehrer – solche waren ihm geblieben, sogar, oder besonders, unter den spanischen Generalen, die er besiegt hatte. Das Ende, seine persönlichen Abschiedsbriefe, seine Botschaft an das Volk von Colombia, hätte bei aller Trauer würdiger nicht sein können. Die Sterbesakramente nahm er, weil man ihn dazu überredete: er schulde es seinem Bilde. In Wahrheit hatte er die katholische Kirche immer nur politisch gesehen; lange Zeit als Feind, zuletzt noch als Bundesgenossen. Gegenüber den geistlichen Gaben der Kirche blieb er kalt; ein Sohn des 18. Jahrhunderts.

Viele und wesentliche Aspekte dieses Lebens wären noch zu erwähnen. Zum Beispiel das von Bolivar mit Passion verfolgte, nicht erreichte Ziel eines hispano-amerikanischen Staatenbundes; zum Beispiel die von ihm niedergeschriebenen Entwürfe für Staatsverfassungen, denen genügend Zeit, um Wirklichkeit zu werden, nie vergönnt wurde, die aber für sein Denken doch auch bezeichnend sind. Er hatte viel gelesen und war stolz darauf, zumal englische und französische Staatsphilosophie. Aber er blieb ein Denker auf eigene Faust, ein Abenteurer des Gedankens. Er bewunderte England und die englische Verfassung, wie er auch in England den einzigen naturgegebenen Bundesgenossen, sogar Beschützer seines Hispano-Amerika sah. Dagegen fühlte er für die Vereinigten Staaten wenig Sympathie. Es ist, als habe er die Drohung empfunden, welche dies Gemeinwesen mit seiner schon damals wirkenden Dynamik für die eigene, so ganz anders geartete Heimat bedeutete.

Ein Liberaler wollte er sein, ein Demokrat auch, ja, sein Amerika mußte demokratisch sein, um die eigene Identität gegenüber dem monarchisch-reaktionären Europa, gegenüber Rußland, Frankreich, Spanien, zu festigen. Aber wieviel stand dem im Wege! Ein Gegner der Plutokratie, fürchtete er die Anarchie, die Herrschaft der «unwissenden Massen», wie er sie nannte, noch viel mehr. Daraus folgen die Widersprüche in seinen Entwürfen: ein Präsident auf Lebenszeit, gewählt allerdings, aber von einer beschränkten Wählerzahl, in Bolivien sogar mit dem Recht, seinen Nachfolger zu bestimmen, Senatoren auf Lebenszeit, wenn nicht sogar erblich, und andere konservative Vorkehrungen.

Aber zuletzt war es doch Bolivar und nur er, der die verfassungspolitischen Notwendigkeiten der neuen Staaten klar erfaßte: Republik ja, und das hieß, mit einer starken, dauerhaften Regierung auf behutsam zu konstruierender, zunächst noch beschränkter demokratischer Grundlage. Man darf nicht vergessen, daß im vielbewunderten Großbritannien die Zahl der Wahlberechtigten bei sechzehn Millionen Einwohnern damals kaum mehr als vierhunderttausend betrug.

Nun, wenn es gut und recht ist, über einen bedeutenden Menschen zu sprechen, so sollte doch auch seine eigene Stimme mit dabei sein. Einige wenige sprechende Zitate aus Bolivars Briefen, von Anfang bis Ende, mögen meinen Versuch beschließen.

Juli 1822 an den Oberbefehlshaber des Heeres von Venezuela, Miranda, nachdem der jugendliche Oberst, ganz ohne eigene Schuld übrigens, Hafen und Festung von Puerto Cabello an den spanischen Gegner verloren hatte:

«General. So erschüttert fühle ich mich in meiner Seele, daß ich nicht einmal mehr den Mut habe, einen einzigen Soldaten zu kommandieren. Anmaßung hat mich glauben lassen, mein Wunsch, das Rechte zu tun, meine Leidenschaft für das Vaterland würden aufkommen für die Talente, die mir zum Kommandieren fehlten. Darum bitte ich Sie: entweder Sie lassen mich weiter dienen unter einem Offizier des allergeringsten Ranges, oder Sie schenken mir einige Tage, damit ich mich wiederfinde, damit ich das Gleichgewicht wieder finden kann, das ich verlor, indem Puerto Cabello verloren ging ...»

September 1812 aus Curaçao, dem Ort seiner ersten Verbannung nach der ersten Niederlage, an einen Freund in Caracas: «Hier bin ich, so gut wie es in meiner Lage eben sein kann. Wahr ist, daß sie mir mein geringes Geld und Gepäck gestohlen haben, aber ich lebe in Frieden mit meinem eigenen Herzen, weiß ich doch, daß wenn einer vom Unglück verfolgt ist, alles sich gegen ihn verschwört. Wer aber das Rechte will und den Mut dazu hat, muß gegen die Schläge des Schicksals gleichgültig bleiben ... Über mein Herz gebietet ausschließlich mein Gewissen – dieses ist ruhig ... Was macht es aus, überflüssige Dinge zu besitzen oder nicht zu besitzen?»

Aus der Höhe des Lebens. An Alexander von Humboldt, 1821:

«Der Baron von Humboldt wird hier immer leben im Herzen der wahren Bewunderer eines großen Mannes, der Amerika aus der Unkenntnis der Menschheit herausriß, der es mit seiner Feder so schön beschrieb, wie seine eigene Natur ist. Und das ist noch nicht der einzige Grund für die Liebe, die wir Amerikaner für ihn fühlen. Die hervorragenden, die edlen Züge seines Charakters wirken hier immer nach, als ob er noch unter uns wäre ...»
Weiter in diesem Sinn.

An seinen alten Lehrer, Simon Rodriguez. Die beiden hatten sich 1803 in Paris wieder getroffen, hatten Südfrankreich und Italien durchwandert, waren dann siebzehn Jahre lang getrennt gewesen.

«Oh, mein Meister! Oh, mein Freund! Oh, mein Robinson! Sie in Colombia! Sie in Bogotá und haben mir nichts gesagt und haben mir nichts geschrieben! Oh, mi Maestro! Oh, mi amigo! Oh, mi Robinson. Vd. en Colombia! Vd. en Bogotá, y nada me ha dicho ... Gewiß sind Sie der sonderbarste Mensch auf dieser Erde. Noch andere Epitheta würden Sie verdienen, ich will Sie Ihnen aber nicht geben, um nicht unhöflich einen Gast zu begrüßen, der aus der Alten Welt kommt, um die Neue wiederzufinden; ja, um sein Vaterland zu finden, das er nicht kennt, das er vergessen hatte, im Herzen kaum, wohl aber im Gedächtnis. Niemand weiß besser als ich, wie sehr auch Sie unser angebetetes Colombia lieben. Erinnern Sie sich an die Zeiten, als wir zusammen auf dem Monte Sacro bei Rom, auf jener heiligen Erde, den Schwur zur Freiheit des Vaterlandes taten? Nein, Sie können es nicht vergessen haben, jenen Tag ewigen Ruhms, auch für uns. Den Tag eines Schwurs, der sich als prophetisch erwiesen hat... Sie waren es, die meinen Geist öffneten der Freiheit, der Gerechtigkeit, allem Großen, allem Schönen. Den Weg ging ich, den Sie mir wiesen...»

Auf Bolivars Wunsch wurde Rodriguez dann Erziehungsdirektor in der Republik Bolivia, freilich nur für kurze Zeit. Gründete er doch eine Versuchsschule, in der nicht nur Jungen und Mädchen, in der auch die Kinder der Reichen und jene der Armen gemeinsam erzogen werden sollten! Das konnte ja zu nichts Gutem führen ...

An seine Freundin Manuela Saenz, die große Liebe zwischen 1824 und dem Ende, die einzige wahre Liebe neben der für seine junge Gattin am Anfang des Lebens, ein Glück, das nur kurz gedauert hatte. Manuela war als Politikerin so leidenschaftlich wie als Erotikerin. Die Beziehung zwischen den beiden wurde erschwert dadurch, daß sie verheiratet war, und nicht einmal unglücklich verheiratet. An Manuela also:

«Geliebte. Weißt Du, welche Freude mir Dein wunderbarer Brief gemacht hat? Sein Stil allein, erst recht sein Geist läßt mich Dich anbeten. Was Du mir über Deinen Gatten sagst, macht mich zugleich traurig und glücklich. Frei möchte ich Dich sehen, aber unschuldig auch. Ich kann den Gedanken kaum ertragen, der Dieb eines Herzens zu sein, das so lange tugendhaft war und es nicht mehr ist, durch meine Schuld. Ich weiß nicht, wie ich Deine Position mit der meinen versöhnen soll, Deine Pflicht mit der meinen. Ich weiß nicht, wie ich diesen Knoten lösen soll, den auch ein Alexander mit seinem Schwert nur noch ärger machen könnte; es ist ja keine Sache der Gewalt, sondern reiner und schuldiger Liebe, der Pflicht und des Irrens; die Sache, kurz gesagt, meiner Liebe für meine bezaubernde Manuela ...»

An Manuela, aus Lima, wo man ihn, ganz zu recht, mit militärischen, gesetzgeberischen, administrativen Pflichten über und über belastet glauben sollte:

«Lima entzückt mich mit jedem Tag mehr. Bis jetzt bin ich mit allen gut ausgekommen. Die Männer ehren, die Frauen lieben mich. Es könnte gar nicht hübscher sein ... Das Essen ist vorzüglich, das Theater nur mittelmäßig, aber der Saal voller schöner Augen ... Und dann die Equipagen, die Pferde, die Fahrten ins Land, die Te Deums ... Außer Geld fehlt rein gar nichts.»

Dies Fragment steht hier, um doch einmal die Sonnenseite seines Lebens erscheinen zu lassen. Es bestand keineswegs nur aus Heldentaten, Arbeit, aus Hoffnung und Düsternis.

An seinen Vizepräsidenten Santander, als im Jahre 1821 in Cucuta wieder einmal eine Verfassung ausgearbeitet werden sollte, diesmal für Groß-Colombia:

«Diese Herren glauben, der Wille des Volkes sei dasselbe wie ihre eigene Meinung, ohne zu begreifen, daß für Colombia das Volk im Heer ist. Dort ist es wirklich, weil das Heer das Volk von den Tyrannen befreite; weil es das Volk ist, das liebt (que quiere, man mag das auch mit «will» übersetzen), das Volk, das arbeitet, das Volk, das etwas kann. Alles Übrige sind nichts als Leute, die mit mehr oder weniger Bosheit dahinvegetieren, mit mehr oder weniger Patriotismus, aber alle ohne irgendein Recht, etwas besseres zu sein als passive Bürger ... Diese feinen Herren (caballeros) glauben, Colombia sei nichts als feine Wolldecken und edle Weine an den Kaminen von Bogotà, Tunja und Pamplona. Nie warfen sie auch nur einen Blick auf die rauhen Männer am Orinoco, auf die Hirten am Apure, auf die Schiffer in Maracaibo, auf die Wogen des Magdalena, auf die Banditen in Patia, auf die unzähmbaren Rebellen in Pasto ... auf alle die Horden Afrikas und Amerikas, die wie das Wild die Einsamkeiten Colombias durchstreifen ...»

Diese Sätze will ich stehen lassen, ohne sie auszulegen, zumal sie stark sind, aber nicht eindeutig in ihrem Sinn. Nur eben: Er kannte dies weite Land jetzt, er hatte es durchquert zu Pferd, zu Fuß, inmitten seiner Soldaten, und die Herren Gelehrten in ihren Städten kannten es nicht.

An den jüngsten, als Heerführer wie als Politiker fähigsten, als Charakter bei weitem nobelsten seiner Generale, Antonio José de Sucre, Januar 1825. Im Dezember hatte Sucre bei Ayacucho die letzte, alles entscheidende Schlacht des Krieges gewonnen. Nebenbei bemerkt ist Ayacucho ein Beispiel dafür, wie sehr der Krieg seinen Charakter allmählich gewandelt hatte. Anfangs ein von beiden Seiten mit Grausamkeit geführter Bürgerkrieg, hatte er sich in einen Konflikt zwischen Staaten verwandelt, die einander in Wahrheit, wenn auch noch nicht de jure, anerkannten und das Völkerrecht des 18. Jahrhunderts gelten ließen. So ging der Schlacht eine von den Anführern eigens erlaubte Fraternisierung der Soldaten voraus, dann begann sie wie ein Wettspiel – sind beide Gegner bereit? – und endete mit einer ausgehandelten, überaus großzügigen Kapitulation der Spanier, darunter der letzte Vizekönig von Peru und fünfzehn Generale, und mit ausgesuchten Ritterlichkeiten. Sucre, nachdem alles vorüber war, wünschte nun, sich zurückzuziehen, um sich seiner jungen Familie zu widmen. Dazu Bolivar:

«Sie sind fähig zu allem und jedem, keinen Augenblick dürfen sie sich dem glücklichen Schicksal verweigern, das Sie weiter und weiter tragen wird. Sie sind jung, aktiv, voller Mut ...; was wollen Sie mehr? Ein passives Leben, Leben ohne Taten, ist schon ein Abbild des Todes, ist der Abschied vom Leben; es nimmt das Nichts vorweg, noch ehe es da ist.

Ich bin nicht ehrgeizig, aber Sie sollten es doch ein wenig sein, um mich zu erreichen oder zu übertreffen. Und bedenken Sie, daß in mir Ihnen ein Vater lebt, der nie aufhören wird, am Ruhm seines Sohnes seine Freude zu haben.»

Hier noch wenigstens ein Brieffragment aus der Zeit der letzten Düsternis, November 1830. Der Schreiber drängt den Adressaten General Flores, er fleht ihn an, die Untat zu rächen, die ihn in diesem Jahr am tiefsten getroffen hat, an sich selbst und als Symptom, die Ermordung seines Freundes, eben des Generals Sucre. Dieser Schandfleck auf Amerikas Ehrenschild muß um jeden Preis ausgetilgt werden. Ferner dann:

«Sie wissen, daß ich zwanzig Jahre lang kommandiert habe; in dieser Zeit gelangte ich zu nur wenigen sicheren Schlüssen. Erstens: Amerika ist für uns unregierbar. Zweitens: Wer einer Revolution dient, pflügt auf dem Meer. Drittens: Das Einzige, was man in Amerika tun kann, ist Auswandern. Viertens: Dies Land wird unfehlbar in die Hände der entfesselten Massen fallen, danach unter die Herrschaft einer Zahl winziger Tyrannen von allen Farben und Rassen ...»

Weiter in diesem Sinn oder in einem noch verzweifelteren.

Hier, fünfeinhalb Wochen vor dem Sterben, war Bolivar nun wehrlos jenem Pessimismus ausgeliefert, gegen den er die längste Zeit hatte ankämpfen müssen, um seine historische Leistung zu vollbringen und uns sein Bild zu hinterlassen, wie es heute vor uns steht: durch die Zeit gereinigt von den Schlacken des Allzumenschlichen, Opfer, Triumphierer und Prophet zugleich, ernst und groß.

SALVADOR DE MADARIAGA

Simon Bolivar

Spanier! Männer können ein Land
nicht in Besitz nehmen, ohne daß
jenes Land von ihnen Besitz ergreift.
S. DE M., THE THREE CARAVELS

Mein Element ist der Krieg.
SIMON BOLIVAR

VORWORT

Mit dieser Biographie Bolivars wird eine Trilogie der Neuen Welt, die vor etwa zwanzig Jahren begonnen wurde, abgeschlossen. Eine Columbus-Biographie erschien 1940, eine Lebensbeschreibung des Cortés 1941 (die deutschen Ausgaben 1951 und 1956).[1] Der größere Zeitabstand zwischen dem Erscheinen der zweiten und dritten Biographie erklärt sich vor allem daraus, daß die Schwierigkeiten, die eine Lebensbeschreibung Bolivars bietet, viel größer sind als bei Columbus und Cortés.

Da ist zunächst die Überfülle des Materials. Vieles davon lag mehr oder minder unerforscht in öffentlichen und privaten Archiven. Es wurden Reisen nötig nach Buenos Aires, Santiago, Lima, Quito, Bogotá, Popayán, Bucaramanga, Cartagena, Santa Marta, Caracas, Puerto Cabello, Havanna und Mexiko; außerdem mußten die Archive des Quai d'Orsay und das Public Record Office in London herangezogen werden. Auch wenn dem Geschichtsbeflissenen noch soviel Hilfe zuteil wird – und niemand war insoweit besser daran als ich –, so stellt er doch bald fest, daß er den ersten und wichtigsten Teil einer Untersuchung, nämlich das *Suchen,* nicht andern übertragen kann. Die entscheidende Tatsache, das enthüllende Wort pflegen meistens dann und auf so merkwürdige Weise aufzutauchen, wenn und wie man es am

---

1 Siehe dazu die editorische Notiz S. 881.

wenigsten erwartet. Eine Anzahl solcher Funde, die im folgenden aufgezeichnet werden, haben zu der neuen Betrachtung unseres Gegenstandes beigetragen.

Diese Art der Betrachtung war übrigens aus mehreren Gründen unvermeidlich. Bolivar hat bisher in der Geschichte eine Stellung eingenommen, die auf einer irrigen Anschauung des spanischen Weltreiches und auf einer doktrinären, ein wenig naiven politischen Betrachtungsweise beruhte. Als ich vor Jahren damit begann, seine Lebensbeschreibung mit einer allgemeinen Schilderung des geschichtlichen Hintergrundes einzuleiten, wurde mir bald klar, daß dafür nicht genug Stoff vorhanden war, weshalb ich als Vorarbeit für die Biographie Bolivars eine kritische Geschichte des spanischen Weltreiches schreiben mußte[1].

Viele abwegige Vorstellungen über diesen Gegenstand beruhten lediglich auf Unkenntnis, oft sogar auf jener «gelehrten Unkenntnis», welche deren hartnäckigste Erscheinungsform ist. Viele davon wurden von Spaniens damaligen Gegnern mit Fleiß verbreitet, zumal von spanisch-amerikanischen Separatisten sowie von britischen Geschäftsleuten und Abenteurern, ihren natürlichen Bundesgenossen. Ein großer Teil dieser Propaganda stammte natürlich aus dem Hauptquartier der Patrioten. Bolivar selber verstand sich, wie noch zu zeigen sein wird, meisterlich auf das Fälschen von Urkunden. Auch war er ein so in der Wolle gefärbter Propagandist, daß man kaum eine einzige seiner Behauptungen unbesehen hinnehmen kann; alle müssen sorgfältig im Hinblick auf seine jeweiligen Absichten untersucht werden. Das gilt insbesondere von den «Greueln», deren er nicht müde wurde, jeden spanischen Befehlshaber anzuklagen, wenn es ihm in den Sinn kam. Beispiele dafür

---

1 *The Rise of the Spanish American Empire* und *The Fall of the Spanish American Empire,* London 1947. Ich freue mich, feststellen zu können, daß auf diesem Gebiet in den letzten Jahren große Fortschritte erzielt worden sind.

werden folgen, doch soll hier eines angeführt werden, bei dem Bolivars Gleichgültigkeit gegenüber Tatsachen sich einmal umgekehrt ausgewirkt hat. In den spanischen Heeren jener Epoche wird man kaum einen grausameren Kommandeur finden als Oberst Don Basilio Garcia. Als aber Garcia nach einer Kapitulation nach Spanien abreiste, schrieb Bolivar an Morillo und rühmte seinen früheren Gegner nicht nur wegen seiner Tüchtigkeit und Tapferkeit, sondern auch wegen seiner Achtung vor den Gesetzen des Krieges und der Menschlichkeit.

Für den aufrichtigen Historiker starrt die Geschichte Bolivars daher von Schwierigkeiten. Alles muß durch einen Dunst unhistorischer Vorstellungen betrachtet werden. Was insbesondere Bolivar selbst angeht, so sind Urkunden entweder nicht vorhanden oder versagen gerade am interessantesten Punkt[1], als wache jemand auf ebenso rührende wie naive Weise über den Ruf des Helden. Daher muß der Fluß der Erzählung mehrmals umgeleitet werden, mag er dadurch auch langsamer verlaufen[2].

In jedem Stadium von Bolivars Leben, von seiner Geburt (war er rein weißer Herkunft?) bis zu seinem Tod (starb er als Christ?), werden die Tatsachen wieder und wieder umstritten sein, und der Ruhm des Libertador wird mit einem Heldenmut verteidigt, der Bolivars selber würdig wäre, wobei man sich freilich über den Wert der benutzten Munition und sogar der verteidigten Stellung nicht immer im klaren ist. Ein Beispiel dafür ist die Auslieferung Mirandas an

---

1 Ein Beispiel ist das *Diario de Bucaramanga,* das bis in neuere Zeit geheimgehalten wurde und genau an dem Punkt verstümmelt ist, wo Bolivar über den Krieg bis zum Tode zu sprechen beginnt.

2 Da für Spezialstudien die spanische Ausgabe dieses Werkes verfügbar ist, beschränken sich die englische und deutsche Ausgabe auf die reinen Tatsachen; die Polemik findet sich nur in der spanischen Ausgabe.

die spanischen Behörden nach der Übergabe von La Victoria 1812. Wenn Bolivar in die Geschichte Venezuelas als «der Libertador» eingegangen ist, so wird sein Landsmann Miranda doch als «der Vorläufer» verehrt. Dabei war Bolivar einer von denen, die Miranda an Spanien ausgeliefert haben. Ein peinlicher Augenblick in der Geschichte unseres Helden.

Alle diese Umstände verleihen der Geschichtsschreibung über Bolivar eine eigentümliche Empfindlichkeit, die sich unter anderm darin ausprägt, daß manche Quellen abgelehnt werden, weil sie in Vorurteilen befangen seien. Zeitgenossen, die Memoiren hinterlassen haben, werden in Bausch und Bogen beiseite geschoben, weil sie verbittert gewesen seien oder eigene Interessen verfolgt hätten oder «Verleumder» seien. Beispiele dafür sind der Franzose Ducoudray-Holstein und der Engländer Hippisley. Beide machen unschätzbare Angaben, die kein vernünftiger Historiker unter den Tisch fallen ließe. Gewiß ist Ducoudray mißvergnügt aus dem Dienst geschieden, aber er hat es keineswegs eilig damit gehabt, sich gedruckt zu sehen oder Propaganda damit zu treiben, sondern hat sich nach Haiti zurückgezogen und dort seinen Lebensunterhalt mit Klavierstunden verdient. Gewiß hat Hippisley an Bolivar, als dieser mächtig wurde, einen unwürdigen Entschuldigungsbrief geschrieben, weil er hoffte, dadurch einen Teil des Geldes zurückzuerlangen, das er angeblich verloren hatte; aber deshalb werden seine Enthüllungen nicht weniger enthüllend.

Die Erfordernisse einer geschichtlichen Betrachtungsweise, die entweder vom jakobinischen Geist der Französischen Revolution oder von dem dreihundert Jahre alten Duell zwischen England und Spanien bestimmt wurde, diktierten eine Anzahl von Wesenszügen, welche Bolivar, San Martin, Iturbide und die übrigen besitzen mußten. Sie besaßen sie nun aber einmal nicht. So entstand ein Gegensatz zwischen dem, was diese Männer waren, und dem, was sie sein sollten.

Durch viele Generationen triumphierte das, was sie sein sollten, über das, was sie wirklich waren.

Hierfür mag es tiefere Gründe geben als nur an den Tag gebundene Einflüsse. Als Heroen und Archetypen einer volkstümlich vereinfachten Vorstellung von dem, was der Abfall Südamerikas war, schienen San Martin und Bolivar in den Augen der Welt ahistorische Gestalten zu sein, die vor den Historikern durch eine Art von Tabu geschützt wurden. Beide sind im Laufe des 19. Jahrhunderts «wiederauferstanden», dadurch von dem sterblichen Staub der Tatsachen und Dokumente und von pietätloser Forschung befreit worden und somit in ihr mythisches Stadium eingetreten.

Daß diesem volkstümlichen Prozeß auch Historiker zu Hilfe gekommen sind, fällt nicht ins Gewicht, da auch Historiker gegen die Geschichte selber die Partei des Massenbewußtseins ergreifen können. Nicht weil sie untüchtig wären, denn die spanisch-amerikanische Geschichtswissenschaft ist vortrefflich, und auch nicht aus Unehrlichkeit, denn sie stellen ja Tatsachen fest; wohl aber infolge eines Überschwangs an jenem Gemeinschaftsgefühl, das in jungen Nationen die epische Haltung hervorruft; ja, sogar in alten Nationen, wie das Epos von Napoleon beweist, das französische Historiker auf mythische und ahistorische Weise geschaffen haben.

Napoleon wird hier nicht von ungefähr erwähnt. Es verhält sich nämlich so, daß weder Bolivar noch San Martin zu verstehen sind, solange sie nicht als Abbilder des napoleonischen Archetypus erkannt werden. Dieser Gedanke zieht sich wie ein roter Faden durch viele Begebenheiten dieser Lebensbeschreibung Bolivars; doch mag jetzt gleich ein Ereignis hervorgehoben werden, das in beider Leben alle andern Ereignisse überstrahlt: die Überquerung der Anden. In beiden Fällen gab es genug äußere Gründe, um die Operation zu erklären; aber tief im Innern war der eigentliche Anstoß die Tatsache, daß beider Männer geheimer Archetypus einstmals die Alpen überquert hatte.

NAPOLEON BONAPARTE ALS ERSTER KONSUL

SIMON BOLIVAR

Die Tiefe und Heimlichkeit dieser Wurzel, die San Martin und Bolivar mit Napoleon verbindet, entspricht der Tiefe und Heimlichkeit, mit der ihrer beider Mythos in Spanisch-Amerika verwurzelt ist. Sowohl San Martin als auch Bolivar sind auf dem Kontinent als «der Befreier» bekannt. Oberflächlich beruht beider Mythos auf der Idee vom Helden und Ungeheuer: beide sind Sankt Georg, der den Drachen der spanischen Tyrannei erschlägt. Das alles ist aber nur oberflächlich. Tief unten im Gedächtnis und mehr noch in der Phantasie Spanisch-Amerikas erheben San Martin und Bolivar sich über die andern Männer, weil sie die beiden Napoleons der Neuen Welt sind, die beiden Helden, deren jeder das Panier seines Landes quer durch den Kontinent führt, wie auch Napoleon es in Europa getan und dabei Völker befreit und Könige abgesetzt hatte.

Drei Elemente lassen sich bei diesen spanisch-amerikanischen Mythen und Archetypen unterscheiden. Da ist zunächst die Wiederkehr eines Kontinents, der nach drei Jahrhunderten seine Eroberer erobert. «Männer können ein Land nicht in Besitz nehmen, ohne daß jenes Land von ihnen Besitz ergreift.» Über die Eingeborenen dem Lande aufgepfropft, werden die siegreichen Weißen besiegt von dem Saft der Neuen Welt, der durch den Stamm des Halbbluts in den weißen Wipfel steigt. Das war dreihundert Jahre lang ein unbewußter Vorgang. Als er gegen Ende des 18. Jahrhunderts ins Bewußtsein trat, konnte er nur als Protest gegen Spanien Ausdruck finden. So wurde aus der spanischen Krone, die bis dahin die Eingeborenen gegen die reichen Kreolen beschützt hatte, «der Tyrann», aus dem Kreolen, der bis dahin stolz darauf gewesen war, sich Spanier zu nennen, wurde «ein Amerikaner», und aus dem europäischen Spanier, der bis dahin durch Familienbande und gemeinsame Interessen dem Kreolen eng verbündet gewesen, wurde «der Eindringling».

Das zweite Element war die «philosophische» und «philanthropische» (nach unserer heutigen Ausdrucksweise die liberale und demokratische) Tendenz des französischen 18. Jahrhunderts, wie sie die Spanier selber nach Amerika mitgebracht hatten, und zwar nicht zuletzt die Beamten, Offiziere, Vizekönige und sogar mindestens ein Erzbischof. Diese Tendenz war republikanisch, egalitär und nannte sich selber nach 1812 gern liberal, ging jedoch auf Rousseau und den Absolutismus zurück, wenngleich auf einen Absolutismus, der vom König auf «das Volk» übergegangen war. Dieses Element paßte mit dem ersten insoweit zusammen, als es darauf abzielte, die spanische Krone aus der Neuen Welt zu verdrängen; zugleich aber geriet es mit jenem in Widerstreit, weil seine egalitäre Tendenz dahin ging, den reichen Kreolen die Macht zu entreißen, deren Hoffnung es ja gerade gewesen war, dadurch noch mächtiger zu werden, daß sie die Herrschaft Madrids abschüttelten.

Schließlich war da noch Napoleon. Er war einer der brillanten Einfälle, mit denen die Geschichte ihre sonst langweiligen Seiten immer wieder interessant macht. Napoleon war zugleich die Verleugnung und die krönende Errungenschaft der Französischen Revolution. Er war in der Tat Archetypus und Heros des Republikanertums. Niemand hat mehr Könige vom Thron gestürzt als er. Seine Münzen trugen die Inschrift: REPUBLIQUE FRANÇAISE, NAPOLEON EMPEREUR. Er war der Imperator, soll heißen der Führer einer Republik. Gewiß hat er sich selber gekrönt, aber mit einer Krone, die der Begeisterung des Volkes entsprang und mit der Tradition des Gottesgnadentums brach.

Die Beziehung zwischen dem Mythos Napoleons und dem Freiheitsmythos entspricht daher keineswegs dem, was uns eine oberflächliche und relativ neue Betrachtungsweise glauben machen möchte. Zu seiner Zeit wurde Napoleon nicht immer nur als der Tyrann gesehen, gegen dessen Untaten alle freiheitsliebenden Völker zu kämpfen hätten. Er war vielmehr der Erbe der Französischen Revolution, der

Monarch aus dem Volke, die Verkörperung der absoluten Volkssouveränität, der Mann, der Könige vom Thron stieß und «das Volk» hinaufsetzte, der Sankt Georg, der das alte Regime erschlug.

Es gab also Raum genug, um die drei Elemente, die den Mythos und die Archetypen der spanisch-amerikanischen Befreiung bildeten, trotz aller Verschiedenheit miteinander in Einklang zu bringen. Aus einem Boden, der die Bevölkerung als sein eigen in Anspruch nahm, erwuchsen zwei kreolische Napoleone, die in sich die revolutionäre, königsfeindliche und volksabsolutistische Stoßkraft des neuen Regimes verkörperten. Die beiden Napoleone liehen der Bewegung für die Befreiung der Neuen Welt und für ein neuzeitliches Regime den Schwung ihres persönlichen Ehrgeizes. Dieser Ehrgeiz erweckte den Widerstand der liberalen, intellektuellen Schichten. Da aber San Martin und Bolivar beide nicht nur Archetypen, sondern auch Kinder ihrer Zeit waren, empfanden beide den Bruch, den dieser Widerstand in ihrer imperialen Laufbahn verursachte; ihre Volkstümlichkeit wurde davon kaum berührt. Dieser Umstand führt zu einem Mißverständnis zwischen den beiden geschichtlichen und den beiden mythischen Gestalten, wodurch, wie nun zu zeigen sein wird, das Studium der beiden großen Heldengestalten Südamerikas zu einer besonders heiklen und vielschichtigen Aufgabe wird.

Das hat noch einen weiteren Grund. Die beiden südamerikanischen Napoleone blieben ihrem Typus bis zuletzt treu: beide hatten ihr St. Helena. Buenos Aires hatte für San Martin so wenig mehr Verwendung wie Venezuela für Bolivar. Der Tod hat dem nördlichen Napoleon ein langes Exil erspart, wie es San Martin Jahre hindurch ertragen hat und das schmerzlicher war als die Verbannung durch einen Tyrannen; denn dieses Exil war ihm aus Gleichgültigkeit aufgezwungen worden. Diese Mißachtung, die jedem der beiden spanisch-amerikanischen Napoleone durch sein Vaterland zuteil wurde, hat ihren Nachruhm gesichert. Buenos Aires und Caracas mußten das Unrecht, das sie ihren Helden zugefügt hatten, durch ein Jahrhundert der Heldenverehrung sühnen.

Hieraus erklärt sich die Hitzigkeit des Streites um die Frage der Monarchie. War Bolivar ein Monarchist? Hat er nach der Krone gestrebt? Kein Disput ruft zornigere Federn auf den Plan. Weshalb aber sollte Bolivars Ruhm geringer sein, wenn er ein Monarchist gewesen wäre und nach der Krone gestrebt hätte? Was ist denn überhaupt falsch an Monarchien, und worin irren sie, so daß sie neben Republiken nicht bestehen könnten? Die Energie, die immer noch darauf verwendet wird, Bolivar und selbst San Martin gegen jede «Anklage» monarchischer Haltung oder Bestrebung in Schutz zu nehmen, ist nichts als republikanische Empfindlichkeit vergangener Zeiten gegen die neomonarchistischen Tendenzen, die nun einmal in dem napoleonischen Typ beschlossen sind. Sie wird ganz unabhängig von historischer Objektivität wirksam.

Zum Schluß noch eines. Im Ergebnis erweist sich dieses Leben wie auch das Leben von San Martin als Paradoxon. Bei der Befreiung Spanisch-Amerikas hat niemand größeren Einfluß ausgeübt als Napoleon; denn sein Vorbild war es, das in San Martin und Bolivar den Ehrgeiz gestählt hat. Sein Angriff auf Spanien war es, der die spanische Krone zerstörte und damit die rechtlichen und traditionellen Bindungen zwischen den Königreichen in Übersee und Europa auflöste, und durch seinen Einmarsch in Spanien hinderte er es daran, mit Waffengewalt die Mehrheit zu stärken, die noch bis 1819 für die hispanische Union eintrat.

Dieses Paradoxon löst sich jedoch in eine Lehre auf: Die Befreiung Spanisch-Amerikas war eine der bedeutendsten Leistungen Napoleons, vielleicht die bedeutendste überhaupt. Nur hatte er sie niemals geplant.

Unser sind die Gedanken, nimmer ihre Frucht.

ANMERKUNG ÜBER SPANISCHE NAMEN

Bolivar wird auf der zweiten Silbe betont, San Martin auf der Endsilbe. Beide Namen werden in der deutschen Ausgabe ohne Akzent geschrieben. Im übrigen werden Akzente nur dort verwendet, wo die Aussprache vermutlich unbekannt ist. Manche Namen erscheinen hier wie auch im Original bald in spanischer, bald in südamerikanischer Schreibweise, also etwa Valdés oder Valdez.

ERSTES BUCH

Scheitern und Hoffnung

ERSTER TEIL

Der Mann und seine Scholle

ERSTES KAPITEL

Die Scholle

Simon Bolivar wurde am 24. Juli 1783 in Caracas als Sproß einer der glänzendsten Familien des Landes geboren. Dieses Land, Venezuela oder Klein-Venedig, manchmal auch nach seiner Hauptstadt Caracas genannt, wurde damals von einem Generalkapitän regiert und war eines der überseeischen Königreiche, die zusammen mit den europäischen Königreichen der spanischen Krone das spanische Weltreich bildeten.

Zum Herrschaftsgebiet des Generalkapitäns von Caracas gehörten die Provinz Venezuela in der Mitte, das Gouvernement Maracaibo im Westen, Guayana im Süden, das Gouvernement Cumaná im Osten und die Insel Margarita im Nordwesten. Im Norden und Osten grenzte es ans Meer, im Süden an Holländisch- und Portugiesisch-Guayana und im Westen an das Königreich Neugranada. Als Bolivar zur Welt kam, wurde die Insel Trinidad, die damals noch spanisch war, von einem selbständigen Gouverneur regiert.

Das Land lebte damals gleichzeitig auf drei verschiedenen Kulturstufen. Das Küstengebiet, in dem die meisten Städte lagen, war ein Gemeinwesen von Seeleuten, Kaufleuten und Landwirten; die Llanos oder Ebenen hatten die Lebensform der Hirtenvölker, während das Binnenland sich mit seinen Wäldern und Flüssen noch in demselben Zustand wie vor der Eroberung durch die Spanier befand, wiewohl es allmählich unter Führung der Missionare christianisiert und zivilisiert wurde. Über diesen Teil des Landes kann man kaum eine

Bevölkerungsstatistik erwarten. Dagegen mochten in den beiden ersten Zonen wohl zwischen 720000 und einer Million Menschen wohnen, von denen 12000 europäische Spanier waren, 200000 amerikanische Spanier (weiße Kreolen) und der Rest Indianer oder Neger oder größtenteils Mischlinge, entweder Schwarz oder Weiß (mulatto) oder Indianisch und Weiß (mestizo) oder Schwarz und Indianisch mit oder ohne Weiß (zambo).

Es gab etwa 60000 Sklaven, davon zwei Drittel in den Zentralprovinzen, dem eigentlichen Venezuela oder Caracas. Es gab also viel mehr freie Afrikaner als Sklaven. Viele Sklaven arbeiteten im Haushalt, sehr viel mehr jedoch auf den Feldern, und diese besaßen häufig eigenes Land (conucos), das sie am Samstagnachmittag oder an den zahlreichen Feiertagen des spanisch-katholischen Kalenders bestellten. Sklaven, die Viehhirten waren, hatten oft eigene Herden, die manchmal mehrere hundert Stück zählten. Sklaven, die von den Antillen kamen, erhielten automatisch die Freiheit, sobald sie in Venezuela landeten.

Die Ebenen waren der Wohnsitz einer Cowboybevölkerung, der Llaneros oder Gauchos des Nordens, die fast alle Zambos waren mit etlichen Mulatten und ein paar Weißen darunter. Sie lebten auf dem Rücken ihrer Pferde und herrschten über riesige Herden von Rindern, Maultieren und Pferden, die wie die Llaneros selbst im Begriff waren, von der Zivilisation ihrer Vorfahren wieder zur Natur zurückzufinden.

Caracas war damals eine Stadt zwischen 35000 und 45000 Einwohnern, darunter 12000 Weiße und 27000 farbige Freie; es war «grande, propre, élégante et bien bâtie». Im Jahr 1723, etwa zur Zeit, da Bolivars Vater geboren wurde, beschreibt der Chronist Oviedo y Baños die Stadt folgendermaßen: «Ihre Straßen sind breit, lang und gerade und machen, da sie abschüssig und mit Platten belegt sind, weder Staub noch lassen sie Schlamm aufkommen. Die meisten Gebäude sind aus Furcht vor Erdbeben niedrig, manche aus Ziegeln, die meisten aber aus Lehm, jedoch gut entworfen und angelegt. Die Häuser sind so großzügig geplant, daß fast alle geräumige Höfe, Blumen- und Küchengärten besitzen; diese werden von den vielen Kanälen bewässert, welche, vom Fluß Cotuche gespeist, die Stadt durchqueren, und liefern das ganze Jahr hindurch einen Überfluß an mannigfaltigen Blumen. Geschmückt wird sie von vier Plätzen, davon drei mittelgroß, der Hauptplatz aber geräumig und rechteckig. Außer der unzählbaren Schar von Negern und Mulatten, die Dienste tun, wird sie von tausend spanischen Bürgern bewohnt, darunter zwei Titel des kastilischen Adels, die der Stadt Glanz verleihen, und viele Edelleute aus wohlbekannten Häusern, die sie adeln. Ihre Kreolen sind scharfsinnig und raschen Geistes, liebenswert und höflich; sie sprechen das Kastilische vollendet und ohne irgendeinen jener Fehler, die es in den meisten westindischen Häfen so entstellen. Dank dem milden Klima sind sie gut gebaut und hübsch, und nirgends trifft man auf einen, der mißgestalt wäre oder an einer häßlichen Entstellung litte. Im allgemeinen sind sie standhaft und kühn und der Bildung so ergeben, daß sogar die Schwarzen (sofern Kreolen) es für unwürdig halten, wenn sie nicht imstande sind, zu lesen und zu schreiben ... Die Frauen sind schön, aber zurückhaltend und bei aller Vornehmheit liebenswürdig und betragen sich so bescheiden und zurückhaltend, daß es schwer fällt, unter den einfachen Leuten eine Weiße zu finden, die ein anstößiges Leben führt; tut eine es aber dennoch, so zahlt sie dafür mit der Verachtung, der sie anheimfällt.»

Obwohl Caracas nur zehneinhalb Breitengrade vom Äquator entfernt liegt, verdankt es seiner Höhe und dem west-östlichen Verlauf des freundlichen Tales, in dem es erbaut worden ist, einen ewigen Frühling. Schon Humboldt fragte, was köstlicher sein könne als eine Temperatur, die sich am Tage zwischen 20 und 26 Grad und nachts zwischen 16 und 18 Grad hält und den Anbau von Bananen, Orangen,

Kaffee, Äpfeln, Aprikosen und Weizen gestattet. Und doch klagten die Caraqueños über ihr Klima und fanden den Westwind so anstrengend für ihre Nerven, daß viele sich in ihren Häusern einschlossen, wenn er die Stadt mit seiner feuchten Wärme füllte; bis dann der trockene Ostwind von den Bergen herabkam, der der Luft wieder ihre Durchsichtigkeit verlieh und den Kopfschmerz linderte. Das setzte natürlich Muße voraus, eine Segnung, die damals jedermann zugänglich war. Die guten Familien sahen eine gesellschaftliche Notwendigkeit darin, daß sie etwa doppelt so viele Sklaven besaßen, wie ihr Haushalt erforderte; daher taten sie selber nichts, und ihre Sklaven arbeiteten nur die halbe Zeit. Was die Handwerker angeht – ausnahmslos farbige Freigelassene –, so scheinen sie der Auffassung gewesen zu sein, daß Arbeit nur dann getan werden müsse, wenn es gar nicht mehr anders ging.

Die Kirche beteiligte sich an dieser Verschwörung gegen die Arbeit dadurch, daß sie zu Ehren des einen oder des andern aus der unzählbaren Schar der Heiligen möglichst viele Feiertage beging, denen jeweils die Novena, neun Tage des Gebets, voraufging, während ihnen die Oktava, acht Tage voll Vergnügungen, Feuerwerk, Konzerten und andern Unterhaltungen, folgten. So rollte das Stadtleben in Wogen dahin, bei denen sich die steigende Welle der Gebete für den demnächst zu feiernden Heiligen überschnitt mit der brausenden Flut aus Feuerwerk und Musik, die seinen Vorgänger ehren sollte. Das Hauptereignis bei diesen Feiern war die Prozession, ein langsamer Strom aus Farbe, Rhythmus, Musik und Weihrauchduft, der zwischen den steilen Ufern der reich mit Teppichen geschmückten, von üppigen Blumen und bunt gekleideten Frauen leuchtenden Häuserwänden dahinfloß.

Natürlich ließ sich der Heilige nicht täuschen, war er doch so klug, wie seinesgleichen zu sein pflegen. Er wußte sehr wohl, daß sein Abbild, das im Schreiten der vier Träger hin und her schwankte und das Schaustück aus Lichterglanz, Weihrauchwolken und einem Vielklang aus Glocken, Trompeten und Trommeln beherrschte, nur ein frommer Vorwand war, um dem Volke Gelegenheit zu geben, seiner Vergnügungssucht zu frönen. So ließ er sich gutgelaunt zu der ihm bestimmten Rolle herbei, zumal das Fest schließlich nicht ohne religiöse Bedeutung war: wurde doch Gott dadurch gepriesen, daß die Sinne seiner Geschöpfe auf das Schöne hingelenkt wurden; außerdem vergaß für die Dauer der Prozession jedermann Rang und Reichtum, angesichts einer höheren Welt wurden alle gleich.

Die Kraft, die dieser religiöse Kern der spanischen Gesellschaft überall in Westindien ausstrahlte, verlieh ihr eine ganz eigentümliche Geschlossenheit und Einheit, welche tief unter die Oberfläche reichte und sich dem Zugriff flüchtiger Betrachtung und Kritik entzog. Sie glich der Luft, die alle atmen. Die Stürme einer späteren Zeit, die Exzesse der Französischen Revolution und der Negeraufstände mitsamt der reaktionären Politik, die dadurch in Spanien ausgelöst wurde, haben diese Tatsache verdunkelt, weil sie die Aufmerksamkeit von der harten Schale der Kirche abgelenkt haben auf ihr warmes, ausstrahlendes Herz. Gleichwohl ist dies eine wichtige Tatsache. Mit ihren Feiertagen, ihrer Wertschätzung des Familienlebens, ihrer Betonung der geistlichen Gleichheit und ihrer Tendenz, die Lage der Sklaven zu bessern und möglichst viele von ihnen zu befreien, war die Kirche eine stete Quelle der sittlichen und sozialen Bestrebungen, die dem spanischen Leben in Westindien seine Farbe und seinen besonderen Reiz verliehen.

Die Universität von Caracas war zur Zeit von Bolivars Geburt ein lebendiger Mittelpunkt der Wissenschaft und wachte eifersüchtig über ihre Vorrechte, deren eines ihr vor allen andern Einrichtungen der Hauptstadt Vorrang verlieh. 1785, zwei Jahre nach Bolivars Geburt, gab es unter anderem Lehrstühle für Theologie, Grammatik, Musik und Medizin. Diese Bezeichnungen besagen jedoch für sich allein nur wenig. Beispielsweise bezeichnete «Theologie» nach damaligem Sprachgebrauch oftmals jedes Wissenschaftsgebiet, da alles von Gott und da Gott alles ist. Eine Durchsicht der Prüfungsarbeiten, die in Bolivars Kinderjahren von Studenten eingereicht wurden, lehrt, daß die Universität Caracas damals physikalische, chemische und biologische Studien förderte und mit der Entwicklung der englischen, französischen und deutschen Philosophie Schritt hielt. Descartes, Leibniz, Bacon, Spinoza, Locke und Lamarck wurden ebenso erörtert wie etwa Kepler, Newton, Huyghens, Volta und Franklin oder Lavoisier, Humboldt und Davy.

Trotzdem brauchen wir uns Caracas nicht als einen Bienenkorb von Leuten vorzustellen, die sich in philosophische und mathematische Bücher vergruben. Es war vor allem eine Stadt von gescheiten und aufgeweckten Männern und von graziösen und munteren Frauen, deren wichtigstes Lebensziel darin bestand zu leben – und keine bessere Philosophie ist jemals schwarz auf weiß verkündet worden. Auch ist kaum zweifelhaft, daß sie sich ihr Leben so einrichteten, wie es ihnen gefiel, und daß sie einen beträchtlichen Teil ihres Vergnügens aus Kunst und Literatur ihrer Zeit schöpften. Caracas besaß ein Theater. Wir brauchen die strenge Kritik des französischen Reisenden Depons nicht allzu genau zu nehmen: «Alle an sich schon jämmerlichen Stücke werden höchst kümmerlich aufgeführt.» Das haben wir auch sonst schon gehört. Dazumal war jeder Franzose ein Boileau, dem Lope de Vega, Tirso de Molina und Calderon fast ebenso barbarisch erschienen wie Shakespeare. Am wichtigsten unter seinen Aufzeichnungen ist die Tatsache, daß das Theater billig war (er findet, allzu billig) und nur einen Real oder sechzig Cents kostete und daß es gleichermaßen von Hoch und Niedrig besucht wurde: «Reich und arm, alt und jung, Adel und Volk, Regierung und Regierte – alle nehmen sie eifrig teil.» Von Humboldt wissen wir, daß unten im Hof Männer und Frauen getrennt waren und daß es kein Dach gab, so «daß man gleichzeitig die Schauspieler und die Sterne sehen konnte».

Humboldt berichtet ebenso wie Depons: «Ich fand in Caracas in mehreren Familien Sinn für Bildung; man kennt die Hauptwerke der französischen und italienischen Literatur, man liebt die Musik, man treibt sie mit Erfolg, und sie verknüpft, wie die Pflege aller schönen Kunst, die verschiedenen Stufen der Gesellschaft.»

Die Musikliebe fiel auch dem Grafen de Ségur auf, der zur Zeit von Bolivars Geburt in Caracas weilte. «Dieser Gouverneur führte mich in die vornehmsten Häuser der Stadt ein, wo wir Männer trafen, die vielleicht allzu ernst und schweigsam waren, aber andererseits eine große Schar von Damen, die durch ihre Schönheit ebenso auffielen wie durch ihre kostbare Aufmachung, die Eleganz ihrer Manieren und ihre Begabung für Tanz und Musik, zudem auch durch eine muntere Koketterie, die sehr wohl Fröhlichkeit mit Bescheidenheit zu verbinden wußte.» Cayetano Carreño, der ältere Bruder von Bolivars Erzieher, war ein Komponist von beachtlichen Gaben, und ein mütterlicher Verwandter von Bolivar, Pater Sojo, veranstaltete ebenso wie die französische Familie Blandin Hauskonzerte, bei denen schon 1789 die Musik von Mozart, Pleyel und Haydn gespielt wurde.

Die Musik ist eine Kunst, die man am besten passiv genießt. Passivität, die für den Künstler so fruchtbar ist, kennzeichnet den spanischen Charakter in seiner ursprünglichsten Gestalt, und kein indianisches Blut, das sich in die blauen Adern der Caraqueños verirrt haben mochte, würde dieser Neigung entgegenwirken. Humboldt mißbilligt diese Gleichgültigkeit und solchen Mangel an Wißbegierde:

«Man ist an ein einförmiges Leben zwischen seinen vier Wänden gewöhnt, man scheut die Anstrengung und die raschen Witterungswechsel, und es ist, als lebe man nicht, um des Lebens zu genießen, sondern eben nur, um fortzuleben.»

Die Einkünfte, die auf so angenehme Weise dazu dienten, das Leben zu verlängern, flossen aus drei Quellen: aus Landbesitz, aus Handel und aus staatlichen oder städtischen Ämtern.

Den Handel überließ man entweder den «Europäern», also Spaniern aus Spanien, oder betrieb ihn hintenherum, denn «was auch die Gesetze tun mögen (die den Handel ehrlich zu machen versuchten), so weigert sich die öffentliche Meinung noch immer, dem Handel die Anerkennung zu zollen, die er anderswo genießt». Bolivars Vater besaß einen Kleiderladen, aber unter eines andern Mannes Namen. Warenlager wurden in Privathäusern versteckt, so daß der Vorüberkommende sie an nichts zu erkennen vermochte. Trotzdem spielte der Handel für den allgemeinen Wohlstand eine wichtige Rolle, zumal nachdem Karl III. mit seinem «Freihandels-Regulativ» vom 12. Oktober 1778 die spanischen und spanisch-amerikanischen Häfen dem transatlantischen Handel geöffnet hatte. Die Hauptgewinne wurden in der Neuen Welt erzielt. Die spanischen Kaufleute hatten nur geringen Anteil daran; Depons schätzt ihn nur auf dreieinhalb Prozent. Damit meint er natürlich das spanische Ende der Handelskette. Die Katalanen waren geschickter und machten an beiden Enden Geschäfte, weil sie den Warenaustausch fast ganz in ihrem eigenen Kreis zu halten verstanden. Die Basken waren zur Blütezeit der «Compañía Guipuzcoana» die unbestrittenen Herren von Venezuela gewesen, weil diese Gesellschaft von 1728 bis zur Einführung des Freihandels 1778 ein Handelsmonopol innegehabt hatte.

Basken, Katalanen, Kanaren und überhaupt nichtamerikanische Spanier bildeten die Masse der Geschäftsleute. Die Kreolen der weißen Oberschicht waren fast ausnahmslos Gutsbesitzer, die sich entweder um die Ehre oder des Gewinns willen um den Staatsdienst bemühten, falls ihnen dieser nicht schon durch Privilegien in die Wiege gelegt worden war. Für diese Männer reichte ihr Vaterland nur selten über den schmalen Küstenstreifen hinaus, der etwa achthundert Kilometer lang und fünfzig Kilometer tief war. Hier fanden sich alle Segnungen der Zivilisation, die ihre Wurzeln in einer ertragreichen Landwirtschaft hatte, welche wiederum auf der Sklaverei beruhte. Humboldt schätzte die

Weißen auf etwa zweihunderttausend, von denen zehn- bis fünfzehntausend Europäer waren (ohne das Militär). Der Handel lag meistens in den Händen der fünfzehntausend «Europäer», während die zweihunderttausend «Spanier», also Spanisch-Amerikaner, entweder von ihrem Landbesitz lebten oder von dem Einkommen der freien Berufe und öffentlichen Ämter.

Manchmal lebten sie von beiden, was vor allem bei vielen bekannten Männern der Befreiungszeit der Fall war. Die Ereignisse, welche das spanisch-atlantische Gemeinwesen auseinanderrissen, wurden in dieser Gesellschaftsschicht aus hochgebildeten, müßigen, reichen oder doch wohlhabenden Grundbesitzern und Beamten gebildet, die ihre Tage in sorgloser Muße an der Küste des «amerikanischen Mittelmeers» verbrachten.

ZWEITES KAPITEL

Die Wurzeln

Bolivars Abstammung ist ziemlich bekannt; da man sich aber allzu sehr auf die direkte männliche Linie und auf den Namen Bolivar konzentriert hat, ist ein verzerrtes Bild entstanden. Eine Untersuchung seines Stammbaums lehrt, daß in zwölf Generationen bei nur hundertdreißig bekannten Vorfahren nicht weniger als sechzig verschiedene Namen vorkommen, deren jeder sein Name sein könnte, wenn wir nicht die Angewohnheit hätten, die Menschen nach ihrer väterlichen Linie zu nennen. Juristisch war er Simon de Bolivar. Biologisch war er ebensogut Simon Rojas oder Herrera oder Vazquez de Escobedo oder irgendeiner der andern Dutzende von Namen seines Stammbaums, unter denen mindestens drei ebensoviel Aufmerksamkeit verdienen wie der Name Bolivar.

Diese sechzig Namen bedeuten ebenso viele Wurzeln, die Bolivar den Saft vieler Familien der Alten und Neuen Welt zuführten und sein innerstes Wesen mit Erinnerungen und Überlieferungen nährten, weit stärker, als er selber wußte. Niemand kann den Libertador und seine bunte, manchmal scheinbar zusammenhanglose Laufbahn begreifen, der nicht vorher diese Ahnenalleen erforscht hat. Durch sie ist sein Leben mit den Urgründen seines Volkes verbunden; denn jeder Mensch, ob groß oder klein, ist die Summe von Tausenden von Vorfahren und damit des Volkes, in dessen Mitte er zur Welt gekommen ist.

Der erste Platz gebührt dem Blut der Bolivar, sind sie doch einer der wichtigsten Äste im Stammbaum und der glänzendste in der ganzen Geschichte seines Landes. Als 1588 der Ahnherr der Familie, auch ein Simon de Bolivar, aus seiner spanischen Heimat über Santo Domingo in Caracas eintraf, erholte sich das Land bereits von der Zeit der deutschen

Heimsuchung. Das heute unter dem Namen Venezuela bekannte Küstenland von Tierra Firme war 1499 von Alonso de Hojeda entdeckt und danach ausschließlich von Abenteurern, habgierigen Seefahrern und Sklavenräubern von den Inseln her aufgesucht worden, bis 1513 Juan de Ampués die königliche Bewilligung erhielt, «Curazao, Oruba und Buenaré» zu erforschen und zu befrieden. Nach mehreren Versuchen verließ Ampués 1527 abermals Santo Domingo mit sechzig Männern und gründete Santa Ana de Coro mitten unter Indianern, die ihn hoch schätzten. Sein Erfolg auf dem Festland war jedoch infolge des Eindringens der Deutschen nur von kurzer Dauer.

Am 27. März 1528 hatte Karl V. den beiden Deutschen Alfinger und Sayler «licencia y facultad» gewährt, die Küste und die Inseln «zu entdecken, zu erobern und zu bevölkern, mit Ausnahme derer, die bereits Juan de Ampués zugesprochen und unterstellt worden sind». 1531 wurden ihre Rechte den Brüdern Welser abgetreten, bei deren Bankhaus Karl V. chronisch und unheilbar verschuldet war. Mit der Konzession verbunden war die Gouverneurswürde in den eroberten und befriedeten Gebieten sowie der erbliche Titel eines Adelantado. Vom Februar 1529, als Alfinger die Macht übernahm und Ampués vertrieb, bis 1546, als die Konzession zurückgezogen wurde, herrschten die Deutschen über das Küstengebiet mit harter, gieriger Hand. Die wesentlichen Merkmale jener Episode waren: eifrige Goldsuche, wenig oder gar kein Interesse an der Besiedelung durch Zivilbevölkerung und Missionare und keine Spur von dem schöpferischen Drang, der gewöhnlich mit der spanischen Eroberung Hand in Hand ging; schließlich die Suche nach dem sagenhaften El Dorado, dem Goldenen Mann, bei der Deutsche und Spanier sich von einem Hirngespinst in die Tiefen des Kontinents locken ließen. Hierbei trafen sich tief in den Anden auf dem Hochland von Bogotá Federmann, der von Maracaibo und Barquimiseto kam, Gonzalo Ximénez de Quesada von Santa Marta her und Benalcazar aus Quito –

nachdem alle drei einen Marsch zurückgelegt hatten, der auch heute noch als erstaunliche Leistung gelten würde.

Aber diese Heldentaten auf der Suche nach einem Hirngespinst verwüsteten das Land. Um die häufigen Expeditionen nach El Dorado zu finanzieren, wurden Indianer als «Rebellen» gefangengenommen und in Coro als Sklaven verkauft. Las Casas brachte die Sache vor den Kaiser. Dadurch und durch viele spanische Beschwerden über die Erpressung durch deutsche Gouverneure wurde der Konzession ein Ende bereitet. Juan Pérez de Tolosa, der 1546 zum vorläufigen Gouverneur ernannt wurde, war zwar Jurist und insgesamt ein kluger Gouverneur, unternahm jedoch zwei militärische Expeditionen, die beide nicht besonders erfolgreich waren. Erst unter seinem Nachfolger, dem Gouverneur Juan de Villegas (einer der Namen in Bolivars Stammbaum), wendete sich die Energie der Spanier ganz und gar jenem «Besiedeln und Bevölkern» zu, das in anderen Ländern den schöpferischsten Teil der spanischen Eroberungszüge bildete.

Trotzdem herrschten fast noch das ganze Jahrhundert hindurch chaotische Verhältnisse. Neben Villegas tauchen jetzt andere Namen, die gleichfalls im Stammbaum des Libertadors erscheinen werden, in den ältesten Chroniken des Landes auf. So trägt Elena Fajardo, die über die Linie Ladron de Guevara-Villegas mit den Bolivars verbunden wird, denselben Namen wie jenes unruhige, kühne und verschlagene Halbblut Francisco Fajardo, der von 1555 bis 1564 auf dem Festland die führende Gestalt war. Er war auf der Insel Margarita als Sohn eines Spaniers und einer Indianerin geboren worden, die von den Kaziken des Maya-Tales auf dem Festland abstammte. Bald Spanier, bald Indianer, bald Krieger, bald Kaufmann, wäre es ihm vielleicht gelungen, das ganze Land sich untertan zu machen, wäre er nicht immer wieder an seinem eigenen Draufgängertum oder am Verrat von Rivalen gescheitert; einer von diesen, Alonso Cobos,

Oberrichter von Cumaná, ließ ihn 1564 hängen und wurde deshalb selbst von dem Oberrichter von Margarita an den Galgen gebracht.

In diese chaotische Periode gehört auch der Tyrann Aguirre – wiederum ein Name, den wir im Stammbaum des Libertadors finden. Dieser robuste Baske ist eine der repräsentativsten Gestalten in der Geschichte Westindiens. Der Vizekönig von Peru hatte einen andern Basken namens Ursúa zum Führer einer Expedition von vierhundert Mann und vierzig Berittenen ernannt, die den Fluß Marañon erkunden sollte. Aguirre, der an dieser Expedition teilnahm, war es durch eine Reihe von tollkühnen Morden gelungen, den Oberbefehl zu erringen. Unter seinen Opfern befand sich auch Ana de Rojas, wiederum ein Vorfahr Bolivars. Schließlich gewährte der Gouverneur allen Straffreiheit, die den Rebellen verlassen würden. Das war der Anfang vom Ende. Aguirre wurde gefangengenommen und im Oktober 1561 enthauptet.

Sein Name ließ eine Sage entstehen, die als Ballade und Lied im ganzen Lande erklang. Heute noch glaubt man, daß sein böser Geist einsam und ruhelos in dunklen Nächten umgehe, wenn er, nicht einmal in der Hölle geduldet, in kleinen Flammen über dem Boden flackert, der Erdöl in seinem Schoße birgt. Auch verdient er fortzuleben, weil er in Westindien am gültigsten die beiden wichtigsten politischen Neigungen des Spaniers verkörperte: Diktatur und Separatismus. Er hatte sich selbst den Titel eines «Fuerte Caudillo de la Nación Marañona» gegeben: gesetzloser und unverantwortlicher Führer einer nur in der Phantasie vorhandenen Nation. Damit enthüllte er das Wesen vieler anderer separatistischer und autokratischer Bewegungen in Vergangenheit und Zukunft, nicht zuletzt auch jener, die Simon Bolivar anführen sollte.

Noch ein weiterer Zweig der Familie verdient als wichtig genannt zu werden: die Xelder oder Xedler. Der Name verbindet Bolivars Stammtafel mit Juan Xedler, angeblich ein deutscher Edelmann und Vater des Manuel Xedler, dessen Neffe Marcos Xedler Calatayud y Toledo, Gouverneur und Generalkapitän von Venezuela, 1633 geadelt wurde. Sein Sohn Diego Manuel Xedler y Games hatte eine Tochter Isabel, deren Sohn Feleciano Palacios y Xedler der Großvater von Simon Bolivars Mutter war.

Um die Zeit, als diese Xedler in Venezuela eine Rolle spielten, bestätigte sich ein anderer Xedler in Potosi. Er stammte genau wie die Xedler in Venezuela aus Almagro in Estramadura, und beide waren Abkömmlinge einer Familie, die ein Deutscher, der unter Karl V. nach Spanien gekommen war, in Almagro gegründet hatte. Dieser Xedler von Potosi wurde eine der führenden Gestalten in jenem verwickelten Bürgerkrieg, der unglaublich heftig, aber trotzdem aus keinem erkennbaren Grunde geführt worden, sondern lediglich die Frucht von zuviel Reichtum, Muße, Unternehmungslust und Tapferkeit in einem kalten, aufmunternden Klima gewesen zu sein scheint. Als ein Jesuit Xedler sanfte Vorhaltungen machte, tötete dieser ihn und mußte daraufhin Potosi verlassen. Es ist aufschlußreich, daß dieser Vorfahr von Bolivar einen Bürgerkrieg in einem Geiste geführt hat, der dem Separatismus nahe verwandt ist. Aguirre und Xedler sind daher nicht bloß zwei Namen auf Bolivars Stammbaum, sondern zwei Symbole für Neigungen, die wir in der weiten, üppigen Landschaft von Bolivars Seele beobachten werden – Neigungen, die aus eigenem Antrieb und Recht aus der Vergangenheit aufstehen und sich uns in ihrem natürlichen Zustand darbieten, ehe die Vorstellungen eines späteren Zeitalters sie fremdartig aufputzen.

Das Chaos, in welchem Venezuela im 16. Jahrhundert heranwuchs, war zugleich Ursache und Folge des Fehlens von kirchlichen Einrichtungen und einer Geistlichkeit. Als Pater Pedro de Agreda, der zweite Bischof von Venezuela, 1560 in Coro eintraf, mußte er als Pfarrer fast aller Pfarreien tätig sein, da es praktisch keinen Klerus gab; und um dem Wunsch einiger Siedler zu genügen, die Priester werden wollten, mußte er Schulen einrichten und selber Latein lehren. Es ist vornehmlich deutschen Einflüssen zuzuschreiben, daß die religiöse Seite der Eroberung so verkümmerte, und diese Vernachlässigung war eine der Hauptursachen des langwierigen Chaos, das Venezuela im Gegensatz zu dem organischen Wachstum von Mexiko und Peru ertragen mußte. Ein weiterer Grund dafür mag jedoch sehr wohl der Umstand gewesen sein, daß Mexiko und Peru schon vor den Spaniern eine Tradition als fest gegründete Staaten besessen hatten.

Da es an solcher Tradition und zudem an einem hervorragenden Mann wie etwa Hernan Cortés fehlte, mußte die Begegnung zwischen einem ungeordneten Haufen indianischer Staaten mit einer Reihe unternehmungslustiger Abenteurer, die sich Gouverneure nannten, und Gouverneuren, die auf Abenteuer aus waren, generationenlang eher zu Chaos als zu Frieden und Überfluß führen. Nicht als ob es den Spaniern an bürgerlicher Ordnung gefehlt hätte; aber dieser Bürgersinn betätigte sich eher in örtlichem und gemeindlichem Rahmen. Zwar bekamen die Behörden in der Hauptstadt bereits die Macht der Krone zu spüren, aber trotzdem war die Tradition noch stark genug, die in ihnen kleine Königreiche sah, welche über ihre Verwaltung und Gerichtsbarkeit souverän herrschten; das ging sogar so weit, daß man dem Stadtrat oder Cabildo einer Provinzstadt nahezu die Stellung eines Parlaments einräumte.

Ehe Villasinda, einer der Generalgouverneure, im Amte starb, hatte er entschieden, daß bis zur Ankunft seines Nachfolgers jede Provinz von ihrem obersten Alkalde regiert werden sollte. Dies gefiel den Alkalden nur zu gut, und sie schickten einen Siedler namens Sancho Briceño nach Madrid, um zu erreichen, daß diese Regelung ein für allemal von der Krone bestätigt würde. Das geschah durch königliche Cédula vom 8. Dezember 1560 zugleich mit der Verleihung folgender Rechte: Einmal im Jahr brauchte ein Schiff mit Waren aus Spanien nur die Hälfte des üblichen Zolls zu zahlen, und ferner durften jährlich zweihundert afrikanische Sklaven für die Bergwerke eingeführt werden. Dazu kam eine weitere Verfügung, die hiernach seltsam klingt: Etliche Missionare sollten aus Santo Domingo kommen und das Evangelium verkünden.

Von 1587 bis 1597 herrschte der General der Galeeren von Santo Domingo, Don Diego de Ossorio, über die Provinz. Er genießt in der spanisch-amerikanischen Geschichte hohes Ansehen, das er dem Lob des Chronisten von Venezuela, Oviedo y Baños, verdankt. Infolge der Mißherrschaft seines Vorgängers Rojas herrschte in der Provinz Unruhe. Ossorio hatte Ideen, Mut und diplomatische Begabung. Nachdem er sich einen Plan gemacht hatte, dünkte es ihn klüger, diesen zunächst in Madrid billigen zu lassen. Also schickte er seinen Verwandten Simon de Bolivar nach Spanien, den er aus Santo Domingo mitgebracht hatte. Der geschickte Gouverneur erreichte jedoch, daß seinem Sendboten die Würde eines Procurador verliehen wurde, eines Vertreters des Cabildo von Caracas.

Simon de Bolivar stammte aus Marquina in der Provinz Biskaya und war vierzehn Jahre lang Sekretär einer der Kammern der Audiencia in Santo Domingo gewesen, ehe er als Rechnungsführer und Schatzmeister nach Caracas ging. Die Familie betritt die Bühne also schon hoch oben, in den höheren Rängen der königlichen Beamtenschaft. Der Cabildo ernannte ihn zu seinem Vertreter nicht nur für die Stadt, sondern auch für die Provinz, deren Hauptstadt Caracas war, und maß sich damit Pflichten und Privilegien eines Nationalparlaments zu, wie das in Spanien Brauch war.

Dieser Punkt ist nicht ohne Belang, denn Simon de Bolivar, der Procurador, ist einer der Vorfahren von Simon Bolivar, dem Libertador. Der Ahnherr war ein spanischer Verwaltungsbeamter, im öffentlichen Dienst aufgewachsen, dessen erste Handlung in seinem neuen Vaterland darin bestand, das Volk zu vertreten, zugleich aber auch den Gouverneur; er sollte also dem König die Pläne eines intelligenten und betriebsamen Gouverneurs so vortragen, als handelte es sich dabei um die Wünsche einer Gemeinde von spanischen Bürgern.

Diese Wünsche liefen in der Hauptsache darauf hinaus, Venezuela von Santo Domingo unabhängig zu machen und dem Gouverneur freie Verfügungsgewalt auch gegenüber der Kirche zu geben. Nach dem Katalog dieser Forderungen zu urteilen, war Ossorio gegenüber Santo Domingo ein Separatist, doch lagen ihm zugleich die Interessen der weißen Ansiedler am Herzen. Obwohl Bolivar nicht in allen Punkten gleich erfolgreich war, brachte er doch eine Reihe von Zugeständnissen mit und zudem sich selbst eine Beförderung. Er bekam die Vorrechte eines Regidor oder Gemeindeältesten der Stadt Caracas mit Sitz und Stimme im Rat verliehen. Darin lag eine merkwürdige Abweichung von der republikanischen Tradition der venezolanischen Cabildos. Ossorio hatte als eine seiner ersten Amtshandlungen das Unrecht beseitigt, das sein Vorgänger Rojas der Stadt Caravalleda zugefügt hatte. Die Städte wählten alljährlich ihre Regidores, die ihrerseits wieder die beiden Alcaldes wählten. Rojas hatte das Recht für sich behauptet, die Alcaldes von Caravalleda für 1586 zu ernennen, und hatte die Regidores verhaftet, die seinen Kandidaten die Anerkennung verweigerten. Die Bürger verließen daraufhin die Stadt. Ossorio gab den Regidores ihre Freiheit wieder. Und doch nahm ebendieser Gouverneur Ossorio jetzt den aus Spanien zurückkehrenden Bolivar bei sich auf, der vom König auf Lebenszeit zum Regidor ernannt worden war, und erwirkte aus eigenem Antrieb 1594 in Madrid eine Verfügung, durch die alle Regimientos oder Ämter als Gemeinderat seiner Regierungszeit für käuflich und dauernd erklärt wurden.

Das also war die Haltung, die von Simon de Bolivar, dem Procurador, über die Jahrhunderte hinweg lebendig blieb, um im Herzen Simon Bolivars, des Libertadors, fortzuwirken: Anteilnahme an den Geschäften des Gemeinwesens der weißen Einwanderer, denen das Land und die Bergwerke, das Vieh und die Sklaven gehörten, ja sogar die Indianer – wohlhabender Männer, die Mut, Stolz und Privilegien ihr eigen nannten und Wert legten auf den guten Ruf bei ihresgleichen, größeren Wert aber noch auf den Titel oder das Amt, die ihnen der ferne Monarch in den Königreichen des alten Spanien verleihen mochte.

Aus den Linien der Bolivar, aber auch der Villegas, Infante, Martinez de Madrid und Ladron de Guevara floß dem Libertador der Saft alter spanischer Eichen und Lorbeerbäume zu. Als geschichtliche Gestalt würde Simon Bolivar jedoch weniger repräsentativ, als menschliches Wesen weniger vielschichtig und zudem in der Scholle der Neuen Welt weniger fest verwurzelt gewesen sein, wenn er rein weißer Abkunft gewesen wäre. Vielleicht hätten ihn Geist und Wirkkraft seiner Umwelt trotzdem beeinflußt, aber es wäre ihm nicht möglich gewesen, zu den tieferen Schichten der Seele Westindiens vorzudringen, wie er es tat, hätte seine Familie nicht das eine oder andere Mal – wahrscheinlich mehr als einmal – das Blut von Negern und Indianern in sich aufgenommen. «Was werden die europäischen Nationen sagen, wenn sie hören, daß Bolivar ein Zambo ist?» fragte Simon Rodriguez oder Carreño in seiner leidenschaftlichen Verteidigung des Libertadors. «Was werden die blonden Männer in England und Schottland und Frankreich und vor allem in Andalusien dazu sagen, daß in Peru ein Zambo über Indianer herrscht! Wie empörend! Und was würden kluge Leute sagen, wenn der Verfasser dieser Verteidigungsrede es übernähme, mit Hilfe von Urkunden oder Behörden nachzuweisen, daß Bolivar ein Weißer ersten, zweiten oder dreißigsten Grades ist? Ein Edelmann der ersten oder der hundertsten Klasse? Bolivar und sein Verteidiger sind beide Zambos, aber keiner von beiden ist ein Narr!»

Der Wunderling, den eine Laune des Schicksals zum Gefährten des jungen Bolivar machte, hat kaum je etwas Gescheiteres geschrieben. Der erfahrene Schulmeister, der sich im Ruhme seines nun berühmt gewordenen Schülers sonnte, wollte weder zugeben noch leugnen, daß in Bolivars Adern die drei Blutsorten rannen, die Westindien gebildet hatten; denn leugnete er es, so würde der Libertador wertvollen Anhang unter den Massen verlieren, und gäbe er es zu, so verlöre der Libertador das Prestige, das immer noch mit der rein weißen Abstammung verbunden war. Die Tatsache aber, daß diese beiden Einstellungen sich gegenseitig ausschlossen, verhinderte keineswegs, daß beide in jedermanns Blut einträchtig nebeneinander wohnten, mochte er weiß oder schwarz, indianisch oder ein Mischling sein, und so war es auch bei den beiden Simons, Rodriguez und Bolivar.

Man darf ruhig annehmen, daß diejenigen Äste von Bolivars Stammbaum, die man bisher noch nicht erforscht hat, höchstwahrscheinlich durch indianisches oder schwarzes Blut im Boden verwurzelt sind. Ein Fall ist so gut wie sicher: eine der Urgroßmütter von Bolivar, welche die Bergwerke von Aroa und dazu das Haus, in dem er geboren wurde, in die Familie gebracht hat, Josefa Marin de Narváez, war die uneheliche Tochter des Francisco Marin de Narváez und einer Frau, von der man wenig weiß. Marin sagt selber: «Ich habe eine natürliche Tochter, die ich als solche anerkenne und die Josefa heißt; ich bekam sie von einem Mädchen aus guter Familie, deren Namen ich aus Achtung nicht nenne, die ich aber ohne Erlaubnis geheiratet haben könnte, als das Kind geboren wurde.» Es ist mehr als wahrscheinlich, daß dieses «Mädchen aus guter Familie» dunkelhäutig gewesen ist.

Wie konnte die uneheliche Tochter einer Dame, die entweder dunkel war oder von allen Beteiligten im Dunkeln gelassen wurde, in eine so glänzende Familie gelangen, wie die Bolivars es waren? Die Antwort darauf lautet: Reichtum. Francisco Marin de Narváez war in Cojar im Königreich Granada geboren. Auf Grund einer königlichen Cédula von 1663 kaufte er von der Krone für vierzigtausend Pesos das Bergwerk Cocorote und die Herrschaft Aroa einschließlich des Rechts, die dortigen Richter zu ernennen und zu entlassen. 1668 wurde seine Tochter geboren. Die Mutter wird nicht erwähnt, ehe er sie 1673 bei seinem Tode als eine «doncella principal» beschreibt. Das Kind wurde von ihrer Tante Doña Maria Marin de Narváez erzogen, die das Caritas-Hospital in Caracas gegründet hatte; Tante und Nichte lebten beide im Hause eines Onkels, Gonzalo Marin de Granizo. Beim Tode ihres Vaters wurde die damals fünfjährige Josefa eine reiche Erbin und erregte dadurch große Aufmerksamkeit. Der Proveedor Pedro Jaspe de Montenegro, Alguacil Mayor oder Oberkonstabler der Inquisition und Alcalde von Caracas, den Marin in seinem Testament als Vormund benannt hatte, falls seine Schwester sterben sollte, wurde sehr besorgt, weil er «erfahren hatte, daß das Gesetz Frauen mit Ausnahme der Mutter und Großmutter verbiete, Vormund zu sein, da dieses Amt ihr Geschlecht nicht zuläßt». Trotz Doña Marias Protesten setzte sich der amtierende Alcalde ordinario über das Testament hinweg und übergab das kleine Mädchen (und das große Vermögen) seinem früheren oder künftigen Kollegen. Josefa war damals sieben. Schon nach sechs Jahren verheiratete der Proveedor sie an seinen Neffen Pedro Ponte, der in seinem Testament von 1716 freimütig erklärt: «Zur Zeit meiner Heirat besaß ich weder Kapital noch anderes Eigentum, und meine obgenannte Frau brachte mir hier in der Stadt am Platz des Klosters San Jacinto einige Häuser mit, ein Landgut mit Kakaoplantagen im Tal St. Nicholas im Gebiet der Stadt Barquisimeto und ein weiteres Landgut, ebenfalls mit Kakaoplantagen, im Tal Niaren im Gebiet der Stadt Nirgua, dazu auf beiden eine Anzahl Sklaven sowie das Eigentum an den zu beiden Gütern gehörigen Ländereien, die mir von meinem obgenannten Onkel als Vormund meiner obgenannten Frau ausgehändigt wurden.»

DRITTES KAPITEL

Das Elternhaus

Die Familien beider Eltern, die Bolivars und die Palacios, nannten schon seit Generationen Reichtum, Bildung und Macht ihr eigen. Seit der Ankunft jenes Simon de Bolivar im Jahre 1587 hatte die Familie in den regierenden Kreisen des Landes nicht einen Augenblick gefehlt. Am 17. September 1593 wurde Simon II., dem Sohn Simons I., die Encomienda oder Treuhandschaft über die Quiriquire-Indianer im Tal von San Mateo verliehen, und dieses Landgut sollte der Lieblingsaufenthalt der Familie werden.

Die Bolivars waren also fest verwurzelt in der spanischen Tradition der reichen, aristokratischen und mächtigen Weißen, die auf ihrem Glauben, ihrer Königstreue, ihren Titeln und Privilegien und ihren Indianern und schwarzen Sklaven beruhte. Don Juan Vicente de Bolivar y Ponte, des Libertadors Vater, war der Erbe aller dieser Eigenschaften. In Caracas lebte er im Hause der Josefa Marin de Narváez und in San Mateo in der Encomienda seines Ahnherrn, des königlichen Schatzmeisters. Er war Oberst der 1786 aufgestellten Kompanie abenteuernder Edelleute und überhaupt eine führende Persönlichkeit im Lande. Seine elegante Erscheinung spielt in ein paar sensationellen Vorkommnissen der unruhigen Zeit, in der er lebte, eine Rolle. Am 24. Februar 1782, genau siebzehn Monate vor der Geburt seines jüngeren Sohnes, der seinen Namen berühmt machen sollte, unterzeichnete der Oberst zusammen mit zwei anderen Edelleuten aus Caracas einen Appell an Miranda, den «erstgeborenen Sohn, von dem das Mutterland diesen wichtigen Dienst erwartet», und erklärte sich selber «bereit, ihm als unserem Führer bis ans Ende zu folgen und den letzten Blutstropfen für gute und größere Dinge zu vergießen».

Was wollten diese Edelleute denn erreichen? Wer war der Erstgeborene, an den sie appellierten? Noch war Miranda kein Rebell. Er war Oberstleutnant in der spanischen Armee und verdankte seinen Ruf in seiner Heimat Venezuela seiner glänzenden militärischen Laufbahn und seinem Anteil an den spanischen Feldzügen gegen die Engländer in Florida, vornehmlich an der Belagerung und Kapitulation der englischen Festung Pensácola. Nur wenige Wochen, nachdem er den Brief von den drei Edelleuten aus Caracas erhalten hatte, sollte er abermals die Kapitulation von Engländern entgegennehmen – der Garnison der Bahamas. Er muß den Brief mit gemischten Gefühlen gelesen haben, kam er doch aus jenen Kreisen, die seinem Vater zugesetzt und ihn verfolgt hatten, weil er als Kaufmann seine nobilitate Uniform und Stock eines Hauptmanns getragen hatte. Vater und Sohn Miranda waren beide Snobs und waren tief erbittert über diese Verfolgung, der nicht einmal die andauernde Gunst der Krone hatte Einhalt gebieten können. Der Anführer dabei waren ein Hauptmann Tovar und ein Hauptmann Ponte gewesen, und dessen würde sich Miranda gewiß erinnern, wenn er am Fuß des Briefes die Namen Don Martin de Tovar und Don Juan Vicente Bolivar y Ponte las.

Zu jener Zeit lebten alle diese Männer in einem sehr komplizierten Zustand ungewisser Treupflichten. Miranda gefährdete eine glänzende Zukunft als spanischer Offizier sowohl durch dunkle Handelsunternehmungen als auch durch zwielichtige Abmachungen mit den Engländern. Ihm war nicht klar, wie weit er bei seinem Schwanken zwischen Treue und Untreue ging oder wie weit er überhaupt gehen wollte. Don Juan Vicente de Bolivar und seine Freunde hingegen gaben jener «separatistischen» Verbitterung Ausdruck, die in der spanischen Geschichte so oft mit völliger Ergebenheit gegenüber der Krone Hand in Hand geht. Der Brief an Miranda ist vielfältig enthüllend. Die Edelleute in Caracas sind entrüstet über die «Beleidigungen», die ihnen vom Intendente, dem höchsten Beamten am Orte, und daher von »jedem gotischen Tunichtgut» zuteil wurden (Gote war der Spitzname für europäische Spanier in Südamerika). Am

FRANCISCO MIRANDA

schlimmsten aber, so setzten sie hinzu, sei, daß der spanische Prokonsul «alle Amerikaner, wie auch ihr Stand, Rang oder ihre Verhältnisse sein mögen, behandelt wie billige Sklaven». Diese Worte machen die Lage hinreichend klar.

Bolivars Vater war also ein mißvergnügter spanisch-amerikanischer Aristokrat, geboren und erzogen in Caracas, aber durchdrungen von spanischer Überlieferung. In seiner Bibliothek waren die wichtigsten Werke die dreizehn Bände der «Ordenanzas Militares», die «Comedias» des Calderon de la Barca und die achtzehn Bände der Sämtlichen Werke von Feijóo, dem aufgeklärten Kritiker und Denker des spanischen 18. Jahrhunderts. Er war stolz auf seine Titel und Würden, deren Quelle der spanische Hof war. Das vertrug sich mit dem Geldverdienen; zwar versteckte er sich hinter einem Bürgerlichen namens Carasco, doch war Don Juan Vicente de Bolivar der wirkliche Inhaber eines Ladens, wo er Kleider verkaufte, die er im Tausch gegen den Kakao von seinen Gütern aus Spanien eingeführt hatte. Don Juan Vicentes Vater, Don Juan de Bolivar Villegas, Generalleutnant der spanischen Armee, hatte zweiundzwanzigtausend Dukaten in dem spanischen Kloster Montserrat hinterlegt, um damit einen der beiden kastilischen Adelstitel zu kaufen, die der König dem Kloster zugestanden hatte, «damit es die Kosten für Reparaturen und Neubauten aufbringen könne». Der Anspruch auf den Titel blieb das ganze Jahrhundert über bestehen; zwar sind keine Papiere aufgetaucht, aus denen hervorgeht, daß Don Martin (der Erbe Don Juans) oder Don Juan Vicente, der bei Don Martins Tod Erbe wurde, in dieser Sache weitere Schritte unternommen haben, aber die Tatsache, daß das Geld – ein ansehnlicher Betrag – nicht zurückverlangt wurde, beweist, daß sie ihren Anspruch auf den gekauften Titel aufrechterhalten wollten.

In der Stadt Caracas bewohnte die Familie das Haus, das ihr die dunkelhäutige Erbin hinterlassen hatte; gelegentlich wohnten sie auf dem Landgut San Mateo. Sie waren «mantuanos puros», also eine Familie, deren Frauen das Recht hatten, den Manto als Zeichen des höchsten Ranges zu tragen. Auf der Seite der Bolivars nahm die Familie für alle Zeit einen Sitz als Regidor oder Ratsherr im Cabildo von Caracas ein, während die Palacios das Amt eines «Alférez real» oder königlichen Fähnrichs bekleideten. Beide gehörten zu den vornehmsten Amtsträgern, die an Tagen, an denen ein Besamano oder Levée gehalten wurde, in Gewändern aus Gold und Silber, Seide und Spitze dem Generalkapitän ihre feierliche Aufwartung machten, um dann Seiner Exzellenz zum Hochamt und Tedeum in die Kathedrale zu folgen.

Das gesellschaftliche Leben in Westindien richtete sich nach einer Etikette und zeremoniellen Vorschriften, die noch strenger waren als in Spanien selber. Die Form der Anrede war vorgeschrieben, mit Kleidung, Besuchen und Manieren spaßte man nicht. Keine unangemeldeten Besuche, kein brüskes Auftreten wurden geduldet. Eine Dame besuchte eine Freundin nicht nachmittags, ohne das vormittags angekündigt zu haben. Die Kinder wurden zwar nach dem Gesetz von ihren Eltern frühzeitig in einem Maße unabhängig, daß Depons sich darüber aufregte, begegneten ihnen aber unterwürfig und gehorsam und redeten sie ihr Leben lang mit dem steifen und zurückhaltenden Titel «Vuestra Merced» an. Die vier Kinder von Don Juan Vicente Bolivar – Maria Antonia, Juana, Juan Vicente und Simon – empfanden jedenfalls tiefe Achtung vor diesen Formen einer lebendigen Überlieferung. Depons berichtet: «Spanische Kinder, ob reich oder arm, ob weiß oder schwarz, ob Freie oder Sklaven, erbitten und erhalten jeden Morgen nach dem Aufstehen und jeden Abend vor dem Schlafengehen auf ihren Knien den Segen von Vater und Mutter und küssen, ehe sie sich erheben, die Hand, die sie gesegnet hat. Dieselbe Zeremonie wird tagsüber jedesmal wiederholt, wenn der Vater, die Mutter, der Onkel, die Tante oder die Kinder von draußen zurückkehren und das Haus betreten.» Depons setzt hinzu, daß «diese Ehrerbietung im allgemeinen rein äußerlich» sei. Der Wert von Formen und die Zucht gewisser Gesten gingen über seinen Verstand, wie das heute leider bei den meisten Menschen im Westen der Fall ist.

Als Simon drei Jahre alt war, waren Maria Antonia neun, Juana sieben und Juan Vicente fünf, ihre Eltern sechzig und siebenundzwanzig. Das älteste und das jüngste der Kinder waren dunkelhaarig und blaß, während Juana und Juan Vicente rosig und blond waren. Simons vollständiger Name lautete: Simon José Antonio de la Santissima Trinidad. Diese letzte Anrufung war in der Familie zur Tradition geworden, seit Pedro Ponte Andrade Jaspe de Montenegro mit mehr Namen als Geld Josefa Marin de Narváez mit mehr Geld als Namen geheiratet hatte. Pedro Ponte war ein frommer Verehrer der heiligen Dreifaltigkeit und hatte für die Anbetung dieses göttlichen Geheimnisses in der Kathedrale eine Kapelle gestiftet. Für den gleichen Zweck hatte er sogar eine besondere Kirche gebaut. Die Kapelle wurde für die Familie Bolivar eine Art jenseitige Heimat, da ihre meisten Angehörigen dort bestattet wurden. Die Kirche wurde 1742 von dem Baumeister Juan Domingo Infante begonnen und 1783, in Simon Bolivars Geburtsjahr, fertiggestellt. Dieser Umstand erhielt plötzlich auf dramatische Weise historische Bedeutung, als Simon Bolivar neunundzwanzig Jahre zählte.

Don Juan Vicente de Bolivar y Ponte starb am 19. Januar 1786. Sein Testament enthält viele aufschlußreiche Einzelheiten über den Charakter, die Anschauungen und Umwelt dieses typischen Kreolen des 18. Jahrhunderts.

Es besteht aus zwei Teilen: einer Vollmacht des Sterbenden für seine Frau und seinen Schwiegervater, das Testament nach seinen Aufzeichnungen aufzusetzen, und aus dem Letzten Willen selber. Was einem bei der Lektüre dieser Urkunde zuerst auffällt, sind die starken religiösen, sozialen und aristokratischen Überlieferungen, auf denen sie beruht. Der Sterbende beginnt: «Im Namen Gottes, unseres Herrn, Amen.» Nach einer längeren Einleitung bestimmt dieser amerikanische Spanier, der noch vier Jahre vorher zur Rebellion unter Miranda bereit gewesen war, daß «ich eingekleidet werde mit meinen militärischen Ehrenzeichen und beigesetzt mit den Vorrechten, die mir nach militärischem Recht zustehen, in der Gruft der Dreifaltigkeitskapelle, deren Patron ich bin.» Diese Seele, die nach eigenem Urteil nicht weniger als zweitausend Messen benötigte, um in den Himmel zu gelangen, gehörte einem Mann, der sich nach Kräften ausgelebt hatte, ehe er als Sechsundvierzigjähriger ein Mädchen von vierzehn Jahren geheiratet hatte. Er konnte wählerisch sein; denn während seine mädchenhafte Braut «zwei Sklavinnen, Tomasa und Encarnacion, von etwa sechzehn Jahren» in die Ehe einbrachte, brachte er 258 500 Pesos mit, ganz abgesehen von dem Wert mehrerer Landgüter. Die Beschreibung seiner Zucker-, Kakao- und Indigopflanzungen «mit den dort befindlichen Sklaven», seiner Häuser in Caracas und La Guaira, seiner Möbel und seines Silbers nehmen eine ganze Seite ein. Geld schuldet er niemandem. Er verteilt sein Vermögen unter seine vier Kinder und das fünfte, das seine Frau zur Zeit seines Todes erwartet. Dann kommt eine unklare Klausel. Doña Concepcion soll aus seinem Vermögen vierhundert Pesos nehmen, «um auszuführen, was ich ihr mitgeteilt habe, damit mein Gewissen entlastet werde». Derartige Klauseln in einem Testament hingen damals gewöhnlich mit irgendeiner vorehelichen Liaison zusammen. Vielleicht bezog sie sich auf Agustin Bolivar, dem ohne weitere Erklärung «einmalig» zweihundert Pesos hinterlassen werden; er beanspruchte bald nach Don Juan Vicentes Tod, dessen unehelicher Sohn zu sein, und war es wahrscheinlich auch. Nicht umsonst hatte der Oberst der weißen Miliz in Caracas die Vermittlung «der Engelskönigin, der allerheiligsten Maria, unserer Königin und Herrin» angerufen.

Der Priester, der Simon getauft hatte, war sein Onkel Don Juan Felix Jerez Aristeguieta y Bolivar. Daß er reich war, versteht sich von selbst. Am 8. Dezember 1784, als Simon achtzehn Monate alt war, machte dieser Priester sein Testament und setzte das von ihm getaufte Kind an die Spitze möglicher Nutznießer eines Stiftungsvermögens, das seine ganze Habe umfaßte, nämlich sein Haus in Caracas, zwischen der Kathedrale und dem Bischofspalast, mit dem ganzen Mobiliar sowie mehrere Landgüter mit ihren Sklaven. Dieses Geschenk war mit etlichen Verpflichtungen belastet, die sich aus des Erblassers Charakter ergeben, über den er uns nicht im geringsten Zweifel läßt. «Ich, der Doktor Don Juan Felix Jerez Aristeguieta, ein Priester ... in dieser Republik ein Edelmann von erstem Rang, den ich unwidersprochen seit den Tagen meiner ältesten Ahnen, der Eroberer dieser Provinz, einnehme, erkläre, daß es einer meiner vornehmsten Wünsche ist, Dauer, Glanz und Wohlstand meiner Familie zum höheren Ruhm unseres Herrgotts zu sichern ... damit sie nicht von der Höhe herabfalle, die Er uns gewährt hat und die meine Vorfahren ruhmreich zugleich mit der heiligen katholischen Religion verteidigt haben, welche wir bekennen und von Geschlecht zu Geschlecht im Dienste beider Majestäten weitergereicht haben ...»

Beide Majestäten, nämlich Gott und der König von Spanien. Diese beiden Treupflichten stehen in Doktor Aristeguietas Gedanken über allem andern. Das Stiftungsvermögen soll La Concepcion heißen, weil er dieses Geheimnis besonders verehrt. Der Nießbraucher soll dafür sorgen, daß das Vermögen wachse und nicht verfalle; er soll seinen Erstgeborenen Juan Felix taufen und ihm den Beinamen Aristeguieta geben und nicht, wie üblich, den Namen seiner Mutter. Kein Geistlicher hat Anspruch auf Vermögen, und niemand anders als eheliche Söhne aus legitimen Ehen; auch niemand, der bereits Nießbraucher eines anderen Vermögens ist, und keine Frauen. «Da eines der Hauptmotive für die Stiftung die Fortdauer meiner Familie in ihrem höchsten Glanz und Ruhm ist, muß der Erbe notgedrungen mit Zustimmung meiner Verwandten eine Person von gleichem

Adel heiraten.» Hierüber verbreitet sich Dr. Aristeguieta ausführlich. Der Erbe muß in Caracas leben, wovon es keine Befreiung gibt außer den Dienst für Seine Majestät. Zweimal im Testament erklärt der Erblasser, daß er nach kastilischem Recht verfährt.

Die Krone dieses Testaments ist jedoch eine Klausel, die wie eine Prophezeiung klingt. «Daß ebenfalls von dem Genuß und Besitz dieses Vermögens jeder ausgeschlossen werde, der das Unglück hat, ein übles und fürchterliches Verbrechen gegen die Majestät, göttlich oder menschlich, oder dergleichen zu verüben; und sollte es geschehen (was Gott verhüte), daß er solche Verbrechen begehe, dieweil er im Besitz dieser Stiftung ist, so ist mein Wille, daß er abgeschieden werde, und scheide ich ihn ab von Genuß und Besitz ... mit Wirkung vom Tage, bevor er es begangen hat.» Deutlicher konnte man nicht sein: der Priester, der Simon Bolivar getauft hatte, hinterließ sein Vermögen dem Kind unter der Bedingung, daß dieses Gott und dem König von Spanien die Treue halte – eine Bedingung, welche, wie alle seine andern Bedingungen, «unfehlbar zu erfüllen war».

Solcherart war die Atmosphäre des Elternhauses, in welchem Bolivar aufwuchs. Sein Vater starb, als er drei Jahre alt war. Der Priester, der ihn getauft und zum reichen Mann gemacht hatte, war schon vorher gestorben. Die Hauptpersonen, die in seinem Elternhaus verblieben, waren seine Mutter und deren Vater. Von seiner Mutter besitzen wir einen Brief und ihr Testament, die beide über ihre Persönlichkeit Aufschluß geben. Doña Concepcion war eine Frau von lebensbejahender und praktischer Sinnesart und vermochte die vielfältigen Aufgaben und den Unterhalt eines reichen Haushaltes mit klarem Kopf zu bestreiten. In dem Brief, der von den beiden Dokumenten das persönlichere ist, findet man keine Gefühle, ja eher eine gewisse männliche Härte. Sie bedauert die Flucht eines Sklaven, hofft, daß man ihn fangen werde, und verlangt, daß ihr Bruder – an den sie schreibt – sich darum kümmere. Weiter erörtert sie den Ankauf einiger

Neger und erwägt kühl Alter, Leistungsfähigkeit und andere Eigenschaften der «Stücke», die gekauft werden sollen, denn, so schreibt sie, «man darf solche Sklavenkäufe nicht überstürzen, da sie sehr gut sein müssen, wenn man den geforderten Preis zahlen soll ... Es tut einem leid, dreihundert Pesos für Sklaven auszugeben, die man nicht länger als acht Jahre benutzen kann, und die schwarze Frau wird kaum mehr viele Kinder kriegen.» Dann ohne Übergang: «Mein Vater fragt mich, wie viele Muli ich habe und wie alt sie seien, weil er von einigen gehört hat. Ich habe ihm gesagt, wenn Du kommst, werde ich ihm über jedes Auskunft geben.»

Der Stil ist knapper, unmittelbarer und geschäftsmäßiger als der ihres hochtrabenden Gatten. Sie bemißt den Wert einer Negerin als Mutter zukünftiger Sklaven, und sie kennt jedes einzelne Maultier. Selbst was sie in ihrem Testament über ihren Glauben und die göttlichen Geheimnisse sagt, wirkt, als wäre es von ihrem Gemahl abgeschrieben, nur verkürzt und vereinfacht. In dem Brief an ihren Bruder klingen ihre Hinweise auf religiöse Dinge merkwürdig buchhalterisch: «Juancho ist abgereist, weil Maria de Jesús ihre Entbindung sehr bald erwartet, und mir geht es gut, Gott sei Dank scheine ich ganz wiederhergestellt zu sein. Trotzdem muß ich dafür zahlen, indem ich religiöse Kleidung trage, um üble Folgen zu verhindern; aber ich werde sie bereitwillig anlegen.»

Es ist bedenklich, einen Charakter allein aus zwei Schriftstücken aufzubauen. Stimmungen wechseln, und selbst das unmittelbarste Schriftstück spiegelt vielleicht nicht ganz die Stimmung des Augenblicks, in dem es verfaßt wurde. Aber der einzige Brief von Doña Concepcion, der uns überliefert ist, steckt so voll Leben, daß sich manche Eigenschaften, die er verrät, unserer Phantasie einprägen. Bolivars Mutter stand mitten im Leben, tat ihre Pflicht, ließ sich nichts gefallen und hatte für Theorien nichts übrig. Sie war lebensnah, praktisch und nahm ihre Familie, ihren Reichtum, ihre Sklaven und ihren Glauben als selbstverständlich hin. Sie muß eine gute

Mutter gewesen sein, weder zu streng noch zu zärtlich, und eine glänzende Hausfrau und Gutsverwalterin.

Doña Concepcion hatte eingewilligt, daß ihr Bruder Esteban nach Madrid geschickt wurde, um über die Verleihung des Marquisats an ihren älteren Sohn Juan Vicente zu verhandeln. Dieser Entschluß ist vielleicht nicht ganz freiwillig gewesen. Es gibt etliche Anzeichen dafür, daß sich ihre Familie mehr und mehr in die Angelegenheiten ihrer Kinder einmischte. Einige Hinweise finden sich in ihrem Testament. Ihr guter Vater ist sehr darauf bedacht, daß bei seinen Abrechnungen zwischen ihm und seiner Tochter und seinen Enkeln sein Wort den Ausschlag gebe, und ihre Brüder werden als Verwalter des einen oder andern Gutes des jungen Juan Vicente oder Simons genannt, wobei es ihnen nicht schlecht zu gehen scheint. Offenbar hatte Doña Concepcion eine Schwäche für ihren Vater und ihre Brüder, die ihrerseits darauf bedacht waren, daß diese Schwäche möglichst reiche Früchte trug. In diesem Lichte sollte man Estebans Reise nach Spanien und seinen langen Aufenthalt dort betrachten. Der Anspruch auf das Marquisat lieferte einen glänzenden Vorwand, um den jungen Mann auf Juan Vicentes Kosten zu finanzieren, und Estebans eifriges Bemühen, Simon mit dem Titel eines Grafen von Casa Palacios zu schmücken, mag sehr wohl nur ein trefflicher Vorwand gewesen sein, um sein aufwendiges Leben bei Hofe auf Kosten seines jüngeren Neffen fortzusetzen, nachdem der ältere bereits ein Marquis geworden war. Das alles setzte offenbar ein gewisses stilles Einverständnis von Doña Concepcion voraus, die vielleicht fand, daß ihre Söhne reich genug begütert waren, um ohne übermäßige Anspannung auch noch ihre Brüder durchzubringen. Gleichzeitig geht daraus eine gewisse Gemeinsamkeit des Geschmacks, der Ansichten und Vorurteile hervor. Wir wissen aus einem Brief Estebans an seine Schwester, daß sie ihm geraten hatte, sich um ein Offizierspatent in der königlichen Leibwache zu bemühen.

Doña Concepcion starb am 6. Juli 1792 im Alter von

dreiunddreißig Jahren. Ihr Vater Don Feliciano Palacios y Soja stand weiter dem Haushalt vor. Er scheint ein erfahrener und tätiger Mann gewesen zu sein, der genau wußte, wo sein Vorteil lag, und starken Familiensinn besaß, obwohl sein Sohn Esteban dazu neigte, seinen Mangel an Weltkenntnis zu kritisieren. Als erstes befreite er sich von seinen Enkelinnen. Innerhalb eines Jahres nach dem Tode ihrer Mutter verheiratete er beide: die fünfzehnjährige Maria Antonia an Don Pablo Clemente Palacios und Juana, die noch nicht vierzehn war, an Don Dionisio de Palacios Blanco. In einem Brief an seinen Sohn Esteban schreibt er, wie beglückt er sei, ihre Geldangelegenheiten los zu sein, denn schon am 13. Oktober befanden sich beide jungen Damen in ihren neuen Heimen. Der Haushalt war nun praktisch frauenlos. Simon Bolivar war neun Jahre alt.

VIERTES KAPITEL

Der geistige Horizont

Dieser Umstand, daß Bolivar seit 1792, als er neun Jahre alt war, ohne Mutter und ohne Schwestern aufwuchs, ist bisher vielleicht nicht genügend gewürdigt worden. Juan Vicente war elf und «Simoncito» neun, als sie der Obhut ihres Großvaters Don Feliciano Palacios überlassen blieben. Die beiden Schwestern wurden in demselben Jahr verheiratet, ihre drei jungen Tanten bald darauf. Irgend etwas im Innern der Brüder muß damals aufgehört haben zu wachsen – ein Umstand, der für einen von ihnen und für die Welt schicksalhaft wurde. Die geheime Welt gemeinsamer Erinnerungen, die sie von Vater und Mutter ins Leben mitbekommen hatten, verschloß sich allmählich vor dem Licht der Sonne und verschwand aus ihrem geistigen Blickfeld, um unter neuen Formen, Gewohnheiten und Vorstellungen begraben zu werden.

Zwischen ihrem tieferen Wesen und der täglichen Umwelt blieb ihnen nichts als der alte Mann. Auch er war von überlieferten Grundsätzen und Gewohnheiten durchdrungen, doch stand er ihnen ferner und war außerstande, die beiden zarten Naturen zu ergründen, von denen ihn zwei Generationen trennten. Im März 1792 schreibt er an seinen Sohn Esteban über Privilegien und über die Nachforschungen, die Esteban nach dem blauen Blut der Bolivar und der Palacios anstellen sollte. Esteban teilt ihm mit, daß sein Titel als Alférez Real verlängert worden sei «mit denselben Privilegien, die bei der ersten Verleihung in der Cédula enthalten waren; ich bin hocherfreut, weil es Euer Gnaden große Freude machen und alle Neider enttäuschen wird». Don Feliciano schreibt, daß er an seinen Papieren arbeite und an denen seines Enkels Juan Vicente, die mehr Zeit beanspruchen, «weil sie von der Audiencia ausgefertigt werden müssen und weil ich nicht weiß, wie wir den Haken mit der Marin zurechtbiegen sollen». Über diese Marin gleich mehr.

Er war sehr erfreut, als sein Sohn «das Glück» hatte, in die besondere amerikanische Kompanie der königlichen Leibwache einzutreten, die auf den Wunsch «einiger reicher Amerikaner bei Hofe» aufgestellt wurde. Er wünscht sich einen militärischen Orden und reicht einen Antrag ein auf Grund «der bescheidenen Verdienste meines Hauses und meiner und Deiner Person.» Dabei gesteht er ein leises Unbehagen hinsichtlich der Schwierigkeiten ein, die beim Nachweis der Reinheit seines Blutes auftreten könnten, «was mir sehr schmerzlich sein würde». Aber diese und andere Sorgen endeten für ihn plötzlich mit seinem Leben am 5. Dezember 1793. Die beiden verwaisten Knaben blieben einsam zurück.

Aus Ziffer 57 von Don Felicianos Testament geht hervor, daß er beide Knaben gefragt hatte, wer ihr Vormund sein solle, und daß keiner von beiden ihren älteren Onkel Carlos gewählt hatte. Als es um «meinen Enkel Don Simon de Bolivar», damals elf Jahre alt, ging, «und ich ihn fragte, wen von seinen Verwandten er sich als Erzieher wünsche, antwortete er, als ob er das bereits gründlich bedacht hätte, er wolle seinen Onkel Don Esteban Palacios y Blanco». Nun befand sich Esteban bereits in Spanien, woraus deutlich wird, daß «Simoncito» von seinem Onkel Carlos nicht viel hielt. Carlos war nicht der Mann, der auf seinen jungen Neffen Eindruck machen konnte. Faul, kleinlich und untüchtig, verwaltete er seiner Neffen Vermögen ohne wirkliches Verantwortungsgefühl und betrachtete seine Mündel teils als Lämmer, die man scheren konnte, und teils als lästige Störung.

Die Brüder Carlos und Esteban waren beide darauf bedacht, von ihrem Schwager Juan Felix Palacios, dem Erzieher von Juan Vicente, die Auslagen erstattet zu bekommen, die Esteban bei seinen Bemühungen um das Marquisat entstanden waren und die nach beider Ansicht aus dem

Vermögen ihres jungen Neffen bestritten werden sollten. In einem diesbezüglichen Brief beklagt sich Carlos über «die Unverschämtheit unseres Schwagers, des Erziehers von Juan Vicente», und teilt Esteban mit, es sei ihm gelungen, mit dem Mann ihrer Schwester zu einer Einigung zu gelangen. Der Ton dieser ganzen Korrespondenz verrät eine Kälte gegenüber den Knaben, die diese empfunden haben müssen.

Die beiden Brüder Palacios befanden sich damals mit ihren Treupflichten in dem für ihre Zeit charakteristischen Zwielicht. Sobald ihr Vater gestorben war, bat Carlos seinen Bruder, ihm den Titel eines königlichen Fähnrichs zu besorgen, den sein Vater geführt hatte. Esteban konnte einen Erfolg melden, gibt jedoch einer gewissen Skepsis hinsichtlich solcher Ehren Ausdruck, «die nur Kosten und schwierige Verpflichtungen verursachen». Gleichwohl teilte Esteban am 10. Februar 1799 weiter mit, daß er schon im vorigen August Offizierspatente als Hauptmann für Carlos, als Oberleutnant für Juan Vicente und als Leutnant für den jungen Simon geschickt habe, der damals fünfzehn Jahre alt war.

Bolivars erste Amme war eine Dame kubanischer Herkunft gewesen, eine nahe Freundin seiner Mutter, Doña Inés Mancebo, deren Gatte Don Fernando de Miyares später Gouverneur von Maracaibo und Generalgouverneur von Venezuela wurde. Nach kreolischem Brauch bat Bolivars Mutter, die ihr Kind nicht selber stillen konnte, ihre Freundin, die damals ein eigenes Kind stillte, auch an Simon Mutterstelle zu vertreten, bis man eine Amme gefunden hätte. Auch später bewahrte Bolivar dieser Dame seine achtungsvolle Zuneigung, obwohl sie der spanischen Sache unwandelbar die Treue hielt. Als die Besitzungen aller europäischen Spanier 1813 von den Patrioten eingezogen wurden, schrieb er an Oberst Pulido, den Gouverneur von Barinas, um die Beschlagnahme des Gutes Bocomi zu verhindern, das Doña Inés Mancebo gehörte: «Alles, was Sie zugunsten dieser Dame tun, wird der Dankbarkeit entsprechen, welche ein Herz wie das meinige der Person zu bewahren weiß, die mich wie eine Mutter genährt hat. Sie war es, die mich während der ersten Monate meines Lebens an ihre Brust nahm. Welch bessere Empfehlung könnte es für einen Mann geben, der zu lieben und dankbar zu sein weiß?» Bolivar scheint jedoch zu Doña Inés nur zeitweilig und flüchtig Beziehungen unterhalten zu haben. Anders zu seiner dauernden Amme, der schwarzen Sklavin Hipólita vom Gut San Mateo, die achtundzwanzig Jahre alt war und 1791 auf dreihundert Pesos geschätzt wurde. Noch 1825 schrieb er an seine ältere Schwester: «Ich füge einen Brief von meiner Mutter Hipólita bei, damit Du ihr alles gebest, wessen sie bedarf, und sie behandelst, als ob sie meine Mutter wäre: ihre Milch hat mir Leben geschenkt, und ich kannte keinen Vater außer ihr.»

Hipólita war ihm also Vater und Mutter gewesen. Wie stark seine Bindung an sie war, geht aus einer Anekdote hervor, die Rojas überliefert. Als Bolivar am 10. Januar 1827 im Triumph in Caracas einzog, entdeckte er Hipólita in der Menge. Sofort verließ er seinen führenden Platz in der Prozession und warf sich der Negerin in die Arme, die Freudentränen vergoß. Die mütterliche Bindung ist offensichtlich. Aber die väterliche? «Ich kannte keinen Vater außer ihr.» Das offenbart zweierlei. Simon Bolivar bewahrte keine bewußte Erinnerung an seinen Vater, den er mit drei Jahren verloren hatte; und keiner der Männer in seiner Umgebung hatte über ihn soviel männliche Autorität gewonnen wie diese schwarze Frau. Diese Frau und seine Mutter müssen ihn daher am stärksten mit seiner Vergangenheit verbunden haben.

Seine Wurzeln mußten vielfältig sein. Sein Blut war gemischt, wenn auch nur wenig, aber Charakter und Seele lassen sich nicht nach quantitativen Gesetzen bestimmen. Mag er auch nur wenige Tropfen schwarzen und indianischen Blutes in seinen Adern gehabt haben, so brachten diese wenigen Tropfen seinem inneren Wesen gleichwohl starke

Spannungen, denn er war eine sehr nervöse Natur. Hinzurechnen muß man den zweifarbigen weiblichen Einfluß auf das zarte, seiner selbst noch nicht bewußte Wesen, der auf zwei ganz verschiedene Vorstellungswelten zurückgeht, auf das christliche Spanien und das heidnische Afrika; ferner das frühe Verschwinden beider Einflüsse, denn seine Mutter starb und seine Amme mußte gewiß zu einträglicherer Tätigkeit zurückkehren, sobald der Knabe den Kinderschuhen entwachsen war; und das langsame Versinken dieser ganzen warmen, verschwommenen, unausgesprochenen Welt der Gefühle und Erinnerungen in eine Vergangenheit, welche der Sonne der neuen Tage verschlossen blieb.

Dichtung und Wahrheit gehen in den üblichen Ansichten über Bolivars Lehrer bunt durcheinander. Nach den besten Quellen scheinen nur drei von ihnen bemerkenswert gewesen zu sein. «Es ist nicht wahr», schrieb Bolivar am 20. Mai 1825 an Santander, «daß meine Erziehung vernachlässigt worden sei; meine Mutter und meine Vormünder haben alles, was in ihren Kräften stand, getan, um mich zu unterweisen: sie haben mir die besten Lehrer im Lande verschafft. Robinson, den Sie kennen, hat mich Lesen, Schreiben und Grammatik gelehrt; Geographie und Literatur unterrichtete der berühmte Bello; nur für mich richtete der von Humboldt so hoch geschätzte Pater Andújar eine besondere Akademie für Mathematik ein.» Beim Lesen dieser Zeilen muß man jedoch bedenken, daß Bolivar nur selten genau zu sein vermochte. Er selbst sagt das und beweist es in ebendiesem Brief. «Man wirft mir vor, ich sei weitschweifig; man würde richtiger sagen, daß ich nicht genau sei, denn das bin ich wirklich nicht, weil ich in der Tat voreilig, sorglos und ungeduldig bin.» Er beweist das auch, wenn er sagt, daß «mich ausgesuchte Lehrer in Madrid fremde Sprachen gelehrt haben»; wir wissen, daß er außer im Französischen keinen Sprachunterricht gehabt hat.

Für seinen Mathematikunterricht wurde eine Akademie

eingerichtet, sofern man unter «Akademie» hier eine rein private Einrichtung versteht. Eine solche Akademie oder vielmehr ein solcher Lehrgang in Mathematik war 1798 von dem aragonesischen Mönch Andújar eröffnet worden; der Unterricht wurde in Simons Elternhaus erteilt. Pater Andújar scheint jedoch auf seinen Geist keinen so tiefen Eindruck gemacht zu haben wie die beiden andern von ihm erwähnten Männer. Andrés Bello war nur zwei Jahre älter als er, muß ihm aber, nach Bolivars eigenen späteren Worten zu urteilen, geistig weit voraus gewesen sein. «Ich kenne die Überlegenheit dieses Altersgenossen aus Caracas; er war in meiner Jugend mein Lehrer, und ich liebte und achtete ihn.» Bello war in Caracas geboren und auch dort erzogen worden. Er lernte Humaniora bei Pater Cristobal de Quesada, Philosophie im Seminar von Santa Rosa bei einem Priester, «dem gütigen, liebevollen und gelehrten Montenegro», und Mathematik und Physik an der Universität. Bello war ein erstklassiger Kopf und sollte sich später in der südamerikanischen Literatur einen großen Namen machen. Bolivar zufolge unterrichtete Bello ihn in Erdkunde und Literatur. Trotz seiner Jugend war Andrés Bello eher ein solider als ein glänzender Geist. Es muß dann einen Augenblick gegeben haben, als sein Schüler das Gefühl bekam, er müsse nunmehr zwischen Bello und seinem andern Lehrer, Rodriguez oder Carreño, wählen; denn ein Kompromiß zwischen dem von Rousseau beeinflußten Optimisten und dem klassischen katholischen Pessimisten war nicht möglich. In späteren Jahren sollte Simon Bolivar schreiben: «Seine Herbheit hat uns bis zu einem gewissen Grade getrennt, und deshalb möchte ich mich gern mit ihm aussöhnen, ihn wieder für Kolumbien gewinnen.»

Simon Carreño Rodriguez alias Robinson, der dritte und bedeutendste Lehrer Bolivars, war der jüngere Bruder des Komponisten Cayetano Carreño. Da er 1771 geboren war, kann er Bolivar kaum «die ersten Buchstaben» beigebracht haben, denn im April 1792, als Bolivar fast neun war, kannte sein Onkel Esteban Palacios, der damals nach Spanien abreiste, den Lehrer noch nicht; zu der Zeit konnte der kleine Simon aber bestimmt schon lesen und schreiben. Der Einfluß des älteren Simon auf den jüngeren Simon hatte jedoch wenig mit dem zu tun, was Kinder in der Schule lernen. Seine Biographen machen viel Aufhebens von seinen pädagogischen Ideen, die er dem Stadtrat von Caracas unter dem Titel «Betrachtungen über die Mängel, welche die Grundschule in Caracas behindern, und ein Weg, sie mittels einer neuen Institution zu beheben», unterbreitete. Manche Autoren vermuten sogar, «Simoncitos» Vormünder hätten ihn eben wegen seiner «modernen» Ansichten über Erziehung ausgewählt. Tatsächlich kam er überhaupt nicht als Lehrer in die Familie, sondern als Privatsekretär. Er schien Don Feliciano, Simons Großvater, ein ehrlicher Mann und guter Verwalter zu sein. Obwohl erst einundzwanzig, war er in Europa gereist und hatte, nach Caracas zurückgekehrt, eine gewisse Maria Ronco geheiratet. Sie schenkte ihm zwei Kinder, die er Mais und Tulpe nannte. Das war einer seiner vielen exzentrischen Einfälle. «Bolivars Erzieher», schreibt der mexikanische Historiker Carlos Pereyra, «ist in der amerikanischen Geschichte der erste in einer Reihe von Nachahmern, die, von irgendeiner Weltberühmtheit fasziniert, nicht damit zufrieden sind, diesem Mann zu folgen oder nachzueifern, sondern den Versuch machen, ihn vollständig zu reproduzieren. So gibt es in jedem Dorf einen Napoleon I., einen Napoleon III., einen Victor Hugo, einen Taine, einen Renan und einen Nietzsche. Simon Rodriguez wanderte durch beide Welten und lebte davon, Rousseau ohne ‹Contrat› zu sein.»

Das ist gescheit beobachtet. Es wird behauptet, er habe, weil sein Bruder vor Tisch zu beten pflegte, seinen Vatersnamen Carreño aufgegeben und sich nach seiner Mutter Rodriguez genannt. Damit ist es aber noch nicht getan. Als er 1797 außer Landes ging, weil die Behörden ihn öffentlich einen Verschwörer schalten, nahm er den Namen Samuel Robinson an. Ihm machten diese Veränderungen Spaß, und er reiste durch Namen wie durch Länder; aber wiewohl er gewiß exzentrisch war, so steckte doch mehr dahinter. Bolivar selber gibt darüber in einem Brief an Cayetano Carreño Aufschluß. «Ihr Bruder ist der beste Mensch von der Welt, aber er ist ein philosophischer Weltbürger, er hat weder Vaterland noch Heimat, weder Familie noch irgend etwas.»

Diese Eigenschaft sollte auf das junge Gemüt Bolivars tiefen Einfluß ausüben. Rodriguez verkörperte für ihn eine Welt, die weit entfernt von jener Tradition war, in der er aufgewachsen, und die nun in seinem Heim ohne Frauen und ohne Vater rasch unter den Spiegel seines Bewußtseins sank. Diesem hochintelligenten Jungen erschloß Simon Carreño oder Rodriguez eine neue Welt, die Welt der Ideen. Sie glich einem Himmel voll herrlicher, leuchtender Wolken über einer baumlosen, öden Landschaft. Gerechtigkeit, Freiheit, Gleichheit, Republik, Erziehung, Nachwelt, Brüderlichkeit, Natur, gute Gesinnung, Königinnen des Herzens – sie alle ließ der allwissende Jüngling von Einundzwanzig vor den glühenden Augen und der flammenden Phantasie des elfjährigen Kindes erstehen. Von diesen neuen Gottheiten muß eine mehr als alle andern das wache Kind verlockt haben, denn er war Spanier und fühlte sich rings von Traditionen eingeengt: Freiheit! Fort mit allen Ketten! Keine Familie. Kein Elternhaus. Keine Religion. Keine Heiligen. Nicht einmal im eigenen Namen, während er doch einen ganzen Rosenkranz von Heiligen zum Namen hatte, der mit der Santissima Trinidad aufhörte. Pflanzen als Vornamen. Zynismus anstatt Ehrfurcht, Zynismus selbst bei heiligsten Dingen, selbst wo er unangebracht war. Diese so tief von ihrer Genealogie durchdrungene Familie hatte einen Erzieher und Sekretär, der es witzig fand zu sagen, er habe seinen Vater nicht gekannt, wohl aber einen Mönch, der seine Mutter besuchte. Und doch war er ein eheliches Kind.

Es ist unwahrscheinlich, daß dieser zynische Gedanke schon ausgesprochen wurde, als Simon Carreño von seinem einundzwanzigsten bis sechsundzwanzigsten Lebensjahr Simon Bolivar unterrichtete, der damals zwischen neun und vierzehn war. Aber die Neigung dazu war vorhanden. Sie bedeutete Aufruhr gegen jede Autorität, Anarchie gegenüber der Ordnung, Rationalismus gegen die Religion, abstraktes Denken gegen organische Überlieferung, Freiheit für das Ich gegenüber inneren und äußeren Bindungen. Gleichwohl hatte auch der von Rousseau herkommende Simon seinen Glauben, seine Ideale und eine stolze, aufrechte Seele. Bolivar hat niemals ein Wort über seinen früheren Lehrer geschrieben, das nicht eine nahezu schrankenlose Bewunderung ausdrückte. Carreño war ein Wunderling und möglicherweise ein Schauspieler; aber sein Kern war ehrlich und selbstlos, was Bolivar nicht entgehen konnte. So schrieb er 1824 an Santander: «Er ist ein Genie, ein Wunder an Grazie; ich liebe ihn bis zum Verrücktwerden.» Auf dem Gipfel seines Ruhms schrieb er dem alten Lehrer, als er hörte, daß dieser eben ins Vaterland zurückgekehrt war: «Du hast mein Herz für die Freiheit gebildet, für Gerechtigkeit, für das Große und Schöne ... Du kannst Dir nicht vorstellen, wie tief sich Deine Lehren mir ins Herz gegraben haben. Immer stehen sie mir vor meinem geistigen Auge, so daß ich ihnen als unfehlbaren Führern folgen konnte.»

Von Carreño ist der stärkste bildende Einfluß auf Simon Bolivar ausgegangen. «Immer stehen sie mir vor meinem geistigen Auge», ist wunderbar gesagt, weil dadurch der abstrakte Charakter dieses Einflusses deutlich wird. Ebendieser etwas künstliche, von Menschen geschaffene Idealismus findet in einem prächtigen Satz Ausdruck, dessen Kraft typisch ist für Bolivar. «Komm zu mir», schreibt Bolivar seinem alten Lehrer, «Du wirst hingerissen sein, wenn Du das unermeßliche Vaterland wahrnimmst, das von dem siegreichen Meißel der Befreier in den Felsen der Zwingherrschaft gehauen worden ist.» Dieses Kind des alten Spanisch-Indiens, das auf einer Welt von Ahnen stand – einer Welt von Mönchen und Eroberern, von Sklavenhaltern und Pflanzern, von indianischen Dienern und schwarzen Skalven –, das in einer Ordnung aus Macht, Tradition und Glauben lebte; dieses Kind, das tief verwurzelt war in jener Scholle, in der eine alte, zähe Tradition von unglaublicher Stärke begraben lag – dieses Kind verdankte dem umherziehenden Philosophen sein Licht, seinen Himmel, seine Meteore und Wolken: die ganze geistige Welt von Ideen und Idealen, die sich wie ein glänzender Sternenhimmel über ihm wölbte. Und zwischen jenem Himmel und jener Erde – krochen Menschen.

FÜNFTES KAPITEL

Das Zeitalter

Als Colón seinen Fuß auf Guanahani setzte, nahm er den neuen Kontinent, den er erobert hatte, im Namen von Ferdinand und Isabella feierlich in Besitz. Diese Zeremonie wiederholte jeder spanische Entdecker oder Eroberer, der in Colóns Fußstapfen trat. Aber Männer können ein Land nicht in Besitz nehmen, ohne daß jenes Land von ihnen Besitz ergreift. Und diese Wiederkehr des Kontinents, bei der die Eroberer von ihrer Eroberung erobert wurden, ist der wichtigste Vorgang, der drei Jahrhunderte lang die Entwicklung des spanischen Weltreichs bestimmt. In diesen dreihundert Jahren sind in Westindien zwei sich entgegenwirkende Kräfte am Werk: einerseits die emporstrebende Sehnsucht des weißen Blutes, das dadurch weiß zu bleiben versucht, daß es sich so dicht wie möglich an Quelle und Ursprung seines Weißseins hält, nämlich an Spanien; andererseits die Anziehungskraft der Scholle, welche die Weißen hinabzieht zu den Indianern und den schwarzen Wurzeln, die sie mit dem Land verbinden; sie hatten dieses Land erobert und wollten es von oben her beherrschen, nun aber eroberte es sie und versuchte, sie von unten her zu beherrschen.

Zur Zeit, als Simon Bolivar geboren wurde, gewann die zweite Kraft rasch die Oberhand. Die weiße Sehnsucht nach Spanien – Sonne und Himmel der geistig-seelischen Landschaft Westindiens – wurde, als die traditionelle Kraft der Religion und des Ansehens der Krone zu schwinden begann, allmählich auf andere Himmel und andere Sonnen hingelenkt. Die Kreolen wurden Philosophen und Philanthropen. Was Carreño für Bolivar bedeuten sollte, hatten die vier Philosophen Montesquieu, Voltaire, Rousseau und Raynal für Tausende von wachen Geistern in Spanisch-Amerika bedeutet. Die dadurch angeregte Gärung, aus mancherlei Gründen gefördert von Juden, Freimaurern und Jesuiten, sollte angesichts des Beispiels der drei Revolutionen der Amerikaner, der Franzosen und der Neger bis an die Grenze der Explosion gesteigert werden.

Bolivar wurde in dem Jahr geboren, in dem die Mächte den Vertrag von Versailles unterzeichneten, durch den die Unabhängigkeit der britischen Kolonien in Nordamerika anerkannt wurde. In jenem Krieg hatten spanische Truppen zusammen mit den Rebellen gegen den König von England gefochten und damit künftigen Rebellen gegen den König von Spanien ein gefährliches Beispiel gegeben.

«Simoncito» war sechs, als die Französische Revolution begann; jenes gewaltige europäische Drama entfaltete sich im Laufe der zehn Jahre, die er, von 1789 bis 1799, größtenteils unter dem Einfluß des Revolutionärs Simon Carreño in Caracas verbrachte. Schließlich spielten sich die blutigen Ereignisse, die auf Haiti eine schwarze Republik begründeten, die erste unabhängige Nation in Amerika nach den Vereinigten Staaten, in eben jenen Jahren vor den Augen des Heranwachsenden ab. Alle diese Ereignisse trugen dazu bei, daß die politische Erregung in Venezuela während Bolivars elftem bis vierzehntem Lebensjahres hohe Wellen schlug.

Er war elf, als in seiner Heimatstadt Caracas ein freigelassener Zambo, José Leonardo Chirinos, hingerichtet und der abgeschlagene Kopf in einem eisernen Korb an der Spitze eines sieben Meter hohen Pfostens an der Straße nach Coro und dem Tal von Aragua ausgestellt wurde, wo Bolivars Landgut San Mateo lag. Chirinos war einer der beiden Anführer eines Negeraufstandes gewesen, der den Frieden des Tales Curimagua in der Sierra Coro erschüttert hatte. Der andere Anführer war ein in Afrika geborener Neger, der als Sklave nach Curaçao gebracht und dann in Venezuela abgesetzt worden war, wo er ipso facto seine Freiheit erlangt hatte. Dieser Mann (vielleicht hatte man ihn eben deshalb nach Venezuela geschifft) wurde eine Art von Rechtsberater für die Schwarzen und breitete unter ihnen das «Franzosenrecht» aus, wonach die politische Macht auf die Schwarzen überzugehen bestimmt war. In der für jene Zeit typischen Verwirrung der Überzeugungen waren die Weißen zugleich unfreiwillige Anstifter und Opfer des Aufstandes. Es war ein lokaler Aufstand in einem Gebiet, wo etwa dreitausend von den insgesamt in Venezuela registrierten sechzigtausend Sklaven lebten, und wirklich beteiligt waren nicht mehr als hundertfünfzig schlecht bewaffnete; aber eine Zeitlang beherrschten sie allein durch Terror das Feld. Schließlich zwangen der örtliche Gerichtsherr und einundneunzig andere Bürger sie wieder zum Gehorsam, und die schwarze Gefahr verflog.

Kaum war das bei diesem Zwischenfall vergossene Blut getrocknet, als im Cabildo von Caracas viel Tinte floß und sich in den Debatten ein Redestrom gegen eine königliche Cédula vom 10. Januar 1795 ergoß, durch die Farbige gegen Zahlung einer relativ geringen Summe – 700 bis 1400 Realen – Zugang zu öffentlichen Ämtern erhielten. Die «Mantuanos» waren entrüstet. Sie erklärten, solche Menschen hätten «die schändliche Herkunft der Sklaverei und die niedrige Herkunft der Unehelichkeit» gegen sich. Carlos de Palacios y Blanco, der Chef des Hauses Bolivar, war als einer der Regidoren oder Gemeinderäte von Caracas zugleich einer der Wortführer dieses Protestes. Simon Bolivar muß die leidenschaftlichen Einwände angehört haben, die der Cabildo vorbrachte und schließlich zu Protokoll gab, während Carreño mißmutig schweigend zuhörte und vermutlich auf seinen langen Spaziergängen mit dem Schüler seine Anmerkungen dazu machte. Der Cabildo erinnerte an eine früher dem König unterbreitete Bittschrift, derzufolge den Farbigen das von manchen begehrte Privileg, Weiße zu heiraten und in den geistlichen Stand zu treten, verweigert werden sollte, weil, sobald diese Menschen zu öffentlichen Ämtern zugelassen würden, «die den Weißen und wichtigsten Personen von höchster Auszeichnung in der Republik vorbehalten sind, niemand mehr bereit sein werde, in solchen Ämtern Dienst zu tun». Der Cabildo bedauerte, daß solche Gleichberechtigung «niedrigen Menschen gewährt werden solle, welche den größeren Teil der Stadtbevölkerung ausmachen und von Natur solz und ehrgeizig sind und nach Gleichstellung mit den Weißen streben, obwohl sie von dem Herrn der Schöpfung in eine niedrigere Klasse eingeordnet werden». Die Regidoren spielten geschickt auf die Befürchtungen der Krone an, wenn sie fortfuhren: «Wie ist es möglich, daß die Krone die Sicherheit der Nation und die Verteidigung ihrer Rechte Menschen anvertraut, die weit davon entfernt sind, in Spanien den Mittelpunkt ihres Glücks zu sehen, sondern notgedrungen von den schwarzen Bewohnern Afrikas, woher sie kommen, erwarten, daß jene sie beschützen und zum Aufstand gegen Spanien aufreizen, von dem sie, wie sie sagen, viel Unrecht erfahren haben?»

Solche und ähnliche Argumente mußten gewiß in Simon Bolivars Heim ein Echo finden, denn die Anführer des Protestes der Weißen gegen die egalitären Neigungen der Krone gehörten alle seiner Schicht und seinem Familien- und Freundeskreis an – vornehmlich sein Onkel Carlos und der Marqués de Toro, die beide die schließlich an den König gesandte Bittschrift mitunterschrieben. Die «Mantuanos» fürchteten nicht nur den Aufstieg der farbigen Schichten in öffentliche Ämter, sondern auch ihr Eindringen in Handwerk und Gewerbe und baten daher den König, er möge die Farbigen zwingen, auf den Feldern zu arbeiten, möge ihren Zugang zum Handwerk einschränken und die farbige Miliz in kleine Einheiten aufteilen. Des Königs Antwort fiel für die «Mantuanos» ungünstig aus und ließ die Farbigen gegen Zahlung kleiner Beträge zu praktisch allen Berufen und Ämtern zu. Als diese Antwort Caracas erreichte, hatte aber Simon Bolivar seine Vaterstadt bereits verlassen.

Während die Edelleute von Caracas auf solche Weise damit beschäftigt waren, ihre Privilegien zu verteidigen, verlor ihr

Land ein wertvolles Gebiet. Am 17. Februar 1797 nahmen englische Streitkräfte die Insel Trinidad. England befand sich im Krieg gegen Spanien. Die Insel war bis 1727 glücklich und wohlhabend gewesen, dann aber durch eine Kokospalmenpest ruiniert worden und zählte 1773 nicht mehr als tausend Bewohner. Eine königliche Cédula von 1776, die allen katholischen Ausländern, die sich auf der Insel niederließen, Land versprach und die Insel der Intendencia von Caracas unterstellte, wurde in englischer und französischer Sprache weit verbreitet; ein Franzose aus Granada, Roume de Saint Laurent, entwarf daraufhin ein Programm für die Kolonisierung der Insel durch Franzosen und deren Sklaven. Innerhalb weniger Jahre stieg die Bevölkerungszahl auf 10422, größtenteils Franzosen sowie einzelne Engländer und Iren. Hinter diesem Unternehmen stand als ideenreicher Kopf der neue Gouverneur, ein Marineoffizier namens José Maria Chacón, und als Techniker der Pionieroffizier José del Pozo y Sucre, ein Amerika-Spanier, der später einer von Mirandas Mitarbeitern bei den Verhandlungen mit Pitt werden sollte.

Alles scheiterte infolge der Französischen Revolution. Chacóns Verdienst bestand nicht zuletzt darin, daß er der Insel in den Jahren, als Spanien mit Frankreich im Kriege lag, Ruhe und Sicherheit bewahrt hatte; denn die meisten Bewohner waren Franzosen und größtenteils Anhänger der Revolution. 1796 ging jedoch Godoy zu den Franzosen über und erklärte England den Krieg. Die Briten antworteten mit einem Angriff auf Trinidad, den sie seit Monaten vorbereitet hatten. Trotz Chacóns rechtzeitigen und mehrmals wiederholten Warnungen war die Insel nicht befestigt worden. Die Briten landeten am 17. Februar. Obwohl die französischen Bewohner Spaniens Verbündete waren, kämpften sie nicht. Am 18. Februar kapitulierte Chacón.

Trinidad wurde die Operationsbasis für die britischen Bemühungen, Spaniens Herrschaft über seine überseeischen Königreiche zu untergraben. Diese Bemühungen verbargen sich oft hinter Worten wie Emanzipation und Unabhängigkeit. Teilweise mag bei den britischen Bestrebungen, Spanisch-Amerika von Spanien zu «befreien», ein gewisses Maß aufrichtiger philanthropischer Ideen mitgespielt haben; der erste Gouverneur jedoch, den England in Trinidad als Nachfolger des klugen und liberalen Chacón ernannte, war der berüchtigte Picton, den Wellington als «einen der gröbsten, schmutzmäuligsten Teufel, die je gelebt haben», beschreibt. Dieser Picton führte auf der Insel die Folter ein und ließ mehrere Neger wegen Hexerei hinrichten – dergleichen war in Spanisch-Indien gänzlich unbekannt.

Es ist daher unwahrscheinlich, daß außer den spanisch-amerikanischen Separatisten irgend jemand die vielfältigen Bekenntnisse zur Freiheit Spanisch-Amerikas geschluckt hat, die Dundas (der spätere Lord Melville) gerade durch Gouverneur Picton von Trinidad verbreiten ließ. Was im positiven Sinne aus Spanisch-Amerika werden sollte, hat damals – falls überhaupt jemals – die britische Politik nicht erkennen lassen. Sie begnügte sich zunächst damit, die Bande zwischen amerikanischen und europäischen Spaniern zu lockern. Das war die Hauptaufgabe Pictons, dem Dundas im April 1797 schrieb; er versprach allen Spanisch-Amerikanern Hilfe, die sich gegen ihren König auflehnen würden, und versicherte ihnen, die Absicht Seiner Majestät Regierung sei «lediglich, sie instand zu setzen, daß sie ihre händlerische Unabhängigkeit behaupteten, ohne daß der König von England den Wunsch hat, irgendein Souveränitätsrecht über sie zu erlangen oder in ihre bürgerlichen, politischen oder religiösen Rechte einzugreifen, sofern sie nicht selber in irgendeinem Umfang diesen Schutz verlangen sollten». Dieser letzte Vorbehalt war ein so deutlicher Wink, daß ihn jeder wahrnehmen konnte außer Miranda, der zu jener Zeit in London durch Picton und Pitt seine Fäden spann.

Wieso «händlerische» Unabhängigkeit? Weil bisher die Unzufriedenheit sich hauptsächlich auf Wünsche des Handels gründete. Deshalb war Großbritannien sehr darauf bedacht, daß der Handelsverkehr zwischen dem Festland und den britischen, französischen oder sonstigen Inseln unbehindert vonstatten ging, mochte er auch größtenteils illegal sein. Für diesen Zweck wurde nötigenfalls sogar die «Emanzipation» Spanisch-Amerikas aufgeschoben. Als Carlos Palacios im Juni 1797 an Esteban über «die unendlichen Leiden, die diese Provinz infolge des Krieges mit den Engländern erduldet hat und immer noch erduldet», schrieb, war das mehr amtlich als aufrichtig, denn Venezuela machte mit Konterbande glänzende Geschäfte. Der junge Simon muß das alles erlebt haben, denn es waren sein Kakao und sein Indigo, die über Demerara, Port of Spain und Kingston das Geld hereinbrachten.

Ehe Bolivar nach Neuspanien und Altspanien abreiste, erlebte er den Aufstand mit, der vor seinem eigenen der ernsteste Aufstand in Venezuela war. Die Urheber waren europäische Spanier, die nach ihrer Verurteilung als republikanische Verschwörer von Spanien herübergebracht worden waren. Die Krone selber exportierte also den echten revolutionären Geist in ihre überseeische Königreiche, nachdem sie selber durch ihre Unterstützung der nordamerikanischen Rebellen gegen die englische Krone mit unklugem Beispiel vorangegangen war. Am 17. Februar hatten einige spanische Republikaner eine damals natürlich noch verfrühte Revolution anzuzetteln versucht. Sie wurden zum Tode verurteilt, begnadigt und drei von ihnen auf eine Festung in La Guaira gebracht. Hinter alledem steckte die Freimaurerei, und so wurden die drei Spanier Picornell, Cortés und Andrés mit Duldung der Behörden die geehrten Gastgeber vieler junger kreolischer Revolutionäre. Am 4. Juni 1796 verschwanden die Gefangenen. Picornell tauchte in Guadalupe wieder auf, wo er eine Übersetzung der Menschen- und Bürgerrechte und ein Revolutionslied «Die amerikanische Carmagnole» veröffentlichte. Die drei Spanier hatten nach Venezuela einen neuen Geist gebracht, der der kreolischen Lebensart fremd war: den egalitären, abstrakten Geist der Französischen Revolution, den außer Carreño damals nur wenige Menschen begreifen, geschweige denn übernehmen konnten. Die Untersuchung der Verschwörung durch die Audiencia brachte noch andere Ursachen der gleichen Art ans Licht: etwa den Umstand, daß französische Gefangene aus Santo Domingo und außerdem viele französische Emigranten nach La Guaira gekommen waren, die sich von Trinidad nach Caracas begeben hatten, als die Engländer die Insel besetzten; ferner die Flut ausländischer Zeitungen, mit denen Caracas vornehmlich von Picton überschwemmt wurde.

Die erste wirklich egalitäre Revolution, die in Venezuela stattfand, war der Aufstand, den diese Bestrebungen europäischen Ursprungs gemeinsam mit Picton und dem britischen Konsul Gough in Cadiz anzettelten. Mulatten waren von Anfang an darein verwickelt; die drei Spanier waren unter dem Schutz eines Mulattensergeanten geflüchtet, der sie eigentlich bewachen sollte. Ein anderer Mulatte, ein Barbier namens Juan José Chirinos, machte den Behörden davon Mitteilung. Schon im Juli war die Verschwörung gescheitert. Die beiden bisher noch nicht gefangenen Anführer waren Don Manuel Gual und Don Joseph Maria de España. Beide waren gebildete und ehrenwerte Männer. Gual war mit Miranda in Verbindung gewesen. Man fing ihn nicht, und er blieb mit Miranda in Fühlung, bis er im Exil starb. España wurde 1799 gefangen und auf der Plaza Mayor in Caracas, die heute Plaza Bolivar heißt, hingerichtet. Damals war Simon Bolivar nicht mehr in Venezuela.

Der Jüngling – er war vierzehn, als die Verschwörung aufgedeckt wurde – muß die Ereignisse mit lebhafter Anteilnahme verfolgt haben. Die Papiere, die man in Guals Haus fand, atmeten den neuen, egalitären Geist, der die Verschwörer erfüllte. Ihre Proklamation begann mit den Worten: «Im Namen der Allerheiligsten Dreifaltigkeit», was mit der besonderen Verehrung in Bolivars Familie und sogar mit seinem eigenen Vornamen übereinstimmte; im übrigen aber war sie durchdrungen von Rousseaus Geist, mit dem er inzwischen dank seinem Erzieher Rodriguez vertraut war.

Die Fahne der Verschwörer war weiß, blau, gelb und rot, symbolisch für die vier Farben der Weißen, der Mulatten, der Schwarzen und der Indianer, für die vier Provinzen Caracas, Maracaibo, Cumaná und Guayana und auch für die vier Grundsätze Gleichheit, Freiheit, Eigentum und Sicherheit. Der Tribut der Indianer und die Sklaverei der Schwarzen wurden abgeschafft. Die Gleichheit der vier Hautfarben wurde verkündet. Die Häfen wurden allen Nationen der Welt geöffnet. Durch und durch der Geist Carreños – muß der junge Simon gedacht haben. Und in der Tat nahm Carreño in eben jenem Juli 1797, als die Verschwörung entdeckt wurde, Abschied von ihm und floh in einem nordamerikanischen Schiff.

Diese Verschwörung, die ein so treffender Ausdruck des Geistes von Simon Bolivars Erzieher war, wurde von seinen Onkeln scharf verurteilt. Carlos schrieb an Esteban über die Verschwörung auf eine Weise, die Simon Carreño und vielleicht auch Simon Bolivar erzürnt haben würde. «Man hat eine Verschwörung aufgedeckt, die in La Guaira angezettelt worden ist. Ihr Ursprung: drei vom Hof [Madrid] hierher geschickte Staatsgefangene, die sehr geschickt nach Guadalupe entflohen waren und ihren widerwärtigen Plan in der Obhut von vier unbedachten Männern ließen, an deren Spitze neben andern Don Manuel Gual stand. Schlimmer noch, daß sie mit dem Mulattenpöbel verbündet waren und das widerwärtige System der Gleichberechtigung vorschlugen.»

Sehr anschaulich schildert Humboldt die Verhältnisse: «Da Caracas auf dem Festland liegt und seine Bevölkerung weniger beweglich ist als die Inselbewohner, sind nationale Bräuche hier besser bewahrt worden als in Havanna. Die Gesellschaft bietet dort keine sehr lebhaften oder mannigfaltigen Vergnügungen, doch trifft man in den Häusern jenes Wohlbehagen an, das die Frucht freimütiger Fröhlichkeit und einer Herzlichkeit ist, die sich mit höflichen Manieren paart. Es gibt in Caracas wie überall dort, wo sich große Veränderungen in den Ideen ankündigen, zwei Sorten von Menschen, man könnte auch sagen zwei Generationen, die ganz verschieden sind. Die eine, die nach Zahl klein geblieben ist, bewahrt sich eine entschiedene Verbundenheit mit alten Bräuchen, mit einfacher Lebensweise und mit mäßigen Wünschen. Diese Art von Menschen lebt nur in Vorstellungen von der Vergangenheit. Amerika erscheint ihnen als Eigentum ihrer Vorfahren, die es erobert haben. Sie hassen, was man das Licht des Jahrhunderts nennt, und pflegen sorgfältig ihre ererbten Vorurteile als Teil ihres angestammten Vermögens. Die andere Art von Menschen kümmert sich weniger um die Gegenwart als um die Zukunft und entwikkelt eine oftmals unvernünftige Vorliebe für neue Bräuche und Ideen. Vereint sich diese Vorliebe mit Liebe zu solider Bildung, wird sie von einer starken und aufgeklärten Vernunft in Zaum gehalten und gelenkt, so wirkt sie sich für das Gemeinwesen nützlich aus. In dieser zweiten Generation in Caracas sind mir etliche Männer bekannt geworden, die sich gleichermaßen durch ihre Wißbegierde, ihr freundliches Verhalten und ihre erhabenen Empfindungen auszeichnen. Ich habe aber auch einige gekannt, die alles, was Charakter, Literatur und Künste der Spanier an Wertvollem und Schönem aufweisen, verachten und dadurch ihre nationale Eigentümlichkeit verloren haben, ohne daß sie durch ihren Umgang mit Ausländern konkrete Vorstellungen über die wahren Grundlagen von Glück und gesellschaftlicher Ordnung erlangt haben.»

Der junge Bolivar wuchs aus der ersten dieser beiden Generationen in die zweite hinein. Sein Vater, seine Mutter und sein Großvater gehörten der ersten an, auch seine Onkel, wiewohl sie gegen die Gärstoffe ihrer Zeit nicht ganz unempfindlich waren. Sein Lehrer Carreño gehörte der zweiten Generation an, und zwar, wie sich herausstellen sollte, jenem Teil, den Humboldt wegen seiner «unvernünftigen Vorliebe für neue Ideen» kritisierte. Simon Bolivar selber schuf sich allmählich seine eigenen Vorstellungen. Als er von La Guaira aus am 19. Januar 1799 seine erste Auslandsreise antrat, war der damals fünfzehneinhalb Jahre alte Bolivar ein Jüngling, der in aristokratischen Privilegien und Traditionen verwurzelt war, aber von Freiheit und Revolution träumte; sein innerstes Wesen war an Spanien gebunden, und doch wurde er Spanien durch seine Ideen und Ziele bereits entfremdet.

SECHSTES KAPITEL

Durch Neuspanien ins alte Spanien

Schon mit elf Jahren hatte «Simoncito» den Wunsch geäußert, nach Spanien zu reisen. Carlos hatte sich das durch den Kopf gehen lassen und Esteban gebeten, er möge den Knaben von der testamentarischen Verpflichtung seines Onkels, in Caracas zu leben, befreien lassen. Offenbar überlegte Carlos, wie er seinen Neffen und Mündel loswerden könne, während Esteban, wie seine Briefe beweisen, an die Erziehung des Knaben dachte. So schreibt er am 28. Juni 1797: «Ich mache mir weiterhin Sorgen um die Erziehung der beiden Kinder, zumal um Simon.» Esteban hing besonders an dem jüngeren, dessen Pate er war. Diese von dem Knaben erwiderte Zuneigung mag einer der Gründe für seinen Wunsch gewesen sein, nach Spanien zu reisen und ein Haus zu fliehen, das mit den Frauen auch die Liebe verloren hatte. Als der Libertador in späteren Jahren auf der Höhe seines Ruhmes stand und erfuhr, daß Esteban schließlich nach Venezuela zurückgekehrt war, schrieb er ihm einen Brief, der von Kindheitserinnerungen überquillt: «Wie viele Erinnerungen sind mir in den Sinn gekommen! Meine Mutter, meine gute Mutter, Ihnen so ähnlich, erhob sich aus dem Grabe und stand mir vor Augen. Meine frühesten Jahre, meine Firmung und mein Pate kamen zuhauf, um mir zu sagen, Sie seien mein zweiter Vater! Meine Onkel, mein Bruder und meine Schwestern, mein Großvater, die kindlichen Spiele, die Geschenke, die Sie mir in jener unschuldigen Zeit mitbrachten ... sie alle häuften sich, um meine frühesten Empfindungen zu wecken ...»

Zwei Beweggründe vor allem weckten in den jungen Leuten der kreolischen Oberschicht den Wunsch, nach Spanien zu reisen. Einmal wollten sie ihre Ausbildung vervollständigen. Das ist auch der Grund, aus dem Bolivar selber nach Spanien geschickt werden möchte: «Später [nach seinen ersten Studien in Caracas] wurde ich nach Europa geschickt, um meine mathematischen Studien an der Academia de San Fernando fortzusetzen, und fremde Sprachen lernte ich bei ausgewählten Lehrern in Madrid.»

Außerdem war die Reise nach Spanien eine natürliche Stufe in der Entwicklung eines jungen Kreolen. Simon hatte schon früh damit begonnen, die Ehrenleiter zu erklimmen. Am 14. Januar 1797 war er mit noch nicht vierzehn Jahren zum Kadett im Bataillon der Weißen Freiwilligen des Tales Aragua ernannt worden, dessen Kommandeur sein Vater gewesen war. Am 31. Dezember desselben Jahres berichtet seine militärische Stammrolle: «Mut: vorausgesetzt. Eifer: bewiesen. Fähigkeit: gut. Betragen: dito. Stand: ledig.» Am 26. November 1798 wurde er zum Unterleutnant befördert. Der junge Bolivar war also ein ganz reguläres Mitglied des spanischen Adels in Übersee. Mittelpunkt und Sonne dieses Adels war der König von Spanien. Die Hauptstadt Madrid. Dorthin begab sich Bolivar am 9. Januar 1799.

Die Reise nach Spanien mußte auf Umwegen vonstatten gehen, denn es war Krieg, und die Engländer schweiften auf den einstmals spanischen Meeren umher. Simon Bolivar verließ La Guaira an Bord des spanischen Kriegsschiffes «San Ildefonso». Am 2. Februar warfen sie vor Veracruz Anker, aber ihr nächstes Ziel, der Hafen von Havanna, wurde von den Briten blockiert, und nach zwei Wochen erzwungenen Nichtstuns beschloß Bolivar, die große Hauptstadt von Neuspanien, das damals fast legendäre Mexiko, zu besuchen.

Mexiko wurde in der «Morning Post» vom 15. Oktober 1804 als «die reichste und glänzendste Stadt der Welt» beschrieben. «Mittelpunkt alles dessen, was sich einerseits zwischen Amerika und Europa, andererseits zwischen Amerika und Ostindien abspielt.» Viele Städte in Neuspanien waren ihrer schönen Bauwerke wegen sehenswürdig, aber Mexiko, als wirklich noble Hauptstadt, eine der reichsten der Welt, überragte sie alle an religiösen, öffentlichen und privaten Bauten wie auch an Alleen, Parks, Sauberkeit, Beleuchtung, Tausenden von Wagen und prächtigen Pferden und

Reitern. Die Gold- und Silberwährung Neuspaniens war damals in aller Welt sehr begehrt, und Karl III. entsandte seinen besten Graveur, um ihr ebensoviel Schönheit wie Echtheit zu verleihen. Öffentliche und private Bibliotheken gab es in großer Zahl und Güte, und selbst als infolge der Französischen Revolution eine Reaktion eintrat, wurden die amtlich verbotenen Bücher kaum weniger gelesen als andere. Es gab viel Luxus; die wohlhabenden Schichten lebten in Schönheit und Bequemlichkeit, und es fehlte ihnen an nichts.

In dieser Schicht bewegte sich ganz natürlich auch Simon Bolivar, als er Mexiko 1799 mit fünfzehneinhalb Jahren besuchte. Wir wisen aus seinem frühesten erhaltenen Brief, daß er im Hause des Oidors Aguirre wohnte; der Bischof von Caracas, der Aguirres Onkel war, hatte ihm einen Einführungsbrief mitgegeben. Ein Oidor stand in Neuspanien nur dem Vizekönig nach. Es ist wahrscheinlich, wenngleich nicht sicher, daß der Oidor im Hause der Marquesa de Uluapa wohnte, einem der palastähnlichen Häuser der Stadt. Der Teil Mexikos, mit dem Simon Bolivar Umgang hatte, war der aristokratischste und üppigste. Dieses Wort «üppig» kommt ihm in späteren Jahren stets in die Feder, wenn er das Land beschreibt: «Das üppige Mexiko.» Als er wieder einmal seiner Phantasie die Zügel schießen läßt und von dem Wiederaufbau des Reiches (ohne Spanien) träumt, das er vorher zu zerstören wünscht, schreibt er: «Die Metropole würde Mexiko sein, die einzige Stadt, die dank ihrer Macht dazu in der Lage ist, und ohne Macht kann es keine Metropole geben.»

So tiefen Eindruck ihm auch Macht und Üppigkeit von Mexiko machten, so nahm er die Stadt doch als etwas Selbstverständliches hin, als wäre sie durch Zauberei oder durch ein Wunder aus dem Nichts geschaffen worden. Er war zu jung, um zu erkennen, daß alles, was er sah, die Blüte einer dreihundertjährigen schöpferischen Geschichte war. Er besaß noch nicht genügend Einsicht, um sich das menschliche Gewicht dessen, was er sah, klarzumachen. Nicht nur der Reichtum, sondern die Gesittung, die Kultur, Handwerk und Künste, die ganze Kraft und der Zauber einer in dreihundert Friedensjahren genährten Zivilisation: Gold und Silber, Diamanten und Perlen, schöne Häuser, Porzellan, Standbilder und Alleen, die herrlichen Bauten von Kirche, Staat und Adel, Wagen und Pferde – das alles war für ihn genauso ein Geschenk Gottes wie Erde und Himmel, Flüsse und Wiesen. Es war einfach da, genau wie die Sklaven, die ihm seine eisgekühlte Orangeade oder sein Pferd brachten. Man brauchte nicht davon zu reden. Die begabten, reichen jungen Burschen jener Zeit nahmen ihre Kultur hin als Teil der Natur, in der sie selber gediehen, und lehnten sich behaglich an ihren Reichtum und ihre Kultur, um dabei die Welt zu betrachten und über sie im Lichte der Ideen jenes Jahrhunderts zu diskutieren.

Worüber sprach man damals in Mexiko? In der Außenpolitik über den Krieg mit England und über die beunruhigende Tatsache, daß Spanien außerstande war, die Seewege offenzuhalten, auf denen es mit seinen überseeischen Königreichen verkehrte und Handel trieb. Humboldt schrieb, das Mutterland sei zwischen 1796 und 1801 nicht in der Lage gewesen, jährlich im Durchschnitt für mehr als 2,6 Millionen Pesos eigene und ausländische Waren ins Land zu bringen; trotzdem seien in Mexiko die Läden voll von indischen Baumwollstoffen und englischen Waren gewesen. Es war klar, daß zur Zeit von Bolivars Besuch in Mexiko hierüber gesprochen wurde. Er selber besuchte ja die Hauptstadt nur, weil die britische Flotte die «San Ildefonso» nicht aus Veracruz auslaufen lassen wollte. Macht ist Macht, und diese harte Tatsache sollte sich Spaniern und Kreolen gleichermaßen tief einprägen.

Was die inneren Angelegenheiten betraf, so beschäftigte sich Mexiko immer noch mit der Verschwörung gegen die Krone, die das Land 1794 erschüttert hatte. Es war eine typisch spanische Affäre gewesen, disziplinlos wie die Vorbilder aus den Tagen der Eroberung und ähnlich den jüngsten Fällen von Bürgerkrieg in Spanien und Spanisch-Amerika. Diese erste Verschwörung in neuerer Zeit hatten nicht etwa die Kreolen angezettelt, sondern sie war von europäischen Spaniern erdacht und angeführt worden. Sie war der erste Ausbruch von Separatismus, der im weiteren Verlauf das Königreich Neuspanien in die Republik Mexiko verwandelte. Ihre Eigenheiten verdienen Beachtung. Die Anführer waren alle europäische Spanier. Der Separatismus dieser Männer hatte keinerlei Zusammenhang mit irgendwelchen Beschwerden, welche die neuspanischen Kreolen vielleicht gegen die spanische Herrschaft vorzubringen hatten. Der Ruf nach Freiheit und die Aufhebung der Kopfsteuer für Indianer dienten ausschließlich als Werkzeuge bei einem Unternehmen, das darauf abzielte, aus persönlichen Gründen die Macht zu erobern. Auch verlief die Grenze zwischen Rebellen und Königstreuen nicht so, daß auf der einen Seite die amerikanischen, auf der andern die europäischen Spanier standen, sondern sie ging quer durch alle Lager. Diese Eigenschaften finden sich in der Geschichte Spanisch-Indiens immer wieder, von der Zeit Cristóbal Colóns bis zu den Tagen Simon Bolivars und bis auf den heutigen Tag. Die Befreiungskriege waren in Wirklichkeit Sezessionskriege, das heißt aber spanische Bürgerkriege.

Am 20. März 1799 lief die «San Ildefonso» aus, um sich einem Geleitzug anzuschließen, der sich in Havanna sammeln und unter dem Kommando des berühmten spanischen Admirals Don Dionisio Alcalá Galiano nach Spanien segeln sollte. Der Admiral entzog sich den britischen Wachhunden dadurch, daß er nordwärts bis nach Neufundland hinauflief und dann Kurs auf die Biskaya anstatt auf die andalusischen Häfen nahm. Bolivar ging in Santoña an Land, reiste geradewegs nach Bilbao und traf gegen Ende Mai in Madrid ein. Sein Pate Esteban Palacios nahm ihn mit in das Haus eines Landsmannes, dessen Gast er war. Dieser Venezolaner Don Manuel

Mallo war ein junger Gardeoffizier, einer der vielen Galane, die der Klatsch früher oder später mit der Königin in Verbindung brachte. Am 24. Juni traf Pedro Palacios, Estebans jüngerer Bruder, nach einer abenteuerlichen Reise aus Caracas über Puerto Rico und Lissabon bei ihnen ein; unterwegs war er britischen Freibeutern in die Hände gefallen, die ihm seine ganze Habe nahmen, und später einer britischen Fregatte, deren Mannschaft sich korrekt verhielt. Da die beiden Brüder Palacios und ihr junger Neffe für ihren großzügigen Gastgeber zu zahlreich wurden, nahmen sie sich in der Calle de Jardines ein eigenes Haus.

«Simoncito ist hier eingetroffen, sehr schmuck, ohne jede Bildung, aber mit Gaben genug, um sie zu erwerben; sehr abgerissen, so daß ich ihn neu ausstatten mußte», schrieb Esteban an Carlos. Simon war in großem Stile gereist. Er hatte sich in Mexiko vierhundert Pesos geliehen und dreitausend Reales von dem Kapitän der «San Ildefonso». Carlos beklagte sich bitter bei Esteban: «Simon hat auf seiner Reise Unsummen überflüssigerweise ausgegeben; und Du mußt, wie ich Dir gesagt habe, ihn kurz halten, weil anders er sich daran gewöhnen wird, ohne Regeln und Sparsamkeit Geld auszugeben. Und außerdem ist er nicht so reich, wie er meint.» Diese Art zu reisen scheint damals nicht nur ein Luxus, sondern für reiche Kreolen eine Art von Verpflichtung gewesen zu sein.

Die Verhältnisse mußten Esteban Kopfzerbrechen machen. Er war von Natur ernster und hatte mehr Verantwortungsgefühl als seine Brüder. Pedro war heiter und unbedacht. Carlos, der ihn sehr liebte, lobt ihn mehr als seinen Neffen Simon. Trotzdem klagt er über Pedros Schulden.

Diese Schulden waren weit weg, und Pedro kümmerte sich um wenig anderes als das Hier und Heute. Nach seiner abenteuerlichen Reise kaum in Lissabon an Land gegangen, schreibt er an Carlos: «Auf dem Schreibtisch des spanischen Konsuls, an dem ich schreibe, lese ich eine Ausgabe des Madrider Amtsblattes und finde dort meine Beförderung zum Leutnant. Ich brauche Dir nicht zu sagen, daß ich meine Epauletten sofort ändern lasse.» Er kam nach Madrid auf der Suche nach Goldstickerei, höfischem Glanz und Vergnügen, vornehmlich aber Vergnügen. Er schildert sehr treffend sein Leben in Madrid: «Ich bin soweit gekommen, daß ich die meiste Zeit zu Hause mit Lesen verbringe und etwa ebensoviel Zeit darauf verwende, alles kennenzulernen, was an diesem Hofe gut ist. Zwar fürchte ich, daß ich vielleicht nach Amerika zurückkehren muß, um auf dem Lande ein kümmerliches Leben zu fristen, doch sehe ich ein, daß ich unsern Bruder, dessen Wesen noch genauso leichenbitterhaft, zurückgezogen und korrekt ist wie immer, kaum zu Abenteuern und Späßen anstiften kann, die gute Früchte tragen könnten.»

SIEBTES KAPITEL

Die spanische Heirat

Auch ohne die melodramatischen Geschichten, mit denen die Phantasie Bolivars Leben in Madrid ausstaffiert hat, darf man es sich erfüllt und lehrreich genug vorstellen: einerseits erheitert von dem vergnügungssüchtigen Pedro, andererseits eingeengt von dem strengen Esteban. Es stellte sich heraus, daß Simon wenig Schulwissen besaß. Don Simon Rodriguez oder Carreño hatten offenbar mehr Zeit auf geistvolle Ausführungen über das Glück der Menschheit als auf Fibel und Rechenbuch verwendet. Die Orthographie in Simons erstem Brief – den er mit mehr als fünfzehn Jahren schrieb – liegt unter dem Durchschnitt, den man heute von einem Zehnjährigen erwarten würde. Er besaß jedoch einen vorzüglichen Verstand und war augenscheinlich auch hinreichend lernbegierig. Im August 1799 berichtet Pedro: «Esteban hält ihn beim Studium fest, und er treibt bereitwillig und pünktlich Spanisch; beim Schreiben hat er gute Fortschritte gemacht, lernt ferner Tanzen, Geschichte aus guten Büchern, während ihm Französisch und Mathematik bevorstehen.» In Pedros Brief findet sich eine entwaffnende Bemerkung, die ihm herausgerutscht war, aber er war zu faul gewesen, deswegen den ganzen Brief nochmals zu schreiben. So bemerkt er über Simon: «Er wird ziemlich stramm gehalten und benimmt sich so leidlich, oder vielleicht sollte ich sagen gut. Insofern brauchen Sie sich also nicht zu sorgen.» Daraus wird deutlich, daß sich der jüngere Onkel und der hübsche Neffe glänzend verstanden und daß der ältere Onkel Mühe hatte, sie in Zucht zu halten.

Madrid war damals eine Stadt von zweihunderttausend Einwohnern, also nicht sehr groß, aber äußerst lebhaft und farbig – vielleicht mehr als zu irgendeiner andern Zeit seiner Geschichte. Die Welle des Wohlstandes, entstanden in der Friedenszeit unter Ferdinand VI. und genährt von der schöpferischen Herrschaft Karls III., brach sich bunt schäumend voller Bewegung und Lebensgenuß in einer aus Spaniern und Ausländern, Bürgern und Edelleuten bunt zusammengewürfelten Gesellschaft beim Klange andalusischer Gitarren und der Weisen von Mozart und Boccherini. Die Schönheit dieser Epoche blieb für alle Zeit lebendig in den Bildern und Gobelins von Goya. Vor diesem Hintergrund können wir uns unsern jungen Kreolen vortrefflich vorstellen, wie er unter seinem Kraushaar die großen Augen öffnet – eine kleine, aber höchst elegante Gestalt in wollenen Kniehosen und türkisblauem Rock mit Samtkragen und Stahlknöpfen über einer weißen Lederweste; oder auch in seinem spanischen Mantel mit karmesinrotem Samtfutter, oder schließlich in seiner blauen Uniform mit Löwen und Türmen (für die er 24 Reales bezahlt hatte) und mit elegantem Degen.

Das Volk von Madrid, das für Schönheit und Eleganz viel übrighatte, mochte die Augen aufreißen und über die Erscheinung des Jünglings wohlgefällig lächeln. Es war gutartig und freundlich wie immer. So schreibt ein Chronist über Madrid: «Die Wesensart der Leute ist sanft, friedfertig und milde, so daß sie klug, maßvoll, verständig und wißbegierig sowohl in den freien Berufen und technischen Künsten als auch in der tieferen Wissenschaft sind. Die Katholische Königin [Isabella] pflegte zu sagen, die Madrider seien so gutartig, daß sie es mit den besten Bewohnern ihrer Königreiche aufnehmen könnten.» Es gab aber wie in allen großen Städten Menschen jeglicher Art, darunter auch Abschaum, der sich bei dem «Wirbel der Messen an Johanni und Sankt Peter und bei den Feiern der Karwoche und Fronleichnam» mit den gesetzten Bürgern und den ansehnlichen Edelleuten umhertreiben ließ. Bei dergleichen Veranstaltungen mochte ein junger «Amerikaner» wohl hoch im Kurse stehen. Wir hätten uns das ohnehin denken können, doch wissen wir es aus den Liedern, die damals in den Theatern gesungen wurden:

Aus Amerika komm ich
durch Wind und Wellen
in einem Schiff ganz aus Holz ...
Kaum war ich an Land,
da traf ich ein liebliches Mädchen
in ihrer Spitzenmantilla.
Sie stahl mir gleich mein Herz
und fragte mich, ob ich sie nicht
nach Hause geleiten wollte.
Dort wolle sie mir zuliebe
ein neues Lied singen, ein ganz neues ...
Das Souper war gar nicht ganz leicht
und kostete hundert Pesos.

Wir dürfen uns ausmalen, wie Simoncito, leichtfertig geführt von Pedro, solche Gefahren bestand. Maria Pulpillo, eine der berühmtesten Tonadilleras oder Diseusen jener Zeit, hatte schon kurz zuvor folgende Tonadilla gesungen:

Um ernsten Leuten zu gefallen,
bat ich einen italienischen Freund,
drei Pfund meiner schönsten Triller
mit Gold aufwiegen zu lassen.
Finde ich keinen Amerikaner,
werde ich's Singen aufgeben müssen.

Diese Lieder lassen ahnen, wie groß die Erwartungen waren, welche die Kreolen in den Herzen abenteuerlustiger Frauen zu erwecken wußten. Simon war nicht immer in der Lage, solchen Erwartungen zu entsprechen, obwohl sich unter den Ausgaben seines ersten Jahres in Madrid von insgesamt 36775 Reales ein unerklärter Posten von 12258 Reales findet. Das war kein geringer Betrag für einen alleinstehenden Jüngling in einer Stadt, in der man eine Pastete aus drei Tauben und zwei Pfund Hammelfleisch für zwölf und einen großen Puter für dreizehneinhalb Reales bekommen konnte. Aber wir brauchen das nicht alles für leichtfertige Vergnügungen zu verbuchen. Es gab damals vieles in Madrid, was einen aufgeweckten jungen Mann anziehen konnte. Es gab gute Musik sowohl in Privathäusern (etwa bei der Herzogin von Benavente, wo Haydns Sonaten, Quartette und Symphonien gespielt wurden) als auch in öffentlichen Konzertsälen. In der Fastenzeit 1797, ein Jahr vor Bolivars Ankunft, wurden im Theater de la Cruz achtzehn Konzerte gegeben, darunter Werke von Mozart, Pleyel und Haydn; einige Beschwerden «wegen Vernachlässigung spanischer Musiker wie Boccherini, Gutiérrez usw.» wurden in diesem Zusammenhang laut. Sehr beliebt war in Madrid die italienische Oper, die Karl III. in Bolivars Geburtsjahr eingeführt hatte. Ferner gab es das Theater, eine Volkskunst, deren materielle Seite Aranda stark gefördert hatte; dort kämpften die Anhänger der französischen Klassik, die von Aranda unterstützt wurden, gegen diejenigen, welche der spanischen Überlieferung den Vorzug gaben. Dieser Kampf ging über das Theater hinaus und verlieh – mit einem Anflug von Bürgerkrieg – dem geistigen Leben in Madrid Vitalität und Würze.

Es gab ein reges geistiges Leben dort, das die großen Franzosen Montesquieu, Voltaire und vor allem Rousseau ermuntert hatten. Hier wie überall übte die Regierungszeit Karls III. den stärksten Einfluß aus. Zwar hatte später Floridablanca unter dem Eindruck der französischen Schreckensherrschaft Türen und Fenster gegen ausländische Ideen zu versperren versucht, und Godoy war seinem Beispiel gefolgt, aber der Druck der Ereignisse war allzu stark in einem Staate, dessen eigene Diener sich verschworen, um den frischen Wind des Jahrhunderts ins Land wehen zu lassen. Falls der junge Bolivar sich überhaupt mit den Intellektuellen seiner Zeit abgab, mußte er in Madrid viele Schüler Rousseaus antreffen, die nicht weniger begeistert waren als sein Erzieher Carreño. Clavijo, einer ihrer Anführer, hatte bei Aranda erreicht, daß die «Autos Sacramentales», die allegorischen religiösen Schauspiele, verboten wurden. Der Dichter Quintana widmete sich Amerika und übernahm naiv die schrankenlose Verurteilung Spaniens, die im Ausland üblich war und ihn am Ende eines seiner Gedichte ausrufen ließ:

Jungfrau der Welt, unschuldiges Amerika!

Der Herzog von Almodóvar hatte 1784 eine Übersetzung von Raynals *Histoire Philosophique et Politique des Etablissements et du Commerce des Européens dans les Indes* veröffentlicht; ein unbekannter Übersetzer, wahrscheinlich ein «philosophischer» Priester namens Marchena, ließ 1799 in London eine spanische Übersetzung des «Contrat Social» erscheinen.

Wir haben keine unmittelbaren Beweise dafür, welche Rolle Bolivar in dem geistigen und sonstigen Leben Madrids gespielt hat. Vielleicht war er zu jung, um die Bedeutung alles dessen zu begreifen, was er sah und erlebte. Da wir in seiner späteren Korrespondenz oder in dem, was er seine Eckermanns wissen ließ, keine Spuren dieser spanischen Zeit finden, darf man vermuten, daß er einfach das Leben genossen hat: im Gleichgewicht zwischen seinem heiteren und seinem ernsten Onkel das Leben auskostend, wie es sich ihm bot, und mit seinem inneren Wesen unvermerkt der Ahnen Umwelt in sich aufnehmend.

Nachdem er zuerst in der Calle de Jardines gewohnt hatte, zog Bolivar in die nahe gelegene Calle del Principe (Nummer 6) und später in die Calle de Atocha (Nummer 8) um, in das Haus eines berühmten Landsmannes, des Marqués de Ustáriz. Dieser spanisch-amerikanische Magnat genoß in Spanien hohes Ansehen. Schon 1778 war Miranda ihm begegnet; damals regierte er als Intendente von Badajos ganz Estremadura. 1792 schrieb Esteban an seinen Vater: «Gestern abend traf der Marqués de Ustáriz hier ein, und es erhält sich hartnäckig das Gerücht, daß er Minister werden solle; da er jedoch Amerikaner ist, warten wir lieber ab, bis es wirklich soweit ist.»

Während der junge Simon in Ustáriz' Haus lebte, begegnete er dem Mädchen, in das er sich verliebte und das er heiraten sollte. Der Marqués spielte bis zum Tage der Hochzeit den Schutzpatron dieser Romanze. Maria Teresa Josefa Antonia Joaquina Rodriguez de Toro y Alayza war eine echte Cousine des Marqués de Toro in Caracas und dessen Bruder Don Fernando, beides Freunde der Familie Bolivar und Anführer der Tovar-Gegner in ihrer Heimatstadt. Ihr in Caracas geborener Vater Don Bernardo Rodriguez de Toro lebte in Madrid und hatte dort die in Valladolid geborene Doña Benita Alayza geheiratet, eine Schwester des Marqués de Inicio und Grafen von Rebolledo. Maria Teresa war zwanzig Monate vor ihrem Gatten am 15. Oktober 1781 in Madrid geboren worden. Sie war nicht hübsch, besaß aber Anmut und Herzensgüte.

Die Familie Toro wohnte jenseits der Puerta del Sol in der Calle de Fuencarral (Nummer 2) in einem neuen, modernen Haus. Am 20. März 1801 erhielt Bolivar einen Paß nach Bilbao; an demselben Tag schrieb er Pedro, er habe vom König und von Mallo die Erlaubnis zu einer Reise nach Bilbao erhalten (er war Offizier). Offenbar führte Mallo eine gewisse Aufsicht über sein Leben. Wo aber war Esteban? Daß er in diesem Augenblick abtritt, gehört zu den Geheimnissen in Bolivars Leben. Esteban wurde im Kloster Monserrat inhaftiert, in ebendem Kloster, das der Familie Bolivar den kastilischen Titel verkauft hatte, um den Esteban in Madrid bemüht gewesen war. Warum und wann genau er festgenommen wurde, wissen wir nicht. Daß er als Freund des gestürzten Mallo mitgestürzt war, wird allgemein angenommen, doch ist nicht sicher, daß Mallos Einfluß bei Hofe und Estebans Einkerkerung durchaus zusammenhingen. Die Umstände gaben Simon Gelegenheit, in einem Brief an Pedro aufrichtige Zuneigung für seinen «gütigen Paten» zu bekunden. In demselben Brief teilt er seinem Onkel mit, daß er durch einen Stellvertreter in Madrid heiraten werde. Es gab jedoch Verzögerungen, und Bolivar, der noch bis Ende Dezember in Bilbao verweilte, traf am 13. Januar 1802 in Bayonne ein.

Warum er nach Frankreich ging, wissen wir nicht. Er blieb dort vielleicht bis April, obwohl der spanische Botschafter Azara einen Paß für ihn am 16. Februar in Amiens unterschrieb. Diese Stadt war damals Mittelpunkt der diplomatischen Tätigkeit, die zum Frieden von Amiens führte, durch den Frankreich und Spanien sich mit Großbritannien einigten. Durch jenen Vertrag verlor Spanien an England die Insel Trinidad, die nach dem Willen der Natur Teil von Bolivars Vaterland sein sollte. Es scheint, daß er Zeuge der Feiern war, mit denen Paris den Friedensschluß beging. Auch muß er nicht ohne Neugier den Aufstieg Bonapartes beobachtet haben, der zum wichtigsten Stern an seinem inneren Himmel werden sollte. In ebendiesem Jahr 1802 wurde Victor Hugo in Besançon geboren:

«... vieille ville espagnole,
Jetée comme la graine au gré du vent qui vole ...»

Und später sollte sich der Dichter seines Geburtsjahres also erinnern:

«Ce siècle avait deux ans. Rome remplaçait Sparte.
Déjà Napoléon perçait sous Bonaparte.»

Wieweit Bolivar damals in der Lage war, dies zu erkennen, können wir nicht sagen. Mehr als die politischen Ereignisse, die noch etwas verschwommen und geheimnisvoll waren, werden ihm Ordnung, Wohlstand und Schönheit der Städte aufgefallen sein, die schon an sich, aber besonders im Vergleich zu Spanien seinen aufmerksamen Sinn und seine lebhafte Phantasie beschäftigt haben müssen. Er war ganz frei von der Frankophobie, die Miranda zu schaffen machte, und wußte, ohne ein blinder Bewunderer oder Nachahmer zu sein, den Genius Frankreichs wohl zu schätzen.

Im übrigen lehren Bolivars Briefe aus dieser Zeit, daß er unter dem Einfluß von Ustáriz, von seinem Schwiegervater und seiner Braut, von seinem Onkel Esteban und überhaupt der ganzen spanischen Atmosphäre zeitweilig wieder in den

Bann der Überlieferung seiner Vorfahren geriet, die seit dem Tode seiner Eltern in ihm verborgen gelegen hatte. Denn so sehr auch Carreños Einfluß dazu beigetragen haben mag, ihn von dem alten Glauben weg und zu dem abstrakten Deismus des «Vicaire Savoyard» hinzuführen, so besitzen Bolivars Äußerungen in Spanien jedenfalls das frische, aufrichtige Aroma des Glaubens. So schreibt er an Pedro über Estebans Heimsuchungen: «Meine Gebete sind nicht zahlreich und haben wenig Wirkung auf den Gegenstand, um den ich bete; gleichwohl werde ich nicht aufhören, sie alle dem glücklichen Ausgang der Sache zu widmen, an der Sie Anteil nehmen.» Und dann beim Tode von Pedros Hausmeister: «Schließlich ist Gott der Urheber all unseren Glückes, und daher kann alles nur zu unserm Besten geschehen. Dieser Gedanke tröstet uns in der Heimsuchung, und darum sollten Sie ihn nicht vergessen.»

Die Hochzeit fand im Mai 1802 statt. Es ist bemerkenswert, daß Bolivar, der sich später als sinnenfreudiger und vielfältiger Liebhaber erwies, eine Frau ohne besondere Schönheit nahm. Daß er um Geld geheiratet habe, ist undenkbar; er war mindestens ebenso reich, und sein Charakter ist über solcherlei Berechnungen erhaben. Er heiratete sie, ohne zu wissen warum. Aber im Innersten seiner Seele müssen zwei Umstände seine Wahl bestimmt haben: Sie war zwanzig Monate älter, und damit entschieden älter als er, der erst achtzehn war; und sie stammte zugleich aus Madrid und Caracas und war damit die lebendige Synthese seiner beiden Vaterländer. In seiner älteren Gattin suchte er seine verstorbene Mutter und die Wurzeln seines spanischen und kreolischen Wesens, deren Absterben er verspürt hatte, seitdem er sich unter dem Einfluß von Simon Carreño geistig und körperlich auf die Wanderschaft begeben hatte. Als Simon Bolivar im Mai 1802, noch nicht neunzehnjährig, mit seiner jungen, mütterlichen Gattin Spanien verließ, fühlte er sich spanischer als jemals später in seinem tragischen Leben – es sei denn vielleicht auf seinem Sterbebett.

ACHTES KAPITEL

Wanderjahre

Im Frühsommer 1802 begannen Simon und Teresa Bolivar ein glückliches Leben. Im Januar 1803 zerstörte ein bösartiges Fieber diesen Traum, Teresa Bolivar starb. Dieses jähe Ende einer jungen Frau von einundzwanzig Jahren, das Ende eines zurückgezogenen, ruhigen Lebens, mag sehr wohl eines der entscheidenden Ereignisse in der Geschichte Südamerikas gewesen sein. Wäre Teresa am Leben geblieben, so hätte Simon Bolivar vielleicht den Anschluß an sein innerstes Wesen wiedergefunden, hätte den freien Fluß uralter Überzeugungen und Traditionen in die Kanäle seines klaren Verstandes wiederhergestellt. Die Synthese von Herz und Verstand wäre ihm gelungen, die ihm nun für den Rest seines Lebens versagt bleiben sollte, und er hätte dann in einem Spanisch-Amerika, das von Bürgerkriegen weniger zerrissen worden wäre, als er es zerreißen sollte, eine maßgebliche Rolle gespielt – denn maßgeblich wäre er in jedem Fall gewesen. Daß dergleichen nicht als willkürliche Spekulation abgetan zu werden braucht, beweist kein Geringerer als Bolivar selber. «Sehen Sie nur, wie seltsam die Dinge laufen können», sagte er einmal zu Peru de Lacroix, «wäre ich nicht Witwer geworden, so hätte mein Leben ganz anders aussehen können. Dann wäre ich jetzt weder General Bolivar noch der Libertador, wiewohl ich zugebe, daß mein Charakter nicht dazu angetan ist, sich als Bürgermeister von San Mateo zufriedenzugeben.»

Der Tod wollte es anders. Mit noch nicht zwanzig Jahren war Bolivar Witwer geworden. Zum dritten Mal trennte ihn das Schicksal von seiner Vergangenheit. Vater, Mutter, Gattin – das Schicksal versagte ihm jeden Zugang zu seinem eigentlichen Wesen und stieß ihn hinaus in eine Welt von Grundsätzen und Ideen, von Worten und Hoffnungen. In späteren Jahren sagte er: «Ich habe meine Frau sehr geliebt, und nach ihrem Tode habe ich geschworen, nie wieder zu heiraten. Ich habe mein Wort gehalten.» Diese Worte sind nicht der Ausdruck von Gattentreue, sondern sind eher Erbitterung und Herausforderung gegenüber dem Schicksal, wie wir ihnen in Spaniens Leben und Kunst häufig begegnen. Als hätte er empfunden: «Ich habe die Ehe versucht, die Tradition und den Frieden mit meiner eigenen Vergangenheit, die in mir unter so vielen Toten begraben liegt. Ich bin gescheitert. Dann also laß fahren dahin! Ich bin frei.»

Im Sommer 1803 verließ Bolivar Caracas und begab sich nach Cadiz. Die Wahl dieses Hafens unterstreicht noch eine Einzelheit, die uns Mosquera, einer seiner Biographen, berichtet: daß er «einen Teil seiner Ländereien verkaufte, andere Teile seinen Geschwistern übergab ... und ein Schiff charterte, das er belud; so segelte er nach Cadiz und hatte genügend Mittel, um viele Jahre lang in Europa zu leben und zu reisen.» Cadiz war immer noch der Hauptumschlagplatz für Westindien, und es gab sonst keinen Grund, weshalb Bolivar (der eigentlich in die Länder nördlich von Spanien wollte) einen solchen Umweg machte, wenn er nicht beschlossen hätte, durch ein Handelsgeschäft die Mittel für seine Reise zu verdienen. Auch hier fallen bei einem Jüngling von zwanzig Jahren wieder der Unternehmungsgeist, die Phantasie und die praktische Tüchtigkeit ins Auge.

Nach einer stürmischen Reise landete er gegen Ende des Jahres 1803 in Cadiz. Nur kurz blieb er dort, ehe er nach Madrid weiterreiste, um seinem Schwiegervater einige traurige Erinnerungen an Teresa zu überbringen. Die Begegnung der beiden war äußerst trübselig. «Bolivar sprach sehr liebevoll von dieser Unterhaltung» – schreibt Mosquera – «und erinnerte sich der Tränen von Vater und Sohn, die zusammengeflossen waren. ‹Nie habe ich diesen Auftritt entzückter Qual vergessen, denn Kummer, den Liebe bereitet, ist Entzücken›, waren die Worte, mit denen Bolivar seine Erzählung zu beschließen pflegte.» Sein Aufenthalt in Madrid währte nicht lange. Wegen einer Nahrungsmittelverknappung veröffentlichte die Stadt einen Erlaß, durch den Fremde zur Abreise aufgefordert wurden. Der wirkliche Grund für Bolivars raschen Aufbruch war jedoch, daß «das Leben in Madrid unter den Freunden, die ihn als Liebenden und Geliebten glücklich gekannt hatten, für ihn ebenso unerträglich wurde wie das Leben in Caracas». Nachdem der Versuch, zu seinen spanischen und kreolischen Wurzeln zurückzufinden, gescheitert war, floh er die beiden Länder, die ihn genährt hatten. Er suchte Bewegung und die Freiheit seines geistigen Horizonts. Er reiste nach Frankreich, wo er, wie er wußte, Carreño treffen würde.

In einer Unterhaltung, die Peru de Lacroix aufgezeichnet hat, beschreibt Bolivar selber, wie sein Wesen sich vom privaten dem öffentlichen Leben zugekehrt hat, also von seinen spanischen Ursprüngen hin zu seinem universalen Himmel. «Ich kehrte 1801 mit meiner Frau nach Caracas zurück und hatte damals nur Träume von erhabenster Liebe im Kopf, aber keinerlei politische Ideen, denn diese waren mir noch nicht in den Sinn gekommen. Als mein Weib tot und ich verzweifelt war . . ., kehrte ich nach Spanien zurück und begab mich von Madrid weiter nach Frankreich und später nach Italien. Ich begann mich allmählich für öffentliche Dinge zu interessieren. Die Politik reizte mich, und ich verfolgte ihre vielfältigen Regungen.» Die Launen des Geistes, sein Wandel von Gebundenheit zu Bewegung und vom Konkreten zum Abstrakten wird in diesen Worten unbewußt, aber wunderbar deutlich. «Vielfältige Regungen.» Dieser Ausdruck ist bezeichnend nicht nur für die Politik, sondern für Bolivar selber, der um diese Zeit an der ständigen Bewegung teilzunehmen begann, die sein Erzieher von Rousseau entlehnt hatte. Carreño war auf Wanderschaft gewesen, seitdem ihn seine Verschwörerrolle gezwungen hatte, die Gestade der Heimat hinter sich zu lassen. Er war erst in Jamaika gewesen, dann in Baltimore; dann war er nach Europa gefahren, wo er in Bayonne Spanisch lehrte und Chateaubriand übersetzte; an diesem Punkt taucht Bolivar auf, rettet mit seiner reichlich ausgestatteten Börse Carreño vor der Schule und setzt ihn aufs neue in Bewegung.

Hinfort sind zwei Themen in Bolivars Wanderungen verwoben: die Straße und Napoleon. Er traf Anfang Mai 1804 in Paris ein. Am 1. August landete Alexander von Humboldt in Bordeaux; er kehrte von einer Reise durch die Neue Welt zurück, die er 1799 in der Gesellschaft des jungen französischen Naturforschers Bonpland begonnen hatte. Einen großen Teil der Zeit hatte er in Venezuela verbracht. Am 16. Juli 1799 war er in Cumaná gelandet, hatte vom 21. November 1799 bis 7. Februar 1800 in Caracas geweilt und war nach seiner berühmten Reise durch das Tal des Orinoco von Nueva Barcelona am 24. November 1800 nach Kuba abgefahren.

Bolivar, der wußte, wie beliebt und bewundert Humboldt in Venezuela gewesen war, muß sich bemüht haben, ihn kennenzulernen. O'Leary zufolge hat Humboldt auf Bolivars Frage, ob seiner Ansicht nach die spanischen Kolonien imstande sein würden, sich selber zu regieren, die Meinung geäußert, daß «sie bereits den Zustand politischer Reife erreicht haben, daß er aber niemanden kenne, von dem man erwarten könne, daß er die Befreiung anführe». Humboldt war «äußerst aufmerksam und bewunderte den Nachdruck, mit dem Bolivar die Notwendigkeit vertrat, Spanisch-Amerika vom Mutterland zu trennen». Boussingault und Mancini zufolge soll sich diese Pariser Begegnung auf dem Schriftwege zu einer so engen Freundschaft zwischen dem gereiften, berühmten deutschen Forscher und dem einundzwanzigjährigen Kreolen entwickelt haben, daß Humboldt Bolivar zusammen mit Gay Lussac als Begleiter bei seiner Besteigung des Vesuvs mitnahm.

Die Tatsachen sind weniger malerisch. Wir kennen Humboldts Ansichten über das Verhältnis Spaniens zu Spanisch-Amerika aus seinen Werken, die teilweise gerade um diese Zeit geschrieben wurden. So schreibt er am 17. Oktober 1800

ALEXANDER VON HUMBOLDT UND AIMÉ BONPLAND
IN IHREM DSCHUNGEL-LABORATORIUM AM ORINOCO

an seinen Bruder Wilhelm: «Es gibt vielleicht kein Land in der ganzen Welt, wo man angenehmer und ruhiger leben könnte als in den spanischen Kolonien, die ich seit fünfzehn Monaten durchreise.» Wiederholt verzeichnet er die Großzügigkeit, mit der die spanische Regierung wissenschaftliche Forschung in ihren europäischen und amerikanischen Königreichen gefördert habe. Ferner berichtet er: «In Europa ist man etwas erstaunt, daß die Spanier aus dem Mutterland, deren geringe Zahl wir hervorgehoben haben, so viele Jahrhunderte hindurch sich so andauernd und nachhaltig widersetzt haben. Was die Menschen vergessen, ist der Umstand, daß in allen Kolonien die europäische Partei dadurch wachsen muß, daß sie eine große Menge Kreolen in sich aufnimmt. Familiäre Interessen und der Wunsch, in Ruhe zu leben, ohne fürchten zu müssen, daß sie in ein Unternehmen verwickelt werden können, das vielleicht scheitert, hindern diese Leute daran, sich der Unabhängigkeit zu verschreiben. Manche sind allen gewaltsamen Mitteln abgeneigt und hoffen, daß langsame Reformen die Kolonialherrschaft weniger drückend erscheinen lassen werden; sie erwarten sich von einer Revolution nur den Verlust ihrer Sklaven, die Entmachtung der Geistlichkeit und eine religiöse Toleranz, die ihnen mit der Reinheit ihrer jetzigen Religion unvereinbar erscheint. Andere wieder gehören den wenigen Familien an, die in jeder Gemeinde entweder durch ererbten Reichtum oder dank ihres langen Aufenthalts in den Kolonien eine wirkliche Aristokratie am Orte bilden. Sie würden lieber manche Rechte verlieren, als sie mit jedermann teilen ... Sie hassen jede Verfassung, die auf Gleichberechtigung beruht, und fürchten besonders ihre Titel und Auszeichnungen zu verlieren, die sie mit soviel Mühe erworben haben und die für ihr Glück so wesentlich sind. Wieder andere, und ihrer sind sehr viele, leben im Lande vom Ertrag ihrer Güter und genießen die Freiheit, die überall dort herrscht, wo das Land dünn bevölkert ist.»

In Paris lebte eine Dame, deren Name in Bolivars Biographien eine größere Rolle spielt als in seinem Leben. Madame Dervieu de Villars hieß vor ihrer Verehelichung Fanny Trobriand Aristeguieta und behauptete kraft ihres zweiten Namens, sie sei Bolivars Cousine. Auch beanspruchte sie – oder gestand ein –, achtundzwanzig zu sein, während ihr Gatte sechsundfünfzig war. Dervieu de Villars war Stadtkommandant von Lyon und Kommandeur der dortigen Nationalgarde gewesen; bei der Thronbesteigung Karls X. (1825) wurde er zum Marschall befördert. Sie scheint Bolivar freigebig mit ihrer Gunst bedacht zu haben, der seinerseits in ihr eine Verkörperung seiner toten Frau (vielleicht auch seiner toten Mutter) gesehen und sie auf Teresa umgetauft hat. Was das bedeutet, ist klar. Die Episode war für ihn noch ein später Versuch, Zugang zu den unterbewußten Schichten seines Wesens zu gewinnen, von denen ihn Simon Rodriguez Carreño mit jedem Tage weiter fortzog. Die Dame versicherte ihm, daß sie zu seiner Familie gehöre, und das genügte ihm, mochte es wahr sein oder nicht, solange er daran glaubte. Fanny Villars war eine gute Gastgeberin und mag hin und wieder ein großes Tier gefangen haben, um es dann in der Menagerie ihres Salons vorzuführen. Vielleicht hat Humboldt sie besucht. Jedenfalls scheint sie ihm oft genug begegnet zu sein, um 1826 an Bolivar schreiben zu können: «Baron Humboldt war hier ... Ich weiß nicht, wie der Baron es fertigbringt, sich als Ihr Freund auszugeben. Damals, als der Erfolg Ihres Unternehmens zweifelhaft war, gehörten er und Monsieur Delpech zu Ihren schärfsten Kritikern.»

Bolivar soll Humboldt in der Preußischen Gesandtschaft in Rom getroffen haben, wo damals Wilhelm von Humboldt Gesandter war. Anläßlich von Bolivars Aufenthalt in Rom werden berühmte Namen großzügig angeführt, und der Ausflug nach dem Vesuv gründet sich auf Boussingault, der schlicht behauptet, Bolivar, Humboldt und Gay Lussac hätten den Vulkan 1804 bestiegen, obwohl in jenem Jahr keiner der drei Männer überhaupt in Italien gewesen ist. Humboldt reiste in Begleitung von Gay Lussac am 12. März

1805 von Paris nach Rom, und von dort begaben sich die beiden Forscher zusammen mit dem Geologen Leopold von Buch am 15. Juli nach Neapel, um den Vesuv zu besteigen, der damals Anzeichen einer außergewöhnlichen Tätigkeit von sich gab. Am 17. September 1805 reiste Humboldt nach Deutschland. Bolivar war im März von Paris nach Rom aufgebrochen, doch reiste er zusammen mit Carreño à la Rousseau langsam und auf Umwegen. Er hat Humboldt in Rom getroffen, wie er selber sagt: «Nehmen Sie die herzlichen Empfindungen eines Mannes entgegen, der die Ehre hatte, Ihren Namen zu achten, schon ehe er Sie traf, und Sie zu lieben, als er Ihnen in Paris und Rom begegnete.» Daß Bolivar sich in diesem Brief über den Vesuv ausschweigt, daß auch O'Leary schweigt, sowie die Tatsache, daß in Humboldts Biographie, die zur Zeit von Bolivars höchstem Ruhm geschrieben wurde, von dessen Teilnahme an der Besteigung des Vesuvs nicht die Rede ist – das alles beweist, daß es sich bei dieser Geschichte um reine Erfindung handelt.

Was bleibt von dieser ganzen Episode übrig? Als Bolivar in Paris Humboldt begegnete, muß er separatistische Neigungen gehabt und zu ihm wie zu jedermann sonst offen davon gesprochen haben. Fanny kommt mehrmals darauf zu sprechen. «Ich, der Sie Ihre Pläne und Vorhaben vor einundzwanzig Jahren anvertraut haben, stelle Sie höher als Washington, weil Sie so ungeheure Schwierigkeiten überwinden mußten, um einer ganzen Welt die Freiheit zu geben.» Wir brauchen zwar nicht alles, was die ruhmsüchtige und schwärmerische Dame ihrem fernen Kavalier schrieb, für bare Münze zu nehmen, doch ist es nur natürlich, daß Bolivar im Überschäumen seiner jugendlichen Leidenschaft von der Befreiung Amerikas gesprochen haben mag. Humboldt würde ihm auf Grund seiner liberalen Ansichten gewiß teilnahmsvoll zugehört haben, aber doch auch zurückhaltend, weil er wußte, wie schwierig die Aufgabe war, und weil er unmöglich viel von einem Jüngling halten konnte, der unter Carreños Einfluß stand. Von diesem «ausschweifenden Philanthropen» kann Humboldt nämlich kaum viel gehalten haben – wahrscheinlich weniger, als er tatsächlich verdiente. Humboldt muß daher für Bolivar eine der Gestalten gewesen sein, die er nicht überzeugt hatte und die daher in des jungen Mannes innerstem Herzen zur Vorsicht rieten und unsichtbare Zweifel ausstrahlten.

In dieser Periode wurde Bolivar am stärksten durch Carreños Denkweise und Ideen geprägt. Unter seiner Anleitung verschlang der Jüngling Hobbes, Helvétius, Holbach, Hume und Spinoza und außerdem Rousseau und Voltaire. Diese Autoren bewirkten, daß er sich mehr denn je von den Wurzeln seiner Vergangenheit abgeschnitten und in der Welt allein fühlte. Helvétius und Holbach predigten den Hedonismus und wurden nur zu leicht als Prediger eines Tuns nach Belieben mißverstanden. Diese Lehre wirkt sehr anziehend auf junge Menschen, zumal wenn sie reich und ohne familiäre Bindungen sind. Bolivar lebte in Paris viele Monate ein ausschweifendes Leben, war in den Galerien des Palais Royal eine bekannte Gestalt und widmete die Freiheit, die hochzuhalten die Philosophen ihn lehrten, Wein, Weib und Gesang.

«Ich möchte nicht wie ein Baum sein, der an einem Ort wurzelt», sagte Carreño, «sondern wie Wind, Wasser und Sonne, wie alles, was stets in Bewegung ist.» Mit diesen Worten enthüllte Bolivars Mentor das unirdische, gewichtlose Wesen der Reiche, in die er seinen jungen Freund einführte. Andere Reisende begaben sich auf die Wanderschaft, um mit der Erde an allen Ecken und Enden vertraut zu werden, an die ihre Straße sie führen mochte; Bolivar und Carreño begaben sich auf die Wanderschaft, weil sie die Bewegung um ihrer selbst willen liebten, aber wiederum nicht jene Bewegung, in der Hobbes den Ursprung allen geistigen Lebens und vielleicht sogar des Bewußtseins sah, sondern Bewegung als Zustand dauernder Zeitweiligkeit: weder das, was wir hinter uns lassen, noch das, worauf wir zugehen – ein Zustand, der dem unrealistischen Idealisten so teuer ist, weil er den Willen von allen irdischen Problemen befreit und dem Geist unbegrenzten Spielraum gewährt.

Zwei Spanier – ob aus der Alten oder aus der Neuen Welt – können sich kaum jemals auf Wanderschaft begeben, ohne sich dem Vorbild Don Quichotte-Sancho Pansa anzupassen. Auf ihren Wanderungen durch Frankreich und Italien rufen Bolivar und Carreño Erinnerungen an jenes unsterbliche Paar wach. Allerdings fügen sie sich dem Vergleich nicht allzu willig. Körperlich entsprechen der hochgewachsene, drahtige Bolivar und der untersetzte, etwas schwerfällige Carreño wohl dem Vorbild. Auch besteht eine gewisse Ähnlichkeit einerseits zwischen dem Hang zur Melancholie des Ritters von der traurigen Gestalt und Bolivar, andererseits zwischen der jovialen Art Carreños und Sancho. Auch können wir eine gewisse Übereinstimmung zwischen den erhabenen Träumen der beiden Ritter und dem mehr praktischen Sinn der beiden Knappen erkennen. Geistig besteht jedoch ein Unterschied. Don Quichotte war intellektuell und abstrakt und fürchtete nichts mehr als jenes Wissen um die Wirklichkeit, welches – wie er fühlte, aber nicht auszudenken wagte – seine Träume zerstören würde; während Sancho keine Ideen kannte, sondern nur die unmittelbare Einwirkung der Tatsachen auf seinen Verstand, die er dann in Sprichwörtern von sich gab. Bei unsern beiden spanisch-amerikanischen Freunden war die geistige Beziehung komplizierter. Hier war der Knappe, nicht der Ritter, der abstrakte Intellektuelle und Anführer des Paares, während der Ritter zwar dazu neigte, sich von den Verallgemeinerungen eines älteren und beleseneren Mentors auf Abwege führen zu lassen, aber dank seiner größeren Geisteskraft und empfindlicheren Intuition größere Reserven empirischer Klugheit besaß, als er selber auch nur ahnte. Solchermaßen verkleidet, traten Simon Bolivar und Simon Carreño auf der Landstraße der Geschichte die Reise an.

Der Ritter bedurfte einer Dulcinea und mindestens eines weiteren Ritters, eines Amadis von Gaula, als Beispiel und

Inspiration. Seine Dulcinea war zur Stelle: die «Jungfrau Amerika», die unter der Tyrannei des spanischen Riesen fürchterlich zu leiden hatte und dabei selber so unschuldig war, wie Mägdelein eben sind. Sein Amadis von Gaula erhob sich jählings in ungeahntem Glanze. Sein Name: Napoleon. Das Jahr, in dem Bolivar in Paris eintraf, war das Jahr von Napoleons Kaiserkrönung. Wenige Wochen vorher, am 21. März 1804, war der Herzog von Enghien hingerichtet worden, und ein paar Tage später, am 18. Mai, wurde die kaiserliche Verfassung angenommen. Die Entwicklung, in deren Verlauf aus dem Hof des Ersten Konsuls der kaiserliche Hof wurde, vollzog sich unter Bolivars Augen, und Ritter und Knappe waren in Paris, als Amadis von Gaula in Notre Dame gekrönt wurde.

Bolivars härtestes Urteil über Napoleon finden wir bei seinem Adjutanten O'Leary zitiert: «Ich verehrte ihn als den Helden der Republik, als des Ruhmes hellen Stern, als den Genius der Freiheit... Er hatte sich selber zum Kaiser gemacht, und von jenem Tage an betrachtete ich ihn als einen heuchlerischen Tyrannen, als Beleidigung der Freiheit und als Hindernis für den Fortschritt der Zivilisation... Wie furchtbar war das Gefühl der Empörung, das dieser trübsinnige Anblick [der Krönung] in meiner Seele hervorrief, die doch von einer fanatischen Liebe zu Freiheit und Ruhm erfüllt war. Seither war ich außerstande, mich mit Napoleon auszusöhnen. Sein Ruhmesglanz deuchte mir ein Widerschein der Hölle zu sein.»

Der abstrakte, deklamatorische Stil dieser Sätze beweist, daß sie von jenem geistigen Horizont Bolivars herrührten, der am stärksten von Carreño beeinflußt wurde. Sie können daher nicht als vollständiges Zeugnis von Bolivars Einstellung zu Napoleon gelten. Er selber hat Peru de Lacroix 1828 etwas anvertraut, was O'Learys Mitteilung auf den ersten Blick zu erledigen scheint. «Sie haben vielleicht bemerkt, daß ich in Gesprächen mit meiner Umgebung und mit andern niemals Napoleon lobe. Ich habe ihn vielmehr im Gegenteil mehr als einmal einen Tyrannen und Despoten genannt und einige seiner großen politischen Maßnahmen wie auch seiner militärischen Operationen verurteilt. Das alles war und ist immer noch nötig, wiewohl ich anderer Meinung bin; diese muß ich aber verstecken und maskieren, um zu verhindern, daß sich die Ansicht herumspricht, meine Politik sei eine Nachahmung der Politik Napoleons, mein Streben und meine Pläne seien den seinen ähnlich, auch ich wolle Kaiser oder König werden und Südamerika ebenso beherrschen, wie er Europa beherrscht hat. Das alles hätte man gesagt, wenn ich meine Bewunderung und meine Begeisterung für den großen Mann zu erkennen gegeben hätte. Meine Feinde wären noch weiter gegangen: sie hätten mich angeklagt, daß ich einen Adels- und einen Militärstaat schaffen wolle, der dem Staat Napoleons an Macht, Privilegien und Ehren ähnlich sei. Bezweifeln Sie nicht, daß dies alles eingetreten wäre, wenn ich mich als der lebhafte Bewunderer des französischen Helden offenbart hätte, der ich wirklich bin, und wenn ich seine Politik gelobt, begeistert von seinen Siegen gesprochen und ihn als den ersten Anführer der Welt, als Staatsmann, als Philosophen und als Mann der Wissenschaft empfohlen hätte. Das sind meine Ansichten über Napoleon, doch habe ich mich sorgfältig gehütet, sie preiszugeben. Das Tagebuch von St. Helena, die Feldzüge Napoleons und alles, was mit ihm zu tun hat, sind mir liebste und nützlichste Lektüre; dort sollte man studieren, wie man die Kriegskunst, die Politik und das Regieren lernt.»

Peru de Lacroix mag den bonapartischen Akzent übertreiben, doch kann er ihn kaum erfunden haben. Was immer Bolivars Ansichten 1828 gewesen sein mögen, so war dennoch seine Verurteilung Napoleons 1805 aufrichtiger, als die spätere Äußerung vermuten läßt. Der Jüngling von zweiundzwanzig, noch stark unter dem Einfluß seines Erziehers, verurteilte «den Tyrannen» Napoleon mit dem Verstand ebensosehr, wie er den Helden Napoleon mit dem Herzen

DANIEL FLORENCIO O'LEARY

bewunderte. Der vollständigste und zutreffendste Bericht über den Eindruck, den Napoleons Krönung auf ihn gemacht hat, finden wir auf einer andern Seite von Peru de Lacroix' Tagebuch vom Mai 1828: «In Paris», sagte Bolivar, «sah ich im letzten Monat des Jahres 1804 Napoleons Krönung. Das prächtige Schauspiel weckte meine Begeisterung, jedoch weniger durch seinen Pomp als durch das Gefühl der Liebe, das ein riesiges Volk seinem Helden entgegenbrachte. Dieses allgemeine Überquellen der Herzen, diese freie, spontane Bewegung des Volkes, das erregt war vom Ruhm und den Heldentaten Napoleons, dem in jenem Augenblick mehr als eine Million Menschen zujubelten, erschienen mir für den Empfänger so vieler Ovationen als Gipfel alles menschlichen Strebens, als höchstes Verlangen und höchster Ehrgeiz eines Menschen. Die Krone, die Napoleon sich aufs Haupt setzte, betrachtete ich als ein kümmerliches Ding. Was mir groß erschien, waren der allgemeine Jubel und die Teilnahme, die seine Person hervorriefen. Doch muß ich gestehen, daß ich dabei an das Sklavendasein meines Vaterlandes denken mußte und an den Ruhm, den derjenige erringen würde, der ihm die Freiheit schenkte. Aber wie fern lag mir die Vorstellung, daß solches Glück mir vorbehalten wäre!»

Hier haben wir endlich das vollständige Bild von Bolivars Geistesverfassung, wie es sich im Strahlenglanz von Napoleons Ruhm darbietet. Die Hauptsache bei Napoleons Krönung war für Bolivar «der allgemeine Jubel und die Teilnahme, die seine Person hervorrief», und dabei mußte er, so gesteht er, an das Sklavendasein seines Vaterlandes denken und an den Ruhm, den sein Befreier erringen würde. Ebendas sind seine Worte, und nichts könnte mehr der Dynastie Don Quichottes entsprechen, der Simon Bolivar kraft seiner Geburt angehört. Don Quichotte verehrte Dulcinea, sie war sein Ziel; davon war er selber fest überzeugt. Er war sogar von seiner Ergebenheit für Dulcinea noch fester überzeugt als von Dulcineas wirklichem Dasein. Nichtsdestoweniger war es Don Quichottes Hauptziel, sich selber Ruhm zu erringen. Für seine Phantasie, die nach einer Dame suchte, der er dienen konnte, auf daß er im Dienst dieser Dame imstande wäre, für sich selber Heldenruhm und Ritterehre zu gewinnen, war Dulcinea nur ein Gebilde.

Jungfrau der Welt, unschuldiges Amerika!

Ebenso dachte Bolivar, als er Napoleons Ruhm wahrnahm, an den Ruhm, den Amerikas Befreier gewinnen könnte. Er dachte nur an das Sklavendasein, das Dulcinea-Südamerika erduldete. Eine Stadt umjubelte einen Kaiser? Was war das schon gegen einen Kontinent, der einen Befreier umjubelt? Da lag der Ruhm, schimmernd im Gold und Damast der Zeremonien, tönend in der wilden Begeisterung der Menge – Ruhm, den einer nur zu erobern brauchte. Also mußte es eine Dulcinea geben. Da erst und vorher nicht dachte Don Quichotte-Bolivar an die unglückliche Jungfrau, die vom spanischen Riesen im Kerker der Tyrannei festgehalten wurde, von deren furchtbarem Leiden er zwar unmittelbar nur sehr wenig wußte, doch um so mehr durch das, was Sancho-Carreño ihm erzählte. Also machten sich Ritter und Knappe nach Italien auf und glichen mehr denn je dem Ritter von der traurigen Gestalt und seinem Knappen. Nur war es diesmal der Knappe, der den Ritter daran erinnern mußte, daß der Ruhm für Dulcinea bestimmt war und nicht Dulcinea für den Ruhm.

Bolivar und Carreño verließen Paris im März 1805 vor allem deshalb, weil der junge Kreole seine Kraft in den Vergnügungen der Hauptstadt vergeudet hatte und der Erholung bedurfte. Einer seiner Gefährten, Fernando de Toro, ein Vetter seiner Frau, hatte ihn zum Glücksspiel verleitet, bei dem er mehr Geld verloren hatte, als er damals besaß. Er hatte seinen Stolz hinunterschlucken und Fanny de Villars um Geld bitten müssen. Vielleicht dachte Carreño, daß ein schneller Wechsel aus mehr als einem Grunde nötig sei. Sie reisten mit der öffentlichen Post nach Lyon, ruhten dort einige Tage aus, schickten ihr Gepäck voraus und machten sich à la Rousseau zu Fuß auf den Weg. Sie zogen durch Chambéry, um dem Vicaire Savoyard ihre Reverenz zu erweisen, und besuchten Les Charmettes, eines der Heiligtümer des Propheten. Wohin sie aber auch gingen, folgte ihnen Napoleons Ruhm; denn allenthalben sahen sie Triumphbogen und andere Vorbereitungen, um den Helden Frankreichs zu empfangen. Als sie in Mailand eintrafen, erwartete die Stadt gerade den Kaiser, der sich dort zum König von Italien krönen sollte. Bolivar war zugegen und sah, wie Napoleon sich die eiserne Krone der Lombardenkönige aufs Haupt setzte (26. Mai 1805). In Montechiaro fand eine Militärparade statt, deren Zeugen Bolivar und Carreño waren, und Bolivars Erinnerung daran, wie sie Peru de Lacroix aufgezeichnet hat, bestätigt alles, was wir über sein Verhältnis zu dem großen Kaiser wissen. «Der Thron war auf eine Kuppe inmitten der Ebene gestellt worden, an dessen Fuß er und sein Freund einen günstigen Platz gefunden hatten, um den Kaiser zu beobachten, der sie mehrmals durch ein kleines Fernrohr betrachtete. Dann sagte sein Gefährte: ‹Vielleicht denkt Napoleon, der uns beobachtet, wir seien Spione›, und diese Bemerkung veranlaßte ihn [Bolivar], sich besorgt zurückzuziehen. ‹Ich›, so fuhr Seine Exzellenz fort, ‹richtete meine Aufmerksamkeit auf Napoleon und sah in der ganzen Menschenmenge niemand außer ihm. Meine Neugier war unstillbar, und ich versichere Ihnen, ich war weit davon entfernt vorauszusehen, daß eines Tages auch ich Gegenstand der Aufmerksamkeit und, wenn Sie so wollen, der Neugier eines ganzen Kontinents sein würde – ja, man darf sagen, der ganzen Welt. Wie zahlreich und glänzend war das Gefolge, das Napoleon umgab, und wie schlicht sein Anzug. Alle Männer seines Gefolges waren mit Gold und reichen Stickereien bedeckt, er aber trug nur seine Epauletten, einen Hut ohne Stickerei und einen Rock ohne den geringsten Schmuck. Das gefiel mir, und ich würde diese Art hierzulande übernommen haben, hätte ich nicht gefürchtet, die Leute würden sagen, daß ich es nur täte, um Napoleon nachzuahmen.›» Diese Worte lassen erkennen, wie ähnlich sich Bolivar Napoleon dünkte.

Don Quichotte-Bolivar und Sancho-Carreño zogen nacheinander durch Verona, Vicenza, Venedig, Padua, Ferrara, Bologna, Florenz, Rom und Neapel. Venedig, so berichtet O'Leary, enttäuschte Bolivar; vielleicht dachte er, er würde in dieser Stadt, die Venezuela (Klein-Venedig) seinen Namen gegeben hatte, etwas vorfinden, das dieser Ehre noch würdiger sei. Offenbar wuchs Dulcinea in seiner Phantasie rasch zu etwas Wunderbarem heran, und ebenso schnell wuchs sein Ehrgeiz, sie zu retten. Er hielt sich einige Zeit in Florenz auf, wo er Italienisch lernte und einige Klassiker des Landes las – jedoch nicht Machiavelli, gegen den er, wie O'Leary es ausdrückt, «das übliche Vorurteil hegte, das aus diesem großen und vielgeschmähten Patrioten das Urbild von verbrecherischer Verschlagenheit macht». Über Perugia erreichte er Rom, wo alles schon vorbereitet war, um ihn zum fahrenden Ritter zu schlagen: der Eid auf dem Monte Sacro. «Den Boden zu betreten, den die Cincinnatus und Regulus bebaut; die Luft zu atmen, die schon die Scipionen geatmet; der großen Geister und Helden zu gedenken, die dort geboren und aufgewachsen, dank deren Genie und Tapferkeit Rom die bewunderte Gebieterin der Welt geworden – solche Gedanken weckten erhabene Ideen in seiner jugendlich glühenden Phantasie und ergriffen Besitz von seinen Vorstellungen, die erfüllt waren von klassischen Erinnerungen und moderner Philosophie.» Soweit der irische Mohr, der sein Leben beschrieben hat. Und der spanische Mohr, der das Leben des andern Don Quichotte beschrieben hat: «Die Phantasie füllte sich ihm mit allem an, was er in den Büchern las ... und so fest setzte es sich ihm in den Kopf, jener Wust hirnverrückter Erdichtungen, die er las, sei volle Wahrheit, daß es für ihn keine zweifellosere Geschichte auf Erden gab.»

Das verleitete dann Don Quichotte dazu, den Marquis von Mantua nachzuahmen und zu schwören,

kein Brot zu essen an gedecktem Tisch
noch mit dem Weib im Bett zu liegen,

bis er seine ritterliche Aufgabe erfüllt hätte. Ebenso schreibt O'Leary über Don Quichotte von Caracas: «Die Erinnerung an die heroischen Zeiten der römischen Geschichte, die der Anblick des Kapitols wachrief, weckten in seinem Innern Hoffnungen auf die Zukunft. Entschlossen, sie zu verwirklichen, eilte er auf den berühmten Heiligen Berg, wohin Licinius die Plebejer Roms geführt hatte, als sie erbittert waren über die Erpressung, Ungerechtigkeit, Anmaßung und Gewalttätigkeit ihrer patrizischen Herren. Auf dem Mons Sacer überwältigten ihn die Leiden seines Heimatlandes. Er empfand mit aller Heftigkeit

La procelosa e trépida
Gioia d'un gran disegno
L'ansia d'un cor che indocile
Ferve pensando . . .

fiel auf die Knie und legte ein Gelübde ab, für dessen getreue Erfüllung die Befreiung Südamerikas das ruhmreiche Zeugnis ist.»

Die Straße, die Don Quichotte-Bolivar und Sancho-Carreño auf den Monte Sacro führte, hatte vorher noch Paris und Mailand berührt. Der jugendliche Ritter, der auf dem Heiligen Berg feierlich gelobte, seine Dulcinea-Heimat zu befreien, war noch geblendet von dem Anblick dessen, was Ruhm wirklich war. Der Ehrgeiz, es dem Glanz eines kaiserlichen Lebens gleichzutun, Sonne zu sein in einem Planetensystem glänzender Marschälle und der Stern, der die Ovationen eines ganzen Kontinents auf sich zog – dieser Ehrgeiz war es, der Bolivar zum fahrenden Ritter im Dienste Südamerikas werden ließ. Der Schwur auf dem Monte Sacro war das Ergebnis der beiden Krönungen Napoleons. Zweimal hatte Simon Bolivar gesehen, wie Napoleon sich selber gekrönt hatte, zuerst mit der Kaiserkrone und dann mit der eisernen Krone der lombardischen Könige. Auf dem Monte Sacro krönte sich Bolivar im Beisein einer eingebildeten Welt, die er sich zu Füßen wähnte: er krönte sich als Helden oder als Märtyrer, wie nun das Schicksal entscheiden mochte. Nach außen hin, gegenüber den riesigen Massen jenseits des Horizonts, gelobte er, seine Heimat zu befreien. Innerlich, in den Hintergründen seiner Seele, die seinem eigentlichen Blick entzogen waren, gelobte er, Simon Bolivar zum Kaiser der Neuen Welt zu machen.

NEUNTES KAPITEL

Der Mann

Jetzt ist der Augenblick gekommen, um ein Porträt in Lebensgröße zu versuchen. Bolivar war damals zweiundzwanzig und, nach den Bildern jener Periode zu urteilen, noch unreif und ein wenig selbstgefällig. Wir besitzen aber Beschreibungen seines Aussehens und Auftretens aus späterer Zeit. Hier ist eine solche von freundlicher Hand: «Am 24. Juli dieses Jahres (1828) wird General Simon Antonio Bolivar fünfundvierzig, doch wirkt er wie fünfzig. Er ist von mittlerer Größe, sein Körper dünn und hager, Arme, Schenkel und Beine sind mager. Der Kopf ist länglich, oben breit und unten spitz zulaufend, die Stirn hoch, klar, gewölbt und immer tief gerunzelt, wenn sein Gesicht sich nicht belebt, oder wenn er zornig oder mißgelaunt ist. Sein Haar ist kraus, borstig, voll und wird grau. Die Augen haben das Feuer der Jugend verloren, bewahren sich aber die Lebhaftigkeit seines Wesens und liegen tief, ohne besonders klein oder groß zu sein; seine Brauen sind dicht, stehen weit auseinander, sind ziemlich gerade und grauer als das Haar. Die Nase ist wohlgeformt. Die Backenknochen treten hervor, die Wangen sind eingefallen, und die Unterlippe ragt vor; die Zähne sind weiß, und sein Lachen ist angenehm, sein Kinn lang und spitz. Die Haut ist dunkel und sonnenverbrannt und wird noch dunkler, wenn er schlecht gelaunt ist, denn dann vertiefen sich die Furchen auf Stirn und Schläfen, die Augen werden kleiner, die Unterlippe tritt noch weiter hervor und der Mund verzerrt sich; kurzum, dann zeigt sich ein anderes Gesicht, das schwere, trübe Gedanken und düstere Vorstellungen verrät. Ist er guter Laune, so verschwindet das alles, und der Geist des Herrn leuchtet auf seinem Antlitz.»

Hier ein weiteres Porträt, das neun Jahre vorher der unfreundliche, verärgerte Oberst Hippisley entworfen hat: «General Bolivar ist ein schäbig aussehender Mann, der (wiewohl erst achtunddreißig) wie fünfzig wirkt. Er mißt etwa 1,68 Meter, ist dünn, von gelblichem Teint und länglichem Gesicht, auf dem sich Sorgen, Befürchtungen und, fast möchte ich sagen, Niedergeschlagenheit aller Art ausdrükken. Auch schien er mir sehr ermüdet. Seine dunklen und, wie man mir berichtet hatte, leuchtenden Augen waren jetzt glanzlos und müde, obwohl ich ihnen mehr Feuer und Leben zutrauen möchte, wenn er insgesamt weniger angestrengt ist. Schwarzes Haar, hinten lose mit einem Band zusammengehalten, großer Schnurrbart, schwarzes Halstuch, blauer Überrock und blaue Hosen, Stiefel mit Sporen vervollständigen den Anzug. In meinen Augen hätte er für alles durchgehen können, nur nicht für das, was er wirklich war. Quer durchs Zimmer spannte sich eine spanische Hängematte, in die er sich gelegentlich setzte, räkelte und schaukelte, während er sich unterhielt; dabei behielt er nur selten länger als zwei Minuten dieselbe Haltung bei.»

Bolivar war also klein. Auch Napoleon war klein. Beide besaßen aber jene persönliche Ausstrahlung, die sie bei großen Gelegenheiten hochgewachsen erscheinen ließ. Der Präsident des Kolumbischen Kongresses schrieb 1821 von Bolivar: «Er war dünn, mittelgroß, aber außerordentlich lebhaft»; als er trotz seiner kleinen Gestalt am Tage seiner Einführung als Präsident «die Kongreßhalle in seiner prächtigen Uniform als Oberbefehlshaber mit seinem Schleppsäbel, umstrahlt vom Ruhm seiner beiden letzten Feldzüge, betrat, erschien er ungewöhnlich hochgewachsen, so daß die weiße Feder auf seiner Mütze die Decke zu berühren schien.» Das war ähnlich der «magischen» Wirkung, die Napoleon bei besonderen Gelegenheiten erzielte. Bolivars Konstitution unterschied sich jedoch von derjenigen Napoleons in einer wichtigen Hinsicht: Napoleon wurde durch den Erfolg dick. Bolivar blieb sein ganzes Leben lang schlank. Allerdings war sein Erfolg niemals stetig genug, um ihm zu gestatten, in einem seßhaften Leben die Macht zu genießen; das allein würde schon den Unterschied rechtfertigen. Es gibt jedoch tiefere Ursachen als Erklärung dafür, daß er sich seine hagere Erscheinung bis zum Tode bewahrte.

Die Erwähnung «schwerer, trüber Gedanken und düsterer Vorstellungen» können wir in allen Bildnissen wiederfinden, abgesehen von den Bildern aus seiner ersten Jugend. Der Hintergrund seiner Augen ist traurig, mag auch sein Antlitz im übrigen trotzig oder selbstsicher wirken – fröhlich scheint er mindestens auf seinen Bildnissen niemals zu sein. Manche seiner Chronisten haben ihn gelegentlich als heiter und gesprächig geschildert. Traurigkeit war offenbar sein natürlicher Zustand, in den er zurückfiel, wenn er untätig und nicht in anregender Gesellschaft war. Diese Traurigkeit in seinen Augen ist übrigens nicht abstrakt oder allgemein, sondern eine tief verwurzelte Grämlichkeit. Jeder Galicier erkennt sie auf den ersten Blick als jene morriña, welche die Kinder Galiciens befällt, wenn sie fern der Heimat sind. Sobald er allein gelassen wird, überkommt ihn Traurigkeit, aber eben die sinnende Traurigkeit eines Gallegos, und Peru de Lacroix überliefert eine Einzelheit, die das bestätigt: sein Kopf, schreibt er, war oben breit und lief unten spitz zu: die für Galicien typische Kopfform.

Dieser Charakterzug muß in Beziehung gesetzt werden zu seiner Vorliebe für Bewegung. In einer Hängematte schaukelte er ständig hin und her. Beim Spazierengehen ließ er seinen ganzen Stab hinter sich. Beim Reiten ermüdete er alle andern. Beim Reden bewegte er sich ständig. Er war ein leidenschaftlicher Tänzer. Peru de Lacroix erzählte er, daß «zur Zeit seiner Feldzüge, wenn sein Hauptquartier in einer Stadt oder einem Dorf lag, fast jeden Abend Tanzereien veranstaltet wurden und daß er Spaß daran hatte, zu tanzen und zu walzen und dann aus dem Saal zu verschwinden, um ein paar Befehle und Berichte zu diktieren, und dann wieder zu tanzen und wieder zu arbeiten; daß auf solche Weise seine Gedanken klarer und kräftiger würden und sein Stil flüssiger; kurzum: Tanzen beflügelte seinen Geist und erregte seine Phantasie». Derselbe Beobachter schreibt: «Geistige und

SIMON BOLIVAR

körperliche Tätigkeit halten den Libertador in ständiger Erregung. Wer ihn zu gewissen Zeiten beobachten würde, ohne ihn zu kennen, könnte ihn für verrückt halten. Bei unsern Nachmittagsspaziergängen macht er sich manchmal den Spaß, sehr schnell zu gehen und so zu versuchen, ob er seine Begleiter ermüden könne; er läuft voraus, dann wartet er auf sie und sagt ihnen, sie könnten nicht laufen. Dasselbe tut er beim Reiten. Wenn uns schlechtes Wetter am Ausgehen hindert, so hält sich S. E. dadurch schadlos, daß er in seiner Hängematte liegt und heftig schaukelt oder durch die Korridore des Hauses spaziert, wobei er manchmal singt oder Verse rezitiert oder sich mit andern, die ihn begleiten, unterhält. Diskutiert er mit seinen Freunden, so wechselt er manchmal plötzlich das Thema oder die Körperhaltung. Es hat den Anschein, als gebe es nichts Standfestes in ihm.» Diese beiden Eigenschaften – Traurigkeit in der Ruhe, dauerndes Verlangen nach Bewegung – sind offenbar miteinander verwandt. Bolivar mußte sein inneres Wesen durcheinanderwirbeln, um den Anforderungen des Lebens Genüge zu tun. Im Zustand der Ruhe sank er unter das Maß von Energie herab, das das Leben von ihm verlangte; dann schien sich sein ganzes Leben in die schwarzen Höhlen seiner Augen zurückzuziehen, die von morriña düster und traurig waren.

Wir haben dieses Verlangen nach ständiger Bewegung schon bei Bolivar und bei Carreño beobachtet und darin das Bestreben gesehen, sich von der allzu festen Erde zu entfernen, die sich auf so lästige Weise weigert, in die Wolken eines wirklichkeitsfremden Idealismus emporzusteigen. Solches Streben konnte Carreños Seele nicht viel Beschwer verursachen. Sein Temperament war jovial und irdisch, sein ganzes Wesen plebejisch; seine Wurzeln besaßen nicht die Zähigkeit und Kraft, welche die Wurzeln des Aristokraten Bolivar der zweihundert Jahre alten Gewohnheit zu herrschen verdankten. Auch unter dem Einfluß seines intellektuellen und republikanischen Wesens blieb Bolivars aristokratisches

Empfinden sehr wohl lebendig. Als sein Freund, der Marqués de Toro, schon ein Divisionsgeneral der Republik war, sagte Bolivar von ihm, «er messe seinem Titel als Marqués mehr Bedeutung bei als dem Generalsrang» (eine ziemlich unlogische Haltung für einen Marqués des spanischen Hofs, der eine Armee von Rebellen gegen diesen Hof anführte). Nicht minder unlogisch setzte Bolivar hinzu: «Der Marqués ist an Offenheit, Liebenswürdigkeit und Heiterkeit das Urbild unserer guten Vorfahren; er ist in seinen Empfindungen und seinem Auftreten nicht weniger ein Edelmann, als er das von Geburt ist.»

Diese kurzen Einblicke in Bolivars Geisteshaltung erhellen die Ursache seiner Traurigkeit, wenn er ruhte, und seiner Lebhaftigkeit, wenn er in Bewegung war. Er wußte, daß seine Überzeugung und seine Ideen auseinanderklafften, und sein Wesen war immer angespannt in dem Bemühen, die beiden unversöhnlichen Teile, aus denen es bestand, miteinander auszusöhnen. Deshalb gewann Bolivars Auge niemals die Stetigkeit oder den heiteren Glanz von Napoleons Blick. Niemals blickte er den an, mit dem er sprach. Und was das Feuer seiner Augen angeht, das alle Beobachter rühmen, so war es für alle ein Beweis von Energie, für keinen ein Beweis des Friedens. Hierin war Napoleon ihm überlegen. Napoleon kannte keine Zweifel. Er war aus einem Guß. Bolivars Seelenlandschaft war öde und unfruchtbar; sein unterbewußtes Leben verströmte unsichtbar und vermochte nicht an das Licht der Verstandeszone zu dringen, weil der Tod von Vater, Mutter und Gattin alle Zugänge verriegelt hatte. Über dem öden Land wölbte sich ein Himmel, den Carreño mit den hellsten Farben, die er von den europäischen Meistern entliehen, ausgemalt hatte. Dort schimmerten mit Engelsflügeln und in vollendeter Gestalt Freiheit und Brüderlichkeit, Menschenliebe und Demokratie als duftige Wolken – und ihnen gegenüber verstrahlte die kaiserliche Sonne Napoleons ihr Licht, das allzu glänzend war, als daß man es wegen seines unreinen Ursprungs hätte aussperren können.

Bolivar hatte Anteil an den drei Rassen der Neuen Welt. Zwar war er praktisch ein Weißer, doch flossen in seinen Adern wenige Tropfen Neger- und Indianerblut. Wären es auch noch zehnmal weniger gewesen, so hätten sie doch genügt, um ihm Zugang zu verschaffen zu den gemeinsamen Erinnerungen und Verhaltensweisen der beiden Menschenrassen, denen in der Neuen Welt die Last des Arbeitens und Gehorchens beschieden war. Ohne dieses Blut würde Bolivar zu einem bestimmten Zeitpunkt weder ein kontinentales Bewußtsein verkörpert haben noch hätte man ihn überhaupt verstehen können; denn viele seiner Äußerungen, die unter Berücksichtigung seines dreifältigen amerikanischen Blutes erklärlich und natürlich sind, würden, wenn er ein reinblütiger Weißer wäre, Hirngespinste eines unverantwortlichen Demagogen sein.

Als Weißer war Bolivar Erbe einer Tradition, die Macht und Herrschaft so selbstverständlich fand, daß man sich ihrer gar nicht mehr bewußt war. Daß die Weißen das Land besaßen, das Vieh, die Sklaven und was an Indianern «unterworfen» oder assimiliert worden war, bezweifelte man so wenig wie die Tatsache, daß der Tag Tag und die Nacht Nacht ist. Diese auf Macht und Herrschaft ruhende Tradition der Weißen hatte zwei Ahnherren: den Eroberer und den Mönch. Der Eroberer war selber wieder Erbe der Tradition, die von der Befreiung Spaniens von den Arabern herrührte: ein achthundert Jahre währender Kampf, in dessen Verlauf der spanische Hidalgo sich die Vorstellung zu eigen gemacht hatte, daß ein Schwert, das durch einen Wald von Mauren eine Schneise schlägt, mehr Reichtum und Ehre eintrage als ein Pflug, der Furchen durchs Land zieht. Als habe die Vorsehung das so gewollt, war dieser lange Kampf in ebendem Jahr zu Ende gegangen, in dem Amerika entdeckt wurde; und als ob dieser Wink von oben nicht schon deutlich genug gewesen wäre, trug der Entdecker dieser Neuen Welt einen, wie er selber nachdrücklich betonte, zwiefach symbolischen Namen:

Christophorus Colónisator. Hierdurch wurde die Neue Welt in spanischen Augen gleichsam zu einem Nachgedanken der Vorsehung, weshalb die Schwerter, denen es jetzt an Mauren gebrach, so daß sie untätig waren, nunmehr aufbrechen und gegen die neuen Ungläubigen Ehre und Reichtum erwerben konnten. Eine solche Tradition, die tiefer wurzelte als alle Gedanken und Theorien, verleiht den Weißen in Amerika, den «Söhnen der Eroberer», bis zum letzten Mann ihre stolze Gewißheit, daß es ihr Recht sei, zu herrschen und nicht zu arbeiten.

Die Eroberer hatten vor allem die Aufgabe erfüllt, die im zweiten Namen des Entdeckers symbolisch angedeutet wurde. Sie hatten Amerika kolonisiert. Die Mönche übernahmen die Aufgabe, die der Vorname andeutete: sie christianisierten es. Die schöpferische Arbeit der spanischen Kirche in der Neuen Welt gehört zu den glänzendsten Leistungen der Geschichte – so glänzend, daß nicht einmal die Korruption und die Verbrechen, die im siebzehnten und achtzehnten Jahrhundert ihren Namen beschmutzt haben, sie beeinträchtigen. Die spanische Kirche brachte in die Neue Welt den Grundsatz, daß die Indianer frei seien, und weiter den Grundsatz, daß in Christus alle Menschen gleich sind. Ein Jahrhundert lang kämpfte sie heftig darum, der Ausbeutung der Eingeborenen Einhalt zu gebieten, welche die Eroberer aus Bequemlichkeit und aus Mangel an Arbeitskräften mit Argumenten zu rechtfertigen suchten, die heutzutage andere Eroberer anderswo ins Feld führen. Die Kirche gründete die meisten der Bildungsstätten und wohltätigen Einrichtungen, die bald über den ganzen Kontinent verstreut waren, und trat allgemein als Anwalt des schwächeren und wehrlosen Teiles der Bevölkerung auf, ohne sich um die Hautfarbe zu kümmern.

Hand in Hand mit dem Mann der Kirche ging der Jurist; denn damals war die Grenze zwischen bürgerlichem und kanonischem Recht noch nicht abgesteckt worden. Die Kirche war die alma mater der Robenträger, die sich mit den

Degenträgern, den Erben der Eroberer, dreihundert Jahre lang in die Regierung Amerikas teilten. Aus diesem Grunde neigte der Robenträger häufig dazu, den Zukurzgekommenen zu begünstigen, ob Indianer oder Neger. Der Degenträger und der Robenträger setzen die Überlieferung des Eroberers und des Mönchs fort; sie repräsentieren eine Übergangszeit vom Zeitalter der Ritter und Kreuzfahrer zu den Tagen der Politik und Demokratie. Sie werden bis auf den heutigen Tag überall in Südamerika von den «Generälen» und den «Doktoren»« oder Intellektuellen repräsentiert, die jeder für sich eine verschiedene Lebens- und Herrschaftsweise zu verkörpern suchen. Der Degenträger steht ein für Ehre und Ruhm. Er will ungehindert regieren, unterworfen allein der nachträglichen Rechtfertigung – durch seine Ehre. Hat er unrecht getan, so verliert er seine Ehre. Daher vertraue ihm, da ihm selber sein Erfolg noch wichtiger ist als dir. Auf solche Weise wird der Ruhm trotz seiner scheinbaren Selbstsucht zu einem wirklichen gesellschaftlichen Wert.

Dieser Grundsatz, daß der Mann der Tat sich erst zu rechtfertigen braucht, wenn seine Taten Früchte gezeitigt haben, läßt ihm in der Wahl seiner Mittel und Methoden viel Freiheit. Deshalb war dieser Grundsatz bei den Eroberern so beliebt. Daher auch die vielen Fälle von Disziplinlosigkeit, mit denen die Wege der Eroberer übersät sind. Der berühmteste Fall dieser Art, Symbol und oftmals Vorbild für andere Fälle, war die legale Fiktion, durch die Cortés sich von der Treupflicht befreite, die er Velazquez schuldete, der als Gouverneur von Kuba sein Vorgesetzter war. Er verwandelte sein Heer in eine Stadt, die er Veracruz nannte, ließ sich vom Gemeinderat dieser Stadt als Generalkapitän und Oberrichter einsetzen, wurde dadurch Beamter, der dank dem Volke nur noch vom König abhängig war, und konnte nunmehr Velazquez abschütteln. Aber Cortés wußte ganz genau, daß nur ein Sieg diese leeren Formen mit wirklicher Macht anfüllen würde. Nach Spanien zurückgekehrt, rechtfertigte er seine Disziplinlosigkeit mit dem Reich, das er erobert hatte. Der Ruhm bedeutete für diese Eroberer ein fürstliches, prächtiges Leben. Verletzten sie den Gehorsam, so wußten sie, daß sie im Falle ihres Scheiterns auf dem Schafott enden würden, wie es Gonzalo Pizarro tat; aber im Falle ihres Erfolges würden sie große Herren sein. Es steckte ein gutes Stück Sancho in diesen Don Quichottes, vor deren Augen der Teufel ständig «hie und da und überall einen Sack voll Goldpistolen stellt, so daß ich, deucht mich, bei jedem Schritt die Hand darauf lege, sie umfasse und nach Hause trage, um Land zu kaufen, Mieten zu zahlen und zu leben wie ein Fürst.» Nachdem sie einmal alle ihre Leiden erduldet und nicht den Sack voll Pistolen, sondern ein ganzes Königreich voll Gold und Silber gewonnen hatten, lebten diese Männer in Würde und Behagen, in Größe und Kultur, mit eigenen Kirchensängern, mit Hunderten von Gästen und mit Scharen von Dienern.

Anders als sie standen der Robenträger und sein Vorbild, der Mönch, nicht für Ehre, sondern für Rechtschaffenheit ein; er wollte nicht ungebunden handeln, sondern im festen Rahmen eines geschriebenen Gesetzes. Er handelte nicht erst und rechtfertigte dann seine Taten nachträglich durch den Ruhm, den sie ihm eintragen mochten, sondern wartete mit der Tat, bis er die Grundsätze bestimmt hatte, nach denen er handeln wollte. Für ihn kam die Rechtfertigung also vor der Tat, nicht nachher. Diese beiden Typen, Eroberer und Mönch, Degenträger und Robenträger, General und Doktor sind wie zwei Ströme, die sich mit ihrem Handeln und Verhalten durch drei Jahrhunderte spanischer Herrschaft und noch darüber hinaus vermischen. Natürlich mischen sie sich in allen Männern; es gab kaum einen Eroberer, in welchem das mönchische Element gänzlich fehlte, und kaum einen Mönch, der nicht zugleich ein wenig Eroberer war; dasselbe gilt vom Degenträger und Robenträger der mittleren Epoche wie auch vom General und Doktor unserer Tage. Eine Besonderheit dieser Tradition verdient jedoch hervorgehoben zu werden: der Eroberer-Degenträger-General ist

Monarchist, der Mönch-Robenträger-Doktor ist Republikaner. Das liegt natürlich schon in ihren verschiedenen Berufen beschlossen, in ihrer Geburt (Mönche sind häufig von einfacher Herkunft) und in ihren verschiedenen Maßstäben: Ehre für die einen, Rechtschaffenheit für die andern. Die Degenträger, die als Regenten nach Westindien geschickt wurden, gingen als Vizekönige, die Robenträger fast immer als Präsidenten.

Alle diese Überlieferungen waren in Bolivar lebendig, der unbeschadet aller Mischungen vor allem das Blut der Eroberer in sich hatte. Simon I. war ein Robenträger gewesen, aber andere Blutströme im Libertador trugen den Schwung des Eroberers tief in sein Herz hinein. Als er auf dem Mons Sacer stand und schwor, er werde die spanische Herrschaft über Amerika zerstören, handelte er als echter Sproß ebendieser spanischen Herrschaft, die er zerstören wollte, ohne die aber weder er noch sein Vermögen vorhanden gewesen wären. Er war im wesentlichen ein Degenträger, während sein Knappe und Mentor zu den Robenträgern zählte. Und als er später auf seinem von der Phantasie beflügelten Roß mit seinem Schwert das Feld der Tyrannen durchpflügte, war er bestimmt genauso überzeugt, in einen Kreuzzug zu reiten, wie die Spanier, die mit ihren Lanzen das Feld der maurischen oder indianischen Ungläubigen durchpflügt hatten; aber genauso eifrig war er darum bemüht, sich in der Geschichte einen fürstlichen Platz zu erobern. Natürlich ungehorsam. Der Ruhm begann für einen spanischen Eroberer fast immer mit Ungehorsam. «Seine Exzellenz», so berichtet uns Peru de Lacroix, «erklärte uns, daß am Anfang seiner Laufbahn ein Ungehorsam gegenüber dem ausdrücklichen Befehl von Oberst Labatud stand, dem Oberbefehlshaber im Staate Cartagena, dessen Streitkräfte gegen Ende 1812 in der Provinz Santa Marta operierten.» Wenn aber der Ruhm mit Ungehorsam begann, so konnte er mit Macht und fürstlicher Stellung enden – wenn er nicht aufs Schafott führte oder in einen spanischen Kerker, wie bei Miranda.

Auch war dieses kein materieller, unpersönlicher oder wirtschaftlicher Ruhm, der auf andere Personen übertragen werden konnte. Keiner dieser Männer, weder Cortés noch Bolivar, noch irgendeiner zwischen beiden, wäre damit zufrieden gewesen, seine Taten in Aktien umzuwandeln, wie Francis Drake es getan hatte. Aktionäre unerwünscht. Der Ruhm ist für diese Männer persönlich und unübertragbar. Er führt aufwärts, nicht vorwärts. Er ist Selbstzweck, nicht Mittel für irgend jemand oder irgend etwas – ein Turm, keine Brücke. Bolivar dachte nicht daran, reicher zu werden, als er war. Er dachte nicht einmal daran, gekrönter König oder Kaiser von Venezuela oder Großkolumbien zu werden. Er dachte überhaupt nicht. Er fühlte, schwang sich empor, strebte und eiferte seinem höchsten Ich nach. Aus angeborenem Idealismus und unter dem Einfluß seines Philosophenfreundes hatte er für den Firlefanz der Macht eine kastilische Verachtung entwickelt. Ihn bezauberte die Kargheit von Napoleons Erscheinung, wie ihn die Kargheit Philipps II. bezaubert hätte, und er fühlte, wieviel majestätischer diese war als die Juwelierauslagen auf den Brustkästen der kaiserlichen Marschälle und Hofschranzen. Die Krone, die Bolivar suchte, war nicht die Krone irgendeines Königreiches auf der Landkarte: Er wollte König der Geschichte sein, die allen Raum auf Erden und alle Zeit der Menschheit einnimmt.

Soviel über den Weißen. Aber Bolivar war, wenngleich nur zu kleinen Teilen, auch ein Pardo und ein Mestizo. Der Pardo oder Mulatte zeigt sich nicht nur in einer Anzahl von Körpermerkmalen – das krause, borstige Haar, die Unterlippe, die pechschwarzen Augen und der lange Schädel –, sondern auch in dem Überschwang, dem Auftrieb und der Aufsässigkeit, die so oft gewaltsam aus ihm hervorbrechen, in seiner unmäßigen Tanzlust, seinem sexuellen Hunger, in einem Hang zur Ausgelassenheit und sinnlichen Vergnügungen ganz im Gegensatz zu seiner kastilischen Kargheit, in Strömen von Eau de Cologne … Durch sein schwarzes Blut gewann Bolivar Zugang zu der von Animismus erfüllten afrikanischen Seele, die von der verbrecherischen Grausamkeit der Weißen in die Neue Welt verpflanzt worden war. Der Weiße in ihm nahm gegenüber dem Schwarzen in ihm zugleich die herrisch-verächtliche Haltung des Eroberers und die christlich-barmherzige Haltung des Mönchs ein. Als Degenträger neigte Bolivar dazu, auf die Schwarzen und Mulatten hinabzublicken. Als Robenträger, durchdrungen von den Lehren der Mönche, die sein Freund Carreño in die Sprache der Französischen Revolution übersetzt hatte, fühlte sich Bolivar als Ritter aller Menschen einschließlich der Schwarzen. Der Neger in ihm stand Spanien gleichgültig gegenüber, mit dem ihn nichts verband als Erbitterung über den Verlust von Freiheit und Heimat. Aber dieses Gefühl der Erbitterung, das die Neger gegenüber Spanien empfinden, war viel schwächer und weit ungefährlicher als die Gefühle, welche die Indianer hegten und denen die Mestizen Ausdruck verliehen. Dafür gab es zwei Gründe. Hinter den Schwarzen stand kein Gemeinwesen, standen keine Massen, sondern nur einzelne ohne Bindung, die zu verschiedenen Zeiten aus verschiedenen Teilen Afrikas gekommen waren. Und die Schwarzen wußten, daß ihre Brüder in spanischen Gebieten besser behandelt wurden als unter irgendeiner andern Flagge in der Neuen Welt und hier die Freiheit leichter als anderswo erlangen konnten. Insgesamt muß der Umstand, daß schwarzes Blut in seinen Adern floß, es Bolivar wesentlich erleichtert haben, sich gegen die spanische Welt zu erheben, die gleichfalls in ihm lebte und die mächtigste Tradition in seiner Seele war.

Das indianische Element war zwar in Bolivars Gesichtszügen weniger stark ausgeprägt (ohne indes ganz zu fehlen), war aber dennoch Bestandteil seines komplizierten Wesens und verlieh ihm Eigenschaften der rein indianischen wie auch der mestizischen Seelenhaltung. Jene Traurigkeit, die wir als die normale Haltung seiner entspannten Augenblicke bereits kennengelernt haben, ist zwar spanisch und zumal galicisch, hängt aber gewiß mit dem widerstandslos ertragenen Leiden der geduldigen Indianer zusammen, die von einem stärkeren Volk überwältigt worden waren. In Bolivars Leben gibt es Perioden der Passivität, in denen er unfähig zu sein scheint, auch nur das Geringste zu tun. Das mag sehr wohl eine zeitweilige Rückkehr zum Indianischen in seinen verborgenen Tiefen gewesen sein. Die lange Geduld, mit der er auf Feinde oder Ereignisse warten kann, ist ein indianischer Zug seines vielseitigen Charakters. Und in seinen Hinweisen auf die indianische Zeit der Neuen Welt liegt eine merkwürdige Versonnenheit, die ohne sein indianisches Blut nicht zu erklären wäre.

In der Geschichte Amerikas ist der Indianer nach den Aufständen der ersten Zeit, solange sich die Eroberer noch nicht durchgesetzt hatten, kaum jemals imstande gewesen, sich ohne Führung der Mestizen aufzulehnen. Als Mestize steht Bolivar neben dem Peruaner Condorcanqui und dem Neuspanier Villarreal als Anführer der Eingeborenen Amerikas gegen die weißen Usurpatoren. Lassen wir Bolivar in dieser Rolle nicht gelten, so erscheinen viele seiner heftigsten Äußerungen gegen Spanien sinnlos – war er doch selber Spanier. «Ein Kontinent, von Spanien durch unendliche Meere getrennt, volkreicher und wohlhabender, fügt sich seit dreihundert Jahren in eine entwürdigende und tyrannische Abhängigkeit ... Dreihundert Jahre hat Amerika unter dieser Tyrannei gestöhnt, der härtesten, die jemals die Menschheit betroffen hat ... Der wilde Spanier, ausgespien an der Küste Kolumbiens, um den schönsten Teil der Welt in ein riesiges, verhaßtes Reich von Raubgier und Grausamkeit zu verwandeln ... Seit seiner Ankunft in der Neuen Welt kennzeichnen Tod und Vernichtung seinen Weg: Er fegte die eingeborene Rasse vom Erdboden hinweg, und als seine Wut keine Lebewesen mehr antraf, die er vernichten konnte, wendete er sich gegen seine eigenen Söhne, die sich auf der geraubten Scholle angesiedelt hatten.» Hätte Bolivar kein indianisches Blut gehabt, so würde die Tatsache, daß er diese Zeilen schrieb, genügt haben, um ihn in ein Irrenhaus zu sperren. Simon Bolivar I. und die meisten andern seiner Vorfahren waren «Spanier, ausgespien in Kolumbien, um Tod und Zerstörung zu verbreiten». Die eingeborene Rasse, die von diesen Vorfahren Bolivars «hinweggefegt» worden war, wimmelte bei bester Gesundheit noch rings um ihn herum, während er diese heftigen Worte schrieb. Die Empfindungen, die ihm die Feder in die Hand zwangen, bestätigen besser als jede genealogische Untersuchung, daß Bolivar ein Mestize war. Nun hat der Mestize von allen Amerikanern den schillerndsten Charakter. In der Seele des Mestizen leben Herrscher und Beherrschte nebeneinander. Anders als der entwurzelte und verpflanzte Neger blieb der Indianer in dem Lande, das einst ihm gehört hatte; wurde er also als Sproß einer Mischehe mit einem Weißen zusammen in dieselbe Haut gesperrt, so lebte er zugleich innerhalb und außerhalb der indianischen Gemeinschaft, innerhalb und außerhalb der spanischen Gemeinschaft. Nirgends gab es in Westindien stärkere Spannungen als in der Seele des Mestizen. Sie hielten den Mestizen ständig in einem labilen Gleichgewicht, aus dem er jederzeit bald auf die weiße, bald auf die indianische Seite seines Wesens herausfallen konnte.

Weil die weiße Abstammung soviel Ansehen genoß, entstand in Westindien eine aufwärts gerichtete Sehnsucht nach weißem Blut. Dreihundert Jahre lang bedeutete weißes Blut im spanischen Teil der Neuen Welt spanisches Blut. Daher hielten die Kreolen so hartnäckig an der Bezeichnung Spanier fest und überließen den spanischen Spaniern die Bezeichnung Europäer. Es war wesentlich für sie, sich Spanier zu nennen, weil das bedeutete, daß sie Weiße waren. Die Sehnsucht nach oben, zu den Weißen hin, beherrschte das ganze gesellschaftliche Leben und zumal die geschlechtlichen Beziehungen legitimer oder auch illegitimer Art. Jedermann suchte eher den Grad seiner Weißheit zu verbessern als seinen Reichtum zu mehren. Daher konnte jeder Spanier aus Spanien, was immer sein Stand oder selbst seine Bildung sein mochten, eine gute Partie machen, wenn er sein weißes Blut gegen eine Kakaoplantage oder ein Silberbergwerk in Gestalt einer mehr oder minder dunkelhäutigen Dame eintauschte. Umgekehrt zog die westindische Scholle das weiße Blut von der Höhe hinunter zum eingeborenen oder schwarzen Blut. Die Weißen wußten wohl um diese Tendenz, die sich in Liebeleien oder Heiraten oder – um einen bildhaften spanischen Ausdruck zu gebrauchen – in Verbindungen hinter der Kirche geltend machte, und suchten sich daher um so fester an jenen spanischen Himmel zu binden, der sie gegen die Erde des farbigen Blutes beschützen würde. Als die allgemeine Entwicklung, die philosophischen Ideen des Jahrhunderts, die Französische Revolution, die Schwäche des spanischen Staates und die Vertreibung der Jesuiten die Bande zwischen Spanien und seinen überseeischen Königreichen zu lockern begann, übertrugen viele Kreolen ihre Anhänglichkeit an das weiße Spanien allmählich auf das weiße Europa. Sie suchten Hilfe bei den Kulturen Frankreichs und Englands. Der Himmel der Ideen trat für sie an die Stelle jenes Lichts von oben, das vom spanischen Hof ausging und ihnen als Aristokratie der Neuen Welt Glanz verliehen hatte. Bis dahin waren sie der Gipfel der Gesellschaft gewesen, weil sie Erben einer ruhmreichen Vergangenheit und Inhaber spanischer Ehren, Titel und Orden waren. Künftig würden sie als Vorläufer einer ruhmreichen Zukunft und als Träger der neuen Ideen den Gipfel einnehmen. So auch Bolivar. Als Philosoph und als Mann seines Jahrhunderts blieb er ein Aristokrat.

Trotz des Gepränges von Namen großer Denker in seinen Briefen und Gesprächen ist es zweifelhaft, ob Bolivar die Philosophen, die er erwähnt, gründlich studiert hat. Er war zu rasch, zu sehr ein Mann der Tat, um sich in Locke und Hobbes, Rousseau und Helvétius zu vergraben. Daß er jederzeit Voltaire zitieren konnte, dürfen wir gern glauben. Voltaire kann in einem Zuge gelesen werden, wie man frisches, perlendes Wasser trinkt. Zudem war Bolivar in hohem Maße Spanier und teilte daher die Neigung aller Spanier, sich ihre Gedanken geradewegs bei der Natur zu holen und keiner andern Quelle als ihrem eigenen Verstand zu vertrauen. Die spanischen Stämme sind wie Wälder, in denen jeder Baum auf eigenem Grunde steht und sich durch seine eigenen Wurzeln Nahrung aus der Erde holt; sie gleichen nicht wie andere Völker einem Fluß, in welchem eine Überlieferung sanft von einer Generation zur nächsten strömt. Der Spanier holt sein Leben daher eher von unten herauf als aus der Vergangenheit, eher aus seinem Ich als aus der Überlieferung. Daher kommt es, daß, was Ideen und Kultur angeht, jeder Spanier wieder von vorn anfängt. So auch Bolivar. Deshalb müssen wir, ohne den Einfluß von Ideen und Bestrebungen auszuschließen, die damals sozusagen in der Luft lagen, immer beachten, daß der stärkste Einfluß auf Bolivars Denken von Bolivar selber ausging.

Wir können also annehmen, daß seine Einstellung zu den tieferen Werten im Leben ebenso kompliziert war wie alles andere in seinem mannigfaltigen Wesen, und zwar um so mehr, als Bolivar nicht ein Denker, sondern ein Mann der Tat war. Von Natur aus neigte er nicht dazu, ein systematisch zusammenhängendes Bild der Welt zu entwerfen, sondern in das Leben hineinzugehen und ihm das Siegel seiner Persönlichkeit aufzuprägen. Er hatte einen klaren Verstand und schrieb einen knappen, treffenden Stil, doch war er wiederum kein Schreiber im Sinne eines Künstlers, dessen Medium das Wort ist. Man kann daher von Bolivar nicht erwarten, daß er eine geschlossene, festgefügte eigene Weltanschauung besessen habe. Gedanken hatte er viele, scharf und klar. Ein Denker war er nicht.

In selbstkritischen Augenblicken war er ein Materialist und Rationalist. In Gesprächen mit Peru de Lacroix äußerte er sich anmaßend über alte und neuere Philosophen, die sich über die Seele «ausließen». «‹Mir mißfällt es›, so fügte er hinzu, ‹mich mit falsch fundierter Metaphysik abzugeben. Mir genügt zu wissen, daß die Seele die Gabe der Empfindung hat, daß sie also die Eindrücke aufnehmen kann, die ihr unsere Sinne vermitteln, nicht jedoch die Gabe des Denkens, denn ich lasse nicht gelten, daß es eingeborene Ideen gebe. Der Mensch hat einen stofflichen Leib und einen ebenso stofflichen Intellekt, dargestellt durch das Gehirn, und der heutigen Wissenschaft zufolge ist der Intellekt nichts als eine Sekretion des Gehirns. Für mich stirbt das Gehirn mit dem Leib, und ist der Leib einmal tot, gibt es auch keine Ausscheidung von Intellekt mehr und auch keine Fiktionen, mit denen sich die Sterblichen soviel abgeben.› Das ist – so sagte ich zum Libertador – eine sehr erhabene Philosophie, und ich sehe hierzulande nur wenige Menschen, die imstande sind, sich so hoch zu erheben. ‹Die Zeit, mein Freund›, erwiderte Seine Exzellenz, ‹die Erziehung und die Freiheit von Vorurteilen, zu der sie führt, sowie eine gewisse Neigung des Geistes werden meine Landsleute mit den Dingen der Natur vertraut machen und sie von ihrer Vorliebe für übernatürliche Dinge befreien.›»

Aus diesem Bericht geht deutlich hervor, daß sich Bolivar nicht eingehend genug mit theologischen Fragen beschäftigt hatte, um sich über das zu erheben, was sein französischer Adjutant «eine sehr erhabene Philosophie» nannte. Er konnte seicht und beschränkt sein und sich selber sogar soviel Ellbogenfreiheit des Zweifelns versagen, wie das Geheimnis des Lebens und unsere Unfähigkeit, es zu begreifen, erfordern. Aber er war eben kein Philosoph im heutigen Sinne des Wortes, wiewohl er sich ständig und mit Recht als ein solcher in dem Sinne betrachtet, wie seine Zeit den Begriff verstand: nämlich als einen Mann, der sich von den Dogmen und Lehren der Kirche freigemacht hat. In diesem Rahmen kann er scharfsinnig und treffend sein, so etwa in dem Gespräch, das er mit Lacroix über Vorahnungen führte. «Ich weiß, daß Sokrates und andere Weise ihre Vorahnungen nicht gering geachtet haben, aber ich möchte solche Weisheit eher Schwäche, Feigheit oder, wenn man das lieber hört, übergroße Vorsicht nennen. Sokrates nannte seine Vorahnungen seinen

Dämon; ich habe solchen Dämon nicht, denn ich mache mir darum keine Sorgen. Ich bin überzeugt, daß zukünftige Ereignisse durch einen undurchdringlichen Schleier verhüllt sind, und halte den für einen Narren oder Verrückten, der seine Furcht über die Grenzen der Vernunft hinaustreibt und sein Leben in Gefahr wähnt, weil er diesen oder jenen Traum gehabt hat; weil also ein mutwilliger Einfall, der ohne Mitwirken der Vernunft Ausdruck gefunden, ihm eine künftige Gefahr vorgestellt hat; weil ihn tief in seinem Innern etwas aufgefordert hat, irgend etwas nicht zu tun, sondern zurückzuweichen, nicht an einem Freitag oder an einem Sonntag die Schlacht zu wagen... Unter Millionen von Vorahnungen und Träumen hat der Zufall nur wenige bestätigt; diese werden zitiert, die andern jedoch nicht.» Hier werden zwei rationalistische Argumente klar vorgetragen: die Statistik und das, was wir jetzt die Tätigkeit des Unterbewußtseins nennen würden.

Sollte das Bedürfnis bestehen, für diese Ansicht eine «Quelle» zu finden, so findet sie sich in der Familienbibliothek der Bolivars. Der spanische Benediktiner Feijóo hegte über Träume dieselbe Ansicht, die Bolivar zwei Generationen später äußerte. Die Neigung, sich eher an die Natur als an Bücher zu halten, ist bei Spaniern von jeher mehr ein Charakterzug als eine Weltanschauung gewesen. Sie wurde von dem Spanier Vives eine Generation vor Bacon in die europäische Kultur eingeführt und findet sich in der spanischen Literatur häufiger, als man im allgemeinen annimmt; sie wird dort vornehmlich von Männern der Kirche wie Mariana im 17. Jahrhundert und im 18. Jahrhundert vor allem von Bacons Bewunderer Feijóo vertreten. Die gesammelten Werke Feijóos gehörten zum festen Bestand der Bibliothek von Don Juan Vicente de Bolivar. Was ererbt wird, ist nicht gestohlen, sagt ein spanisches Sprichwort. Bolivar hatte nicht nur die Bücher geerbt, in denen Feijóo in klassischem Spanisch der Neigung Ausdruck gegeben hatte, sich lieber an die Natur als an die Bücher zu halten, sondern auch diese

Neigung selbst. Er war ein gründlicher Fragesteller, und seine Ansichten über Menschen und Dinge schöpfte er unmittelbar aus der Quelle, nämlich bei den Menschen oder bei Personen, die über den Gegenstand seiner Untersuchung gut unterrichtet waren. Im letzten Grunde übte Bolivars eigene Erfahrung den stärksten Einfluß auf sein Denken. Er hatte eine eigene Meinung und ließ sich nicht leicht von Büchern täuschen oder von Ereignissen narren. Schon frühzeitig ließ ihn eine innere Stimme, vielleicht eine Mahnung seiner religiösen Familientradition, vielleicht auch eine Forderung seines logischen Verstandes, erkennen, daß eine Gesellschaft einer gemeinsamen Überzeugung bedarf, einer Kraft, welche die zentrifugalen Neigungen jener Freiheit aufwiegt, die ihm zur zweiten Natur geworden war.

Er war Pessimist. Man braucht nur seine Augen zu betrachten. Rousseau, die Träume seiner Jugend, die abstrakte Forderung nach Freiheit für alle – nichts davon konnte den tief innen sitzenden Pessimismus seiner schwarzen Augen überwinden, die alles wußten, was man über die Welt hinter den Augen, über die Innenwelt des Menschen wissen muß. Anders als Rousseau, für den alle Mängel aus der Gesellschaft herrührten, war Bolivar überzeugt, daß dem einzelnen nicht zu trauen sei; da er, wie er glaubte, die Religion aufgegeben hatte, suchte er in der Gesellschaft das Gegengewicht gegen die Anarchie des einzelnen. Er schreibt: «Ich habe zuviel Zeit damit verloren, Menschen zu dienen, die es, wie Voltaire gesagt hat, nicht einmal verdienen, beherrscht zu werden.» Sein ganzes Leben lang jagte er dem Traum von einer gesellschaftlichen Kraft nach, die er in seinen Verfassungen und Statuten zu beschwören suchte. «Stehen Sie für meine ‹Sittliche Macht› ein, lieber Freund», schrieb er 1823 an Arboleda. «Ich selber, ihr Urheber, warte darauf, mich gut zu verhalten, bis ein Gerichtshof da ist, um zu verdammen, was die Gesetze nicht verhindern können; ich meine damit, daß meine Schwächen nur darauf warten, sich zu bessern, damit ein Gerichtshof sie beschäme. Dieses Motiv, die Scham, übernimmt bei freidenkenden Männern, Philosophen und Männern von Welt die Rolle der Hölle ... Daher müssen wir einen Mittelweg zwischen diesen beiden Extremen finden und eine Institution schaffen, die sich auf die Autorität der Grundgesetze und auf die unwiderstehliche Macht der öffentlichen Meinung gründet.»

Bolivar war sich also völlig darüber im klaren, daß «die Philosophie» nicht eine hinreichend sammelnde Kraft ist, um eine Gesellschaft von Anarchisten zusammenzuhalten – und alle Menschen sind potentielle Anarchisten. Er wollte in dem kollektiven «Es» seine besondere spinozische «Bemühung, im eigenen Wesen zu beharren», hervorrufen und darauf die moralische Gewalt aufbauen, die er in seinen Träumen Montesquieus drei Gewalten als vierte zugesellen wollte. Als jedoch im Laufe der Zeit seine Erfahrungen ihn verzweifeln ließen, kehrte er zu den Überzeugungen seiner Kindheit zurück. Inwieweit wurde er wieder ein Sohn der Kirche, die er als Jüngling verlassen hatte? Es gibt Geschichtsschreiber, die ihn als guten Katholiken ausgeben. Wie immer man über seine Entwicklung denken mag, eines ist klar: Bolivars Denken war ebenso vielfältig zusammengesetzt wie sein übriger Charakter. In Grundfragen war er mit sich selber uneins.

Jetzt können wir seinem dauernden Bedürfnis nach Bewegung einen neuen Sinn geben. Es war für ihn äußerst schwierig, das seelische Gleichgewicht zu erlangen. Zwischen den vielen Kräften, die sich um die Herrschaft über seine innere Welt stritten, erstreckten sich weite Räume der Entschlußlosigkeit in furchtbarer Einsamkeit und Leere. Bolivar blieb ständig in Bewegung, weil er vor dieser Leere auf der Flucht war. Seine Chronisten bekunden, wie unglücklich er war, ehe er zu einer Entscheidung gelangte. «Seine Exzellenz ist manchmal still und schweigsam: Das bedeutet, daß er sich Sorgen macht oder einen Plan vorbereitet; bis er einen Entschluß gefaßt hat, der gewöhnlich nicht lange auf sich warten läßt, bleibt er mißgelaunt und bedrückt.» Diese unendliche, von Spannungen durchzuckte Leere fürchtete er am meisten. Und weil er in solchem Schrecken davor lebte, konnte er Stille und körperliches Ausruhen nicht ertragen. Wie ein Flugzeug vermochte er sich nur durch Geschwindigkeit in der Luft zu halten.

Zwei seiner Charakterzüge lassen sich mit diesem Sinn für Geschwindigkeit und seinem Verlangen danach in Zusammenhang bringen. Der eine ist seine Vorliebe für Voltaire. Gewiß war Voltaire der Schriftsteller, der dem Jahrhundert am angemessensten war. Ein Mann von scharfem Verstand, abstrakten Ideen und umfassendem Denken mußte die Werke des Patriarchen von Ferney genießen – übrigens eine Bezeichnung, welche die verborgenen ekklesiastischen Neigungen der philanthropischen Schule deutlich erkennen läßt. Bolivar muß sich bei Voltaire wohlgefühlt haben, weil kein anderer Schriftsteller des westlichen Kulturkreises so geschwind zu denken und sich auszudrücken vermocht hat. Der rasche und immer ungeduldige Bolivar muß die Gesellschaft dieses überlegenen Geistes, der ebenso geschwind war wie sein eigener, als Erholung genossen haben.

Der andere Charakterzug Bolivars, der mit seinem Sinn für Geschwindigkeit zusammenhängt, ist seine Vorliebe für Abenteuer mit Frauen. Als seine Frau starb, beschloß er, nicht wieder zu heiraten, und hatte dann eine Reihe von Liebesaffären, die sich häufig überschnitten, deren keine aber stark genug war, um ihn auf Dauer zu binden. Es besteht ein Zusammenhang zwischen seiner ersten Liebe, die der Tod jäh unterbrach, und den weiteren, die das Leben eine nach der andern auflöste. Uns will scheinen, daß Bolivar durch seine Heirat unbewußt wieder Zugang zu seinem eigenen Wesen gewinnen wollte, der ihm seit dem Tod seiner Mutter versperrt war. Nachdem dieser Versuch gescheitert war, während er bereits zum Mann heranwuchs, mußte der Zugang versperrt bleiben. Das Kind in ihm war ein für allemal begraben. Er wurde zum Mann. Da nun sein innerstes Wesen versiegelt war, erlosch sein Verlangen nach Nachkommenschaft, welche die Tradition fortgeführt hätte, von der er jetzt abgeschnitten war. Er riet seinen Freunden, nicht zu heiraten. Als er Witwer wurde, entwickelte er sich zum Einzelgänger. Da er jung und gesund war, suchte er natürlich Umgang mit Frauen, und in Paris widmete er sich ihnen im ersten Ausbruch seiner neugewonnenen Freiheit sogar bis an die Grenze seiner Gesundheit. Dieses rein körperliche Verlangen konnte er bei den einfachsten Frauen befriedigen. Eine anschauliche Geschichte, die Peru de Lacroix nach Bolivars eigener Erzählung aufzeichnet, zeigt ihn uns auf der Flucht vor den erzürnten Insassinnen eines Londoner Freudenhauses, wobei er seinen Rückzug mit ausgestreuten Banknoten deckt. War er angeregt, etwa am Schluß eines guten Essens, so gefiel er sich in obszönen Reden.

Hinter seinem Durst nach Frauen steckte aber mehr als nur animalische Begierde. Hier wie auch anderswo war er der Don Quichotte zu Simon Carreños Sancho, von dem berichtet wird, er habe, nachdem ein anderer Mann ihm die Indianerin genommen, mit der er zusammenlebte, jenem geschrieben: «Geben Sie mir freundlichst die Frau zurück, denn ich bedarf ihrer zu demselben Zweck, für den auch Sie diese bei sich behalten.» Bei aller Unstetigkeit und Sinnlichkeit war Bolivars Bedürfnis nach Frauen doch höherer Art. Es lag darin die Sehnsucht, seiner inneren Leere zu entfliehen. Die Liebe zwischen Mann und Frau ist normalerweise die gegenseitige Ergänzung zweier komplementärer Unvollständigkeiten, die gegenseitige Befriedigung zweier unbefriedigter Leben, deren jedes im andern diejenigen Elemente findet, deren es zum Gleichgewicht bedarf. Das ist der Fall, wenn beide Teile mit ihrer eigenen Vergangenheit in Frieden leben, die sich dadurch mit einer neuen Zukunft zu verknüpfen sucht. Bei Bolivar hingegen, der von seiner Vergangenheit losgelöst war, konnte Frauenliebe weder in die Zukunft weisen noch auf Gegenseitigkeit beruhen. Für ihn gab es nicht die Frau, sondern nur Frauen. Alle Frauen waren für ihn das Weibliche auf Beinen. Dieses Weibliche suchte er als männliches Temperament zu besitzen, in ihm suchte er Zuflucht vor seiner inneren Leere durch eine Tätigkeit, die ihn gänzlich in Anspruch nahm und in sich selber ihre Rechtfertigung fand. In der Liebe so rasch wie im Denken und Handeln, hielt Bolivar keine Beziehung lange aufrecht und war auch, solange sie dauerte, nicht treu – ein weiterer Beweis für den abstrakten Charakter seiner Liebe.

Dieses innere Tempo war das Ergebnis seines labilen seelischen Gleichgewichts. Sein ganzes Leben lang wechselt er rasch seine innere Stellung und sucht bald in diesem, bald in jenem Kraftzentrum Zuflucht vor der Qual. Daher der häufige Wechsel seines Aussehens, der manchmal so weit geht, daß ein ganz neuer Mensch aufzutreten scheint, wie Peru de Lacroix berichtet. Daher auch die Unruhe seiner Augen, die oft hervorgehoben wird, so etwa in dieser nur selten zitierten Beschreibung: «Seine Augen sind groß und dunkel und, wenn sie ruhig blicken [d.h. wenn Bolivar in einem seiner Kraftzentren zur Ruhe gekommen ist], durchbohrend; häufiger jedoch werfen sie flüchtige Seitenblicke auf die Personen, mit denen er sich unterhält oder von denen er umgeben wird. Nur selten blickt er sogar leblose Gegenstände gerade an, sondern wendet seinen Kopf wie ein Hase zur Seite.» Hier haben wir den Gegensatz zwischen einem Bolivar, der in einem seiner Kraftzentren ruht, der weiß, wo er steht, und daher Willenskraft ausstrahlt, und einem anderen Bolivar, der sich im Dschungel der Entschlußlosigkeit verloren hat und von Zweifeln gehetzt wird. Solcherart ist die Ursache seiner Widersprüche, seiner jähen Veränderungen, seiner unerwarteten Entschlüsse und Verhaltensweisen. «Ich weiß», hat er zu Peru de Lacroix gesagt, «wie schwierig es ist, immer derselbe Mensch zu sein, und hat man keine unwandelbaren Grundsätze, so kann man auch kein einheitliches Verhalten zeigen.» Bald grausam, bald gütig, bald gierig, bald verschwenderisch, bald kleinlich, bald großmütig, bald passiv und still, bald ungeduldig wegen des kleinsten

Aufschubes, bald Autokrat, bald Republikaner, eben ein Weißer voll Verachtung für die Farbigen, jetzt ein Anführer der Farbigen gegen die Weißen, bald geradezu und schlicht, bald schillernd und verschlagen, bald tapfer und unbezwinglich, bald niedergeschlagen und sogar von unglaublichen Ängsten befallen – so ist Bolivar von jeher ein Geheimnis gewesen, ein Problem für den Psychologen, ein Rätsel ohne Auflösung. Die Lösung des Problems liegt in dem Problem selbst. Gerade die Mannigfaltigkeit seines Charakters erklärt diesen. Wie das Atom nicht verstanden wurde, bis man feststellte, daß seine Bezeichnung falsch war, weil es aus ständig sich bewegenden Teilchen besteht, so steht es auch mit Bolivar: sein Charakter läßt sich als Einheit nur begreifen, wenn man ihn in seine Bestandteile zerlegt – ein System von Kraftfeldern, die sich an seinem geistigen Himmel und in den Abgründen seines traditionsgebundenen Ichs bewegen und zwischen denen starke Spannungen herrschen.

Die Sprengkraft in einem solchen System muß gewaltig gewesen sein. Bolivars Leben muß ständig von geistigem Zusammenbruch bedroht gewesen sein. Ein Engländer, der ihn gekannt haben will, schreibt: «Er ist entschieden der beste Schütze, der mir je begegnet ist. Ich habe niemals erlebt, daß er einen Vogel verfehlt hat.» Das ist ein hervorragendes Zeugnis für die Konzentration, deren Bolivar fähig war. Aber er wußte sehr wohl um die Gefahr, die ihn bedrohte, falls er die Herrschaft über sich verlor. Derselbe Beobachter beschreibt eine Szene, bei der Bolivar augenscheinlich unter dem Einfluß geistiger Getränke stand; obwohl das möglich gewesen sein mag (es war gegen Ende des Banketts zur Feier des Waffenstillstandes mit Morillo), stimmen doch alle, die über ihn berichten, darin überein, er sei enthaltsam in dem Sinne gewesen, daß er Wein nur mäßig und mit Verstand trank, wobei es ihm mehr auf Qualität als auf Quantität ankam. Einen Nektar gab es jedoch, dem Bolivar einfach nicht widerstehen konnte: Ruhm. Der Rausch, den die Gesellschaft seiner begeisterten Anhänger in ihm auszulösen pflegte, glich einer Art von Trunkenheit. Wir haben eine Reihe von Beschreibungen, wie Bolivar gegen Ende von Festessen, trunken von Erregung und «Ruhm», nicht jedoch vom Wein, auf den Tisch sprang und von einem Ende zum andern ging, wobei er mit seinen Siegerfüßen Geschirr und Gläser zerbrach.

Das war der Preis, den Bolivar für die Mannigfaltigkeit und Gewalt seines Innenlebens zahlen mußte. Nichts konnte ihn vor dem geistigen Zusammenbruch bewahren, der ihn an jeder Ecke seines Lebensweges erwartete, als nur wieder eine andere Naturgewalt seines Charakters, die stark genug war, um die Zerreißwirkung der verschiedenen Planeten auszugleichen, die an seinem seelischen Horizont sein Wesen hin und her zerrten. Diese andere Kraft war sein Egoismus, der aus seinem Ich, seinem Ego, eine Sonne machte, die imstande war, alle jene Planeten zusammenzuhalten. Egoismus und dessen stärkster Ausdruck, Ehrgeiz, werden auf solche Weise in Bolivars Dasein zu Lebensnotwendigkeiten, ohne die es für ihn keine geistige Gesundheit, vielleicht überhaupt kein Leben geben würde. Als Bolivar auf dem Mons Sacer schwor, er wolle sein Land von der spanischen Tyrannei befreien, schwor er damit, Simon Bolivar vor Wahnsinn und Tod zu bewahren. Für Bolivar war ein Leben voll Ruhm die einzige Alternative zu einem elenden Leben als geistiges Wrack, wie es sein Neffe (der ihm am ähnlichsten war) führte. Als er sich aber mit zweiundzwanzig Jahren den Gipfel des Ruhms erklimmen sah, besaß Bolivar noch nicht die innere Kraft, die allein seine vielen widerstreitenden Teile zusammenhalten konnte. Seine jugendliche Ausgelassenheit und Eitelkeit waren nicht aus dem Holz geschnitzt, dessen rein rebellisches Wesen bedurfte. Sie mußten zunächst vom Hammer des Unheils zerschmettert werden.

ZWEITER TEIL

Bolivar erklärt Spanien den Krieg

ERSTES KAPITEL

Miranda scheitert

Während der jugendliche Held auf dem Heiligen Berg sein Land zu befreien gelobte, versuchte sich ein älterer, vom Schicksal schon zerzauster Ritter an dieser Aufgabe. Miranda würde in der Tat Bewunderung dafür verdienen, daß er sich weigerte, sein Scheitern zur Kenntnis zu nehmen, wenn er nur imstande gewesen wäre, daraus zu lernen. Vor und nach seinem Revolutionsabenteuer als General der republikanischen Armee in Frankreich hatte er noch im alten Jahrhundert mit Pitt verhandelt. Zweimal bekam er unwiderlegliche Beweise dafür, daß Pitt ihn lediglich als Werkzeug benutzt hatte, um Spanien zu zwingen, daß es sich Großbritanniens Plänen beuge; und in Frankreich hatte er hinter der Fassade von «Befreiung», mit der die junge Republik ihre Bestrebungen in der Neuen Welt zudeckte, die imperialistische Gier so deutlich wahrgenommen, daß er es abgelehnt hatte, als Kommandant und Gouverneur nach Santo Domingo zu gehen; er wäre kaum mehr als ein spanisch-amerikanischer Strohmann für ein rein französisches Unternehmen gewesen.

Der Amerikaner Biggs, der an Mirandas Versuch und Fehlschlag beteiligt war, hat uns von ihm ein gutes Bild hinterlassen: «Er ist etwa einhundertachtundsiebzig Zentimeter groß; seine Gliedmaßen sind wohlproportioniert, die Gestalt untersetzt und beweglich. Seine Hautfarbe ist dunkel, frisch und gesund, die Augen sind haselnußfarben, aber nicht ganz dunkel. Sie sind durchdringend, rasch und intelligent und drücken eher strenge als sanfte Gefühle aus. Er hat gute Zähne, auf deren Reinigung er viel Sorgfalt verwendet. Seine Nase ist groß und wohlgebildet, der Form nach eher englisch als römisch. Sein Brustkorb ist breit und gewölbt. Das graue Haar trägt er lang eingebunden und gepudert. Bis hinter die Ohren wächst ihm ein dichter grauer Backenbart von der Größe, wie ihn die meisten Spanier auf ihren Backen tragen. In seinen Gesichtszügen erkennt man unschwer einen Ausdruck von Beharrlichkeit und Mißtrauen. Ohne ihn elegant zu nennen, können wir insgesamt doch sagen, daß er ein ansehnlicher Mann ist. Er hat die Gewohnheit, ständig in seinen Zähnen herumzustochern. Er sitzt niemals ganz still, sondern Fuß und Hand müssen seinem Geist den Takt schlagen, der immer in Bewegung ist. Nach dem Essen schläft er immer ein paar Augenblicke und geht dann bis zur Schlafenszeit, gewöhnlich bis Mitternacht, spazieren. Er ist ein leuchtendes Beispiel von Mäßigkeit. Ein dürftiges oder schlechtes Mahl sieht er nie als Grund zur Beschwerde an. Er nimmt keinen starken Alkohol und nur selten Wein zu sich; Zuckerwasser ist sein übliches Getränk. Seine Manieren sind die eines Höflings und Edelmannes. Außer im Zorn beherrscht er seine Gefühle durchaus und kann aussehen oder reden, wie es ihm gefällt. Im ganzen bestimmen Stolz und Reserve sein Auftreten. Im Zorn verliert er die Zurückhaltung. Widerspruch erträgt er nur schlecht. Im Gespräch handhabt er seine Gedanken logisch. Er scheint über alle Themen unterrichtet. Sein eisernes Gedächtnis bewahrt ihn davor, daß ihm jemals Namen, Daten oder sonstige Angaben fehlen ... Er erschien als Meister der Sprachen, der Wissenschaft und der Literatur ... Moderne Geschichte und Lebensbeschreibungen lieferten ihm eine Fülle von Gesprächsstoff. Er vermittelte den Eindruck umfassender Bildung und unerschöpflichen Wissens und wirkte rechtschaffen, großzügig und patriotisch. Alles in allem fürchte ich freilich, daß diesem berühmten Mann eher Wissen als Weisheit nachzusagen sei, mehr theoretische Kenntnis als praktische Begabung; er ist allzu sanguinisch und eigensinnig, um zwischen unternehmendem Schwung und verwegener Verblendung zu unterscheiden.»

Als Miranda 1799 Pitt die Bittschrift eines gewissen Vargas, eines Mestizen aus Bogotá, überreichte, die den üblichen Hilferuf enthielt, «um das Joch einer so verhaßten Unterdrückung abzuschütteln, wie der Hof von Madrid sie ausübt», mögen Pitts Augen – sofern er die Schrift überhaupt gelesen hat – an folgendem rührenden Satz hängengeblieben sein: «Will also Großbritannien seine Feinde schwächen und sich der ewigen Dankbarkeit Spanisch-Amerikas versichern (dessen Bewohner die einfältigsten der Welt sind), so ist jetzt der Augenblick da.» Pitt würde abermals lesen: «Dessen Bewohner die einfältigsten der Welt sind...» und würde lächeln. Mittlerweile war die britische Regierung von «Don Julians» aus Südamerika geradezu überschwemmt worden[1].

Alle diese Don Julians kamen mit besonderen Aufträgen, alle erzählten von haarsträubender Unterdrückung, worüber die britische Regierung – wie sich gleich zeigen wird – ihre eigenen Ansichten hatte, und alle baten um Militär- und Finanzhilfe für ihre Nationen, damit diese sich erheben, und um persönliche Unterstützung für sich selber, damit sie leben könnten, bis das Manna der Befreiung aus britischen Himmeln auf ihre heimische Scholle herabregnen würde. Alle wurden verschwiegen und höflich empfangen, sorgfältig geprüft, ob sie Eigenschaften verrieten, die sie als willige und wissende oder auch als unwillige und unwissende Werkzeuge britischer Politik geeignet erscheinen ließen, und demgemäß entlassen oder an eine kurze goldene Kette gelegt. Ihrerseits hielten sie sich in guter Verfassung durch Schmuggel mit den

1 Graf Don Julian, der ein Unrecht rächen wollte, das seiner Tochter von Don Rodrigo, König der spanischen Goten, zugefügt worden war, zog nach Marokko und brachte die Mauren nach Spanien, die es dann achthundert Jahre lang regierten. Vielleicht nur eine Sage, aber ein brauchbares Symbol.

Ländern, die eines Tages befreit oder auf andere Weise abgetan werden sollten, wie es jeweils in Seiner Majestät Interesse liegen mochte.

Alle diese Besucher wurden sorgfältig voneinander getrennt gehalten. Miranda, der von Pitt eine mehr oder minder regelmäßig ausgezahlte Jahresrente von tausend Pfund Sterling erhielt, war praktisch in England gefangen, da man ihm die Ausreisepapiere verweigerte. Er wurde unruhig und verbittert. Es lag ein seltsamer Widersinn darin, daß ein angehender Befreier keine Freiheit genießen sollte. Weil er es eilig hatte, nach Trinidad zu reisen, ließ er Pitt, der ihn nicht empfangen wollte, durch seinen Freund Pownall erklären, die Revolution in Spanisch-Amerika werde jedenfalls stattfinden – entweder durch das Volk, das eine jakobinische Herkunft einsetzen würde, oder durch die reichen Grundbesitzer, die unter britischem Schutz eine ordnungsmäßige Regierung bilden würden. Pitt zitterte nicht und bewilligte keinen Paß. Dann fiel Miranda ein, daß sich in Frankreich einiges geändert hatte. Bonaparte war kein Jakobiner. Miranda schrieb als französischer Bürger, als den er sich nötigenfalls betrachtete, an den Ersten Konsul und bat ihn um Erlaubnis, in Frankreich Aufenthalt zu nehmen. Er bekam keine Antwort. Er schrieb nochmals. Er hatte Freunde in Frankreich, die gemeinsam mit dem amerikanischen Gesandten King erreichten, daß er im September 1800 von London erst nach Den Haag und später nach Paris reisen konnte. Fouché jedoch ließ ihn nach einem eingehenden Verhör, in dessen Verlauf Miranda bittere Worte für die britische Regierung fand, welche «die Grundsätze der Freiheit haßte, die sie in Frankreich eingeführt sah», aus Frankreich ausweisen, wo die Grundsätze der Freiheit nicht mehr Mode waren. Der angehende Befreier reiste nach England zurück.

Hier schrieb er wieder Briefe an Pitt und machte vielfältige Vorschläge für die Zukunft Spanisch-Amerikas. Den Engländern erschienen Verhandlungen mit Miranda nur deshalb nützlich, weil sie hofften, sie könnten Spanien dadurch zu einem Frieden zwingen, wie sie ihn sich wünschten. Im August 1801 erkannte Miranda, daß er nur als Werkzeug gedient hatte, um den Abschluß des Friedens von Amiens zu sichern. So schrieb er in sein Tagebuch: «Hier sind wir also England ausgeliefert, das uns an Spanien oder an Frankreich ausliefern wird, was immer seinen Interessen am meisten zusagt. Dabei hatte ich doch bei meiner Ankunft zur Bedingung gemacht, daß wir, könnte England uns nicht helfen, in unsere Heimat reisen sollten, um zu tun, was in unserer Macht stände... Gütiger Himmel, welche Treulosigkeit! Arme Amerikaner, wie wird euer Schicksal in der Welt herumgestoßen!»

Der Friede von Amiens war kaum viel mehr als ein Waffenstillstand. Noch war die Tinte nicht trocken, als Miranda und seine englischen Freunde neue Pläne schmiedeten, um Spanisch-Amerika von Spanien loszulösen oder es für Großbritannien zu erobern, je nachdem, von welcher Seite aus man die Sache betrachtete. Miranda träumte von Caracas, Admiral Popham von Buenos Aires. Spanien war gekränkt durch die Eigenmacht, mit der Bonaparte 1803 Louisiana an die Vereinigten Staaten verkauft hatte, und blieb in der neuen Phase des französisch-britischen Konflikts neutral; aber Bonaparte zwang die spanische Regierung, für ihre militärische Neutralität den Preis von jährlich sechs Millionen französischen Pfund zu zahlen. Das paßte in die Pläne derjenigen Briten, die Krieg mit Spanien wollten; aber Pitt eilte es nicht, und darum hielt er den kreolischen Abenteurer weiter in London im Wartestand, dem spanischen Botschafter als Köder vor der Nase.

Der Krieg zwischen Frankreich und England hatte im Mai 1804 aufs neue begonnen; trotz mehrfacher Angriffe der britischen Flotte gegen spanische Schiffe auf hoher See vermochte Godoy Karl IV. erst im Dezember zum Handeln zu bewegen. Miranda hatte keinerlei Grund, so zu tun, als kenne er die britischen Pläne nicht. Er wußte, daß die Briten Trinidad ein für allemal behalten hatten – eine Insel, die von

Natur aus zu seinem Vaterland gehörte; und er hatte einen Artikel der «Morning Post» ausgeschnitten und aufbewahrt, in dem die Absichten seiner künftigen Bundesgenossen deutlich zutage traten: «Wir haben unser gleiches und aufgeklärtes Recht bis an die fernen Ufer des Ganges getragen, und Millionen Menschen haben in seinem Schutz neuen Mut geschöpft ... Eine gesunde Verwaltung wird dem Britischen Imperium soviel expansive Kraft verleihen, wie sein Name verheißt, wird seinen Donner an den Gestaden des Pazifiks ertönen lassen und künftigen Geschlechtern verkünden, daß Großbritannien, während es für seine eigene Freiheit und Unabhängigkeit kämpfte, die westindische Welt wiederhergestellt hat.»

Unempfänglich für solche Lehren versuchte Miranda weiterhin, britische Unterstützung für seine Pläne zu gewinnen. Einer seiner wichtigsten Helfer war Lord Melville, der Mann also, der Picton gegen die Anklagen in Schutz genommen hatte, die wegen seiner grausamen Herrschaft auf Trinidad gegen ihn vorgebracht worden waren. Melvilles Sturz im April 1805 bedeutete für Miranda einen Rückschlag. Weitere Schwierigkeiten bereitete ihm Pitt, dessen spanische Politik eine wohlabgewogene Mischung aus Lockung und Zurückweisung war. Zu jener Zeit scheint Pitt einen allgemeinen Angriff auf Spanisch-Amerika und zugleich auch Verhandlungen vorbereitet zu haben, durch die er Spanien von Frankreich trennen wollte. Demzufolge konnten ihm Mirandas Umtriebe zwar nützlich sein, aber lieber sollte er sie von anderer Stelle als von London aus weiterverfolgen. Insgeheim bereitete Pitt Pophams Expedition gegen Buenos Aires vor und schickte gleichzeitig Miranda, reichlich mit Gold versehen, in die Vereinigten Staaten; Miranda bekam sechstausend Pfund Sterling und Anweisungen auf weitere zweitausend.

Am 4. November 1805 traf Miranda in New York ein. Damals bestanden zwischen den Vereinigten Staaten und

Spanien zahlreiche Spannungen. Das Land war noch erfüllt vom abenteuerlichen Pioniergeist und hatte sich kaum von der Begeisterung erholt, in die es über den plötzlichen Erwerb von Louisiana geraten war. Schon warf man begierige Blicke auf Florida und träumte gar von noch ferneren Eroberungen – natürlich alles auf spanische Kosten. Miranda verbrachte zweieinhalb Monate in Nordamerika, ohne daß es ihm gelang, amtliche Unterstützung zu gewinnen. Nachdem er davon geträumt hatte, an der Spitze einer Armee von Engländern und Amerikanern Venezuela zu erobern, fühlte er sich schließlich erst von England und dann von den Vereinigten Staaten im Stich gelassen und zur Rolle des Freibeuters verurteilt. Er begann, nach kleinen Schiffen Ausschau zu halten und Waffenhandel zu treiben. Er, der sich als moderne Wiedergeburt der majestätischen Inkas gesehen, mußte sich schließlich heimlich aus dem New Yorker Hafen hinausstehlen, um die Freiheit nach Venezuela einzuschmuggeln, als ob es sich dabei um eine Ladung britischer Waren handelte.

Die «Leander» wurde am 23. Januar 1806 vom Zoll abgefertigt und fuhr drei Tage später flußabwärts. Das Schiff gehörte Samuel G. Ogden, einem Freund von Oberst William Smith, der in New York Hafeninspektor war und Miranda in amerikanischen Dingen beraten hatte. «Ich beginne mein Brieftagebuch», schreibt James Biggs, der Chronist der Expedition, «mit der Mitteilung, daß die ‹Leander› ein Schiff von etwa zweihundert Tonnen Tragfähigkeit ist und unter dem Kommando von Kapitän Thomas Lewis steht, der den Ruf genießt, ein unerschrockener Mann und ein Meister seines Fachs zu sein.» Soviel über das Schiff. Nun zu den Menschen. Zunächst die Offiziere. «An Bord befindet sich eine Anzahl Amerikaner, einige davon Herren von gutem gesellschaftlichem Ansehen, die meisten jedoch, scheint mir, gescheiterte Existenzen.» Zu diesem ersten Kontigent «sind zwanzig bis dreißig Personen als Offiziere zum Dienst hinzugekommen», schreibt Biggs in Trinidad und setzt hinzu: «Manche davon sind Ehrenmänner, aber der größere Teil sind niedrige, unnütze Gestalten.» Was die Mannschaften angeht, so enthält sein Bericht einen vielsagenden Absatz. Der Chronist ist entsetzt über Mirandas Aufbrausen bei einem Streit mit dem Kapitän. «Es ist nicht unwichtig zu verlangen, daß er, der unser Schicksal in Händen hält und uns regieren soll, sich selber zu regieren versteht. Wir sind darauf angewiesen, daß die fast hundertundfünfzig Matrosen, die lediglich durch den Heuervertrag an uns gebunden sind, sich der Armee anschließen; das aber kann nur mit Billigung und Mitwirken von Lewis erreicht werden. Bis auf zwanzig Freiwillige ... sind alle vorher unter ihm gefahren und hängen sehr an ihm.»

Wie stand es mit der Bewaffnung? Auch hier scheint Miranda wieder hauptsächlich geredet, wenn nicht gar geschlafen zu haben. «Die eine Seite des Achterdecks wird von einer Druckerpresse eingenommen, an der mehrere junge Männer dieses Berufs damit beschäftigt sind, die Proklamation des Generals an die Bevölkerung von Südamerika abzuziehen und den Satz für unsere Offizierspatente vorzubereiten. Auf der andern Seite befinden sich zwei Gruppen der jüngsten Söhne des Mars, die sich mit militärischen Schriften beschäftigen; manche lesen, manche lernen, und andere betrachten Bilder. Seine Exzellenz leitet eine dieser Gruppen, doziert über verschiedene Themen und springt mit seinem üblichen Überschwang vom einen zum andern. In diesem Augenblick schildert er die Gefahren des Soldatenlebens ... Ich muß leider feststellen, daß er besonders gern über sich selber redet. Ich glaube, daß Eitelkeit und Egoismus – Eigenschaften, die in keiner Hinsicht empfehlenswert sind – im allgemeinen mit anderen Neigungen zusammentreffen, die ebenfalls keinen Anspruch auf Beifall erheben können. Auch muß ich gestehen, daß er ein nicht geringes Maß an Pedanterie zu besitzen scheint ... Weiter sieht man den Tisch des Waffenmeisters mit allen Werkzeugen, mit denen alte Musketen, abgebrochene Bajonette und verrostete Degen repariert werden können. Dieser Klempner hat alle Hände voll zu tun, da unsere Waffen nicht eben die besten sind und bereits anderswo ausrangiert worden zu sein scheinen. Wer sie für diese Expedition gekauft hat, versteht entweder nichts von Waffen oder hat es besser mit sich selber als mit seinem Auftraggeber gemeint... Ein paar Fußbreit von dem Ort, an dem ich jetzt schreibe, befindet sich eine Ansammlung geräuschvoller Wesen, Freiwillige genannt, die jetzt unter Anleitung eines Feldwebels Griffe klopfen; er sieht kühn aus wie ein Löwe und brüllt etwa ebenso laut.»

Während Miranda nach Haiti segelte, schickte der spanische Gesandte in Washington, Casa-Irujo, Botschaften an die spanischen Regierungen in Übersee und wurde gemeinsam mit seinem französischen Kollegen Turreau beim amerikanischen Außenminister vorstellig. Turreau schrieb am 7. November 1806 über eine Unterhaltung mit Madison an seinen spanischen Kollegen: «Ich suchte seine Augen und fand sie erstaunlicherweise auch. Ich glaube, ich sah in ihnen unsere Befürchtungen bestätigt. Er war sehr bedrückt, als ich nachdrücklich um eine Erklärung der fraglichen Schritte bat.» Irgend etwas mußte Washington tun, und so entließ man einen Zollbeamten. Inzwischen verlor Miranda viel Zeit in Jacquemel, während Lewis nach Port-au-Prince fuhr. Nach mancherlei Erlebnissen und nicht wenigen Streitereien zwischen Miranda und Lewis versuchte die «Leander» gemeinsam mit den beiden Schonern «Bee» und «Bacchus» in der Nacht auf den 27. April nicht weit von Puerto Cabello an der Küste von Venezuela zu landen. Der Versuch scheiterte. Die «Bee» und die «Bacchus» wurden erobert, wobei sechzig Mann verlorengingen, darunter der Sohn von William Smith. Zehn der Gefangenen wurden erschossen, über vierzig ins Gefängnis geschickt. Der Cabildo von Caracas protestierte heftig gegen das «widerwärtige Ungeheuer» Miranda. Unter den Männern, die gegen Miranda zu den Waffen griffen, befand sich auch Juan Vicente Bolivar, der Bruder des künftigen Libertadors.

Miranda beschloß, sich nach Trinidad zurückzuziehen. Die «Leander» wurde jedoch von der britischen Schaluppe «Lily» verfolgt und aufgebracht, deren Kommandant Donald Campbell die Mannschaft «völlig unzufrieden und fast im Zustand der Meuterei» antraf. Die «Lily» brachte die «Leander» nach Grenada, wo Gouverneur Maitland Miranda freundlich aufnahm und ihn, wie Biggs sagt, «ermutigte, er dürfe bei einem zweiten Versuch gegen das spanische Festland bedeutende britische Unterstützung erwarten... Dieser Umstand machte unsern Freiwilligen neuen Mut, die des ganzen Unternehmens bereits überdrüssig und geneigt waren, Miranda zu verlassen.» Maitlands Optimismus war vielleicht gerechtfertigt. Campbell hatte Miranda Pitts Tod mitgeteilt. Der neue Premierminister Lord Grenville schrieb am 5. Juni 1806 an Lord Auckland: «Eine ungeheure Frage stellt sich durch dieses (bisher erfolgreiche) Unternehmen Mirandas gegen Caracas. Die Sache wurde von unsern Vorgängern eingeleitet, aber nur als Mitwisser, ohne daß sie einen Plan hatten, in der Folge selber zu handeln. Wieweit sollen wir das nun gutheißen oder uns selbst engagieren?» Grenville hielt das Abenteuer für erfolgreich, weil in Amerika die wildesten Gerüchte darüber im Umlauf waren, die es als einen Erfolg schilderten; manche dieser Gerüchte hatten in amtliche Berichte an die britische Regierung Eingang gefunden, so auch in die Berichte des Kapitäns Campbell selbst.

Am Tag nach diesem Brief an Auckland traf die «Leander» in Bridgetown auf Barbados ein. «Fünfundzwanzig oder dreißig Freiwillige haben sich uns hier angeschlossen», schreibt Biggs. «Davon sind vielleicht ein halbes Dutzend Herren, die andern müssen, fürchte ich, als Vagabunden gelten.» Dies war das Ergebnis eines Abkommens, das Admiral Sir Alexander Cochrane gegen den Rat des Gouverneurs Lord Seaforth und des Generals Bowyer, Oberbefehlshaber der Truppen in Westindien, mit Miranda geschlossen hatte. Am 20. Juni 1806 segelten die «Leander», die «Lily», die britische Brigg «Empress» und der Schoner «Trimmer» nach Trinidad ab und trafen vier Tage später in Port of Spain ein. Die Expedition sollte, wie Biggs schreibt, «durch englische Vorräte und Seestreitkräfte, nicht jedoch durch reguläre Truppen unterstützt werden. Die britischen Behörden hier haben vielleicht nicht genug Vertrauen zu dem Plan, um ihm auch diese Hilfe zu geben; und selbst wenn sie es wollten, so könnten sie es doch nicht tun, ohne die französischen und spanischen Parteigänger hier zu verärgern, die zahlreich sind und Einfluß haben. Da die Bewohner größtenteils diesen beiden Nationen angehören, ist es nicht leicht, Rekruten zu finden.» Gleichwohl gewährte Gouverneur Hislop, Pictons Nachfolger, jede erdenkliche Unterstützung und erlaubte sogar, daß unter der Miliz Rekruten angeworben wurden. Miranda war sehr erfreut und ging soweit, sein Guthaben beim britischen Schatzamt um 688 Pfund Sterling und 2 Schilling zu überziehen. Der Erfolg erschien so sicher, daß Turnbull & Co. bereits Werberundschreiben drucken ließen, von denen sie sich wenigstens einen Teil der großen Auslagen für Miranda zurückerhofften.

Am 25. Juli lief das Geschwader in den Golf von Paria ein. Am Morgen des 3. August landeten die Truppen dicht bei La Vela de Coro an der offenen Küste und bedrohten über den schmalen Landstreifen hinweg die Stadt Coro am Ufer des Sees von Maracaibo. Das Fort wurde genommen und die kolumbianische Flagge gehißt. Miranda landete um halb zwölf Uhr und befahl sofort den Marsch auf Coro, «der so geordnet und schweigend ausgeführt wurde, daß man kaum die Schritte der Truppen hörte.» Am frühen Morgen zogen sie in Coro ein. «Eine feierliche oder vielmehr fürchterliche Stille herrschte im ganzen Ort.» Die Stadt war vollständig geräumt worden. Trotzdem gelang es den Eindringlingen, auf dem Marktplatz ein paar Salven zu wechseln, durch die Mirandas Privatsekretär Oberst Kirkland und fünf Mann verwundet wurden; ein New Yorker Neger wurde getötet. Biggs gibt Miranda die Schuld daran, weil dieser, wie er sagt, über seinen leichten Sieg erfreut, ein feu de joie befahl, das von einer seiner beiden «Divisionen» mißverstanden worden sei.

Während der fünf Tage, die er in Coro blieb, versuchte Miranda, seine Landsleute unter das Banner der Freiheit zu locken. Er schrieb an Cochrane und bat um Verstärkungen, mit denen er Caracas vor Ende des Monats einzunehmen versprach. Er hätte es ohne Verstärkungen haben können. Auf Grund der Nachrichten, die der Kommandant von Coro überbrachte, glaubte man in Caracas, Miranda verfüge über fünfzehnhundert Mann. Ein Brief aus der Stadt meldet: «Wir haben Männer, aber wir sind entwaffnet. Verlassen können wir uns nur auf das Regiment der Königin, kaum hundertachtzig Mann. Der General hofft, noch zehntausend Mann zu bekommen, aber das sind alles Milizmänner, die noch kaum einen Schuß gehört haben, und beim ersten Gefecht wird alles durcheinander gehen. Nicht ein einziger Offizier des Regiments in Caracas ist je im Feuer gestanden. Alle rasseln nur mit den Säbeln und denken an nichts anderes, als wie sie sich elegant anziehen und gut essen können.» Die englischen Verstärkungen kamen aber nicht, und der Offizier, der für die Bezirksverteidigung verantwortlich war, versperrte Miranda den Weg, obwohl er nur kümmerliche Truppen zur Verfügung hatte, die schlechter bewaffnet und ausgebildet waren als die Eindringlinge. Miranda beschloß, sich zurückzuziehen. Am Abend des 9. August sagte er seinen Truppen, es werde vorgerückt, aber am nächsten Morgen merkten sie, die ihren ins Vertrauen gezogenen Offizieren gefolgt waren, daß sie wieder in La Vela de Coro waren. Am 13. August liefen Miranda und seine Leute in Richtung Aruba aus. «Die Spanier hatten uns nichts zu sagen», schrieb Biggs am nächsten Tag an Bord der «Leander». «Sie dachten nicht daran, die von uns dargebotene Freiheit anzunehmen, und wir konnten sie nicht dazu zwingen. Miranda, so lange schon der Abgott seiner närrischen Anhänger, ist ihnen unbekannt. Sie fragten sich, wer er wohl sei und was ihn in solcher

Aufmachung in ihr Land führe. Sie sahen in ihm einen Marodeur, vor dem man fliehen oder den man vernichten müsse, und nicht einen Befreier, der ein Willkommen verdient.» In die Stammrolle des Juan Vicente Bolivar, Offiziers der weißen Freiwilligen, trug sein Bataillonskommandeur Marqués de Toro folgendes ein: «Am 5. März 1806 meldete er sich in der Kaserne des weißen Bataillons dieser Täler zum Dienst, und am 10. August marschierte er mit dem genannten Bataillon auf Coro … gegen den Verräter Miranda.»

ZWEITES KAPITEL

Jahre des Wartens

Zwischen dem Schwur auf dem Mons Sacer und seiner Ankunft in Caracas im Juni 1807 wissen wir nur wenig über Bolivars Leben. Mit oder ohne Rodriguez kehrte er aus Italien nach Paris zurück und blieb dort etwa bis Ende des Jahres 1806. Um jene Zeit ließ er sich als Freimaurer aufnehmen, doch tat er das anscheinend nur aus Neugier und ohne viel Glauben an die Sache. «Das hatte mir genügt», sagte er in späteren Jahren zu Peru de Lacroix, «um einzusehen, wie lächerlich diese alte Vereinigung ist.» Es scheint, als hätten seine Beziehungen zu Fanny Villars damals eine besonders zärtliche Wendung genommen; denn selbst wenn die habgierige Dame in ihren späten Jahren den Wert dieser vergangenen Ereignisse in die Höhe schraubte, um dafür einen höheren Preis zu erzielen, so kann doch nicht alles, was sie schreibt und andeutet, reine Erfindung sein. Sie befand sich wahrscheinlich zu derselben Zeit wie Bolivar in Italien, aber möglicherweise nicht in seiner Gesellschaft. Sie spricht von ihren Briefen «und denen meines alten Reisegefährten in Mailand» und setzt im Hinblick auf ihren Sohn hinzu, *«dont j'étais grosse en Italie»,* was offenbar besagen soll: «Während Sie dort waren.» In Paris müssen sie sich ziemlich häufig gesehen haben, denn alle Familienmitglieder einschließlich des Generals Dervieu de Villars sprechen von Fannys Zuneigung zu Bolivar, wiewohl keiner ein Wort über Bolivars Neigung für Fanny sagt. Die Dame selber erwähnt zweimal etwas vieldeutig das Haus in Paris, «wo Sie mich getroffen haben», und die «zärtliche Freundschaft, die sich nie wandeln noch wachsen kann, denn Sie hatten sie mir so tief ins Herz gepflanzt, daß sie mit dem Leben Ihrer Cousine eins geworden ist». Dazu noch dies rührende Detail: zu einer Anzahl von Erinnerungszeichen, die sie ihm gesandt, «hatte ich noch eine Handvoll jener Pflanzen gefügt, die wir gemeinsam vom

Blumenmarkt zu holen pflegten und die so erstaunlich gut gediehen sind, als seien sie stolz auf die Hand, die sie gepflanzt hat».

Für Bolivar kann das alles kaum mehr als eine Episode gewesen sein. Sein Herz war zu männlich, um sich ganz fangen oder gar von dem Interesse an öffentlichen Dingen ablenken zu lassen, das er schon damals zu zeigen begann. Sein Vorbild Napoleon hatte die Schlachten von Ulm und Austerlitz gewonnen, während Bolivar Italien bereiste und auf dem Monte Sacro eine Rede hielt; er hatte die Schlacht bei Jena gewonnen und die Kronen von Neapel und Holland an zwei seiner Brüder gegeben, während Bolivar mit Fanny Villars Pflanzen auf dem Blumenmarkt aussuchte. Wir dürfen gewiß sein, daß sich Bolivars Geist 1806 mehr mit Napoleons Siegen in Europa als mit seinen eigenen Siegen – falls es solche waren – über Fanny Villars beschäftigt hat.

Auch war Napoleon nicht die einzige Gestalt, die ihn zum Handeln anspornte. Auf ebendem Felde, das er für seine großen Taten auserkoren hatte, tummelte zu jener Zeit ein schöner berühmter Ritter sein Roß. Dulcinea-Venezuela lief Gefahr, von Don Francisco de Miranda erlöst zu werden, ehe noch Don Simon de Bolivar den Schauplatz betrat. «Die Nachrichten, die wir über Mirandas Unternehmen erhalten», schrieb Bolivar am 23. Juni 1806 an einen Freund, «sind ziemlich traurig; es heißt nämlich, er plane, das Land zur Rebellion anzustiften, wodurch den Bewohnern der Kolonie großes Leid widerfahren könnte. Aber trotz alledem würde ich gern jetzt schon dort sein, denn meine Anwesenheit in der Heimat könnte mir viel Schaden ersparen. Und doch hält das Schicksal mich fern, dazu noch ohne alle Mittel.» Die Ungeduld des unbeschäftigten Ritters ist in diesen Zeilen deutlich zu spüren, in denen Mirandas Unternehmen vielleicht weniger seines Zieles als seines Anführers wegen verurteilt wird. Da er infolge des Krieges aus seiner Heimat kein Geld bekommen konnte, lieh er sich 2400 Francs von seinem französischen Freund Alexandre Dehollain und reiste Ende des Jahres nach den Vereinigten Staaten ab. Seine letzten Worte an die Familie Villars lauteten: *«Vous entendrez parler de votre cousin Simon Bolivar.»*

Er fuhr von Paris nach Hamburg, wo er ein Schiff nach Amerika nahm, ging in Boston an Land, besuchte New York und Philadelphia und segelte von Charleston nach La Guaira, wo er im Juni 1807 eintraf. Diese Reise war bezeichnend. Er nahm nicht den Weg über Frankreich und Spanien, sondern wählte absichtlich die Route über Hamburg und die Vereinigten Staaten; das bedeutet, daß er, da Spanien damals auch mit Frankreich und England im Kriege lag, bewußt auf die andere Seite ging. Gewiß mag er die nördliche Route gewählt haben, um unter neutraler Flagge reisen zu können; aber ein Leutnant der spanischen Armee, der er damals war, hätte vielleicht vorgezogen, über Spanien und in einem spanischen Kriegsschiff zu reisen und die Folgen zu tragen. Der Punkt ist wichtig, weil er uns einen zeitlichen Anhalt für den Wandel seiner Anschauungen gibt.

Mittelbar wirft dieser Umstand, wiewohl er durchweg als selbstverständlich hingenommen wird, auch viel Licht auf die Verhältnisse in Venezuela, die angesichts von Mirandas Scheitern allzu einfach erscheinen könnten. Wir haben gesehen, daß der Marqués de Toro dem Juan Vicente Bolivar seine treuen Dienste während Mirandas Unternehmen bescheinigte. Zu jener Zeit waren aber trotz aller gegenteiligen Anzeichen Juan Vicente und der Marqués selber in ihrer Treue zur Krone bereits schwankend geworden[1]. Die Kreolen waren damals die Anführer der Ereignisse, die mit dem

1 Der amtliche britische Vertreter William D. Robinson schrieb von Barbados aus am 10. Oktober 1806 an Admiral Cochrane: «Miranda genießt insgeheim die warme Unterstützung jedes rechtschaffenen Kreolen in der Provinz, sobald er mit einer Streitmacht auftritt, die Vertrauen einflößt. Seine Freunde sind enttäuscht, daß er nicht mit zwei- bis dreitausend Mann erschienen ist, was mehr als ausgereicht hätte, um ihn *in den Besitz der Hauptstadt* zu setzen.»

Abfall Venezuelas ihren Gipfel erreichen sollten. Gleichwohl waren sie keine «Verräter». Toro, Juan Vicente Bolivar und Miranda lebten in einer Übergangszeit und waren Männer, deren Schicksal es war, als Spanier geboren zu sein und als Venezolaner zu sterben – genau wie viele andere ihrer Zeitgenossen.

Nach drei Jahren im Ausland mußte Simon Bolivar allen diesen Dingen, die ihm von «Goten», wie die königstreuen Spanier spöttisch genannt wurden, und von «Patrioten» berichtet wurden, größte Aufmerksamkeit widmen. Caracas war über das Ereignis entsetzt gewesen. «Der Generalkapitän mit einem beträchtlichen Gefolge von Offizieren, Beamten, Ärzten, Badern, Apothekern und Truppen aller Art verließ die Stadt am 12. August, um in Valencia oder San Carlos Stellung zu beziehen, von wo aus er Verstärkungen nach allen Richtungen entsenden konnte. Er nahm zweitausend mit Waffen und Munition beladene Muli mit», schrieb ein Caraqueño an einen Freund. Die Weißen, so berichtete Kommandant Salas aus Coro, hatten sich bewunderswert gehalten, und ebenso die Farbigen; aber «er [Miranda] nahm La Vela, zog in die Stadt ein..., blieb zehn Tage lang im Besitz des Gebietes und wurde mit Schmach und Schande von denselben Leuten vertrieben, die ihn, wie er behauptete, herbeigerufen hatten». Miranda war also nicht durch Spaniens Macht, sondern von seinen eigenen Landsleuten vertrieben worden. Warum? Weil er mit dem Leben seines Heimatlandes keine Fühlung mehr hatte, was er selbst in einsichtigen Augenblikken erkannt zu haben scheint. Biggs bemerkt dazu: «Ob die menschliche Natur oder die Leute dortzulande an dem Erfolg der geplanten Befreiung so interessiert sind, wie wir Republikaner uns wohl gern einbilden, scheint mir fraglich. Ich muß bedenken, daß sie bei allen ihren angeblichen Beschwerden großen Reichtum und Wohlstand genießen. Was immer sie erdulden mögen, so bereitet ihnen das Bewußtsein, unterdrückt zu sein, im allgemeinen keine Pein.»

Keine dieser Überlegungen kann Bolivar und seinen Freunden entgangen sein, als die reichen Kreolen in Caracas kaum zehn Monate nach den Ereignissen, die zu solchen Überlegungen Anlaß gaben, die Lage überprüften. Die Revolution war ihre Sache, nicht Sache des Volkes. Schließlich waren die Vertreter der Madrider Regierung notgedrungen geneigt gewesen, für demokratische Gleichheit und gegen die kreolische Oligarchie einzutreten. Vielleicht waren diese Dinge den Menschen damals nicht so klar wie uns heute. Die reichen Kreolen suchten das Madrider Joch abzuschütteln, das ihnen lästiger sein mußte als den unteren Schichten – nicht weil es schwerer auf ihren Schultern lastete, sondern weil sie sich eher imstande fühlten, die Macht zu übernehmen.

Dieses Gefühl der eigenen Kraft erhielt durch die dramatischen Ereignisse in Buenos Aires lebhaften Auftrieb. An der Spitze eines Geschwaders und eines Expeditionskorps, die das Kap der Guten Hoffnung den Holländern entreißen sollten, war Sir Home Popham von England ausgesandt worden. Nachdem er das getan hatte, meinte er, es würde nicht schaden, wenn er für England auch noch die Spitze Südamerikas abschnitte, wie er es schon mit der Spitze Südafrikas getan hatte. Ob das vorher mit Pitt verabredet worden war, blieb ein Geheimnis, das Pitt inzwischen mit ins Grab nahm. Jedenfalls war Sobremonte, Vizekönig von Buenos Aires, sehr ärgerlich, als er am 24. Juni 1806 das Theater verlassen mußte, weil eine britische Flotte in Sicht war. Er packte seine Koffer und floh nach Cordoba, wo britische Geschütze ihn nicht mehr erreichen konnten. Die Engländer landeten in Los Quilones und waren zwei Tage später in Riachuelo, das damals noch außerhalb von Buenos Aires lag. Popham eroberte die Stadt mit fünfzehnhundert Mann, aber die Bürger setzten sich zur Wehr, und am 12. August mußte General Beresford, der die britische Armee führte, kapitulieren. Die beiden Anführer der Stadt waren General Liniers, ein in spanischen Diensten stehender Franzose, und Don Martin Alzaga, ein reicher spanischer Kaufmann, gewesen; auch viele spanischbürtige Bürger hatten sich an den Kämpfen beteiligt. Immerhin war das Ergebnis dieser Episode, daß das offizielle Spanien nach Cordoba geflohen war, während die spontane Tapferkeit der Bürger die Lage gerettet hatte. Dank Liniers' Sachkunde und Alzagas Tatkraft und Großzügigkeit wurde eine Miliz von neuntausend Mann aufgestellt. Als im Juli des nächsten Jahres General Whitelocke mit zehntausend Mann frisch aus England eintraf, um die Stadt zurückzuerobern, erlitten die britischen Waffen eine neue Niederlage, die dem Selbstbewußtsein und Selbstvertrauen des neuen Gemeinwesens gewaltigen Auftrieb verlieh.

Dieser Erfolg warf ein scharfes Licht auf Mirandas Scheitern und zumal auf einen Umstand, der den kreolischen Führern als gutes Omen erschien. Miranda war zwar geschlagen worden, aber nicht von Madrid. Er war von Venezuela geschlagen worden. Diese Tatsache wog ihre Niederlage mehr als auf. Denn wiewohl es richtig ist, daß das bewußte Ziel dieser Kreolen darin bestand, die Macht über ein Gemeinwesen, das sie gesellschaftlich bereits beherrschten, in weiterem Umfang und unmittelbarer zu erobern, so zielten sie dabei auf etwas Tieferliegendes, als ihnen vielleicht selber bewußt war. Sie hätten mit Recht sagen können: «Unser sind die Gedanken, nimmer ihre Frucht.» Ob sie es nun wußten oder nicht, so war das, was sie für eine Bewegung hielten, die ihnen mehr Macht über die Farbigen geben sollte, im tiefsten Grunde eine Bewegung zu größerer Vertrautheit und Solidarität mit den Farbigen. Es bedeutete daher wenig, daß sie und nur sie damals, wenngleich vorsichtig und verstohlen, einen Weg zur Loslösung suchten und daß «die Farbigen» dem spanischen Regime treu blieben, das sie seit Jahrhunderten gegen die Weißen beschützt hatte; das Wesentliche war durch Mirandas Invasion offenkundig geworden: das Land selber und nicht die spanische Regierung hatte den Eindringling zurückgewiesen. Diese Tatsache aber mußte Kräfte entbinden, die nur zur Unabhängigkeit führen konnten.

Die Kreolen konnten nun nicht mehr umhin, die Revolution anzuführen oder sogar zu gestalten. Hätten sie aber gewußt, welche anderen, noch unbekannten Erscheinungen die Revolution in ihrem Schoße barg, so hätten die meisten von ihnen wohl entsetzt Abstand genommen. Als sich dann später diese Erscheinungen ihren erstaunten Augen offenbarten, bereuten manche dieser lebenslustigen, wohlhabenden, kultivierten und großmütigen Männer ihre Tollkühnheit und ihren Mangel an Voraussicht. Viele, die begütert waren, sollten ihren Reichtum verlieren, viele, die jung waren, ihr Leben, und das schöne Land, dessen größte Zierde sie waren, sollte in einem blutigen Bürgerkrieg durch die Entfesselung wilder Kräfte zerrissen werden, die sie – hätten sie nur gewagt, in sich zu gehen – in ihrem Herzen hätten vorausahnen können.

Als sollten wir einen knappen Blick auf diese verborgenen Kräfte werfen, wurde Simon Bolivar um diese Zeit in eine Episode verwickelt, die aus reinem Trotz entstand und an Heftigkeit weit über das von den Umständen Gebotene hinausging. Während er sich auf seinem Gut Yare aufhielt, das er von Dr. Aristeguieta geerbt hatte, geriet er mit seinem Nachbarn Dr. Antonio Nicolás Briceño über die Abgrenzung ihrer beiden Besitzungen in Streit. Die Darstellungen der beiden Gegner gehen weit auseinander. Jeder beschuldigt den andern, der Eindringling und Angreifer gewesen zu sein, und schildert sich selber, wie er im Frieden mit seinen Sklaven das Land bebaut habe. Briceño behauptet, er habe an jenem Nachmittag noch Bolivar aufgesucht, sie hätten sich im Beisein ihrer Freunde umarmt und zum Schluß habe es ein Essen in Bolivars Haus gegeben, bei dem die Sklaven eine Tanzerei veranstaltet hätten. Wahrscheinlich ist er damit von der Wahrheit ebenso weit entfernt wie Bolivar, doch enthält seine Darstellung ein paar Punkte, die Beachtung verdienen. Da ist einmal seine Bemerkung, daß Bolivar «sagt, er behandelte mich nachsichtig, in einem Ton, der mich nicht überraschte, da ich wußte, daß diese kecke Art typisch für ihn ist». Das ist ein wertvolles Urteil eines Zeitgenossen über den jungen Bolivar, das andere Zeugnisse aus jener Zeit bestätigen. Ferner behauptet er, Bolivar habe diesen freundschaftlich beigelegten Streit nur deshalb vor Gericht wieder aufleben lassen, weil er Briceño das Einverständnis abnötigen wollte, auf seinen Kakaofeldern einige Indigo-Behälter errichten zu dürfen. Briceño führt als Beweise zwei Briefe an, die Bolivar ihm geschrieben hat. In dem einen (25. 9. 1807), der am Tag nach dem Streit geschrieben wurde, nennt Bolivar ihn seinen «Freund» und bittet ihn, sein Ersuchen um ein Wegerecht und andere Zugeständnisse endgültig mit Ja oder Nein zu beantworten. Der andere (21. 11. 1807) ist nun wirklich keck und sogar drohend: «Mein Herr, falls die unerhörte Langmut, mit der ich Ihren verbrecherischen Anschlag auf mich vom 24. September ertragen habe, Sie dazu ermutigen sollte, mich abermals zu beleidigen, so muß ich leider sagen, daß die Regierung von Ihrem seltsamen Betragen bald Kenntnis erhalten wird; denn ich bin entschlossen, nicht die leiseste Kränkung von Ihnen hinzunehmen. Bitte lassen Sie meinen Verwalter wissen, ob Sie mir das Wegerecht nach St. Gertrude, das ich benötige, verweigern oder nicht.»

Dieser an sich geringfügige Zwischenfall erlangt aus zahlreichen Gründen historische Bedeutung. Die Streithähne gehören beide der reichen weißen Oberschicht an, die sich um jene Zeit bereits anschickt, bei der Lösung des Landes von Spanien die Führung zu übernehmen. Durch Briceños Frau sind sie verschwägert. Wenige Jahre später sollen beide im Sezessionskrieg eine führende Rolle spielen, Briceño allerdings eine üble Rolle. Schließlich läßt uns der Verlauf dieses von Bolivar gegen seinen Nachbarn eingeleiteten Gerichtsverfahrens das Verhältnis erkennen, das zwischen diesen Anführern der venezolanischen Gesellschaft und den spanischen Behörden bestand. Bolivars Brief an Briceño ist ein

Ultimatum, welches besagt: «Entweder lassen Sie mich den Weg, die Tanks und das übrige anlegen oder...» Worin bestand die Drohung? Daß die Regierung bald davon erfahren werde. Bolivar rechnete also damit, daß er die spanische Regierung in Caracas als eine Waffe benutzen konnte, die alle seine Gegner fürchten mußten.

Innerhalb von neunzehn Tagen nach seinem ersten Antrag an die Behörden hatte Bolivar eine Entscheidung des amtierenden Präsidenten, Gouverneurs und Generalkapitäns Don Juan de Casas erlangt, derzufolge Briceño zu verhaften und seine Besitztümer zu beschlagnahmen waren. So ungeheuer war die Macht, welche die Familie Bolivar in den amtlichen Kreisen von Caracas ausübte. Aber auch Briceño war natürlich nicht völlig machtlos und besaß zudem gute Argumente. Am 5. Juli 1808 wendete er ein, die Entscheidung stelle eine offenkundige Beleidigung dar und füge ihm Unrecht zu, weil er dank seiner Geburt und seines Berufs nur wegen Verbrechen verhaftet werden könne, die mit ehrenrührigen Strafen bedroht werden; auch lehnte er den Rechtsberater der Regierung ab, weil dieser ein Pächter von Bolivar war. Ein neuer Richter wurde bestellt, der die Entscheidung seines Vorgängers aussetzte, bis weitere Ermittlungen vorlägen. Die Sache zog sich hin. Briceño verkaufte sein Land, um seinen «kekken» Nachbarn loszuwerden, und Bolivar widerrief die Vollmacht für seine Anwälte und ließ sich in Caracas nicht sehen. Briceño hatte den Verdacht, sein Nachbar wolle nur Versteck spielen, doch gab es für Bolivars Abwesenheit wichtigere Gründe.

Ehe wir darüber sprechen, müssen wir jedoch einen Brief von Bolivar betrachten. Er rundet des Bild dieses jungen Mannes von sechsundzwanzig Jahren ab, der bereits gegen das Regime konspiriert, das ihn so mächtig gemacht hat. «Den 1. August 1809. Herr Präsident, Gouverneur und Generalkapitän! Don Simon de Bolivar unterbreitet Ihnen mit allem Respekt, der Euer Gnaden gebührt, folgendes: Nachdem ich von Euer Gnaden zum Vizeoberrichter des

Yare-Tals ernannt worden war und meinen Eid vor dem Gerichtshof der königlichen Audiencia abgelegt hatte, ließ ich mich gestern, da ich selber unwohl war, durch meinen Anwalt Don Miguel Montero im Cabildo vertreten, um mein Amt zu übernehmen. Vorher hatte ich dies den Herren des Cabildo mittels einer Besuchskarte angezeigt, eine Aufmerksamkeit, mit der ich den Gesetzen der Höflichkeit genügt zu haben glaubte. Nachdem ich aber nun vom Regidor Don José Maria Mora die Mitteilung erhalten habe, ich solle ihm persönlich meine Aufwartung machen oder meine Karte bringen, und nachdem der Cabildo sich geweigert hat, meinen Anwalt zu empfangen, solange ich nicht den üblichen Zeremonien genügt habe, sehe ich mich nunmehr genötigt, Sie wegen der Zurückweisung anzurufen, deren Opfer ich geworden bin, und darauf hinzuweisen, daß es keinerlei Gesetz oder Verordnung gibt, denenzufolge ein Vizeoberrichter, um von einem Cabildo empfangen zu werden, persönlich den Regidores seine Aufwartung machen muß; daß diese Sitte mißbräuchlich und umständlich ist, daß sie auf nichts anderes zurückgeht als auf die Laune der Regidores und die untertänige Fügsamkeit ihrer Untergebenen und daß sie daher abgeschafft werden sollte. Weshalb ich Euer Gnaden ersuche, eine außerordentliche Sitzung des Cabildo einzuberufen, um mich durch meinen Anwalt von meinem Amt Besitz nehmen zu lassen, und zu erklären, daß ich den Höflichkeitsformen Genüge getan habe, indem ich meine Besuchskarte schickte, und daß künftig ein persönlicher Besuch nicht erforderlich sein soll; denn solchermaßen wird die Gerechtigkeit geübt, die ich repräsentiere. Zu Caracas, den 1. August 1809. Simon de Bolivar.»

Dies ist der einzige Brief, den er als «Simon de Bolivar» unterzeichnet hat. Er bläht sich vor patrizischem Stolz. Der künftige Libertador blickt auf die Regidores hinab, die damals das Volk vertraten, sich dessen bewußt waren und peinlichen Wert auf den Respekt legten, den ihnen die von der Krone ernannten Behörden schuldeten. Nicht jedoch Bolivar. Er war von oben zum Vizeoberrichter ernannt worden und wollte sich nicht die Mühe machen, seine Funktionen persönlich zu übernehmen. Sein Beauftragter war dafür gut genug. Ein beinahe mittelalterliches Lebensgefühl weht uns aus diesem herrischen, hochfahrenden Brief an. Mitten unter den Vorbereitungen zu einem Aufstand gegen Spanien geschrieben, wirft dieser Brief ein bezeichnendes Licht auf die Motive, die damals die Schicht der reichen Weißen bewegten, in deren Kreis dieser Aufstand ausgebrütet wurde.

DRITTES KAPITEL

Freiheit wovon?

Während Bolivar und Briceño ihren privaten Bürgerkrieg über ein Wegerecht ausfochten, versuchte Miranda die Überreste seiner Expedition vor der Niederlage zu retten. Im Unglück war er hartnäckig, und so schrieb Biggs am 22. August 1806 in Aruba, wo sich die Streitmacht nach ihrem Rückzug vom Festland niedergelassen hatte: «Er wartet darauf, daß die Briten ihm beträchtliche Verstärkungen auf diese Insel schicken.» Darin deutet sich ein radikaler Wandel seiner Auffassungen an, denn eines der Motive, die ihn dazu getrieben hatten, die «Befreiung» Venezuelas mit einem Haufen ausländischer Abenteurer zu unternehmen, war sein Wunsch, die Briten fernzuhalten, weil er deren imperialen Ehrgeiz fürchtete.

Mittlerweile braute die britische Regierung eine aktivere Politik gegenüber Spanisch-Amerika zusammen; Sir Arthur Wellesley, der spätere Herzog von Wellington, war gebeten worden, Pläne für eine Landung in Venezuela auszuarbeiten. Der Rückschlag von Buenos Aires hatte das Verlangen der City nicht abgekühlt, sondern ihr erschien das spanische Imperium noch genauso als glitzerndes Eldorado wie zu Raleighs Zeiten. Während ein Kriegsgericht Popham einen strengen Verweis erteilte, weil er die Garnison am Kap der Guten Hoffnung im Stich gelassen habe, um sich an die Eroberung von Buenos Aires zu machen, überreichte die City dem gemaßregelten Admiral einen Ehrendegen. Für Wellesley war Venezuela das fruchtbarste Land der Welt und daher eine wertvolle Kolonie für Großbritannien, doch schien es ihm klüger, dem Land die politische Unabhängigkeit zu belassen. Das war Miranda nur recht. Die Pläne für ein Expeditionskorps wurden vorangetrieben, und in Irland zog man dreizehntausend Mann zusammen, die im Juli 1807 unter Wellesley von Cork aus in See gehen sollten. Nach

Mirandas Ansicht sollte die Landung in Puerto Cabello stattfinden und Caracas das erste Ziel sein. Miranda war überzeugt, daß bei einer Landung von zehntausend britischen Soldaten sich bald zwanzigtausend Venezolaner ihnen anschließen würden. Unter britischen Offizieren würden diese Venezolaner dann den übrigen Küstenstreifen von Guayana bis nach Panama besetzen. Nichtsdestoweniger behielt sich die britische Regierung den Bestimmungsort von Wellesleys Armee noch vor. Mexiko? Buenos Aires? Venezuela? Schließlich ging sie nach Spanien.

Napoleon hatte die Maske fallen lassen und seine spanischen Verbündeten angegriffen. Durch die Verträge von Fontainebleau wurde Portugal zwischen dem König von Etrurien und Godoy aufgeteilt, wobei ein Gebiet zurückgestellt wurde, um gegen Gibraltar und Trinidad ausgetauscht zu werden; Karl IV. sollte Kaiser beider Amerika werden. Würde Portugal, wie man annahm, sich weigern, bei der Kontinentalsperre mitzumachen, so sollten französische und spanische Truppen einmarschieren. Neun Tage vor Unterzeichnung der Verträge (27. Oktober 1806) marschierte Junot mit einem starken Heer, dessen Ziel Portugal war, in Spanien ein. Am 30. November zogen die Franzosen in Lissabon ein, von wo aus die königliche Familie auf britischen Schiffen nach Brasilien abgereist war. Während Karl IV. und sein Sohn Ferdinand ihre Meinungsverschiedenheiten in die Öffentlichkeit trugen und sich an Napoleon wendeten, zogen weitere französische Armeen unter Dupont und Moncey nach Spanien; zugleich hielt der schlaue Kaiser die besten spanischen Truppen untätig in Hannover fest. Jeder Ort von militärischer Bedeutung in Nordspanien wurde unter den verschiedensten Vorwänden, manchmal, wie etwa Pamplona, sogar durch offenen Verrat von den Franzosen besetzt. Das Volk, das Godoy haßte und nicht erkannte, worauf Napoleon aus war, begünstigte die Franzosen, solange sie glaubten, daß Napoleon Godoy beseitigen und Ferdinand zurückbringen werde. Godoy wurde jedoch mit rein spanischen Kräften beseitigt – durch einen Aufruhr in Aranjuez am 17. März 1808, der zwei Tage später Karls Abdankung zur Folge hatte.

Während das Volk jubilierte, besetzte Murat Madrid. Ferdinand VII. betrat seine Hauptstadt am folgenden Tag (24. März 1808). Aber der französische Botschafter war der einzige ausländische Missionschef, der ihn nicht anerkennen wollte. Karl bat darum, über ein paar kleinere Privatangelegenheiten verhandeln zu dürfen, und Murat ergriff diese Gelegenheit, um ihn zur Rücknahme seiner Abdankung zu bewegen. Sich in Untertänigkeit überbietend, lieferten Vater und Sohn sich Napoleon aus. Am 10. April verließ Ferdinand Madrid und hinterließ einen Regentschaftsrat unter Leitung seines Bruders Antonio. Trotz des Widerstandes der Bevölkerung – die in Vitoria so weit ging, das Zaumzeug am Wagen des Königs zu zerschneiden – überquerte Ferdinand die Grenze und traf in Bayonne ein, wo man ihm erklärte, er müsse abdanken. Vater und Sohn dankten am 5. und 10. Mai 1808 zugunsten Napoleons ab. Diese Vorgänge wurden dem spanischen Volk verheimlicht, aber der Infant Don Antonio erhielt von Karl die briefliche Bitte, er möge seinen jüngeren Bruder, den Infanten Don Francisco de Paula, nach Frankreich schicken. Die Menge, die sich am 2. Mai bei der Abreise des Knaben versammelt hatte, wurde von dessen Tränen gerührt, rebellierte und wurde von einer Salve eines französischen Bataillons niedergemäht, das plötzlich auf dem Schauplatz erschienen war. Die zuerst führerlose, bald aber von drei jungen Offizieren namens Daoiz, Velarde und Ruiz kommandierte Bevölkerung kämpfte den ganzen Tag über gegen die französische Armee. Sie wurde natürlich geschlagen; Daoiz und Velarde verloren das Leben. Ungeachtet der Übergabebedingungen folgte blutige Unterdrückung. Aber der Unabhängigkeitskrieg hatte begonnen.

Unabhängigkeit von wem und von was? Die Bürger von Madrid und bald von jeder anderen spanischen Stadt, die sich damals erhob, hatten keinerlei Zweifel: Unabhängigkeit vom Franzosen. Spanien war damals durch und durch monarchisch, hatte Ferdinand VII. vergöttert und wünschte sich kein anderes Glück, als ihn wieder auf dem Thron zu sehen. Aber wie konnte ein plötzlicher Unabhängigkeitsdrang dort haltmachen – überhaupt irgendwo haltmachen, solange der erste Schwung noch anhielt? An dem Tage, da die spanische Nation sich erhob, um die Rückkehr des Königs zu fordern, erhob sie sich, um zu fordern, und erhob sich schlechthin. Die Erhebung als solche und die damit verbundene Forderung waren in der Geschichte des Landes viel tiefere und wichtigere Tatsachen als der jämmerliche König, der zufällig Gegenstand und unmittelbare Ursache der Bewegung war.

Die erste Junta, die gebildet wurde, um den Volksaufstand gegen Napoleon zu leiten, war die Junta von Asturien. Dabei verdienen zwei Punkte Beachtung: sie wurde von Edelleuten wie Santa Cruz de Marcenado und Toreno geleitet, und die beiden Männer, die als Führer der Menge bestimmt wurden, waren Don Ramon de Llano Ponte und Don Manuel de Miranda – ein reiner Zufall, als wollte eine Laune der Geschichte diese beiden Männer, die sich um der Unabhängigkeit willen in Asturien erhoben, mit dem Bolivar y Ponte und dem Miranda verknüpfen, die Pläne für die Unabhängigkeit Venezuelas schmiedeten. Die Junta beschloß, 18000 Mann aufzustellen, und konnte sich bald auf Truppen stützen, die Murat gegen die Junta entsandt hatte, die aber bis auf ihre fünf Befehlshaber alle zur Sache des Volkes übergingen. Am 25. Mai 1808 erklärte die Junta Napoleon den Krieg. Am 30. Mai entsandte sie drei Boten nach London. Am frühen Morgen des 7. Juni hatten die drei Abgesandten ihre erste Unterredung mit Außenminister Canning. Am 12. Juni schrieb Canning offiziell, daß Seine Majestät bereit sei, ihnen mit allen Mitteln bei ihrem Unternehmen zu helfen und die gleiche Hilfe jedem andern Teil des spanischen Königreichs zukommen zu lassen, das die gleiche Haltung und Absicht erkennen ließe.

Am 30. Mai traf der von der Junta von Galicien entsandte Don Francisco Sangro in London ein und verkündete, daß sich ganz Spanien gegen Napoleon erhoben habe. Diese Erhebungen zeigten alle das gleiche Bild: eine Mischung aus Volksbewegung und militärischer Operation. Auch die Tendenz war dieselbe: für Ferdinand VII. und gegen die Franzosen wie gegen Godoy, in dem das Volk ein Werkzeug Napoleons zu sehen meinte. Auch die Zusammensetzung der Junten war überall gleich: Vertreter aller Schichten und Institutionen sammelten sich um den Gemeinderat der wichtigsten Stadt unter Vorsitz des Generalkapitäns oder des Bischofs, sofern nicht die Inhaber dieser Ämter die Franzosen oder Godoy begünstigten. Auch Sevilla hatte eine Junta gebildet; weil jedoch ihr Vorsitzender, Don Francisco Saavedra, ein ehemaliger Minister der Krone war, weil die Stadt damals reich, dicht bevölkert und ihrer Lage nach wohl geeignet war, als Zentrum des Widerstandes zu dienen und weil schließlich von andern Erhebungen wenig Greifbares bekannt war, entschloß sich die Junta von Sevilla, sich als nationale und souveräne Körperschaft zu betrachten. Sie nannte sich «Junta Suprema de España e Indias». Diese Junta konnte außerdem über die stärkste Streitmacht verfügen, die es auf der Halbinsel gab: die Armee in San Roque, gegenüber von Gibraltar, unter dem Befehl von Castaños, die sich der nationalen Sache aus freien Stücken angeschlossen hatte, sowie die Garnison von Cadiz unter Solano, der selber Ausflüchte machte und sich ablehnend verhielt, schließlich aber von einem Haufen Patrioten ermordet wurde.

Diese Ereignisse lösten in London wildeste Begeisterung aus. Allenthalben wurde dem spanischen Sendboten von der Bevölkerung zugejubelt, und als die Asturier zum erstenmal abends als Gäste des Herzogs von Queensbury in der Oper erschienen, war der Jubel so anhaltend, daß dadurch, wie Toreno berichtet, die Vorstellung eine Stunde lang aufgehalten wurde. Spanien, dem bis dahin vor andern Englands ehrgeiziges Streben und Feindseligkeit gegolten hatten, wurde ein wirklicher, nicht nur ein politischer Bundesgenosse. Napoleon und Talleyrand hatten für England endlich erreicht, was England selber niemals für mehr als eine kurze Zeitspanne fertiggebracht hatte: den Bruch zwischen Frankreich und Spanien. König Georg erklärte im Parlament, Großbritannien werde die Unabhängigkeit und Unversehrtheit der spanischen Monarchie erhalten.

Wellesley erkannte die Gelegenheit, die ihm sein voreiliger Rivale Bonaparte verschafft hatte. Als er die Nachricht aus Spanien erhielt, schrieb er: «Dies sieht wie eine Krise aus, in der eine große Anstrengung sich vorteilhaft auszahlen könnte. Es ist sicher, daß alles, was den Franzosen in Spanien Verderben bereiten kann, sie zwingen muß, die Ausführung ihrer Pläne gegen die Türkei um eine Saison zu verschieben oder ihre Armeen aus dem Norden abzuziehen.» Aber natürlich legte er sich nicht fest. «Ein Monat dürfte vermutlich genügen, um zu ermessen, welche Vorteile sich aus der Stimmung des spanischen Volkes ziehen lassen.» Waren die Aussichten günstig – günstig für Großbritannien natürlich, d. h. günstig für einen Sieg über Napoleon in Spanien –, dann sollte das Expeditionskorps, das in Cork lag, nach Spanien gehen, andernfalls nach Venezuela. Wie General Boulanger, der gegen Ende des Jahrhunderts, als er in Paris einen Ehrendegen in Empfang nahm, ausgerufen haben soll: «Ich schwöre mit diesem Degen, die Republik zu verteidigen oder nötigenfalls auch anzugreifen!» – so war Wellington mit den Truppen in Cork gleichermaßen bereit, die Unversehrtheit der spanischen Monarchie zu verteidigen oder zu zerstören.

Es ergab sich, daß «die Stimmung des spanischen Volkes» günstig war. Wellesley mußte daher Miranda mitteilen, daß Venezuela zu warten habe. «Ich glaube, ich hatte niemals ein schwierigeres Geschäft», erzählte er später Earl Stanhope. «Es schien mir am besten, mit ihm auf die Straße hinauszugehen, damit er nicht explodierte. Aber selbst dort war er so laut und zornig, daß ich ihm sagte, ich würde erst ein Stück vorangehen, damit wir nicht die Aufmerksamkeit aller Pas-

ARTHUR WELLESLY
HERZOG VON WELLINGTON

santen erregten. Als ich mich ihm wieder anschloß, war er kühler.» So sagte Wellesley. Aber Miranda schien nur kühler. «Sie gehen nach Spanien. Sie werden dort verlorengehen», fuhr Wellesley fort. «Nichts kann Sie retten, aber das ist Ihre Angelegenheit. Was mich schmerzt, ist die Tatsache, daß noch niemals eine derart günstige Gelegenheit preisgegeben wurde.» Miranda erkannte nicht, daß Napoleon durch seinen Angriff auf Spanien die Unabhängigkeit der südamerikanischen Königreiche ein für allemal gesichert hatte; denn er hielt England von ihnen fern, zerstörte das Ansehen der spanischen Monarchie und rief in jedem einzelnen dieser Reiche nationale Bewegungen wach, welche, da sie aus der Tiefe des Volkes stammten, in der Neuen Welt unweigerlich die Verbindung zwischen den führenden Weißen und den farbigen Massen herstellen mußten.

Der schmähliche Kniefall der spanischen Krone vor Napoleon in Bayonne, der die Erhebung der spanischen Nation gegen den Eindringling bewirkte, zeitigte in Westindien die verwickeltsten Folgen. Dabei muß man zwischen dem Volk und der Oberschicht unterscheiden, und innerhalb der Oberschicht zwischen den Beamten und den privaten Kreisen. Die höchsten spanischen Behörden waren geneigt, sich auf die Seite des Siegers zu stellen, Joseph Bonaparte anzuerkennen und einfach so weiterzumachen, als habe in Spanien lediglich die Dynastie gewechselt. Diese Haltung sollte man nicht vorschnell als unpatriotisch verurteilen. Seit einem Jahrhundert hatte in Spanien französischer Einfluß soviel wie Fortschritt bedeutet, Aufklärung, fort mit der Inquisition!, Vernunft statt Heldentum, lächelnde Großzügigkeit in Fragen der weiblichen Treue statt aufbrausender kastilischer «Ehre», Wissenschaft statt Glauben – kurzum, eine Fülle von Begriffen und Parolen, die kultivierte Männer und Frauen in Spanien lieben und schätzen gelernt hatten. Diese Ideenverbindung von Frankreich und «Fortschritt» hatte unter Napoleons Aufstieg nicht gelitten, obwohl das leicht hätte geschehen können. Die fortschrittlichen Kreise in Europa waren geneigt, dem Mann, der die Welt von dem Alptraum des Terrors befreit hatte, manches nachzusehen. Außerdem mußte die selbstherrliche Art, wie die britische Flotte mit spanischen Schiffen umsprang, und die kaum verhüllte Unterstützung, die England Miranda und einem ganzen Schwarm anderer Spanisch-Amerikaner bei ihren «illoyalen Verschwörungen» ständig angedeihen ließ, bei den aufmerksamen, politisch denkenden Gouverneuren in Westindien die Neigung zur Solidarität mit Frankreich aufrechterhalten – wer immer Frankreich nun gerade repräsentieren mochte.

Die führenden Schichten Westindiens waren durch Bande der Freundschaft und selbst der Verwandtschaft mit ihren Herrschern verbunden. Sowohl in den beamteten als auch in den anderen Kreisen der Oberschicht gab es europäische Spanier ebenso wie Kreolen. Die Neigung, Bonapartes Partei zu ergreifen, mußte daher ziemlich weit in die einflußreichen Kreise der kreolischen Gesellschaft ausstrahlen. Mit der stärkeren und allgemeineren Neigung zum Separatismus, die in diesen kreolischen Kreisen bereits vorherrschte, geriet sie nicht in offenen Widerspruch. Zu der Zeit, als Napoleon Spanien angriff, war diese Neigung, gefördert von Geheimbünden, bereits seit Jahren in allen Kreisen des spanischamerikanischen Lebens und seiner Kultur lebendig.

Diese Gesellschaften waren nicht unbedingt Freimaurer, obwohl sie von deren Methoden und Riten mehr oder minder stark beeinflußt worden sein mögen. Vielleicht war Miranda selber Freimaurer. Die Tätigkeit der Freimaurer in Westindien wurde bald von britischer, bald von französischer Seite beeinflußt. Mirandas wichtigster Verbindungsmann in Buenos Aires, Saturino Rodriguez Peña, gehörte dem «Southern Star» an, einer Loge, welche die Engländer, in deren Sold er stand, während ihrer kurzen Besatzungszeit gegründet hatten. Das Zentrum dieser englisch-freimaurerischen Bestrebungen lag in Cadiz, dem Mittelpunkt der legalen und illegalen Handelsbeziehungen mit Westindien.

Während die Oberschicht durch Napoleons Angriff auf Spanien gespalten wurde, so daß einige die Partei des neuen französischen Königs Joseph Bonaparte ergriffen, andere jedoch in den Ereignissen in Europa nur einen weiteren Grund für ihre separatistischen Neigungen sahen, reagierte das Volk in Westindien genauso wie das Volk in Spanien: Sie bekundeten ihre dreihundertjährige Anhänglichkeit an die Krone dadurch, daß sie ihre Treue dem ehrlosen Ferdinand VII. zuwendeten. In Spanisch-Amerika wurde Ferdinand genau wie in Spanien selbst für das Volk zum Symbol. Symbol aber wofür? In Spanisch-Amerika war das Symbol vielschichtiger als in Spanien selbst, schloß es doch auch Elemente ein, die den europäischen und amerikanischen Spaniern gemeinsam waren. Der junge König verkörperte die spanische Auflehnung gegen Godoys Französelei. Hinter Bonapartes Soldaten, die in Spanien die Kirchen als Pferdeställe benutzten, lauerten die gottlosen Jakobiner. Diese teils politisch, teils national bedingten antifranzösischen Gefühle gaben der gegen Napoleon gerichteten Bewegung in Spanien so gut wie in Spanisch-Amerika Nahrung.

Über diese den Spaniern beiderseits des Atlantiks gemeinsame Betrachtungsweise hinaus lag in der Anhänglichkeit der westindischen Bevölkerung an Ferdinand VII. noch etwas spezifisch Amerikanisches: Die spanische Krone hatte sich von jeher für ihre Rechte und gegen die Ausschreitungen der Oberschicht eingesetzt. Diese Tradition ließ sich in gewissem Umfang bis zu den spanischen Königen des Mittelalters zurückverfolgen, die oft bereit waren, mit dem kleinen Mann gegen den Adel gemeinsame Sache zu machen, so daß Menschen, die auf Kronland lebten, von denen, die auf dem Boden geringerer Herren lebten, beneidet werden konnten. In der Neuen Welt hatte jedoch die Kirche diese Tradition wieder belebt und ihr durch Mönche und Patres eine neue Wendung gegeben. Dieser Umstand verstärkte die Anhänglichkeit der unteren Schichten in Westindien an das, was Ferdinand VII. ihrer Ansicht nach repräsentierte – zumal wenn sie sahen, daß die jungen «Philosophen», die so begeistert von der Befreiung sprachen, gelegentlich, wie Humboldt treffend bemerkte, dazu neigten, mit einem Band Raynal in der Hand ihre Sklaven zu mißhandeln.

Das schon hinreichend vielschichtige Bild wurde noch komplexer durch den engen Umgang zwischen amerikanischen und europäischen Spaniern sowie durch die beiden gemeinsame Neigung zum Bürgerkrieg. Während viele Kreolen unentwegt glühende Royalisten blieben, sollten sich nicht wenige europäische Spanier der Sache der amerikanischen Separatisten anschließen. Das kennzeichnet das Stück «reinen» Bürgerkrieges, das auf beiden Seiten der Front zu finden war. Ja, der Bürgerkriegsgeist kam sogar angesichts des Feindes aus Spanien herüber. So schreibt der «Patriot» Fajardo: «Die Kunde von dem allgemeinen Aufstand in Spanien erreichte Mexiko am 29. Juli 1808. Die Begeisterung, die dadurch ausgelöst wurde, war noch in vollem Schwunge, als die Ankunft von zwei Delegierten der Junta von Sevilla angekündigt wurde, die herüberkamen, um für jenes Gremium die volle Souveränität über Spanisch-Amerika zu beanspruchen. So sehr begünstigte die allgemeine Stimmung die Halbinsel, daß die Mexikaner sich den Forderungen der Junta wahrscheinlich gebeugt hätten, wären nicht im Verlauf der Debatte, zu der der Vizekönig seine zivilen und militärischen Mitarbeiter zusammengerufen hatte, Berichte eingetroffen, welche die Bildung der asturischen Junta meldeten und die Mexikaner ausdrücklich warnten, die andalusische Junta anzuerkennen. Man kann sich leicht ausmalen, wie diese offene Rivalität die Ansichten der Mexikaner über den Geist der spanischen Revolution beeinflußt haben muß.»

In dem Augenblick also, als die Völker Spanisch-Amerikas sich mit dem spanischen Volk aufs engste verbunden fühlten, als sie bereit gewesen wären, die Souveränität nicht nur Ferdinands VII., des Königs aller spanischen Königreiche, sondern auch der spanischen Nation anzuerkennen, wodurch in der Tat die amerikanischen Königreiche auf die Stufe bloßer Kolonien herabgesunken wären – in ebendiesem Augenblick gelangte aus Spanien selber der Geist der Disziplinlosigkeit, der Rivalität und des Separatismus nach Westindien, um dort den Separatismus aufzustacheln, soweit er überhaupt schon vorhanden war. Die Nationen der Neuen Welt, die sich aus eigenem Antrieb und auf Grund ihres natürlichen Wachstums mündig zu fühlen begannen, fanden sich umworben von den verschiedenen Machthabern, die als Erben Karls V. und Philipps II. die Souveränität über Westindien beanspruchten. Gerade der Umstand, daß es sich bei diesen Machthabern – Joseph Bonaparte, Ferdinand VII., die Junta von Sevilla, die Junta von Asturien und später die Junta Central – um viele und nicht um einen einzigen handelte, verlieh jeder einzelnen der spanisch-amerikanischen Nationen de facto die souveräne Entscheidungsgewalt darüber, welche dieser Souveränitäten sie de jure anerkennen wollte. Am Ende beantworteten alle die Frage damit, daß sie nur noch sich selber anerkannten.

Damit folgten die spanischen Nationen in Übersee und die Hauptstädte, die es gewöhnlich übernahmen, für die ganze Nation zu sprechen, einer bewährten spanischen Tradition. In einer Bittschrift an den Vizekönig Iturrigaray vom 5. August 1808 gab der Cabildo der Stadt Mexiko dieser Auffassung unmißverständlich Ausdruck: «... Mexiko handelt nach denselben Grundsätzen wie Sevilla, Valencia und die andern Städte in Spanien und ist auf gleiche Weise wie die eben erwähnten beiden getreuen Hauptstädte ermächtigt, in einer solchen Notlage zu tun, was ihm ratsam erscheint.» Die Worte zeigen, daß der erste Ansturm der Ereignisse in Spanien auf die überseeischen Königreiche eine vernünftige, staatsmännische, loyale und traditionsgebundene Reaktion auslöste. Das, was die Spanisch-Amerikaner zunächst anzustreben schienen, war eine Festigung der Gruppe von Königreichen, die das spanische Imperium immer gewesen war; deshalb förderten sie in jedem einzelnen die aus spanischem

Staatsrecht geborenen Institutionen, durch welche der politische Lebenssaft jeder Nation der Neuen Welt in den Kreislauf des Ganzen gelangen sollte. Mindestens in dieser ersten Phase war an der Aufrichtigkeit ihrer Treue nicht zu zweifeln.

Es gehört zu den Merkwürdigkeiten der menschlichen Natur, daß die Junta Central in Spanien, die ihr Dasein als führende Körperschaft dem raschen Emporschießen von Provinzjunten in ganz Spanien verdankte, sich nicht dieser kleineren Junten bediente, sondern deren Befugnisse einzuschränken und sie durch die alten Behörden zu regieren versuchte. Dieses Vorgehen der Junta Central in Spanien erklärt auch ihre Politik in Amerika. Anstatt die Gründung örtlicher Junten in Übersee zu fördern, verhielt sich die Junta Central gegenüber denen, die dort bereits entstanden waren, kühl und ablehnend. Jedoch faßte sie hinsichtlich der Königreiche in Übersee zwei Beschlüsse. Sie erklärte diese «als integrierende Bestandteile der Nation» und forderte sie auf, je einen Deputierten zu wählen, die dann der Junta Central zu denselben Bedingungen wie die Deputierten der spanischen Provinzjunten angehören sollten. Dagegen ließ sich einwenden, daß jede der spanischen Provinzen durch zwei Deputierte in der Junta Central vertreten war; es schien keinen Grund zu geben, weshalb die riesigen Vizekönigreiche in Westindien schwächer vertreten sein sollten.

Diese Neigung, die Königreiche in Übersee zu diskriminieren, war für die Minderheit amerikanischer Führer, die bereits auf die Abtrennung hinarbeiteten, ein Geschenk des Himmels. Und doch war sie nur natürlich. Da war zunächst die Entfernung. Hier zeigt sich wieder einmal, wie absurd die menschliche Natur ist, und dennoch menschlich und natürlich. Die Vizekönigreiche waren von gewaltiger Ausdehnung, aber so weit entfernt, daß es für die Männer in Spanien eine allzu große geistige Anstrengung bedeutet hätte, Peru mit Katalonien und Neuspanien mit Aragon gleichzusetzen. Hinzu kam das «mütterliche» Gefühl: «Die Menschen dort drüben sind doch unser», dachten die Männer der Junta

Central im Grunde ihres Herzens, «unser nicht wie Vieh, Sklaven oder auch nur Untertanen, sondern wie Kinder. Sind wir nicht wirklich gute und großzügige Eltern, daß wir sie wie gleich zu gleich mit uns reden lassen!» Nachdem sie mit dieser «Großzügigkeit» ihren Vorrat an Liberalität erschöpft hatten, reduzierten die Männer der Junta die Vertretung der überseeischen Königreiche auf einen Deputierten pro Königreich anstatt zwei oder gar sehr viel mehr im Verhältnis zur Bevölkerungszahl. Wiederum absurd, aber menschlich und natürlich.

Hinzu kam der Umstand, daß die Bevölkerung gemischt war. Er trat während der nächsten Krise der neuen Vertretungskörperschaften in Erscheinung, als die Junta Central unter dem Druck der Öffentlichkeit die Cortes einberief. Das geschah nach den liberalsten und egalitärsten Grundsätzen, die bis dahin überhaupt irgendwo angewendet worden waren. In London lebte zu jener Zeit ein aufgeklärter Spanier, der Generalprokurator von Asturien Don Alvaro Flórez Estrada, der 1811 zu dem Erlaß der Junta Central, mit dem die Cortes einberufen wurden, Stellung nahm. Er war ein unerbittlicher Kritiker der Junta, aber lobte den liberalen und demokratischen Geist jenes Erlasses. Er wies jedoch darauf hin, daß «die Junta infolge einer Unlogik, die den Menschen so eigentümlich ist, Amerika nicht die quantitative Vertretung gewährte, zu der es nach seiner Bevölkerung einschließlich der Indianer und Neger berechtigt war, sondern nur den kreolischen und europäischen Bevölkerungsteil berüchtigte». Damit findet er sich jedoch angesichts der Rückständigkeit Westindiens ab. «Was die Vernunft nicht billigen kann, ist der Umstand, daß die Wahl dort nicht wie auf der Halbinsel eine Volkswahl war, sondern den Cabildos übertragen wurde; denn kein Volk verdient frei genannt zu werden, dessen Bürger nicht imstande sind, von diesem unveräußerlichen Recht Gebrauch zu machen.»

Beide Punkte wurden von den Unzufriedenen in der Neuen Welt aufgegriffen. Estrada bemerkt, daß hinsichtlich des ersten Punktes der Vorwurf unbegründet sei. Gewiß wurden Westindien 24 Deputierte für 15 Millionen Menschen zugestanden, aber hiervon waren 8 Millionen Indianer und 4 Millionen Schwarze; läßt man also diese 12 Millionen aus dem Spiel, so erhielten die restlichen 3 Millionen 24 Deputierte, was dem Verhältnis in Spanien entsprach. Die Entscheidung, die amerikanischen Deputierten durch die Cabildos wählen zu lassen, konnte bei den kreolischen Oligarchien kaum auf Widerstand stoßen, da diese fast sämtliche Cabildos in ganz Spanisch-Amerika fest in der Hand hatten.

Die Schwierigkeiten entstanden aus der Tatsache, daß zwischen den spanischen Behörden in der Heimat und den Führern der auf Sezession abzielenden Bestrebungen in Westindien kein Kompromiß möglich war. Schwere Fehler wurden von der Junta von Sevilla, der Junta Central und später vor allem von der Regentschaft begangen. Aber selbst wenn diese provisorischen Regierungen ohne Tadel gewesen wären, hätten die Führer der Sezession nicht anders handeln können, als sie handelten. Flórez Estrada beklagt den Umstand, daß die Spanisch-Amerikaner sich gerade in dem Augenblick vom Mutterland trennten, als dieses selber die Unterdrückung abgeschüttelt hatte, und faßt seine Bedenken in vielsagenden Fragen zusammen: «Vor allem aber, ihr Amerikaner, fragen euch eure Brüder in Spanien: ‹Was erstrebt ihr? Wollt ihr nun frei sein? Oder wollt ihr frei sein, aber getrennt von uns und ohne an unserer Freiheit Anteil zu nehmen?›»

VIERTES KAPITEL

Bolivars Kriegserklärung

Am 24. Juli 1808, Bolivars fünfundzwanzigsten Geburtstag, meldete die Audiencia von Caracas, am 15. Juli seien zwei französische Offiziere im Auftrag ihrer Regierung mit der Nachricht eingetroffen, daß Napoleon die spanische Krone seinem Bruder Joseph abgetreten habe. «Die Neuigkeit eilte bald durch die Stadt ..., woraufhin es zu Aufruhr auf Straßen und Plätzen kam, zu Verwünschungen gegen die Usurpatoren und zu wiederholten Hurrarufen auf den vergötterten Namen Ferdinands VII. An demselben Nachmittag schworen die Bürger von Caracas Ferdinand Treue und zogen die Königsstandarte auf; ging es dabei auch nicht so hoch her wie bei andern Gelegenheiten ..., so herrschte doch unbezähmbare Begeisterung.»

In einem Brief an Admiral Cochrane vom 19. Juli meldet Kapitän Beaver von der britischen Marine dieselben Ereignisse und fährt dann fort: «Die Franzosen wurden öffentlich zuerst in einem Kaffeehaus beleidigt, aus dem sie sich zurückziehen mußten, und der französische Hauptmann verließ Caracas privat an demselben Abend gegen acht Uhr unter dem Schutz einer Abteilung Soldaten und rettete dadurch sein Leben; denn gegen zehn Uhr verlangte die Bevölkerung vom Gouverneur seine Auslieferung. Als sie erfuhr, daß er fort sei, folgten ihm dreihundert Mann, um ihn zu töten. Obwohl mich der Gouverneur kühl aufnahm, wurde ich von allen angesehenen Bürgern der Stadt umringt und als ihr Befreier begrüßt. Gierig verschlangen sie die Nachrichten aus Cadiz, die ich ihnen mitteilte, und stießen begeisterte Dankrufe an England aus.»

Diese Darstellung wirft ein Schlaglicht auf die Situation: die rührende Treue des Volkes zu Ferdinand VII., Sinnbild und Verkörperung Spaniens; die nicht minder rührende Zuneigung der angeseheneren Bürger der Stadt zu dem

Seeoffizier, in dem sie Sinnbild und Verkörperung ihres Befreiers England sahen; und das verbissene Mißtrauen des Gouverneurs gegenüber Spaniens herkömmlichem Gegner in der Neuen Welt. Aber das Volk duldete das nicht. Don Feliciano Palacios, ein Onkel von Simon Bolivar und Träger der Stadtfahne, proklamierte unter der überschäumenden Begeisterung den König mit dem Ruf: «Kastilien und Caracas für unseren Herrn Don Fernando VII. und alle Abkommen des Hauses Bourbon!» Da er sich der Begeisterung des Volkes nicht zu widersetzen wagte, bildete der Generalkapitän Don Juan de las Casas am 16. Juli aus Delegierten der Audiencia, des Cabildo, der Armee, der Geistlichkeit, des königlichen Schatzamtes, des Konsulats und des Adels sowie aus zwei juristischen Fachleuten eine Junta. In einer Sitzung der Junta «wurden die Urkunden von Bayonne verlesen und wurde beschlossen, am Thron Ferdinands festzuhalten, wie das über die Franzosen aufgebrachte Volk es verlangte».

Die Gärung arbeitete aber am stärksten gerade in dieser Oberschicht, aus der der Generalkapitän seine Junta gebildet hatte. Echezuria, einer der Delegierten des Cabildo, protestierte gegen «die Wahl von Mitgliedern, die der Präsident ernannt hat, ohne die Bürger zu fragen oder um ihre Zustimmung zu bitten». Der Präsident willigte ein, seine erste Junta aufzulösen, und schrieb an den Cabildo: «Ich habe entschieden, daß in unserer Stadt eine Junta nach dem Vorbild von Sevilla zu bilden sei, und angesichts meines Wunsches, daß dies im Einvernehmen mit allen, die daran interessiert sind, und zum Besten des Gemeinwohls geschehe, hoffe ich, daß Sie mich mit tunlichster Schnelligkeit von allem unterrichten werden, was Sie in dieser heiklen Lage für ratsam halten.» Die Ereignisse in Caracas nahmen eine ähnliche Wendung wie in den spanischen Städten, etwa in Cadiz, wo die Bevölkerung, die ganz und gar für Ferdinand war, mit den lauwarmen Behörden in Konflikt kam. Während jedoch in Spanien die vorhandenen Behörden nur insoweit Vorwürfe zu hören bekamen, als sie nicht königstreu genug erschienen, wurden sie in Caracas von der Oberschicht als Autorität überhaupt in Frage gestellt, wobei die Frage der Treue nur angeschnitten wurde, um dadurch die Unterstützung der Massen zu gewinnen. Das geht aus der Antwort auf Casas' Gesuch hervor. Der Cabildo schrieb, zweifellos übertreibend: «Kein Spanier hat als seinen Herrn und König bisher jemand anders als unsern geliebten Herrscher Ferdinand VII. anerkennen können und soll das auch künftig nicht anders halten; das haben wir ihm und nach ihm seinen legitimen Nachfolgern geschworen. Daher sind unser Recht und unsere Regierung und demzufolge auch die rechtmäßig errichteten Behörden immer dieselben. Würden wir aufhören, sie anzuerkennen, so würden wir damit in offenen Widerspruch zu uns selber geraten; ihnen nicht zu gehorchen wäre ein offenkundiger Frevel gegen das alles beherrschende Gesetz von Ruhe und öffentlicher Ordnung.» Die Junta, die der Cabildo nach dieser Einleitung vorschlug, sollte gleichfalls unter dem Vorsitz des Generalkapitäns stehen und unterschied sich nicht wesentlich von derjenigen, die Casas ausgewählt hatte, bis auf eine bemerkenswerte Neuerung: die «Plebs» sollte darin vertreten sein. Das zeigt, wie sehr die Magnaten von Caracas davon überzeugt waren, daß sie das Volk in ihre Richtung führen könnten. In diesem Augenblick traf ein Sendbote der Junta von Sevilla in Caracas ein, und dieser Umstand mag bei Casas' Entschluß mitgewirkt haben, das Projekt nicht weiter zu verfolgen.

An demselben Tage, an dem er den Cabildo wegen einer neuen Junta um Rat fragte, schickte Casas seinen Sohn zu Simon Bolivar, um ihn vor den gefährlichen Freunden zu warnen, die er bei sich empfing. «Sie wissen, daß ich Ihr Freund bin», sagte der Sohn des Gouverneurs zu Bolivar, «und daß ich Sie hoch schätze, obwohl ich Sie nicht oft treffe. Darum würde es mir leid tun, Sie in Schwierigkeiten zu sehen. Sie würden mir einen Gefallen tun, wenn Sie keine Versammlungen abhielten oder Gäste bei sich empfingen, denn das schadet Ihnen sehr.» Bolivar antwortete: «Mir liegt verzweifelt viel daran, daß ich Schmarotzer loswerde, die mich behelligen. Ich habe niemanden hierher gebeten und fühle mich gegenüber allen diesen Verleumdungen unschuldig.» Ein für die Zeit typisches Schauspiel. Die jungen Bürger von Caracas, denen der Sohn des Generalkapitäns bei einem Besuch zu Vorsicht und Klugheit riet, waren die Anführer der gegen Spanien gerichteten Bewegung. Urquinaona, ein kreolischer Beamter im Dienst der spanischen Regentschaft, schreibt hierzu: «Zusammengedrängt im Hause von Simon Bolivar nahe am Fluß Guayre, taten sie so, als folgten sie den Ideen, welche die Regierung in der Stunde ihrer Bedrängnis verkündete; sie versuchten diese jedoch zu vernichten und eine unabhängige Herrschaft eben in der Form der Junta zu errichten, welche das Volk mit dem hochtrabenden Namen ‹Junta zur Verteidigung der Rechte Ferdinands VII.› blenden sollte.»

Das Ganze war natürlich eine offene Verschwörung. Bolivar wußte sehr wohl, daß man seinem Leugnen nicht glauben würde. Er verkündete dem jungen Casas, «daß er am nächsten Tag auf sein Gut abreisen werde, damit niemand seinen Namen für irgend etwas verwende.» Er reiste auch wirklich – und erweckte dadurch bei Briceño den Verdacht, er habe die Stadt verlassen, um sich den rechtlichen Folgen ihres Streites zu entziehen. Dieser Abschnitt seines Lebens wird jedoch durch jugendliche Keckheit und Anmaßung gekennzeichnet; seine aristokratischen Privilegien der Vergangenheit und seine demokratischen Zukunftsträume wirkten zusammen dahin, daß er munter und glücklich wie ein Fohlen war. Dank seines Reichtums war er der Mittelpunkt eines Kreises von jungen Führern in Gesellschaft und Literatur, die sich in seinem Haus zu guten Mahlzeiten und feurigen Reden versammelten. Die meisten von ihnen waren reiche Grundbesitzer, ein paar kamen aus Beamtenkreisen, so die beiden Oidores, Don Felipe Martinez und Don José Bernardo de Asteguieta. Bolivars Onkel Pedro, der damals Alguacil oder

Polizeichef war, gehörte ebenfalls zu den regelmäßigen Gästen. Pedro und die Oidores merkten jedoch bald, daß es in diesem Parlament der Geistreichen einen inneren gefährlichen Kreis gab, und zogen sich vorsichtig zurück. Der Geist dieser untergründigen Tätigkeit von Bolivars heiterer Gesellschaft war nicht so heiter. Ihre Ziele waren «eine kreolische Junta oder ein Kongreß», Unabhängigkeit und drastische Maßnahmen, die auch die Beseitigung des Generalkapitäns und des Regenten der Audiencia durch Mord nicht ausschlossen.

In dem engen Bereich der kleinen Hauptstadt wechselten diese Männer, europäische und amerikanische Spanier, Beamte und Privatleute, von einer Partei zur andern und von Revolution zu Unterdrückung, wie es die Umstände fügten. So konnte der Marqués de Toro als Oberst der Miliz vormittags an einer Beratung des Generalkapitäns teilnehmen, auf der Maßnahmen gegen eine Verschwörung entworfen wurden, und abends als Angehöriger der jungen Generation einer Versammlung von Verschwörern in Bolivars Haus beiwohnen. Verräter? Keineswegs. Teils war es in der Tiefe ihres Wesens die Unbeständigkeit des Mischblutes; mehr an der Oberfläche waren es der Wandel der gültigen Maßstäbe, die Unbeständigkeit der Ereignisse in Spanien und das Fließende eines Zustandes, bei dem die Caraqueños nicht zu sagen wußten, ob sie schließlich als spanische Untertanen eines Bourbonen oder als spanische Untertanen eines Bonaparte oder als britische Bürger oder als unabhängige Männer enden würden. In einem solchen Bild mit wechselnden Farben und unbestimmten Konturen gab es nur wenige Männer, die fest standen und wußten, was sie wollten. Einer von diesen war Bolivar.

Das Ende von Casas' Herrschaft und damit praktisch das Ende des Jahres 1808 verging unter Kämpfen zwischen der patriotischen, für Ferdinand eintretenden Haltung des Volkes, der pro-französischen, konservativen Haltung der

Behörden und einiger wohlhabender Weißer sowohl europäischer wie amerikanischer Abkunft, und den revolutionären, separatistischen Bestrebungen einiger reicher Weißer, die meistens pro-britisch waren. Casas' Aufforderung an den Cabildo, Vorschläge zur Bildung einer Junta zu unterbreiten, bot eine Gelegenheit, bei der sich die drei Gruppen treffen konnten. Als Don José Meléndez Bruna als Abgesandter der Obersten Junta aus Spanien in Caracas eintraf (5. August 1808) und bekanntgab, daß Dupont sich in Bailén General Castaños ergeben hatte, womit (wie es damals schien) Napoleons Angriff gegen Spanien gescheitert war, gab es in Caracas großen Jubel. Die privilegierten Schichten hielten jedoch an ihrem Plan fest und versuchten, die Unterstützung der Massen für die Unabhängigkeit zu gewinnen. Don Antonio Fernandez de León, der nachmalige Marqués de Casa-León, der als reicher Grundbesitzer in beinahe orientalischer Pracht unter seinen Sklaven und Pächtern lebte, protestierte laut, daß weder der Generalkapitän noch die Audiencia Vollmacht besäßen, die Junta von Sevilla anzuerkennen oder Frankreich den Krieg zu erklären und mit England Frieden zu schließen, denn dergleichen sei das «ausschließliche Recht des Volkes».

Am 24. Oktober 1808 händigte der Marqués de Toro dem Generalkapitän einen Brief aus, den er von Miranda erhalten hatte, worin dieser ihn bedrängte, er möge sich an die Spitze des Cabildo stellen und «eine Gemeindevertretung bilden, welche die Regierung jener Provinz übernehmen kann», und Vertreter nach London schicken, die mit der britischen Regierung «alles, was für die Sicherheit und das künftige Schicksal der Neuen Welt ratsam sein könnte», besprechen sollte. Der Marqués fand, Miranda habe ihm «eine abscheuliche Beleidigung» zugefügt, und warf ihn über Bord als Verräter und als einen Mann, der «in unverhohlener Undankbarkeit gegen das Land, das seine Gegenwart erträgt, das bemerkenswerte Angebot zu entstellen versucht, von dem die ganze Welt weiß, daß der König von Großbritannien es mit Zustimmung seines Ministeriums und Volkes gemacht hat: nämlich Spanien gegen den gemeinsamen Feind aus dem alleinigen Interesse zu helfen, daß die Unversehrtheit der Monarchie bewahrt bleibe». Trotz dieser Worte, die sorgfältig so gewählt wurden, daß er es mit England nicht verdürbe, hatte der reiche Marqués schon vor jenem Zeitpunkt Ränke gegen die Monarchie geschmiedet. Nur wenige Tage später sollte er das wieder tun, als er dem Vorschlag seines Standesgenossen Fernandez de León folgte, der von seinem Gut Maracay nach Caracas gekommen war, um eine Junta nach seinen Vorstellungen zu bilden. Außer Toro und José Felix Ribas wollte niemand seinen Aufruf unterschreiben; aber eine andere, ganz ähnlich lautende Bittschrift erhielt die Unterschriften vieler angesehener Männer, darunter wiederum Toro und Ribas. Fernandez de León widersetzte sich zuerst. Es war nicht seine Schrift. Ribas wurde wütend und beschuldigte ihn, «er wünsche sich zu verstecken, nachdem er sie alle bloßgestellt habe, da er die Haupttriebkraft hinter dem Plan sei»; dann zog er eine Waffe – ob Dolch oder Pistole, ist nicht bekannt – und zwang den andern zu unterschreiben. Einige unterschrieben, weil sie glaubten, das alles sei mit Casas abgesprochen, andere zogen ihre Unterschriften zurück, wieder andere unterschrieben gar nicht, darunter Bolivar, «weil die Schrift nicht seinen Wünschen entsprechend abgefaßt worden war». Simon und sein Bruder Juan Vicente Bolivar reisten aus Caracas auf ihr Gut in San Mateo ab.

Die beiden jungen Bolivars waren inzwischen glühende Republikaner und Separatisten geworden. Die Bittschrift war jedoch mindestens in der Form monarchistisch und spanientreu. Die Junta sollte «völlig und ungehindert die Macht besitzen, welche sie im Namen und Auftrag unseres erhabenen Souveräns und Herrn Ferdinand VII., den Gott erhalte, ausüben soll». Miguel Joseph Sanz, ein angesehener Jurist, der während Bolivars Minderjährigkeit einer seiner Testamentsvollstrecker gewesen war, wurde von der Ribas-

Gruppe unter starken Druck gesetzt, um ihn zur Unterschrift zu bewegen; schließlich erklärte er ihnen jedoch, daß er den Plan für «ungeheuerlich und sinnlos» halte. In einem Streitgespräch mit Pedro Palacios wies Sanz darauf hin, daß «das Volk bereits murre, weil es glaubte, diese Leute wollten die Regierung an sich reißen und das Volk tyrannisieren». Sanz riet, «da behauptet wird, der Generalkapitän habe seine Zustimmung gegeben», solle der Plan dem Volke durch Anschlag bekannt gemacht werden, «um dadurch die Vorstellung zu beseitigen, die beim Volk entstanden ist, daß eine Usurpation geplant werde, und um dem Volk mehr Kenntnis von dem zu geben, was geplant wird, damit es mehr Vertrauen dazu gewinne».

Die Bewegung fand keinen Anklang. «Die Schwarzen widersetzten sich, weil sie glaubten, sie würden ihre Freiheit verlieren.» Das Volk war der Oberschicht feindlich, der spanischen Herrschaft aber günstig gesinnt. Mit diesem echten, spontanen und althergebrachten Gefühl trieben die Behörden reichlich unverantwortlich ihr Spiel. Die Mauern der Stadt wurden mit Schmähschriften gegen die Adligen bedeckt, die sich verschworen, um den Frieden der einfachen Schichten zu zerstören. Fernandez de León aber ging durch die Stadt, riß die Schriften ab und spielte sich absichtlich als Anführer der Verschwörung auf. Der wirkliche Anführer war jedoch Ribas, in dessen Haus der «Stoß» ausgeheckt wurde, der «unfehlbar ... diese Provinzen vom Mutterland trennen wird». Als aber einige Unterzeichner zurücktraten, brach die ganze Verschwörung zusammen. Die übrigen Teilnehmer wurden zu Hausarrest verurteilt, nur Fernandez de León wurde als «eigentlicher Urheber des Ganzen» nach Spanien geschickt. Dort legte bald darauf die Junta Central ihre Befugnisse nieder, worauf eine fünfköpfige Regentschaft gebildet wurde.

Am 17. Mai 1809 traf der neue Generalkapitän in La Guaira ein. Don Vicente de Emparán, ein Marineoffizier, war vorher

Gouverneur von Cumaná gewesen. Er war ein Vertreter der aufgeklärten Despotie und gehörte zu denen, die in der vorigen Generation von Aranda und Roda ausgebildet worden waren: begabte Männer, klardenkend, tüchtige Verwalter, maßvoll im Politischen und von eindeutig aristokratischer Haltung, jedoch einer Aristokratie zugehörig, die sich eher auf Leistung als auf Geburt gründete – Männer, die gewohnt waren, von oben herab zu regieren, weil sie besser wußten, was dem Volke gut sei, als das Volk selber und daher wenig Neigung verspürten, mit dem Volk zu rechten. Dieser Menschentyp war in Spanien unter französischem Einfluß aufgewachsen, und nur die Exzesse der Französischen Revolution hatten ihre Begeisterung für Frankreich schmälern können. Als die Revolution einen aufgeklärten Despoten gebar, der den Exzessen Einhalt gebot und ihre fortschrittlichen Impulse zügelte, kehrten sie zu ihrer früheren Liebe zurück. Emparán kam auf ausdrücklichen Wunsch Napoleons nach Caracas.

Natürlich wurde er wegen seiner französischen Neigungen kühl aufgenommen, aber die jungen Separatisten scharten sich um ihn, und Simon Bolivar wurde einer seiner nächsten Gefährten. Das politische Klima, das den neuen Generalkapitän geboren hatte, war fast das gleiche Klima, in dem die Separatisten gediehen. Alle waren «Philosophen», alle wollten das Beste des Volkes, ohne sich dabei allzu sehr vom Volke stören zu lassen, alle waren aufgeklärte Despoten. Emparán war in Begleitung von zwei notorischen Separatisten aus Spanien herübergekommen: Don Fernando de Toro, ein Bruder des Marqués und Simon Bolivars Begleiter im fröhlichen Paris, der jetzt mit dem Titel eines Generalinspekteurs der Miliz in seine Heimat zurückkehrte, und Don Agustin Garcia, der als Oberst wiederkam. Er war von einem Vorgänger von Emparán nach Spanien geschickt worden, weil «seine Gegenwart nicht ratsam ist».

Am 30. Juli 1809 beschwert sich Miguel Joseph Sanz schriftlich beim König darüber, daß die beiden Brüder Toro

Emparán als Werkzeug benutzten, um ihn selbst zu verfolgen, weil er bei einer Untersuchung über das Zustandekommen der Junta gegen sie ausgesagt hatte. Dabei erwähnt er auch, daß Emparán «ein notorischer Freund der Toros und Don Simon Bolivars» sei. Ferner schickte Sanz seinen Schwiegersohn, einen Hauptmann Rodriguez, zu Emparán, um diesen über die wirkliche Lage ins Bild zu setzen. In einer späteren Eingabe von Sanz an den Generalkapitän heißt es: «Am 22. Juli 1809 um 11.30 Uhr vormittags überquert Don Fernando Toro die belebtesten Straßen der Stadt, begleitet von seinem Verwandten Don Simon Bolivar, beide mit Säbeln bewaffnet. Sie dringen in das Haus unseres Freundes Oberst Fierro ein, eines der schärfsten Gegner der geplanten Junta, und fordern ihn. Sie gehen weiter zu meinem Haus, dringen auf die unhöflichste Weise ein, finden Rodriguez nicht und gehen wieder auf die Straße, um auf ihn zu warten. Unbewaffnet tritt er ein, und noch auf der Straße fordern sie ihn.» Das alles zeigt nur, wie unerwartet sich die Beziehungen damals häufig gestalteten.

Während des Jahres 1809 verschlechterte sich die Lage in Spanien fortwährend, und die Nachrichten, die nach Übersee drangen, ließen alles nur noch alarmierender erscheinen. Je tüchtiger die Behörden waren, um so weniger glaubten sie an die Möglichkeit, Napoleon an der Eroberung ganz Spaniens hindern zu können. Diese Skepsis der Gouverneure stieß auf ein wachsendes Unabhängigkeitsgefühl der Massen und auf deren republikanische Gesinnung, die teils von den Verhältnissen gefördert wurde, teils aber ganz unmittelbar der Lehre von der Volkssouveränität entsprang, die von der Junta Central selber ausging. Das alles war den Anführern der Revolutionspartei in Caracas klar, und für den 24. Dezember war eine Verschwörung vorbereitet, welche die Regierung stürzen sollte. Emparán wußte natürlich davon, da die Verschwörer alle seine Freunde waren. Er ergriff alsbald Gegenmaßnahmen und überstand zunächst den Sturm. Bolivar war einer der Verschwörer; denn im nächsten Jahr sollte er einem leitenden spanischen Beamten in Caracas, der zur Mäßigung und Vernunft riet, erwidern: «Das nimmt sich alles sehr hübsch aus; aber meine Freunde und ich haben Spanien den Krieg erklärt, und wir werden ja sehen, wie das ausgeht.» Man beachte: Krieg.

FÜNFTES KAPITEL

Der 19. April

Am 19. November 1809 verloren die Spanier die Schlacht bei Ocaña, während Wellington nach seinem Sieg bei Talavera gegenüber den Portugiesen den Achilles im Zelt spielte. Diese Katastrophe öffnete den Franzosen die Tore von Sevilla. Die Junta Central zog sich nach Cadiz zurück. Sie war inzwischen so unbeliebt geworden, daß Mitglieder, die auf dem Landweg reisten, damit ihr Leben aufs Spiel setzten. Ende Januar 1810 löste die Junta sich auf und übergab ihre Befugnisse einer fünfköpfigen Regentschaft, welche die Cortes für den 1. März einberufen sollte. Die Regentschaft beeilte sich nicht mit der Erfüllung dieses Programmpunktes, und die Provinzialjunten beeilten sich erst recht nicht mit der Anerkennung der Regentschaft; Cadiz bildete eine neue Junta, und die französischen Armeen rückten weiter gen Süden vor. Da sie begriff, welche betrübliche Wirkung dies alles in Amerika haben würde, schloß die Junta von Cadiz den Hafen in der Hoffnung, daß die Dinge bald eine Wendung zum Bessern nehmen würden. Als später diese Hoffnung die tatsächlich unveränderte Lage in rosigerem Licht erscheinen ließ, öffnete die Junta den Hafen wieder, was sich jedoch als wenig klug erweisen sollte. Das erste Schiff, das in Venezuela eintraf, war die private Brigg «Nuestra Señora del Carmen», die nach Puerto Cabello Briefe brachte, welche von Anarchie und Fehlschlägen auf der Halbinsel berichteten. Am nächsten Tag (16. April 1810) verbreitete Emparán ein Edikt des Inhalts, daß aus Spanien keine Nachrichten vorlägen. «Am Siebzehnten erhielt er die Nachricht von der Invasion Andalusiens und der Auflösung der Junta Central . . ., und diese Meldung wurde am Morgen des Achtzehnten durch ein Edikt auf allen öffentlichen Plätzen angeschlagen, als ob es sich um eine durchaus befriedigende Neuigkeit handelte.» Urquinaona, der kreolische Regentschaftsbeamte, der dies berichtet, erkannte nicht, daß für Emparán, der ein «afrancesado» war, jede Nachricht über französische Erfolge in Spanien eine gute Nachricht sein mußte.

Inzwischen war unter Führung von Emparáns besten Freunden, den beiden Brüdern Toro, eine Verschwörung im Gange. Die Verschwörer trafen sich im «Haus der Barmherzigkeit», aus dem die Kaserne der Aragua-Grenadiere geworden war. Der Marqués de Toro war Kommandeur des Regiments und sein Bruder Don Fernando sein Generalinspekteur. Emparán hatte also an der Spitze seiner besten Truppe die beiden Männer, deren Haltung Don Fernando 1811 folgendermaßen beschreibt: «Jedermann weiß, daß ich trotz meiner Freundschaft mit Don Vicente Emparán, die viel älter ist als seine Ernennung zum Generalkapitän von Caracas, niemals das Interesse für meines Landes Freiheit verloren und oft von der Notwendigkeit unserer Unabhängigkeit gesprochen habe, falls die Junta Central aufgelöst oder Spanien unterjocht werden sollte. Die Urheber unserer ruhmreichen Revolution vertrauten mir ihre gerechten und ehrenhaften Pläne an, und mein Haus war einer der Orte, an denen viele von ihnen sich zu treffen pflegten, um die Sache zu erörtern und die Mittel zu finden, mit denen sie ausgeführt werden sollte. So wurde auch in meinem Hause mit Zustimmung meines Bruders Don Francisco der Plan vorbereitet, die Despotie mit den Truppen der Kaserne im Hause der Barmherzigkeit anzugreifen. Da dieser Plan aus Gründen scheiterte, die allseits bekannt sind ...»

Was für Gründe? Als guter Freund der Verschwörer hielt Emparán es für besser, ihren Eifer zu mäßigen. Er wußte, daß das Pronunciamiento am 1. April stattfinden sollte. Am 20. März ließ er einige Anführer verhaften; danach tat er zehn Tage lang gar nichts, weil er zögerte, gegen seinesgleichen vorzugehen. Bei einem Fest trank Bolivar in seiner Gegenwart auf die Unabhängigkeit Spanisch-Amerikas. «Dies sowohl als auch sein früheres Verhalten», bemerkt O'Leary, «weckte das Mißtrauen der örtlichen Behörden, deren Nachsicht gegenüber Bolivar und andern jungen Männern in Caracas keineswegs auf eine tyrannische Regierung schließen ließ.»

«... aus Gründen scheiterte, die allseits bekannt sind», fährt Don Fernando Toro fort, «beschaffte mein Bruder vielen Verschwörern Mulis, auf denen sie der Verfolgung der Tyrannen entfliehen konnten, wie Don Mariano Montilla, einer der ersten Mitkämpfer für unsere Freiheit, nur zu gut weiß. Während sich dies in Caracas abspielte, war ich nach Valencia gereist, um mit Hilfe der Truppen dort und in Aragua die Revolution zu fördern. Zu diesem Zweck stieß mein Bruder zu mir, und ... wir hatten alle notwendigen Maßnahmen getroffen, um den Erfolg unserer Aufgabe zu sichern, als uns die Caraqueños durch ihr Vorgehen am 19. April der Gelegenheit dazu beraubten.»

Die Bewegung hatte also zwei Flügel oder Pole: auf der einen Seite die Brüder Toro, auf der andern der Cabildo. Zwar sollten wir der Entfernung zwischen beiden nicht zuviel Gewicht beimessen, doch traten die Toros offenbar für etwas ein, was einem Pronunciamiento sehr ähnlich war, während der Cabildo eher in republikanischen und legalen Formen dachte. So erleben wir wieder einmal das Wechselspiel zwischen den Degenträgern und den Robenträgern, aus denen das spanische öffentliche Leben besteht. Daraus ließe sich vielleicht auch erklären, warum sich Bolivar in jenen entscheidenden Tagen unsichtbar machte. Daß er an den Ereignissen des 19. April keinen Anteil hatte, ist sicher. O'Leary sagt: «Ein Zartgefühl, das ihm sehr zur Ehre gereicht – seine Freundschaft mit Emparán –, war der Grund dafür, daß er an den Ereignissen des 19. April keinen tätigen Anteil nahm.» Diese Erklärung kann man nicht hinnehmen, selbst wenn sie, was möglich ist, von Bolivar selber stammt. Aber die Tatsache, daß ein militärischer Handstreich für den Fall vorbereitet war, daß der politische Anschlag scheitern sollte, wirft ein helles Licht auf Bolivars Haltung. Er war ein junger Militär, der säbelrasselnd durch die Straßen von

Caracas stolzierte, um jeden Zivilisten zu «bestrafen» oder ihm «eine Lektion zu erteilen», der es wagte, gegen seinen Kumpan Don Fernando de Toro recht haben zu wollen. Diese Pläne der Robenträger in Caracas mochten ja gut und schön sein, aber die wahre Art kam aus den Kasernen, dafür würden seine angeheirateten Vettern, der Oberst-Marqués und der schneidige Inspekteur der Miliz, schon sorgen. Warum also viel Kopfzerbrechen um die kleinen Fische vom Cabildo? Er hielt sich abseits in der Kaserne von Tuy in Bereitschaft und wartete auf den großen Tag.

Das ist aber noch nicht alles. Ein paar Jahre später erklärte Martin Tovar Ponte, einer der Anführer der Junta von Caracas, Bolivar habe sich geweigert, sich an der Verschwörung des Cabildo zu beteiligen, weil Tovar ihm nicht dafür garantieren konnte, daß nach dem Sturz der spanischen Behörden eine aristokratische Regierung gebildet werde. Tovar rechtfertigte seine Weigerung damit, daß der venezolanische Adel weder zahlreich noch vermögend genug sei, um das Land zu regieren. Daraufhin entschloß sich Bolivar, Caracas zu verlassen. José Domingo Diaz, ein Royalist in Caracas, schrieb einige Jahre später in seinen Memoiren: «Das Einkommen der Krone in Caracas ergab jährlich etwa sechshundert- bis achthunderttausend Pesos, die gewöhnlich nach Spanien überwiesen wurden. Die Intendentes ... ließen diesen Überschuß gleichmäßig unter die europäischen und amerikanischen Geschäftsleute und Grundbesitzer verteilen und nahmen Anweisungen zugunsten des Finanzministeriums entgegen, die allein gegen Sicherheit der jeweiligen Unterschriften binnen vier Monaten fällig wurden. Auf diese Weise blieb das Geld im Lande, und die beteiligten Personen erzielten einen beträchtlichen Gewinn. Zwischen dem Zehnten und Dreizehnten jenes Monats war ein Teil dieses Überschusses verteilt worden. Der Marqués de Casa León hatte vierzigtausend Pesos erhalten, Don Simon Bolivar dreißigtausend.»

Während die Degenträger, die Toros und Bolivar, ihre Pläne nach dem Muster des klassischen spanischen Militärpronunciamientos schmiedeten, hielten sich die Robenträger im Cabildo an das Vorbild der Palastrevolution. Ihr Anführer war natürlich ein Priester. Don José Joaquin Cortés Madariaga war am 8. Juli 1766 in Santiago de Chile in ähnlichen Verhältnissen wie Bolivar geboren. Der Ahnherr des amerikanischen Zweiges der Familie war väterlicherseits Don Alonso Cortés Mancha gewesen, der 1654 als Soldat nach Peru gekommen war. Don Alonso stammte aus Medellin, dem Geburtsort von Hernán Cortés, Eroberer von Mexiko, und aus derselben Sippe.

In den hundert Jahren, die zwischen der Ankunft von Don Alonso Cortés in Peru und der Geburt von Don José Cortés Madariaga in Chila lagen, vermischte sich die Familie in zunehmendem Maße mit amerikanischem Blut, das aus den schon mehrmals genannten Gründen auch indianisches Erbe mitbrachte. Das hinderte adlige Ansprüche nicht. Don Francisco Cortés, der Vater unseres Helden, bemühte sich darum, von der Krone ein Marquisat zu erlangen. Da ihm das mißlang, siedelte er von Peru nach Santiago de Chile über und heiratete dort die Tochter von Don Francisco Madariaga, der aus Biskaya stammte und als königlicher Schatzmeister der mächtigste Mann in Chile war. Don Francisco Cortés hatte zehn Kinder, deren eines, Don José, bei der Befreiung Amerikas Bolivars Rivale werden sollte.

Er war noch nicht zweiundzwanzig, als er vom Domkapitel von Santiago für das Benefizium von San Lázaro vorgeschlagen wurde. Mehr als zehn Jahre lang führt er ein buntes, lärmendes Leben, weil die Kräfte, die seine jungen Jahre regieren, miteinander im Widerstreit liegen: Macht und Glanz seiner Familie, Ehrgeiz und ein nörgelndes, streitsüchtiges, heftiges Wesen. 1794 begab er sich mit Empfehlungsbriefen nach Spanien, denen zufolge ihm gewisse Kirchenpfründe verliehen werden sollten. Als bevollmächtigter Vertreter der Universität verhandelte er darüber, daß der König ihre neue Charta billige und der Papst sie in einer Bulle anerkenne.

Über seinen Aufenthalt in Madrid wissen wir nur wenig und noch weniger über seine Reisen in Europa. In Rom scheint er den Titel eines päpstlichen Protonotars erlangt zu haben. Es heißt, daß er 1799 in Cadiz im Hause eines Bankiers und Literaten namens La Cruz gelebt habe, daß dieses Haus die wichtigste Zelle von Mirandas Geheimgesellschaft, der «Reunión Americana», beherbergt habe und daß er auf Weisung von Miranda nach Chile abgereist sei. Das mag sich alles so zugetragen haben. Als Cortés Cadiz am 12. April 1802 verließ, hatte er die Pfründe, die er sich holen wollte, in der Tasche: Er war Kanonikus der Kathedrale von Santiago. Elf Monate später hatte man in Santiago noch immer nichts von ihm gehört und glaubte schon, er sei auf See umgekommen. Aber er war nur von widrigen Winden an die Costa Firme geworfen worden und erschien nun in Caracas und nutzte die Gelegenheit einer Vakanz an der dortigen Kathedrale, um seine Versetzung von Chile nach Venezuela zu erwirken. Am 23. Juli 1803 wurde er zum Domkanonikus in Caracas ernannt und am 28. Juli vom Bischof und Kapitel als solcher offiziell empfangen. Aus alledem erhalten wir das unromantische Bild eines Mannes, dessen Haupttriebkraft persönlicher Ehrgeiz und dessen Charakter unruhig, heftig und daher in eine wohlgeordnete Gesellschaft schwierig einzureihen war.

Die Unsicherheit, die infolge der Nachrichten aus Spanien herrschte, erleichterte den Separatisten in Caracas die Aufgabe. Zwei Regidores, Tovar und José de Anzola, drangen in den Bürgermeister José de Llamosas, er möge den Cabildo einberufen; da die spanische Regierung ihre Auflösung selber bestätigt habe, müsse eine neue Regierung in Caracas gebildet werden. Es scheint, als habe man in den Vorstädten Geld verteilt und dadurch die Zustimmung der Massen für die Ereignisse des nächsten Tages gewonnen, aber hier überschätzt man doch wohl die Voraussicht der Patrizier von Caracas – Montilla, Ribas und Tovar –, denen dies nachgesagt wird. Um acht Uhr war die Sitzung des Cabildo im Gange. Sein erster Beschluß bestand darin, den Präsidenten der Audiencia, also den Generalkapitän, vorzuladen, «damit er über die Angelegenheiten, die vorkommen mögen, beschließe». In diesem Augenblick begab sich Emparán auf den Weg der Zugeständnisse, der zu seinem und des von ihm vertretenen Regimes Sturz führte. Er hätte einwenden können, daß die einzige Stelle, die ermächtigt war, eine außerordentliche Sitzung des Cabildo einzuberufen, der Generalkapitän war; aber er fügte sich willig der Vorladung und bemerkte lediglich, man solle die Ankunft der Abgesandten der Regentschaft abwarten, da diese bereits in La Guaira eingetroffen seien. Diese Abgesandten, Don Carlos de Montufar, Sohn des Marqués de Selva Alegre, eines Magnaten in Quito, und der Marineoffizier Don Antonio Villavicencio, waren Kreolen aus Quito und Separatisten. Die Mehrheit des Cabildo, die nicht ahnte, was die Minderheit vorhatte, billigte den Vorschlag Emparáns. Der Plan zündete nicht, und da es Gründonnerstag war, begab sich alles in die Kathedrale. Es scheint, als habe das spärliche Publikum größtenteils aus Eingeweihten bestanden, die sich um das Portal der Kathedrale drängten; während Emparán, gefolgt von den Regidores, aufs Portal zuschritt, brachen die jungen Verschwörer in der Menge in den alten spanischen Ruf aus: «A cabildo, a cabildo!» Rasch fielen ihre Sklaven und die übrige Menge ein. Francisco Salias, einer dieser jungen Männer, packte den Gouverneur am Arm und forderte ihn auf: «Das Volk ruft Euch in den Cabildo, Herr!» Emparán war ratlos. Eine bloße Geste seiner behandschuhten Hand, ein Wink mit seinem goldenen Stockknauf würde die wenige Meter entfernte Grenadierkompanie veranlaßt haben, die Menge unter Blutvergießen zu zerstreuen. Die Geste kam nicht, und als wollte er ihr zuvorkommen, zog sich der Kompaniechef Don Luis Ponte, ein Edelmann aus Caracas, mit seinen Leuten zurück – wofür er wenige Tage später zum Bataillonskommandeur befördert wurde. Die Regidores und Emparán kehrten in das Stadthaus zurück.

Die beiden Rechtsanwälte Don Felix Sosa und Don Germán Roscio waren als «Vertreter des Volkes» zum Cabildo zugezogen worden – dank dem stillen Wirken von Cortés, der auch dafür gesorgt hatte, daß die kirchlichen Behörden zwei weitere Vertreter bestellten. Als aber die beiden vom Erzbischof abgeordneten Priester vor dem Stadthaus eintrafen, kamen sie vor verschlossene Türen. Cortés, dem die Auswahl des Erzbischofs mißfiel, hatte den Cabildo veranlaßt, die beiden Vertreter durch zwei andere Priester zu ersetzen: einen Bruder von José Felix Ribas und Cortés selber. Er zog es jedoch vor, sich nicht im Stadthaus zu zeigen und in der Kathedrale seinen Augenblick abzuwarten. Zuerst noch schüchtern, schlugen die beiden Volksvertreter Sosa und Roscio dem erweiterten Cabildo vor, eine Junta unter Vorsitz des Generalkapitäns zu bilden; als aber Roscio damit beschäftigt war, entsprechende Beschlüsse aufzusetzen, ließen einige Verschwörer Cortés holen. Der Kanonikus betrat die Halle, in der der Cabildo tagte, und setzte sich auf einen Platz gegenüber von Emparán, den er alsbald angriff; er forderte eine Regierung mit eigenen Vollmachten und die Absetzung des Generalkapitäns. Emparán war zunächst verblüfft und erklärte dann, er werde sich an das Volk wenden. Er ging ans Fenster, und die Menge schrie: «Viva, viva nuestro Capitán General!» Cortés trat auf den Balkon hinaus und fragte zur Menge gewandt, ob sie von Emparán regiert werden wolle. Hinter dem Generalkapitän und dem Kanonikus stand der Regidor Dionisio Palacios, der Mann von Simon Bolivars Schwester Juana, und machte verneinende Zeichen. Ein Dr. Villarreal, Verwandter und Freund einiger Verschwörer, begann Nein zu rufen. Die Menge folgte ihm. Eine Herrschaft, die dreihundert Jahre gedauert, war vorüber, und ein verheerender Bürgerkrieg hatte begonnen.

Die Führer des Separatismus bewegten sich vorsichtig auf ihrem nicht abgesteckten Weg. Draußen riefen weiße und farbige Grenadiere zusammen mit der wachsenden Menschenmenge: «Tod den Franzosen!» und «Lang lebe das Vaterland, die Religion und Ferdinand VII.!» Eine bürgerliche Menge, bestehend aus «Militär und Zivilisten, Anwälten, Ärzten, Apothekern und Studenten», umringte sie, folgte und beobachtete ihre Diskussionen. Eine Anzahl Juristen, Priester und Mönche, die sich mehr oder weniger selber ernannt hatten oder von dem kleinen Führungskreis um Martin Tovar Ponte und Cortés Madariaga ausgewählt worden waren, hatte den alten Cabildo erweitert und ihm unter dem Namen «Junta Suprema Conservadora de los Derechos de Fernando VII.» das Aussehen einer parlamentarischen Versammlung gegeben. Angesichts der Tatsache, daß «eben jene Regierung (die Regentschaft) sich außerstande sieht, für Sicherheit und Wohlergehen dieser Gebiete zu sorgen und in allen Angelegenheiten, die unter die höchste Zuständigkeit fallen, Gerechtigkeit zu üben», erklärte sich der Cabildo auf Grund des Naturrechts für berechtigt, «im Herzen dieser Länder ein Regierungssystem zu errichten, das geeignet ist, diese Mängel dadurch auszugleichen, daß es die souveränen Rechte ausübt, die ebendieser Tatsache zufolge an das Volk zurückgefallen sind». Im Hinblick auf diesen Beschluß, den er alsbald akzeptierte, überreichte Emparán seinen Stock, das Zeichen seines Amtes, dem Ersten Bürgermeister von Caracas, da nach alter spanischer Tradition die Repräsentation der nationalen Befugnisse dem Cabildo der Hauptstadt eines Königreiches zukam. So nahm der Cabildo von Caracas wieder einmal – wie schon früher, als er unter Philipp II. Simon de Bolivar als Prokurator der ganzen Provinz Venezuela nach Spanien geschickt hatte – unbewußt als selbstverständlich an, daß sein Erster Bürgermeister berechtigt sei, im Namen der ganzen Nation die vizekönigliche Macht aus den Händen des vom König ernannten Generalkapitäns und Gouverneurs zu übernehmen.

Die wirkliche Triebkraft hinter der Junta waren jedoch Männer außerhalb des Cabildos: Roscio, Cortés Madariaga und José Felix Ribas. Roscio, ein Mischling, auf der weißen Seite italienischer Abkunft, wurde Sekretär für Auswärtiges. Außerdem gab es noch drei Sekretäre: für Finanzen, für Krieg und Marine und für Justiz. Nach dem Vorbild der alten Audiencia wurde ein Appellationsgericht unter Vorsitz des Marqués de Casa León errichtet, der aus Spanien mit sehr ernüchtertem revolutionärem Eifer zurückgekehrt war. Das Kommando über die Streitkräfte wurde natürlich Don Fernando de Toro übertragen, doch gab es viele europäische Spanier nicht nur in der neuen Zivilverwaltung, sondern auch in den militärischen Kommandostellen, denen die Mehrzahl dieser Stellen übertragen wurde. Noch ein bezeichnendes Detail: die Junta nahm für sich den Titel Hoheit in Anspruch.

Ein neuer Kreis von Ideen beherrschte das Feld, wiewohl in amtlichen Urkunden noch die Worte von gestern benutzt wurden. Im Namen Ferdinands VII. wurden Maßnahmen ergriffen, die volle Souveränität voraussetzten. Graf Tovar, der greise Vater eines der Anführer des Cabildos, wurde zum Feldmarschall gemacht, befreundeten und neutralen Nationen wurde Freihandel gewährt, Ausfuhrzölle wurden aufgehoben, die Indianer von ihren Steuern befreit, und später wurde der Sklavenhandel verboten. Eine Akademie zum Studium der Mathematik wurde gegründet und ferner eine patriotische Gesellschaft zur Förderung von Landwirtschaft und Industrie. Die «philosophische» Neigung der neuen Herren zeigte sich an ihrer Einstellung zur Kirche. Dem Erzbischof wurde amtlich mitgeteilt, daß die Kirchen geschlossen und öffentliche Prozessionen verboten würden, «bis die Dinge geordnet sind».

Es wäre jedoch ganz unhistorisch, wollte man den Anführern «Untreue» vorwerfen und die Menge wegen ihrer «Treue» zu Ferdinand VII. loben. Unter den gegebenen Umständen hatten die Anführer recht und die Menge unrecht. Nachdem die Krone einmal in einer französischen Stadt in die Gosse gerollt war, war die Souveränität dem Volk zugefallen; aber das Volk, über das der König von Spanien dreihundert Jahre lang regiert hatte, war seinem Wesen nach Mehrzahl. Die Vielzahl und Teilung der Souveränität war daher eine logische und unausweichliche Folge des Sturzes der spanischen Krone. Die Menge wußte davon nichts, wohl aber die Führer, und als Führer hatten sie das Recht, aus ihrer Überzeugung politische Folgerungen zu ziehen. Auch bestand kein Grund zur Spaltung ihrer Bewegung nur deshalb, weil manche eine unabhängige Republik erstrebten und andere ein Königreich unter Ferdinand VII., das in reiner Personalunion mit Spanien verbunden sein sollte. Zunächst war die endgültige Verfassung des Landes viel weniger wichtig als die Tatsache, daß es überhaupt eine Verfassung geben würde, die von der Nation selbst entwickelt und nicht als fertige Charta aus Spanien geschickt werden sollte.

Der Boden, auf dem die Revolutionäre von Caracas standen, war fest und entsprach durchaus der spanischen Tradition. Unrecht hatten sie nur, wenn sie in Frage stellten, ob die Regentschaft in und für Spanien die legitime Machthaberin war. Wenn sie sich darauf einließen, so verrieten sie sich als Rechtsverdreher, die ihren längst vorbereiteten Separatismus rechtfertigen wollten. Wenn sie jedoch ausführten, Alexander VI. habe die Neue Welt an Ferdinand und Isabella und deren legitime Nachfolger verliehen, nicht jedoch «an die Halbinseln, noch an die Halbinsel, noch an die Männer von der Insel León, noch an die Franzosen»; und wenn sie behaupteten, daß die Länder, falls es keinen König gebe, «den Entdeckern und Siedlern, die wir jetzt vertreten», gehörten, so mochten die Anführer in Caracas sich vielleicht Angriffen seitens ihrer Indianer aussetzen, nicht jedoch seitens der Spanier hier oder in Spanien. Was die in Westindien lebenden europäischen Spanier anging, so streckten ihnen die Anführer von Caracas die Freundeshand hin und erklärten: «Sie sind unsere Brüder und unserer Sache herzlich und aufrichtig verbunden.» So war es auch; denn welche Sache sich ein Venezolaner auch erwählen mochte – Unabhängigkeit, Autonomie oder altes Regime–, so konnte er gewiß sein, stets einen europäischen Spanier an seiner Seite zu finden. Es gab nur ein Volk, und die Unterschiede lagen nicht in der Herkunft, sondern wurden durch Denkweise und Freundschaften, durch Interessen und Verwandtschaft geschaffen.

In den spanischen Königreichen in Übersee gab es kaum eine einzige Stadt, in der die Krise im Mutterland nicht ähnliche Wirkungen hervorrief. Zunächst die gleiche Reaktion wie in den spanischen Städten: gegen den französischen Eindringling und für Ferdinand VII., dann später eine entschiedenere Hinwendung zu Selbstverteidigung, Selbstregierung und Unabhängigkeit. Alle diese Städte blickten auf dreihundert Jahre Bildung, Frieden und Reichtum zurück, alle besaßen daher einen Kreis von Führern, die für die geschichtliche Wirklichkeit des Tages aufgeschlossen waren. Obwohl sich alle diese Sezessions- und Unabhängigkeitsbestrebungen scheinbar gegen Spanien richteten und ihre Führer häufig Worte gebrauchten und von Leidenschaften getrieben wurden, die wütend anti-spanisch waren, stellten sie gleichwohl das logische Ergebnis einer historischen Evolution dar, die sich auf die spanisch-humanistische Kultur der überseeischen Königreiche stützte.

In diesem Herbst der spanischen Herrschaft begannen Gouverneure und Vizekönige wie welke Blätter zu fallen. In Peru kam es im August 1809 zu Unruhen, in deren Verlauf der Gouverneur entlassen wurde. Später unterdrückten peruanische Truppen den Versuch, in Quito, der Hauptstadt Ecuadors, eine unabhängige Junta zu bilden. Der achtzigjährige Präsident, Graf Ruiz de Castilla, wurde abgesetzt und wieder eingesetzt und schließlich vom Pöbel ermordet. Ähnliches spielte sich in Neugranada ab, wo ein Teil der Provinzen Spanien treu blieb, andere jedoch ihre Unabhängigkeit erklärten.

Mittlerweile hatte sich in Spanien die Regentschaft etabliert, die für den König im Exil regieren sollte. Sie bestand aus fünf Mitgliedern. Der Bischof von Orense verdankte seine Wahl einer mutigen Antwort auf eine kaiserliche Einladung nach Bayonne; ferner gehörten dazu Don Francisco Javier Castaños, der Sieger von Bailén, der frühere Minister Don Francisco de Saavedra, ein intelligenter und freundlicher Marineoffizier Don Antonio Escaño und der Mexikaner Don Miguel de Lardizábal.

Dieser Regentschaftsrat erließ am 14. Februar 1810 eine Proklamation an die Völker in Übersee, worin die Einberufung der Cortes für den 1. März mitgeteilt wurde. Der Dichter Quintana hatte sie in der naiven Auffassung seines Gedichts über «die Jungfrau der Welt, unschuldiges Amerika!» abgefaßt. Die Regentschaft setzte ihre «Untertanen» in Übersee amtlich davon in Kenntnis, daß sie «zur Würde freier Menschen erhoben wurden. Nicht länger mehr seid Ihr dieselben wie früher, gebeugt unter ein Joch, das Euch um so härter bedrückte, je ferner Ihr der Zentralgewalt waret, mit Gleichgültigkeit gestraft, aus Gier unterdrückt und durch Unwissenheit zugrunde gerichtet. Beachtet wohl ..., daß Eure Geschicke nicht mehr von Ministern, Vizekönigen oder Gouverneuren abhängen; sie liegen in Eurer Hand.»

Diese Proklamation war ein Ausdruck des Versprechens, die Cortes einzuberufen, das die Regentschaft von der Junta Central als Vermächtnis übernommen hatte. Wie wurde es erfüllt? Wochen vergingen, und die Regentschaft tat nichts. Die Deputierten der Provinzialjunten wurden unruhig; zwei von ihnen, ein Priester und ein Edelmann, suchten die Regenten auf und trugen ihnen die Forderungen der Nation vor. Binnen vierundzwanzig Stunden wurde ein Dekret erlassen, das zwar kein Datum nannte, aber sonst entschieden genug war. Mittlerweile sah sich die Regentschaft, die ein größtenteils vom Feinde besetztes Land nur dem Namen nach regierte, in der Neuen Welt wachsenden Schwierigkeiten gegenüber. Ein Brief, den sie am 14. Januar 1810 an

Emparán gerichtet hatte, war im Mai von etwas beantwortet worden, das sich Junta Suprema nannte. Diese wies die Regentschaft darauf hin, daß in Spanien «verschiedene Institutionen einander abgelöst haben, die nichts weiter gemeinsam haben als den selbstherrlichen Anspruch, eine Souveränität auszuüben, welche ihnen nicht vom Monarchen oder von der Gemeinschaft der Spanier in beiden Welten übertragen wurde und daher nur nichtig, illegitim und im Widerspruch zu den von unsern Gesetzen geheiligten Grundsätzen sein kann». «Unsere Gesetze» bedeutet die Gesetze der Gemeinschaft der Spanier in beiden Welten.

Der Regentschaft wurden noch unfreundlichere Dokumente unterbreitet. Am 20. Mai 1810 berichtete die Junta über Mißbräuche, deren sich Vertreter der Krone in Amerika schuldig gemacht hätten, und betonte, daß nach geltendem Recht nichts zu machen sei, weil die allzu ferne Zentralgewalt «sich durch alle Entscheidungen und das Auftreten ihrer Vertreter gebunden glaubt», und daß alles, was nicht einer grundlegenden Reform gleichkäme, «eitel, gefährlich und phantastisch» wäre und «nicht ausreichte; denn die Amerikaner fänden sich nicht damit ab, daß sie so vieler Vorteile, so vieler Segnungen beraubt werden, die nur auf den wohltätigen Einfluß der Unabhängigkeit warten, um sich zu entwikkeln».

Drei Tage vor der Niederschrift dieser Worte wurde in Spanien im Namen der Regentschaft ein Erlaß veröffentlicht, durch den alle Häfen in Westindien für den direkten Handel mit den europäischen Nationen und deren Kolonien geöffnet wurden. Die Nachricht schlug in Cadiz wie eine Bombe ein, weil das alte Handelsmonopol, mochten die Reformen von 1778 es auch fühlbar eingeschränkt haben, immer noch die Hauptquelle des Reichtums der Stadt war. Dieser Lärm weckte sogar die Regentschaft auf, die plötzlich entdeckte, daß ihr Finanzminister auf Betreiben eines Beamten und des Don Estéban Fernández de León eine solche Maßnahme beschlossen und mit nachgerade frivoler Leichtigkeit veröffentlich hatte. Der Erlaß wurde zurückgezogen, nachdem bereits gedruckte Exemplare die Reise nach Amerika angetreten hatten, und dieser Zwischenfall trug viel dazu bei, die Erbitterung zu vertiefen. Die Haltung der Kaufmannschaft von Cadiz wurde als übel dargestellt, aber das Schlimmste war, daß Maßnahmen, die für Havanna und Buenos Aires nicht weniger wichtig waren als für Cadiz, fern von den Städten der Neuen Welt und so nahe bei der die Alte Welt beherrschenden Stadt beschlossen wurden.

Von den Ereignissen in Caracas erfuhr die Regentschaft am 4. Juli 1810. Bald wurde über ähnliche Ereignisse aus Buenos Aires berichtet. Zunächst unternahm man gar nichts. Die Regenten glaubten nämlich, wenn die Amerikaner erst hörten, daß Spanien zwar von den Franzosen überrannt, aber nicht überwältigt sei, würde sich die ganze Unruhe legen. Der Indische Rat wurde befragt, und auf seinen Vorschlag wurde beschlossen, einen Richter nach Übersee zu entsenden, ausgestattet mit allen Vollmachten und einigen Kriegsschiffen und Truppen. Die Wahl fiel auf Don Antonio Cortabarria, «einen Richter, der als integer geachtet, aber alt war und von Amerika nicht das geringste wußte»; sein Tätigkeitsbereich sollte Venezuela, die Inseln Neugranada und Neuspanien umfassen. In ähnlicher Eigenschaft wurde Don Francisco Javier de Elio mit fünfhundert Mann und einer Fregatte nach Buenos Aires entstandt. Beide wurden angewiesen, keinerlei Gewalt anzuwenden, ehe nicht alle Überredungskünste versagt hätten.

SECHSTES KAPITEL

Stillschweigende Unabhängigkeit

Anfang Juni 1810 erreichte die Nachricht von den Ereignissen in Caracas den Marqués de Someruelos, der als Generalkapitän von Havanna über beträchtliche Land- und Seestreitkräfte verfügte. Er war ein einsichtiger Mann und beschloß daher, mit den Führern von Caracas zu verhandeln, um dem Land einen Bürgerkrieg zu ersparen. Der Unterhändler stand bereit. Don Francisco José Heredia, der im Oktober 1809 zum Oidor der Audiencia von Caracas ernannt worden war, hielt sich zufällig gerade in Havanna auf und wartete auf das Schiff, das ihn hinüberbringen sollte. Heredia war 1776 in Santo Domingo als Sohn einer wohlhabenden kreolischen Familie geboren. Mit zwanzig Jahren war er bereits Doktor des kanonischen und bürgerlichen Rechts, und 1809 erreichte er mit dreiunddreißig die hohe Stellung eines Oidor. Er genoß in Westindien großes Ansehen und hatte eine Dame aus der Stadt Coro in Venezuela geheiratet. Someruelos schickte ihn in einem Kriegsschiff auf den Weg. Als das Schiff Santo Domingo anlief, hörte Heredia, daß Caracas ein bewaffnetes Unternehmen gegen die Stadt Coro ausrüste, die der spanischen Sache treugeblieben war, und daß der Gouverneur von Maracaibo, Don Fernando Miyares, zum Präsidenten, Gouverneur und Generalkapitän von Venezuela ernannt worden war. Dadurch wurde Heredia gezwungen, sein Schiff nach Coro umzuleiten.

Miyares, dessen Gattin jene Busenfreundin von Bolivars Mutter war, die ihn an ihrer Brust genährt hatte, war ein Kreole, der bei Hof gute Freunde hatte. Gouverneur Layard von Curaçao berichtete dem Earl of Liverpool, dem Vernehmen nach habe der neue Generalkapitän vierzigtausend Dollar für seine Ernennung bezahlt. In Wirklichkeit hatte er sie sich zwar etwas kosten lassen, aber nicht so viel. Seine Arme waren stärker als sein Wille, und überdies war er engstirnig.

Daher stieß der Robenträger Heredia bei seiner Friedensmission von Anfang an auf den Widerstand der Degenträger. Die Junta von Caracas hatte drei Abgesandte nach Coro geschickt, um die ehemalige Hauptstadt für die neue Richtung zu gewinnen; aber Coro trug dem Emporkömmling Caracas nach, daß es einst seine Vorrangstellung an die jetzige Hauptstadt verloren hatte, und beschloß daher, lieber auf der spanischen Seite zu bleiben, als abermals die zweite Geige zu spielen. Die Abgesandten erkannten, daß Maracaibo dem Beispiel Coros folgen würde, und beschlossen, umzukehren und ihren Fehlschlag zu melden; aber der Cabildo von Coro zwang sie, ihre Mission fortzusetzen, und gab ihnen zu diesem Zweck militärisches Geleit. Miyares verhaftete sie und schickte sie nach Puerto Rico. Heredia erkannte, wie nutzlos es sei, dem Generalkapitän verständlich zu machen, daß «ein so unbedachter Schritt hätte verhindert werden können und müssen».

Der Bürgerkrieg nahm seinen Anfang. Es gab ein verwirrendes Durcheinander. Die Provinzen und Städte, die sich Caracas anschlossen, taten das jeweils aus besonderen Gründen, die häufig verwickelt und unerwartet waren. In Cumaná, wo die Junta großenteils aus europäischen Spaniern bestand, wurde Don Juan Manuel de Cajigal zum Oberbefehlshaber ernannt. Er war ein europäischer Brigadegeneral der spanischen Armee, der nach Ablauf seiner Amtsperiode als Gouverneur in Cumaná geblieben war. In Barcelona bekannte sich die Junta zur Regentschaft, anerkannte jedoch Caracas; hingegen sagte man sich von dem am nächsten gelegenen Cumaná los. Als man in Barinas von den Ereignissen des 19. April erfuhr, stellte ein öffentlicher Cabildo zwei Grundsätze auf: Provinzialautonomie und Beachtung der Rechte des Königs. In Valencia organisierte Fernando de Toro ein regelrechtes Pronunciamiento. In Puerto Cabello beruhte der Erfolg der Junta auf einem persönlichen Zank zwischen einem Marineoffizier und einem katalanischen Händler. In Calabozo waren die europäischen Spanier über einen Wechsel der Souveränität nicht weniger begeistert als die Amerikaner, und es heißt, einer der Begeistertsten sei ein asturischer Rüpel gewesen, der später im Bürgerkrieg eine der Hauptfiguren auf der Seite der Royalisten werden sollte: José Tomas Boves.

Das alles erklärt die Situation in den Städten, die «treu» blieben; denn selbst in Coro und Maracaibo wurden Lokalregierungen gebildet. So schreibt Heredia: «In Coro übernahm das Ayuntamiento, um eine Reihe von Privatleuten erweitert, die Regierung. Dasselbe geschah in Maracaibo, wenngleich aus Rücksicht auf General Miyares in etwas gemäßigter Form, so daß auch das Gebiet, das die Regentschaft anerkannte, eine Art Revolution erlebte. Was Guayana angeht, so pflegten sie dort ohnehin immer zu tun, was ihnen paßte, ohne irgend jemand um Rat zu fragen.» Der Unterschied zwischen den «treuen» und den «untreuen» Teilen des Landes war also nur äußerlich. In der Sache wurde das ganze Land unabhängig, mochten die ersten Worte nun für oder wider die Unabhängigkeit lauten. Obwohl die Gegensätze zwischen den beiden Parteien fast nur in der Ausdrucksweise bestanden, führten sie doch zum Bürgerkrieg, weil sie durch eine Fahne, ein geheimes Anliegen und durch alte Streitigkeiten verschärft wurden, wie etwa die Rivalität zwischen Coro und Caracas oder das Mißtrauen, mit dem die farbige Bevölkerung ihre weißen Führer betrachtete.

Am 24. September 1810 traten die spanischen Cortes auf der Insel León vor Cadiz zusammen. Um für die von den Franzosen besetzten Wahlkreise, die in der Mehrzahl waren, Abgeordnete zu wählen, bediente man sich eines Auswegs: Man bestimmte Stellvertreter, die bis zur Wahl und Ankunft der regulär gewählten Mitglieder amtieren sollten. Ebenso verfuhr man hinsichtlich Westindiens. Die vorläufigen Vertreter für «Caracas» oder Venezuela waren Esteban Palacios, Simon Bolivars Onkel und Pate, und Fermin Clemente, der mit einer seiner Schwestern verschwägert war. In der Hoffnung, die Cortes dadurch in Mißkredit zu bringen, hatte die Regentschaft angeordnet, daß die Sitzungen öffentlich stattfänden – was die Cortes sich gerade, wenn auch aus dem gegenteiligen Grund, gewünscht hatten. Der erste Akt der Cortes bestand darin, daß sie einen Antrag guthießen, dem zufolge sie selber Träger der nationalen Souveränität waren. Antragsteller war der Priester Muñoz Terrero, ein früherer Rektor der Universität Salamanca. Nun saßen in den Cortes gewiß einige amerikanische Mitglieder, die vorläufig als Stellvertreter zugelassen worden waren; aber es war klar, daß die Souveränität an dem Tage, da sie dem König genommen wurde, nicht auf eine Nation, sondern nur auf die Nationen übergehen konnte, über die der König geherrscht hatte.

Dieser Umstand war es, der eine Einigung zwischen den europäischen und den amerikanischen Deputierten erschwerte. In der Debatte über Muñoz Terreros Antrag schlugen die amerikanischen Deputierten vor, man müsse, wenn die Entschließung der Cortes nach Amerika geschickt würde, «dort zu den Bewohnern von ihrer Gleichberechtigung mit den Europäern und von der Ausweitung ihrer nationalen Vertretung angesichts der Tatsache sprechen, daß sie ein integrierender Bestandteil der Monarchie seien; auch müsse man für die Ausschreitungen, die sich während der Dispute in einigen dieser Länder zugetragen hatten, eine Amnestie oder völlige Straffreiheit gewähren». Da diese Vorschläge amerikanischer Mitglieder Leuten unterbreitet wurden, welche die Lage vorher nicht bedacht hatten, fing die Debatte an, hitzig zu werden, weshalb Don José Mejia, Abgeordneter für Santa Fé, es für klüger hielt, eine Geheimsitzung zu beantragen. Schließlich verabschiedeten die Cortes eine Verordnung, durch welche die Gleichberechtigung der spanischen Bürger auf beiden Seiten des Ozeans festgestellt und eine Amnestie bewilligt wurde.

Der Dezember 1810 und der Januar 1811 vergingen mit Debatten darüber, wie die Gleichberechtigung, die jene Verordnung grundsätzlich bewilligt hatte, in der Praxis gewährt werden sollte. Schließlich erklärten die Cortes am 9. Februar 1811, «daß die amerikanische Vertretung in künftigen Cortes nach Art und Umfang mit derjenigen der Halbinsel absolut gleichberechtigt sein muß ... in Übereinstimmung mit der Verordnung vom 15. Oktober». Auch wurde beschlossen, alle Bestimmungen aufzuheben, welche den Anbau gewisser Pflanzen, so des Ölbaums und der Weinrebe, in Westindien verboten; allerdings waren solche Verbote oft mißachtet und niemals so scharf durchgeführt worden wie das Verbot, in Spanien Tabak anzubauen, das im Geiste der Gegenseitigkeit zugunsten der westindischen Tabakpflanzer erlassen worden war.

«Die Cortes beschlossen also alles», schließt Toreno, «was für die vollständige Gleichberechtigung zwischen Amerika und Europa nötig war; da sie aber nicht Amerikas Unabhängigkeit beschlossen, nützte es wenig.» Was augenscheinlich weder Toreno noch die meisten Spanier jener Zeit begreifen konnten, war der Umstand, daß die amerikanischen Spanier, wenn sie ihre Unabhängigkeit erstrebten, aus genau den gleichen Gründen und Erwägungen handelten wie die europäischen Spanier bei ihrem Kampf gegen Napoleon. Auch viele amerikanische Spanier waren nicht einsichtiger. Während europäische Spanier wie Someruelos und zunächst sogar Cortabarria in ihrem Streben nach Frieden und freundschaftlicher Einigung die Partei von amerikanischen Spaniern wie Heredia, Urquinaona oder Villavicencio ergriffen, traten amerikanische Spanier wie Staatsanwalt Aréchaga in Quito, Gouverneur Miyares in Maracaibo und José Domingo Diaz, ein glühender Royalist in Caracas, für harte Maßnahmen und gegen jeden Kompromiß mit den Rebellen ein.

Als die Cortes am 15. Oktober ihre Verordnung über die Gleichberechtigung beschlossen, befand sich Cortabarria auf hoher See. Ihm schien jetzt der Zeitpunkt gekommen, um unmittelbar mit den Männern von Caracas zu reden. Er hatte jedoch die Lage niemals ganz begriffen. Für ihn bedeuteten

Verhandlungen praktisch dasselbe wie Papierkrieg. Vom Augenblick seines Eintreffens an hatte er mittels «Proklamationen und Dissertationen, die er im Lande zu verbreiten suchte, mit denen er aber nichts ausrichtete», eine Art von Buschkrieg geführt. Gegen Ende November schickte er den Marineoffizier Don Martin Espino als amtlichen Abgesandten nach Caracas, «für solche Aufgabe der ungeeignetste Mann», sagte Heredia, dem man nicht verübeln kann, daß er hinzusetzt, er selbst wäre geeigneter gewesen, denn das war er bestimmt. Cortabarria verlangte, die Autorität der Cortes und außerdem Miyares als Generalkapitän anzuerkennen, die Audiencia wieder einzusetzen und die seit dem 19. April eingezogenen Truppen zu entlassen. Außerdem drohte er mit einer Blockade.

«Bei solchen inneren Zwistigkeiten», schreibt Heredia an dieser Stelle, «sind nur zwei Wege möglich: entweder wendet man entschlossen Gewalt an, oder man verhandelt freimütig. Der erste Weg war unmöglich, weil niemand Gewalt besaß; der zweite wurde beschritten, aber auf gewundenen Umwegen.» Seltsamerweise wand sich die Junta von Caracas nicht weniger. Hätte sie behauptet, gerade weil Regentschaft und Cortes in Spanien vollkommen legitime Machthaber seien, seien auch die Junta von Caracas und der von ihnen zu wählende Kongreß vollkommen legitime Machthaber in Venezuela, so wäre ihr Standpunkt nicht zu erschüttern gewesen. Sie aber wendete ein, daß keine der in Spanien geschaffenen Körperschaften ihrer Ansicht nach als spanische Machthaber legitim seien, und bestätigte dadurch mit ihren eigenen Worten die formelle Einheit von Venezuela und Spanien zu einem Zeitpunkt, als sie tatsächlich und nach ihrem eigenen Willen bereits von Spanien abfiel. Sie ging sogar so weit, sich selber «die wahren Vasallen» Ferdinands VII. zu nennen.

Diese verworrene Darlegung wurde etwa einen Monat später wiederholt, als abermals eine Antwort an einen Kurier abgefaßt werden mußte, den die Cortes auf Betreiben der beiden stellvertretenden Abgeordneten für Venezuela, Palacios und Clemente, direkt nach Caracas geschickt hatten. Don Feliciano Montenegro Colón war selber Venezolaner und traf auf der spanischen Korvette «Sebastian» mit Briefen an den früheren Cabildo ein, den inzwischen die Junta abgelöst hatte. Die beiden Deputierten berichteten darin über ihre Arbeit in den Cortes und ersuchten um Bestellung zweier ordentlicher Mitglieder. Die Junta antwortete wiederum, die Cortes seien genauso illegal wie die Regentschaft, Palacios und Clemente hätten keinen Auftrag, Venezuela zu vertreten, weshalb alles, was sie als Deputierte täten, null und nichtig sei. Schließlich entwickelte die Junta dann eine handfeste Doktrin in Übereinstimmung mit der spanischen Theorie und Praxis der vorbourbonischen Zeit. «Amerika habe so wenig ein Recht, über Spanien zu herrschen, als Spanien von Amerika eine Huldigung fordern dürfe, die allein der Person König Ferdinands VII. zustehe.» Aber selbst diese Doktrin war an dem Tage überholt, an dem zugleich die Cortes von Cadiz und die Junta von Caracas erklärten, daß die Souveränität beim Volke liege. Der Papierkrieg war beendet. Cortabarria hatte die Feindseligkeiten damit eröffnet, daß er auf Grund der Vollmacht, die ihm die Regentschaft für den Fall des Scheiterns seiner Überredungskünste erteilt hatte, die Blockade über Venezuela verhängte (21. Februar 1811).

Jede einzelne Phase dieser Erhebung der venezolanischen Nation hatte bewiesen, wie kräftig die spanischen politischen Traditionen waren, die im Boden der Neuen Welt Wurzeln geschlagen hatten. Auf diese spanische Tradition der lokalen Gewalten sollte nun mindestens für einige Zeit eine exotische aufgepfropft werden und Blüten treiben: der Föderalismus, der sich aus ganz andern Ursachen in den Vereinigten Staaten als Kompromiß zwischen Einheit und Anarchie entwickelt hatte. Der Ausdruck «Konföderation Venezuela» war in Caracas schon im Herbst 1810 geläufig. Das war ganz natürlich in einem Lande, wo die Junta von Caracas sich zwar

KÖNIG FERDINAND VII. VON SPANIEN

die Titel Suprema und Hoheit zugelegt hatte, aber trotz einigen Vertretern aus den Provinzen notgedrungen andern Provinzialjunten nach deren Belieben Freiheit zugestehen mußte, weil sie selber schließlich nicht mehr als eine Provinzialjunta war. Als sich dann die Beziehungen zu Spanien verschlechterten, wurden die Verhältnisse für ein vom Kriege bedrohtes Land allzu unklar; daher beschloß die Oberste Junta, allgemeine Wahlen für einen Congreso Nacional Conservador de los Derechos de Fernando VII. abzuhalten.

Auch hierbei blieb die Junta von Caracas wieder der spanischen Tradition treu, auf die sie sich sogar ausdrücklich berief, um das Recht des Bürgers festzustellen, «mit seiner Stimme dazu beizutragen, daß diejenigen persönlichen und sachlichen Rechte, die ursprünglich im einfachen Volk vorhanden waren und durch das Interregnum der Monarchie an dieses zurückgefallen sind, delegiert werden». Die Junta gründete alle ihre Handlungen auf dieses Interregnum, insbesondere die Notwendigkeit, den Kongreß einzuberufen, weil die Völker Amerikas das Recht hätten, ihr Leben zu ordnen, «bis die jetzige Krise vollständig gelöst ist». Dieses Recht aber war in jenem andern, den Cabildos niemals bestrittenen Recht beschlossen, sich zu versammeln und zu beraten, wann immer ihnen das angemessen erschien. Die Junta ging aber noch weiter und erklärte, die Provinzen von Venezuela würden «ihrem erhabenen Souverän treu bleiben und bereit sein, ihn in einer legitimen Regierung anzuerkennen; sie sind entschlossen, mit dem Blut ihrer letzten Bewohner den Eid zu besiegeln, den sie auf dem Altar der Treue und Vaterlandsliebe abgelegt haben». Einer der Programmpunkte des Kongresses war, «sich mit der legitimen Regierung zu einigen, die im Mutterland errichtet werden mag, falls dieses sich vor den Barbaren, die es besetzt halten, retten sollte».

Bei der Wahl folgte die Junta genau den Regeln, welche die spanische Junta Central aufgestellt hatte. Es sollte zwei Stufen geben. In den Kirchengemeinden sollten je fünfhundert Männer durch Wahlzettel einen Wahlmann wählen, wobei die Auszählung durch einen Gemeindeältesten im Beisein eines Priesters und fünf rechtschaffener Bürger erfolgen sollte. Diese «Hauptwähler» sollten sich in der Hauptstadt mit einem Cabildo vereinigen und dann je einen Deputierten für jeweils dreißigtausend Einwohner wählen. Die Junta verordnete für den Wahlmorgen «ein feierliches Hochamt für den Heiligen Geist in der Hauptkirche der Gemeinde, wobei der Frömmigkeit der Gläubigen anzuempfehlen ist, sie sollten um Gottes Hilfe für eine rechte Wahl bitten», und bestimmte, «daß während der Abstimmung die Glocken aller Kirchen genauso läuten sollen, als wenn öffentliche Bittgottesdienste stattfänden».

Bolivar war auf hoher See, war in London, war wieder in Caracas, aber im Kongreß war er nicht. Es ist merkwürdig, daß man das selbstverständlich finden kann, denn es ist höchst bezeichnend. Die Junta beschloß die Einberufung eines Kongresses am 11. Juni 1810. Am 9. Juni reiste Bolivar auf einer englischen Fregatte nach London ab. Der junge Offizier, der den Robenträgern von Caracas am 19. April seinen Rücken zugekehrt hatte, tat das am 11. Juni abermals. Er war Degenträger. Was hatte er mit all diesen Schwätzern zu tun? «Wir haben Spanien den Krieg erklärt», hatte er 1809 schon gesagt. Er interessierte sich nicht für Cabildos, für Parlamente, überhaupt für Worte. Ihn interessierte Krieg. Er fuhr nach London, weil er dort die beiden wichtigsten Faktoren finden konnte, die er für seinen Krieg benötigte: britische Hilfe und Miranda.

Britische Hilfe würde ihm – das wußte er – zuteil werden. Wie oder auch warum, wußte er nicht. Er hatte mit ausländischen Nationen nur geringe Erfahrung und mit England überhaupt keine. Er fühlte einfach, daß England ihm wohlgesonnen sein werde, eben weil er Spanien den Krieg erklärt hatte. Mit siebenundzwanzig Jahren war er aber außerstande, die tiefen Wasser britischer Politik auszuloten, die sogar dem viel älteren Miranda Rätsel aufgaben. England war Spaniens Bundesgenosse gegen Napoleon, und es mußte ihm daher unangebracht erscheinen, in der Neuen Welt die Sache derer zu fördern, die Spanien selber als seine aufrührerischen Untertanen ansah. Die Junta von Caracas hatte von Anfang an versucht, britisches Mitgefühl zu erwecken, und die britischen Behörden an Ort und Stelle hatten sich so daran gewöhnt, «der Sache der spanisch-amerikanischen Freiheit» zu helfen (die häufig von der Sache des britischen Handels oder gar des britischen Schmuggels kaum zu unterscheiden war), daß sie sich in ihrer neuen Rolle als Spaniens Freunde recht unwohl fühlten. Sie erbaten Weisungen aus London, und die Minister in London schrieben ihnen wohlgesetzte Antworten zurück, worin sie Achtung vor den Interessen des britischen Bundesgenossen in Europa forderten, gemildert durch die Rücksichten auf die britischen Handelsinteressen in der Neuen Welt jetzt und in Zukunft.

So sahen die Dinge aus, die Bolivar nicht ergründen konnte, während er nach London fuhr, um britische Hilfe für seinen Krieg gegen Spanien zu finden und um Miranda zu suchen, der den Krieg führen sollte. Die Junta war keineswegs auf Miranda versessen, doch gibt es keinen Grund für die Annahme, Bolivar habe seine Weisungen verletzt, wenn er den alten General aufsuchte. Zwar waren diese Weisungen im ganzen lauwarm und zurückhaltend, sagen zu diesem Punkt aber deutlich: «Besuchen Sie ihn auf jeden Fall, wenn Sie das für klug und nützlich halten ... Wir bleiben unserer Haltung treu und sehen in ihm einen Rebellen gegen Ferdinand VII.» Sollten die Abgesandten Miranda in London begegnen, «so dürften sie wissen, wie sie ihn gemäß diesen Grundsätzen und entsprechend dem Maß von Immunität, das er in dem betreffenden Gebiet genießt, zu behandeln haben». Der Wink ist deutlich genug, doch wurde die Junta noch deutlicher: «Und könnte seine derzeitige Stellung auf irgendeine anständige Weise zu den Zielen der Mission beitragen, so stoße man ihn nicht zurück.»

Bolivar verfolgte seinen Kriegsplan unbeirrt weiter. Sein Entschluß, nach London zu reisen, hatte wenig mit den Beweggründen der Junta zu tun, deren Mitglieder zum Teil keinerlei Sympathie für ihn empfanden. Er hatte darum gebeten, nach London gehen zu dürfen, hatte sich offenbar eine Abfuhr geholt und dann seine Ernennung damit erkaufen müssen, daß er sich erbot, die Kosten der Mission zu tragen. Die Junta stimmte widerwillig zu, gab ihm aber als Aufpasser Don Luis Lopez Méndez mit, «in dessen Erfahrung und Fähigkeiten mehr Vertrauen gesetzt wurde». Vervollständigt wurde die Gesandtschaft durch Bolivars Jugendgefährten und Erzieher Andrés Bello als Sekretär. Der venezolanische Historiker Baralt beschreibt Lopez Méndez als «einen unruhigen Mann von hintergründigem Geist». Ihr Beglaubigungsschreiben wurde von «Don Fernando VII., König von Spanien, und in seinem königlichen Namen von der Obersten Junta zur Verteidigung seiner Rechte in Venezuela» ausgestellt. Die Delegierten werden darin gemäß dem alten Klassengefühl beschrieben: «Zunächst der Ritter Oberst Don Simon Bolivar, sodann der Kommissär Inspektor Don Luis Lopez Méndez, und als Hilfskraft der Pioniermajor und erste Beamte meines Staatssekretariats Don Andrés Bello.» Ihr Auftrag war, den König von England von «der Einsetzung der Obersten Junta» zu unterrichten, Inhaberin der Souveränität des Landes «infolge meiner [d. h. Ferdinands VII.] Handlungsunfähigkeit und der Auflösung der Regierung, die mich vorübergehend auf der Halbinsel vertritt». Nichts sollte «den Grundgesetzen der spanischen Monarchie» zuwiderlaufen.

SIEBTES KAPITEL

Erklärte Unabhängigkeit

Nach einunddreißig Tagen an Bord der «General Wellington» trafen Bolivar, Lopez Méndez und Bello am 10. Juli 1810 in Portsmouth ein und durften als Amtspersonen nach London weiterreisen. Die britische Hauptstadt war an solche Besuche von spanisch-amerikanischen «Unabhängigkeitsbettlern» gewöhnt. Aber diese drei kamen als Vertreter einer Junta, und dieses Wort hatte der Kampf des spanischen Volkes gegen Napoleon bei den Engländern beliebt gemacht. Ihr Empfang war naturgemäß unterschiedlich. Während die City eifrig wie je die Hand nach dem märchenhaften Handel mit Spanisch-Amerika ausstreckte, fühlte sich das englische Volk eines Sinnes mit den Junten in Spanien und dachte daher ganz natürlich, der Junta von Caracas gebühre die gleiche Freundschaft, da sie, wie man annahm, im gleichen Geiste hierherkam.

Aber war dem so? Diese Frage muß sich der Marquis von Wellesley vorgelegt haben, als die beiden Gesandten sein Arbeitszimmer in Apsley House betraten. Die Tatsache, daß die Begegnung in seinem Privathaus und nicht im Foreign Office stattfand, beweist, wie sehr Wellesley sich der Tatsache bewußt war, daß Bolivar und sein Begleiter nicht als treue Diener Ferdinands VII. kamen, obwohl sie ihm einwandfreie Papiere vorlegten. Der britische Staatsmann wußte auch, daß Bolivar unverzüglich Miranda aufgesucht und daß dieser nicht versäumt hatte, seine Landsleute mit führenden Londonern zusammenzubringen, darunter der Herzog von Gloucester, ein Neffe des Königs. Miranda war mittlerweile in spanischen Augen ein «Verräter», weil er 1806 offen gegen König und Vaterland zu den Waffen gegriffen hatte. Bolivar und seine beiden Begleiter sowie die ganze Junta, die sie entsandt hatte, behaupteten offiziell – was immer sie schließlich im Sinne haben mochten –, König

Ferdinand VII. zu vertreten. Daraus erklärt sich Wellesleys Verhalten. Da ihn die britischen Behörden an Ort und Stelle vollständig unterrichtet hatten, konnte er hinsichtlich der Gefühle der drei Gesandten keine Illusionen hegen. Die Fragen, die er ihnen vorlegte, stellte er weniger, um Antworten zu bekommen, die er sich vorher denken konnte, als um seiner Loyalität gegenüber dem spanischen Verbündeten amtlichen Ausdruck zu verleihen.

Die Gesandten hatten Weisung, die spanischen Behörden in Caracas profranzösischer Neigungen anzuklagen. Die Junta wies in ihren Instruktionen darauf hin, die Gesandten sollten «keinesfalls den Umstand unerwähnt lassen, daß die beiden wichtigsten Kommandeure dieser Provinz (Venezuela) der Generalkapitän Don Vicente Emparán und der Artillerie-Inspekteur Major Don Agustin Garcia sind. Beide haben unter Murats Statthalterschaft in Madrid gelebt, nahmen an der Kapitulation vom 4. Dezember 1808 teil und sind eingeschworene Freunde der französischen Regierung. Der Erstgenannte ist von Murat zum Divisionsgeneral befördert und von Joseph Bonaparte zum Generalkapitän von Caracas ernannt worden».

Als Wortführer der Besucher ließ Bolivar seinen Freund Emparán, den er als «afrancesado» bezeichnete, fallen, ohne mit der Wimper zu zucken. Die Maßnahmen, die Casas gegen die Gründer der Junta von Caracas ergriffen hatte, nannte Bolivar Wellesley gegenüber «bedrückend, ungesetzlich und schändlich» und fuhr dann fort: «Das Volk von Caracas hatte gehofft, daß diese unerlaubten, gewaltsamen Maßnahmen von der spanischen Regierung mindestens mißbilligt würden, und wurde in dieser Erwartung durch die Ernennung eines neuen Generalkapitäns noch bestärkt. Leider war der Neukömmling aber auf die französische Partei festgelegt ... und hatte auf Joseph Bonaparte den Treueid abgelegt.»

Am 19. Juli meldeten die Gesandten den ersten Erfolg. «Der Minister schien allmählich für unsere Darlegungen zugänglicher zu werden und sagte uns, die Wünsche des Volkes von Caracas seien von Seiner Majestät auf das herzlichste aufgenommen worden, und England werde uns niemals als Feinde betrachten.» Deutlicher konnte ein britischer Außenminister unter den gegebenen Verhältnissen nicht werden. Aber Wellesley ging sogar noch weiter: «Er versprach uns dann, wir sollten den stärksten Schutz gegen Frankreich erhalten, und Großbritannien werde vermitteln, um alle Feindseligkeiten der spanischen Regierung gegen uns zu verhindern, sofern auch wir versprächen, während des Kampfes mit dem gemeinsamen Feind dem Mutterland unsern Beistand nicht zu entziehen. Schließlich ersuchte er uns, wir sollten eine (nichtamtliche) Note über den Zweck unserer Mission verfassen, damit er Punkt für Punkt darauf antworten und die Verhandlungen so günstig abschließen könne, wie das der Vertrag Seiner Majestät mit der spanischen Regierung gestatte.»

Die Gesandten beschränkten die Note auf vier Punkte: «Schutz gegen Frankreich, Vermittlung der britischen Regierung gegenüber Spanien, Garantie Seiner britannischen Majestät für Abkommen, die wir mit der Regentschaft in dieser Hinsicht abschließen mögen, und angemessene Befehle an alle britischen Kommandanten, insbesondere im Hinblick auf unseren Handel.» Sie berichten weiter: «Auf alles dies wurden von dem Minister sehr günstige Antworten erteilt, wobei er sich jedoch stets weigerte, unserer Mission ein amtliches Aussehen zu geben... Grundlage unserer Verhandlungen ist die Fortdauer unserer Treue zu Ferdinand VII. gewesen sowie weitere Hilfssendungen nach der Halbinsel, worüber noch künftig zwischen unserer Regierung und der Regentschaft Einigung zu erzielen sein wird.» Es war daher nicht unverständlich, wenn Bolivar und Lopez Méndez zu dem Schluß gelangten, daß «das Verhalten des Ministers nicht günstiger sein konnte», zumal der Einfluß der Vertreter der Regentschaft «in dieser Hauptstadt sicherlich sehr groß ist».

In den Augen der Regentschaft versuchte Wellesley sich und die britische Regierung in einer Note vom 8. August zu rechtfertigen, die er sowohl den Gesandten aus Caracas als auch dem spanischen Botschafter zustellte. Sie ist geschickt abgefaßt und stützt sich auf die Tatsache, daß die Venezolaner ihre Treue zum König nachdrücklich betont hatten. Wellesley mußte so tun, als seien ihm manche Tatsachen unbekannt, von denen er, wenngleich nicht amtlich, wußte. Miranda, vor dessen «Intrigen» er seine Besucher gewarnt hatte, unterhielt die besten Beziehungen zu seinem Sohn Richard, dessen Initialen R. W. sich in den Akten des Foreign Office unter einigen «Anmerkungen über Caracas» finden, die der Außenminister gelesen haben muß. Dort schrieb sein Sohn: «Ich glaube, es wird sich als vergeblicher Versuch erweisen, wenn man sie beim Mutterland festhalten will, es sei denn als Verbündete und Untertanen desselben Herrschers ... Ihre Ziele sind: Bündnis und Freunschaft mit England, sogar gegen das Mutterland, und die Unabhängigkeit ihres Landes von jeder Regierung in Spanien mit Ausnahme derjenigen Ferdinands VII. Auf dem zweiten Punkt bestehen sie besonders entschlossen und heftig.» Warum? Was war schon an Ferdinand VII.? Die Antwort liegt in der spanischen Tradition. Streitereien über die Frage «Wem soll ich eigentlich gehorchen?» waren in Spanien von jeher der beliebteste Weg, um überhaupt nicht zu gehorchen. Da der entthronte und verbannte Ferdinand nirgendshin Befehle schicken konnte, war Gehorsam gegenüber einem König, der nicht befehlen konnte, eine ausgezeichnete Haltung für Rebellen – zumal wenn sie überzeugt waren, daß Frankreich gewinnen und Ferdinand nie wieder regieren werde. Die königstreue Mehrheit in Amerika war zufrieden, und die Führer der Separatisten waren es auch.

Bolivars Stellung in London war etwas zwielichtig. Er war Offizier der spanischen Armee und von einer Junta, die sich als Hüterin der Rechte Ferdinands VII. ausgab, vom Hauptmann zum Oberstleutnant befördert worden. Dabei wurde er von dem britischen Außenminister in dessen Privathaus empfangen, um den spanischen Botschafter nicht in Verlegenheit zu bringen – den zu besuchen Bolivar natürlich nie eingefallen wäre. Gleichwohl hatte der junge Offizier das erste Ziel, das ihn nach London geführt hatte, erreicht: englische Hilfe. Jetzt verwendete er seine Energie darauf, das zweite Ziel zu erreichen: Miranda. Um Bolivars Einstellung zu Miranda in jener Zeit richtig zu beurteilen, sollte man berücksichtigen, daß er in militärischen Dingen Dilettant war; denn seine Tressen hatte er dank seiner Geburt und seiner Privilegien erhalten, hatte sich jedoch niemals mit dem Soldatenberuf beschäftigt. Da er ein klarer Kopf war, muß ihm seine militärische Unzulänglichkeit schmerzlich bewußt gewesen sein. Miranda hingegen genoß als Fachmann großes Ansehen. Es gab aber noch einen weiteren Grund, aus dem Bolivar darauf bestand, Miranda zu gewinnen. Er mißtraute der Partei, die vielleicht die Mehrheit der Junta bildete und immer noch die Verbindung mit Spanien, wenngleich in modernerer Form, begünstigte. Er war für Unabhängigkeit, ja sogar für «Krieg». Für alle, die so dachten wie er, mußte die Ankunft von Miranda in Caracas von unschätzbarem Wert sein, weil dadurch die Junta kompromittiert und öffentlich auf eine antispanische Politik festgelegt werden würde.

Miranda lebte in London von einer Pension, die ihm die britische Regierung zahlte. Freudig begrüßte er Bolivar und Lopez Méndez als Träger einer neuen Hoffnung. Am 3. August gratulierte er der Junta brieflich zu den Ereignissen vom 19. April und lobte Bolivar und Lopez Méndez. Einige Tage später bat er schriftlich darum, von Wellesley empfangen zu werden, um über seine Rückkehr nach Venezuela zu verhandeln. Er wollte, daß seine Pension weitergezahlt werde und er kostenlos auf einem britischen Kriegsschiff reisen könne. Inzwischen betätigte er sich als Gastgeber seiner Landsleute, die er mit einigen britischen Berühmtheiten und Sonderlingen bekanntmachte, darunter Wilberforce und der Reformpädagoge Joseph Lancaster. So gelangte

Bolivar in die Londoner Gesellschaft, auf die er mit seiner eleganten Kleidung, seinem guten Aussehen und seinen beiden schwarzen Dienern einen etwas exotischen Eindruck gemacht haben dürfte. O'Leary schreibt, er habe viel Zeit auf das Studium britischer Einrichtungen verwendet; da er zeitlebens ein eifriger Bewunderer Großbritanniens blieb – mehr als Englands und der Engländer –, braucht man an diesem Zeugnis nicht zu zweifeln. Miranda lehrte ihn auch, wie man Pressefeldzüge organisierte und Propaganda trieb; ein Brief, der am 5. September im «Morning Chronicle» erschien und angeblich aus Cadiz kam, soll tatsächlich von Miranda und Bolivar verfaßt worden sein. Die britische Regierung mußte sich bemühen, die Sache dem spanischen Botschafter zu erklären – was nicht einfach war, da der Brief die Unabhängigkeit Venezuelas und Krieg gegen Spanien forderte. Trotz allem stellte die Regierung Bolivar für die Heimreise nach La Guaira die Korvette «Sapphire» zur Verfügung. Er fuhr am 21. September ab. Bello und Lopez Méndez blieben noch in London, sogar in Mirandas Haus. Miranda vertraute sein Gepäck Bolivar an, aber der britischen Regierung erschien es taktvoller, daß ein so eindeutiger Feind ihres spanischen Verbündeten lieber nicht auf einem britischen Kriegsschiff abreiste. So stach der alte Revolutionär am 10. Oktober auf einem Handelsschiff in See.

Gegen Ende November verbrachten Miranda und Bolivar einige Zeit zusammen in Curaçao. Wahrscheinlich waren sie noch dort, als der Marqués de Toro auf seinen lustlosen Angriff auf Coro verzichtete. Bolivar landete am 5. Dezember 1810, doch benötigte er eine Woche, um den Widerstand gegen Mirandas Einreise zu überwinden, und erst am 12. Dezember konnte Roscio an Miranda schreiben, er erteile ihm die «Erlaubnis, in diese Stadt (Caracas) zu kommen». Miranda war am 10. Dezember auf der englischen Brigg «Avon» in La Guaira angekommen, doch versicherte die britische Regierung, die sich über die Bedeutung von Mirandas Ankunft in Caracas zu diesem Zeitpunkt weniger klar war als Bolivar, durch Lord Liverpool dem neuen Gouverneur von Curaçao, Hodgson, daß Miranda England verlassen habe, ohne die Regierung über seine Absichten zu unterrichten. Dabei hatte Wellesley von Miranda verschiedene schriftliche Erklärungen über seine Pläne erhalten, die der Außenminister nicht beantwortet, aber auch nicht unbeachtet gelassen hatte; er hatte nämlich Miranda mündlich bestellen lassen, daß er nichts sagen könne. Da außerdem die «Sapphire» nicht nur Bolivar, sondern auch Mirandas Gepäck und Papiere nach Venezuela gebracht hatte, waren Lord Liverpools Erklärungen gegenüber Hodgson reines Theater.

Die Junta wurde jedoch nicht im ungewissen gelassen. Layard schrieb am 17. Dezember an Lord Liverpool: «Die ‹Avon› kehrte am 13. ds. von La Guaira hierher zurück; dort war General Miranda mit allen erdenklichen Beifallsbekundungen empfangen worden. Bei der Abfahrt der ‹Avon› war er noch nicht nach Caracas weitergereist, aber Ihre Hoheiten, die Oberste Junta, die von seinem Eintreffen in La Guaira alsbald benachrichtigt worden waren, entsandten Oberst de Bolivar und den Bruder des Präsidenten Tovar, um dem General ihre Aufwartung zu machen und ihm ihre äußerste Genugtuung über sein wohlbehaltenes Eintreffen auszusprechen.» Layard unterrichtet seinen Vorgesetzten über das Mißfallen, mit dem Miyares dieses Ereignis von Maracaibo aus beobachtet habe. Während Miranda noch in La Guaira wartete, schrieb Layard an Roscio: «Ich beglückwünsche Ihre Hoheiten auf das aufrichtigste zur sichern Rückkehr Ihres ehrenwerten ersten Deputierten [Oberst de Bolivar] aus London und dazu, daß sein Kollege dort geblieben ist. Die vorausgegangene Ankunft der Deputierten Ihrer Hoheiten aus Porto Rico wird, wie ich hoffe, zusammen mit derjenigen General Mirandas und des Obersten de Bolivar für Venezuela ein glückliches Ereignis sein.» Daraus konnte die Junta offenbar nur schließen, daß Großbritannien die Ankunft

Mirandas in Caracas, vor der sie selber noch zauderte, mit Wohlwollen betrachtete.

Miranda hatte von seinem Vater die Vorliebe für militärische Kleidung geerbt. Bei der Landung trug er seine Uniform von 1793, also die Uniform eines Generals der Französischen Revolution: Dreispitz, goldbestickter blauer Frack, krummer Säbel, kurze weiße Hosen und hohe Stiefel mit goldenen Sporen. Warum? Warum trug dieser Mann, der so oft gegen die Französische Revolution geredet hatte, bei der Landung von einem britischen Kriegsschiff die Uniform eines Revolutionsgenerals? Darauf gibt es zwei Antworten. Einmal sollte Miranda in Caracas bald beweisen, daß er keineswegs den Ideen der Französischen Revolution so abgeneigt war, wie er oft gesagt und manchmal wirklich geglaubt hatte; zum andern ist eine Uniform eben eine Uniform und steht einem Mann zuweilen ausnehmend gut.

Wie begeistert nahmen ihn denn La Guaira und Caracas auf? Im allgemeinen nicht überschwenglich. Bei der Menge hatte Miranda einen succès de curiosité, während die Führer geteilter Meinung waren. Die einen, vornehmlich die jüngeren Kreolen, schlossen ihn ins Herz als den wahren Führer der wahren Revolution gegen Spanien und für eine neue, gleiche und freie Welt; die nachdenklicheren Männer hingegen empfanden Unbehagen wegen der ausländischen, jakobinischen Neigungen eines Mannes, der sein Vaterland gar nicht kannte. Dabei entsprach die Haltung der Männer in beiden Parteien nicht immer den Erwartungen. Der weiße Aristokrat Bolivar war für Miranda, der dunkelhäutige und plebejische Roscio hingegen war einer der klugen Männer, die zweifelnd den Kopf schüttelten. Bolivar nahm Miranda als Gast in seinem Haus in Caracas auf. Cortés Madariaga, der sich seiner Rückkehr heftig widersetzt hatte, ging ebenfalls nach La Guaira, um ihn zu begrüßen, und wurde einer seiner entschiedensten Anhänger.

Am 28. März 1811 hörte die Junta zu bestehen auf und übergab ihre Befugnisse einem Triumvirat. Miranda, der zu jener Zeit weitaus der größte Mann in Caracas war, hatte durchaus das Recht, das höchste Amt der Nation für sich zu erwarten. Er hatte die meisten Mühen und Opfer hinter sich und blickte auf die glänzendsten militärischen und politischen Erfahrungen zurück. Trotzdem wurde er zugunsten von drei Unbekannten übergangen. Warum das alles? Es gab sachliche Gründe: einer davon war die Furcht vor Mirandas Jakobinertum. Diese fand zwiefachen Ausdruck. Die Aristokraten waren sehr für Unabhängigkeit, aber nicht für Krämersöhne. Der Klerus fürchtete Mirandas Gleichgültigkeit und Atheismus – oder Deismus. Ein Ire namens William Burke tauchte damals in Caracas auf. In England hatte er für Miranda eine ganze Menge über Südamerika und seine Rechte geschrieben. Jetzt begann er in der «Gaceta de Caracas» Aufsätze über religiöse Toleranz zu schreiben, die bei den religiös Gesinnten Entsetzen auslösten und die öffentliche Meinung dem jakobinischen General noch weiter entfremdeten. Miranda suchte den Erzbischof auf und äußerte seine Entrüstung über Burkes Betragen, aber dieser Besuch war ein reines Manöver. Über alle diese sachlichen Gründe hinaus aber war die Hauptursache der Differenzen persönlicher Art. Miranda war ein großer Mann, der von kleinen Männern umgeben war, und die kleinen Männer wollten selber die Macht haben, die ihm gebührt hätte. «Acht von einunddreißig Stimmen bekam er im Kongreß. Die Nachricht erreichte ihn zu Hause, und er gab seiner Enttäuschung mit den Worten Ausdruck: ‹Ich freue mich, daß es in meinem Vaterland Personen gibt, die geeigneter als ich sind, die höchste Macht zu übernehmen.›»

Miranda war ein Fremdling in seinem Vaterland, weil er zu lange im Ausland gelebt hatte und weil er aus einem andern Zeitalter kam. Er war ein Sohn des aufgeklärten Absolutismus, ein Voltairianer, kein Jünger Rousseaus. Bald nach seiner Ankunft wurde eine Kommission eingesetzt, die eine Verfassung entwerfen sollte. Miranda, der ihr angehörte, unterbreitete seinen Kollegen die gleiche Chimäre mit einem Inkakopf, englischem Leib und spanischen Füßen, die er schon Pitt vorgelegt hatte. So weckte er auf beiden Flügeln Mißtrauen: war er in den Augen der Aristokraten ein jakobinischer Revolutionär, so erschien er den Revolutionären als reaktionärer Monarchist. Er befand sich in einem Dilemma: als Führer ohne ein Land, das er führen konnte, mußte er entweder seine Ideen verraten oder arbeitslos werden.

So begann ein neuer Abschnitt in seinem Leben. Miranda war seinem Wesen nach ein ehrgeiziger Opportunist. Bis zum letzten Augenblick hatte er sich den Weg zu einer Aussöhnung mit der spanischen Regierung offengehalten und schrieb immer noch an den spanischen Premierminister Floridablanca, sie beide könnten alles in einem halbstündigen Gespräch «Stuhl an Stuhl» regeln. Bei Pitt war er antifranzösisch, bei Bonaparte anti-englisch. All das muß man berücksichtigen, wenn wir ihn nun nach jahrelanger antijakobinischen Propaganda in England in den Jahren 1811 und 1812 in Caracas an der Spitze einer demagogischen jakobinischen Revolution wiederfinden. Das Instrument war zur Hand. Auf Grund einer Entschließung der Obersten Junta vom 14. August 1810 hatten in Caracas einige Mantuanos und Intellektuelle die «Sociedad Patriótica» gegründet, eine Nachahmung der spanischen «Wirtschaftsgesellschaften der Freunde des Vaterlandes». Diese Einrichtung hätte vielleicht nützlich sein können, wenn sie ihrem Vorbild treu geblieben und sich mit wirtschaftlichen Untersuchungen beschäftigt hätte. Sie entartete jedoch bald zu einem jakobinischen Klub.

Dieses Instrument erwählte sich Miranda, um seinen Ehrgeiz – offensichtlich nicht mehr seine Politik – zu fördern. Als im April die verbannten Demagogen José Felix Ribas, dessen Bruder und der Arzt Gallegos nach Caracas zurückkehrten, bemühte er sich um sie als Bundesgenossen. Immer noch genoß er die wertvolle Unterstützung Bolivars und, was am merkwürdigsten war, wohl dank Bolivars Vermittlung auch diejenige der Brüder Toro. Zunächst ging seine Taktik darauf aus, die Straße und die farbigen Massen zu gewinnen. Am 19. April 1811 führte er einen Umzug begeisterter Menschen an, die mit feurigen Reden für die Unabhängigkeit den ersten Jahrestag der Obersten Junta feierten. Miranda trug als Symbol der Unabhängigkeit ein gelbes Banner; ihm folgte ein bunter Zug von Indianern mit dreifarbigen Bändern, denen die Menge zujubelte. Mit seiner «unermüdlichen Redseligkeit» schmeichelte Miranda der Menge «und zeigte sich bereit, ihre Forderungen jederzeit zu unterstützen». Danach versuchte er die «Sociedad Patriótica» dadurch zu erobern, daß er sie jedermann zugänglich machte; als er sich aber im Mai um die Präsidentschaft bemühte, bekam er nicht einmal genug Stimmen, um Vizepräsident werden zu können.

Immer hatte er den Kopf voll von Verfassungsideen, und insoweit jedenfalls entsprach er seiner Zeit und seinem Vaterland. In Neugranada und Venezuela hatten die Ereignisse von 1810 zu einem Ausbruch von Lokalpatriotismus und Anarchie geführt; jede Provinz fühlte sich als Staat und jede Stadt als Provinz. Cartagena fühlte sich Santa Fé gegenüber so unabhängig wie dieses gegenüber Cadiz, und die Stimmung, welche die Patrioten in Santa Fé veranlaßte, sich von der spanischen Regentschaft zu trennen, veranlaßte die Patrioten von Cartagena, sich der Regentschaft anzuschließen – weniger um der Union mit Spanien willen als aus Separatismus gegenüber ihrer eigenen Hauptstadt. So war der Geist. Die Form, die er sich wählte, war eine Nachahmung der nordamerikanischen Verfassung. Während aber im Norden die Verfassung Ausdruck einer Union vormals getrennter Teile war, bezeugten die von ihr abgeschriebenen Verfassungen die Auflösung dessen, was dreihundert Jahre lang eine Einheit gewesen war.

Unabhängigkeit und Konföderation, die beiden Ideen des Tages, sind also zwei verschiedene Ausdrucksformen desselben Impulses. Das galt auch von der dritten Regierung, die damals zu beobachten war und die Rückkehr zu den indianischen Wurzeln erstrebte – eine logische Reaktion auf den Separatismus gegenüber Spanien. Die aufgepfropfte Zivilisation Westindiens mußte, als sie sich von dem spanischen Laub abkehrte, die indianischen Wurzeln aufsuchen. Miranda hatte von einer Verfassung geträumt, an deren Spitze zwei Inkas stehen sollten. Das «Serenisimo Colegio Constituyente Electoral» von Santa Fé verkündete am 30. März 1811 die Verfassung des Staates Cundinamarca. Was war Cundinamarca? Ein Mestizo-Name, eine spanische Verballhornung des vorspanischen Namens von Neugranada, nicht weniger typisch für die Mestizen als der Titel «Serenisimo», den sich das Kolleg mit der gleichen Feierlichkeit zulegte, mit der die indianischen Alcaldes ihre Amtsstäbe in den Dörfern zu handhaben pflegten.

Im März 1811 traf Cortés Madariaga in Santa Fé ein, um einen Vertrag zwischen Cundinamarca und Venezuela auszuhandeln. Miranda hatte im Januar an die Oberste Junta von Neugranada geschrieben und erklärt, der Kanonikus, der sich auf einer höchst wichtigen Mission befinde, «wird Euern Hoheiten alles mitteilen, was ich von hier aus hinsichtlich einer politischen Verbindung zwischen dem Königreich Santa Fé de Bogotá und der Provinz Venezuela vorschlagen kann, damit wir, wenn wir eine Körperschaft bilden, mehr Sicherheit und Achtung und in Zukunft mehr Ruhm und Glück genießen können». Neugranada und Venezuela trennten sich und versuchten dann, die Stücke wieder zusammenzufügen. Der Vertrag wurde als großer Schritt vorwärts begrüßt, gefiel niemand und wurde niemals angewendet. Aber die ebenso reizvolle wie gefährliche Reise, die den Kanonikus über Land nach Caracas zurückführte, nützte der Sache der Unabhängigkeit, weil er überall mit Feuer und Beredsamkeit Ansprachen hielt. Seine Rückkehr stärkte Miranda, zu dessen Partei er, wie man wußte, zählte und dessen föderalistischen Ideen er in Santa Fé zum Siege verholfen hatte. Dieser Erfolg und die Emsigkeit, mit der er die farbige Bevölkerung bearbeitete, verschafften Miranda endlich den

Vorsitz der «Sociedad Patriótica», die nun erst recht ein jakobinischer Klub wurde. Die Sitzungen verliefen häufig stürmisch und immer lebhaft. Etwa zweihundert Mitglieder nahmen daran teil, von denen manche auch dem Kongreß angehörten; mißgestimmt, weil ihre Ansichten im offiziellen Parlament nicht durchgedrungen waren, kamen sie nun in das nichtamtliche Parlament, um sie dort vorzutragen. Bolivar war einer der maßgeblichen Köpfe in diesem Haus.

Der wachsende Einfluß Mirandas gerade auf demagogischem Gebiet scheint die führenden Männer der Regierung von Caracas veranlaßt zu haben, ihre unkluge Haltung aufzugeben und dem alterfahrenen Agitator einen Sitz im Kongreß zu verschaffen. Am 28. Juli 1811 wurde er als Abgeordneter für El Pao zugelassen. Roscio, sein eingeschworener Feind, schrieb wenig später an Bello: «Nach meinem langen Brief wurde Miranda als Abgeordneter eines der Wahlkreise von Barcelona zum Kongreß zugelassen, und sein Auftreten als solcher hat ihm einen besseren Ruf verschafft. Er hat sich gut aufgeführt und verständig debattiert.» Gleichwohl pflegte er weiter seine Partei – eine merkwürdige Mischung von Menschen, die keineswegs alle durch Freundschaft und Vertrauen miteinander verknüpft waren. Bolivar war einer von ihnen, aber seine beiden Feinde Cortés Madariaga und Sanz gehörten genauso der Partei an wie auch José Felix Ribas, Salias, Tejera, Espejo und die Brüder Carabaño; allesamt waren es Männer, die in der Vaterländischen Gesellschaft für Unabhängigkeit eintraten und die Menge mit Reden entflammten, die mehr vom Gefühl als von Bildung, mehr von Begeisterung als ruhigem Urteil getragen wurden. Der Kongreß trat in der Universitätskapelle zusammen und versuchte, seine Debatten so ruhig zu halten, wie seine Würde und der Ort, an dem er tagte, es verlangten. Das war nicht immer leicht, da die Sitzungen öffentlich waren und die Menge das Verhalten ihrer Deputierten nicht immer respektierte oder überhaupt nur verstand. Die Presse trug zu der allgemeinen Erregung in solchem Maße bei, daß der Kongreß am 18. Juni Roscio mit dem Ersuchen zur Regierung schickte, sie möge die Presse durch Zensoren im Zaum halten.

Solcherart war die politische Maschinerie, mit der Caracas das Land zur Unabhängigkeitserklärung führte. Orea, der venezolanische Vertreter in Washington, hatte diese schon vorweggenommen, als er der amerikanischen Regierung am 17. Mai eine Note überreichte, in der er verkündete: «Die Vereinigten Staaten haben Venezuela den Weg zur Freiheit und zu bürgerlichen Tugenden gewiesen ... Die Venezolaner haben ihre Rechte erkannt und in ihren Herzen geschworen, diese hochzuhalten oder zu sterben ... Sie haben unter dem zwingenden Druck politischer Motive noch gezögert, ihre völlige Unabhängigkeit zu erklären.» Oreas Note wurde in Washington gut aufgenommen, und sein optimistischer Bericht hat viel zur Belebung der Debatten beigetragen, zu denen sich der Kongreß von Venezuela endlich unter dem Druck der Vaterländischen Gesellschaft bereitfinden mußte.

Während einer Debatte über Oreas Berichte am 3. Juli «bestand Miranda, dessen Rede infolge eines unvorhergesehenen Zufalls nicht wörtlich aufgenommen wurde, darauf, daß eine Unabhängigkeitserklärung notwendig sei». Dies verzeichnet der amtliche Sitzungsbericht. Pater Maya jedoch, ein angesehener Geistlicher, erinnerte seine Kollegen daran, daß sie gewählt worden waren, «um die Rechte Ferdinands VII. zu bewahren», und protestierte tapfer gegen die heftige und stürmische Haltung einiger Mitglieder der Vaterländischen Gesellschaft einschließlich Bolivars, der bewaffnet in der Sitzung erschien, um die schwankenden Deputierten einzuschüchtern. Viele zauderten an der Schwelle der Unabhängigkeit, weil sie die Wirkung auf England und die Folgen in den noch zu Spanien haltenden Provinzen Coro, Maracaibo und Guayana fürchteten. Dieses letzte Bedenken wurde dem Kongreß von Roscio gewandt vorgetragen, aber Miranda sprach abermals und riet, man solle «die Risiken eingehen und die Vorteile einer Entschließung genießen», womit er den lauten Beifall des Publikums auslöste; ein königstreuer Priester namens Méndez hingegen war über die Rede so aufgebracht, daß er zu dem General hinstürzte und ihn ohrfeigte. Dieser Zwischenfall scheint die Debatte beendet zu haben.

Natürlich wurde sie noch selbigen Abends in der hitzigeren Atmosphäre der Vaterländischen Gesellschaft fortgesetzt, und diesmal war der Redner nicht Miranda, sondern Bolivar. Seine Ansprache – wie sie überliefert wird, denn im Wortlaut scheint sie nicht mehr zu existieren – war zugleich eine Verteidigung der Vaterländischen Gesellschaft und ein heftiges Plädoyer für Kühnheit und Schnelligkeit. «Es ist nicht so, daß es zwei Kongresse gäbe. Wie könnten diejenigen für eine Spaltung sein, die am besten wissen, wie sehr uns die Einigkeit nottut? Wir wollen nur, daß unsere Einigkeit etwas ausrichtet und uns zu dem ruhmreichen Unternehmen unserer Freiheit hinführt. Einig sein, um auszuruhen, um in den Armen der Gleichgültigkeit zu schlummern, das war gestern ein Irrtum – heute ist es Verrat. Der Kongreß debattiert, was längst beschlossen sein sollte. Und was sagt er? Daß wir eine Konföderation schaffen müßten, als ob wir nicht längst gegen ausländische Tyrannei konföderiert wären. Daß wir die Früchte der spanischen Politik abwarten müssen: Was bedeutet es uns, ob Spanien seine Sklaven an Bonaparte verkauft oder selber behält, da wir zur Freiheit entschlossen sind? Solche Zweifel sind die traurigen Folgen der alten Ketten. Große Vorhaben müßten in Ruhe vorbereitet werden: Sind dreihundert Jahre der Ruhe nicht genug? Die Vaterländische Gesellschaft respektiert den Kongreß, wie es sich gehört, aber der Kongreß muß auf die Vaterländische Gesellschaft hören, die ein Mittelpunkt der Einsicht und aller revolutionären Interessen ist. Laßt uns furchtlos den Grundstein der südamerikanischen Freiheit legen. Zögern heißt verloren sein. Laßt eine Kommission dieser Körperschaft unsere Gefühle dem souveränen Kongreß übermit-

MIGUEL PEÑA

teln.» Die Vaterländische Gesellschaft billigte Bolivars Antrag und beschloß, Dr. Miguel Peña solle ihn am nächsten Tag dem Kongreß vorlegen. Der spiritus rector war Miranda, der Redner Bolivar, der Bote Peña. Innerhalb eines Jahres sollten diese beiden letzten den Erstgenannten an Spanien ausliefern.

Am nächsten Tag, dem 4. Juli, erschien Peña vor dem Kongreß und hielt eine Rede, in der er erklärte: «Wir verabscheuen Ferdinand VII.» Er meinte, Furcht vor England solle niemanden hindern, da «die Engländer niemals imstande gewesen sind, auch nur einen Fußbreit des spanischen Festlandes zu erobern». Unter stürmischem Lärmen des Publikums beschloß der Kongreß, die Regierung zu konsultieren. Diese antwortete noch an demselben Tag und gab dem Vorhaben ihren Segen. Abends feierte Caracas fröhlich den Jahrestag der nordamerikanischen Unabhängigkeit. Am nächsten Tag drängte sich in der Kongreßhalle ein eifriges Publikum, das den Republikanern rauschenden Beifall zollte und die Gemäßigten niederpfiff. Der Präsident berichtete über die zustimmende Antwort der Regierung, woraufhin Miranda sich erhob und eine sofortige Erklärung verlangte. Ehe der Vormittag herum war, stimmte der Kongreß mit der einzigen Ausnahme Pater Mayas unter Begeisterungsstürmen für die Unabhängigkeit. Roscio und der in Cadiz geborene Sekretär des Kongresses Isnardi wurden beauftragt, die Urkunde aufzusetzen, die am 7. Juli angenommen und am nächsten Tag von einer Delegation, die aus Roscio, Isnardi und Fernando de Toro bestand, unter der Bezeichnung «Unabhängigkeitserklärung der amerikanischen Konföderation Venezuela» feierlich der Regierung überreicht wurde. Der Eid, den alle Venezolaner über fünfzehn Jahre ablegen sollten, enthielt die Anerkennung der Souveränität und absoluten Unabhängigkeit Venezuelas und die Verpflichtung, «die heilige katholische apostolische römische Religion, die einzige und ausschließliche hierzulande, rein und unversehrt zu erhalten und das Mysterium der Unbefleckten Empfängnis zu verteidigen». «Was», fragte eine Zeitung in Caracas, «hat das Mysterium der Unbefleckten Empfängnis mit unserer Unabhängigkeit zu tun?»

In der Tat: was? Weder Miranda noch Bolivar oder Paúl, die den Eid formulierten, waren als Jünger der Unbefleckten Empfängnis bekannt. Den Schlüssel liefert aber dieselbe Zeitung, wenn sie fortfährt: «Wenn Mysterien bei der Gründung von Republiken so wichtig sind, was war dann an dem Mysterium Ferdinands VII. so verkehrt?» Das war eine gescheite Frage, die aber bisher von den Historikern noch nicht beantwortet worden ist. Die Anführer der Revolution wußten, daß das Volk ihre Ansichten nicht teilte. Das Volk fühlte sich in seinem Glauben und in seinen Bräuchen angegriffen. Deshalb tarnten die Führer, die ausnahmslos Separatisten waren, ihre Bewegung zunächst mit dem Banner der «Rechte Ferdinands VII.». Als es an der Zeit war, diesen Vorwand aufzugeben und die Unabhängigkeit des Landes auszurufen, mußte «das Mysterium Ferdinands VII.» verschwinden; nun wurde aber ein neues Mysterium nötig, um die Menge einzunebeln. Daher die Unbefleckte Empfängnis. So beantwortet sich die Frage der Zeitung, und auch Mirandas Besuch beim Erzbischof, wo er gegen die Artikel von Burke protestierte, deren geistiger Urheber er selber war, wird erklärlich. Die Tatsache aber, daß die Bewegung sozusagen illegitim geboren wurde, daß eine Lüge an ihrem Anfang stand, sollte eine der Ursachen des Bürgerkrieges werden, der an jenem schicksalsschweren 7. Juli 1811 in dem einstmals glücklichen Lande entfesselt wurde.

DRITTER TEIL

Krieg bis zum Tod

ERSTES KAPITEL

Das Erdbeben

«In der Stadt Santiago de León de Caracas», schrieb Cortabarria an die Regentschaft, «ist ein junger Löwe geboren worden, der den europäischen Nationen und zumal Spanien einiges zu denken geben wird.» Den Anfang machte der Löwe damit, daß er daheim Streit und Unfrieden stiftete. Heredia berichtet: «Die neue Republik nannte sich Vereinigte Staaten von Venezuela und verlieh damit den Provinzen Caracas, Barinas, Cumaná, Nueva Barcelona, Margarita, Trujillo und Mérida den Rang von Staaten. Aus Eitelkeit verlangten sie einen Platz auf der Bühne, und der Kongreß, der ihnen nachgeben mußte, sah sich gezwungen, ihnen eine Rolle zuzuweisen, der sie nicht gewachsen waren... So wurde die Konföderation eine Mißgeburt: viele Körper mit zahlreichen Köpfen, aber nicht genug Füße und Hände.»

Zunächst ließ sich alles gut an; es gab mehr Menschen, die über Amt und Würden glücklich waren. Das System war jedoch kopflastig und allzu aristokratisch, um einem Volke zu gefallen, das durch Lobreden über die «heilige Demagogie» aufgeweckt worden war. Es «warf üppig mit militärischen Beförderungen und Gehältern um sich, als ob die Nation fest gefügt wäre und über zehnmal so viel Geld und Einwohner verfügte. Es schuf Armeen in Ost und West...,deren Offiziere einen Luxus und eine Vorliebe für Behaglichkeit entwickelten, die eher Sybariten als Republikanern angemessen waren.» Natürlich nahte nur zu bald – sobald nämlich die zweieinhalb Millionen Pesos, die man in der Königlichen Kasse gefunden hatte, «fröhlich verplempert» worden waren – der Tag, an dem «man merkte, daß das Einkommen der Provinz nicht den Ausgaben eines Staates gewachsen war, der darum rang, durch einen Krieg seine Daseinsberechtigung nachzuweisen».

Der kreolische Beamte Urquinaona beschreibt uns Venezuela: «1809 war die Provinz so reich geworden, daß sie die Unterstützung von 200000 Pesos, die ihr aus der Königlich Mexikanischen Kasse zuzufließen pflegten, nicht mehr benötigte, sondern außerdem 140000 Zentner Kakao, 40000 Zentner Kaffee, 20000 Zentner Baumwolle, 50000 Zentner Pökelfleisch, 7000 Sack Indigo, 80000 Häute, 12000 Maultiere, Rinder und andere Agrarprodukte exportierte, deren Wert bis auf acht Millionen Pesos stieg; davon verblieben dem Zoll anderthalb Millionen und, wenn man die übrigen Steuern hinzurechnete, fast zwei Millionen. Die Farmer, aus denen die Bevölkerung hauptsächlich besteht, pflegten in ihren Häusern 20, 25, 30, ja sogar bis zu 52 Pesos für einen Zentner Kakao zu bekommen. Der übliche Kaffeepreis betrug vor der Revolution 18 bis 20 Pesos für einen Zentner. Ihr Indigo war im allgemeinen besser als der aus Guatemala, zumal er billiger auf den europäischen Markt gebracht werden konnte. Daher wurde ständig mehr Land kultiviert. Die Kaufleute konnten nicht nur auf ihr eigenes Geschäft, sondern dazu noch auf den einträglichen und sicheren Handel mit Cadiz, Veracruz usw. rechnen, aus dem sie großen Nutzen zogen. Das alles war so bekannt, daß man ohne Übertreibung sagen kann, die Kaufleute im Mutterland, in Neuspanien und in fremden Ländern seien auf Landwirtschaft und Gewerbefleiß in Venezuela angewiesen gewesen. Waren für den eigenen Gebrauch gab es im Überfluß zu mäßigen Preisen. Die öffentlichen Ausgaben, die sich auf den Unterhalt einer kleinen Zahl von militärischen und zivilen Staatsdienern beschränkten, wurden durch Zölle und Monopole aufgebracht. Niemandem machte man Vorschriften, wie er mit seinem Eigentum zu verfahren habe. Trotz der üblichen Mängel, die nun einmal mit jeder Regierung verbunden sind, wurde die Bürgerfreiheit geachtet und die Sicherheit des einzelnen gewährleistet.»

Die Männer, die gegen solche Verhältnisse eine Revolution anführten, waren eifrige «Philanthropen» und «Philosophen», Leser von Rousseau und Montesquieu, Juristen und Denker; es gab unter ihnen jedoch kaum einen einzigen, der sich mit Wirtschafts- und Finanzfragen befaßte. Mirandas private finanzielle Verhältnisse vertrugen ohnehin keine nähere Betrachtung. Keiner dieser Männer dachte einen Augenblick an die wirtschaftlichen Folgen dessen, was sie planten; allenfalls stellten sie sich vor, sie könnten mit Handelskonzessionen die Hilfe der Briten erkaufen. Selbst wenn sie aber daran gedacht hätten, so hätte doch keiner von ihnen die wirtschaftlichen, nämlich statistischen und psychologischen Kenntnisse gehabt, um auch richtig denken zu können. Ihnen war nicht klar, daß die verschiedenen Teile des einmal aufgelösten spanischen Reiches die Beute des wirtschaftlichen und finanziellen Apparates werden mußten, den die angelsächsischen Mächte entwickelt hatten. Ausländische Firmen, die glänzend darauf vorbereitet waren, ihre Bedingungen zu diktieren, kamen in ihre Häfen und trugen die Früchte ihrer Arbeit zu Preisen hinweg, die nicht mehr lohnten. Die goldenen Tage des Spanischen Weltreiches waren vorüber.

Da der Handel so weit zurückgegangen war, konnte das neue Regime die Steuern, die in Westindien niemals drükkend gewesen waren, kaum als Lösung heranziehen. Der Kongreß betraute einen dreiköpfigen Ausschuß, darunter Miranda, mit der Beratung über eine neue Währung; Miranda reiste jedoch nach Valencia zum Heer, und man gab Papiergeld aus, zu dessen Deckung die Staatseinkünfte aus Zöllen und dem Tabaksmonopol dienen sollten. Da solche Einkünfte aber nicht erzielt wurden, sank der Wert der Noten ins Bodenlose. Kupfermünzen, bis dahin unbekannt gewesen, wurden geprägt und zwangsweise eingeführt. Drakonische Maßnahmen wurden getroffen, um die Leute zu zwingen, daß sie die unbeliebten neuen Münzen und Scheine annähmen. Gutes Geld verschwand, und «da Kaufleute und Farmer nicht mehr die Vorschüsse erhielten, wie sie die königliche Schatzverwaltung gewährt hatte, wurden Handel und Landwirtschaft lahmgelegt. Der Geschäftsverkehr zwischen Caracas und dem Hinterland kam fast völlig zum Erliegen, weil die Leute in der Provinz ihre Erzeugnisse lieber behielten, als sie gegen das entwertete Papier einzutauschen». Die Preise stiegen rasch. Eine Arroba (etwa 22 Pfund) Fleisch im Werte von vier Silberreales wurde zu 48 Papierreales notiert. Die Beamten erhielten ihre Gehälter nur unregelmäßig, und die Soldaten waren auf die Freigebigkeit von Privatleuten angewiesen.

Die Unzufriedenheit wuchs. Die Regierung erkannte die Gefahr und erließ Vorschriften über die Pressefreiheit, deren Artikel 8 bestimmte: «Alle Schriften gegen die in Venezuela erwählte und begründete Ordnung, die vornehmlich in seiner Freiheit und Unabhängigkeit von irgendeiner anderen Macht oder Souveränität außerhalb ihres Gebietes besteht, sind verboten.» Ferner: «Verfasser, Verleger und Drucker, die Schriften veröffentlichen, welche der in Artikel 8 dargelegten Ordnung in Venezuela zuwiderlaufen, werden mit dem Tode bestraft.»

Die einzige Hoffnung der Revolutionäre war die Dummheit der spanischen Behörden. Diese Hoffnung war begründet. Das amtliche Spanien war genauso unabhängig wie Caracas und versteifte seine Haltung noch, als die britische Regierung sich gegenüber den «Rebellen» kühler verhielt. Bolivars Wechsel wurden in London nicht eingelöst. Die rauhe Art von Hidalgo und Morelos, Anführer der Unabhängigkeitspartei in Mexiko, ließ die britische Öffentlichkeit von der Sache der amerikanischen Unabhängigkeit Abstand nehmen. Hodgson, der als Nachfolger Layards Gouverneur von Curaçao geworden war, verhielt sich neutral mit leichter Neigung nach den Royalisten hin. Sein Stellvertreter Tucker, der Hodgson ersetzte, als dieser das Gelbfieber bekam, war sogar gegen die Unabhängigen, weil er fürchtete, Englands blühender Schwarzhandel würde dadurch ein Ende finden. Die drei Wellesleys – ein Bruder des Herzogs von Wellington, der Marquis von Wellesley, war damals Botschafter in Madrid – rieten zu Vorsicht. Die Cortes stimmten für Gleichberechtigung von Amerikanern und Spaniern, empfanden aber keinerlei Sympathie für die Separatisten. Cortabarria und seine Agenten waren ununterbrochen tätig. Wahrscheinlich hatten sie die Hand im Spiel, als Anfang 1811 einige Mönche in Maturin vergeblich die Republik zu stürzen versuchten. Ein ernsterer Aufstand ereignete sich am 5. März in Cumaná, als einige Katalanen und Kreolen die Festung einnahmen und die spanische Herrschaft wiederherstellen wollten. Diese Bewegung wurde jedoch mühelos niedergeschlagen; die Verschwörer wurden verbannt und ihr Vermögen eingezogen. Einige versuchten zurückzukehren, wobei sie Trinidad als Stützpunkt benutzten. Die Regierung in Caracas schickte einen Gesandten nach Trinidad und ersuchte die britischen Behörden, sich neutral zu verhalten. Dieser junge Mann sollte bald berühmt werden.: Santiago Mariño.

Valencia war mißvergnügt, weil es nicht den Rang eines besonderen Staates erhalten hatte, doch waren die Weißen jeder Verschwörung gegen die Republik abhold. Die farbige Bevölkerung scharte sich im Juli 1811 um das königliche Banner. Die Regierung entsandte gegen die Rebellen zunächst den Marqués de Toro, der geschlagen wurde, und dann Miranda. Nach einer anfänglichen Schlappe zwang dieser die Stadt am 13. August zur Kapitulation, da es ihr an Wasser, Nahrungsmitteln und Hoffnung gebrach. Später beschuldigten ihn seine Gegner, er habe bei der Einnahme der Stadt unnötig Blut vergossen.

Am 11. Juli versammelten sich auch einige Kanaren, angetan mit Brustpanzern und auf Maultieren reitend, in Los

Teques nahe bei Caracas. Mit dem Ruf: «Lang lebe der König! Nieder mit allen Verrätern!» ritten sie zum Zeughaus. Der Zeugmeister, den sie für sich zu gewinnen versucht hatten, warnte die Regierung. Sie wurden mühelos geschlagen und größtenteils gefangengenommen. Poudenx und Mayer, die im allgemeinen zuverlässig sind, bemerken dazu: «Die Gefängnisse waren vollgestopft mit Anhängern Ferdinands VII. Auf Mirandas Rat wurden zwölf oder vierzehn dieser unglücklichen Gefangenen zum Tode verurteilt. Sie wurden erschossen und später geköpft; ihre Leiber wurden aufgehängt und ihre Köpfe in Drahtkäfigen auf Pfählen an den Straßen vor der Stadt ausgestellt. Dieser furchtbare Anblick erfüllte die Herzen aller friedfertigen Bürger mit Entsetzen und befleckte die erste Seite der Geschichte des Freiheitskampfes der spanischen Kolonien mit Blut.»

An diesem Punkt, könnte man wohl sagen, begann der Krieg bis zum Tode. Juan Escalona, «diesem Lump», wie Bolivar später sagen sollte, hatten die Republikaner die Aufsicht über die gefangenen Royalisten anvertraut. Für den Fall, daß Gefangene einen Fluchtversuch unternähmen, hatte er seinen Untergebenen folgende Weisung erteilt: «Der Offizier vom Dienst wird sich alsbald um sie kümmern, sie köpfen oder erschießen, da ihr Dasein unwichtig ist, wichtig aber, die Verräter bis auf den letzten Mann loszuwerden.» Escalona ließ auch die Fenster zumauern, «so daß in jedem nur ein kleines Loch blieb», und gab Weisung, daß «der Offizier vom Dienst zu jeder Nachtstunde, wie es ihm beliebt, die Gefangenen aufsuchen und ihnen ohne Worte oder Unterhaltung zu verstehen geben kann, daß sie Angeklagte sind und dafür büßen müssen.»

Irgend etwas hatte die Atmosphäre in Westindien verändert. Die Menschen in Venezuela waren von Besuchern immer wieder wegen ihrer sanften und liebenswürdigen Art gelobt worden. Der Bürgerkrieg hatte in diesem einstmals glücklichen Lande einen anderen Geist ins Leben gerufen. Auf beiden Seiten kämpften Spanier und Amerikaner, und

SANTIAGO MARIÑO

das einzige, was zwischen ihnen klar war, war der Haß. Die Londoner Zeitung «Morning Chronicle», die der Sache der amerikanischen Unabhängigkeit geneigt war, veröffentlichte unter dem 3. August 1811 einen Brief aus La Guaira, der die Verhältnisse wahrheitsgemäß in düsteren Farben schildert: «In Südamerika geht es drunter und drüber. Täglich werden Menschen verhaftet, weil sie im Verdacht stehen, gegen die Regierung zu konspirieren, und Besucher von außerhalb haben Angst, in der Stadt zusammenzukommen. Kurzum, nicht nur der Handel, sondern auch das gesellschaftliche Leben kommt zum Erliegen. Das Gebot der Stunde lautet: Freiheit und Gleichheit. Gestern nachmittag um fünf verließ ich Caracas, und zu der Zeit wußte niemand etwas von dem gegen Valencia entsandten Heer... Täglich treffen Berichte von General Miranda ein, die aber nicht veröffentlicht werden. Täglich werden auch Freiwillige für die Regierung ausgerüstet. Verräter werden enthauptet und ihre Köpfe auf Pfählen zur Schau gestellt, darunter ein Zettel mit der Aufschrift: ‹Dieser Mann wurde als Vaterlandsverräter getötet.› Gestern wurden zwei gehängt, die von der Vaterländischen Gesellschaft verurteilt worden waren, aber ihre Verbrechen wurden nicht bekanntgegeben. Die Zeit für Verhaftungen ist Mitternacht: Dann betritt ein Kommando das Haus, treibt den Mann aus dem Bett, und am nächsten Tag verliert er das Leben... Wir halten es für gefährlich, wenn man uns auf der Straße zusammen sprechen sieht. Obwohl wir nur privat zusammenkommen, können wir nicht sagen, ob nicht unsere Diener uns bespitzeln.»

Zu dieser Zeit wurde Bolivar, der schon ein reicher Mann war, noch einmal so reich. Sein Bruder Juan Vicente ertrank. Er war im Mai 1811 nach den Vereinigten Staaten geschickt worden, wo er eine ähnliche Mission erfüllen sollte wie Simon Bolivar in London. Er hatte jedoch keinen Erfolg gehabt, und Roscio beschwerte sich darüber, daß Juan Vicente, obwohl ihm große Summen für Waffenkäufe geschickt worden waren, nur Webstühle und Maschinen für die Herstellung von Papier und Münzen schickte. Der Grund dafür war, daß Juan Vicente sich zu gemäßigteren Ansichten bekehrt hatte, als sie der radikale Separatismus seines Bruders Simon und Mirandas darstellte. Roscio beschuldigte ihn, er habe sich von dem spanischen Gesandten Don Luis de Onis beeinflussen lassen. Das Verdienst an seiner Sinnesänderung gebührt jedoch ausschließlich Juan Vicente.

Die Gesandten Juan Vicente Bolivar und Telesforo de Orea trafen am 5. Juni 1810 in Baltimore ein. Sie wurden zunächst von Dr. Thornton, einem nahen Freund von Präsident Madison, und später von Außenminister Robert Smith und von dem Präsidenten selber empfangen. Smith nahm Juan Vicentes Beglaubigungsschreiben nicht entgegen, gab jedoch seiner Sympathie für die Unabhängigkeit Venezuelas unmißverständlich Ausdruck; als Juan Vicente ein Memorandum über die Entwicklung der gemeinsamen Interessen beider Länder vorschlug, traf Smith mit ihm eine Verabredung für sieben Uhr abends. Juan Vicente hielt die Verabredung nicht ein, sondern schickte statt dessen einen kurzen Abschiedsbrief. Daraufhin machte Smith ihm einen Besuch (solche Höflichkeit hatte der Außenminister dem spanischen Gesandten noch nicht erwiesen, bemerkt Onis säuerlich), stellte aber fest, daß der junge Caraqueños bereits abgereist war.

Er hatte den spanischen Gesandten in Philadelphia aufgesucht und ihm erklärt, er sei bereit, eine Vereinbarung auszuhandeln. Sein Plan war maßvoll. Bei der Besetzung von Ämtern sollten Kreolen und Spanier völlig gleichberechtigt sein, bei der wirtschaftlichen Verwaltung des Landes und bei der Beseitigung von Mißständen sollten die Kreolen beteiligt werden; aber Juan Vicente war bereit, ja war darauf aus, daß sich an der verfassungsmäßigen Stellung Venezuelas nichts ändern sollte. Da traf am 25. April 1811 eine neue Abordnung von Caraqueños unter Orea in New York ein, die ermächtigt war, Juan abzulösen und zu ersetzen. Orea war inzwischen nach Caracas gereist und hatte Simon Bolivar und Miranda zu diesem Schritt veranlaßt. Bei seinem Abschiedsbesuch versicherte Juan Vicente dem spanischen Gesandten, er werde in Caracas für eine Aussöhnung mit Spanien wirken, «ohne welche, wie nicht nur er selber, sondern auch sein Bruder und alle vernünftigen Leute einsähen, sie nicht überleben könnten».

Juan Vicente trat die Heimreise gegen Ende Juli an Bord der Brigg «Neri» an, die in einem Sturm vor den Bermuda-Inseln unterging. Bolivar übernahm das Vermögen seines Bruders, das ihm jährlich fünfundzwanzigtausend Pesos einbrachte und seinen Wohlstand mehr als verdoppelte. Er hat von dem Vermögen zweifellos Besitz ergriffen, wiewohl in späteren Jahren etliche Beamte der Republik, deren Präsident er war, viel Tinte auf den Nachweis verschwendet haben, er sei nur Verwalter und nicht Eigentümer des brüderlichen Vermögens gewesen. Es steht allerdings außer Frage, daß er kein Recht dazu hatte. Eine der Bedingungen in dem Erblehen seines Onkels – der Grundlage seines eigenen Vermögens – besagte, der Nießbraucher könne nicht gleichzeitig Eigentümer eines andern Erblehens sein. Da Simon mindestens de facto Juan Vicentes Vermögen übernommen hatte, war er dadurch aller Rechte auf das seinige verlustig gegangen. Da er außerdem inzwischen offen Krieg gegen Spanien führte, hatte er ebenfalls den Anspruch auf sein Erblehen verloren, das ausdrücklich alle Personen ausschloß, die eines Majestätsverbrechens schuldig waren. Beide Tatsachen verdienen erwähnt zu werden, weil sie einen Charakterzug zeigen, der in Bolivars Leben immer wieder hervortritt. Er muß hervorgehoben werden, weil anders sein Bildnis unwahrhaftig und ungenau wird: Bolivar hatte keine Achtung vor dem Gesetz, wenn es ihm im Wege stand.

Damit soll nichts gegen seine Großzügigkeit gesagt werden. Bolivar war eher zu großzügig. Für ihn ging es um die Macht, und deshalb war Geld als Macht und Freiheit von allen gesetzlichen Fesseln wiederum als Macht gleichermaßen reizvoll für ihn. Sein Bruder hinterließ drei uneheliche Kinder. Es heißt, er habe sie adoptiert. Er half ihnen, aber er übergab weder ihnen noch ihrer Mutter das Vermögen ihres Vaters. Seine Persönlichkeit und sein Standesgefühl verlangten nach Macht. Die Tradition von Privilegien, in die er hineingeboren und in der er aufgewachsen war, vermochte das Erdbeben der Revolution, das alles einebnete, zu überstehen, obwohl er selber diese Revolution anführte. Noch am 7. August 1823 berief sich der Oberste Gerichtshof des Nordbezirks der Republik, die er selber gegründet hatte, auf die «Privilegien derer, die infolge öffentlichen Dienstes abwesend sind», um eine Entschuldigung für die Tatsache zu finden, daß Bolivar zwölf Jahre nach seines Bruders Tod noch nicht entschieden hatte, welches der beiden Erblehen er sein eigen nennen wollte; gleichwohl hatte er – soweit der Krieg das gestattete – die ganze Zeit hindurch aus beiden wie ein Eigentümer Nutzen gezogen. Das Gericht griff auf das älteste kastilische Recht zurück, um nachweisen zu können, daß Soldaten während eines Krieges Anspruch auf Schutz erheben können; dabei wies das Gericht mit Bedacht darauf hin, daß «dies kein Privileg des Befreiers von Kolumbien oder seines hohen Amtes ist, sondern noch für den letzten Soldaten im Kriege gilt».

Bolivar empfand aber auch ein ganz persönliches Bedürfnis nach Freiheit von allen Gesetzen. Das hing mit seiner Einstellung als Degenträger zusammen. Da er autoritär gesinnt war und Macht und Befehlsgewalt liebte, war er ein schlechter Untergebener und neigte von Natur nicht zum Gehorchen. Viel mehr als alle äußeren Umstände und politischen Verhältnisse erklärt dieser Charakterzug seine Zurückhaltung, als er von seinem diplomatischen Ausflug nach Caracas zurückkehrte. Er besah sich die Junta und fand, daß sie ihm mißfiel. «Bolivar war mit der Art, wie die Dinge in Venezuela gehandhabt wurden, nicht einverstanden und zog sich in sein Haus zurück», schreibt Mosquera, der ihn gut gekannt hat. Das ist das zweite Mal in einer langen Kette ähnlicher Vorkommnisse: daß er sich still und verächtlich zurückzieht, wie er es noch häufig tun wird – teils aus Stolz, teils weil er selber das Gefühl hat, er könne mit andern Leuten nur dergestalt umgehen, daß er befiehlt und die andern gehorchen. Darum hat er dem ersten venezolanischen Kongreß nicht angehört. Gewiß war er während der Wahl abwesend; aber das war Miranda auch, der zeitlebens ein Fremder im eigenen Land gewesen, und trotzdem gelang es Miranda, sich für El Pao wählen zu lassen, während Bolivar ohne Mandat blieb.

Über die Entfremdung, die um diese Zeit zwischen Bolivar und Miranda eingetreten sein soll, ist viel geschrieben worden. Wir haben unmittelbare Beweise dafür, daß Miranda weiterhin Bolivar ausgezeichnet hat, wie auch Bolivar dem General weiterhin Liebe und Verehrung gezollt hat. Bolivar hat in Valencia tapfer gekämpft und ist von seinem Chef keineswegs beiseite geschoben worden, dessen Bericht an das Kriegsministerium in einer Aufstellung von Offizieren, die den Dank der Nation verdienten, auch Bolivar nennt. Allerdings neigte Bolivar dazu, sich lange allein auf einem seiner Güter aufzuhalten. Was sonst sollte ein großer Mann auch tun! Und Bolivar war, was immer ihm sonst fehlen mochte, ein großer Mann. Wie sollte ein solcher Mann bereit sein, sich in die Streitereien zu mischen, die aus dem Kongreß einen Hahnenkampf oder einen Dorfmarkt machten? Miranda mußte viel Zeit damit vertun, daß er sich als Oberbefehlshaber gegen mancherlei Anschuldigungen verteidigte, von denen manche gewichtig, andere lächerlich waren. Er neigte zu der Auffassung, in Kriegszeiten müßten alle Privatvermögen dem Oberbefehlshaber zur Verfügung stehen. Er war hochfahrend und kurz angebunden, zumal mit seinen Landsleuten, von deren militärischen Gaben er eine geringe Meinung hatte. Das alles ergab eine kleinliche Atmosphäre, die einen Mann, der wie Bolivar für große Dinge und wenige Menschen geschaffen war, langweilen mußte. Man darf daher annehmen, daß er, wenn er sich Miranda fernhielt, sich dies alles vom Leibe halten wollte. Wann immer Miranda ihn brauchte, war Bolivar bereitwillig zur Stelle.

«Das Erdbeben fand am Gründonnerstag, dem 26. März 1812, nachmittags sieben Minuten nach vier statt», schreibt Heredia, «und war eines der größten und schrecklichsten, die man je auf Erden gesehen hat. Man spürte es vom Golf von Paria bis nach Santa Fé, die ganze Küste entlang bis nach Cartagena und viele Meilen hinaus aufs Meer ... In Caracas stürzten die Kirchen La Pastora, San Mauricio, La Merced, Santo Domingo und La Trinidad ein; diese letzte wurde buchstäblich zu Staub zermahlen, so daß man lange glaubte, sie sei im Erdboden verschwunden. Alle diese Kirchen waren mit Menschen überfüllt, die dort in einem Augenblick ihr Grab fanden, als sie es am wenigsten erwarteten. Der Kanonikus Don José Cortés y Madariaga, einer der Anführer der Revolution, erzählte später sehr bewegt, welch Entsetzen er empfand, als nach dem lärmenden Treiben der Menschen in La Merced plötzlich tiefe Stille herrschte, weil alle dort unter den Trümmern begraben lagen. In Caracas und La Guaira kamen fast zehntausend Menschen um, in andern Städten etwa viertausend. Die Überlebenden zogen sich aufs freie Land zurück, wo sie tagelang der Witterung ausgesetzt waren, bis sie sich einige Hütten bauen konnten ... Die Tatsache, daß dieses Unheil sich an demselben ehrwürdigen Freitag ereignete, den zwei Jahre vorher der erste Akt der Revolution unterbrochen und entweiht hatte, erfüllte die Bevölkerung mit Entsetzen, und manche, die stolz darauf waren, esprits forts zu sein, sahen darin sogar eine Strafe für jenes zwiefache Verbrechen. Einer der begeistertsten Patrioten versicherte mir, das Volk habe in den beklemmendsten Augenblicken Gnade und Barmherzigkeit vom König ebenso wie von Gott erfleht.»

Um diese Vorgänge zu erklären, hat man viel über den Einfluß der Priester auf das Volk geschrieben. Die Geistlichkeit war aber keineswegs durchweg königstreu; sie war in ihrer Mehrheit sogar für die Unabhängigkeit. Wir haben eine Fülle von Beweisen dafür, daß es sich um eine allgemeine und spontane Reaktion gehandelt hat, darunter einen Bericht von Kapitän Forrest, Kommandant der «Cyane», an Admiral Sterling. Die Regierung hingegen nahm die Macht der Geistlichkeit ernst. So versuchte sie, den Erzbischof zu zwingen, daß er eine vernünftige Erklärung der Ereignisse gäbe. Don Narciso Coll y Prat war ein gelehrter katalanischer Prälat, fromm und tapfer. Nach einigem Widerstreben erließ er einen Hirtenbrief, wenngleich nicht ganz in dem erhofften Geiste. Die Behörden antworteten darauf knapp: «Der Hirtenbrief ist nicht die Urkunde, wie die Regierung sie sich gewünscht und erbeten hat. Sie werden angewiesen, den Brief als antipolitisch eintragen zu lassen und seine Verbreitung zu untersagen.»

Wir verdanken Dr. José Domingo Diaz, der in Caracas geboren und Augenzeuge des Erdbebens war, die Beschreibung einer der lebendigsten Szenen dieses historischen Tages, an dem Bolivar im düstern Schein der Katastrophe zum erstenmal in seiner wahren Größe hervortritt. «Es war vier Uhr. Der Himmel über Caracas war außerordentlich klar und hell, eine unendliche Stille verstärkte noch die Gewalt einer unerträglichen Hitze; als ich mein Haus verließ, um zur Kathedrale zu gehen, fielen ein paar Regentropfen, ohne daß auch nur ein Wölkchen in Sicht war. Etwa hundert Schritte vor dem Platz von San Jacinto begann die Erde sich unter fürchterlichem Lärmen zu bewegen. Ich lief auf den Platz zu, stellte mich außer Reichweite der Gebäude und sah den größten Teil der Kirche in sich zusammenstürzen. Ebendort wurde ich inmitten von Staub und Sterben Zeuge der Zerstörung einer Stadt, die Einheimische und Fremde bezaubert hatte. Dem seltsamen Tosen folgte die Stille des Grabes. Ich war allein inmitten des Platzes und seiner Ruinen, hörte die Klagen derer, die in der Kirche starben, kletterte über die Trümmer und trat ins Innere. Ich sah, daß etwa vierzig Personen tot oder sterbend unter den Trümmern lagen. Ich kletterte wieder hinaus und werde diesen Augenblick niemals vergessen. Auf dem Trümmerhaufen traf ich Don Simon de Bolivar in Hemdsärmeln, der ebenfalls heraufkletterte, um zu erblicken, was ich gesehen hatte. Auf seinem Antlitz stand äußerstes Entsetzen oder äußerste Verzweiflung geschrieben. Er sah mich und richtete diese gottlosen und unerhörten Worte an mich: ‹Stellt sich die Natur uns entgegen, so werden wir sie bekämpfen und zwingen, uns zu gehorchen.› Mittlerweile hatte sich der Platz mit schreienden Menschen gefüllt.»

Bolivar auf jenem Trümmerhaufen ist der einzige, der die Sprache der Zukunft spricht. Er verschwendet seine Zeit nicht damit, mit dem Erzbischof über die genaue Grenze zwischen göttlicher Gerechtigkeit, öffentlicher Notwendigkeit und privater Sittlichkeit zu disputieren. Er läuft nicht wie ein Narr oder Wahnsinniger mit dem Degen in der Hand umher, um abergläubische Priester von improvisierten Kanzeln zu vertreiben, von denen aus sie die Menge ob ihres Verrates an Ferdinand VII. anpredigten – wie uns manche Biographen glauben machen wollen. Er spricht Worte, deren «Unerhörtheit» seine Willenskraft ausdrücken, jene diabolische Anspannung eines prometheischen Willens, welche die Wurzel seiner Größe ist.

«Einige Kongreßabgeordnete versicherten mir um die Zeit, als die Regierung nach Valencia verlegt wurde, sie und viele andere seien überzeugt davon, daß die neue Republik nicht dauern könne und wie ein Kinderspiel ausgehen werde.» Das schrieb Heredia schon lange vor dem Erdbeben. Am 3. April 1812 wurden dem dreiköpfigen Regierungsrat diktatorische Vollmachten übertragen. Monteverde aber nahm eine Stadt nach der andern, und die Lage wurde stündlich ernster. Die Diktatur wurde zunächst dem Marqués de Toro angeboten, der jedoch ablehnte; dann übernahm sie Miranda mit dem Titel Generalissimus am 24. April 1812. Die Ernennung mißfiel der Toropartei, aber Bolivar hielt die Sache der Unabhängigkeit und Miranda die Treue. Er ging nach Maracay, wo er, wie der Kriegsminister schreibt, «diese Bevölkerung aus der Niedergeschlagenheit, in der sie sich befand, aufrichtete», und versprach, sich nach La Cabrera zu begeben, «um dort dasselbe unter den Truppen zu tun». Schließlich schrieb er an Miranda, dieser «würde unschätzbar viel Gutes tun, wenn er jenen Teil des Landes persönlich besuchte».

Monteverde rückte rasch vor. Der Hauptgrund seines Erfolges war die allgemeine Begeisterung für die Sache des Königs, die Fahnenflucht der republikanischen Truppen und seine sorglose Gleichgültigkeit gegenüber militärischer Klugheit und Manneszucht. Leichte Siege führten ihn bis an die Tore von Valencia, wo er am 4. Mai «unter Tausenden von Jubelrufen», ohne auf Widerstand zu stoßen, seinen Einzug hielt. Als Ceballos eintraf, um den Befehl zu übernehmen, widersetzte sich Monteverde ihm. Worin lag seine Stärke? Jetzt wird verständlich, warum er jede Stadt, die er einnahm, seinen Truppen zur Plünderung freigab. Ceballos «gab Monteverde strengsten Befehl, unter keinen Umständen das schreckliche Plündern der Städte zu gestatten». Ceballos verbot das Plündern, Monteverde gestattete es. Deshalb konnte Monteverde, als Ceballos das Kommando verlangte, dieses behalten; denn er führte nicht eine reguläre Truppe, sondern einen bunten Haufen von zusammengelaufenen Kämpfern, darunter viele Venezolaner.

Obwohl er für die Sache, die er augenscheinlich verteidigte, ein wahrer Fluch war, hatte Monteverde auch seine guten Seiten. Für seine persönliche Ehrenhaftigkeit zeugt kein Geringerer als sein Gegner Heredia, wenn er berichtet: «Weit davon entfernt, aus der Wiedereroberung persönlichen Nutzen zu ziehen, gab er seine begrenzten Ersparnisse dafür aus.» Das bestätigt, wie konkret das Ziel war, das Monteverde anstrebte, wenn er das Plündern erlaubte. Es ging ihm nicht um Beute, sondern um Macht.

Gleichwohl war Monteverdes Lage «sehr kritisch». Er war hunderte Meilen von seiner Basis entfernt und besaß weder Reserven noch Munition. Er hätte verloren sein müssen, aber die Republik konnte ihre Verbände nicht auffüllen. «Das Rekrutieren wurde zu einer wahren Menschenjagd, so daß es auf dem Lande keine Knechte mehr gab, während sich die Kasernen mit unterdrückten, mißmutigen Rekruten füllten.» Einer von Mirandas Beamten spricht sogar von Rekruten in Handschellen. Fahnenflucht war an der Tagesordnung. Mirandas Pläne schienen nur darauf ausgegangen zu sein, den Gegner zur Munitionsverschwendung zu zwingen, während er selber auf bessere Zeiten wartete. Die Zeiten wurden aber immer schlimmer. In der Nacht vom 11. auf den 12. Juni nahm Monteverde eine Höhe, von der aus er Mirandas rechten Flügel bedrohte. Miranda zog sich nach La Victoria, etwa sechzig Meilen von Caracas entfernt, zurück, doch mußte er «die beträchtlichen und wohlgefüllten Vorratslager der Heeresverwaltung» preisgeben. Am 20. griff Monteverde La Victoria an, wurde aber abgeschlagen. Miranda verfolgte ihn nicht, was er gewiß getan hätte, wenn er seinen eigenen Streitkräften getraut hätte. Monteverde befand sich in bedenklicher Lage und dachte daran, sich ernstlich zurückzuziehen. Er hatte noch viertausend Patronen und keine Hoffnung auf Hilfe. Der einzige Hafen in seinem Rücken, Puerto Cabello, befand sich in der Hand einer republikanischen Garnison unter Oberst Bolivar.

Monteverdes Rettung kam von Miranda. Der Generalissimus zeigt in diesem Augenblick die Haltung eines Fabius Cunctator, hin und wieder unterbrochen von plötzlich aufwallender Energie. Er ruft das Kriegsgericht aus und verspricht allen Sklaven, die zu seinen Fahnen stoßen, die Freilassung. Finanzielle Angelegenheiten lenken ihn ab, und Casa León, den die Republik mit der Verwaltung des Schatzamtes beauftragt hatte, berichtet, Mittel seien nicht vorhanden und nicht zu beschaffen. Daheim wird er von Intrigen umsponnen. José Felix Ribas, den er zum Gouverneur von

Caracas ernannt hatte, verfolgt rücksichtslos europäische Spanier und selbst Mantuanos, beschlagnahmt ihre Besitzungen und wirft sie in Ketten ins Gefängnis. Zu allem Überfluß bedroht ein Aufstand der Neger in Capaya und Curiepe die Hauptstadt und ruft ihm die Schrecken der Revolution von Haiti ins Gedächtnis. Merkwürdigerweise schrieb er etwa zu dieser Zeit, am 2. Juli 1812, an seinen Agenten Martin, er möge sich nach Aux Cayes begeben «und bis zu fünfhundert Neger für das Heer herbeiholen». Miranda muß an die Möglichkeit einer Vereinbarung mit Spanien gedacht haben, beeindruckt von der Tatsache, daß Spanien sich die liberalste und idealste Verfassung gegeben hatte, die Europa je gesehen. Vielleicht war das die Erklärung für seine merkwürdige Tatenlosigkeit. Am 5. Juli 1812 feierten der Generalissimus und sein Hauptquartier den Jahrestag der Unabhängigkeit Venezuelas, und am Nachmittag versammelte Miranda seine Offiziere zu einem Festessen. Er saß plaudernd beim Kaffee, wie es seine Art war, als ihm ein Kurier gemeldet wurde. Miranda verschwand in seinem Arbeitszimmer und kehrte nicht mehr zurück. Der Kurier hatte ihm einen Brief gebracht: «1. Juli 1812. Herr General! Ein Offizier, der den Namen eines Venezolaners nicht verdient, hat mit Hilfe von Gefangenen das Kastell von San Felipe genommen und hält jetzt die Stadt unter furchtbarem Feuer. Wenn Euer Excellenz nicht alsbald die Nachhut angreifen, ist der Ort verloren. Ich werde aushalten, solange ich kann. Simon Bolivar.» Der Brief war vier Tage alt. Puerto Cabello war gefallen.

ZWEITES KAPITEL

Der Hammer des Mißgeschicks

Der Verlust von Puerto Cabello ist das entscheidendste Ereignis in Bolivars Leben. Die näheren Umstände finden sich in einem Bericht, den Bolivar selber Miranda am 12. Juli 1812 erstattet hat. Der Hafen war damals von größter Bedeutung für die Republik. Er war ein Stützpunkt, das größte Vorrats- und Munitionslager und zudem einer der beiden Haupthäfen für Zufuhren aus dem Ausland. Zu jener Zeit war er außerdem eine starke Stellung im Rücken Monteverdes, der sich unbedacht in eine hoffnungslose Lage zwischen Miranda in La Victoria und Bolivar in Puerte Cabello hineinmanövriert hatte. Der Generalissimus hegte eine Vorliebe für Bolivar und gab dieser sichtbaren Ausdruck, als er ihm eines der wichtigsten Kommandos übertrug. Das war eine der Ursachen der Katastrophe; denn Bolivar verstand von der Kriegskunst nicht mehr als irgendein Amateurkavallerist. Einen Ort wie Puerto Cabello unter den tragischen Bedingungen zu halten, die nun einmal gegeben waren, überstieg damals noch sein Wissen und seine Erfahrung.

Stadt und Hafen wurden von der Festung San Felipe beherrscht, in deren Verliesen eine Reihe von Spaniern lagen, die 1810 als Komplizen der Linares-Verschwörung verurteilt worden waren. Die Festung, deren Kommandant Oberst Aymerich war, barg Vorräte, von denen dreihundert Mann drei Monate lang leben konnten, und dazu den größten Teil des vorhandenen Schießpulvers. Aymerich begab sich in das Haus seines künftigen Schwiegervaters, um zu heiraten, und hinterließ die Festung unter dem Befehl seines Stellvertreters Vinoni. Diese Tatsache ist uns auch aus anderen Quellen bekannt. Sehen wir zu, wie Bolivar die Sache seinem Chef darstellt: «Man nimmt an, daß der Grund, aus dem Leutnant Vinoni sich bereitfand, die Festung zu verkaufen, einerseits darin bestand, daß er Gelder seiner Firma veruntreut hatte, und andererseits in der Verlockung hoher Kommandostellen oder großer Reichtümer, die der Verräter als Lohn seiner Übeltat erwartete ... Dieser unwürdige Offizier ist ein Mann von ekelhaftem Betragen, er hat weder Ehre noch Talent. Von alledem wußte ich nichts. Den Festungskommandanten Ramón Aymerich, der in der Festung lebte, trifft keine Schuld; er ist nicht nur ein ehrenhafter und intelligenter Offizier, sondern auch so sorgfältig in der Pflichterfüllung, daß es zweifelhaft ist, ob sich ein Mann finden ließe, der die Festung San Felipe mit mehr Eifer und Wachsamkeit leiten würde.» Das überzeugt nicht. Der zweite Mann in der Schlüsselstellung einer Stadt, die wiederum eine Schlüsselstellung einnimmt, ist ein Verräter von ekelhaftem Betragen; seine beiden nächsten Vorgesetzten wissen jedoch nichts davon, daß ihm Ehre und Talent mangeln, und einer von ihnen lobt den andern, wenn dieser dem ekelhaften Verräter die Verantwortung überläßt, weil er selber seine Hochzeit feiern will. Der Bolivar, den dieser Bericht enthüllt, ist noch nicht reif für große Dinge.

Außerdem ist er aufgeregt. Um drei Uhr früh am 1. Juli schrieb er seinen ersten Brief an Miranda, worin er von dem «furchtbaren Feuer» sprach, mit dem die Festung die Stadt eindeckte. Dieselben Worte finden sich auch in dem späteren Bericht: «Der Feind beschoß weiterhin die Stadt auf die furchtbarste und tödlichste Weise mit Artillerie- und Gewehrfeuer.» Aus diesem Bericht geht hervor, daß Bolivar in der hoffnungslosen Lage, in der er sich befand, sein möglichstes getan hat, zumal täglich einzelne Soldaten oder ganze Einheiten zum Feind überliefen. Er versuchte, die Moral der Stadt aufrechtzuerhalten, und ging dabei sogar so weit, daß er einige Siege erfand, die in den Straßen mit Trommeln und Pfeifen gefeiert wurden; aber das Herz von Puerto Cabello schlug nicht für die Republik, und nach viertägigem Kampf verließ er mit seinem Stab, alles in allem acht Mann, die Stadt an Bord eines Schiffes, dessen Kapitän übrigens ein europäischer Spanier war.

Kein Wunder, daß der enttäuschte Kommandeur den Bericht an seinen Chef mit den trübseligen Worten beschließt: «Was mich angeht, so habe ich meine Pflicht getan. Ist auch die Festung Puerto Cabello verloren, so bin ich doch unschuldig und habe meine Ehre gerettet. Ich wünschte, daß ich mein Leben nicht gerettet, sondern es unter den Trümmern einer Stadt gelassen hätte, welche die letzte Zuflucht für Venezuelas Freiheit und Ruhm hätte sein sollen!»

Das ist die Äußerung eines Ehrenmannes, der das Gefühl hat, seinen eigenen Ansprüchen nicht genügt zu haben. Nicht wir urteilen über ihn, sondern er selber meint das. Es bedeutet für uns hier wenig, ob Bolivar unter den gegebenen Verhältnissen nach den für alle gültigen Maßstäben militärischen Wissens und persönlicher Ehre recht oder unrecht getan hat. Es kommt nicht darauf an, was wir von Bolivar halten, sondern was Bolivar selber über Bolivar dachte und empfand. Insoweit geben die Urkunden klare Auskunft. Außer dem eben erwähnten, eine Woche nach seiner Flucht aus Puerto Cabello am 14. Juli abgefaßten Bericht haben wir noch zwei rührende Briefe an Miranda. Am 12. Juli schreibt Bolivar: «Wie soll ich es wagen, die Feder in die Hand zu nehmen, um Ihnen zu schreiben, da Puerto Cabello in meinen Händen verlorenging? Mein Herz ist zerbrochen..., mein Gemüt so bedrückt, daß ich nicht mehr den Mut habe, auch nur einen einzigen Soldaten zu kommandieren. Ich war so eingebildet zu glauben, mein Wunsch, es gut zu machen, und meine glühende Vaterlandsliebe könnten die Gaben eines Führers ersetzen, die ich nicht besitze. Ich bitte Sie daher, mich entweder dem geringsten Ihrer Offiziere zu unterstellen oder mir ein paar Tage Erholung zu gewähren... Ich befinde mich in tödlicher Verwirrung.» Dann kündigte er an, er werde einen eingehenden Bericht über die Ereignisse vorbereiten, um – man beachte die Worte! – «in den Augen der Öffentlichkeit Ihre Wahl und meine Ehre zu retten»... Das beweist schlagend, daß Bolivar sich der Wichtigkeit des

Postens bewußt war, für den Miranda ihn ausgewählt hatte.

Was schrieb der Oberbefehlshaber an seinen Untergebenen? «Mein lieber Bolivar, Ihrem Brief vom 1. ds. entnehme ich das außerordentliche Schicksal der Festung San Felipe. Daraus erkennen wir, was die Menschen sind. Voll Sorge erwarte ich weitere Nachricht von Ihnen und werde morgen ausführlicher schreiben.» Hätte er freundlicher oder liebevoller schreiben können? Darum wollen wir alle Geschichten über Zerwürfnisse zwischen Miranda und Bolivar fahren lassen. Tatsache bleibt, daß Bolivar nicht genug innere Geschlossenheit besaß, um Miranda gegenüberzutreten. Er war zerfallen – viel mehr noch, als ein anderer es gewesen wäre –, weil einander widerstrebende Kräfte sich in seinem Innern befehdeten, weil er groß und weil er diabolisch stolz und egoistisch war. Zu jener Zeit war Bolivar viel zu zerquält, als daß er anderswo als in einer wahren Hölle von Niedergeschlagenheit sein konnte, inmitten eines Wirbelsturmes heftiger Leidenschaften, die ihn in Entsagung und Schande versinken lassen sollten.

Der Verlust von Puerto Cabello war zwar tatsächlich für die strategische Lage, für die moralische Verfassung und das Ansehen der neuen Republik verhängnisvoll, veränderte jedoch die Situation, wie sie sich in Mirandas Denken spiegelte, nicht grundlegend. Nichts als sein geheimer, vielleicht unterbewußter Entschluß, sich mit Monteverde zu einigen, kann seine Untätigkeit in diesem Augenblick erklären. Wie viele andere Republikaner hatte auch er aufgehört, an die Republik zu glauben. Puerte Cabello änderte nichts an seiner inneren Haltung, doch reinigte es für seine Absicht die Atmosphäre, so daß er freier atmen konnte. Caracas ließ den Kopf hängen, als es hörte, Puerto Cabello sei gefallen, und in La Victoria setzte sich die Ansicht durch, daß man nur noch kapitulieren könne. Aus Angst vor Mirandas Entrüstung und tyrannischer Macht wagte jedoch niemand, das Thema anzuschneiden, bis er selbst in einem Gespräch mit Casa León einen Wink gab. Miranda berief eine Sitzung ein, an der Roscio und Espejo als Mitglieder der Regierung sowie Casa León und andere teilnahmen, und erklärte dort, «trotz der Begeisterung, mit der er die Befreiung seines Landes immer ersehnt und dafür gearbeitet habe, sehe er ein, daß es unmöglich sei, sie zu erlangen oder den Kampf fortzusetzen, ohne die Provinzen dem völligen Ruin preiszugeben. Daher schlage er als einzigen Ausweg vor, die frühere Regierung dadurch wiedereinzusetzen, daß man vor der königlichen Armee zu den günstigen Bedingungen kapituliere, auf die man angesichts der liberalen Grundsätze, die zur Zeit im Mutterland herrschten, hoffen könne.»

So berichtet Heredia, der Casa León gut gekannt hat. Er bestätigt damit unsere Vermutung, daß Miranda an diesem Punkt durch den liberalen und großzügigen Geist der neuen spanischen Verfassung irregeführt worden ist. Die Sitzungsteilnehmer stimmten seinen Worten einmütig zu. Aber der Gegner, vor dem Miranda kapitulieren wollte, waren nicht die Cortes in Cadiz, die für die neue Verfassung gestimmt hatten, sondern Monteverde. Selbigen Tages noch schickte Miranda dem spanischen Kommandeur ein Ersuchen um Waffenstillstand. Monteverde, «dessen Lage nicht weniger kritisch war, schätzte sich glücklich, weil ihm angeboten wurde, was er kaum zu hoffen gewagt hatte». Trotzdem antwortete er kühl, er sei zu einer Konferenz bereit, aber nicht vor seiner Rückkehr nach San Mateo; inzwischen sollten alle militärischen Operationen eingestellt werden, außer daß «die Truppen, die zu Wasser und zu Lande ihre Stellungen vor Caracas beziehen, wie vorgesehen ihren Marsch fortsetzen sollen». Nach einigem Hin und Her, bei dem beide Kommandeure blufften, entsandte Miranda Fernandez de León als Unterhändler.

Das «Abkommen», das León Miranda übermittelte, sah unter anderem vor: eine Amnestie nur für die von den königlichen Truppen noch nicht besetzten Gebiete; Papiergeld soll nicht in Umlauf sein, bis die Regierung, also

Monteverde, beschlossen hat, was damit geschehen soll; die Kapitulation darf die Einwohner von Venezuela nicht vom Genuß der Gesetze der Cortes ausschließen. In seinem Begleitbrief schrieb León an Miranda: «Unter diesen Umständen und in Anbetracht der Lage der Dinge glaube ich, daß ich hierbleiben muß, um meinen Frieden zu sichern.» Das mag als Warnung an Miranda gedacht gewesen sein; dieser beachtete sie jedoch nicht. Innerhalb der knappen zwölf Stunden, die Monteverde verlangt hatte, unterzeichnete er am 25. Juli 1812 diese Kapitulation, die nahezu ein Ultimatum war.

Die Republik hatte verloren, aber der König hatte nicht gewonnen. Der wirkliche Gewinner war Monteverde. Er hatte diese Gelegenheit benutzt, um sich offiziell die Herrschaft über seine «Eroberung» zu sichern. Miranda hatte seinen Kriegsminister Sata y Bussy als Delegierten für die Ausführung der Kapitulation bestimmt. Zusammen mit diesem Ehrenmann, der die Gelegenheit benutzte, um die Partei zu wechseln, setzte Monteverde eine völlig überflüssige Urkunde darüber auf, wie die Kapitulation durchzuführen sei. Der erste Artikel enthüllt naiv seine Absicht: «Der Delegierte der Armee von Caracas macht zur Bedingung dieses Abkommens, daß die Ausführung und Erfüllung alles früher Vereinbarten sowie die Besetzung und Übernahme der Provinz Caracas ausschließlich Don Domingo Monteverde zustehen, mit dem diese Vereinbarung von Anfang an getroffen wurde; das Volk von Caracas wird ferner nicht zustimmen, daß insoweit irgend etwas geändert wird.» Als Miyares auf dem Rückweg von Puerto Rico in Cabello an Land ging, erhielt er einen Brief seines Untergebenen Monteverde, der ihn aufforderte, sich um des Gemeinwohls willen nach Coro zurückzuziehen, da die Rebellen, die er unterworfen hatte, sich weigerten, irgend jemand anders als Monteverde zu gehorchen. So blieb das Land wiederum geteilt: Coro, Maracaibo und Guayana hielten Miyares die Treue, aber der mittlere Teil, darunter Caracas und Barinas, sowie

Cumaná im Osten wurden von Monteverde gehalten. Flaggen und Farben hatten sich gewandelt, die Anarchie blieb bestehen.

Vollständige Anarchie traf Miranda in Caracas an. Die Weißen, zumal die europäischen Spanier, waren, was immer ihre Ansicht oder Vorgeschichte sein mochte, ohne rechtliche Formalitäten aus ihren Häusern gejagt und in Ketten in den Kerker geworfen worden. José Felix Ribas, der von Miranda ernannte Gouverneur, der Menschenleben kaufte und verkaufte, um sich zu bereichern, erläuterte seinem Chef, die europäischen Spanier seien «unsere natürlichen Feinde». In einem Brief an Miranda setzte er hinzu: «Vergeben Sie nicht diesen bösen Spaniern, Herr General, die wir ins Gefängnis gebracht haben; ihnen gehören die wenigen Millionen Pesos, die es im Lande gibt, und das ist der goldene Schlüssel des Philippus.» Inzwischen zog die Republik aus diesen Verfolgungen nur geringen Nutzen, denn der «Angeklagten» Besitztümer «dienten dazu, dem einen oder anderen Hai, den der Sturm der Revolution an die Oberfläche gespült hatte, die Taschen zu füllen». Miranda entfernte Ribas und ernannte einen gewissen Quero, dessen Ruf bald ebenso schlecht oder noch schlimmer sein sollte. Das geschah bei Mirandas Rückkehr aus La Victoria am 26. Juli. Damals wurde Caracas im Westen von einer Mulattentruppe und im Osten von den Negern aus Capaya bedroht. Unter dem Vorwand, die Stadt gegen die Neger zu verteidigen, schickte Quero eine Abteilung Spanier aus, um in Dos Caminos Stellung zu beziehen; im Gepäck verborgen trugen sie königstreue Fahnen bei sich, «um sie zu entfalten, falls das nötig würde». Er war nicht der einzige, der sich darauf vorbereitete, den Weg zurück anzutreten.

Miranda war durch das Mißtrauen und die Proteste vieler seiner Offiziere, die sein Vorgehen und erst recht seine geheimen und geheimnisvollen Machenschaften nicht verstanden, verärgert und bereitete sich darauf vor, außer Landes zu gehen. Schon am 15. Juli hatte er daran gedacht zu entweichen, also zehn Tage vor der Kapitulation; damals hatte sein französischer Adjutant Leleux den größten Teil seiner Akten nach La Guaira gebracht. Er selbst begab sich am folgenden Tage dorthin. Am 18. Juli wurden dem englischen Kaufmann Gage Robertson von León für Mirandas Rechnung zehntausend Goldpesos übergeben, und ferner erging Weisung, die Brigg «Celoso» und drei Kanonenboote klarzumachen. Schließlich war Miranda sorgfältig darauf bedacht gewesen, keine Schiffe in die Kapitulation aufzunehmen, was Monteverde, wiewohl ein Marineoffizier, in seiner Begeisterung über die zu Lande errungenen Siege nicht bemerkt hatte.

In Caracas kümmerte sich Miranda um wenig anderes als um seine eigene Sicherheit und um das Wohl der vielen Offiziere, die vom Ausland nach Venezuela gekommen waren, um auf seiner Seite zu kämpfen. Er unterrichtete den Stadtrat von Caracas von der Kapitulation, veröffentlichte diese jedoch nicht, sondern überließ es den vielen Deserteuren, die in die Stadt strömten, die Nachricht zu verbreiten. Ferner ordnete er am 28. Juli die Demobilmachung einiger Einheiten an. Soublette, Mirandas Sekretär, schickte Leleux genau Weisungen, wie er Mirandas Bücher und Landkarten verpacken und an Bord der Brigg «Watson» bringen solle, die nach Curaçao auslaufen würde. Der Rest der republikanischen Armee traf in Caracas ein, das Herr Monteverdes folgte ihr auf dem Fuße. Als die republikanischen Offiziere Miranda aufsuchten und um Befehle baten, riet er ihnen, nach Hause zu gehen und auszuruhen, sagte aber nichts von seiner Absicht, nach La Guaira abzureisen, was er noch an ebenjenem 30. Juli nachmittags um drei Uhr tat. An demselben Tage zog Monteverde in Caracas ein, das er unbedingt vor den aufständischen Negern retten wollte. Die Straße zwischen Caracas und La Guaira war von Flüchtlingen verstopft.

Die «Sapphire», dieselbe Korvette der britischen Marine, die im Dezember 1810 Bolivar und Mirandas Gepäck nach La

Guaira gebracht hatte, war am 25. Juli, an dem die Kapitulation unterzeichnet wurde, wieder in La Guaira eingelaufen. Die britische Flotte ist immer pünktlich. Das Schiff sollte bald wieder auslaufen, diesmal mit Miranda und Bolivars Gepäck. Bolivar wollte es jedoch anders, und so fuhr Miranda nicht ab.

Mit Soublette und zwei Dienern traf Miranda in der Abenddämmerung des 30. Juli in La Guaira ein. Die Stadt war noch übersät mit den Trümmern und Ruinen, die das Erdbeben hinterlassen hatte; in ihrer Mitte konnte man die menschlichen Ruinen und Trümmer der Politik erblicken. In der Luft lag die Stimmung, der Teufel möge die Zeche begleichen, und niemand dachte an etwas anderes als an Flucht. Miranda hätte noch selbigen Tages an Bord gehen können. Sein Gepäck war von der «Watson» auf die «Sapphire» hinübergebracht worden, und Robertson mit seinen zweiundzwanzigtausend Pesos war bereits an Bord; er zog es jedoch vor, die Nacht als Gast von Casas, des Kommandanten von La Guaira, im Zollhaus zu verbringen, das damals zugleich als Residenz des Gouverneurs diente. Kapitän Haynes von der «Sapphire» speiste an diesem Abend mit Miranda und Dr. Peña, dem Zivilgouverneur von La Guaira, bei Casas, und es wurde der Vorschlag gemacht, Miranda solle die Nacht an Land verbringen. Sehr zum Mißfallen von Haynes willigte Miranda ein; der Kapitän fürchtete, es könne dem General etwas zustoßen, und drängte ihn, er solle an Bord gehen, doch sprach er weniger offen, als er getan hätte, wenn er den übrigen Anwesenden getraut hätte. Casas scheint dafür gesorgt zu haben, daß Mirandas Schlafzimmer nicht abzuschließen war. Gegen drei Uhr morgens wurde er rauh aus dem Schlaf gerissen. Bolivar stand mit zwei andern Männern im Zimmer. Sie forderten ihn auf, sich anzukleiden. Er merkte, daß er nicht in Freundeshand war, zog sich an, trat aus dem Zimmer, nahm Soublette eine Laterne aus der Hand und hob sie zu den Gesichtern der Verschwörer empor: «Kabalen, Kabalen ..., diese Leute verstehen sich auf nichts als Kabalen.» In der dunklen, stillen Nacht zwangen Bolivar, Casas und Peña Miranda, den ganzen Weg bis zur Festung San Carlos zu Fuß zu gehen, wo sie ihn in einem Verlies einschlossen. Noch in der Nacht reiste Peña nach Caracas ab, um Monteverde von dem Ereignis zu unterrichten. Unterwegs begegnete er einem Kurier, den Monteverde an Casas schickte, um die Schließung des Hafens anzuordnen, bis königliche Beamte einträfen; andernfalls würde er, Monteverde, «alle bisher getroffenen Abmachungen für null und nichtig erachten».

Soweit die Tatsachen. Nun die Urkunden. Am 26. August schrieb Monteverde von Caracas aus an die spanische Regierung: «... denen, die zwar angesteckt worden waren, aber auf diese oder jene Weise entgegen den bösen Absichten der Rebellen gehandelt haben, müssen wir ihre Fehltritte verzeihen und müssen ihre Taten an den Früchten messen, die sie im Dienste Seiner Majestät gezeitigt haben. Zu dieser Kategorie gehören Manuel Maria de las Casas, Miguel Peña und Simon Bolivar. Casas und Peña waren mit der Regierung von La Guaira beauftragt, jener in militärischer, dieser in ziviler Hinsicht, als die Rebellen in dieser Provinz mit ihrem Diktator Miranda aus jenem Hafen zu entfliehen versuchten, wobei sie die Reste des Staatsvermögens mitnehmen wollen ... Sobald ich die Stadt betrat, gab ich strengste Weisung, sie zu verhaften; glücklicherweise hatte jedoch, als meine mit aller Beschleunigung übermittelte Weisung eintraf, Casas auf Peñas Rat und mit Bolivars Hilfe Miranda bereits ins Gefängnis gesperrt und sich aller seiner Kollegen dort versichert. Das war ein Unternehmen, bei dem Casas sein Leben riskierte; denn er hätte es verloren, wenn seine Befehle mißachtet worden wären, und Peña und Bolivar gingen das gleiche Risiko ein. Casas beendete sein Werk auf höchst befriedigende Weise. Ich kann die bemerkenswerten Dienste von Casas, Bolivar und Peña nicht vergessen, derenthalben alle drei geachtet werden; einen Auslandspaß hat jedoch nur der zweite erhalten, da seine Beziehungen und sein Einfluß unter den gegebenen Umständen gefährlich sein könnten.»

Dieses Schriftstück ist klar und eindeutig. Miranda war den spanischen Behörden von Casas, Peña und Bolivar ausgeliefert worden, und zwar unter Begleitumständen, die Monteverde zu der Ansicht bestimmten, daß die drei Männer eine Belohnung verdienten: Casas und Peña sollten unbehelligt bleiben, Bolivar einen Paß erhalten. Warum hat Bolivar Miranda ausgeliefert? Der Fall wird durch einen Absatz in Heredias Memoiren geklärt. Heredia war dagewesen. Er verkehrte mit diesen Männern, die er persönlich kannte. Er war die Ehre selbst. Er mag sich irren, aber lügen kann er nicht. Er hat nichts zu gewinnen. Hier ist sein Bericht: «Während seines Aufenthaltes in La Guaira, wo Miranda damals an Bord gehen wollte, plante Bolivar, diesen unglücklichen Mann, seinen nahen Freund, zu verhaften, und tat es dann selber, obwohl er sich früher gerühmt hatte, ihn nach Venezuela gebracht zu haben. Eine schändliche Tat, deren schwarzen Fleck er nie wieder von seiner Ehre abwaschen kann. Durch Vermittlung des Zehntverwalters Don Francisco Iturbe erwirkte er von Monteverde einen Paß und reiste Anfang August 1812 nach Curaçao ab; er gab sich, als sei er halbwegs von seinen revolutionären Ideen geheilt und entschlossen, in Lord Wellingtons englischer Armee als Freiwilliger zu dienen, um dadurch die Gunst der spanischen Regierung wiederzuerlangen. Diese Haltung, von der mir seine intimsten Freunde versicherten, daß sie aufrichtig sei, änderte sich vollständig, als er in Curaçao erfuhr, Monteverde habe bald nach seiner Abreise seine Ländereien und das Einkommen beschlagnahmt, von dem er sich in seiner neuen Laufbahn angemessen zu unterhalten gedacht hatte.»

Auch das ist wieder unbestreitbar. Bolivar lieferte Miranda aus, um sich bei der spanischen Regierung beliebt zu machen und die Seite zu wechseln – wie das auch Casas und Peña und Juan Toro und Dutzende von führenden Republikanern damals taten. Heredia versichert das ohne jeden Vorbehalt.

Bolivar reiste als ein Bekehrter ab und war entschlossen, nicht etwa in die britische Armee überhaupt einzutreten, sondern in Wellingtons britische Armee, d. h. in die Armee, die für Spaniens Freiheit kämpfte. Ferner fügt er hinzu, die Aufrichtigkeit seiner Absichten sei von Bolivars intimsten Freunden bestätigt worden. Damit steht zweifelsfrei fest, daß Bolivar seine Absicht im Gespräch mitgeteilt hat – mochte er nun aufrichtig sein oder nicht; das ist eine Tatsache, die man sich im Hinblick auf spätere Zeiten merken muß.

Zwei Schriftstücke von Bolivars Hand bestätigen Heredia vollauf. In einem Brief, den er am 10. September von Curaçao aus an Iturbe schrieb, findet sich eine bezeichnende Nachschrift: «Sollten dort Gerüchte über meine politische Haltung oder meine Handlungsweise aufkommen, so dürfen Sie diese in der Gewißheit abstreiten, daß sie falsch sind. Ich warne Sie davor, nicht weil ich damit rechne, sondern weil ich weiß, daß es dort viele böswillige Leute aus Caracas gibt, die sich als Denunzianten bei der Regierung beliebt machen wollen.» Da Iturbe ein hoher Beamter der spanischen Regierung und zudem ein europäischer Spanier war, dank dessen Fürsprache Bolivar La Guaira als freier Mann hatte verlassen können, beweisen diese Worte, daß Bolivar entschlossen war, sich als guter Spanier aufzuführen und daß er Sorge hatte, Denunzianten könnten ihn des Gegenteils beschuldigen. Am 19. September schrieb er abermals an Iturbe und bat ihn, er möge dafür sorgen, daß statt Ascanio (der nach den Kanarischen Inseln abgereist war) ein anderer mit der Verwaltung seines Vermögens betraut würde, daß seine Stadthäuser vermietet würden und dergleichen mehr: ein Beweis für sein Vertrauen darauf, daß seine Interessen trotz seiner politischen Vergangenheit nicht in Gefahr seien. Auch das muß für spätere Verwendung festgehalten werden. Dann setzte er hinzu: «Was ich Ihnen besonders dringend nahelege, ist meine Forderung, daß die Behörden die Beschlagnahme des Vermögens meines Bruders aufheben, das ich infolge seines Todes erben muß; und vergessen Sie nicht, daß ich, um in den

Besitz dieses Vermögens zu gelangen, zu jedem nur möglichen Opfer bereit bin.» Was konnte ein im Exil lebender Bolivar der spanischen Regierung wohl opfern, wenn nicht seine politische Stellung?

Wenige geschichtliche Vorkommnisse lassen sich durch Urkunden besser belegen als dieses. Drei zeitgenössische Zeugen, von denen zwei, Monteverde und Bolivar, unmittelbar beteiligt waren, während Heredia als Zuschauer fungierte, haben Berichte hinterlassen, die sich, wiewohl voneinander unabhängig, nahtlos zusammenfügen lassen. Monteverde sagt, Bolivar habe um einen Auslandspaß gebeten, und Heredia schreibt, Bolivar habe in Wellingtons Armee eintreten wollen. Monteverde sagt, Bolivar habe Miranda aus eigenem Antrieb ausgeliefert und verdiene dafür belohnt zu werden; Heredia schreibt, er habe es um der Belohnung willen getan, und Bolivar fügt hinzu, er lege Wert darauf, Glauben zu finden, wenn er sage, er wolle sich so aufführen, daß die spanische Regierung mit ihm zufrieden wäre. Heredia schreibt, Bolivar habe seine Ansicht geändert, als sein Vermögen konfisziert wurde, und Bolivar erklärt, er sei, um seines Bruders Vermögen in Besitz nehmen zu können, zu jedem Opfer bereit – um von seinem eigenen Vermögen zu schweigen, das er in Sicherheit wähnt. Die ganze Geschichte wird abgerundet und bestätigt durch den Kubaner Yanes, der Bolivar gut gekannt und unter ihm gedient hat: «Durch Vermittlung eines ehrenwerten Spaniers, Don Francisco Iturbe, erlangte Bolivar von Monteverde einen Paß und traf mit einigen Freunden in Curaçao ein. Er wollte nach Europa reisen, um dort in Wellingtons Armee zu dienen. Als er jedoch erfuhr, daß sein Vermögen beschlagnahmt worden war, als er von Monteverdes gewaltsamem und tyrannischem Handeln hörte und weiter vernahm, er werde dasselbe Schicksal teilen, falls er nach Caracas zurückkehrte, beschloß er, nach Cartagena zu gehen, um mitzuhelfen, sein Land von diesem perfiden Tyrannen zu befreien.»

DRITTES KAPITEL

Bolivars erstes Exil

Was Bolivar in der Zeit zwischen dem 30. Juli, als er Miranda den spanischen Behörden auslieferte, und dem 26. August, als er zusammen mit Iturbe bei Monteverde um seinen Auslandspaß nachsuchte, getan hat, wissen wir nicht. Die meiste Zeit muß er mit komplizierten Anordnungen verbracht haben, die ein Vermögen wie seines erforderlich machte. Soviel läßt sich aus seinen Briefen an Iturbe schließen. Am Tag nach seinem Besuch bei Monteverde verließ Bolivar La Guaira. Anscheinend versuchte er zunächst, auf dem Schiff eines englischen Kaufmanns abzureisen, an den Monteverde ein Empfehlungsschreiben gerichtet hatte; dieser weigerte sich aber wegen Bolivars Verhalten gegenüber Miranda, ihn an Bord zu nehmen. Er fuhr dann bald darauf an Bord der spanischen Schaluppe «Jesús, Maria y José» nach Curaçao.

Inzwischen richtete Miranda aus seinem Kerker Eingabe über Eingabe an die Audiencia nach Caracas. Es war ein schwieriger Augenblick in der Geschichte der Befreiung der spanischen Königreiche in der Neuen Welt: Der Vorläufer und der nachmalige Befreier waren beide auf dem Schlachtfeld des Lebens zu Fall gekommen. Für den Vorläufer ist es jedoch der letzte Sturz, für ihn ist die Freiheit vorbei und das Leben selber fast zu Ende. Für den Befreier hingegen ist dieser Sturz nur die Krise von Herz und Charakter, die aus ihm machen wird, was er bis dahin nur versucht hatte zu sein: der Führer eines in den Geburtswehen liegenden Kontinents. Beide dachten zu jener Zeit an eine Aussöhnung mit Spanien, aber auf verschiedene Weise. Miranda befand sich am Ende seiner Laufbahn voller Enttäuschungen und Fehlschläge. Er war jenseits von Worten und Tatsachen in den Bereich des Charakters und der Beweggründe vorgestoßen und hatte erkannt, daß alle Spanier, mochten sie nun in der Neuen oder

Alten Welt geboren sein, eine Einheit bildeten. Noch am 8. Mai 1813 schrieb er an die Audiencia, um zu erklären, das Ziel seiner Kapitulation sei gewesen, «Amerikaner und Europäer auszusöhnen, auf daß sie inskünftig eine Gemeinschaft bildeten, eine Familie mit gleichen Interessen; auf daß Caracas dem übrigen Kontinent ein Beispiel seiner politischen Ansichten gäbe und bewiese, daß es eine ehrenhafte Aussöhnung den gefahrvollen Bewegungen eines verheerenden Bürgerkriegs vorzöge».

Diese Haltung wurde von den Patrioten seiner Zeit und wird auch heute noch oft verurteilt. Aber Heredia hatte recht: «Spanien und die Menschheit sind Miranda für diese gute Tat zu Dank verpflichtet.» Die Kapitulation beruhte keineswegs auf Dekadenz, Müdigkeit oder Feigheit, sondern war die Frucht einer Weisheit, die aus Erfahrung zu lernen verstand.

Als Monteverde Miranda verhaftete, mißbrauchte er seine Macht auf ungeheuerliche Weise. Von dem Tage an, als sich Monteverde und Bolivar in die Schande der Verhaftung Mirandas teilten, wanderte dieser von Gefängnis zu Gefängnis, aus den Verliesen von La Guaira nach Puerto Rico und von dort nach Cadiz, wo er am 14. Juli 1816 gestorben ist. Gemessen an den Verhältnissen jener Zeit waren seine Gefängniswärter nicht streng gegen ihn; aber die bloße Tatsache, daß er überhaupt im Gefängnis saß, war juristisch und moralisch ein Verbrechen. Die Hauptverantwortung dafür trifft Ferdinand VII., doch kann die Regentschaft keineswegs von Schuld freigesprochen werden, denn ihr Regime währte lange genug, um Miranda vor den Klauen des Königs zu bewahren. Einer seiner Mitgefangenen berichtet: «Manchmal hielt er inne, wenn er in der engen Zelle in Cadiz auf und ab schritt, und nahm die schwere Kette in die Hand, die von einem Pfeiler zum andern lief. Dann sagte er: ‹Wenn ich bedenke, daß das erste Glied in dieser Kette von meinen Landsleuten geschmiedet worden ist!›»

Während Miranda sich durch lebenslange Erfahrung ein für allemal dazu bekehrt hatte, an eine auf wirklicher Aussöhnung beruhende spanische Konföderation zu glauben, dachte Bolivar nur in einem vorübergehenden Anfall von Niedergeschlagenheit, ausgelöst durch sein Versagen in Puerto Cabello, daran, sich über Wellingtons Armee Zutritt ins spanische Lager zu verschaffen. Schon wenige Monate später, am 15. Dezember 1812, sollte er in seiner Denkschrift für die Bürger von Neugranada vielsagend schreiben: «Der junge Rekrut glaubt, alles sei verloren, wenn er einmal geschlagen wird; denn noch hat ihn die Erfahrung nicht gelehrt, daß Mut, Tüchtigkeit und Standhaftigkeit einen Fehlschlag ausgleichen.» Als er an Bord der spanischen Schaluppe nach Curaçao segelte, befand Bolivar sich noch in der Stimmung jenes jungen Rekruten. Noch hatte er nicht Mirandas Selbstverleugnung erreicht. Jener wendete sich um des Friedens und der Vernunft willen an Spanien, also um alle andern Dinge willen, nur nicht Mirandas wegen. Wenn aber Bolivar sich (über Wellington) Spanien zuwendete, so tat er es Bolivars wegen, der es nun, da er auf der einen Seite gescheitert war, für besser hielt, sein Glück auf der andern Seite zu versuchen.

Die kleine Flüchtlingsschar hatte eine stürmische Überfahrt und traf am 2. September in Curaçao ein. «Ich wurde ekelhaft empfangen», schreibt Bolivar an Iturbe, «denn ich war kaum an Land, als mein Gepäck aus zwei sehr merkwürdigen Gründen beschlagnahmt wurde: weil mein Eigentum sich in demselben Hause befand wie Mirandas Gepäck und weil die Brigg «Celoso» in Puerto Cabello Schulden gemacht hatte, die ich jetzt bezahlen sollte, da ich zu jener Zeit Kommandant des Hafens gewesen sei... Ich habe daher nichts mehr, womit ich mein Leben fristen kann, das ich allmählich mit allzu viel Abscheu und Entsetzen zu betrachten beginne.» Er fand zwar auf der Insel einige Freunde, die ihn als Gast aufnahmen, doch machte er damals die schlimmste Zeit seines Lebens durch.

Diese Monate im Exil müssen dennoch nützlich für ihn

gewesen sein. Bis dahin war er ein von Natur und Gesellschaft verwöhntes Kind gewesen. Nachdem ihn sein Versagen als Führer in Puerto Cabello innerlich gedemütigt und sein Verhalten gegenüber Miranda innerlich beschämt hatte, muß diese äußere Demütigung, mittellos und verachtet, oder doch wenigstens nicht geehrt, in Curaçao als Verbannter leben zu müssen, seine Gewissensqualen noch verschärft haben. Ein Echo von alledem findet sich in dem Brief, den er am 19. September jenes Schicksalsjahres 1812, in dem er neu geboren wurde, an Iturbe schrieb: «Da der aufrechte, tapfere Mann die Schläge des Mißgeschicks gleichmütig ertragen muß, wappne ich mich mit Standhaftigkeit und blicke voll Verachtung auf die Pfeile des Schicksals. Über mein Herz gebietet niemand als mein Gewissen; dieses ist friedlich und wird von nichts gestört.» Das Gewissen, das also von sich zeugte, schlug heftig.

Lange konnte Bolivar es sich nicht leisten, in diesem Schwebezustand zu verharren. Sein Entschluß, in Wellingtons Armee einzutreten, um dadurch Zugang zum spanischen Staatsdienst zu erlangen, war nur ein Teil des Aufruhrs, den sein Versagen als Kommandeur in ihm ausgelöst hatte. Früher oder später mußte sich seine innere Kraft wieder durchsetzen. Dann würde es ihm nicht mehr freistehen, jeden Weg einzuschlagen, der ihm gefiele. Vor sich und der Welt mußte sich Bolivar rechtfertigen, weil er seinen Freund und Vorgesetzten den Feinden ausgeliefert hatte. Diese Tat war ein Gewinn, solange er am Tor des spanischen Lagers verharrte, mußte sich aber in eine schwere Belastung verwandeln, wenn er in die revolutionäre Wildnis zurückkehrte, es sei denn, er bemühte sich, Miranda als Verräter an der Revolution zu brandmarken. So wurde es für ihn zu einer psychologischen Notwendigkeit, Miranda zu verdammen. Zwar ist es unwahrscheinlich, daß Bolivar auf logischem Wege zu diesem Ergebnis gelangte, doch kam ihm dieser Gedanke jedenfalls nach einem nicht minder wichtigen Vorgang in seinem Unterbewußtsein.

Man mußte etwas finden, woran man nach außen Mirandas «Verrat» deutlich machen konnte. Natürlich war da die Kapitulation, aber die Frage, ob ein Führer hätte kapitulieren sollen oder nicht, kann nur selten eine aktuelle Streitfrage sein; sie gilt der Vergangenheit und ist sehr verwickelt. Es gelang Bolivar, sich selber davon zu überzeugen, daß Feigheit Mirandas Motiv gewesen sei, was recht ausgefallen ist. Man mußte etwas Einleuchtenderes finden. Das war Mirandas Einstellung zu den europäischen Spaniern. Es gibt Gründe anzunehmen, daß Bolivar diesen Einfall Ribas und Diaz Casado verdankt, die beide lebhaft daran interessiert waren: Casado, weil er seinen Raub an spanischem Eigentum rechtfertigen mußte, und Ribas, weil er die Methode, die Spanier bis aufs Blut zu verfolgen, vor andern angeregt oder gar selber erfunden hatte.

Diese Methode bestand darin, europäische Spanier allein wegen ihrer Herkunft zu verfolgen, mochten sie nun die Republik begünstigen oder nicht. Sie veränderte die Grundlagen des Bürgerkrieges, der bisher die Weißen nach ihrer Ansicht, nicht nach ihrer Herkunft geschieden hatte. Viele, vielleicht die meisten Kreolen blieben der Bindung an Spanien treu, waren also «Royalisten»; viele europäische Spanier waren für Unabhängigkeit, also «Republikaner». In dem Bericht, den er Miranda über den Verlust von Puerto Cabello erstattete, beklagte Bolivar, daß Oberst Jalón gefallen war, von dem er sagte: «Er allein war eine ganze Armee wert.» Jalón war europäischer Spanier. Die Kugel, die ihn tötete, kam aus Coro, also von Kreolen. Das alles kümmerte Ribas nicht. Gegenüber Beschwerden erklärte er in einem Brief an Miranda: «Sie sind unsere geborenen Feinde und warten nur auf den Augenblick, da sie uns vernichten können. Sehen Sie nur, was jene Katalanen eben in Curiepe getan haben und was gerade in Puerto Cabello geschehen ist.»

Diese letzte Überlegung muß in den Gesprächen zwischen Onkel und Neffe im Exil eine wichtige Rolle gespielt haben.

Ribas war von Miranda als Gouverneur von Caracas gerade deshalb abgesetzt worden, weil er die Spanier verfolgte, und Bolivar sah in den spanischen Gefangenen willkommene Sündenböcke, die für den Verlust der ihm unterstellten Festung San Felipe büßen sollten. Wenn Bolivar die Scharte von La Guaira auswetzen mußte, so hatte auch Ribas noch von früher her an Miranda Rache zu nehmen; im Feldzug von La Valencia hatte er nämlich unter Begleitumständen, die ihm von dem General den schärfsten Tadel eingetragen hatten, eine Stellung verloren. «Hören Sie auf Ihre Ehre und Urteilskraft. Lassen Sie sich nicht durch die Mitteilungen kleinmütiger Männer entmutigen. Erobern Sie die Stellung zurück, denn was da geschehen ist, ist eine Schande.» Das hatte Miranda am 28. Mai 1812 an Ribas geschrieben, der, als er im September in Curaçao mit Bolivar sprach, diese Worte vermutlich noch nicht vergessen hatte.

Was die Haltung von Ribas und Bolivar anging, so spielte dabei also ein ausschließlich weißes, spanisches Bürgerkriegselement hinein. Es gab jedoch auch ein indianisches Element: die Stimme der Unterdrückten und Besitzlosen im Aufruhr gegen Eroberer und Usurpatoren. Heredia beschäftigt sich mit der Rivalität zwischen Weißen und Mulatten, die sich nach dem konterrevolutionären Versuch von La Valencia geltend machte, und schreibt: «Die Guerilleros, die später unter der Flagge des Königs eine Partei zu bilden versuchten, schürten diese Rivalität, bis es für die hitzköpfigen Europäer feststand, daß die Mulatten treu ergeben, die weißen Kreolen aber Revolutionäre seien, mit denen man Schluß machen müsse.» Der Keim zu dem, was später der Krieg bis zum Tode genannt werden sollte, war auf beiden Seiten vorhanden. Was Bolivars eigenen Keim anging, so wurde er wahrscheinlich in Puerto Cabello in fruchtbaren Boden gesenkt; er wurde von Ribas gehegt und wuchs während seiner Verbannung in Curaçao zu fürchterlichen Ausmaßen heran.

Alle militärischen und zivilen Beobachter, die das Ende der ersten Republik Venezuela miterlebt haben, stimmen darin überein, daß Monteverdes Triumph der öffentlichen Meinung zu verdanken war. Da das Land zu Spanien hielt, konnte Monteverde, der keinerlei militärische Gaben besaß, die Republikaner schlagen, obwohl sie über die militärischen und wirtschaftlichen Kräfte der Provinz verfügten; ihm genügten seine persönliche Tapferkeit und zweihundertdreißig Mann. Da er das Anomale seiner Lage wohl erkannte, suchte er seine Macht auf Parteigänger zu gründen. Hierbei kamen ihm zwei Dinge zu Hilfe: Er war Marineoffizier und auf den Kanarischen Inseln geboren. Also versuchte er seine Streitmacht auf Seeleute und seine Zivilverwaltung und politische Macht auf «Insulaner», nämlich Kanaren zu gründen.

Schon als Monteverde im April 1812 San Carlos einnahm, besuchte ihn ein Inselbewohner namens Vicente Gomez, den er, «von seiner Ergebenheit unterrichtet, zu seinem Sekretär ernannte». Dieser Mann und sein Bruder Antonio tragen den Hauptteil der Verantwortung für Monteverdes größte Untat und Torheit: die Verletzung des Abkommens von San Mateo. Vicente Gomez war ein begeisterter Patriot oder Republikaner gewesen. Viele Kanaren hatten als Kongreßteilnehmer, Sekretäre, Gesandte oder Richter eine führende Rolle gespielt und sich dadurch den Ruf standhafter Patrioten erworben, daß sie Royalisten, die der Verschwörung gegen die Republik angeklagt waren, «verhafteten und in die Gefängnisse von La Guaira und Puerto Cabello warfen». Gleichwohl gelang es ihnen, Monteverdes Gunst zu gewinnen, vielleicht weil dieser erkannte, daß sie wegen ihrer Vergangenheit ihm ausgeliefert waren. Unter ihrem Einfluß besetzte Monteverde militärische Stellen mit einer Reihe von Männern, die zwar in Europa geboren und Berufsoffiziere waren, aber trotzdem maßgeblich an der Revolution teilgenommen hatten. Ferner beklagte sich Monteverde zwar schriftlich in Spanien über den Mangel an Offizieren, obwohl gute Offiziere unbeschäftigt blieben, vergab aber gleichzeitig zivile und militärische Posten an seine Marinekameraden.

Den Insulanern Antonio und Vicente Gomez und dem Anwalt in Caracas, José Manuel Oropesa, gelang es, Monteverde über die absurdesten Verschwörungen «soviel vorzuschwatzen, daß er weder auszugehen noch etwas zu essen wagte, was nicht von einer bestimmten Dame zubereitet und in Begleitung des Priesters Rojas zu ihm gebracht worden war, damit es nicht unterwegs vergiftet würde». Sobald er in Caracas eintraf, befahl er die Verhaftung von acht «Patrioten», je vier Kreolen (Cortés Madariaga, Juan Pablo Ayala, Roscio und Paz Castillo) und vier europäische Spanier (Isnardi, Manuel Ruiz, José Mires und Antonio Barona), die er in Ketten nach La Guaira schickte. Dies rief in der Stadt so viel Unruhe hervor, daß Monteverde unter dem Druck von Casa León, den er zum Intendente ernannt hatte, am 3. August eine Proklamation erließ, worin er feierlich versprach, er werde «seine Versprechen halten», gleichzeitig jedoch ausdrücklich betonte, daß die bei der Kapitulation vorgesehene Generalamnestie sich nicht auf später begangene Handlungen bezog. Trotzdem benutzte er einen geringfügigen Vorfall, um den Ortsbehörden ein Rundschreiben zu schicken, worin er ihnen befahl, alle Verdächtigen zu verhaften und nach La Guaira oder Puerto Cabello zu schicken. Diese Urkunde überantwortete die Freiheit jedes Bewohners von Venezuela den neu ernannten «spanischen», in Wirklichkeit jedoch «monteverdischen» Beamten, die größtenteils darauf aus waren, sich für das Unrecht zu rächen, das sie oder die Ihrigen während der republikanischen Zeit erlitten hatten. Mit äußerster Verantwortungslosigkeit wurden in den meisten Städten vornehmlich aber in Caracas, Listen von Personen aufgestellt, die verhaftet werden sollten.

Ein solcher Bruch der Kapitulationsbedingungen war überhaupt nicht zu rechtfertigen. Monteverde wendete ein, die Republikaner hätten sie zuerst gebrochen; er konnte diese Behauptung aber niemals beweisen, als er von unbescholtenen Männern, etwa dem Regenten der Audiencia, Heredia, dazu aufgefordert wurde. Die besten zeitgenössischen Quellen, Männer, die wie Heredia und Urquinaona die ganze Zeit über Spanien treu blieben, berichten übereinstimmend, daß Miranda und seine republikanischen Freunde ihre Verpflichtungen – soweit ihnen das möglich war – respektiert hätten. Und den Einwand, ein Kapitulationsabkommen mit Rebellen brauche man nicht zu halten, verwirft Heredia mit Recht und weist an vielen Beispielen aus der spanischen Geschichte nach, daß Spanien Verträge mit Rebellen immer gehalten hat. Außerdem war Monteverde, als er im Oktober 1812 seine ersten acht Gefangenen nach Spanien schickte, so sicher, daß seine Auffassung im Mutterland nicht gebilligt werden würde, daß er sich damit entschuldigte, die Männer hätten nach der Kapitulation Verrat geübt; die Regentschaft aber schrieb mehrmals und bat um Beweise, da Handlungen vor der Kapitulation den Gefangenen nicht zur Last gelegt werden könnten.

Soweit jedoch die Gefangenen nicht entlassen wurden und im Hinblick auf den noch schlimmeren Fall Miranda machte sich die Regentschaft mindestens der Heuchelei schuldig; denn sie hätte alle jene Männer und dazu noch die vielen entlassen müssen, die Monteverde später ins Gefängnis warf. Gegen Ende November 1812 zählte Heredia 723 Gefangene, die im Widerspruch zum Kapitulationsabkommen verhaftet worden waren. Das Urteil über Monteverde steht also fest. Eines muß aber festgehalten werden: Er verhaftete zwar über siebenhundert Menschen, tötete hingegen nicht einen. Zu jener Zeit, also vor der Ankunft Bolivars, fiel jedoch nicht Monteverdes Respekt vor dem Leben auf, sondern seine Willkür gegenüber Freiheit und Eigentum. Und aus dieser Schuld Monteverdes sollte Bolivar viel Kapital schlagen.

Heredia sagt zwar, Bolivar habe seine Ansicht geändert und den Gedanken, in Wellingtons Armee einzutreten, aufgegeben, als er hörte, daß Monteverde seine Besitzungen beschlagnahmt hatte, aber diese Nachricht dürfte doch wohl nur den letzten Anstoß zu seinem Entschluß gegeben haben. Noch am 19. September erklärte sich Bolivar zu jedem Opfer zugunsten Spaniens bereit, um seines Bruders Nachlaß erben zu können. Andererseits war sein eigenes Vermögen noch nicht wirklich konfisziert, und die stillschweigende oder auch ausdrückliche Vereinbarung mit Monteverde, auf Grund derer er von La Guaira nach Curaçao abgereist war, wurde peinlich beachtet – allerdings nicht von Bolivar, der sein Ehrenwort gegeben hatte, sich nicht wieder in öffentliche Angelegenheiten zu mischen. Trotz diesem Versprechen besteht kaum ein Zweifel daran, daß die Neigung, den Kampf fortzusetzen, von Anfang an in ihm lebendig geblieben war, mochte er selber sie auch ganz ehrlich für tot halten. Während er in seinem Kopf Pläne für seine persönliche Rache und Rechtfertigung, Nachgedanken über das Scheitern der Republik und vorausschauende Gedanken über die Möglichkeit ihrer Wiedergeburt wälzte, konnte Bolivar von Curaçao aus beobachten, wie im Westen Monteverdes Volkstümlichkeit langsam dahinschwand, während im östlichen Nachbarland eine politische Bewegung entstand.

Neugranada hatte, seitdem einige seiner Führer – natürlich unter der Fahne Ferdinands VII. – den Weg der Unabhängigkeit beschritten hatten, Jahre der Unruhe und Unordnung erlebt. Don Antonio Nariño, ein reicher Edelmann in Santa Fé, hatte Präsident Lozano verdrängt und die Bundesverfassung beseitigt, die sich die neue Republik Neugranada in naiver Nachahmung der Vereinigten Staaten gegeben hatte. Nariño war autoritär gesinnt und ein Zentralist à la Bolivar. Trotzdem hatte Neugranada noch nicht amtlich verkündet, daß es mit Spanien brechen wolle. Diese vorsichtige Haltung erklärte sich aus dem heftigen Widerstand gegen die Unabhängigkeit, der in einigen Provinzen zutage trat. Beispielsweise begann Pasto bereits jenen langwierigen Kampf gegen die Unabhängigkeit, der in künftigen Jahren Bolivar so erbittern sollte, und Cartagena erkannte immer noch die

Regentschaft und die Cortes an, in die es im Sommer 1811 einen Deputierten entsandt hatte.

Trotzdem führte Cartagena einen Bürgerkrieg gegen die benachbarte Provinz Santa Marta, weil Cartagena weniger königstreu war als Santa Marta, die königstreueste aller Provinzen, in der sich eine starke Gruppe europäischer und kreolischer Spanier verschanzt hatte. Die wirkliche Ursache des Streites zwischen beiden Städten war jedoch zugleich tiefgründiger und weniger wichtig: Cartagena und Santa Marta waren Rivalen beiderseits der Mündung des Rio Magdalena, und beide suchten in einer scheinbar politischen Fehde ihren lokalpatriotischen Gefühlen Luft zu machen und den Handel des andern zu lähmen. Daher dauerte der Bürgerkrieg sogar dann noch an, als Cartagena aus einem Extrem ins andere verfiel und sich nicht nur von Spanien, sondern sogar von Neugranada lossagte, sich für unabhängig erklärte und sich stolz als Staat Cartagena bezeichnete. Damals befand sich Neugranada in einem Zustand, wie ihn Wellington drei Jahre nach Bolivars Tod im Hinblick auf Spanien selber in einem Brief an Stanhope treffend beschreibt: «Sie können sich darauf verlassen, daß die eigentliche Regierung Spaniens beim Cabildo lag – und das war eine gute Regierung; die königliche Gewalt des Generalkapitäns war das einzige, was die Provinzen zusammenhielt. Wenn Sie diese Gewalt beseitigen oder schwächen, fallen sie auseinander und machen sich selbständig.»

Angesichts seines Krieges gegen Santa Marta, seiner verfassungsmäßigen Wachstumsbeschwerden und seiner wirtschaftlichen und finanziellen Schwierigkeiten beschloß Cartagena, sein Schicksal einem Diktator anzuvertrauen. Separatismus und Diktatur – das Leitmotiv der ganzen spanischen Geschichte. Der Diktator von Cartagena war ein vierundzwanzigjähriger Rechtsanwalt, Manuel Rodriguez Torices, der im Frühjahr 1812 sein Amt antrat und die Verteidigung der kleinen Republik gegen die Royalisten von Santa Marta organisierte, die Verstärkungen von den Antillen erhielten.

Die Stellung schien gefährdet, weil die Royalisten von Santa Marta strategisch die westlichen Zufahrtswege nach Venezuela oder vielmehr nach demjenigen Teil Venezuelas beherrschten, der Spanien treu geblieben war und von dem aus Monteverde im Laufe des Sommers nur allzu leicht ostwärts nach Caracas vordringen sollte. Inzwischen wurde Neugranada von einem weiteren Bürgerkrieg heimgesucht. Die Zentralisten unter Nariño als Präsident von Cundinamarca (ehemals die Provinz Santa Fé) bekriegten die Föderalisten, die sich einer Anzahl anderer Provinzen bemächtigt hatten. Dieser Bürgerkrieg war zunächst durch ein Abkommen vom 30. Juli beendet worden, dem Tag, an dem Miranda in La Guaira seine Freiheit verlor. Am 11. und 12. Juli wählte Cartagena seinen bisherigen Diktator Torices zum Präsidenten. Die junge Republik wurde aber sowohl von außen wie auch durch ihre wirtschaftliche Lage immer stärker bedroht. Die einstmals stolze Stadt, Handelskönigin von Westindien, lernte zum ersten Mal in ihrer dreihundertjährigen Geschichte Armut, Papiergeld und finanzielle Alpträume kennen.

Der Anblick, der sich dem in Curaçao wartenden Bolivar darbot, konnte nicht trostloser sein. Von Quito bis nach Cumaná wurde die Sache, die seinem Herzen teuer war, entweder von den Waffen der Regentschaft geschlagen oder von dem Volke preisgegeben, oder sie verfiel der Anarchie. Die Royalisten von Santa Marta, voll Jubel über Monteverdes Erfolge und genau im Bilde über die chaotische Lage in Cartagena, überquerten den Fluß und verhängten über die Stadt die Blockade. Hätten sie tausend Mann zum Angriff vorgeschickt, so würden sie die Stadt vielleicht genommen haben. Torices entsandte zwei Boten an den designierten Vizekönig von Neugranada, der in Panama residierte, als ob er einen Kompromiß anstrebte; die königstreuen Truppen vor Cartagena fingen aber einen Brief auf, aus dem der eigentliche Auftrag der Boten deutlich wurde: Zeit zu gewinnen und zu spionieren. Der Vizekönig ließ sie verhaften, gab ihnen jedoch auf Wunsch von Admiral Stirling, der ihnen freies Geleit zugesichert hatte, die Freiheit zurück. Zu diesem Zeitpunkt entschloß sich Bolivar, Curaçao zu verlassen und in Cartagena in den Kampf einzugreifen. Begleitet von den beiden venezolanischen Brüdern Miguel und Fernando Carabaño, von Antonio Nicolás Briceño, José Felix Ribas, den beiden Brüdern Montilla und dem europäischen Spanier Oberst Manuel Cortés Campomanes, die alle Parteigänger der Republik waren, traf Bolivar im Oktober in Cartagena ein. Sie waren hochwillkommen, da die kleine Republik keine Offiziere besaß. Bolivar war jedoch keineswegs derjenige, welcher am meisten willkommen war. Das wichtigste Kommando, die Führung der Abteilung, die Sabanas im Westen der Stadt zurückerobern sollte, wurde dem Spanier übertragen. Bolivar wurde auf einen obskuren Posten am Ufer des Rio Magdalena entsandt.

Bolivar war tapfer und großzügig, aber gewiß nicht demütig. Dieses Kommando lag fraglos unter dem, was er sich wünschte oder erwartet hatte. Er war im Augenblick der Gefahr und Not nach Cartagena gekommen, aber er war nicht bereit, auf den Rang zu verzichten, der ihm seiner Meinung nach gebührte. Ehe er die Stadt verließ, um sich auf seinen fernen Posten zu begeben, wendete er sich mit seinen beiden ersten politischen Kundgebungen an die Öffentlichkeit. Die eine richtete sich am 27. November 1812 an den Souveränen Kongreß von Neugranada und ist unterzeichnet von «Simon Bolivar, Oberst der Armee und Kommandant von Puerto Cabello» und von «Vicente Tejera, Minister des Obersten Gerichts von Caracas». Die zweite trägt das Datum «Cartagena de Indias, 15. Dezember 1812» und die Überschrift «Denkschrift eines Caraqueño an die Bürger von Neugranada»; sie trägt als Unterschrift nur den Namen Simon Bolivar. Beide bestechen durch klaren Ausdruck, sicheren Stil und politische Reife und weisen ihren Verfasser als einen erstklassigen Kopf aus. Bolivar war damals neunundzwanzig.

Seine Vorstellungen und Urteile waren nicht alle hieb- und stichfest. Wir wissen, daß er den Gefühlen von Ribas und seiner eigenen Erbitterung als besiegter Kommandant von Puerto Cabello Luft machte. Es steckt jedoch noch mehr dahinter. In diesen beiden Erklärungen stellt sich der wahre, wirkliche Bolivar der Welt so vor, wie er von Natur war und wie ihn das Mißgeschick geformt hatte: Ein Mann, der entschlossen war, sich seinen politischen Wirklichkeitssinn nicht durch Theorien und seine Rücksichtslosigkeit nicht durch Mitleid rauben zu lassen. Wohl ein verschlagener und durchdringender Verstand, aber keineswegs ein Robenträger – vielmehr ein für allemal ein Degenträger.

In beiden Schriftstücken untersucht Bolivar die Ursachen des Unglücks, das die Republik heimgesucht hatte. Er erwähnt das Erdbeben, aber verwirft es mit Recht als «zweitrangig» und nennt an erster Stelle «Irrtümer, welche die Regierung begangen hat». Der eine war, daß sie nicht Coro vom Meer aus angriff, sobald deutlich wurde, daß diese Stadt dem Beispiel von Caracas nicht folgen würde. Dann nennt er den Verzicht auf die Aufstellung einer regulären Armee und ferner «eine sinnlose Vergeudung von Kapital und öffentlichen Geldern für leichtfertige Zwecke, obwohl diese Mittel für den Krieg bestimmt waren und außerdem ein Fonds für staatsnotwendige Zwecke geschaffen werden mußte; eine törichte Langmut gegenüber den treulosen und undankbaren Spaniern ... und schließlich religiöser Fanatismus». Hier zeigt sich Bolivar schon lange, bevor er die Verantwortung und die Enttäuschungen öffentlicher Ämter kennengelernt hat, als schonungsloser Kritiker jedes politischen Idealismus. «Die Vorschriften, nach denen sich unsere Behörden richteten, waren nicht dazu angetan, sie die praktische Kunst des Regierens zu lehren, sondern waren das Werk wohlmeinender Propheten, die sich im Blick auf nebelhafte Republiken und politische Perfektion bemühten, wobei sie die Vervollkommnung des Menschengeschlechts für möglich hielten. Daher hatten wir Philosophen anstatt Führer, Philanthrophie anstatt Gesetzgebung, Dialektik anstatt Taktik und Sophisten anstatt Soldaten.»

Wer könnte politischem Pessimismus treffenderen Ausdruck geben? Und wie ist es möglich, diese autoritäre Neigung, diese Mißbilligung von Debatten und Diskussionen, diese degenhafte Verachtung der Robe, die von Anfang an aus Bolivars Worten sprechen und in seinen Gedanken lebendig sind – wie ist es möglich, sie der Enttäuschung *späterer Jahre* zuzuschreiben? Gewiß konnte seine Kritik an der Bundesverfassung, welche die Theoretiker von Caracas ihrem Lande gegeben hatten, kaum besser begründet werden. Aber seine kritische Feder dringt weiter vor, über den bloßen Föderalismus hinaus in das innerste Wesen liberaler Demokratie, und wendet sich gegen das Stimmrecht in Ausdrücken, die keinen Zweifel daran lassen, was er, und zwar wiederum von Anfang an, von Parlamenten und Kongressen gehalten hat. «Volkswahlen, die von den Bauern auf dem Lande und den selbstsüchtigen Stadtbewohnern abgehalten werden, hindern bei uns die Bundesregierung nur noch mehr; denn jene sind so unwissend, daß sie wie Maschinen abstimmen, und diese so ehrgeizig, daß sie alles in Parteiengezänk verwandeln.»

Dieser junge Mann, der noch vor fünf Monaten sein Gesicht in den Händen verbarg und vor Scham zu versinken schien, der sich unwürdig dünkte, auch nur den gemeinsten Soldaten zu kommandieren, hatte sich soweit erholt, daß er in Gedanken und Ausdrucksweise die Kraft fand, die Republik zu tadeln, weil sie hatte republikanisch sein wollen. Was wollte er? Was hätte er getan? Offenbar sah er ein Land vor sich, das von Spanien befreit war, aber von fester, aristokratischer Hand regiert und von einem reinen und patriotischen, aber rücksichtslosen Herzen geführt wurde. Keine seiner Worte sind strenger als seine Verurteilungen des «toleranten Systems». So schreibt er etwa: «Daraus entstand die Unsauberkeit der Verbrechen gegen den Staat, schamlos verübt von den Unzufriedenen und zumal von unsern unversöhnlichen

Erzfeinden, den europäischen Spaniern, die mit der bösen Absicht in unserem Lande geblieben waren, es ständig in Unrast zu halten. Die Lehre, auf die sich dieses Verhalten gründete, hatte ihren Ursprung in den philanthropischen Maximen einiger Schriftsteller, die behaupten, niemand habe das Recht, einem Menschen das Leben zu nehmen, selbst wenn dieser ein Verbrechen gegen sein Land begangen hätte . . ., verbrecherische Milde!» In diesen Worten liegt die Saat des Krieges bis zum Tode verborgen.

VIERTES KAPITEL

Krieg bis zum Tod

Vielleicht hat Bolivar sein geistiges Format am schlagendsten bewiesen, als er beschloß, sein Land, das er verloren hatte, von den Ufern des Magdalena aus zurückzuerobern. Er besaß nichts als sich selber und ein paar Freunde, wie etwa Ribas. Das Gebiet, das er sich als Ausgangspunkt erwählte, war der westliche Zipfel eines Landes, das in vier einander bekriegende Teile zerfallen war. Im Westen war Santa Marta, königstreu und gestützt auf die benachbarten venezolanischen Provinzen Coro und Maracaibo, beides Mittelpunkte königstreuen Widerstandes. Im Osten Cartagena, unabhängig unter dem jungen Torices; im Süden Cundinamarca, das Herzstück von Neugranada und eine zentralistische Republik unter dem Diktator Nariño. Schließlich um Tunja herum eine Gruppe weiterer Provinzen, die durch eine Bundesverfassung locker verbunden waren; ihr Präsident, Dr. Camilo Torres, unterstützte Bolivar. Die Streitmacht von Tunja war nur gering, Cartagena besaß vielleicht dreitausend Mann und Nariño kaum viel mehr.

Als Bolivar nach Barrancas geschickt wurde, um dort den Befehl über seine hundert Männer zu übernehmen, war der Held der cartagenischen Truppen ein gewisser Labatut oder Labatud, ein französischer Abenteurer, der schon in Venezuela sein Glück versucht und nach dem Fall von Caracas seine Dienste dem Nachbarstaat angeboten hatte. Mit zweibis dreihundert Mann hatte er zwei oder drei kleinere Gefechte gewonnen und sich damit die Stellung eines Oberbefehlshabers der Magdalenafront verdient. Während er noch einen Angriff auf Santa Marta vorbereitete, hatte der spanische Kommandant den Mut zur Verteidigung verloren und die Stadt auf dem Seewege verlassen. Labatud zog am 6. Januar 1813 in die Stadt ein und gewährte vorbehaltlich weiterer Raubzüge – der Krieg war schließlich sein Geschäft – eine Amnestie.

Nicht weniger erfolgreich waren landeinwärts der Spanier Campomanes und die venezolanischen Brüder Carabaño, so daß es schien, als seien die königstreuen Truppen am linken Ufer des Magdalena gründlich geschlagen und in Auflösung begriffen. An der Mündung des Sinu errang Miguel Carabaño einen Sieg und gab, wie der Kolumbier Restrepo schreibt, «nicht einem einzigen Gefangenen Pardon, um dadurch den Seelen so vieler Opfer Ruhe zu verschaffen, die von den Spaniern aus Haß gegen die Freiheit geopfert worden waren». Solcherart war der Krieg im Westen im November 1812.

Bolivar nahm den kleinen Flußhafen Tenerife am 23. Dezember 1812 und fuhr dann weiter aufwärts nach Mompox, wo er vier Tage später unter dem Jubel der Bevölkerung seinen Einzug hielt. Labatud beschwerte sich in Cartagena über den Ungehorsam seines Untergebenen; aber was war «Cartagena» schließlich anderes als der ungehorsame Untergebene von Santa Fé? Labatud drang mit seiner Forderung, Bolivar vor ein Kriegsgericht zu stellen, nicht durch, vielmehr wurde der junge Anführer alsbald in Mompox, dem Schauplatz seines ersten Sieges, zum Kommandeur des Militärbezirks ernannt und erhielt einige Verstärkung; obwohl dazu fünfzehn bewaffnete Flußschiffe gehörten, wuchs seine Streitmacht dadurch doch nicht über das halbe Tausend hinaus. Immerhin war das unter den gegebenen Verhältnissen nicht zu verachten. Bolivar führte seine Truppe unverzüglich flußaufwärts, besetzte das von den Königstreuen geräumte Banco, bog in den Rio César ab, gewann am 1. Januar ein Gefecht bei Chiriguaná und begann also vielverheißend das Jahr seines ersten Triumphes. Am 8. Januar schrieb er an den Kongreß von Tunja: «Bald werde ich Ocaña einnehmen. Die ganzen Operationen haben bisher fünfzehn Tage gedauert.» Tatsächlich nahm er Ocaña und wurde abermals von der Bevölkerung begeistert begrüßt. In weniger als einem Monat hatten Campomanes, Bolivar, Labatud und die beiden Carabaños die ganze Provinz Santa Marta bis auf das Tal von Dupar gesäubert. Bolivar hatte annehmbare Mengen Artillerie und Munition erbeutet und den Magdalena wieder geöffnet, als das Inland bereits den Mangel an lebenswichtigen Waren zu spüren begann.

Diese ersten Feldzüge hatten eine Reihe von Tatsachen offenbart. Zunächst, daß die spanische Herrschaft über das Land fragwürdig war. Nicht weniger fragwürdig war jedoch die Gefolgschaft hüben und drüben; denn jedermann wollte eher Frieden als den Sieg dieser oder jener Partei. Als beispielsweise Bolivar nach Abschluß des ersten Feldzuges mit der ihm eigenen Tatkraft seinen Lorbeer als Antrieb für den nächsten Feldzug benutzte, der ihn nach Caracas bringen sollte, «war unter den Truppen von Mompox», wie Restrepo berichtet, «die Fahnenflucht so üblich geworden, daß er es für notwendig hielt, einige Soldaten erschießen zu lassen; das war ein Entschluß, der zwar um der militärischen Disziplin willen notwendig war, aber bittere Klagen der Behörden und Bevölkerung von Mompox hervorrief». Insgesamt hatten die bisherigen Operationen einen Kommandeur von Entschlußkraft, schnellem Handeln und hervorragenden Führungsgaben offenbart; dazu einen Mann, der erkannte, daß sich aus der wechselnden Stimmung der Massen und dem Zaudern des Gegners vorzügliche Siege schmieden ließen.

Es war unumgänglich, Venezuela zu erobern, wenn man Neugranada retten wollte. Es ging um dieselbe Sache. Bolivar schlug seinen Freunden in Granada vor, von Santa Marta aus auf Maracaibo und von Cúcuta aus auf Barinas vorzurükken, bevor die Royalisten aus Spanien Verstärkung erhielten und diese einzigartige Gelegenheit zunichte machten. Wiewohl der Plan vernünftig und klar war, ließ die Antwort aus Tunja auf sich warten. Als Gastkommandeur im Bruderland hatte Bolivar nicht das Recht, mit den ihm von seinen Gastgebern anvertrauten Streitkräften in seine Heimat einzufallen. Auch hier kam ihm wieder Monteverde zu Hilfe, der eine Offensive gegen Neugranada anordnete. Der Kommandeur der spanischen Vorhut, Oberst Ramon Correa, setzte sich in Richtung auf Pamplona in Bewegung; dieser Bezirk stand unter dem Schutz des granadischen Obersten Manuel Castillo. Der Gouverneur von Pamplona und Castillo baten Bolivar schriftlich um Hilfe, doch wies dieser darauf hin, daß er immer noch keine Antwort auf seinen Vorschlag erhalten habe.

Die ersehnte Vollmacht traf endlich am 8. Februar ein. Sie entsprach nicht ganz seinen Wünschen, war aber doch immerhin etwas. Er verließ Ocaña mit vierhundert Mann und weiteren Gewehren für Castillos Truppen, doch kam es dann zwischen den beiden zu Meinungsverschiedenheiten. Castillo, dem mehr am Schutz seines eigenen Landes gelegen war – vielleicht wollte er auch lieber in Schußweite des eigenen Bürgerkrieges bleiben –, befürwortete einen Plan, der sich auf einen ziemlich dicht bei Pamplona gelegenen Bezirk beschränkte. Bolivar hingegen sah die ganze Sache nur als ersten Schritt auf seinem Marsch nach Caracas an, mißachtete den Rat seines Kameraden, besetzte Salazar de las Palmas, wo er sich nach Castillos Ansicht hätte verschanzen sollen, marschierte auf San José de Cúcuta und vertrieb die spanischen Truppen aus Stadt und Umgebung.

Die Einnahme von Cúcuta war ein glänzender Erfolg, der Bolivars Stellung in materieller und moralischer Hinsicht festigte. Waffen, Munition, genug Geld, um Offizieren und Soldaten den seit zwei Monaten zustehenden Sold und dazu einige Belohnungen auszuzahlen, dazu Kleider genug, um allen Soldaten Unterzeug zu geben, «denn viele kamen nackt, zumal aus Cartagena» – das alles waren für ein so armes Heer fühlbare Vorteile. Vor allem aber rechtfertigte dies seinen kühnen Schritt hart am Rande des Ungehorsams und verschaffte ihm die innere Autorität, deren er bedurfte, um seinen Plan der Wiedereroberung abermals und mit größerer Selbstsicherheit den nunmehr «Vereinigten Provinzen von

Neugranada» vorzulegen. Er schickte seinen Verwandten Ribas nach Santa Fé, um alle Verträge abzuschließen, die diesem ratsam erscheinen mochten; dabei sprach er mit einer Stimme, in der man trotz seiner Jugend schon die Sicherheit des Staatsmannes erkennen konnte. Am 21. März 1813 hielt er sein Patent als Brigadegeneral der Union in Händen, das ihm mit allen erdenklichen Ausdrücken des Lobes und der Ermutigung verliehen wurde. José Manuel Castillo, der nach ihm in Cúcuta eingetroffen war, stimmte freudig in dieses ehrenvolle Lob ein und schlug, obwohl er dienstälter war, vor, Bolivar solle das Kommando über die vereinigten Streitkräfte – etwa tausend Mann – übernehmen, die am Vormarsch beteiligt werden sollten. Der Einmarsch in Venezuela konnte endlich beginnen.

Vielleicht wäre Bolivars Operation dank der Trägheit seiner Freunde und den Intrigen seiner Feinde endlos verzögert worden, hätte nicht Monteverde so unsinnig gehandelt. Gegen Ende des Jahres 1812 beschloß Monteverde, in Barinas eine Expedition zur Wiedereroberung Neugranadas vorzubereiten. Unter äußerster Gewaltanwendung stellte er eine Armee auf; «bis unmittelbar vor Beginn des Marsches hielt er die Rekruten eingeschlossen, so daß die meisten von ihnen dann desertierten, aus Angst vor Strafe in Gebirge und Einsamkeit umherwanderten und Familie und Beruf im Stich ließen». Mit dieser Armee wollte er eine riskante Eroberung einleiten, obwohl er noch nicht einmal imstande war, Caracas ohne Verstärkungen aus Spanien zu halten. Schließlich gab er noch, obwohl ausgebildete Heeresoffiziere vorhanden waren, die wichtigsten Kommandostellen an Marineoffiziere wie Antonio Tiscar. Das alles führte dazu, daß «die Regierung von Neugranada als Ablenkungsmanöver Bolivars Pläne unterstützte, auf die sie unter andern Umständen sehr wahrscheinlich geringschätzig herabgeblickt hätte».

Monteverde hatte eine bessere militärische Ausbildung und Vergangenheit gehabt, als man bei ihm im allgemeinen voraussetzt. Als Marineoffizier hatte er in Toulon, bei St. Vincent und Trafalgar gekämpft, wo er verwundet und gefangengenommen worden war; zu Lande hatte er bei Talavera und Ocaña gefochten, wo er wiederum verwundet worden war. Er war ebenso tapfer wie Bolivar und besaß viel größere und längere Kriegserfahrung. Beide waren energische und kühne Männer, ehrgeizig und mit einem Hang zur Auflehnung. Bolivar aber besaß Verstand und Monteverde nicht; daher handelte Bolivar planvoll und stetig, während Monteverdes Handeln der Spielball seiner wechselnden Launen und Leidenschaften oder der Einflüsse war, denen er jeweils erlag.

Zu jener Zeit stand er unter dem Einfluß der beiden Brüder Gomez, die ihn zu Absolutismus und unverantwortlicher Tyrannei verleiteten, wie sie beide ganz unvereinbar mit der spanischen Tradition waren. Unter Heredias Vorsitz verteidigte die Audiencia mutig die Privilegien der zivilen Gewalt und die Gesetze zum Schutz der Bürger vor der Regierung; obwohl Monteverde sich gelegentlich seiner Verantwortung bewußt und zu Kompromissen bereit war, trieben ihn doch Eitelkeit, Angst und Unkenntnis der Gesetze allzuoft zu rechtswidrigen Verfolgungen an. So fielen am 27. November 1812 viele rechtschaffene Bürger von Caracas unter dem Vorwand einer Verschwörung, die niemals zustande kam, den brutalsten Insulanern und Zambos zum Opfer, und Cervériz, der Kommandant von Caracas, erwarb sich den Beinamen Zerberus. In jenen Tagen wurde die Saat noch schlimmerer Taten ausgestreut, und Heredia berichtet: «Mancher, der sich rühmte, er habe den Soundso zu Fuß am Schweif seines Maultieres hinter sich hergezogen, verlor sein Leben später durch Bolivar.»

Im April und Mai durchkreuzten eine Reihe von Meinungsverschiedenheiten mit Castillo Bolivars Pläne. Schließlich bot Castillo seinen Rücktritt an, der vom Kongreß angenommen wurde. Am 7. Mai erhielt Bolivar den Befehl, auf

Mérida und Trujillo vorzurücken, doch verpflichtete ihn der Kongreß, der Regierung von Neugranada den Treueid zu leisten und die von Monteverde beseitigten Provinzbehörden wieder einzusetzen. In dieser Hinsicht sollte eine vom Kongreß ernannte Dreierkommission in den befreiten Gebieten alle notwendigen Maßnahmen treffen.

Monteverde hatte keine klare Vorstellung davon, wie man in Venezuela Truppen am besten einsetzte. Niemand hatte das. Die eigentümliche Strategie, die bei den besonderen geopolitischen Verhältnissen des Landes erforderlich war, wurde erst während dieser Bürgerkriege entwickelt. Es besaß eine gute Grenze: die Anden; eine gute Basis: die reiche Provinz Caracas – aber nur wenige Soldaten und schlechte Verbindungswege. Mit siebenhundert Mann hielt Oberst Correa das Haupteinfallstor nach Venezuela in La Grita, von wo aus er die Pässe aus dem Tal des Magdalena sowie den Zugang zum Maracaibo-See und dem Rio Apure beherrschte. Weiter nördlich versperrte Hauptmann Cañas mit fünfhundert Mann den Weg nach Trujillo. Hauptmann Oberto hatte sich mit tausend Mann in dem hochgelegenen Gelände um Barquisimeto verschanzt, wo er den Hafen La Vela de Coro im Rücken hatte. Diese Stellungen bildeten eine Art von vorderer Linie, hinter der Tiscar fünfzehnhundert Mann in Barinas befehligte, Izquierdo zwölfhundert Mann in San Carlos und Yañez neunhundert Mann in Guasdualito am Apure. Schließlich hatte Monteverde selber in Caracas noch etwa siebenhundert Mann.

Bolivar war entschlossen, mit etwa sechshundertfünfzig Mann durch alle diese Streitkräfte durchzubrechen. Worin bestand sein Geheimnis? In Schnelligkeit und Terror. Zunächst Schnelligkeit. Am 7. Mai schrieb er an die Regierung der Union und legte seinen Plan und seine Erfordernisse dar. Sein Plan ist klar: zuerst Mérida und Trujillo, dann geradewegs nach Caracas. Er glaubt zuversichtlich, «imstande zu sein, daß wir, wenn wir rasch handeln, mit der Munition, die wir haben, vor Caracas erscheinen können», ließe man dem Feind jedoch Zeit, sich wieder zu sammeln, so wäre die Munition vergeudet worden. Er bittet um Handlungsfreiheit, auch über Mérida und Trujillo hinaus, und schlägt als Gegenleistung vor, es solle eine Kommission aus zwei oder drei Offizieren des Heeres gebildet werden, mit denen er alle Operationen beraten würde. Dieses Schriftstück verrät den klaren Verstand und den nicht minder klaren Willen eines großen Führers.

Nächst der Schnelligkeit: Terror. Als Bolivar und Castillo im März 1813 noch ziemlich gut miteinander auskamen und gemeinsam ihre Expedition nach Venezuela vorbereiteten, erschien Bolivars früherer Nachbar Antonio Nicolás Briceño, um ihnen ein unheilvolles Dokument zu unterbreiten, das er im Januar in Cartagena veröffentlich hatte. Es war der berühmte Plan für den Krieg bis zum Tode. Dieses von Briceño entworfene und hauptsächlich von französischen Abenteurern unterzeichnete Dokument ist viel eher gewinnsüchtig als blutrünstig. Von seinen fünfzehn Artikeln beschäftigen sich nicht weniger als sechs damit, wie man aus wohlhabenden Spaniern für den persönlichen Nutzen von Offizieren und Soldaten des Expeditionskorps Geld herauspressen könne. So eilig haben die Möchtegernbefreier es damit, sich selber von der Armut zu befreien, daß Artikel 6 folgendes bestimmt: «Um diese Bedingungen pünktlich zu erfüllen, sollen die erwähnten Besitztümer in jeder Stadt, die von republikanischen Truppen besetzt wird, unverzüglich verteilt werden, es sei denn, sie müßten sofort die Verfolgung des Feindes fortsetzen.» Artikel 2 besagte: «Da dieser Krieg als sein erstes und vornehmstes Ziel anstrebt, in Venezuela die verfluchte Rasse der europäischen Spanier einschließlich der Insulaner zu vernichten, müssen diese gehindert werden, sich dem Expeditionskorps anzuschließen, so patriotisch und zuverlässig sie auch erscheinen mögen; denn nicht ein einziger darf am Leben bleiben.» Artikel 9 schließlich: «Das bloße Vorzeigen einer Anzahl Köpfe von europäischen Spaniern einschließlich Insulanern soll ausreichen, um dafür Belohnung und ein Offizierspatent zu erhalten; demnach soll jeder Gemeine, sobald er zwanzig Köpfe der genannten Spanier vorweist, zum Fähnrich befördert werden, bei dreißig zum Leutnant, bei fünfzig zum Hauptmann und so weiter.» Dieses Schriftstück war seltsamerweise in Französisch bestätigt und von acht Waffenbrüdern Briceños unterzeichnet worden, darunter zwei Venezolaner und sechs Franzosen[1].

Bolivar und Castillo verwarfen den Plan nicht von vornherein. Sie nahmen ihn vielmehr mit einigen unwichtigen Änderungen an, nur nicht Artikel 2, «soweit er zum Ziele hat, alle europäischen Spanier zu töten; denn *vorläufig* wird das nur denen geschehen, die bewaffnet angetroffen werden, während die andern, die vielleicht unschuldig erscheinen, der Armee folgen sollen, damit man sie unter Aufsicht hat, bis der Kongreß von Neugranada zustimmt oder ablehnt, dem die ‹Krieg bis zum Tode›-Urkunde vorgelegt werden soll». Demnach wurde auch Artikel 9 suspendiert. Selbst in dieser Begrenzung war der Beschluß eine schwere Verletzung des Kriegs- und Völkerrechts und stellte die beiden Führer damit auf eine Stufe mit dem ruchlosen Cervériz und dem Mörder Zuazola. Es ist sinnlos, darüber zu streiten, wer angefangen habe; denn in Wirklichkeit gab es nicht zwei verschiedene Parteien, sondern nur zwei Hälften ein und desselben Volkes: Spanier und Kreolen gab es auf beiden Seiten. Schließlich kehrt das Thema «Tod dem Feinde!» im Lauf der Jahrhunderte immer wieder.

Aber Bolivar war kein Zuazola und kein Boves. Er war ein verständiger Mann. Er begriff, daß der Plan gemildert werden müsse, bis er im eigenen Lande nach Belieben handeln könnte. Daher sein «vorläufig». Er sah ein, daß das Angebot militärischer Beförderung gegen den Höchstpreis spanischer Köpfe ebenso dumm wie ekelhaft war; der Plan würde jedoch, wenn man seine Verrücktheit ausmerzte, seinen

---

1 Franzose bedeutete damals und in jener Gegend häufig «französisch sprechender Neger».

Feldzug dadurch beschleunigen, daß er vielen Spaniern Schrecken einjagen und sie veranlassen würde, den Kampf aufzugeben. Urdaneta, der so oft sein Waffengefährte war, hat das ganz klar ausgesprochen: «Hieraus ergaben sich zwingend zwei Folgerungen: die Spanier müßten, wenn sie den sicheren Tod erwarteten, den Mut verlieren, was auch wirklich geschah; und die Kreolen würden zu Bolivars Fahnen eilen, was auch nötig war. Das Ergebnis, die Besetzung von Caracas, hat die Maßnahme vollauf gerechtfertigt.» Bolivar selber hat das in einem Brief an Santander vom Jahre 1819 erklärt: «Denken Sie an die gewaltsamen Maßnahmen, die ich in Gang setzen mußte, um die geringen Mittel zu finden, die uns am Leben erhielten; um vier Guerilla an uns zu binden, die zu unserer Befreiung beigetragen haben, mußte ich den Krieg bis zum Tode erklären.» Das also war Bolivars klarbewußtes Ziel, als er den Krieg bis zum Tode erklärte. Darum beschränkte er ihn auf die Spanier, die bewaffnet angetroffen wurden. Er konnte dadurch seine beiden Leidenschaften gleichzeitig befriedigen: Terror und Tempo. Der eine förderte das andere.

Während Castillo unterwegs zu der von Correa bei La Grita besetzten Stellung war, hörte er, daß Briceño, als Offizier sein Untergebener, allen Spaniern den Krieg bis zum Tode erklärt und allen Sklaven, die ihre spanischen Herren ermordeten, die Freiheit versprochen hatte. «Wie er selber sagte, war es sein Ziel, sie so zu terrorisieren, daß sie Venezuela verließen.» Zu diesem Zweck köpfte er die beiden einzigen Spanier, die er in San Cristóbal antraf, zwei alte Männer über Achtzig. Einer von ihnen war sein Gastgeber gewesen. Die Köpfe schickte Briceño zusammen mit Briefen, deren erste Zeile er mit dem Blut seiner Opfer geschrieben hatte, an Bolivar und Castillo. Dieser antwortete noch am gleichen Abend, protestierte empört und bestand darauf, daß kein Angeklagter unter Mißachtung des Rechts bestraft werden dürfe. Bolivar erhob zwei Einwände: das Gesetz sei nicht respektiert und die

Befehlsgewalt des Vorgesetzten mißachtet worden. Gegen die Grausamkeit protestierte er nicht.

Castillo eroberte La Grita am 13. Mai 1813 ohne Schwierigkeiten, da sich Correa in vollem Rückzug auf Mérida befand, wo er in Verbindung mit seinen Kameraden in Trujillo und Barinas eine ziemlich feste Stellung zu beziehen hoffte. Dies war der Zeitpunkt, zu dem Castillo in Abwesenheit von Bolivar Kriegsrat abhielt, um gegen ein Vorrücken über Mérida hinaus zu protestieren, und später dann seinen Abschied nahm. Der Befehl über die granadischen Truppen fiel daraufhin einem jungen Offizier zu: Francisco de Paula Santander. Bolivar erkannte, wie gefährlich die Lage war, und eilte nach La Grita, wo er von dem jungen Kommandeur an der Spitze seiner Truppe auf zweideutige Weise empfangen wurde. Bolivar befahl Santander vorzurücken. Santander weigerte sich, woraufhin Bolivar schroff erklärte: «Eine dritte Möglichkeit gibt es nicht. Entweder erschießen Sie mich oder ich Sie.» Santander wurde entlassen, und die Armee rückte unter Urdaneta vor.

Bolivar folgte Correa auf den Fersen nach Mérida, aber der spanische Kommandeur entschloß sich abermals zum Rückzug. Heredia berichtet uns, warum. Die Bevölkerung der ganzen Gegend um Mérida und Trujillo war auf den geringsten Verdacht hin den Schikanen der Behörden ausgesetzt worden. «Oberst Correa, ein gerechter und maßvoller Mann, der keines dieser Übel verursacht hatte, sie jedoch auch nicht verhindern konnte, sah ein, daß er in einem Lande, wo sich natürlicherweise sogar die Felsen gegen die Spanier auflehnen mußten, keinen Widerstand leisten könne.» Kaum hatte Correa Mérida verlassen, als die Stadt ihre Unabhängigkeit von Spanien erklärte – vornehmlich unter Führung des europäischen Spaniers Don Vicente Campo Elias, der wohl das vollkommenste Beispiel für den Bürgerkrieg bis zum Tode war. Er pflegte zu sagen: «Ich möchte alle Spanier vernichten und dann mich selber erschießen, damit nicht ein einziger von dieser verfluchten Rasse übrigbleibe.»

Am 30. Mai zog Bolivar in Mérida ein und unterstellte es dem Zivilgouverneur Don Cristóbal de Mendoza, der Regierungspräsident von Caracas gewesen war. Er erklärte, «er habe Weisung vom Kongreß von Neugranada, die venezolanische Verfassung wiederherzustellen», und gründete demzufolge die Provinzialregierung, wobei er jedoch sorgfältig betonte, «in allen Dingen, die mit dem Krieg zu tun haben, werde Mendoza seine Befehle unmittelbar vom Oberbefehlshaber erhalten, als ob sie von dessen Souveränität ausgingen». Während Bolivar in Mérida war, erhielt er die Nachricht, daß Briceño, der sich seinem Kommando entzogen hatte, auf dem Wege nach Guasdualito geschlagen und von den Royalisten gefangengenommen worden war. Er erließ daraufhin eine Proklamation, in der er die Spanier in schwärzesten Farben malte und sie seltsamerweise mit den Juden verglich. «Flüchtig und auf Wanderschaft wie die Feinde des Heilands, erleben sie, wie sie allenthalben abgewiesen und von allen Menschen verfolgt werden» – ein Vergleich, der uns im Hinblick auf näherliegende Ereignisse einiges über die Methoden verrät, die unter Bolivars Raserei angewendet wurden. Er erinnert daran, wie die Spanier «das heilige Völkerrecht in Quito, La Paz, Mexiko, Caracas und neuerdings in Popayán verletzt haben», und klagt sie weiter an, in Barinas «ein schreckliches Blutbad unter unsern Kriegsgefangenen und friedfertigen Landsleuten» veranstaltet zu haben. «Aber diese Opfer sollen gerächt werden. Diese Henker sollen ausgerottet werden. Unsere Güte ist erschöpft, und da unsere Unterdrücker uns zu blutigem Krieg gezwungen haben, sollen sie aus Amerika verschwinden und soll unser Land von den Ungeheuern, die es heimgesucht haben, befreit werden. Unser Haß soll unversöhnlich sein und der Krieg bis zum Tode geführt werden.»

Bei dem Hinweis auf das «Blutbad unter unsern Kriegsgefangenen» griff Bolivar den Ereignissen vor und nahm an, Briceño und seine Genossen würden einfach erschossen werden. Sie kamen jedoch vor ein Kriegsgericht, «für jene

Zeit nicht ohne Gerechtigkeit», und die Todesurteile, zu denen es kam, waren begründet. Ein Mann wurde freigesprochen, zwei zum Dienst in der königlichen Armee verurteilt, und zwei bekamen zehn Jahre Haft; acht, darunter Briceño, wurden zum Tode verurteilt und starben tapfer. Bolivar erhielt die Nachricht am 14. Juni, als er bereits in Trujillo war. Er überließ seinem Untergebenen Girardot die weitere Verfolgung von Cañas, der mit einer königstreuen Truppe in Eilmärschen Barquisimeto zustrebte, und begann sofort mit den Vorbereitungen für seinen Vormarsch auf Caracas. In der Nacht auf den 15. Juni verfaßte er jedoch die berühmteste und zugleich schändlichste seiner Proklamationen. Ihrer Floskeln entkleidet und auf den eigentlichen Gehalt reduziert, verurteilte diese Proklamation alle Spanier zum Tode, die nicht «aktiv und wirksam» mit den Patrioten gegen Spanien zusammenarbeiten wollten; hingegen sollten als Amerikaner alle diejenigen angesehen werden, die zur republikanischen Partei überwechselten. Außerdem verhieß er allen Amerikanern einen Generalpardon, womit immer sie gegen die Sache der Patrioten verstoßen haben mochten. Der Schluß lautete: «Spanier und Kanaren, seid selbst als Neutrale des Todes gewiß, sofern ihr nicht wirksam für die Einheit Amerikas eintretet. Amerikaner, seid eures Lebens auch dann gewiß, wenn ihr schuldig seid!»

Es gibt zahlreiche Versuche, diese Äußerung zu rechtfertigen; viele haben erklärt, sie sei der Ekstase, der Erregung, dem leidenschaftlichen Verlangen entsprungen, längst vergangene Ereignisse zu rächen. Nichts dergleichen hält den Tatsachen stand. Wer es dadurch erklären will, daß er der Proklamation ähnliche Äußerungen von Cervériz oder andern wilden Männern der Royalisten gegenüberstellt, vergißt, daß alles, was diese Männer gesagt oder getan haben, nur von örtlicher oder persönlicher Bedeutung war, mehr oder minder aufrührerisch und von ihren Vorgesetzten vielleicht geduldet oder hingenommen, aber ohne jeden amtlichen oder allgemeingültigen Charakter. Niemals wurde dergleichen begangen, ohne daß ständig die Audiencia protestiert hätte, die nicht müde wurde, das Recht zu verkünden, das jene verdammte. Zum ersten Mal in der Geschichte Venezuelas erhob Bolivar den Vernichtungskrieg zum Gesetz. Dieser juristische und allgemeinverbindliche Charakter der Proklamation von Trujillo war der neue Faktor, für den Bolivar verantwortlich war. Schon seit Cartagena, seit Curaçao, vielleicht schon seit Puerto Cabello hatte er sich innerlich darauf zubewegt. Wir kennen alle Etappen. Nichts rächt er – denn täte er das, warum nahm er dann die schuldigen Amerikaner aus? Er übte keine Repressalien. Er führte eine Politik aus, die er in seinem Brief an den Kongreß von Neugranada vom 27. November 1812 und in seiner Denkschrift vom 15. Dezember für notwendig erklärt hatte. Mit seiner Proklamation riß Bolivar eine Kluft auf zwischen Kreolen und Spaniern; er schnitt mitten durch Fleisch und Geist einer Nation, die bis dahin aus zwei Arten von Spaniern bestanden hatte, welche durch Freundschaft, Familienbande und gemeinsame Interessen eng verbunden waren; und aus der Wunde, die vom Haß vergiftet wurde, machte er eine politische Grenze. Wer ihm nur Cervériz, Zuazola und andere entgegenhält, verkleinert sein Format. Obwohl er selber solche Einwände vorbringt, wenn es ihm paßt, handelte er doch aus eigenem Antrieb, geführt von einem Licht aus fernsten Zeiten und von dem unbezwingbaren Drang einer harten Seele, die sich erbarmungslos durch Menschenleben hindurch den Weg zu ihrer historischen Bestimmung bahnt.

FÜNFTES KAPITEL

Bolivars erster Triumph

Bolivars Proklamierung des Krieges bis zum Tode stellte in zwiefacher Hinsicht einen Akt der Auflehnung dar. Er war als Offizier immer noch der Untergebene der Unionsregierung und erließ diese Proklamation, ohne die Regierung zu befragen, ob sie solchen Krieg billige, und ohne zu wissen, ob er überhaupt ermächtigt war, den Krieg fortzusetzen. Neugranada machte gerade eine neue Krise durch. Santa Marta war von den Royalisten zurückerobert worden, die nunmehr Cartagena bedrohten. Die Union verspürte keine Neigung, ihre Kräfte zu verzetteln. Aber Bolivars Dilemma war offenkundig: entweder blieb er in Trujillo und erlaubte Monteverde, seine Kräfte zum Gegenangriff neu zu formieren, wobei jener wahrscheinlich stärker als Bolivar sein würde; oder er stürmte voran und riskierte dabei das Ganze fürs Ganze. Mit seinem üblichen Mut schrieb er an den Kongreß: «Mein Entschluß geht daher dahin, mit äußerster Kraft und Schnelligkeit zu handeln, nach Barinas zu eilen und die dortigen Abwehrkräfte hinwegzufegen, auf daß Neugranada von Feinden befreit werde, die es überwältigen könnten.»

Die militärischen Verdienste dieser Feldzüge sind eine technische Frage. Die kämpfenden Verbände waren klein, der Nachrichtendienst dürftig, Nachschub gab es praktisch nicht. Es handelte sich auf beiden Seiten mehr um Partisanenkämpfe. Bolivars überragende Verdienste waren damals seine Energie, seine Zielstrebigkeit, Beharrlichkeit und Schnelligkeit, seine klare Planung und seine Entschlußfreudigkeit. Die Lage erschien alles andere als vielversprechend. Miyares war immer noch in Maracaibo und Ceballos in Coro, zwei Provinzen, die Spanien niemals untreu geworden waren. Zu seiner Rechten in Barinas mochte Tiscar immer noch die 2600 Mann haben, die Monteverde ihm gegeben hatte, damit er Neugranada zurückeroberte. Und hinter ihnen allen stand eben Monteverde mit seinen Truppen – deren Zahl Bolivar wahrscheinlich nicht kannte.

Allerdings zeigte sich Monteverde, so ausgelassen und verantwortungslos er im Erfolg war, Rückschlägen nicht gewachsen. Er hatte gewiß nur wenige Soldaten, aber trotz seinem verbrecherischen Verhalten war das Land immer noch ganz überwiegend spanisch. Er verlor einen Monat in Caracas, anscheinend betäubt von den Erfolgen seines Rivalen. Im Laufe des Juni nahm Bolivar Trujillo ein, ordnete dort die Regierung, ließ seine Truppen sich ausruhen und neu formieren und verließ Trujillo am 28. Juni in Richtung auf Guanare. Das war ein kühnes Unternehmen, durch das er den Feind daran hindern wollte, ihn zu überflügeln und ihm dadurch die Verbindung mit Neugranada abzuschneiden. In glänzendem Zusammenwirken mit Ribas säuberte er das Dreieck Mérida-Trujillo-Barinas in knapp fünf Wochen und nahm am 6. Juli Barinas ein.

Bolivars Vormarsch war wesentlich durch den Terror beschleunigt worden, den er in seinen Proklamationen angekündigt und schonungslos praktiziert hatte. Diesen Umstand bringt Heredia anschaulich zur Geltung. Er berichtet, wie Fierro als amtierender Generalkapitän auf die Nachrichten von Monteverde hin eine Junta einberief, um die noch vorhandenen zivilen und kirchlichen Behörden über die Lage zu unterrichten. «Die Überraschung darüber ist kaum zu beschreiben, wußten wir doch noch nicht einmal, daß die Aufständischen in San Carlos waren. Wir blickten uns alle an, erwogen unsere Lage und hielten unsern Ruin für unvermeidlich; während unsere Phantasie also beschäftigt war, konnten wir unsere Gedanken schwerlich in Gelassenheit sammeln.» Fierro wurde gefragt, auf wie viele Soldaten er zählen könne. Er gab dreihundert reguläre und sechshundert freiwillige Soldaten, aber «unter jenen waren viele Kreolen, denen nicht allzu weit zu trauen war, während diese den Dienst verließen, um ihre Habe und Familie zu retten». Ein

Hauptmann Bengoa erklärte sich bereit, mit den dreihundert Regulären gegen die doppelte Anzahl zu kämpfen, doch beschloß man zu verhandeln.

Am 4. August acht Uhr morgens, wenige Stunden vor Bolivars Einzug in La Victoria, verließ Fierro Caracas. Der Kassier der Audiencia verurteilt ihn in seinem Bereich als Feigling und meint, er hätte bleiben müssen, um bei der Kapitulation mitzuwirken. Diese Ansicht hat einiges für sich und hat seither allgemein Anklang gefunden. Heredia aber schreibt: «Der Gouverneur hätte nicht anders handeln können. Sobald die Sitzung der Junta vorbei war, hatten die braven Freiwilligen des Bataillons Fernando VII. nach La Guaira zu entkommen versucht, als säße ihnen bereits das Messer an der Kehle, das Bolivar ihnen angedroht hatte. Selbst die Wachtposten verließen ihren Dienst noch selbigen Nachmittags, und vierzig bis fünfzig von ihnen erreichten mit ihren Gewehren und Patronentaschen Curaçao ... Von einem Mann weiß man, daß er in dieser Aufmachung sogar im fernen Havanna eintraf. Sobald die üblen Elemente dies begriffen, begannen sie plündernd umherzulaufen, manche mit den Gewehren bewaffnet, die sie in den Wachstuben gefunden hatten.» Die Wirkung von Bolivars planmäßigem Terror ist offenkundig.

Die Junta entsandte als ihre Delegierten Casa León, Iturbe (dem Bolivar sein Leben verdankte), Dr. Felipe Fermin Paúl (der es verstand, mit größter Leichtigkeit das Lager zu wechseln) und Pater Marcos Ribas, einen Bruder von José Felix Ribas. Bolivar empfing sie freundlich, war leutselig und bot ihnen, wie er selber berichtet, «ihr Leben und Eigentum an, wobei die Vergangenheit vollständig vergessen sein sollte». Weiter schreibt er: «Diese Mission war jedoch nur eine Finte, die ihnen Zeit verschaffen sollte, um sich in La Guaira einzuschiffen und Waffen und Munition zur Ausrüstung ihrer Artillerie mitzunehmen ... So reisten die Bösen ab und überließen die Kanaren und Spanier unserer gerechten Rache.» Weiter entwirft Bolivar ein Bild der immerhin noch maßvollen Unordnung, zu dem dieser Satz der Schlüssel ist: «Ohne das Maß an Güte, das nun einmal in allen Amerikanern zu finden ist, würden wir die Hauptstadt im Blute schwimmend angetroffen haben.»

Wir wissen von Heredia, daß die «Mäßigung», soweit sie an jenem Tage überhaupt geübt wurde, dem Erzbischof zu verdanken war. Trotzdem sind die Schilderungen des Kassiers von Caracas und anderer Bürger schrecklich genug. «Söhne verließen ihre Eltern, Eltern ihre Kinder, Gatten die Gattinnen, alle Habe und Besitztümer, um dem Tode zu entfliehen, der sie erwartete, falls sie in der Stadt blieben ... In Caracas so gut wie in La Guaira und den Städten im Innern blieben unzählige Familien zurück, die, wie wir später erfuhren, schändlich ermordet oder mit der grausamsten Unmenschlichkeit in Gefängnisse und Verliese geworfen wurden.»

Das entspricht nicht ganz dem Bild, das Bolivar zeichnet. Bolivar war aber ein Mann der Tat, für den Erklärungen nur Mittel zum Zweck waren. Er hatte Falschmeldungen über seine Stärke so geschickt ausgestreut, daß viele Royalisten glaubten, er verfüge über 17000 Mann – etwa das Zehnfache dessen, was er wirklich besaß. Von La Victoria aus schrieb er der Regierung und dem Stadtrat von Caracas, er habe La Victoria die Übergabe gestattet, «um der Welt zu zeigen, daß die edlen Amerikaner mitten im Sieg erlittenes Unrecht vergessen und ebenjenen Feinden ein seltenes Beispiel an Mäßigung geben, die das Völkerrecht verletzt und die geheiligtsten Verträge gebrochen haben. Diese Kapitulation soll auf das frömmste respektiert werden, dem verruchten Monteverde zur Schande und zum Ruhme des amerikanischen Namens.» Nur vier Tage, ehe er diese Worte schrieb, hatte er beim Einzug in Valencia befohlen, daß eine große Zahl von Spaniern getötet wurde.

Im Alter von dreißig Jahren und dreizehn Tagen hielt Simon Bolivar am 6. August 1813 triumphalen Einzug in Caracas.

Zwölf hübsche Mädchen in weißen Kleidern, die mit den Nationalfarben geschmückt waren, krönten ihn mit Lorbeer und Blumen. In Gala-Uniform stand der junge Held barhäuptig vor ihnen, einen Kommandostab in der Hand. Während dreißig langer Minuten zog Simon Bolivar durch Straßen, deren Häuser zerstört, aber fröhlich geschmückt waren, und schlürfte den berauschenden Wein des Ruhmes, der seinem leiblichen und seelischen Wohl so gefährlich war. In dieser unvergeßlichen Stunde blickte der junge Führer vielleicht im Geiste zurück auf jenen 2. September 1812, «vor erst elf Monaten», da er als Flüchtling in Curaçao an Land gegangen war; oder auch auf jenen 2. Juli 1812, «vor erst dreizehn Monaten», als er in Puerto Cabello versagt und den Kopf in den Händen vergraben hatte, weil er sich unfähig fühlte, auch nur einem Gemeinen zu befehlen; ja vielleicht sogar auf jenen fernen Tag in einer nun bereits staubbedeckten Vergangenheit, da er auf dem Mons Sacer geschworen hatte, sein Land vom spanischen Joch zu befreien. Jünger und bedrängender war jener Morgen, «vor erst ein paar Tagen», da er beim Einzug in Barinas gehört hatte, es gebe in den östlichen Provinzen gleichfalls Patrioten und Befreier; vielleicht bedachte er jetzt seine Sorge, er könne zu spät kommen und müsse mit ihnen den Ruhm teilen, den er nun allein als der eine und einzige Befreier genoß.

Als dann aber der Jubel verhallt und die Feste vorüber waren, mußte sich der Libertador mit einer Lage beschäftigen, die alles andere als günstig war. Venezuela war immer noch in drei Teile gespalten: Maracaibo, Coro und Puerto Cabello waren spanisch, Barinas und Caracas gehörten ihm, Cumaná und Barcelona aber unterstanden dem Befreier der Ostprovinzen Santiago Mariño. Seine Vollmacht war eindeutig, doch erstreckte sie sich nur auf ein Drittel des Landes. Er war entschlossen, die Herrschaft solle wenigstens in diesem Drittel unbestritten sein. Das war keine leichte Aufgabe, gab es doch im Lande mindestens drei Überlieferungen, die sich gegen ihn auswirkten. Zunächst die Verbohrtheit der «Föderalisten» in ihrem Entschluß, die amerikanische Verfassung nachzuahmen, weil diese einer nur allzu nationalen Neigung zu Lokalpatriotismus und Anarchie ein ehrbares Mäntelchen ausländischer Machart umhängte. Dann die Neigung der Robenträger, die Regierung nach republikanischen Grundsätzen einzurichten und das Militär ausschließlich auf kriegerische Aufgaben zu beschränken. Schließlich die Neigung der Oberschicht, niemand anders als sich selber zu gehorchen, und der Hang der unteren Schichten, an der Herrschaft Spaniens festzuhalten. Außerdem mußte Bolivar noch auf seinen schlimmsten Feind achtgeben, sein aufsässiges und zur Willkür neigendes Temperament, das gelegentlich seine Worte und Taten jeglicher Autorität beraubte.

Um den Föderalisten entgegenzukommen, schrieb er einen langen Brief an den Gouverneur von Barinas, einen Befürworter der alten Bundesverfassung, worin er ihm klugerweise die oberste Verantwortung für die Zivil- und Strafjustiz ohne Rekurs zuteilte, sich selber jedoch die Entscheidung über Krieg und Frieden, Verhandlungen mit auswärtigen Mächten und die Finanzen vorbehielt. Am 9. August veröffentlichte er ein Manifest, um die Befürchtungen der Robenträger wegen seiner diktatorischen Absichten zu beschwichtigen. «Eine Versammlung aus führenden Persönlichkeiten, aus tüchtigen und weisen Männern muß feierlich einberufen werden, um das Wesen unserer Regierung und der Beamten zu erörtern und gutzuheißen, die unter den außergewöhnlichen und kritischen Verhältnissen, in denen sich die Republik befindet, ihre Macht ausüben sollen.» Man beachte die «tüchtigen und weisen Männer», ein Anklang an Rousseau, der zugleich verrät, wie wurzellos dieses Versprechen ist. Bolivar brauchte dabei nicht unaufrichtig zu sein. Wahrscheinlich meinte er es ehrlich; aber es war ein Versprechen, das wie Wolken über seinen geistigen Himmel zog und schon vom nächsten Windstoß wieder vertrieben werden konnte.

Der nächste Satz ist der Auftakt zu einer langen Reihe dramatischer Gesten von Verzicht und Rücktritt. «Der Befreier Venezuelas verzichtet für immer und verkündet mit Nachdruck, daß er keine Befugnisse übernehmen wird außer jenen, die unsere Soldaten in die Gefahren hineinführen, die mit der Errettung des Vaterlandes verbunden sind.» Die grammatisch verkehrte Ausdrucksweise aus der Feder eines Mannes, der sich so gut auszudrücken verstand, beweist, daß der Satz den unlogischen Schichten seines Geistes entstammt. Bolivar war bereits der Verstellung übende Diktator, der Cäsar im Gewand des Demokraten, der er zeitlebens bleiben sollte. Ein paar Tage vorher hatte er in La Victoria zu seinem nahen Freund Iturbe gesagt: «Sorg' dich nicht um die Farbigen; ich schmeichle ihnen, weil ich sie brauche, Demokratie auf meinen Lippen, und Aristokratie hier» – er wies auf sein Herz. Und Heredia stellte fest: «Einstweilen übernahm er die gesamte zivile und militärische Macht und erließ Gesetze in seinem Namen und aus eigener Machtvollkommenheit.» Ihm und möglicherweise keinem andern kam der Gedanke, daß er sich tatsächlich in der wichtigsten aller Fragen, der Errichtung der neuen Regierung, diktatorische Vollmachten anmaßte. Wenn er dem Gouverneur von Barinas die volle Justizhoheit übertrug – wen und in wessen Namen entkleidete er denn dieser Hoheit? Und in wessen Namen übertrug er sie? Heredia berichtete weiter: «Mit José Felix Ribas, der zweiter Kommandeur war und die Militärregierung von Caracas übernahm, und mit Cristóbal Mendoza wurde eine Art von Triumvirat gebildet, aber der sogenannte Befreier behielt als Generalissimus des Krieges wegen stets die volle Aufsicht. Es gab kein anderes Gesetz als seinen Willen, keinen andern Rechtsgrundsatz als Mord und Raub.»

Unter seiner Oberaufsicht richtete Bolivar drei Staatsämter ein und übertrug sie Männern, die im Lande wohlbekannt waren. Zum Staatssekretär ernannte er Antonio Munoz-Tebar, der unter Llamosas zweiter Vorsitzender der ersten halb-unabhängigen Junta gewesen war. Zum Kriegsminister machte er seinen Freund Tomas Montilla, einen der reichsten Caraqueños. Weniger gut war, daß er Rafael Diego Mérida zum Justizminister ernannte, von dem Heredia schreibt: «Bei Ausbruch der Revolution war er in Spanien; zwar kehrte er dann nach Caracas zurück, beteiligte sich jedoch keineswegs maßgeblich, sondern wurde von Miranda verfolgt und war schlecht angesehen (bei den Republikanern), weil er seine Pflichten als Gerichtsschreiber bei dem Prozeß gegen die Verschwörer von 1798 so überaus streng wahrgenommen hatte.» Weiter berichtet Heredia, daß Mérida von Monteverde auf Grund eines Verdachts, der jedoch unbegründet war, ins Gefängnis geworfen wurde und daß er bei seiner Entlassung «wie ein wildes Tier aus dem Gefängnis kam, so daß er aus Rachsucht zu Bolivars Partei überging, dem er mit der ganzen Wildheit seines furchtlosen und blutrünstigen Charakters diente». Bolivar nannte ihn später «einen perversen Menschen» und sagte 1828: «Seine Natur ist vom Himmel verflucht; es scheint, als rinne Gift in seinen Adern und als wohne Satans Geist in seinem Kopf.»

Vielleicht war es eine natürliche Reaktion auf eine so anstrengende und erfolgreiche Leistung, daß Bolivar sich damals den Freuden der Macht hingab. Er liebte Luxus, Behagen und Vergnügen wie nur einer, und alles das konnte er jetzt haben. Er war von zahlreichen Männern umgeben, die nur zu bereit waren, ihm die Arbeit des Regierens abzunehmen, und als junger Held von dreißig Jahren war er der Abgott der Frauen. Eines der zwölf Mädchen, die ihm den Lorbeerkranz aufgesetzt hatten, war seine Geliebte geworden, und diese Josefina Madrid oder Machado wurde bald zu einer Macht hinter dem Thron. Ducoudray Holstein beschreibt sie als intrigant und nachtragend und gar nicht besonders schön. Er schreibt, Bolivar habe sich zunehmend unbeliebt gemacht, «weil er als Souverän und absoluter Gebieter auftrat und kein anderes Gesetz kannte als seinen Willen und seine Launen», und fährt fort: «Das schöne Geschlecht und zumal seine Favoritin Segnorita Josephina

Ma..., gewöhnlich Segnorita Pepa genannt, hatte größten Einfluß auf viele Ernennungen.»

Unter einem Berater wie Mérida konnte Bolivars Justiz nur notleiden. Aber Bolivar war nicht blutgierig. Er war unmenschlich und gleichgültig gegenüber Leiden, sogar gegenüber Menschenleben, wenn ihm das nötig erschien. Als aber damals keine Notwendigkeit für den Terror mehr bestand, wäre er es zufrieden gewesen, wenn er die Spanier in Venezuela durch Auswanderung losgeworden wäre. Vielleicht erließ er deshalb eine Verordnung, mit der er Ausländer einlud, nach Venezuela zu kommen und sich dort niederzulassen. Das entspricht den großmütigen Bedingungen, die er in der Kapitulation von La Victoria allen Spaniern gewährt hatte, welche auswandern wollten. Damit war es Bolivar ernst. Er war von der Gefahr überzeugt, die mit der Anwesenheit von europäischen Spaniern im Lande für die Unabhängigkeit der Republik verbunden war, und er bedurfte ausländischer Einwanderer, um die furchtbaren Verluste auszugleichen, die sein Krieg bis zum Tode der weißen Bevölkerung von Venezuela zugefügt hatte. Er selbst hatte von Caracas aus an den Kongreß von Neugranada geschrieben: «Nach der Schlacht von Tinaquillo rückte ich, ohne mich aufzuhalten, vor und kam durch die Städte und Pueblos Tocuyito, Valencia, Guayos, Guácara, San Joaquin, Maracay, Turmero und San Mateo y La Victoria, wo alle Europäer und Kanaren nahezu ausnahmslos erschossen wurden.» In Bolivars Augen war der Terror genauso eine Waffe wie die Propaganda, und schließlich war er infolge seiner berüchtigten Proklamation der Gefangene seiner eigenen Worte geworden.

Um dem Befreier gerecht zu werden, muß man jedoch seine Jugend und seinen Mangel an Erfahrung berücksichtigen – und außerdem die schwierige Lage. Einer seiner größten Vorzüge zu jener Zeit war die Sorgfalt und Sachlichkeit, die er auf die Ausbildung seiner Armee verwendete. Er war als siegreicher General in Caracas angekommen, verfügte aber kaum über nennenswerte Truppen. Heredia zitiert eine Aufzählung der Schlachten (Anklänge an Napoleons Stil), in denen Bolivar zufolge «fünf Armeen mit insgesamt zehntausend Mann geschlagen wurden», und bemerkt dazu: «An dieser ganzen bombastischen Beschreibung entsprechen nur die Namen der Städte und die Schnelligkeit des Vormarsches, die eindrucksvoll war, der Wahrheit. Es gab jedoch keine Schlachten, sondern nur Gefechte, Verfolgungen und Rückzüge. Auch keine Armeen, sondern wilde Heerhaufen ohne Disziplin, die insgesamt noch nicht einmal die Hälfte der prahlerischen Zahl ausmachen würden. Unter ihnen gab es niemals mehr als fünfhundert ausgebildete Soldaten.» Da Bolivar Caracas mit weniger Soldaten einnahm, als Monteverde hatte, traf er dort also praktisch ohne Truppen ein und jedenfalls mit weniger als fünfhundert ausgebildeten Soldaten. Von demselben Zeugen wissen wir jedoch, daß etwa vier Monate später, am 5. Dezember 1813, zwei spanische Divisionen von Truppen geschlagen wurden, von denen Heredia schreibt: «Zu ihnen gehörten die besten Truppen, die Bolivar in Caracas und den Araguatälern zusammengebracht hatte; sie waren gut diszipliniert und voller Begeisterung.»

Das war Bolivars größte Leistung in den ersten Wochen seiner Regierung. Leicht war das keineswegs. Das Land war äußerlich verwüstet und in Verwirrung, innerlich zerrissen und im ganzen feindlich gesinnt. An manchen Orten, so auch in San Francisco de Yare, wo Bolivar ein Gut besaß, erhoben sich die Neger und verkündeten ihre Treue zu Ferdinand VII. Bolivar verfügte die Beschlagnahme des Eigentums aller spanischen Emigranten und danach eine Zwangsanleihe von 120000 Pesos, die größtenteils die Lauen aufbringen sollten. Er hatte auch auf freiwillige Spenden gerechnet, doch wurde er dabei von Caracas so enttäuscht, daß er am 21. September 1813 an Ribas schrieb: «Der Oberbefehlshaber verfügt, daß hier in der Hauptstadt Zwangsspenden im Verhältnis zu jedermanns Einkommen aufgebracht werden, und zwar auch von solchen Amerikanern, deren Ansichten im Widerspruch zum republikanischen System in Venezuela stehen. Nur die völlige Unmöglichkeit soll als Entschuldigung anerkannt werden; wenn Sie drei oder vier von denen, die sich weigern, erschießen, werden Sie die andern schon Gehorsam lehren.» Dergleichen waren keine leeren Drohungen. So ließ der Militärgouverneur Ribas am 15. November in der ganzen Stadt folgende Proklamation anschlagen: «Mit äußerstem Erstaunen hat die Regierung wahrgenommen, daß der heute morgen geblasene Ruf zu den Waffen keinerlei Wirkung gehabt hat... Das Signal wird heute nachmittag um vier wiederholt werden. Wer sich dann nicht auf dem Marktplatz oder in der Kapuzinerkaserne einstellt, wird binnen drei Stunden erschossen, wobei allein schon die Abwesenheit als Grund ausreicht.» Das waren die Methoden, mit denen in Venezuela die Freiheit gefördert werden mußte.

Der erste Eindruck, den diese Tatsachen hinterlassen, besagt, daß die Ideale, für die die reichen Anführer kämpften, mit den Wünschen des Volkes nur wenig zu tun hatten. Das sprach aber nicht unbedingt gegen die Reichen. War ihre herrische Hast im Dienste des Separatismus unter weltweitem Aspekt unklug, so handelten sie doch klug, wenn sie mehr Freiheit und Autonomie erstrebten. Die eigentliche Schwierigkeit lag aber viel tiefer als der Zweikampf zwischen spanischer Herrschaft und Separatismus, auf den sie gewöhnlich beschränkt wird. Die eigentliche Schwierigkeit rührte, wie sich bald herausstellen sollte, daher, daß Venezuela in eine chaotische Periode geraten war, weil die einzige Macht, die ein Gegengewicht gegen die anarchischen Neigungen der einzelnen bilden konnte, die Monarchie, geschwächt oder ganz verschwunden war. Die Tradition, das Schwergewicht des Staates, das religiös und historisch tief verwurzelte System hatten dem Lande Frieden und Gelassenheit bewahrt und dafür gesorgt, daß jedermann ruhig und selbstbeherrscht war. Als infolge der gemeinsamen Anstrengungen von Napoleons Aggression und der Unzufriedenheit örtlicher

Führer dieses imposante Bauwerk in sich zusammenfiel, konnten sich die auflösenden Kräfte aller einzelnen frei auswirken. Venezuela wurde das Opfer von Anführern, die es bald hierhin, bald dorthin zerrten, wie es Ehrgeiz und Gelegenheit gerade wollten. Daß man für oder gegen Spanien kämpfte, kam dabei erst in zweiter Linie. Bolivar, Briceño, Mariño, Monteverde, der Indianer Reyes Vargas, der Priester Torrellas, der Katalane Millet und Carlos Blanco waren nur die ersten einer langen Reihe widerspenstiger, zuchtloser Glücksritter. Sie versuchten, den Turm der Macht zu ersteigen, den der Sturz des Monarchen jedermanns Zugriff preisgegeben hatte. Die einen wählten eine republikanische, die andern eine königstreue Fahne. Manche wechselten von einer Fahne zur andern. Das politische Chaos spiegelte sich in jedes einzelnen Seele und gab Anlaß zu Gesetzlosigkeit und unerhörter Grausamkeit. Bald sollte einer der Stärksten von ihnen die Szene betreten, das Land verwüsten und Bolivar aus Caracas verdrängen.

SECHSTES KAPITEL

Die erste Diktatur

Der Mann, den die venezolanische Geschichte Boves nennt und der eigentlich José Tomas Bobes y de la Iglesia hieß, war am 18. September 1782 in Oviedo, der Hauptstadt des altspanischen Fürstentums Asturien, geboren und daher zehn Monate älter als Bolivar. Sein Vater war ein bescheidener Schreiber im Gemeindebüro der Stadt, seine Mutter, wie ihr Name «von der Kirche» verrät, ein Findelkind. Sein Vater starb, als José fünf Jahre alt war, und seine Mutter mußte zwei Töchter und einen Sohn ohne jegliches Einkommen aufziehen. Sie arbeitete als Waschfrau und Dienstmagd und zog später nach Gijón, wo der junge José dank der fürsorgenden Sparsamkeit seiner Mutter in das Instituto Real Asturiano eintreten konnte; dort lernte er Mathematik und alles, was zur Seefahrt gehört, und erhielt schließlich ein Steuermannspatent für die Handelsmarine. Der junge Boves wollte jedoch höher hinaus. Er zog von Gijón nach Ferrol, wo er nach weiteren Studien die Aufnahmeprüfung für die königliche Marine bestand.

Er scheint dadurch Schwierigkeiten bekommen zu haben, daß er Konterbande nicht beschlagnahmte, sondern versteckte; jedenfalls schied er in Coruña aus dem Dienst, um das Kommando der «Ligero» zu übernehmen, die zwischen der iberischen Halbinsel und Trinidad Handel trieb. Um jene Zeit zahlte Boves seiner Mutter eine jährliche Rente. Nachdem er zwei Jahre Kapitän der «Ligero» gewesen war, ging er an Land und wurde Agent der Reederei in Venezuela; später machte er sich in Calabozo selbständig, wo er einen Maultier- und Pferdehandel mit den Indianern der Prärie aufbaute. Unter den Indianern erwarb er sich bald den Ruf großer Körperkräfte, denn er war groß und stark, und ebenso für ehrliche, saubere Geschäfte. Ganz allgemein kannten die Eingeborenen ihn als Taita, was Vater und Häuptling bedeutet. Allmählich verliebte sich der gestrandete Steuermann in die Pferde, mit denen er handelte. Er wohnte nahe bei den smaragdgrünen Ebenen, wo die Llaneros ein freies, ungezwungenes Leben führten. Bald übertraf er diese Meister der Reitkunst und widmete sich ganz dem tätigeren Teil seines Geschäfts, der Besorgung und Herbeischaffung von Pferden und Maultieren, während er den sitzenden Teil einem alten, treu ergebenen Indianer überließ.

Dann bescherte das Schicksal die Herausforderung, die aus diesem Pferdehändler einen mächtigen Reiterführer und ein Ungeheuer an Grausamkeit machte. Gegen Ende des Jahres 1812 erschien Escalona (der 1809 mit der Mißhandlung der Gefangenen in La Guaira begonnen hatte) mit einem Rekrutierungstrupp in Calabozo. Einige seiner Männer erbrachen Boves' Lagerhaus und forderten ihn auf, sich zu melden. Er weigerte sich, woraufhin sie ihn überwältigten, an Händen und Füßen fesselten und auf einem Karren ins Gefängnis brachten. Alsbald erschien Escalona bei seinem immer noch gefesselten Gefangenen und schlug ihn mehrmals ins Gesicht. Venezuela sollte es teuer bezahlen, einen kühnen Mann unbedacht geohrfeigt zu haben. Inzwischen erbrach die republikanische Soldateska etliche Häuser von Spaniern, drang auch bei Boves ein, ermorderte den alten indianischen Lagerhalter und plünderte das Lager, das sie schließlich in Brand steckte. Der königstreue Indianerhäuptling Reyes Vargas erschien auf der Bildfläche und rettete Boves das Leben. Boves bot Monteverde seine Dienste an und erhielt ein Patent als Kavalleriehauptmann mit dem Auftrag, unter seinen Kunden eine Schwadron Lanzenreiter auszuheben.

Innerhalb von wenigen Tagen stand der neugebackene Hauptmann in Calabozo an der Spitze von achthundert Reitern – und was für Reiter! Männer der Scholle, noch im Zustand der Hirtenkultur, echt spanische Veredlung auf indianischem Stamm und Wurzel, die mit ihren Pferden eine vollkommene Einheit bildeten; Männer, die von kaum gebratenem und leicht gesalzenem Fleisch, von wildem

Honig und saurer Milch lebten, die mit dem Sattel als Kopfkissen auf dem Erdboden schliefen oder, wenn es Bäume gab, in Hängematten. Die Llaneros waren der beste Rohstoff für eine Kavallerie, den es auf der ganzen Welt gab. Sie hätten in jenen ersten Wochen des Jahres 1813, als Bolivar seinen Vorstoß nach Caracas plante, für Monteverde ein Geschenk des Himmels sein müssen; er aber wußte nichts mit ihnen anzufangen. Allgemein wird berichtet, es habe ihm genügt, Boves zum Militärbefehlshaber von Calabozo zu ernennen, und dieser habe die meisten seiner Männer nach Hause geschickt und nur wenige als Garnison bei sich behalten. Diese Episode ist nicht klar, doch scheint die vernünftigste Erklärung zu sein, daß Monteverde, der selber durch Disziplinlosigkeit aufgestiegen war, sich in der Gesellschaft eines Mannes, der so viele tüchtige Reiter kommandierte, unbehaglich fühlte – und sich von dieser Streitmacht zu befreien verstand.

Als Militärbefehlshaber von Calabozo deckte Boves in Espino, einem Pueblo am Orinoco, eine Verschwörung zugunsten des Mariño-Aufstandes auf. Hier zeigten sich die ersten Anzeichen seines grausamen Wesens, als er seine Opfer einer selbsterfundenen Tortur aussetzte: er ließ sie mit Platzpatronen «hinrichten». Die Bevölkerung wurde seiner Willkür müde und erreichte (vermutlich ohne größere Schwierigkeiten), daß Monteverde ihn wegschickte, damit er unter Cagigal diente, der damals gegen Mariño und Bideau operierte. Damit sollte eine Rivalität beginnen, die ihre Ursache in Vorzügen und Fehlern auf beiden Seiten hatte; denn Cagigal war ein guter Berufsoffizier mit europäischen Vorstellungen von der Kriegskunst, während Boves ein wilder Raubritter war, der persönlich großmütig sein konnte, aber am Rauben und Morden Gefallen fand.

Im andern Lager konnte es, was Grausamkeit angeht, Arizmendi mit Boves aufnehmen. Dieser war ebenfalls durch persönliche Erlebnisse so weit gekommen, daß er schließlich während eines Aufstandes gegen die Royalisten auf der Insel

Margarita im Juni 1813 neunundzwanzig politische Gegner auf der Stelle ermorden ließ. Für Mariño war dieser Aufstand ein Geschenk des Himmels, da er nach einem glänzenden Feldzug die spanischen Streitkräfte gezwungen hatte, sich in Cumaná einzuschließen. Es waren etwa achthundert Mann mit vierzig Geschützen. Um sie zu belagern, benötigte Mariño Seestreitkräfte. Margarita war eine Fischerinsel. Dort bekam er ein paar kleine Schiffe und die Besatzung dazu. So nahm er Cumaná, wo alsbald hundertzweiundzwanzig Spanier erschossen wurden. Dann schickte er seinen Stellvertreter Piar nach Barcelona, wohin sich Cagigal nach einem geschickten Feldzug mit unterlegenen Kräften zurückgezogen hatte. Als er jedoch hörte, daß Caracas gefallen war, beschloß Cagigal, sich auf den Orinoco und nach Guayana zurückzuziehen. Zwei seiner Offiziere, Boves und Morales, blieben lieber in der Prärie. Sie hatten etwas Neues entdeckt, denn, wie Restrepo schreibt, «noch kannte niemand die Bedeutung der venezolanischen Prärie». Bolivar und Mariñol wußten nichts davon. Boves und Morales hatten die Ebenen entdeckt. Dank diesen beiden rauhen, sehr rauhen Spaniern sollte jetzt der eigentliche Kampf beginnen.

Mariño, der sich genau wie Bolivar die Bezeichnungen Libertador und Dictador zugelegt hatte, schickte zwei Boten nach Caracas, um seinen Kollegen von der Befreiung der Ostprovinzen zu unterrichten und ein politisches Abkommen auszuhandeln. Bolivar war schlau genug, um zu erkennen, daß die beiden Boten ihn mindestens so sehr über Mariños Aufstieg im östlichen Teil des Landes wie vom Zusammenbruch der spanischen Herrschaft unterrichten sollten. Abermals bewahrheitete sich das Grundgesetz der politischen Psychologie in Spanien, daß Separatismus zur Diktatur führt. Nachdem sie sich von Spanien separiert hatten, trennten sich die beiden Anführer nun wieder voneinander, damit jeder in seiner Hälfte des Landes Diktator sei. Der Befreier verwandelte sich ganz natürlich in den Diktator.

«Zunächst», berichtet Restrepo, «konnte auf einem so wichtigen Gebiet keinerlei Fortschritt erzielt werden, da keiner der beiden obersten Führer sich dem andern unterordnen wollte.» Anscheinend haben sie sich jedoch gegenseitig militärische Hilfe angeboten, wobei Bolivar Mariño dringend um Entsendung einer Division bat, damit er die bedrohlichen Streitkräfte, die sich in Los Llanos sammelten, schlagen könne; ferner bat er ihn, ihm seine Seestreitkräfte zu leihen, damit er Puerto Cabello blockieren könne.

Die Belagerung dieser Stadt und ihres Hafens war ja jetzt Bolivars wichtigste militärische Aufgabe. Zwar hätte er sie leicht einnehmen können, wenn er sich nicht unterdessen in Caracas am Ruhm berauscht hätte, aber bis zum 20. August hatte Monteverde sie in guten Verteidigungszustand gebracht. Um diese Zeit hatte Bolivar auch andere Sorgen. Die Schwarzen aus dem Tuy-Tal waren zerstreut worden, aber noch keineswegs geschlagen, und Boves hatte einem republikanischen Verband in Santa Maria de Ipire die erste Niederlage beigebracht; außerdem behelligte der Indianer Reyes Vargas zusammen mit dem Partisanenpriester Torrellas Bolivars westliche Verbindungswege. Gegen so viele Gefahren blieben Bolivar etwa achthundert Mann. Trotzdem belagerte er Puerto Cabello und versuchte es sogar in der Nacht auf den 1. September überraschend einzunehmen; das war eine nicht sehr kluge Operation. Sie endete mit einer Niederlage und mit Verlusten, zumal an Offizieren, die sich die mühsam ringenden Republikaner kaum leisten konnten.

Am 13. September wurden die spanische Fregatte «Venganza», ein Marineschoner und sechs Transporter mit dem Regiment Granada an Bord in Puerto Cabello begeistert begrüßt, wiewohl diese Verstärkung die Lebensmittelknappheit in der Stadt noch verschärfte. Man hielt daher einen Ausfall für nötig, der jedoch bei Naguanagua an der Straße nach Valencia abgeschlagen wurde; dieses Gefecht verlief sehr ehrenvoll für die Patrioten, da sie hier zum ersten Mal gut ausgebildete europäische Truppen schlugen. Der Führer der Patrioten, ein junger Granadino namens Girardot, fiel in dem Gefecht. Bolivar entschloß sich, dieses Ereignis mit viel Pomp und Glanz zu umgeben: er ordnete Nationaltrauer für einen vollen Monat und die feierliche Beisetzung von Girardots Herz in einer besonderen Kapelle an, die in der Kathedrale von Caracas gebaut werden sollte. Mit dem Blick des wahren Politikers für das Gewicht der öffentlichen Meinung versuchte der junge Diktator durch eine großartige Zeremonie zugleich den Gefühlen Neugranadas Genüge zu tun und den Patriotismus seiner eigenen Landsleute anzufeuern.

Dieser Erlaß trug als Datum «Valencia, am 30. September 1813, im dritten Jahr unserer Unabhängigkeit und dem ersten des Krieges bis zum Tode». Diese Formulierung hatte Bolivar jetzt für alle von ihm unterzeichneten Schriftstücke gewählt – was deutlich seine grimmige Entschlossenheit verrät. Offensichtlich neigte er zur Todesstrafe als dem einfachsten Mittel, um sich Gehorsam zu verschaffen. Am 9. September erließ er eine Proklamation, die alle Amerikaner mit dem Tode bedrohte, «die sich den Royalisten anschließen, um Ruhe und Ordnung zu stören», oder auch nur solcher Handlungen dringend verdächtig waren. Ebenso unterzeichnete er während der Belagerung von Puerto Cabello eine Verordnung, die jeden, der das Tabakmonopol betrog, sowie jeden Beamten, der die dafür verhängte Todesstrafe durch Begünstigung oder auf andere Weise milderte, mit dem Tode durch Erschießen bestrafte.

Inzwischen hatten zwei neue spanische Anführer in den Ebenen Rekruten gesammelt: Boves im Osten und Yañez in Barinas. Boves und sein Stellvertreter Morales hatten gemeinsam etwa zweitausend Reiter zusammengebracht; sie bewaffneten sie mit Spießen, die aus eisernen Fenstergittern gemacht worden waren. Diese Streitmacht schlug die Patrioten am 20. September 1813 in Santa Catalina zwischen Calvario und Calabozo. Boves verfuhr rücksichtslos mit den Besiegten und erlaubte seinen Truppen, die Stadt Villa de

Cura zu plündern. Gegen die beiden Spanier schickte Bolivar einen andern Spanier, Campo Elias, der in unglaublich kurzer Zeit tausend Mann Infanterie und fünfzehnhundert Reiter aufstellte und Boves bei Mosquiteros in der Nähe von Calabozo besiegte. Zur Strafe für die Hilfe, die Calabozo Boves geleistet hatte, ordnete Campo Elias in der Stadt viele Erschießungen an und erschoß außerdem viele kreolische Soldaten, die er in den Reihen der besiegten Royalisten gefangengenommen hatte.

Inzwischen schrieb Bolivar optimistische Berichte an Mariños Beauftragte, doch zeigte der östliche Diktator kein Entgegenkommen. Hätten die beiden Befreier in dieser Periode zusammengearbeitet, so würde Boves, eingeklemmt zwischen Bolivar im Westen und Mariño im Osten, seine Bewegungsfreiheit verloren haben; aber trotz seiner Niederlage in Calabozo konnte Boves davongaloppieren, während Mariño sich abwartend und passiv verhielt und Bolivar immer besorgter wurde angesichts der spanischen Streitmacht, die im Westen gegen ihn aufgestellt wurde. Etwa Mitte September hatte Garcia de Sena, einer von Bolivars Befehlshabern, den königstreuen Indianer Reyes Vargas bei Cerritos Blancos, nicht weit von Barquisimeto, geschlagen. Ceballos verließ Coro am 22. September mit dreihundertfünfzig Fußsoldaten, nahm aber auf dem Weg nach Barquisimeto mehrere andere Abteilungen auf, bis er über etwa zweitausend Mann verfügte. Bolivar hatte ihm Urdaneta entgegengeschickt, doch meldete dieser nach hinten, daß er Verstärkungen brauche; diese beschloß Bolivar ihm selber zuzuführen. Natürlich übernahm er dann das Kommando. Die Schlacht fand in der Nähe von Barquisimeto am 20. Oktober statt; Bolivar wurde geschlagen, seine Truppen flohen in Panik und ließen auf dem Schlachtfeld vierhundert Tote und etwa ebenso viele Gefangene zurück, die, da sie einem Berufsoffizier in die Hände fielen, als solche respektiert wurden.

Bolivars Reaktion auf die Niederlage war fürchterlich.

Sein Landsmann Juan Vicente Gonzalez schreibt darüber: «Nach der Schlappe von Barquisimeto befahl Bolivar von Caracamate aus Ribas, alle Europäer und Kanaren zu erschießen und alle in Caracas verfügbaren Männer, zumal alle jungen Studenten, einzuziehen. Ribas ließ den Befehl zur Hinrichtung unbeachtet, zeigte aber hinsichtlich der Studenten schreckliche Ungeduld.» Hinter dieser Ungeduld stand Bolivars eigene ewige Eile und Ungeduld. Innerhalb weniger Tage war eine neue Truppe auf die Beine gestellt. Inzwischen verzettelten die Königstreuen ihre Kräfte, weil es ihnen an einer Führerpersönlichkeit fehlte. Ceballos Sieg trug keine Früchte. Monteverde entsandte Salomon (den Kommandeur des aus Spanien gekommenen Regiments Granada), um Valencia zu bedrohen; aber Bolivar wartete sein Kommen nicht ab, sondern trat ihm noch unterwegs entgegen und verdrängte ihn aus seinen Stellungen in Vigirima. Während sich dies abspielte, wurde Bolivar im Süden und Osten umzingelt. Yañez hatte mit etwa 2500 Mann die Republikaner gezwungen, Barinas aufzugeben, und Ceballos rückte von Barquisimeto auf Araure vor, wo eine Streitmacht von 3700 Mann, darunter 1100 Reiter, zusammengezogen wurde. Auch Bolivar sammelte seine Männer, um dieser Gefahr zu begegnen. Sein Hauptquartier war in San Carlos.

Keine dieser «Armeen» hätte zu jener Zeit europäischen Maßstäben standgehalten. Trotzdem war Bolivars Leistung bemerkenswert. Obwohl er eben erst von einem erbitternden Rückschlag betroffen worden war, hatte er durch lange Märsche in unzugänglichem und oftmals feindseligem Land die größte Streitmacht versammelt, die jemals ein republikanischer General befehligte (mit Ausnahme von Mirandas Armee bei San Carlos). Für Ceballos war Araure eine hervorragende Stellung am Schnittpunkt der Flußtäler des Acarigua und des Sarare; der Acarigua führte in das Tocuyo-Tal, das Spanien treu ergeben war, der Sarare in die unendlichen Ebenen, die immer noch der prospanischen Kavallerie vorbehalten blieben. Wurde er geschlagen, konnte er sich unbehelligt in die eine oder andere Richtung zurückziehen; sollte er siegen, so könnte er auf San Carlos in der Provinz Valencia oder gar auf Caracas vorrücken. Zwischen San Carlos und Araure gab es zahlreiche Guerillas oder, wie sie dort genannt wurden, Montoneras, und jenseits Araure gab es prospanische Indianer in Massen.

Diese allgemeine Feindseligkeit der Bevölkerung machte Bolivar blind gegenüber den Dispositionen seines Gegners. In der Zeit vom 1. bis 4. Dezember rückten seine Truppen von San Carlos in die Ebenen von Araure vor, waren aber nach viertägigen Eilmärschen müde und bezogen östlich der Stadt ein Lager. Die Schlacht begann am 5. Dezember um fünf Uhr morgens mit einer Katastrophe für die Patrioten, deren Vorhut fast gänzlich vernichtet wurde. Bolivar verlor den Mut nicht, sondern dank geschickter Verwendung seiner Kavallerie gelang es ihm, zuerst Ceballos und später den zäheren Yañez ins Wanken zu bringen. Um ein Uhr waren die Royalisten auf der Flucht, die einen nach Barquisimeto, die andern nach Guanare. «Der Feind», schreibt Bolivars Stellvertreter Urdaneta, «ließ mehr als tausend Tote auf dem Schlachtfeld zurück; da alle Spanier und Kanaren, die bisher dem Krieg (bis zum Tode, meint er) entgangen oder von einzelnen Kommandeuren freigegeben worden waren, noch da waren, hielten viele es unter dem Eindruck der Niederlage für das sicherste, auf die Bäume zu klettern, von wo sie heruntergeschossen wurden. Die Patrioten waren erbittert über den Heldentod des Bataillons ‹Tapfere Jäger› und gaben nicht einem einzigen Pardon.» Danach traf Bolivar einige militärische Anordnungen und begab sich nach Caracas.

In der Stunde seines Triumphes sorgten drei verschiedene Probleme dafür, daß Bolivar nüchtern blieb: Das Volk war für Spanien und gegen ihn, Mariño verweigerte ihm den Gehorsam und war nicht einmal zu einer vernünftigen Zusammenarbeit zu bewegen, und die Streitmacht der Royalisten wurde rasch neu formiert. Seine Haltung war typisch für ihn: Er glaubte, sein Sieg über alle Hindernisse sei gesichert, sofern nur seine Macht fest gegründet und unbestritten sei. Dieser Glaube sollte das Geheimnis seines Erfolges werden. Ein Glaube nicht an seine Sache, sondern an sich selber, und zwar nicht an sich als das Werkzeug höherer Mächte – das war der Glaube von Colón und Hernan Cortés gewesen –, sondern an sein eigenes Ich, dessen feurige Persönlichkeit mit metallischem, irdischem Glanz in seinen pechschwarzen Augen leuchtete. Macht, mehr Macht. Um sie zu bekommen, entdeckte Bolivar, wiederum typisch für ihn, in seinen spanischen Wurzeln die Methode des Cortés und an seinem europäischen Horizont die Handlungsweise der Franzosen. Er verzichtete auf seine Ämter.

Er war viel zu nüchtern, um nicht zu erkennen, daß die junge Republik, da das Volk von Venezuela es mit Spanien und nicht mit den Republikanern hielt, Rückhalt bei der Armee suchen mußte; das war eine Einsicht, die seinem Prätorianergeist zusagte. Daher legte er es von Anfang an darauf an, die Armee fest in die Hand zu bekommen. Er war immer darauf bedacht, seine wichtigsten Kommandeure bei Laune zu halten. Er ging dabei soweit, daß er Ribas einen höheren Dienstgrad als sich selber zubilligte. Der Cabildo (der übrigens hierzu keinerlei Vollmacht besaß) ernannte ihn zum Generalkapitän und verlieh ihm den Titel Libertador; in seiner Dankesrede am 14. November 1813 wies er jedoch mit Bedacht darauf hin, daß die wahren Befreier seine Offiziere, deren er etliche nannte, und seine Truppen seien. Das war fraglos großmütig und edel und entsprang aufrichtig seinem Herzen, das dankbar zu sein verstand; zugleich war diese Haltung aber politisch wohlüberlegt. Bolivar war entschlossen, das unbestrittene Staatsoberhaupt zu sein, und er wußte, daß er seine Vollmacht nur auf die Streitkräfte gründen konnte. Aus demselben Grunde stiftete er den «Militärorden der Befreier» und verlieh ihn seinen Kommandeuren; später bot er ihn auch Mariño an.

Sein Briefwechsel mit Mariño zeigt ihn von seiner besten Seite: geduldig, geschickt, klar, hochgemut und immer bereit, die Risiken einzugehen, die der Großmut dem Ehrgeiz bereitet. Während der Monate November und Dezember 1813 schrieb er häufig und immer in demselben Sinne. Er war bereit, die beiden militärischen Apparate getrennt zu halten, hielt es aber für unumgänglich nötig, die Nation politisch zu einigen, und riet, die Provinz solle bald ihre Vertreter wählen, die dann den Präsidenten wählen sollten. Er schmeichelt Mariño und schreibt: «Als Belohnung für die Opfer Euer Exzellenz und für die Siege, die sie gekrönt haben, möchte ich gern, daß Sie Präsident werden.» Es gelang ihm nicht, Mariño für sich zu gewinnen, weil dieser ihm mißtraute. Da er selber ehrgeizig war, erriet er die ehrgeizigen Wünsche seines Rivalen; also hielt er sich fern, im Schutze seiner eigenen Armee.

Schließlich gründete ja Bolivar seine Autorität, die durch seinen Sieg über den regulären General Ceballos noch gestärkt worden war, gleichfalls auf seine Armee. Als er gegen Ende des Jahres einsah, daß alle Einigungsversuche mit Mariño gescheitert waren, schien ihm die Zeit gekommen, seine Diktatur durch die berufenen Stellen bestätigen zu lassen. Am 2. Januar 1814 berief er eine Sitzung aller «Beamten und Familienoberhäupter» ein. Es war ein zwangloses Lokalparlament im Stile einer spanischen Junta. Er übernahm den Vorsitz und hielt eine seiner typischen Reden: «Ich habe Ihnen Gesetze, eine Verwaltung und eine Regierung gegeben, aber ich bin nicht der Souverän. Ich sehne mich danach, meine Macht Ihren Vertretern zu übergeben, und hoffe, daß Sie mich von einem Amt entbinden werden, das auch einer von Ihnen einzunehmen würdig ist.» Dann stellte Mendoza, der Gouverneur von Caracas, den Antrag, Bolivar als Diktator zu bestätigen, woraufhin Bolivar sich weigerte. «Ich bin nicht gekommen, Sie mit meinen siegreichen Waffen zu unterdrücken ... Ein Soldat mit Kriegsglück erwirbt nicht das Recht, über sein Land zu herrschen ...» Und was dergleichen mehr ist. Dann ließ ein gewisser Alzuru die Katze aus dem Sack: «Laßt uns Simon Bolivar die oberste diktatorische

Gewalt durch Zuruf verleihen, damit er zu unserem Obersten Beamten ernannt, zugleich mit der Republik von der Abhängigkeit befreit werde, in der er als Beauftragter des Kongresses von Neugranada hat handeln müssen.» Nicht anders hatte Cortés seine Abhängigkeit von Gouverneur Velazquez dadurch abgeschüttelt, daß er seine Ämter vor dem Cabildo von Veracruz niederlegte. Diktatur als Weg zum Separatismus, Separatismus als Weg zur Diktatur.

Bolivar widerstrebte noch immer. Als nun Mendoza von der Aufgabe sprach, Ost und West zu vereinigen, ergriff er die Gelegenheit, um Mariño loszuwerden. «Für das höchste Amt gibt es ausgezeichnete Bürger, die Ihre Wahl eher als ich verdienen. Da ist General Mariño, der Befreier des Ostens, der als Führer würdig ist, Ihr Schicksal in die Hand zu nehmen.» Natürlich wollte der Cabildo davon nichts hören, und Bolivar mußte sich seiner Entscheidung beugen und die Diktatur annehmen, die fahrenzulassen ihm niemals eingefallen wäre. Jetzt hatte er das, wofür er gekämpft hatte, und er war darauf bedacht, daß die Tagesordnung auch eine überschwengliche Dankadresse an Neugranada umfaßte, um dadurch klarzustellen, daß seine Unterordnung unter das Schwesterland nunmehr beendet war. Gewiß setzte er hinzu, das venezolanische Volk ersehne glühend die vollständige Vereinigung mit Neugranada, und ließ sich selber den Auftrag geben, diese herbeizuführen; aber diesmal würde er mit den Granadinos als Gleichberechtigter verhandeln können.

Der Auftritt erinnert allzu stark an die Art, wie sich Bonaparte zum Ersten Konsul auf Lebenszeit ernennen ließ, um nicht eine Nachahmung des berühmten Vorbildes zu sein. Wir wissen, wie tief Bolivar den Korsen bewunderte und nachahmte. In Bolivars Dankesrede für den Titel Befreier gibt es einen Satz, der Beachtung verdient: «Ihr Herren habt mich zum Generalkapitän der Armeen und zum Befreier von Venezuela ausgerufen, ein Titel, der mir ruhmreicher und befriedigender erscheint als das Zepter aller Königreiche der Welt.» Ist es nicht merkwürdig, daß dieser Republikaner plötzlich von Zeptern und Königreichen sprach, da doch niemand an dergleichen dachte – niemand außer ihm, der nicht einmal selber wußte, daß er daran dachte? In den unerforschten Abgründen seiner Seele schimmerten noch die beiden Krönungen Napoleons.

«Viel am Tage, abends nichts», sagt ein spanisches Sprichwort. Am 2. Januar 1814 war Bolivars Diktatur von einer Versammlung bestätigt worden, am 3. Januar mußte er an Mariño schreiben und ihn flehentlich bitten, er möge die kleine Flotte nicht zurückziehen, die Puerto Cabello blokkierte. Die Rivalität der beiden Diktatoren ermöglichte es den Royalisten, sich zu einem Gegenangriff neu zu formieren. Zwar war die Einigkeit in ihren Reihen keineswegs größer als bei den Patrioten, aber trotzdem sollten sie schließlich Erfolg haben. Dafür gab es zwei Gründe. Einmal hielt das Land im allgemeinen noch zu Spanien und war gegen die Befreier; zum andern bildeten die spanischen Anführer um Bolivar einen Ring, den nur Mariño zerbrechen konnte – was er aber nicht wollte.

Daß das Land zu Spanien hielt, ist die dauernde Klage aller republikanischen Schriftsteller jener Zeit, allen voran O'Leary, Bolivars Vertrauter und Adjutant. Die schriftlichen Zeugnisse bekunden das deutlich und manchmal in kitschigen Farben. Am 7. Dezember 1813 sprach Bolivar in einer Proklamation von denjenigen Landsleuten, die «in die Wälder fliehen und lieber dieses verzweifelte Schicksal hinnehmen als an den Busen ihrer Brüder zurückzukehren und den Schutz einer Regierung zu suchen, die ihr Bestes will.» Er bot ihnen eine letzte Gelegenheit, aber nur noch einen Monat lang. Er wiederholte seine Amnestie und dehnte sie auf alle Fahnenflüchtigen aus, sofern sie mit ihren Waffen zurückkehrten. Er verbot allen Behörden, irgend jemand, der sich freiwillig meldete, zu erschießen oder anderweitig zu bestrafen, wiederholte jedoch, daß jeder zu erschießen sei, der bewaffnet oder als Teilnehmer an einer Verschwörung angetroffen werde. Diese Verhältnisse machen verständlich, warum nach einem so vollständigen Sieg wie dem von Araure, wo Ceballos angeblich mit nur zwanzig Mann von hinnen galoppieren mußte, keine Verfolgung stattfand, sondern nur Bolivars Eilmarsch in der Nähe des Schlachtfeldes.

Inzwischen befand sich Bolivar immer noch innerhalb eines Ringes von spanischen Kommandeuren und Häuptlingen. Als erster war Boves fertig. Bolivar hatte tausend Mann abgeordnet, um ihn in Schach zu halten, doch wurden sie von Boves bei San Marcos am Guárico aufgerieben. Der gefürchtete Anführer fand den Weg nach Calabozo offen, ein Unglück, das Bolivar schon in einem Brief an Mariño vorausgesagt hatte, in dem er ihn um die Entsendung von Truppen nach Calabozo gebeten hatte. Weiter östlich hatte Yañez genug Truppen angesammelt, um Barinas zu bedrohen, das er am 28. Januar 1814 einnahm. Urdaneta hingegen, der diese Front für Bolivar sichern sollte, zog hin und her. In einem Gefecht mit einer Abteilung von Urdanetas Leuten in der Nähe von Ostino wurde Yañez getötet; seine Truppen flohen und ließen seinen Leichnam zurück, den die Patrioten vierteilten und an mehrere Garnisonen verteilten.

Nach Boves' Sieg bei San Marcos hatte Bolivar rasch unter Campo Elias eine Streitmacht aufgestellt, die den Sieger hindern sollte, weiter nach Norden vorzurücken. Campo Elias bezog mit zwölfhundert Infanteristen und fünfhundert Berittenen in La Puerta Stellung, etwa fünf Kilometer von Villa de Cura entfernt. Die Republikaner wurden hier am 3. Februar geschlagen, aber Boves wurde verwundet, weshalb sich sein Stellvertreter Morales damit begnügte, des Gegners Waffen und Munitionsvorräte in Villa de Cura sicherzustellen. Bolivar befand sich in der Nähe von Puerto Cabello, das er immer noch durch Hunger und Durst zu bezwingen hoffte. Als ihn die Nachricht erreichte, mußte er jedoch seine Kräfte auf La Valencia konzentrieren und Urdaneta bitten, ihm alle entbehrlichen Truppen zu schicken. Am 8. Februar bekam Bolivar einen Brief von Leandro

Palacios, dem Kommandanten von La Guaira, der ihn darauf aufmerksam machte, daß seine Garnison klein sei, daß er aber viele Gefangene habe. Selbigen Tages noch antwortete Bolivar und befahl, alle spanischen Gefangenen in den Kasematten und Krankenhäusern seien ausnahmslos zu erschießen. So wurden in den Tagen vom 14. bis 16. Februar unter Palacios in La Guaira und unter Arizmendi in Caracas über achthundert Opfer erschossen, und noch viele von Bolivar selber.

Wer könnte leugnen, daß Bolivar an jenem dunklen Tage Leidenschaften Raum gab, die aus einer selbst ihm unvorstellbaren Vergangenheit emporstiegen? Denn die scheußliche Grausamkeit der eigentlichen Hinrichtungen kann man nicht deshalb aus dem Spiel lassen, weil dafür die Gouverneure von La Guaira und Caracas verantwortlich wären, nicht jedoch Bolivar; schließlich wußte Bolivar genau, wer diese beiden Männer waren. Zumal Arizmendi war ein noch schlimmerer Typ als Boves, der sich zwar im Kampf am Töten berauschen konnte, aber nicht mit Menschenblut Handel trieb; Arizmendi kaufte Menschenleben gegen harte Dollars. Diesen Mann, den niedrigsten, grausamsten und sadistischsten selbst jener Epoche, hatte Bolivar zum Gouverneur von Caracas gemacht, und wiederum Bolivar hatte sich zum Justizminister den schändlichen Mérida erwählt, «einen großen Ratgeber der Verbrechen», dessen Stiefbruder Diaz Casado aus den zum Tode Verurteilten noch dadurch Geld erpreßte, daß er sie glauben machte, er werde sie retten. Wer vor diesen Tatsachen zurückschreckt, kann nicht ernstlich Bolivars Bildnis zeichnen. Und kein Bericht über die Abschlachtung der neunhundert Spanier ist wahrheitsgemäß, der von dem absieht, was Juan Vicente Gonzalez berichtet: «In Caracas nahmen die Hinrichtungen kein Ende.» Der venezolanische Historiker schreibt weiter: «Aber seit jenem schlimmen Zwölften dauerten die Erschießungen morgens und nachmittags auf dem Marktplatz, vor St. Paul und der Dreifaltigkeitskirche und im Schlachthaus an ... Um Munition zu sparen, wurden die Opfer manchmal mit

Macheten und Dolchen ermordet.» Und in La Guaira «kamen die Opfer, zu zweien aneinander gefesselt, heraus und wurden so unter Zurufen und Beleidigungen abgeführt, wobei jeder das Holz trug, das seinen Leib verzehren sollte. Wenigen gelang es, erschossen zu werden; die meisten wurden freiwilligen Mördern ausgeliefert, die es mit einer Machete oder einem Dolch oder manchmal auch mit ihrer Muskelkraft probierten, indem sie ihrem Opfer einen großen Stein an den Kopf warfen ... Bei solchen Szenen konnte man Todesnymphen sehen, die in weißen Kleidern, mit gelben und blauen Bändern geschmückt, entzückt über Blut und schmutzige Überreste hinwegliefen und den ‹Palito› genannten obszönen Tanz aufführten.»

Solcherart waren die Orgien. Wer hatte sie ausgelöst? Daß die schrecklichen Leidenschaften, die dadurch in den tierischen, nein teuflischen Abgründen der menschlichen Natur losgelassen wurden, ihr eigenes Leben führten, kann niemand bezweifeln. Auch wissen wir, daß schon früher manchmal etwas davon in Amerika an die Oberfläche gedrungen war: wenn spanische Kaufleute den armen Indianer, der an den Wagen gekettet wurde, köpften, weil er zu müde zum Gehen war; oder wenn der Tyrann Aguirre seine Gefährten im Amazonas ermordete. Wir wissen aber auch, daß in früheren Zeiten Staat und Kirche diese Leidenschaften leidlich im Zaum gehalten hatten, so daß ausländische Besucher den Eindruck gewannen, die Venezolaner seien Menschen von ruhiger Lebensart. Wer hat diese Leidenschaften entfesselt? Der Krieg, den der unerfahrene und hitzige Bolivar den Spaniern erklärt hatte; und der Krieg bis zum Tode, den später ebenfalls der hitzige und unerfahrene Bolivar erklärt hatte. Die Wahrheit ist unerbittlich und zwingt uns zu dieser Erkenntnis. Und da Bolivar es gesehen hat, da er gesehen hat, wie es die Männer taten, die er ausgewählt und niemals ihrer Taten wegen von sich gewiesen hat, da er es selber getan hat, trifft Bolivar die volle Verantwortung: den Anführer und Höchstverantwortlichen seiner Zeit.

SIEBTES KAPITEL

Flucht gen Osten

Nach einem kurzen Besuch in La Valencia, das er entsetzlich verwüstet vorfand, kehrte Bolivar nach La Victoria zurück und bereitete einen Angriff auf San Carlos vor. Er vertraute das Unternehmen Mariño an und gab ihm Urdaneta, einen seiner eigenen Offiziere, als Stabschef. Der junge Kommandeur, der anscheinend voreilig und gegen den Rat von Urdaneta vorging, wurde am 16. April bei El Arao in der Nähe von San Carlos schwer geschlagen. Bolivar mußte den Sturm auf Puerto Cabello aufgeben und kehrte eilends nach Valencia zurück. Der Krieg verwandelte das Land in eine Wüste. Die einstmals blühenden Felder, die reiche Ernten trugen, lagen jetzt verlassen und öde da. In San Mateo hatte er sein Haus in Trümmern vorgefunden und erlebt, wie sein Zuckerrohr den Pferden vorgeworfen wurde. Vielleicht zum ersten Mal stand Bolivar unter dem Eindruck des Fluches, den der Krieg für seine Heimat bedeutete. In einer Proklamation vom 6. Mai schlägt er einen ungewöhnlich aufrichtigen und pessimistischen Ton an: «Der Krieg wird grausamer, und die Hoffnung auf einen baldigen Sieg, die ich in Euch geweckt hatte, ist verschwunden. Unsere Brüder, durch Jahrhunderte der Sklaverei an unsere Tyrannen gebunden, zögern den Sieg – Gott weiß, wie lange – hinaus. Die Armee hat ihr möglichstes getan... Sie konnte nicht das Wunder vollbringen, uralte Gewohnheiten an einem Tage zu ändern. Soldaten, wenn Gott uns mit so vielen Hindernissen und Rückschlägen prüft, so verläßt Er uns doch nicht; Er möchte, daß wir uns durch unsere Mühen und unsere Tüchtigkeit verdienen, was für andere Völker die Aufgabe vieler Jahre sein mag. Noch eine Anstrengung, dann werden wir die Feinde des Vaterlandes vernichten». Dann aber bricht plötzlich aus der Tiefe seines Wesens dieses seltsame Geständnis durch die Kruste aller politischen Überlegungen hindurch:

«Wir erleben schreckliche Tage. Blut fließt in Strömen. Dreihundert Jahre der Kultur, Bildung und des Fleißes sind dahin.»

Inzwischen hatte sich Cagigal mit Munition für Ceballos von Coro nach San Carlos durchgeschlagen. Bolivar rückte Cagigal entgegen, der ein vorsichtiger General war. Cagigal wünschte sich die Ebene, da seine Stärke die Kavallerie war; Bolivar hingegen hatte vornehmlich Infanterie und bevorzugte daher unebenes und sumpfiges Gelände. Ihre Begegnung, die niemals zu einer offenen Feldschlacht führte, brachte jedoch – seltsames Schauspiel im 19. Jahrhundert! – eine Anzahl erstaunlicher Zweikämpfe zwischen Offizieren beider Parteien im besten Stil des Mittelalters. Bolivar zog sich wiederum nach Valencia zurück, wohin Cagigal ihm folgte. In einem Lande, das bis vor vier Jahren eines der reichsten landwirtschaftlichen Gebiete der Welt gewesen war, fehlte es ihm an Nahrung. Da sie nur knappe Rationen von Eselsfleisch bekamen, begannen die von Mariño herbeigeführten Soldaten wegzulaufen; nachdem Bolivar zweihundert Mann verloren hatte, ließ er alle Anführer der Deserteure und von den Mannschaften jeden fünften erschießen. Da traf Ribas mit achthundert Mann aus Caracas ein. Mit dieser Verstärkung griff Bolivar Cagigal an, der in Carabobo eine starke, auf den Flanken gesicherte Stellung bezogen hatte. Die Schlacht begann am 29. Mai um neun Uhr morgens. Die Streitkräfte waren etwa gleich stark, die Kommandeure so verschieden wie nur möglich. Bolivar war ein Partisanenführer und besaß nur die Ausbildung, die er seinen improvisierten Feldzügen verdankte; Cagigal dagegen war Berufsoffizier und an europäische Kampfart gewöhnt. Der Partisanenführer siegte über den General, Entschlußkraft über Entschlußlosigkeit, Genie über Talent. Mit dem größten Teil der ihm verbliebenen Kavallerie floh Cagigal nach El Pao, während Ceballos sich auf San Carlos zurückzog.

«Dieser Sieg», schreibt Heredia, «hätte das Schicksal der Provinz entscheiden können, wenn die Aufständischen ihn dadurch ausgenutzt hätten, daß sie Puerto Cabello bedrängten und Boves herausforderten, ehe dieser neue Kräfte sammeln konnte. Bolivar verlor einen ganzen Monat, weil er seinen Sieg mit triumphalen Festen feierte, und gegen Anfang Juli mußten die beiden berühmten Befreier sich mit einem Heer von Kavalleristen, Zambos und Negern, beschäftigen, die Caracas aus der Ebene von Ocumare, aus den Tälern von Aragua und Valencia und von Villa de Cura her bedrohten.» Das war Boves' Reiterei. Ohne sich um Cagigals und Ceballos' Schicksal zu kümmern, war Boves genau bis zu dem Tag, an dem Cagigal geschlagen wurde, in Calabozo geblieben und begann mit seinen Operationen, als er auf spanischer Seite allein die Szene beherrschte. Bolivar dachte an die Niederlage von Campo Elias und schickte Mariño nach La Puerta, um jene Stellung einzunehmen. Das war eine merkwürdige Reaktion, beinahe eine abergläubische Geste. Es wäre in jenem Augenblick wohl richtiger gewesen, alle Kräfte auf Boves zu konzentrieren; Bolivar aber zersplitterte seine Streitmacht und schickte Urdaneta hinter Ceballos und Jalón hinter Cagigal her. Diese fehlerhaften Dispositionen mögen sehr wohl auf seine politischen Bedenken zurückzuführen sein, die ihn veranlaßten, möglichst vielen Anführern das angenehme Gefühl zu geben, daß sie mehr oder minder selbständige Kommandeure seien. Falls aber die Überlieferung recht hat, mag Bolivar seine Unterführer in den Kampf geschickt haben, weil er damals auf seinen Lorbeeren ausruhte und mit Josephine Madrid eine Art von Capua genoß, das er sich in seinem Landhaus in der Nähe von Caracas geschaffen hatte. Wahrscheinlich hat er zu jener Zeit, als er den Rausch der Macht genoß, Erzbischof Coll y Prat den Vorschlag gemacht, Spanien solle, um dem Krieg gegen Boves ein Ende zu setzen, ihn, Bolivar, zum Vizekönig machen; dann werde er seine Unterführer entwaffnen.

Die Nachricht, daß Boves in der Nähe von La Puerta war, ließ ihn jäh erwachen. Die kleine Ebene, etwa fünfzehn

DIE SCHLACHT VON CARABOBO

Kilometer von Villa de Cura entfernt, war an beiden Enden durch einen Paß zugänglich. Mariño hatte an dem näher bei Villa de Cura gelegenen Paß vortreffliche Stellungen bezogen, die leicht zu verteidigen waren und Boves' Kavallerie nutzlos machten. Boves erkannte dies, und daher bestand sein Plan darin, Mariño in die Ebene hinunterzuzwingen. Am 15. Juni erschien Bolivar mit seinem Stab auf dem Schauplatz und übernahm das Kommando. Bald konnte Boves melden: «Die Rebellen, diese Feinde der Menschheit, sind unter dem Befehl der sogenannten Generale Bolivar und Mariño in La Puerta vollständig geschlagen worden.» Heredia schreibt dazu: «Erschüttert über die erbarmungslose Schlächterei, mit der das Gefecht endete, floh Bolivar so schnell, daß er als erster nach wenigen Stunden schon die Nachricht nach Caracas brachte.»

Mit Bolivar war zugleich die Republik geschlagen worden. Was aber hatte mit Boves gesiegt? Gewiß nicht Spaniens Herrschaft. Soweit diese den Sturz der Monarchie in Bayonne überlebt hatte, wurde sie damals in wenigen Männern verkörpert: Cagigal, Ceballos, Vazquez und Heredia, und für keinen von ihnen hätte Boves auch nur den kleinen Finger krumm gemacht. Cagigal stand so stark unter dem Eindruck der Kriegsgreuel, daß er nach seinen eigenen Worten nicht einmal fünf Minuten darüber reden konnte. Er hatte mehr als einmal, allerdings in gesetzmäßigen Formen, Repressalien anzuordnen versucht; aber Heredia hatte ihn mit juristischen, Brigadegeneral Vazquez mit militärischen Einwänden daran gehindert, seine Pläne zu verwirklichen. Dieser Widerstand zweier aufrechter Männer, der eine ein amerikanischer, der andere ein europäischer Spanier, wirkte wie eine Insel der alten spanischen Ordnung inmitten der tobenden See.

Boves war zwar ein europäischer Spanier, arbeitete aber nicht für Spanien. Als Anführer seiner Llaneros ließ er sich von zwei niedrigen Leidenschaften antreiben: von Raubgier und Rassenhaß. Obwohl selber ein Weißer, führte er gegen die Weißen einen rücksichtslosen Krieg bis zum Tode. Eine solche Armee unter einem solchen Führer verbreitete Schrecken, wo sie auch erschien. Valencia kapitulierte am 9. Juli 1814, aber Boves brach einen Eid, den er vor dem Heiligen Sakrament geschworen hatte, und erlaubte seiner Truppe, dreihundert Soldaten, sechzig Offiziere und neunzig Zivilisten zu ermorden. Er ließ alle Möbel und sonstige Habe der Bürger in Speicher zusammentragen, um sie, wie er sagte, vorm Plündern zu schützen; in Wirklichkeit tat er das, damit seine Leute sich leichter bereichern konnten. Heredia setzt hinzu: «Am nächsten Abend versammelte er alle Frauen zu einem Ball; inzwischen verhaftete er alle Männer und ließ sie aus der Stadt hinausführen, wo sie wie Stiere abgestochen wurden... Die Damen im Ballsaal schluckten ihre Tränen hinunter und bebten, als sie die Hufe von Boves' Pferden hörten, ahnten sie doch, was sich wirklich zutrug. Inzwischen ließ Boves sie, die Peitsche in der Hand, den Piquirico und andere Volkstänze tanzen, die er sehr schätzte. Das Massaker dauerte mehrere Nächte.»

Boves kümmerte sich nicht um Cagigal, der eigentlich sein Vorgesetzter war. Nach seinem Erfolg von La Puerta schrieb er an Cagigal: «Ich habe die Waffen, die Munition und die Ehre der spanischen Flagge, die bei Carabobo verlorengingen, zurückgewonnen.» Was Waffen und Munition anlangte, hatte er jedenfalls recht. Die gewaltige Energie dieses Mannes scheint Cagigal einfach gelähmt zu haben. In Valencia wurde er Zeuge von Boves' schlimmsten Greueln, vermochte sich aber nicht durchzusetzen. Er reiste nach Puerto Cabello, um sich schriftlich in Madrid zu beschweren, während Boves folgende Titel annahm: «Gouverneur dieser Provinz, Präsident der Königlichen Audiencia, Generalkapitän und politischer Leiter aller Provinzen, aus denen Venezuela besteht, Kommandierender General der spanischen Armee». Darin lag die völlige Mißachtung der gesetzlichen Befugnisse nicht nur Cagigals, sondern auch der spanischen Regentschaft; denn Cagigal war von der Regentschaft zum Nachfolger von

Monteverde bestimmt worden, der sich, am Munde verwundet, nach Spanien zurückgezogen hatte. Die politische Macht in Caracas übergab Boves dem chamäleonhaften Casa León und die militärischen Befugnisse dem Venezolaner Quero, der Miranda verraten hatte; dann machte er sich gleich gen Osten auf, wohin er seinen Unterführer Morales auf der Jagd nach Bolivar bereits vorausgeschickt hatte.

Bolivar war nach seiner Niederlage in La Puerta nach Caracas geflohen, hatte eiligst soviel Geld und Besitztümer wie möglich zusammengerafft und dann die Flucht nach Osten fortgesetzt. In seinem Train führte er alle Gold- und Silberschätze der Kirchen von Caracas mit. Unter seiner Führung war ein Konkordat zwischen «Priesterschaft» und «Staat» geschlossen worden, durch das die Geistlichkeit den Staat ermächtigte, sich des Domschatzes zu versichern. Vierundzwanzig Kisten mit getriebenem Silber und Juwelen mit einem Gewicht von 27912 Unzen (868 Kilo) mußten abgeliefert werden. Bolivar nahm sie mit. Was ist daraus geworden?

Offensichtlich machte sich Bolivar davon, als er noch hätte kämpfen können, und die Tatsache, daß er fast neunhundert Kilo getriebenes Silber bei sich hatte, war dabei nicht ohne Einfluß. Er strebte der Küste zu. Von Barcelona aus zog er nach Cumaná, wo er Mariño traf, mit dem er, wie die Ereignisse zeigen sollten, eine Art von Abkommen geschlossen hatte; außerdem traf er auch Ribas und Piar, die damals beider Stellvertreter waren. Als er am 25. August in Cumaná eintraf, erfuhr er, daß der italienische Abenteurer Bianchi, der sich als Admiral der Republik aufgespielt hatte, mit dem Silber in See stechen wollte, da er sich daran für das Prisengeld schadlos zu halten hoffte, das die Republik ihm schuldete. Bianchi hatte die Garnison des Kastells San Antonio bestochen, das den Hafen beherrschte. Alle Offiziere der Stadt waren bereits an Bord. Bolivar und Mariño beschlossen, dem Silber zu folgen.

Es gibt nur eine vernünftige Auslegung. Bolivar und

Mariño schifften sich ein, um entweder dem Silber zu folgen, mit dem Bianchi davonfuhr, oder, was wahrscheinlicher ist, weil sie immer beabsichtigt hatten, mit dem Kriegsschatz davonzufahren, um mit seiner Hilfe wieder an die Macht zu gelangen; denn die Ehre der beiden gestürzten jungen Diktatoren ist wirklich über jeden Verdacht erhaben. Weder Bolivar noch Mariño hatten einen schmutzigen Zug in ihrem Charakter[1]. Aber gleichwohl ist offenkundig, daß beide wie gebannt auf das Silber starrten, weil es für sie Macht bedeutete, und daß sie über dieser Besessenheit andere Dinge vernachlässigten, die dem Geschehen vielleicht ein anderes Aussehen verliehen und ihren geschichtlichen Ruf jedenfalls verbessert hätten. Bolivar gehörte zu jener Zeit zu Urdanetas Truppe, die er in geordnetem Rückzug nach Neugranada führen mußte. Anstatt sich nach Westen zurückzuziehen, floh Bolivar mit dem Bargeld nach Osten. Dieser Fehler hat seinem Ruf als Führer schweren Schaden zugefügt. Die Ursache dieses Fehlers aber war die geheime Wurzel von Bolivars meisten Rückschlägen und der schwächste Punkt seiner Geltung als geschichtlicher Held: Ihn dürstete mehr nach persönlichem Ruhm als danach, jene Ziele zu erreichen, von denen aus der Ruhm ihn überstrahlen würde.

Die Ereignisse lassen sich nicht richtig beurteilen, wenn wir nicht bedenken, daß während Bolivars und Mariños Flucht die Kämpfe gegen die Royalisten in Ost und West andauerten. Im Osten setzten Ribas, Piar und Bermúdez den Kampf fort. Ribas und Piar hatten sich jeweils in West und Ost zum Libertador und Oberbefehlshaber ausgerufen, aber weder

---

1 Ducoudray-Holstein, der Bolivar nicht mochte, sagt über ihn: «Um General Bolivar gerecht zu werden, muß ich jedoch sagen, daß er niemals habgierig oder auf Geld erpicht war, denn er ist großzügig und macht sich nicht viel aus Geld. Ich habe oft gesehen, wie er seine Börse ausgeleert und seine letzten Doublone einem Offizier gegeben hat, der ihn um Vorschuß bat.»

Bermúdez in Maturin noch der französische Neger Bideau in Guairia hatten Piar anerkannt; im eigentlichen Westen hingegen war Urdaneta der wirkliche Führer. Morales bedrohte Maturin mit 6500 Mann, denen Bermúdez nur 1250 entgegenstellen konnte. Die Patrioten waren der Belagerung müde, griffen am 12. September an und errangen einen unerwarteten Erfolg, der ihnen reiche Beute brachte. Piar hatte am 29. September Cumaná genommen, weigerte sich jedoch, Ribas' Bitte zu entsprechen und diesen in Maturin zu treffen. Hiervon hörte Boves, unterbrach seinen Marsch auf Urica, wo er Morales treffen sollte, und vernichtete Piars Streitmacht (und dazu viele friedliche Flüchtlinge aus Caracas, die er dort einholte und ermorden ließ).

Ribas und Bermúdez hörten davon, als sie auf dem Wege waren, Morales eine Schlacht zu liefern. Der stürmische Bermúdez trennte sich von Ribas, der nach Maturin zurückkehrte, und wählte mit seinen östlichen Truppen den kürzesten, aber schwierigsten Weg, um Boves entgegenzutreten, den er auf den Höhen von Los Magueyes erwartete. Boves kam, besiegte ihn und schlug ihn auf Maturin zu in die Flucht. Ribas und Bermúdez zankten sich abermals über strategische Fragen und zogen selbander, wiewohl entzweit, von Maturin nach Urica, wo ihnen Boves am 5. Dezember eine Schlacht lieferte. Die Patrioten wurden geschlagen, ihre Kavallerie floh, und ihre Infanterie wurde von Morales vernichtet. Von Morales; denn zu Beginn des Kavalleriegefechts wurde Boves, der stets als gemeiner Soldat kämpfte, von einem republikanischen Speer ins Herz getroffen.

Viel Beredsamkeit ist auf seinen Tod und viel eitle Phantasie auf Beschreibungen verschwendet worden, was wohl geschehen wäre, wenn Boves nicht schon mit zweiunddreißig Jahren und in der ersten Phase des Krieges gestorben wäre. Tatsache ist, daß er zwar in Spanien geboren war und unter Spaniens Fahne diente, aber niemals für Spanien gekämpft hat. Boves kämpfte nur für Boves. Sein Wesen war so anarchisch, so blutrünstig, so destruktiv, daß der Gedanke,

JOSÉ FELIX RIBAS

MANUEL PIAR

sein Tod sei ein Verlust für Spanien gewesen, einfach grotesk ist. An dem Tag, da er starb, hat die spanische Sache vielleicht nichts gewonnen – verloren hat sie ganz gewiß nichts. Andererseits verlor die Sache der venezolanischen Unabhängigkeit einen Mann, der allenthalben Spaniens Gegnern, wenn auch nicht gerade der Republik, Freunde gewann. Zudem verdankte die Republik Boves zweierlei. Einmal eine gänzlich neue Art der Kriegführung. Wiewohl er infolge seiner wilden Art auf politischem Gebiet versagte, verstand Boves sich in genialer Weise auf die besondere Form der Kriegführung, die dort nötig war. Er schuf die für die Gegend typische Art, wie die aus der Prärie stammende Kavallerie eingesetzt wurde: blitzschnelle Märsche und plötzliche Angriffe an Orten, wo sich leicht manövrieren ließ, eine biegsame und rasche Taktik, die Bolivar noch lernen mußte. Er schulte die Llaneros und verlieh ihnen Korpsgeist und Stolz. Es waren Männer, die sich an keine Seite besonders gebunden fühlten, und jedem Führer, der sie kannte und liebte, blindlings folgten, wofür dieser Führer auch kämpfen mochte. Als Boves starb, verloren die Llaneros ihren Anführer. Ihr nächster Anführer, diesmal ein Kreole und Patriot, stand schon bereit, ihre Schwadronen zu übernehmen – allerdings im andern Lager.

Mit Boves' Armee oder Bande nahm Morales am 10. Dezember Maturin ein, das von Ribas und Bermúdez zäh verteidigt worden war. Er verfuhr schändlich mit der eroberten Stadt, während Bermúdez und Ribas mit einer Handvoll Anhänger verschwanden. Nachdem Ribas sich einige Tage lang allein mit einem Sklaven versteckt gehalten hatte, wurde er verraten und festgenommen; der königstreue Zambohäuptling Barrajola enthauptete ihn. Sein Kopf wurde mit der phrygischen Mütze, die er gern «als Symbol der Freiheit» getragen hatte, nach Caracas geschickt und in einem eisernen Korb an der Straße nach La Guaira zur Schau gestellt. Diese Mütze ist typisch für den zum Demagogen gewordenen Mantuano. Er war stets ein gedankenloser, hohlköpfiger

Nachahmer der schlimmsten und oberflächlichsten Erscheinungen der Französischen Revolution gewesen, wiewohl er angeborenen militärischen Instinkt besaß, durch den er einer von Bolivars glänzendsten Unterführern wurde. Er starb unter einem Hagel von Beleidigungen derselben Massen, die er umworben und umschmeichelt hatte.

Während dies im Osten geschah, kämpfte Urdaneta im Westen einen aussichtslosen Kampf. Er zog sich westwärts zurück und wartete in El Tocuyo auf Nachricht von Bolivar; als er hörte, alles sei verloren und Bolivar auf der Flucht gen Osten, zog er sich nach Neugranada zurück. Sein kleines Heer war die Nachhut einer riesigen Völkerwanderung. Urdaneta schrieb an die Regierung von Neugranada und bat um Schutz; dabei schlug er vor, in Casanare solle eine starke Abteilung Kavallerie zum Schutz gegen Boves aufgestellt werden. Als Antwort gewährte die Regierung von Neugranada ihm und seinen Truppen den erbetenen Schutz und regte an, er selber solle so viele Leute wie möglich abordnen, um die Reiterei in Casanare aufzustellen. Demgemäß entsandte Urdaneta einige seiner Offiziere dorthin. Einer von ihnen, José Antonio Páez, sollte als Nachfolger von Boves Anführer der Llaneros und, wiewohl Republikaner und Patriot, für Bolivar zu einer schlimmeren Geißel werden, als Boves es jemals gewesen war.

ACHTES KAPITEL

Bolivar nimmt Santa Fe und verliert Neugranada

Bolivar, der von Neugranada entsandt worden war, um Venezuela aus seiner Knechtschaft zu erlösen, war nach einem sensationellen Anfangserfolg gescheitert. Er hatte, wie er später selber zu Peru de Lacroix sagte, «mit einem Patriotismus und einer Begeisterung gerechnet, die nicht vorhanden waren und die er nicht schaffen konnte». Seinen Leuten «wurde jegliche Hilfe verweigert, während die Spanier in allen Pueblos spontane Unterstützung fanden». Als ein paar Monate später die Nachricht von dem Erfolg, den er bei der Regierung erzielt hatte, nach Margarita drang, verfaßten die dortigen Emigranten, die alle zu seinen republikanischen Freunden und nahen Verwandten zählten, eine Anklageschrift gegen seine elf Monate als Herrscher von Venezuela, die kein unparteiischer Betrachter des Mannes und seiner Zeit außer acht lassen darf.

«Die letzten Überreste der unglücklichen Einwohner Venezuelas und die Ausländer, die ebenso fühlen», erklären in diesem Schriftstück ihre Verwunderung darüber, daß Bolivar wiederum ein Truppenkommando erhalten hat; sie finden diese Tatsache «unglaublich» und erheben in elf Punkten Anklage gegen sein «verbrecherisches und unbesonnenes Verhalten». Erstens habe er sich in der Stunde seines Sieges von Neugranada losgesagt. Zweitens habe er gegen den Rat anderer folgenschwere Entscheidungen getroffen, vornehmlich «solche, die entgegen seinen Zusicherungen und den Grundsätzen von Nachsicht und Milde, die alle Amerikaner auszeichnen, die Provinzen mit Blut überschwemmt haben. So erlebte man, wie er die Unschuld unterdrückte und die Ausrottung des größeren Teiles seiner Brüder vorbereitete.» Drittens habe er dem Volk von Venezuela keine Regierung gegeben, sondern sie unter militärischer Zwingherrschaft gehalten, und «um diesem nichtswürdigen System ein gutes

Ansehen zu geben, veranstaltete er in San Francisco eine Versammlung oder vielmehr eine Komödie, bei der er von seinen Freunden und Kumpanen und von vorher instruierten Rednern zum Diktator gewählt wurde.» Viertens «seine äußerst schuldhafte Nachsicht gegenüber den unehrenhaften Mitteln, mit denen Don José Felix Ribas mitsamt seiner riesigen Familie und deren Anhang sich zu bereichern bemühten ... durch schamlosen Verkauf menschlichen Blutes». Fünftens seine schlechte Auswahl von Mitarbeitern, «junge Leute ohne Erfahrung oder Ansehen», darunter zumal sein Justizminister Mérida, der vor andern «die ersten Opfer der amerikanischen Freiheit» auf dem Gewissen habe. Sechstens, «wenn er rasch in die Schlacht zog, kehrte er nicht minder rasch in die Hauptstadt zurück, um Weihrauch und kindische Gaben entgegenzunehmen«. Aus Vergnügungssucht habe er die Moral in Mißkredit gebracht und die öffentlichen Anliegen vergessen. Siebtens habe man mehrmals gehört, «wie er sagte, militärische Taktik sei nutzlos und alle Schriften über die Kriegskunst seien Kinderei und leerer Wahn. Nach so erleuchteten Grundsätzen hat er Tausende seiner Brüder ins Grab geführt.» Bemerkenswert ist der achte Punkt: «Käuflichkeit oder unzulässige Verwendung von Staatsmitteln können Don Simon Bolivar keineswegs vorgeworfen werden; aber er trägt die schwere Verantwortung für alles, was die Familie Ribas und die Person, der er Beschlagnahmen übertragen hat, getan haben.» Punkt neun beschuldigt Bolivar, viele Truppen durch Versprechungen, die er nicht einhalten konnte, geopfert zu haben. Punkt zehn sagt, er habe Caracas in die Emigration gezwungen. Punkt elf beschuldigt ihn, gesagt zu haben, das Volk von Venezuela «wolle und verdiene die Freiheit gar nicht».

Zieht man die Bitterkeit der Niederlage ab, so faßt dies Schriftstück im übrigen immer noch das allgemeine Urteil zusammen, das seine Zeit über den tollkühnen und unerfahrenen jungen Mann fällte, der die Alleinherrschaft über das Land an sich gerissen hatte. Es deckt sich mit allem, was aus andern Quellen zu erfahren ist. Wie aber ist es dann möglich, daß dieser Mann, gegen den soviel zu Buche stand, den Gipfel der Macht so leicht erklimmen und ihn auch nach der Niederlage noch behaupten konnte, um aufs neue zu beginnen? Die Antwort lautet, daß Bolivar trotz seiner vielen Unzulänglichkeiten seine Zeitgenossen an reiner Kraft des Willens und des Geistes turmhoch überragte.

Seine Überlegenheit leuchtet aus dem Manifest von Carúpano hervor, worin er vorweg alle diese Anschuldigungen beantwortet. Es trägt das Datum des 7. September 1814 – damals hatte er alles, selbst den größten Teil des Kirchensilbers, verloren – und verblüfft durch die Gelassenheit seiner Haltung, die Klarheit seiner Gedanken und durch seinen knappen Stil. Nur die vollständige Wiedergabe könnte ihm ganz gerecht werden, denn es ist nach Form und Inhalt von Anfang bis Ende bewunderungswürdig. Kühn stellt er sich dem Urteil seiner Landsleute: «Weit entfernt von der unsinnigen Annahme, daß ich an der Katastrophe meines Landes unschuldig sei, empfinde ich tiefen Schmerz, weil ich mich für das Werkzeug Eures furchtbaren Elends halten muß.» Er bittet seine Landsleute jedoch, «in ihrem Schmerz so gerecht zu sein wie die Sache, aus der er herrührt... Eure Brüder und nicht die Spanier haben Euch die Brust zerrissen, Euer Blut vergossen, Eure Häuser in Brand gesteckt und Euch zur Verbannung verurteilt.» Und sein Scheitern beruhte auf der riesenhaften Größe seiner Aufgabe: «Die Vernichtung einer Herrschaft, deren Ursprünge sich im Dunkel der Vorzeit verlieren; die Untergrabung festgegründeter Prinzipien, die Veränderung alter Bräuche, die Umwälzung der öffentlichen Meinung und die Begründung der Freiheit in einem Lande von Sklaven.» Er beschließt diesen Absatz mit charakteristischem Schwung: »Mögen auch Tod und Elend der Lohn so ruhmreichen Beginnens sein, so ist das kein Grund, es zu verdammen; denn nicht das, was erreichbar ist, muß getan werden, sondern das, worauf unser Recht uns Anspruch verleiht.»

Der Mann, der das in der Stunde der Niederlage schreiben konnte, war zu großen Dingen berufen. Seine Kraft, zum Kern der Dinge vorzudringen, verrät unter aller Spreu eine goldene Reinheit von Herz und Sinn. «Nicht gewöhnlichen Menschen kommt es zu, den erhabenen Wert des Reiches der Freiheit zu ermessen, um ihm den Vorzug zu geben vor blindem Ehrgeiz und schmutziger Gier. Die Entscheidung über diese wichtige Frage hat unser Schicksal bestimmt. Es lag in den Händen unserer Landsleute, die sich perverserweise gegen uns gewandt haben; alles übrige waren die Folgen einer Entscheidung, die eher unehrenhaft als tödlich war und mehr ihrer Art als ihrer Ergebnisse wegen zu beklagen ist.» Das ist großartig – unter den damaligen Umständen fast unmenschlich großartig. Hier steigert sich der Verstand dieses einunddreißigjährigen Mannes im Ringen um das Hauptthema menschlichen Schicksals zu visionärer Sicht und zur Beredsamkeit eines erfahrenen Genies. «Es ist bösartige Dummheit, wenn man die Unbeständigkeit der Dinge, die nun einmal im Staatsleben die Regel ist, den maßgeblichen Männern zur Last legt ... Selbst wenn schwere Irrtümer oder heftige Leidenschaften der Anführer für die Republik oftmals Rückschläge zur Folge haben, so muß man diese doch auf billige Weise erklären und ihre Ursachen in den primitiven Ursprüngen all unseres Unheils suchen: in der Gebrechlichkeit unserer Natur und in der Macht, die das Schicksal über alle unsere Angelegenheiten hat ... Zu hoffen, daß Politik und Krieg mit unsern Plänen Schritt halten, während wir uns allein mit der Kraft unserer Absichten und bloß mit Hilfe unserer begrenzten Mittel blind vorantasten – das zu hoffen heißt, das Wirken göttlicher Macht mit Kräften erreichen zu wollen, die nur menschlich sind.»

Unter dieser philosophischen Kargheit war ein lebendiger politischer Wille am Werk. Bolivar bereitet seine Rückkehr auf dem Umweg über Neugranada vor. Er muß sich bei den Granadinos einschmeicheln, die er so herablassend preisgegeben hatte, sobald er als Triumphator in Caracas eingezogen war. Zwar erklärt er, er wolle es sich versagen, auf die gegen ihn gerichteten Anschuldigungen zu antworten, will jedoch «diesen Akt der Gerechtigkeit einem Tribunal weiser Männer vorbehalten, die mit Rechtschaffenheit und in Kenntnis meines Auftrages in Venezuela urteilen werden. Ich spreche von dem Obersten Kongreß von Neugranada, der erhabenen Körperschaft, die mich und meine Truppen Euch zu Hilfe geschickt hat.» Wenn er sich aber, wovon er überzeugt ist, dort gerechtfertigt hat, «dann schwöre ich Euch, daß ich – als Befreier oder als Toter – immerdar der Ehre würdig sein werde, die Ihr mir verliehen habt, und daß keine Macht der Erde mich auf dem Wege, den ich mir vorgenommen habe, aufhalten kann, bis ich, um Euch zu befreien, zum zweiten Male auf jener Straße aus dem Westen komme, die soviel Blut getrunken hat und mit soviel Lorbeer bedeckt ist. Vergleicht nicht Eure Körperkräfte mit denen Eurer Feinde, denn den Geist soll man nicht mit Materie vergleichen. Ihr seid Menschen, jene sind Tiere; Ihr seid frei, jene sind Sklaven. Kämpft, so werdet Ihr siegen. Gott verleihe der Standhaftigkeit den Sieg!» In diesem Geiste verließ Bolivar sein Vaterland.

Er schiffte sich am 7. September in Carúpano ein und steuerte Cartagena an, wo er am 25. September eintraf. Diese einst wohlhabende Stadt war damals die Hauptstadt eines der vier Gebiete, in die das Königreich Neugranada infolge der Revolution zerfallen war. In Cundinamarca, ehemals die Provinz Santa Fé de Bogotá, widersetzte sich Nariño allen Versuchen einer Föderation, teils weil er Zentralist war, teils aus persönlichem Ehrgeiz. In Tunja versammelten eine Bundesregierung und ein Kongreß die meisten andern Provinzen Neugranadas unter einem politischen Dach. Cartagena war sein eigener Herr. In Santa Marta schließlich hatte die spanische Partei noch das Übergewicht.

Nariño war während der Kämpfe in Pasto, einem entschieden königstreuen Gebiet, im Mai 1813 General Aymerich in die Hände gefallen und dann nach Spanien geschickt worden – «sehr gegen den Willen der grausamen und unwissenden Pastusos», schreibt Restrepo, «die empört seine Hinrichtung verlangten und miterleben wollten». Sein Nachfolger als Diktator von Cundinamarca war sein Onkel Manuel Bernardo Alvarez, ein Mann mit entschiedenen religiösen Ansichten, der seine Abneigung gegen die Unabhängigkeit als Widerstand gegen eine Konföderation mit den Kongreßprovinzen ausgab. Cartagena widersetzte sich ebenfalls dieser Konföderation und trat für eine andere ein, die sich nicht auf das alte Königreich Neugranada, sondern auf die Küstenländer zwischen dem Orinoco und Kap Gracias a Dios gründen sollte. Hauptstadt dieses Bundes sollte Maracaibo sein. Die Stadtrepublik Cartagena verabschiedete ein Gesetz, das diese Union guthieß, schickte eine Gesandtschaft an Bolivar, die diesen zum «verdienten Sohn» erklärte, und trug seinen Namen mit goldenen Lettern in die Nationalchronik ein, weil er «die Ketten der spanischen Barbarei nicht gleichgültig mit angesehen hatte». Mittlerweile war Bolivar zu hart bedrängt, um über goldene Worte und Küstenföderationen nachzudenken. Er behielt die Wirklichkeit im Auge und wendete sich nicht nach Cartagena, sondern nach Tunja, wo er den Kongreß von Neugranada bat, einen Delegierten zu benennen; dieser sollte mit einem weiteren von Bolivar ernannten Delegierten nach Europa reisen, um den Siegern über Napoleon – dessen Niederlage schon vorauszusehen war – die Rechte der südamerikanischen Republiken zu unterbreiten. Diese Delegierten fanden in London keinen Anklang, doch spricht der Fehlschlag ihrer Mission keineswegs gegen Bolivars Vorsorge. Inmitten all der kleinen Kriege, die ihm seinen Weg so erschwerten, war er der einzige Mann mit weltweitem Blick.

Der Sieg Spaniens, Rußlands und Englands über Napoleon gefährdete die Sache der spanisch-amerikanischen Separatisten. Diese Gefahr war ernster, als sich damals die meisten Leute träumen ließen – ernst auch für Spanien; denn Ferdinand VII. erließ bei seiner Rückkehr am 4. Mai 1814 ein Edikt, durch das die Verfassung abgeschafft wurde; unter dem Vorwand, er wolle zu einem früheren Regime zurückkehren, das viel liberaler und aufgeklärter gewesen sei als sein Anschein, errichtete er die schlimmste und dümmste Tyrannei, die Spanien je gekannt hatte. Der König ließ alle Vorsicht fahren und gab sich, wie schon sein Gegenstück Monteverde in Übersee getan hatte, der rechtswidrigen Verfolgung sowohl der klügsten Führer der Reformer als auch aller Demagogen und Unruhestifter hin. Die Auswirkungen dieser Veränderungen in Spanien waren bald auch in Westindien zu spüren. In einem weiteren Edikt vom 24. Mai verkündete Ferdinand seinen amerikanischen «Vasallen», seine Gegenwart habe in Spanien alle Zwistigkeiten beseitigt und solle dasselbe auch unter seinen amerikanischen Untertanen bewirken; er habe sich von amerikagebürtigen Personen unterrichten lassen, um ihren Beschwerden entgegenzukommen, und werde bald neue Cortes einberufen, um eine gemäßigte Monarchie einzurichten. Lardizábal, einstmals mexikanisches Mitglied der Regentschaft und jetzt der «untertänigen» Partei zugehörig, schrieb ebenfalls an seine amerikanischen Landsleute und bat sie, auf den «geliebten» König zu hören.

Diese alarmierenden Nachrichten machten in Neugranada soviel Eindruck, daß sie den Kongreß in Tunja anregten, sich abermals um einen Zusammenschluß mit Cundinamarca zu bemühen. Obwohl jedoch Alvarez einen Delegierten ernannte und obwohl ein Vertrag unterschrieben wurde, der Cundinamarca der Herrschaft der Föderation von Tunja unterstellte, wand sich Alvarez hin und her und weigerte sich schließlich, den Vertrag zu ratifizieren. In Cartagena steuerte indes der dortige Diktator Torices einen schwierigen Kurs zwischen den von Garcia Toledo geführten Aristokraten und der Demokratischen Partei unter Führung der Brüder Piñeres.

Ducoudray-Holstein schreibt, daß «Bolivar und Mariño in

Cartagena auf eine Weise empfangen wurden, die ihre kühnsten Hoffnungen übertraf». Weiter lesen wir: «Nachdem die Brüder Piñeres alles mit General Bolivar geregelt hatten, hielten sie mit ihm und seinen Parteigängern häufig Konferenzen ab. Mariño und viele Offiziere aus Caracas wurden eingeweiht; jener wohnte im Hause von Gabriel Piñeres.»

Was tat Bolivar dort eigentlich? Zunächst war Westindien im Unterbewußtsein seiner Bewohner immer noch eine einzige große Nation, viel mehr als das heutige Spanisch-Amerika. Daher war Bolivar in Cartagena genausowenig ein Ausländer wie etwa ein Mann aus Santa Fé. Ferner war Toledos Partei auch die Partei seines Erzfeindes Castillo. Zudem vertraten die Brüder Piñeres in Cartagena weitgehend die gleichen Empfindungen und politischen Bestrebungen, die Bolivar in Venezuela verkörperte: anti-spanisch, demagogisch, «philosophisch» – also eine Mischung aus dem, was wir heute links und rechts nennen würden, oder nach seinen eigenen Worten: «Demokratie auf unsern Lippen, Aristokratie in unsern Herzen.» Schließlich war Cartagena für Bolivar ein Sprungbrett zu höheren Kommandostellen. Das alles wird, wenngleich mit unfreundlichem Eifer, von Ducoudray-Holstein beschrieben. «Vertraulich bot Gabriel Piñeres General Bolivar die Stellung als Generalissimus an, sofern er ihm bei der Wahl zum Präsident behilflich sein würde. Dieser nahm das Angebot mit der geheimen Absicht an – so sagen gut unterrichtete Leute –, Piñeres zu beseitigen und sich selber zum Diktator von Cartagena zu ernennen, um alle damals in der Provinz verfügbaren Mittel zum Vormarsch gegen die Spanier zu benutzen.»

Bolivar erreichte jedoch das ersehnte Oberkommando, noch ehe die Intrigen in Cartagena herangereift waren. In Cúcuta stand eine venezolanische Armee unter Urdaneta. Bolivar zog ihr südwärts entgegen. Von Ocaña aus schrieb er Urdaneta am 27. Oktober einen diplomatischen Brief, worin er seine Befriedigung darüber ausdrückte, daß sein Landsmann «die Armee von Caracas gerettet hatte»; er fügt ein süßsaures Kompliment hinzu: «Ich schätze diesen Dienst als großen Sieg, wiewohl es manche geben mag, die eine so kluge und erfolgreiche Operation kritisieren.» Er kündigt ihm an, er werde ihm einen Adjutanten schicken, der ihm die Ereignisse schildern soll, die Bolivar nach Neugranada gebracht hatten, während er sich darauf vorbereite, selber zu kommen, «Ihre Nöte, Gefahren und Entbehrungen zu teilen». Er hofft, Urdaneta werde alles tun, «um die granadischen Truppen mit den Venezolanern auszusöhnen und General Robira sowie Oberst Santander davon zu überzeugen, daß meine Absichten rein sind und ich ihr Talent und ihre Tüchtigkeit hoch schätze». Er denke nämlich nicht daran, schreibt er, sie ihrer Stellung zu berauben, sein Ehrgeiz sei es vielmehr, als einfacher Soldat zu dienen. Das war stets seine größte Schwierigkeit. Niemand glaubte ihm, wenn er sagte: «Ich sehe meinen Ruhm darin, zu dienen und nicht zu befehlen.» Der Brief ist bemerkenswert, weil er zeigt, wie früh schon Santander seinen Weg gekreuzt hat.

Der Kongreß von Tunja hatte beschlossen, Cundinamarca in die Union hineinzuzwingen, und hatte daher Urdaneta heimlich gebeten, von Cúcuta nach Tunja zu kommen. Offensichtlich würde der Befehlshaber einer Armee, die eine solche Operation ausführen sollte, in der glänzenden Lage sein, den Ablauf der politischen Ereignisse zu diktieren. Daraus erklären sich Bolivars Manöver, Urdaneta als Befehlshaber der einzigen damals vorhandenen venezolanischen Armee zu ersetzen. Auf dem Weg nach Tunja kam Urdaneta durch Pamplona; als seine Truppen hörten, Bolivar werde dort am nächsten Tage erwartet, verlangten sie, solange zu bleiben. Urdaneta weigerte sich. Die Soldaten versagten ihm den Gehorsam und marschierten auf der Straße ab, auf der, wie sie wußten, Bolivar kommen würde. Als sie ihn sahen, ertönten Rufe: «Via el Libertador!» Urdaneta mußte sich den Tatsachen beugen und Bolivar, den seine Soldaten im Triumphzug in die Stadt führten, seine

Aufwartung machen. Auf Bolivars Bitte wurde eine Parade abgehalten, und seine Ansprache war typisch: «Ihr habt mein Herz mit Stolz erfüllt. Aber um welchen Preis? Um den Preis der Disziplin und Unterordnung. Euer Chef ist der hochverdiente General Urdaneta, der, genau wie ich, die Ausschreitung beklagt, zu der eure Liebe euch verleitet hat. Soldaten, laßt solche Zuchtlosigkeit nie wieder vorkommen! Wenn ihr mich liebt, dann beweist es dadurch, daß ihr Zucht haltet und eurem Vorgesetzten gehorcht. Ich bin nur ein Soldat und komme, um diesem Brudervolk meine Dienste anzubieten. Unser Vaterland ist Amerika, unsere Feinde sind die Spanier, unsere Fahne die Unabhängigkeit, unsere Sache die Freiheit.»

Nach der Episode von Pamplona setzte Urdaneta seinen Marsch auf Tunja fort. «Als er mit seinen Truppen in Santa Rosa eintraf», berichtet Restrepo, «erfuhr Urdaneta, daß in den nahe gelegenen Gebieten von Paipa und Sogamoso fünf Spanier lebten, von denen Don Juan Jover seiner vortrefflichen Eigenschaften wegen wohlbekannt war. Aus Erbitterung über die vielen Leiden, welche die Spanier ihrem Vaterland zugefügt hatten, haßten der Genral und seine venezolanischen Truppen sie tödlich ... Urdaneta beschloß, diese fünf Spanier festnehmen zu lassen, ihre Besitzungen zu beschlagnahmen und später der Regierung darüber zu berichten. Die Spanier wurden verhaftet, und der verantwortliche Offizier nahm ihnen das Leben; er behauptete, sie hätten zu fliehen versucht und würden der Sache der Unabhängigkeit schweren Schaden zugefügt haben. Das war die Entschuldigung, die der General der Regierung gegenüber vorbrachte ... Diese Tat, die erste ihrer Art, die von den Republikanern in Neugranada begangen wurde, war ein schwerer Skandal und in vieler Augen glatter Mord; andere hingegen meinten, wir müßten so vorgehen, um die europäischen Spanier auszurotten, weil anders wir niemals unabhängig würden.» Restrepo schreibt «viele» und «andere», meint jedoch Neugranader und Venezolaner.

Bolivar, an den sich der Kongreß als neu ernannten Oberbefehlshaber wendete, antwortete am 28. September, er empfinde «die größte Empörung über eine so skandalöse Tat, und dergleichen würden die Offiziere seiner Armee nie wieder begehen». Wir werden bald sehen, was aus diesem Versprechen wurde. Inzwischen war er in Tunja großartig empfangen worden. Sein zuverlässiger Freund Präsident Torres schickte ihm ein üppig aufgezäumtes Pferd, das er mit der Bemerkung zurückschickte: «Ehe ich eine solche Gabe annehme, muß ich über mein Verhalten während meiner Mission in Venezuela Rechenschaft ablegen.» Er stellte sich dem Kongreß vor und vertrat seine Sache gut. Der Kongreß entlastete ihn und übertrug ihm das Kommando über die Truppen, größtenteils Venezolaner, mit denen er Alvarez, den Diktator von Cundinamarca, zu unterwerfen hoffte. Santa Fé war katholischer, konservativer und spanienfreundlicher als der Kongreß von Tunja; nicht weil es «rückständiger» war, sondern gerade weil die Kultur in Santa Fé tiefer verwurzelt war als in den übrigen Provinzen, in denen es für die dünne Schicht der «Philosophen» einfacher gewesen war, sich als Vertreter einer Masse auszugeben, die ihnen nicht folgte. Deshalb mußten sie die Hilfe venezolanischer Soldaten in Anspruch nehmen, um die Hauptstadt in die Knie zu zwingen.

Bolivar belagerte die Stadt, die Alvarez auf den Angriff vorbereitet hatte. Er hatte fünfhundert reguläre Soldaten und neunhundert Freiwillige. Die Exkommunizierung Bolivars und seiner Anhänger durch die Geistlichkeit von Santa Fé hatte keine Wirkung, und die Verteilung von Dolchen an die Frauen der Stadt war nutzlos. Am 7. Dezember richtete Bolivar einen Appell an die Belagerten: «Der Himmel hat mich dazu ausersehen, der Befreier unterdrückter Völker zu sein, und daher werde ich niemals auch nur ein einziges Dorf erobern.» Er bot ihnen an, Leben, Habe und Ehre zu schonen. Die Stadt verweigerte die Übergabe und verteidigte sich Straße um Straße mit äußerster Tapferkeit. «Den zähesten

Widerstand leisteten die unteren Schichten», schreibt Restrepo. Als Alvarez schließlich kein Wasser mehr hatte und nur noch den Marktplatz hielt, kapitulierte er am 12. Dezember: Cundinamarca sollte als Gegenleistung für «eine vollständige Garantie von Ordnung und Eigentum für alle seine Bürger ohne Ansehung ihrer Herkunft» in die Union eintreten.

Restrepo berichtet weiter: «Da die Soldaten der Union gewaltsam Herren fast der ganzen Stadt geworden waren, ließen sich Plünderungen unmöglich vermeiden, zumal im Viertel Santa Barbara. Die aufgebrachten Venezolaner töteten auch einige europäische Spanier. Für alle Freunde der Wissenschaft waren die Verwüstungen, welche die eindringenden Truppen in der Sternwarte anrichteten, sehr schmerzlich. Das Gebäude erlitt großen Schaden, und die Soldaten nahmen die dort befindlichen Bücher, Instrumente und wertvollen Schriften mit oder vernichteten sie.» Ducoudray meldet etwas anderes: «Unbeschadet der von Bolivar unterschriebenen und ratifizierten Kapitulation gab er einen Teil dieser schönen großen Stadt für achtundvierzig Stunden zur Plünderung frei. Als Alvarez und viele andere Einwohner von Bogotá ihm wegen dieses Verhaltens die schwersten Vorwürfe machten, entgegnete er in zornigem Ton, das Kriegsrecht ermächtige ihn, so zu handeln, weil die Bewohner der Stadt seinen Truppen Widerstand geleistet hätten und daher Strafe verdienten ... Die Ausschreitungen und Grausamkeiten, die zumal an Frauen verübt wurden, waren schrecklich, und seine Truppen beluden sich mit Gold, Silber und Juwelen jeglicher Art.»

Bolivar selber bestätigt dies in seiner Mitteilung an die Verwaltung der Erzdiözese: «Ich behandelte das Volk von Cundinamarca menschlicher als seine eigene Regierung und verzichtete für den größten Teil der von meinen Truppen besetzten Stadt auf das, was mir das Kriegsrecht gestattete.» Das ist das klare Eingeständnis, daß er das Viertel von Santa Barbara plündern und brandschatzen ließ. Zu jener Zeit war

Bolivar ein General ohne Armee und daher auch ohne politische Macht. Er mußte sich die Herrschaft über jene zu sichern versuchen, um diese zu erlangen. Er ließ seine Truppen Bogotá plündern, um sich ihrer Gunst für den Fall zu versichern, daß er gegen Urdaneta, Castillo oder gar gegen den Kongreß von Tunja kämpfen müßte. Seine Nachsicht gegen die Truppe war daher wohlberechnet; er suchte die Macht nach Prätorianerart – nach Art der Monteverde, Mariño und Boves und sogar seines geheimen Vorbildes Bonaparte.

Am 23. Januar 1815 eröffnete die Unionsregierung ihre Tätigkeit in Santa Fé, wohin sie von Tunja übergesiedelt war. Das Hauptereignis sollte eine Ansprache Bolivars sein. Sie zeigt einen Bolivar, der sich augenscheinlich von seiner antispanischen Leidenschaft zu den wildesten Ausfällen gegen die geschichtliche Wahrheit und die alltäglichen Tatsachen seiner eigenen Zeit hinreißen ließ. So beschreibt er die Vergangenheit der Neuen Welt folgendermaßen: «Tyrannei und Inquisition hatten alle Amerikaner und die Söhne der Eroberer, die ihnen diese verhängnisvollen Gaben gebracht hatten, auf die Stufe des Viehs absinken lassen ... Der Gewalt nachzugeben, war unsere einzige Pflicht; das größte Verbrechen aber war, Gerechtigkeit zu suchen und sich der Rechte von Natur und Mensch bewußt zu sein. Über Wissenschaft nachzudenken, das Nützliche zu erwägen und Gutes zu tun, galt als Anschlag auf die Tyrannei, der leichter begangen als vergeben wurde. Entehrung, Ausweisung und oftmals der Tod war die Folge von Fähigkeiten, die sich die Opfer zu ihrem eigenen Schaden erworben hatten, obwohl die Herren der Hemisphäre der Ausbildung des Geistes so viele Hindernisse in den Weg gelegt hatten.» Dieses Gewirr von leeren Redensarten muß in der hochgebildeten, reichen Stadt, deren Sternwarte eben erst von Bolivars Truppen zerstört und ausgeraubt worden war, höchst absonderlich geklungen haben. Dann aber fuhr der Sproß einer Familie, die zweihundert Jahre lang Venezuela regiert hatte und dort immer noch ein Heer von Sklaven besaß, mit schriller Stimme fort: «Wir aber, haben wir das Schicksal unseres Vaterlandes bestimmt? Haben wir denn diese Sklaverei beherrscht? Nicht einmal Gelegenheit, die Werkzeuge der Unterdrückung zu sein, hat man uns gegeben!» Seltsame Enthüllung nicht nur seiner Blindheit gegenüber den Tatsachen, sondern auch der geheimen Triebkräfte des Herzens, das da sprach.

Seine Rede, die noch voll Stolz ist auf den jüngst errungenen Sieg, bringt eine Fülle militärischer Versprechungen. «Santa Marta und Maracaibo sollen von der großartigen Armee aus Venezolanern und Granadinos, die Sie mir anvertraut haben, befreit werden.» Weiter gibt er Ratschläge für die Justiz, die Finanzen und die öffentliche Meinung und schließt mit einem Satz, der schön gewesen wäre, wenn er die Wahrheit gesagt hätte: «Der Bürgerkrieg ist vorbei. Nach ihm soll sich Friede im Innern erheben. Die Bürger ruhen im Hinblick auf eine gerechte und gesetzmäßige Regierung aus, und unsere Feinde erzittern.»

Stimmte das? Innerhalb weniger Wochen erleben wir, wie Bolivar auf die Befreiung von Santa Marta und Maracaibo verzichtet, um sich in den Bürgerkrieg zu stürzen. Die Union hatte ihn mit dem Rang eines Generalkapitäns belohnt. Die Kapitulation von Santa Fé hatte beträchtliche Waffen- und Munitionsmengen erbracht, und Bolivar wurde gebeten, ein Unternehmen zur Eroberung von Santa Marta vorzubereiten, wo, wie man fürchtete, Morillos Expeditionskorps aus Spanien landen sollte. Er reiste nach Santa Marta; vor seiner Abreise versuchte er jedoch die Grundsätze seines Krieges bis zum Tode auf die gefallene Stadt anzuwenden, der er die völlige Sicherheit von Leben und Eigentum unbeschadet der Herkunft, also auch der europäischen Spanier, versprochen hatte. Daher schlug er dem Kongreß, wie O'Leary sich ausdrückt, «die schärfsten Maßnahmen gegen die Hauptförderer (der Verteidigung) vor, um dadurch die Royalisten, die in Neugranada immer noch eine mächtige Partei waren, zu terrorisieren». Was das bedeutet, ist schon hinreichend klar, wird aber durch folgende Worte des Kongreßmitgliedes Madrid noch klarer: «Der Kongreß meinte, Aussöhnung sei der Strenge vorzuziehen, und schickte mich zu dem Befreier, um zu verhindern, daß die Spanier, die mit den führenden Familien des Landes verwandt waren, hingerichtet würden. Kaum hatte ich ihm die Wünsche des Kongresses vorgetragen, als er mir antwortete: ‹Sagen Sie ihnen, man werde ihnen gehorchen, aber eines Tages würden sie es bereuen. Dies Land wird unweigerlich von den Spaniern besetzt werden, aber lassen Sie nur, ich komme wieder.›»

Diese Szene wirft ein bezeichnendes Licht auf die Motive, die Bolivar zu seinem Krieg bis zum Tode veranlaßten, und bestätigt die früher von uns dafür gegebene Erklärung. Unter dem Zwang seiner fixen Idee hatte er den Brief an seinen Freund in Santa Fé vergessen, seine Zusicherungen, daß den Spaniern in Neugranada, weil sie sich ganz anders verhalten hätten als diejenigen in Venezuela, keine Gefahr drohe, und dazu seine feierlich unterschriebenen Kapitulationsbedingungen. Sie erklärt auch Dinge, die sich gerade während seiner Reise den Magdalena hinunter nach Santa Marta zutragen sollten. Durch seine Ernennung zum Kommandeur dieser Expedition nahm Bolivars Ruhm weiter zu; aber viele sahen, wie Restrepo berichtet, auch «neue Gefahren und sahen Zwietracht die Brandfackel schwingen, falls Bolivar den Magdalena hinunterführe». In Cartagena herrschte Anarchie; die Partei der Piñeres stand gegen die Toledo-Gruppe, jene von Bolivar, diese von Castillo gestützt. Militärbefehlshaber in Cartagena war der junge Oberst Delhuyar, einer von Bolivars Günstlingen, der bis zur Schlacht von La Puerta die Truppen vor Puerto Cabello befehligt hatte. Am 5. Januar 1815 diente er Bolivars Interessen mit einem Staatsstreich, steckte Toledo und Piñeres (diesen mit dessen Zustimmung) ins Gefängnis und zwang die Versammlung, Pedro Gual zum Gouverneur zu ernennen, der ein Caraqueño und Freund Bolivars war. Castillo hatte die Magdalenalinie geräumt, die er gegen die Spanier halten sollte, um in den Bürgerkrieg einzugreifen, und hatte sich nahe bei der Stadt in Turbaco festgesetzt. Gual erwies sich jedoch als ein energischer Mann mit eigenen Ansichten; nachdem er sich vergeblich um eine Aussöhnung der Parteien bemüht hatte, forderte er Castillo zum Einmarsch auf und schickte mit seiner Unterstützung die Brüder Piñeres ins Exil.

Das alles führte schließlich dazu, daß Castillo Militärgouverneur von Cartagena wurde. Auf seinem Weg gen Norden hatte Bolivar daher die Wahl zwischen zwei Bürgerkriegen: der eine gegen die Spanier in Santa Marta, der andere gegen die Kreolen von Cartagena. Er verließ Santa Fé am 24. Januar. Während er flußabwärts nach Santa Marta fuhr, entschied sich Bolivar zugunsten des Bürgerkrieges gegen Castillo in Cartagena, obwohl die Unionsregierung ihm die Truppen für den Krieg gegen die Spanier in Santa Marta gegeben hatte. Castillo, ein eitler und törichter Mann, hatte eine beleidigende Schmähschrift gegen Bolivar veröffentlicht. Alsbald erreichte Castillo ein Ersuchen Bolivars um Waffen und Munition. Der Regierung von Cartagena kam dieses Ersuchen jedoch verdächtig vor; denn, so schreibt Ducoudray, «die am besten unterrichteten Leute bedachten den Charakter des Generals Bolivar und hatten den Verdacht, seine wirkliche Absicht sei, sich zum Herrn von Cartagena zu machen, Castillo zu ersetzen und ihn aus Rache für die Kränkung vom Januar 1813 zu bestrafen ..., abermals nach Caracas zu marschieren und dort, nachdem er die Truppen in Cartagena mit den seinigen vereinigt hätte, seine verlorene Diktatur wiederaufzurichten».

Nachdem Bolivar einen Monat in Mompox teils mit diesen Verhandlungen, teils mit «den Festen, Bällen und Diners, Vergnügungen, denen Bolivar leidenschaftlich ergeben ist», verbracht hatte, führte er seine Streitkräfte flußabwärts und befahl, die bewaffneten Boote zu nehmen, mittels deren Castillo seine Verbindungen nach Honda und Bogotá aufrechterhielt. Das war eine feindselige Handlung gegen

Cartagena. Castillo rüstete die Stadt für die Verteidigung und ging so weit, daß er auf dem Hügel La Popa außerhalb der Stadt, den Bolivar vermutlich besetzen würde, den Brunnen vergiftete. Bolivar befand sich in einer heiklen Lage: Er konnte die Stadt nicht nehmen, verlor durch Krankheit, Durst und den vergifteten Brunnen Leute und war von einer feindseligen Bevölkerung umgeben. Er versuchte zu verhandeln, woraufhin die Provinzialregierung vorschlug, er solle sich mit seinen venezolanischen Soldaten nach Ocaña zurückziehen und nur die Granadinos zurücklassen. Inzwischen traf Morillos Expeditionskorps, zehntausend Mann stark, am 25. März in Santa Marta ein. Am nächsten Tag ersuchte Bolivar die Unionsregierung brieflich um seine Entlassung, da «er eher bereit war, aufs Schafott zu gehen, als das Kommando weiterzuführen».

Meinte er das ernst? Schon vorher hatte er an den Priester Marimon geschrieben, der im Auftrage der Union über einen Kompromiß zwischen Castillo und Bolivar verhandelt hatte: «Da die Vorräte, die von der Unionsregierung für die Vernichtung der Feinde des Vaterlandes bereitgestellt worden waren, ihm – fraglos aus Haß gegen seine Person – versagt würden, möge der Kommissar seinen Rücktritt entgegennehmen und ihm in Sabanilla ein Schiff zur Verfügung stellen, damit er ungefährdet in eine ausländische Kolonie fahren könne». Marimon antwortete ihm, er solle das Kommando an einen der dienstältesten Offiziere mit Ausnahme von Mariño und Miguel Carabaño übergeben, und teilte ihm mit, daß ein Schiff bereitliegen werde. Daraufhin berief Bolivar, der gar nicht an Rücktritt dachte, einen Kriegsrat ein, um sich in das Kommando «zurückstimmen» zu lassen. Von dem Kriegsrat erwirkte er die Entscheidung, er möge die Belagerung fortsetzen und «die Autorität der Unionsregierung aufrechterhalten».

Die Unionsregierung hatte sein Verhalten während der Belagerung mehrmals mißbilligt, so daß er sich nunmehr der offenen Auflehnung und Prätorianerpolitik schuldig machte.

Das Mißtrauen der Stadt Cartagena war gerechtfertigt. Bolivar gedachte wirklich, dort die Macht zu ergreifen, und zwar nicht für Piñeres, sondern für sich selber. Wäre es dazu gekommen, so hätte das seinen Herzenswunsch gefördert, nämlich den Kampf gegen die Spanier, weil damit ein eitler und untüchtiger Kommandeur von der Bühne verschwunden und die Streitkräfte der beiden Republiken unter seinem Befehl vereinigt worden wären. Aber die Parteien in Cartagena waren gegen ihn, die venezolanischen Truppen waren wegen ihrer an Spaniern begangenen Grausamkeiten unbeliebt, Castillo war beliebt, und Bolivar gelang es nicht, sein Prätorianertum zu verbergen. Er attackierte jedermann, besonders aber die Regierung von Cartagena. «Hier gibt es nachweislich eine Verschwörung nicht nur zugunsten der Unabhängigkeit, sondern für einen Aufstand; es gibt ein Bestreben, hier die Hauptstadt von Neugranada einzurichten, ein Handelsmonopol zu schaffen und auf jeden Fall mit den Spaniern einig zu werden.» Das stimmte nicht. Sobald die Nachricht von Morillos Landung in Santa Marta bekannt wurde, besuchten vielmehr Amador, der neue Präsident des Staates Cartagena, und Marimon Bolivar in La Popa «und machten ihm die dringendsten Vorhaltungen wegen der furchtbaren Folgen eines Bürgerkrieges unter solchen Umständen; sie bedrängten ihn, er solle die ihm verbliebenen Streitkräfte mit denen von Cartagena vereinigen und dann gegen ihren gemeinsamen Feind marschieren. Sie boten ihm den Oberbefehl an, Munition, Lebensmittel und alle notwendigen Vorräte, die er für den Feldzug benötigen würde. Alles war vergeblich. Er erwiderte, er werde unter einer Bedingung zustimmen: daß Cartagena ihm die Tore öffne und ihn mit seinen Truppen in der Festung aufnehme.» So berichtet Ducoudray.

Morillo aber landete Truppen in Santa Marta, so daß die beiden Rivalen sich gründlich besinnen mußten. Anfang Mai schickte Bolivar eine Parlamentärsflagge an Castillo. Am 8. Mai fand in einem kleinen Haus am Fuß vom La Popa eine

Unterredung statt. Bolivar übertrug das Armeekommando seinem Vetter Florencio Palacios unter der ausdrücklichen Bedingung, daß Palacios der Regierung von Cartagena unmittelbar unterstellt werde. Am 9. Mai 1815, an dem das Abkommen unterzeichnet wurde, segelte Bolivar an Bord des britischen Kriegsschiffs «Découverte» nach Jamaika ab.

VIERTER TEIL

Vom Exil zur Diktatur

ERSTES KAPITEL

Morillo

An dem Tage, an dem Bolivar nach Jamaika abfuhr, unterzeichnete Ferdinand VII. ein Dekret, worin er seinem Wunsch Ausdruck gab, «dem Unheil, das mehrere Provinzen meines amerikanischen Reiches betroffen hat, ein Ende zu setzen und . . . als wahrer Vater diejenigen aufzunehmen, die etwa, da sie einsehen, wieviel Übel sie durch ihr unbedachtes und verbrecherisches Verhalten über ihr Vaterland bringen, den Wunsch hegen, sich von Herzen mit ihm auszusöhnen». Die Ausdrucksweise war trügerisch. In Wirklichkeit bestätigte die Verordnung offiziell, daß ein groß angelegter Vermittlungsversuch Großbritanniens gescheitert war. Castlereagh hatte schon 1811 mit dem Versuch begonnen, die Regentschaft mit den spanisch-amerikanischen Rebellen auszusöhnen. Dabei war es das Hauptziel der britischen Regierung gewesen zu verhindern, daß spanisches Blut und Gold dem Krieg gegen Napoleon entzogen und auf einen Bürgerkrieg verschwendet würde. Die Verhandlungen waren mühsam und scheiterten schließlich.

Wenn es aber schon unmöglich gewesen war zu vermitteln, solange Spanien von den Cortes und der Regentschaft regiert wurde, wie sollte der Versuch dann unter dem schändlichen Ferdinand VII. Erfolg haben? Das Dekret vom 9. Mai 1815 erwähnte die Vermittlung nur noch als Redensart. Ferdinand verstand keine andere Sprache als die Gewalt, und gewaltsam gedachte er auch das Problem zu lösen, das im Grunde nichts anderes war als das Mündigwerden der spanischen Königreiche in Übersee. Zu diesem Zweck hatte die Generalkommission, die im Juli 1814 gebildet worden war, um die spanischen Streitkräfte nach dem Unabhängigkeitskrieg neu zu ordnen, ein Expeditionskorps vorgesehen. Auf Vorschlag von General Castaños, dem Eroberer von Bailén, wurde das Korps dem Divisionsgeneral Don Pablo Morillo anvertraut. Der neue Kommandeur, dem Bolivar im Felde begegnen sollte, war im Gegensatz zu ihm ein Mann aus dem Volke. Er war 1778 in Fuentesecas in der Nähe von Toro geboren und damit fünf Jahre älter als Bolivar. Schon mit siebenunddreißig Jahren war er aus dem Mannschaftsstand an die Spitze der spanischen Armee emporgestiegen. Aus einer jugendlichen Laune war er mit noch nicht dreizehn Jahren in die Marine eingetreten. Er hatte viele Seeschlachten jener Zeit mitgemacht, darunter die Schlacht von Toulon, in der er verwundet wurde, und die Schlacht von Trafalgar, in der er ebenfalls verwundet und außerdem gefangengenommen wurde. Der Unabhängigkeitskrieg war seine Chance, weil er ihm Gelegenheit bot, seine Führereigenschaften zu zeigen. In der Schlacht von Bailén fiel er als Leutnant dem Oberbefehlshaber Castaños auf. Von da an stieg er dank seiner Kühnheit und Erfindungsgabe rasch empor. Im April 1809, vierzehn Tage vor Bildung der Junta von Caracas, verfaßte der einunddreißigjährige Morillo seinen Bericht über die Kapitulation der französischen Garnison von Vigo, die sich dem britischen Kapitän Crawford und «Oberst» Don Pablo Morillo ergeben hatte. Der junge Offizier hatte sich selber zum Oberst befördern müssen, um die Bedenken des französischen Kommandeurs zu zerstreuen, der sich nicht einem Leutnant ergeben wollte. Sein Sieg über Marschall Ney bei Puente Sampayo am 8. Mai 1809 verlieh ihm endlich unbestrittene militärische Geltung. Er wurde Oberst eines von ihm selbst aufgestellten Regiments, das unter dem Namen «La Union» berühmt werden sollte.

1811 zum Brigadegeneral befördert, diente er in der britischen Division unter General Hill und nahm an den Operationen teil, die zu Wellingtons Sieg bei Albuera führten. Er bekam allmählich Schwierigkeiten mit den britischen Soldaten, die allzu geneigt waren, sich mit Gewalt zu nehmen, was ihnen Mangel, Unordnung, Mißverständnisse, wie sie bei der Verschiedenheit der Sprachen vorkamen, oder andere Ursachen vorenthielten. Als eines Tages ein britischer Offizier um Heu bat und Morillo ihn mit einem spanischen Offizier in das Dorf Mayor schickte, merkte Morillo, daß die britischen Soldaten sich in den Häusern der Einwohner bereicherten und außer dem Heu auch andere Beute mitnahmen. Er selber machte den britischen Soldaten gestikulierend Vorhaltungen, die aber nicht beachtet wurden; als er den schlimmsten Übeltäter mit seinem Stock bedrohte, wurde er von den andern umringt und tatsächlich verprügelt. Seine eigenen Leute erschienen auf dem Schauplatz, und Morillo schickte drei britische Soldaten unter Arrest zu General Hill. Seine Division kämpfte nördlich von Estramadura bis nach Kastilien und in baskisches Gebiet hinein. Zusammen mit noch einer spanischen Division nahm sie unter Wellington an der Schlacht von Vitoria teil, die Morillo einleitete und in der er, obwohl er frühzeitig verwundet wurde, bis zum Schluß mitfocht. Wellington wählte ihn als einen der Generäle aus, die auf dem Siegerbild porträtiert wurden.

«Am 17. Februar 1815 bot sich morgens um 8 Uhr dem Betrachter von den Mauern von Cadiz ein bewegender Anblick, der an Trafalgar erinnerte. Auf ein Signal des Flaggschiffes ‹San Pedro› lichteten achtzehn Kriegsschiffe und zweiundvierzig Transporter die Anker und segelten nach der Rota Bank, drei Meilen von der Stadt entfernt. Tausende von Taschentüchern winkten von den Terrassen den Lieben Lebewohl zu, die sie mit wenigen Ausnahmen nie wiedersehen sollten.» Hauptmann Sevilla, der diese Zeilen schrieb, befand sich mit seinem Regiment «La Union» an Bord, ebenso sein Bruder Manuel. Ihr Onkel Don Pascual

Enrile war Marinekommandant der Expedition und Stabschef der Armee, die er unter Morillos Oberbefehl transportierte. Admiral Enrile konnte sich rühmen, «die umfangreichste Flotte, die seit der Entdeckung Amerikas den Atlantik überquert hat», zu befehligen. Allerdings war das Flaggschiff «San Pedro» mit seinen vierundsechzig Geschützen sehr imposant, das einzige Linienschiff. Zwei Fregatten zu vierunddreißig, eine Korvette zu zweiundzwanzig, eine Schaluppe zu dreizehn Geschützen sowie dreizehn Kanonenboote waren die übrigen Kriegsschiffe. Sie geleiteten die zweiundvierzig Transporter, auf denen sich eine Armee von zehntausendsechshundertzweiundvierzig Mann befand, bestehend aus sechs Infanterieregimentern zu je zwölfhundert und einem Bataillon zu sechshundertfünfzig Mann und zwei Kavallerieregimentern ohne Pferde, da es in Übersee genug Pferde gab; ferner ein gemischtes Artillerieregiment, ein Pionierbataillon und eine Anzahl von Hilfsverbänden.

War diese Expedition angesichts der Streitkräfte, mit denen sie es aufnehmen sollte, auch ansehnlich genug, so wies sie doch Schwächen auf. Die Flotte hatte sich noch nicht von den tödlichen Schlägen erholt, die sie, während sie als Frankreichs widerwilliger Bundesgenosse kämpfte, von England einstecken mußte. «Ferdinands Minister vernachlässigten diesen Zweig der Landesverteidigung in solchem Maße, daß er ganz in Verfall geriet. Die Werften waren verlassen, die Lagerhäuser standen leer, und das Schlimmste war, daß der Sold nur gelegentlich gezahlt wurde.» Auf das Heer war auch kein Verlaß mehr. Obwohl einige Generäle an der von Ferdinand VII. geführten Reaktion maßgeblich beteiligt waren, betrachtete das mit Freimaurern durchsetzte Offizierskorps das despotische Vorgehen des Königs und seiner Freunde mit Mißvergnügen. Liberale Verschwörer hatten Annäherungsversuche an Morillo gemacht, der ja ein hervorragender Führer des Widerstandes gegen Napoleon gewesen war, hatten aber keinen Erfolg gehabt. Große

Hoffnungen setzten manche auf ein Pronunciamiento, das Spanien von Ferdinands Tyrannei befreien würde. Diese Tatsachen erklären teilweise, warum das Expeditionskorps von Mitte Dezember 1814 bis zu seiner Ausreise am 17. Februar 1815 in den Kasernen festgehalten wurde. Der Dienst in Übersee war im Heer nicht beliebt, so daß es viele Deserteure gegeben hätte, wenn die Soldaten sich hätten frei bewegen können. Das wiederum nährte die Hoffnungen der Liberalen, die Armee könnte, um sich die Reise zu ersparen, geneigt sein, in die Innenpolitik einzugreifen.

Dabei wußte die Truppe das Schlimmste noch gar nicht. Man hatte sie glauben gemacht, die Reise gehe nach Buenos Aires. Nach acht Tagen auf See schickte, wie Sevilla weiter berichtet, das Flaggschiff ein Boot mit zwei Offizieren herum, «die uns die unselige Nachricht brachten, daß wir nicht zum Rio de la Plata segelten, sondern zur Costa Firme. Der Geheimbefehl war weisungsgemäß auf diesem Breitengrad geöffnet worden. Die Nachricht rief allgemeine Niedergeschlagenheit hervor. Wir wußten alle, daß die Aufständischen in Buenos Aires und Montevideo gespalten waren und daß die eine Partei nur auf des Königs Truppen wartete, um dann zu uns überzugehen; an der Costa Firme hingegen gab es keinen Pardon, dort wurde der Krieg mit wilder Wut geführt.» Später nahm Morillo mit seinem Stab die Parade der Schiffe ab, um die gedrückte Stimmung der «armen Soldaten» zu heben; dann segelte die Flotte weiter ihrem Schicksal entgegen. Am 6. April passierte sie Carúpano, «das von See aus wie ein goldener Becher aussah». Vom Fort wehte die spanische Flagge, und alsbald erschien dort Morillo, um den General zu besuchen. Sie kamen überein, entsprechend Morillos Befehlen zunächst Margarita zu nehmen. «Morales bat, daß er ein Regiment Zambos, den Schrecken der Feinde, einschiffen dürfe.» Unterwegs nach Margarita entdeckten sie inmitten ihres Geleitzuges zwei britische Fregatten. Morillo war nicht mehr Wellingtons Untergebener. Er rief einen der beiden Kapitäne an Bord und sagte ihm, er würde sie versenken, wenn sie nicht binnen drei Stunden fortgesegelt wären. Sie segelten fort.

Auf dem Wege nach Margarita mag Morillo wohl über seine politischen Weisungen nachgedacht haben, die von dem «Universalminister für Westindien» verfaßt worden waren; das war damals der Mexikaner Lardizabal, der früher einer der verfassungsmäßigen Regenten gewesen war und nun ein Ministeramt unter dem despotischen König übernommen hatte. Mit einer wichtigen Ausnahme sind diese Weisungen jedoch ein ehrenvolles Dokument. «Ist Margarita erst erobert, so sollen milde Methoden seiner Befriedung dienen; nur Personen, die bewaffnet angetroffen werden, sollen verhaftet, Schiffe und anderes Eigentum, die nicht den Vasallen des Königs gehören, beschlagnahmt werden. Danach muß die verantwortliche Regierung Urteilskraft besitzen, tätig und wachsam sein.» Die Bedeutung der Insel lag «in ihrer geringen Entfernung von Cumaná und ferner darin, daß sie im Luv des Korsarennestes lag und Zuflucht aller vom Festland vertriebenen Aufständischen war». Was sein Verhalten gegenüber den Rebellen anging, so waren die Punkte 4 und 8 geschickt und großzügig formuliert: Eine allgemeine Amnestie und Straflosigkeit innerhalb einer bestimmten Zeit; nach Ablauf dieser Frist – und das war das einzig Unkluge an den Weisungen –, sollte für diejenigen, die sich nicht ergäben, ein Kopfpreis ausgesetzt werden. Die mit Waffen angetroffenen Schwarzen sollten als Bürger frei bleiben, aber als Soldaten eingezogen und ihre Besitzer entschädigt werden. Verbannte Führer sollten nach Spanien geschickt werden, ebenso Personen von zweifelhaftem Verhalten, diese aber «unter einem schmeichelhaften Vorwand». Schließlich ein Absatz, der sich offenbar auf Typen wie Boves, Morales und Zuazola bezieht: «In einem Lande, wo Raub und Mord leider planmäßig vonstatten gehen, ist es ratsam, diejenigen Truppen und Anführer abzuschütteln, die dort bereits Krieg geführt haben; ebenso müssen solche, die, wie auch einige unserer eigenen Kampfgruppen, König und

Vaterland als Vorwand für eigennützige Zwecke mißbraucht und entsetzliche Taten verübt haben, mit äußerlich schmeichelhaften Gesten fortgeschickt werden und Posten in dem neuen Königreich Granada oder bei der Blockade von Cartagena erhalten.»

Bei Anbruch des 7. April sichtete die spanische Flotte Pampátar, Hauptstadt und Hafen von Margarita, Arizmendi und Bermúdez, die dort das Kommando führten, hißten die spanische Flagge, doch fiel Morillo nicht darauf herein, auch dann nicht, als er feststellte, daß das Fort den Signalcode der Flotte benutzte; ein Schiff der Flotte, die «Guatemala», war nämlich während eines Sturms außer Sicht gekommen und als erstes an der Insel eingetroffen und dort auf Strand gelaufen, nachdem es unter den Kanonen des Forts auf ähnliche Tricks hereingefallen war. Nach einigem Verhandeln landete Morillo am 9. April und besetzte Stadt und Fort. Die Insel bot an, sich zu ergeben, falls ihr vergangene Taten vergeben würden. Morillo nahm sofort an. Am 10. April besetzte er die Insel und stellte fest, daß sie ziemlich gut bewaffnet war. Am elften begab er sich in die Hauptstadt Asunción, wo er die königlichen Behörden unter Oberst Antonio Herraiz als Gouverneur wieder einsetzte. Herraiz gab er die gleichen Weisungen, die er selber erhalten hatte. Bermúdez war mit fünfhundert Mann und dreihundert Gewehren nach Chacachacare geflohen, wo seine Mutter ein Gut besaß. Arizmendi blieb und stellte sich Morillo, geschützt durch dessen Proklamation, die allen Aufständischen eine Amnestie versprach. Diese Szene ist wichtig, weil sie drei führende Gestalten am Werke zeigt: Morillo, Arizmendi und Morales. Sie wird uns von Hauptmann Sevilla überliefert. Vieles, was künftig geschehen sollte, hatte hier seinen Ursprung.

Tränen der Reue vergießend, fiel Arizmendi auf die Knie. Morillo hieß ihn aufstehen, sagte, der König sei großmütiger als seine Feinde, und vergab ihm in seinem königlichen

Namen. Morales' Augen blitzten. Er zeigte mit strafendem Finger auf den hingesunkenen Anführer, seinen Rivalen in Krieg und Grausamkeit, und sagte: «Herr General, tun Sie nichts dergleichen. Der Mann hier zu Ihren Füßen bereut nichts, er täuscht Sie elendiglich ... Mit derselben Zunge, die jetzt um Gnade bittet, befahl er, daß fünfhundert friedliche Spanier, Kaufleute in Caracas und La Guaira, lebendig verbrannt wurden, und wer dem entging, wurde zu Tode gespießt. Sie waren am Krieg nicht beteiligt. In ihrem Namen, Herr General, bitte ich, daß Gerechtigkeit geschehe und er nicht als Aufständischer, sondern als gemeiner Verbrecher nach dem Gesetz bestraft werde.» Morillo gab zurück: «Gleichwohl vergebe ich ihm. Um so stärker wird er verpflichtet sein. Arizmendi, erhebt Euch, erholt Euch und seid der edlen Nation ergeben, der Ihr ein zweites Leben verdankt.» Arizmendi erhob sich und verließ das Zimmer, Morales aber sagte zu Morillo: «Herr General, ich kann Ihnen jetzt schon sagen, daß Sie scheitern werden. Damit, daß Sie ihm und andern auf der Insel versteckten Anführern verziehen haben, haben Sie den Tod von Tausenden von Spaniern und treuen Venezolanern beschlossen, die jene ermorden werden.» Morales trat noch weiter dafür ein, das «Gift» auszurotten, das auf der Insel ausharrte, während das übrige Land Frieden hielt, und schloß: «Eine sanfte, gütige Haltung ist im Frieden wohl angebracht; in Kriegszeiten wird sie als Schwäche mißverstanden ... Herr General, Spanien wird dieses Reich verlieren, und Sie werden Ihren Ruf als kluger Staatsmann und tapferer Soldat verlieren, wenn Sie bei der Methode bleiben, mit der Sie auf Margarita angefangen haben.» «Herr Brigadegeneral», entgegnete Morillo trocken, «ich habe Sie nicht um Rat gefragt.»

An demselben Tag richtete Morillo einen Aufruf an die Einwohner Venezuelas. «Wir sind Eure Brüder. Der König ist unser beider Vater. Innere Zwistigkeiten untergraben den Wohlstand der Völker und machen sie zum Spielball anderer. Wir kommen nicht, um Euer Blut zu vergießen, uns dürstet nicht nach Eurem Blut. Uns leitet keinerlei Parteigeist. Den Beweis dafür seht Ihr in Margarita. Des Königs Waffen sind dort bedingungslos eingezogen. Etliche Anführer des Aufstandes und der ganze Generalstab der rebellierenden Truppen befinden sich dort; sie haben Ferdinand VII. Treue geschworen und leben nun in Frieden ... Ich habe Vollmacht zu vergeben, zu belohnen und zu bestrafen: Zwingt mich nicht, anderes als das erste und zweite zu tun, auf daß ich des Königs Wunsch erfüllen möge. Zwingt Ihr mich aber, meinen Degen zu ziehen, dann klagt nicht den mildesten aller Könige wegen der Ströme Blutes an, die dann vergossen werden.» Am 17. Mai richtete er eine ähnliche Proklamation an die Bewohner von Neugranada.

Vor der Abreise aus Neugranada in sein zweites Exil hatte Bolivar die Truppe seinem Verwandten Florencio Palacios übergeben. Durch Krankheit und Fahnenflucht war sie von zweitausendvierhundert Mann auf siebenhundert Mann zusammengeschmolzen. Auf Grund seines Abkommens mit Castillo sollten die Truppen Verpflegung und Munition bekommen, aber künftig Castillos Kommando unterstehen. Dem widersetzten sie sich. Eine harte Kraftprobe zwischen den beiden Kommandeuren endete damit, daß die Caraqueños «unter Bewachung auf einige Schiffe gebracht wurden, die gerade auslaufen sollten, und ohne Rücksicht auf ihr künftiges Wohlergehen ins Ausland verbannt wurden».

Das alles spielte sich am Vorabend der Belagerung ab, die der sogenannten Unabhängigkeit Cartagenas ein Ende bereiten sollte. Inzwischen war eine neue, größere Gefahr entstanden. Am 12. Mai 1815 waren zwei ordnungsmäßig beglaubigte Gesandte des Gouverneurs Amador in Jamaika gelandet: Senator Ignacio Cavero und Brigadegeneral John Robertson. Ihr Auftrag wurde von Admiral Douglas folgendermaßen umschrieben: «Die Stadt Cartagena mitsamt den von ihr unmittelbar abhängigen Forts sollte als Sicherheit angeboten werden, bis das Ergebnis der nach London entsandten Mission bekannt würde, die ihre Unabhängigkeit herbeiführen soll. Falls dieses ihren Wünschen nicht entspräche, solle Cartagena im Besitz der britischen Streitkräfte bleiben, bis die Stadt von der Regierung der Halbinsel Bedingungen erwirken könne, wie sie für die Sicherheit von Leib und Leben der Einwohner von Neugranada notwendig sind.»

Die Meinungsverschiedenheiten der Anführer und die militärische Unfähigkeit von Florencio Palacios hatten für die Unabhängigkeit Cartagenas verheerende Folgen. «Die Neigung der Bevölkerung zur Unabhängigkeit verschwand», schreibt Restrepo, «als diese sich von Truppen unterdrückt sah, die vorgaben, ihre Freunde zu sein, aber auf ihre Kosten lebten.» Montalvo, der spanische Kommandeur von Santa Marta, bat Morillo, er möge ihm ein paar Schiffe und etwa viertausend Mann schicken, damit er Cartagena blockieren könne. Morillo antwortete, er werde selber mit der doppelten Anzahl kommen. Die Unionsregierung verfügte bestenfalls über dreitausend Mann, die in Cúcuta, Casanare und Popayán verstreut waren. Überall herrschte Anarchie.

Die Stadt Cartagena liegt am Nordende einer etwa sechzehn Kilometer langen und anderthalb Kilometer breiten Bucht zwischen dem Festland und der Insel Tierra Bomba. Die Bucht hat zwei Verbindungen zum offenen Meer: Boca Grande im Norden der Insel, die durch besondere Vorrichtungen für alle größeren Schiffe geschlossen war, und Boca Chica im Süden, die eigentliche Einfahrt zum Hafen, die von den Forts San Fernando und San José gut verteidigt wurde. Ringsherum lag eine Kette von Forts, die alle gut bestückt waren. Es war eine ansehnliche Bastion, die Admiral Vernon 1741 vergeblich zu knacken versucht hatte. Diesmal aber befand sie sich in den unfähigen Händen von Castillo und Amador. Die Bevölkerungszahl war durch Zuwanderer vom Lande her auf achtzehntausend gestiegen Obwohl die Behörden das Hinterland durchkämmten, war die Stadt von

Anfang der Belagerung an zum Hungern verurteilt. Man schickte Gesandte nach Westindien und in die Vereinigten Staaten, aber die spanische Blockade war allzu wirksam. Geld gab es auch nicht. Das Kirchensilber wurde eingezogen, und so verlor die Stadt einige der kostbaren Schätze, die ihr ganzer Stolz waren, darunter ein Schrein aus getriebenem Silber, der achttausend Unzen wog (etwa zweihundertfünfzig Kilo), und eine silberne Palme, die einstmals der französische Pirat Pointis geraubt, die aber Ludwig XIV. der Stadt zurückgegeben hatte. Eine Zwangsanleihe von vierzigtausend Pesos schlug fehl, und die Bürger wurden aufgefordert, ihre Juwelen abzugeben, was sie jedoch nicht taten. Morillo fing einen Brief auf, worin Castillo schätzte, daß er, selbst wenn er Pferde, Maultiere und Hunde mitrechnete, noch höchstens für vierzig Tage Verpflegung hatte.

Das Gros der spanischen Armee verließ am 15. August Santa Marta, landete ungehindert in Arroyo Grande und besetzte allmählich alle Zufahrtsstraßen zur Stadt, während vierzig Schiffe den Ring der Blockade auf See schlossen. Morillo errichtete sein Hauptquartier in Torrecilla, etwa 35 Kilometer vor Cartagena. Am 1. September war die Umzingelung der Stadt vollständig, und der Verlust der Insel Barú, von der sie ihre einzigen Zufuhren erhielt, verschlechterte die Lage noch weiter. Zwei Ausfälle endeten in Unheil und Beklemmung.

Am 13. Oktober rief Amador die Legislatur zusammen, um ihr die einzige Maßnahme vorzuschlagen, die seiner Ansicht nach die Stadt nach sechzig Tagen Belagerung noch retten konnte: «Wir müssen unser Glück und unsere Existenz auf andere Weise suchen. Laßt uns den Staat vor den Schrekken bewahren, die wir von einem erbitterten, blutdürstigen Feind erwarten müssen! Laßt uns die Provinz einer weisen und mächtigen Nation anbieten, die uns retten und regieren kann! Laßt sie uns unter Schutz und Schirm des Herrschers von Großbritannien stellen!»

Der unselige Präsident eines Staates, der solchermaßen eine britische Kolonie zu werden versuchte, ließ die Urkunden verlesen, durch die er sein Land bereits für Waffen und Geld verpfändet hatte. Dann stellte er seinen Antrag zur Debatte. Die Gesetzgeber «stimmten einmütig zu, daß der Vorschlag unter den gegebenen Umständen der einzige sei, der den Staat retten könne, und daß ... Seine Exzellenz zu der Zeit und auf die Weise, die ihm gut erschienen, feierlich Seine Britannische Majestät ausrufen und diese Entscheidung durch eine Gesandtschaft in Jamaika mitteilen lasse, auf daß Seine Majestät, wenn sie als Teil seines Reiches gilt, der Stadt seinen mächtigen Schutz leihen möge.»

Großbritannien war natürlich nicht bereit, eine so drükkende Verpflichtung zu übernehmen. Die belagerte Stadt mußte das Schlimmste an Hunger und Krankheit erleben. Der Machtkampf innerhalb ihrer Mauern dauerte an, und vier Tage nach der Abfassung dieser traurigen Urkunden wurde Castillo gestürzt, durch den Venezolaner Bermúdez ersetzt und auf unwürdige Weise eingekerkert. In der Zeit vom 11. bis 13. November nahmen die Spanier die Insel Tierra Bomba, so daß die unglücklichen Bewohner von Cartagena ganz auf den engen Raum ihrer Stadt beschränkt wurden. Ihre Leiden wurden so unerträglich, daß die Junta den Auszug von Frauen, Kindern und Greisen beschloß. Morillo schickte einen Parlamentär mit einem Brief, in dem er betonte, er hätte das Recht gehabt, die Flüchtlinge in die Stadt zurückzutreiben, doch habe ihn der Anblick von soviel Elend gerührt. Er erklärte sich bereit, sie bei sich zu behalten, doch müsse die Stadt sich binnen drei Tagen ergeben. Die Garnison hatte bereits die Räumung beschlossen. Vielen gelang es, durch die spanische Flotte hindurchzusegeln, «die sie aus Nachlässigkeit oder aus Nachsicht nicht angriff». Morillo war human. Er hatte, wie Sevilla schreibt, Befehl gegeben, «keinen Bürger, der nicht Widerstand leistete, zu schädigen oder zu mißhandeln».

ZWEITES KAPITEL

Exil auf Jamaika und Haiti

Bolivar traf am 14. Mai 1815 auf Jamaika ein und verließ die Insel wieder am 18. Dezember. Die sieben Monate, die er dort verbrachte, stellten seine Geduld auf die härteste Probe; sie zwangen ihm diejenige Sklaverei auf, die für einen stolzen Mann am schwersten zu ertragen ist: Armut. Zwar konnte er, wiewohl ein Freund von Luxus und Vergnügen, ein karges Leben führen; in Samt und Seide, Perlen und Gold geboren, aß er von dem rohen Holztisch eines Wirtshauses auf Jamaika und schlief in der Hängematte seines Gasthauses, ohne darunter zu leiden. Die eigentliche Härte lag darin, daß sein Betätigungsfeld zusammenschrumpfte. Der britische Kaufmann Maxwell Hyslop war in jener Zeit seine finanzielle Hauptstütze, was für die Großzügigkeit des verbannten Führers um so quälender war, als er sich für das Wohlergehen vieler seiner Gefährten verantwortlich fühlte. «Nicht einen Dollar habe ich mehr», schrieb er am 30. Oktober an Hyslop. «Das wenige Silber, das ich mitbrachte, habe ich verkauft. Als einzige Hoffnung bleibt mir Ihr Wohlwollen. Hätte ich das nicht, so würde mich die Verzweiflung dazu treiben, meinen Tagen gewaltsam ein Ende zu setzen, um mir die Demütigung zu ersparen, daß ich Männer um Hilfe bitten muß, die härter sind als das Gold selber ... Ihre Freigebigkeit muß umsonst sein, da ich alles verloren habe und daher nicht in der Lage bin, Ihnen eine Belohnung anzubieten; meine Dankbarkeit aber wird ewig währen.» «Hundert Pfund als Darlehen gegeben», schrieb Hyslop an den Rand.

Bolivar verwendete das Darlehen dafür, seinen Brief an die Regierung von Granada drucken zu lassen, und schrieb am 8. November abermals an Hyslop: «Mit jenen sechs Onzas wollte ich den Monat über leben; das werde ich nun nicht können, wenn Sie nicht so gütig sind, sie zu ersetzen.» Propaganda war überhaupt Bolivars Hauptbeschäftigung während seines Aufenthaltes auf Jamaika. Briefe und Streitschriften flossen zu Dutzenden aus seiner Feder. Hauptziel aller dieser Schreibereien war, britischen Schutz und Beistand zu gewinnen. Mehr als andere südamerikanische Führer wußte Bolivar wohl, wie demütigend diese Haltung war. So schrieb er am 27. Mai 1815 an Sir Richard Wellesley: «Wäre mir ein Funken Hoffnung verblieben, daß Amerika ohne Hilfe siegen könnte, so wäre niemand begieriger als ich gewesen, meinem Lande zu dienen, ohne es der Demütigung auszusetzen, um ausländische Hilfe zu bitten.» Und doch bat er darum – ein unmittelbares Ergebnis seines Entschlusses, «Spanien den Krieg zu erklären». Er setzte sogar hinzu: «Das ist die Ursache meiner Abreise vom Festland.» Das war natürlich keineswegs der Fall. Nachdem er einmal auf diese schiefe Ebene gekommen war, folgte Bolivar dem Beispiel Mirandas und einiger mexikanischer «Patrioten» einer früheren Generation und bot Großbritannien Stücke von Spanisch-Amerika an, um mit solchem Köder Hilfe zu erlangen. «Mit dieser Hilfe können wir das übrige Südamerika schützen, und gleichzeitig könnten die Provinzen Panama und Nicaragua der britischen Regierung übergeben werden. Sie könnte aus diesen Ländern Handelszentren machen, wenn sie Kanäle baut, dadurch die Entfernungen verringert und so Großbritannien eine dauernde Kontrolle über das Wirtschaftsleben sichert.»

Bolivar war sich über die reale Seite der britischen Außenpolitik im klaren. Zwar führt er ideelle Argumente wie Freiheit, Gerechtigkeit und sogar die «Unschuld» Amerikas an, betont jedoch die materiellen Vorteile, die England von einer befreiten Neuen Welt erwarten könne. Unermeßlichen Handel und neue Industrien läßt er vor den Augen Großbritanniens flimmern und schreibt an Richard Wellesley: «Das Gleichgewicht der Welt und die Interessen Großbritanniens befinden sich in vollkommener Übereinstimmung mit der Rettung Amerikas. Welche gewaltigen Aussichten eröffnet mein Land seinen Freunden und Verteidigern! Wissenschaft,

Kunst, Gewerbefleiß, Kultur ... England wird fast allein den Nutzen aus dem Wohlstand einer Hemisphäre ziehen, die fast nur in ihm allein seinen Wohltäter sehen wird.»

Immer schreibt Bolivar als Propagandist. Er weiß, daß Spanien eine Krise durchmacht und noch keine neue politische Grundlage gefunden hat, um die alte zu ersetzen. Trotzdem schreibt er: «Spaniens Ziel ist es, die Neue Welt zu vernichten und ihre Bewohner auszulöschen, damit von ihrer Zivilisation und Kunst nicht eine Spur übrigbleibe und das übrige Europa hier nur eine Wüste finde, aber keinen Absatz für seine Waren. Gleichwohl sieht Europa zu, wie dieser schöne Teil der Welt zerstört wird, um den perversen Wünschen einer unmenschlichen, hinfälligen Nation Genüge zu tun, die aus Neid und Eifersucht auf andere zu zerstören versucht, was festzuhalten ihre Ohnmacht sie hindert.» Unlogik folgt der Leidenschaft wie ein Hündchen auf dem Fuße. Bolivar, Mantuano und Friedensrichter seines Bezirks, zu hochfahrend, um dem Cabildo einen Besuch zu machen, als Kaufmann vom Schatzamt mit dem dicksten Darlehen versorgt, Oberhaupt einer Familie, die sein Land seit zweihundert Jahren regiert hatte – ebendieser Bolivar schreibt in seiner «Antwort an einen Herrn auf dieser Insel», die Amerikaner seien «ihrer Rechte beraubt, im Zustand dauernder Unmündigkeit befangen ..., unwissend hinsichtlich aller Dinge, die mit der Kunst des Regierens und der Staatsverwaltung zu tun haben». Tyrannei und Unterdrückung durch Spanien werden in schwärzesten Farben geschildert. Dann aber plötzlich: «Der Südamerikaner lebt in seinem Heimatland behaglich und im Überfluß, er befriedigt seine Bedürfnisse und Leidenschaften um geringen Preis; Berge von Gold und Silber stellten ihm mühelos Reichtümer zur Verfügung, mit denen er europäische Waren kaufen kann. Fruchtbare Felder, mit Vieh bevölkerte Ebenen und zahlreiche Flüsse mit reichem Fischbestand ernähren ihn im Überfluß. Das Klima erfordert keine Kleidung und kaum eine Behausung.» Und abermals: «Der spanische Landwirt (in Amerika) bedrückt seine Diener nicht mit einem Übermaß an Arbeit; er behandelt sie als Gefährten, unterrichtet sie in den Grundsätzen von Sittlichkeit und Menschlichkeit, wie sie die christliche Religion vorschreibt. Da seine Sanftmut keine Grenzen kennt, übt er sie mit soviel Güte, wie sie sich aus vertrautem Umgang ergibt.»

Es ist jedoch nicht sicher, daß Bolivar diese Unlogik bemerkt hat. Vielleicht war er das erste Opfer seiner Propaganda. Vielleicht sah er nicht, daß man die Spanier nicht beschuldigen konnte, «das üppige Reich Mexiko zu zerstören» oder Amerika in «schreckliche Einöden und furchtbare Wüsten» verwandelt zu haben; denn schließlich war, als die spanisch-amerikanischen Unabhängigkeitskriege begannen, Mexiko immer noch ein üppiges Reich und Venezuela immer noch alles andere als eine schreckliche Einöde. Vielleicht merkte er nicht, daß die Kreolen nicht gleichzeitig Opfer einer Tyrannei und von der Macht ausgeschlossen und trotzdem glückliche, sanftmütige, zivilisierte Landwirte sein konnten, die in Ruhe und Frieden ihren Reichtum genossen, Krieg nicht kannten, kaum Steuern zahlten und allenfalls hin und wieder die Visitation eines strengen Bischofs ertragen mußten, der im Namen des christlichen Sittengesetzes von einem leichtlebigen Gutsbesitzer verlangte, die Frauenzimmer zu achten, welche die Vorsehung ihm dank seiner sozialen Stellung anvertraut hatte. Auf jeden Fall aber erkennt Bolivar nicht, daß er, wenn er mit seherischem Blick und Schwung den Zusammenschluß der spanischen Amerikaner beschwört, damit von der Zukunft das ersehnt, was sein Land und die ganze Neue Welt in der Vergangenheit als geschichtliche Gabe ihrer gemeinsamen spanischen Herkunft verdankten.

An einem der ersten Novembertage 1815 traf eine mit vierundzwanzig Kanonen bestückte Korvette vor Boca Chica in der Bucht von Cartagena ein; der Schiffseigner besuchte den Kommandanten der Stadt, den in Cartagenas

Diensten stehenden französischen Abenteurer Ducoudray-Holstein. Der Besucher war krank, und Ducoudray nahm ihn in der geräumigen Gouverneursresidenz auf, die er bewohnte. Der Gast war Louis Brion, ein treuer Freund Bolivars. Ein paar Jahre später stieg er im Dienste Venezuelas zu hohen Ämtern auf und wurde von Oberst Hippisley folgendermaßen geschildert: «Ein Sohn der Insel Curaçao, etwa 1,65 Meter groß, schlank, mit kräftigen, wohlgestalteten Gliedmaßen, ziemlich rundes, sehr sonnverbranntes Gesicht mit einigen Pockennarben; kurzes, schwarzes Haar, dunkle stechende Augen und gute Zähne; jüdische Gesichtszüge, denen jedoch der volle Schnurrbart auf der Oberlippe stärkeren Ausdruck seines wirklichen Wesens verleiht. In Haltung und Auftreten gibt er sich sehr gelassen und ist auf den ersten Blick sogar gewinnend. Er spricht Englisch und versteht es gut; er ist im Französischen ebenso gut wie im Spanischen und spricht dieses mit echtem, kastilischem Akzent.»

Während seines Aufenthaltes bei Ducoudray-Holstein in Boca Chica sprach Brion häufig über Bolivar. «Er erzählte mir», berichtet Ducoudray, «Dr. Rodriguez sei soeben aus Cartagena eingetroffen, wo Bermúdez infolge seiner Apathie und halben Maßnahmen allgemein verachtet werde.» Nach einigen Besprechungen beschlossen Brion, Ducoudray-Holstein und Rodriguez, sie wollten Bolivar zurückholen und ihm das Kommando über die in Cartagena belagerten Patrioten übertragen.

Bolivar hatte gerade eine Einladung nach Cartagena abgelehnt, die ihm von Cavero und Hyslop überbracht worden war. Diesmal nahm er aber mit Freuden an; während nämlich der erste Vorschlag bedeutet hätte, daß er in eine sterbende Stadt eingeschmuggelt würde, bedeutete der zweite, daß er sie an der Spitze einer verhältnismäßig gut gerüsteten Truppe retten sollte. Der Freibeuter «La Popa» war schnell und gut bewaffnet, und Brions Korvette «Dardo» hatte vierzehntausend Gewehre komplett und eine große Menge von Kriegs-

LOUIS BRION

material geladen. Bolivar verließ Kingston an Bord der «La Popa» am 18. Dezember 1815. Tags zuvor hatte er zum letztenmal Hyslop um Geld gebeten: «Wie Sie wissen, reise ich morgen; ich brauche für mich und andere Venezolaner, die ich mit hinübernehme, etliche Dinge, da mein Hauptvorsatz ist, die Streitkräfte in Cartagena zu verstärken.» Am Neunzehnten nachmittags begegnete «La Popa» auf See dem Freibeuter «Republicano», deren Kapitän Barbafan Bolivar erzählte, Cartagena sei gefallen und Ducoudray-Holstein sei nach Aux Cayes auf Haiti gefahren, um dort Brion zu treffen. Darauf änderte Bolivar seinen Kurs und fuhr nach Haiti.

Am Abend des 31. Dezember traf er in Port-au-Prince ein und wurde am 2. Januar 1816 von Pétion, dem Präsidenten der Negerrepublik, empfangen. Neben den Vereinigten Staaten war Haiti die einzige freie Republik in der Neuen Welt. Pétion empfing Bolivar herzlich und machte auf ihn einen hervorragenden Eindruck. «Von seiner Freiheits- und Gerechtigkeitsliebe erhoffe ich mir viel», schrieb Bolivar unmittelbar nach der Unterredung an Brion. Sein Entschluß, sich in Haiti niederzulassen und von hier aus eine Befreiungsexpedition zu planen, war folgenschwer. Von nun an war die republikanische Sache auf eine Politik der Gleichberechtigung von Schwarz und Weiß auf dem Festland und damit auf die Abschaffung der Sklaverei festgelegt. Natürlich hatten beide Parteien in Venezuela versucht, die Schwarzen mit dem Versprechen der Freilassung für sich zu gewinnen; aber niemals hatte sich eine von ihnen so offen und deutlich auf die Sache der Neger festgelegt wie Bolivar, als er Pétion aufsuchte und um Hilfe gegen Spanien bat. Für die Angehörigen der Rasse, die mit Gewalt in die Neue Welt geschafft und dort gezwungen worden war, für die Weißen Sklavendienste zu tun, war das ein Tag des Sieges und, wenn nicht der Rache, so doch der Wiedergutmachung. Jener weiße Besucher, den Pétion mit liebenswürdigem Lächeln empfing, war Simon Bolivar, direkter Nachfahr jenes Simon de Bolivar, der vor zweihundert Jahren auf derselben Insel aufgewachsen, nach Caracas übergesiedelt und dann zu Philipp II. gereist war, um dessen Erlaubnis dafür zu erlangen, daß er jährlich einige Tonnen schwarze Sklaven nach Venezuela einführen durfte.

Pétion machte die Befreiung seiner Brüder zur Bedingung seiner Hilfeleistung. Bolivar verwendete danach viel Zeit und Aufmerksamkeit auf die politische und militärische Vorbereitung seines neuen Unternehmens. Er zog nach Aux Cayes, das ein geschützter Hafen an der Südküste der Insel und der Wohnort von Robert Sutherland war, einem jener britischen Kaufleute, die aus reinem Idealismus oder aus Spekulationslust, oder auch als Geheimagenten der britischen Regierung ihr Vermögen den spanischen Königreichen in Übersee zur Verfügung stellten. Bolivar traf in Aux Cayes viele Flüchtlinge aus Cartagena, darunter auch Ducoudray-Holstein, den er zu seinem Stabschef ernannte. Es befanden sich dort viele, allzu viele Prominente: Mariño, Piar, Bermúdez, die beiden Piñeres, der frühere Kommissar Neugranadas in Cartagena Pater Marimon, der granadische Botaniker und Politiker Zea und eine Anzahl mehr oder minder einflußreicher Ausländer wie Brion, Ducoudray-Holstein und der französische Korsar Aury. Weiter unten gab es genügend obskure Emigranten, die den Chor des Dramas bilden konnten. Bolivar kam der Gedanke einer parlamentarischen Versammlung

Dank Ducoudray-Holstein können wir daran teilnehmen. «General Bolivar saß erhöht in einem großen Sessel, die militärischen Führer saßen niedriger auf gewöhnlichen Stühlen links und rechts von dem General. Ihm gegenüber saßen der Schriftführer und beiderseits und hinter ihm alle andern Mitglieder der Versammlung, die schriftlich von Bolivar einberufen worden waren. Ich muß gestehen, daß dieser etwa zwei Fuß erhöhte Sessel mir und andern anstößig war; er sah nach einem Thron und monarchischer Absonderung aus... General Bolivar eröffnete die Versammlung mit einer langen, wohlvorbereiteten Rede, worin er nachzuweisen versuchte, daß es nötig sei, eine Zentralregierung oder in einer Person vereinigte Machtbefugnisse zu haben, weshalb er die Versammlung aufforderte, eine solche Person zu ernennen, ehe die Expedition abreiste. Darauf schlug Brion Bolivar vor und erklärte unumwunden, er werde seinen Kredit und seine Schiffe hergeben, ‹um General Bolivar zu helfen, aber sonst niemandem›. Woraufhin er jeden Anwesenden folgendermaßen zu fragen begann: ‹Sind Sie einverstanden, General Mariño, daß General Bolivar als Generalkapitän der Armeen von Venezuela und Neugranada unser einziger Kommandeur sei – ja oder nein?› Dann drehte er sich um und nannte uns alle einzeln bei Namen. So wurde Bolivar zu unserm Oberbefehlshaber *mit allen Machtvollkommenheiten* ernannt, wovon vorher weder Brion noch Bolivar ausdrücklich etwas gesagt hatten. Als der Sekretär die Artikel verlesen hatte» («hier muß ich erwähnen», schreibt Ducoudray eine Seite vorher, «daß diese Artikel bereits aufgesetzt worden waren»), «bat Bolivar, niemand möge fortgehen, bevor sie fertig formuliert und von jedem von uns unterschrieben worden seien. Artikel drei [über diktatorische Vollmachten] wurde vorgelegt, Aury widersprach und weigerte sich entschieden, die Urkunde zu unterschreiben. Diese Weigerung verursachte die erste Meinungsverschiedenheit unter den Führern der Expedition. Bolivar war von da an sehr zornig auf Aury, und diese Erbitterung dauerte bis zum Tode des letzteren.»

Aury hatte Cartagena während der Belagerung beträchtliche Dienste geleistet und war Gläubiger einer großen Summe Geldes; nun verlangte er, man solle ihm als Ausgleich für diese Schuld und als Lohn für seine Dienste den Schoner «Constitucion» übergeben. Gegebenenfalls würde er «drei weitere bewaffnete Fahrzeuge, die ihm gehörten, und fünf Eigentümer von andern Freibeutern in die Expedition einbringen». Marimon, der als einziger unter den Anwesenden Cartagena vertrat, gefiel der Vorschlag. Aber Bolivar «annullierte die gerechte Belohnung Aurys, riß sie in Stücke und bat General Marion, den haitischen Gouverneur von Aux Cayes, einige seiner Soldaten als Wache an Bord der ‹Constitucion› zu schicken, um Aurys Leute von Bord zu vertreiben und das Schiff für ihn selber zu übernehmen... Die Folge dieser Willkür war, daß unsere Expedition mit Kommodore Aury vierhundert Matrosen und etwa fünfzig ausländische Offiziere mit acht bewaffneten Schiffen verlor... Fast die Hälfte unserer Streitmacht ging so verloren.» Diese Streitigkeiten unter den Führern trugen viel dazu bei, das Ansehen der Emigranten und ihrer Sache herabzusetzen.

Am 10. April 1816 lief die Expedition, die Venezuela befreien sollte, aus dem Hafen von Aux Cayes aus. Sie war vom Staat Haiti und dem Mulatten Louis Brion finanziert worden. Brions Motiv kann lediglich Abenteuerlust und die Freude an malerischen Titeln und Uniformen gewesen sein. «Offiziere der kolumbianischen Marine haben Anspruch auf den entsprechenden Rang in der Armee, dessen Uniform sie nach Belieben tragen dürfen und mit dessen Titel sie jederzeit anzureden sind. Dieser Vorschrift zufolge hatte Admiral Brion den Rang eines Generalkapitäns; man sah ihn gewöhnlich auf seinem Achterdeck in englischer Husaren-Attila und roten Hosen mit breiter Goldbordüre auf beiden Seiten, im Helm eines Feldmarschalls mit riesigem preußischem Federbusch sowie gewaltigen Dargonerstiefeln mit schweren, goldenen Sporen von höchst unbequemer Länge. Er unterschrieb sich stets als Generalkapitän und wurde auch von Offizieren und Soldaten so angeredet; wenn einer diesen Titel ausließ oder dafür Admiral sagte, gewann er nur selten seine Gunst zurück.» Für Haiti war der Beweggrund das natürliche Verlangen, die Neger in Venezuela nicht nur von Spanien, sondern zugleich von der Sklaverei zu befreien. Dieser Umstand und die Tatsache, daß die Truppen, die Bolivar mitnahm, überwiegend aus Negern bestanden, führten zu der Annahme, daß er ausreise, um in Venezuela eine Negerrepublik zu gründen.

Alle Schriftsteller erwähnen die Anführer und Offiziere an Bord, und Ducoudray berichtet ebenso rührselig wie munter über die Frauen, aber niemand spricht von den Gemeinen. Diese Lücke erklärt Bolivar und füllt sie zugleich aus, wenn er 1816 über seine zweite Expedition einem Freunde berichtet, «sein Freund Pétion habe ihm mit vierhundert Mann und den nötigen Schiffen» geholfen. Demnach hatte Pétion auch die Mannschaften für die erste Expedition gestellt, und zwar, wie wir gleich sehen werden, etwa die doppelte Anzahl.

Diese ganze Gesellschaft reiste auf einer Flotte, die aus sechs Schonern und einer bewaffneten Schaluppe bestand. Die Expedition wurde, wie Mosquera schreibt, «infolge der Frühjahrsflaute» lange aufgehalten. Restrepo windet sich mehr: «Sie stieß auf eine Flaute, welche sie länger als nötig aufhielt.» Warum und auf welche Weise konnte eine Flaute Bolivar «länger als nötig» aufhalten? Hören wir Ducoudray-Holstein, der dabei war. «Kaum hatten wir die Insel San Beata erreicht, als das ganze Geschwader von – einer Frau aufgehalten wurde! Es war natürlich Señorita Pepa M., die liebe Mätresse des Generals Bolivar. Sie allein vermochte durch geheime Vorzüge das ganze Geschwader und tausend Mann über achtundvierzig Stunden vor Anker zu halten! ... Als Bolivar von der Versammlung in Aux Cayes zum Oberbefehlshaber ernannt worden war, hatte er an Señorita Pepa geschrieben, die mit Mutter und Schwester in St. Thomas lebte, sie möge unverzüglich zu ihm stoßen. Er erwartete sie täglich mit großer Sorge und verschob die Abreise unserer Expedition von einem Tag zum andern – mehr als sechs Tage lang. Schließlich wurde Kommodore Brion ungeduldig und erklärte ihm frei heraus, es sei höchste Zeit sich einzuschiffen, und er könne und wolle nicht länger warten. So war Bolivar genötigt, ohne seine Geliebte zu segeln, und wir fuhren ab.»

Weiter schreibt Ducoudray-Holstein: «Ehe wir die Insel San Beata etliche Meilen von Aux Cayes entfernt erreichten, brachte ein schnelles Lotsenboot General Bolivar die frohe

Kunde, daß seine liebe Señorita Pepa mit Mutter und Schwester aus St. Thomas in Aux Cayes eingetroffen war ... Dieser Brief schuf Unruhe an Bord ... Brion war sehr dagegen, die Ankunft von Señorita Pepa abzuwarten ..., aber schließlich behielten General Bolivars Bitten die Oberhand, und er willigte ein zu warten.» Bolivar schickte die «Constitucion» mit drei Offizieren, darunter Soublette, nach Aux Cayes, um die Dame abzuholen, die sie einen ganzen Tag warten ließ. Die ausländischen Offiziere waren entrüstet und erklärten sich nur auf nachdrückliche Vorstellungen von Brion zum Bleiben bereit. Bolivars Vetter Palacios und einige andere Caraqueños nahmen ihren Abschied und wurden in der Nähe von Jacquemel an Land gesetzt. Brion, «der dagegen gewesen war, irgendein weibliches Wesen auf das Geschwader zu lassen», weigerte sich, Señorita Pepa an Bord seines Schiffes zu nehmen, so daß die Dame auf der «Constitucion» bleiben mußte. «Bolivar machte in großem Stil Toilette und verließ unser Schiff, um an Bord der ‹Constitucion› Besuch zu machen, wo er den ganzen Tag und die Nacht über blieb, und kam am nächsten Morgen an Bord des Kommodore zurück, der ebenso wie ich und die andern Offiziere höchst ungehalten war, weil wir etwa vier Tage vor Anker verloren hatten.»

Die Flotte umsegelte den Bogen der Kleinen Antillen und bekam am 2. Mai die Drei Mönche nicht weit von Margarita in Sicht. Arizmendi hatte diese Insel Morillos Leuten wieder weggenommen. In den frühen Morgenstunden sichteten sie eine große Brigg und einen Schoner, mit dem die Royalisten die Insel blockierten. Das Schiff des Kommodore und drei andere griffen die «Intrépido» an, die mit vierzehn Kanonen bestückt war, während die übrigen drei unter Mariño den mit sieben Kanonen bestückten Schoner «Rita» angriffen. Kapitän Ocampo, der Kommandant der spanischen «Rita», wurde tödlich verwundet, während Brigadegeneral Iglesias, der Kommandant der «Intrépido», wie Ducoudray berichtet, «verwundet und dann von unsern Leuten, die das Schiff enterten, getötet wurde. Sie drangen, während der Arzt noch seine Wunde verband, mit gezogenen Degen in die Kajüte ein und töteten ihn. Sein Arzt versuchte sie zu beschwichtigen und wurde ebenfalls ermordet.» Brion wurde verwundet und von Bolivar auf der Stelle zum Admiral befördert. Bolivar selber kämpfte nicht mit. Ducoudray schildert ihn höchst unvorteilhaft. Er hielt das Entern für töricht und fürchtete, die Expedition wäre verloren, falls er verwundet oder getötet würde. Brion sagte ihm, er solle zusammen mit Zea, dem Intellektuellen an Bord, Patronen zureichen, aber Bolivar bezog Stellung in der Pinasse, «die auf bewaffneten Schiffen gewöhnlich über den Kajütenfenstern festgemacht wird»; von dort aus verfolgte er den Kampf. «Diese Stellung, die Bolivar sich ausgesucht hatte, war bestimmt der sicherste Ort auf dem ganzen Schiff.»

So berichtet Ducoudray-Holstein, der dabei war. Man dient der Geschichte nicht, wenn man so tut, als gäbe es diesen Bericht nicht. Kann Ducoudray den sehr detaillierten Bericht von dem Gefecht und das Versagen jeglicher Führereigenschaften in Bolivar erfunden haben? «So verhielt sich Bolivar in dem Gefecht am 2. Mai 1816. Ich war dabei. Ich habe ihn gesehen, er hat mit mir geredet, und ich habe an seiner Stelle unsere Truppe von Offizieren und Freiwilligen geführt, die die Wahrheit meiner schlichten Darstellung bestätigen werden, falls sie noch leben, nicht beteiligt und außerhalb seiner Reichweite sind.» Es erscheint unter diesen Umständen nicht möglich, diese Episode als böswillige Erfindung eines Feindes abzutun. Ducoudray konnte nicht einfach drauflosiügen, wenn noch so viele Zeugen des Vorfalls vorhanden waren. Andererseits konnte er Bolivar sehr wohl loben, wenn er meinte, daß solch Lob angebracht sei. Wir müssen diesen Vorfall bei der Beurteilung von Bolivars Charakter berücksichtigen. Paßt er nicht übrigens in das Bild des Mannes? Auf See war Bolivar nicht in seinem Element. Hier wurde ihm der Anreiz der Bewegung versagt. Kein Spazieren, kein Galoppieren. Nur der enge Decksraum. Sein Geist konnte sich nicht erheben. Bei solchen Gelegenheiten fühlte er sich hilflos, in den leeren Räumen seiner Seele hin und her geworfen, außerstande, sich auf den einen oder andern seiner Rückhalte zurückzuziehen. Bolivar konnte sowohl tapfer und sogar tollkühn als auch feige und sogar verächtlich sein.

DRITTES KAPITEL

Bolivar scheitert in Venezuela und Morillo erobert Neugranada

Das Ereignis, dem Bolivars Expedition einen Stützpunkt auf venezolanischem Gebiet verdankte, nämlich Arizmendis Aufstand auf Margarita, wird gewöhnlich so dargestellt, als ob die Ursache eine Welle neuer Unterdrückung seitens der spanischen Behörden gewesen sei. Arizmendi bedurfte solcher Herausforderung nicht. Er brach sein Wort und seinen Treueid, weil er ehrgeizig und machthungrig war und weil er, wie Bolivar später von ihm sagte, «immer tat, was ihm gefiel». Der englische Seemann, der hier oft zitiert wird, hat von dem berühmten Sohn Margaritas folgendes Bildnis hinterlassen: «Der Abkunft nach ist er je zur Hälfte Kreole und Indianer. Seine Gesichtszüge sind kreolisch, während seine Haare stark an die eines Indianers erinnern. Seine Gestalt ist groß, athletisch und muskulös, wiewohl schlank und dünn, und er kann die unglaublichsten Anstrengungen und Entbehrungen ertragen. Er ist etwa vierundfünfzig, obwohl er älter wirkt; dauernde Sorgen, seine harte Lebensweise und etliche Wunden haben mehr als die Zeit dazu beigetragen, die tiefen Furchen zu mehren, die in sein verwittertes Gesicht gegraben sind. So scharf geprägt, trägt sein Äußeres einen besonders wilden Ausdruck, den sein Lächeln nur noch unterstreicht. Sein Lachen verursacht stets einen kurzen Schauder, und die fürchterlichen Verzerrungen seiner Gesichtsmuskeln, die es hervorruft, lassen sich nur mit dem Ausdruck einer ähnlich gestimmten Hyäne vergleichen. Ist er mißvergnügt, so zeigt sich das stets an diesem dämonischen Grinsen, das von einem tiefen, langanhaltenden Ausruf gleich unterdrücktem Tigergebrüll begleitet wird, während seine Augen Rache sprühen; sollte der Gegenstand seines Zorns in diesem Augenblick in Reichweite sein, so ist sein Tod unweigerlich die Folge. Seine Erscheinung könnte

JUAN BAUTISTA ARIZMENDI

einem oberflächlichen Beobachter die Überzeugung eingeben, er sei an Schreckensszenen und Blutvergießen so gewöhnt, daß sie ihm eher Vergnügen als Unbehagen verursachen. Ich neige jedoch stark zu der Ansicht, daß die blutigen Maßnahmen, die er gegen Kolumbiens Feinde angewendet hat, weniger seiner Unmenschlichkeit als einer Sinnesverfassung entsprungen sind, welche die barbarischen Untaten, denen so viele seinesgleichen und seiner Landsleute zum Opfer gefallen sind, zur Rachsucht gewaltsam angestachelt haben. Hätte er in friedlicheren Zeiten gelebt, so wäre er eine Zierde der Gesellschaft gewesen.»

Das also war der Mann, der Margarita zum zweitenmal in einen Aufstand hineinführte. Als Hauptmittel zur Aufwiegelung der Insel diente ihm eine Fülle von Falschmeldungen. Er streute das Gerücht aus, Morillo sei tot, Cartagena befreit und Morillos Armee vernichtet. Ferner schrieb er an verschiedene Bewohner Margaritas, gab vor, daß er mit Schiffen und zweitausendfünfhundert Mann bei der Insel Blanquilla liege, und forderte sie auf, ihn am 15. November 1816 an geheimem Orte zu treffen. Hätte der neue Gouverneur die Insel unterdrückt und wäre dies das Motiv des Aufstandes gewesen, so hätte Arizmendi es nicht nötig gehabt, seine Freunde zu täuschen. Der spanische Gouverneur Urreiztieta hörte so rechtzeitig von dem Plan, daß er viele Verschwörer festnehmen konnte, wobei manche bereits ihr Leben verloren; Arizmendi jedoch entfloh unversehrt und unternahm einen Überraschungsangriff auf die Garnison des Hafens Juan Griego, die er bis auf den letzten Mann tötete. Dadurch um achtzig Gewehre stärker geworden, griff er Norte an, besiegte und tötete die Garnison und machte sich daran, ein aufständisches Heer aufzustellen. Erst jetzt teilte er seinen Parteigängern mit, daß das Expeditionskorps von Blanquilla gar nicht existierte.

Moxó, den Morillo als Kommandant von Caracas zurückgelassen hatte, war ein harter Mann. So schrieb er an Urreiztieta: «Stellen Sie alle menschlichen Rücksichten zurück und erschießen Sie jedermann, den Sie mit oder ohne Waffen fangen, und alle, die ihnen helfen, nach einfachem Verhör.» Es scheint, als habe Urreiztieta sich nicht einmal die Mühe des Verhörs gemacht. Als aber sein Nachfolger Pardo an Moxó schrieb, Arizmendis Frau habe im Gefängnis «ein neues Ungeheuer» zur Welt gebracht und sollte geköpft werden, da ihr Mann alle spanischen Gefangenen getötet hätte, lehnte Moxó dies ab und schickte die Dame nach Cadiz, wo sie später aus dem Gefängnis entfloh und in ihr Vaterland zurückkehrte. Die Kämpfe dauerten wochenlang, und Urreiztieta wurde bei einer Munitionsexplosion im Kastell schwer verwundet. Am 2. Mai hörten die Spanier aus dem feindlichen Lager Freudenrufe. Bolivars Expedition war in Sicht gekommen. Sie räumten ihre Stellungen und zogen sich nach Pampátar zurück.

Ducoudray berichtet, wie schwer der Gedanke an eine Begegnung mit Arizmendi auf Bolivar lastete. «Arizmendi wußte sehr wohl, daß Bolivar ihn in seinem Manifest, das er im September 1814 in Cartagena veröffentlicht hatte, als Intriganten und Ehrgeizling dargestellt hatte.» Andererseits hatte Bolivar Grund genug zu wissen, was für ein Mann der Tiger von Margarita war. «Eines Tages sah ich, wie er gedankenverloren und melancholisch rasch auf Deck hin und her ging. ‹Was fehlt Ihnen, mein lieber General, sind Sie unwohl oder ist etwas geschehen?› Er antwortete: ‹O nein, aber wir nähern uns der Insel Margarita, wo Arizmendi das Kommando hat, und ich fürchte diesen Mann und seine Art; er ist widerborstig und grausam.›» Weiter sagte Bolivar: «Arizmendi ist ein sehr gefährlicher, ehrgeiziger Mann, der die Insel Margarita sehr tyrannisch regiert. Er ist einfach ein Vieh, hat keinerlei Bildung oder Wissen und ist von geringer Herkunft.» Dazu bemerkt Ducoudray: «Bolivar gibt viel auf Herkunft und gute Familie.»

Dieser kleine Auftritt erklärt, was geschah, als die Flotte am 3. Mai in den Hafen von Juan Griego einlief. Zunächst entsandte Bolivar Brion und den französischen Chef seines

Marinestabes namens Villarette zu General Arizmendi. «Eine Stunde später traf Arizmendi an Bord ein, um dem Oberbefehlshaber einen Höflichkeitsbesuch zu machen... Mit dem Freimut und der Herzlichkeit, die ihm angeboren zu sein scheinen, umarmte Bolivar Arizmendi, nahm ihn am Arm, stellte mich und den Zahlmeister vor und führte ihn dann in die Kajüte hinunter, wo sie über eine Stunde allein blieben. Als sie wieder an Deck kamen, schienen beide sehr befriedigt zu sein. Arizmendi lud Bolivar, Mariño, Zea, Piar und mich ein, nachmittags an Land zu kommen, wo Pferde bereitstehen würden, um uns in sein Hauptquartier, die Villa del Norte zu bringen. Nach einem prächtigen Essen begann der Ball, der die ganze Nacht über dauert. Aber nicht ein einziges Wort fiel, das irgend etwas mit der Sache zu tun hatte. Bolivar gab sich ganz dem Tanzen hin; er liebte es so leidenschaftlich, daß er an nichts anderes dachte.»

Am 25. Mai lief Bolivar mit Kurs auf das Festland aus. Für seine Landung hatte er den kleinen, gegenüber von Margarita gelegenen Hafen Carúpano ausersehen; wenn die Landung glückte, würde er die spanischen Garnisonen in Maturin und Guiria von Cumaná abschneiden. Als er erfuhr, daß die Royalisten einen Angriff auf Carúpano von Land und See her zugleich planten, entschloß er sich, westwärts zu segeln – vielleicht weil er fürchtete, der Osten sei zu fest in Mariños Hand – und in der Nähe seiner Heimatstadt Caracas an Land zu gehen. Weshalb landete er an der Spitze einer ausländischen Armee in einem Land, das ihn nicht haben wollte? Er landete als ein «Caudillo», um sich, genau wie Mariños, Brion, Arizmendi, Boves, Monteverde und alle andern, selbst ein Königreich zu schaffen – natürlich ein republikanisches Königreich.

Im Morgengrauen des 6. Juli sah man die kleine Flotte aus vierzehn Schiffen vor Puerto Cabello; um sieben Uhr war sie schon wieder nach Ocumare zurückgesegelt, wo man mittags an Land ging. Während der Nacht rückte Soublette mit fast der ganzen Streitmacht landeinwärts vor, um den Paß La Cabrera zu besetzen, der die Verbindungen zwischen Ocumare und der Lagune von Valencia jenseits der Küstenberge beherrscht. Er stieß kaum auf Widerstand, marschierte weiter und nahm nach einem Gefecht mit spanischer Kavallerie Maracay ein. Anscheinend hat sich gerade dieser Erfolg für die Patrioten ungünstig ausgewirkt; denn in dem Glauben, die reichen Caraqueños würden Angst bekommen und nach Curaçao fliehen, beschloß die Flotte – die ganz aus ausländischen Freibeutern bestand – die Vorräte zu löschen, am Strand aufzustapeln und dann, von der Aussicht auf Beute verlockt, rasch nach La Guaira zu fahren, um dieses zu blockieren. Soublette aber erschrak über das Herannahen von Morales und zog sich nach Las Piedras unterhalb La Cabrera auf der Seeseite zurück. Bolivar schickte ihm Verstärkungen und eine scharfe Zurechtweisung. «Kühnheit muß uns retten. Was Ihnen tollkühn erscheinen mag, ist jedenfalls das Beste, denn heute liegt die Klugheit in der Unerschrockenheit.» Bolivar hatte recht, da Morales in San Joaquin mit nur vierhundert Mann einzog, während Soublette sich mit mindestens fünfhundertsiebzig Soldaten hinter dem Berg versteckt hielt. Morales mußte vorrücken und ihn herausfordern. Das Gefecht am 10. Juli bewog Soublette, sich noch weiter zur Küste hin zurückzuziehen. Morales bekam von seinem Unterführer Bausá Verstärkung und besiegte Soublette und Bolivar, der endlich auch an die Front gekommen war, am 14. Juli.

Während seine verlassene und führerlose Armee sich vor Morales zu retten suchte und auch tatsächlich Choroni erreichte, ging Bolivar nach Bonaire, wo Brion zu ihm stieß, der die beiden französischen Kapitäne zwang, das umstrittene Kriegsmaterial zurückzugeben. Das mag Bolivars Vorwürfe an Brion gemildert haben, weil dieser auf der Suche nach Beute das Ufer verlassen hatte; hingegen machte Brion Bolivar heftige Vorhaltungen, weil er abgefahren war und seine Gefährten hilflos zurückgelassen hatte. Bolivar schickte ihn in diplomatischer Mission zu den mexikanischen Patrioten und in die Vereinigten Staaten, um Geld für die gute Sache aufzutreiben. Mit den Schaluppen «Bolivar», «Constitucion» und «Arizmendi» ging der Admiral und Botschafter am 26. Juli nach New Orleans in See; die «Bolivar» erlitt vor der Insel Pines zehn Tage später Schiffbruch, so daß Brion, Villarette, Forsyth und andere ausländische Freunde Bolivars ihre Reise schon in Jamaika beendeten. Bolivar segelte inzwischen nach einer kurzen Aufklärungsfahrt nach Choroni auf Cumaná zu, machte aber den Umweg über Puerto Rico, weil er sich – wie er Arizmendi sagte – auf einer der kleineren spanischen Inseln Wasser und Lebensmittel notfalls gewaltsam verschaffen wollte; vielleicht hatte er aber einfach zuviel Respekt vor den spanischen Streitkräften, die damals vor der Küste Venezuelas kreuzten. Vor Puerto Rico traf er eine Schaluppe, deren Kapitän er dazu vermochte, die drei Damen an Bord zu nehmen, an denen er persönlich Anteil nahm, und sie sicher in St. Thomas an Land zu setzen, was auch geschah. Die «Indio Libre», auf der sich Bolivar befand, war auf Grund gelaufen und mußte mit Hilfe der Schaluppe flottgemacht werden; dann ging die Reise des Antonius, der seine Kleopatra mitsamt Familie losgeworden war, ohne Zwischenfälle weiter, bis er am 16. August in Guiria an Land ging.

Bolivar hatte aber die Sorgen noch keineswegs hinter sich gelassen. Einige nahm er sogar jetzt erst an Bord. Als sich Bermúdez vor Beginn von Bolivars Expedition mit Tränen in den Augen bei General Marion über sein Zerwürfnis mit Bolivar beklagt hatte, war ihm von Marion folgender Rat zuteil geworden: *«Eh bien, je vous conseille d'aller trouver le Président Pétion, il a le cœur bon, compatissant, et je suis persuadé qu'il fera quelque chose pour vous.»* Bermúdez befolgte den Rat, und Pétion verschaffte ihm Gelegenheit zur Heimkehr. Nachdem er ein Angebot, in mexikanische Dienste zu treten, abgelehnt hatte, konnte er mit Pétions Hilfe an Bord eines amerikanischen Schiffes nach Margarita fahren, wo ihm

Arizmendi auf Bolivars Befehl verbot, an Land zu gehen. Daraufsegelte er weiter und traf fast gleichzeitig mit Bolivars Expedition in Ocumare ein. Am 8. Juli bekam Bermúdez einen deutlichen Brief von Bolivar, worin dieser ihm und seinen Freunden abermals die Landung verbot und sie aufforderte, sich darauf vorzubereiten, daß sie auf ein anderes Schiff umstiegen, welches sie in «eine befreundete Kolonie» bringen würde.

Bermúdez ging nach Bonaire. Ebendorthin ging Bolivar – nach seiner Niederlage und Flucht aus Ocumare. Die beiden Männer gingen sich aus dem Weg, konnten sich aber nicht trennen, und als Bolivar auf der «Indio Libre» nach Guiria abfuhr, nahm Bermúdez ein anderes Schiff dorthin; denn Haß bindet ebenso stark wie Liebe. Er kam zwei Stunden vor Bolivar in Guiria an, wo er Mariño traf, mit dessen Ehrgeiz er nun seinen glühenden Haß verbündete. Zu jener Zeit war es ein ausgeglichener Kampf: Drei ehrgeizige Männer mit verschiedenen Vorzügen, deren jeder sich eine Provinz als Herrschaftsgebiet zuzuschanzen versuchte. Nichts rechtfertigt bisher die Auffassung, daß Bolivars Sache – nämlich Bolivars Macht und Herrlichkeit als Zweck und Venezuelas Unabhängigkeit als Mittel dazu – der Sache Mariños oder auch nur derjenigen Bermúdez' überlegen gewesen sei. Der einzige Unterschied – Bolivars angeborene Größe, seine großartige Phantasie, sein Sinn für Einheit und sein historischer Blick – blieb naturgemäß seinen Rivalen verborgen und war wohl nicht einmal ihm selber recht klar. Für Bermúdez und Mariño war Bolivar einer ihresgleichen: ein Mann mit einem Degen, den er zu seinem Vorteil zu gebrauchen bereit war. Jeder für sich, hieß das Gesetz. Die beiden Anführer empfingen den Ankömmling aus dem Westen mit kalter Feindseligkeit. Am 22. August brach schon ein möglicherweise vorbereiteter Aufstand gegen Bolivar los. «Nieder mit Bolivar! Es leben Mariño und Bermúdez!» rief die Menge. Bolivars Leben scheint in Gefahr gewesen zu sein – nicht nur seitens der Menge, sondern auch durch Bermúdez, der seinen

Säbel zog, um Bolivar an Ort und Stelle zu erschlagen. Zwei ihrer Landsleute, Oberst Isaba und der Advokat Marcano, traten dazwischen und verhinderten ein Verbrechen, das ungeahnte geschichtliche Folgen gehabt hätte. Bolivar flüchtete in einer Flechera (ein langes Kanu, wie es dort gebräuchlich ist) und ging dann wieder an Bord der «Indio Libre», um zum drittenmal sein Land zu verlassen.

Die Expedition war insoweit gescheitert, als sie Bolivar nicht gestattet hatte, dauernd auf dem Festland Fuß zu fassen. Nichtsdestoweniger hatte sie den Patrioten zwei greifbare Erfolge gebracht. Sie hatte unter Führung des Schotten McGregor eine kleine Truppe in Marsch gesetzt, die nach einer Anzahl von Siegen bis nach Barcelona gelangte; und sie hatte den spanischen Anführer General Moxó genötigt, zahlreiche Truppen, die bis dahin auf den Prärien nützliche Dienste geleistet hatten, an die Küste zu dirigieren.

Anfang September traf Bolivar in Haiti ein. Pétion schrieb ihm einen großmütigen Brief: «Sie sind gescheitert. Dergleichen kommt vor. Sie werden Erfolg haben.» Außerdem schrieb ihm Mina, der Neffe des sagenhaften Guerillero Espoz y Mina, aus Baltimore. Er forderte Bolivar auf, an seiner, Minas, Expedition teilzunehmen, an deren Erfolg Bolivar nicht glaubte. Er verlor einige europäische Offiziere an Mina, zog aber auch einige von ihm zu sich herüber. Außerdem leitete er über Gual Verhandlungen mit amerikanischen Geschäftsleuten ein, um Waffen und Munition, aber auch andere Waren von ihnen zu beziehen.

Er war mit allen diesen Vorhaben beschäftigt, als ihn vom Festland nicht weniger als drei Botschaften erreichten, die ihn aufforderten, zurückzukehren und die Führung im Kampfe zu übernehmen. Die sich an ihn wendeten, erkannten, daß er trotz allen seinen Fehlern etwas besaß, was ihn über seine Rivalen hinaushob. Seine vier Gaben waren Entschlossenheit, Zuversicht, Verstandeskraft und jene seltsame magnetische Kraft, die ein geborener Führer ausstrahlt. Wie faszinierend müssen diese Gaben gewesen sein, wenn dadurch diejenigen zu ihm zurückgetrieben wurden, die ihn wenige Wochen vorher wegen seiner Flucht aus Ocumare offen einen Feigling und Verräter genannt hatten. Das eben sind die Gegensätze, durch die sich sein Leben von dem Leben aller andern unterscheidet. Der Bolivar, der bald verängstigt flieht, bald auf das Drängen derer zurückkehrt, die er in der Gefahr im Stich gelassen hatte, ist ein menschlicheres und wirklicheres Wesen als der würdige General von marmorner Selbstbeherrschung, der uns sonst vorgestellt wird. Die Männer, die gesehen hatten, wie er Ocumare verließ, wußten, daß Bolivar trotz seinem launischen Versagen alle andern um Haupteslänge überragte und als einziger Führer die nötigen Geisteskräfte besaß, um es mit Morillo aufzunehmen, der sich gerade darauf vorbereitete, nach Venezuela zurückzukehren.

Nacheinander appellierten Arizmendi, Zea im Namen mehrerer Offiziere und schließlich Brion an ihn, er möge zurückkehren. Es schien, als hielten die Anführer, die aus Furcht vor Morillos Rückkehr an Bolivar appellierten, es für das beste, ihre Reihen zu schließen. Andererseits wünschten sie ihn sich nicht als Diktator zurück und stellten, wenn wir Ducoudray-Holstein glauben dürfen, zwei Bedingungen: Er solle einen Kongreß einberufen und «solle allein die militärischen Operationen leiten und sich nicht in die Verwaltung der Republik einmischen». Wie Ducoudray hinzufügt, «willigte er ein, ihren Wünschen genau zu entsprechen». Zwei Tatsachen unterstreichen diese Darstellung. Einmal, daß Zea als Überbringer ausgewählt wurde, der granadische Wissenschaftler, der häufig, wenngleich nicht energisch, die zivile gegen die militärische Gewalt verteidigt hatte. Zum andern erleben wir gerade um diese Zeit bei Bolivar einen Ausbruch zivilistischer Gefühle, beispielsweise in einem Brief an Cortés Madariaga; aber zunächst müssen wir das Wiederauftreten des feurigen Kanonikus erklären.

Cortés Madariaga war mit Roscio und Paz Castillo von

Monteverde nach Spanien verschickt worden und im Februar 1814 von Ceuta nach Gibraltar geflohen. General Campbell, der Kommandant von Gibraltar, lieferte ihn der spanischen Regierung aus, doch hielt die britische Regierung diese Maßnahme für ungesetzlich und forderte die Gefangenen zurück. In dieser Angelegenheit scheinen alle unrecht gehabt zu haben. Die spanische Regierung hätte niemals Männer, die unter eine Generalamnestie fielen, gefangenhalten dürfen, denn damals galt solche Tat als ehrenrührig, was heute leider nicht immer der Fall ist; die britische Regierung aber hätte, nachdem sie auf der Rückkehr der Gefangenen bestanden hatte, darauf achten sollen, daß diese in Gibraltar oder England blieben, und ihnen nicht die Rückkehr nach Jamaika gestatten dürfen.

Als Morillo schließlich am 6. Dezember 1815 Cartagena nach einer Belagerung von hundertsechzehn Tagen eingenommen hatte und die Leichen beseitigt worden waren, mußte die Stadt sorgfältig desinfiziert werden. Es gelang Morillo, sich bald in den Besitz von dreizehn mit Mehl und Fleisch beladenen Schiffen zu setzen, die von Gesinnungsfreunden der Patrioten nach Cartagena geschickt worden waren. Der Gemeinde erlegte er eine Kriegskontribution von hunderttausend Pesos auf.

Dann bereitete er alsbald den Marsch auf Santa Fé vor, wobei er sich ebensosehr von politischen wie von militärischen Erwägungen leiten ließ. Er beschloß, alle Provinzen gleichzeitig zu bedrohen oder anzugreifen. Am 16. Mai 1816, fünf Monate nach dem Fall von Cartagena, zogen seine beiden Unterführer La Torre und Calzada in Santa Fé ein. Er selbst begab sich mit seinem Hauptquartier am 16. Februar auf eine Reise, durch die er das Land kennenlernen wollte. Die Expedition zog das linke Ufer des Magdalena hinauf, überquerte den Cauca bei Magangué und traf Anfang März in Mompox ein. Dort hörte Morillo von Arizmendis Aufstand auf Margarita; diese Nachricht ging ihm sehr nahe und mag sehr wohl der Grund für die dort von ihm getroffene grausame Entscheidung gewesen sein, die Leiche Carabaños, eines Rebellenführers, der gerade vom Kriegsgericht verurteilt und hingerichtet worden war, vierteilen und an den Eingängen zur Stadt zur Schau stellen zu lassen. Dann reiste er beschleunigt nach Santa Fé weiter und erreichte die Hauptstadt am 26. Mai 1816.

Über seinen Einzug berichtet ein Augenzeuge: «Als er in der Stadt ankam, verriet er nicht, wer er war. Auf dem Wege zu seinem Quartier sah er unzählige Triumphbogen und geschmückte Wagen, spanische Fahnen, Blumen, Damastbehänge an den Häusern und Anzeichen der größten Begeisterung und des reinsten spanischen Patriotismus. Er fragte nach Morillos Haus, trat ein und schloß sich ein ... Alsbald verbreitete sich das Gerücht, der General sei in seinem Hause und habe sich dem vorbereiteten Empfang entzogen ... Eine Kommission wurde beauftragt, die Sache zu ergründen. Der General empfing sie höflich in Uniform. ‹Meine Herren›, sagte er, ‹Sie dürfen sich über mein Verhalten nicht wundern. Ein spanischer General kann an der – gespielten oder echten – Freude einer Hauptstadt nicht teilhaben, in der sein Pferd noch in dem Blut königlicher Soldaten ausgleiten könnte, denn diese wurden von dem Blei verräterischer Rebellen getötet, die aus Ihren Häusern schossen.›»

Das war nicht mehr derselbe Morillo, der Margarita mit Vergebung im Herzen genommen hatte und beim Einzug in Cartagena über den Anblick, der sich ihm bot, so bekümmert gewesen war. Die Erklärung liefert uns derselbe Augenzeuge, Hauptmann Sevilla, wenn er schildert, wie Morillo angesichts der Begeisterung in den Straßen ungerührt blieb, und hinzusetzt: «Morales hätte ihn umarmt, wäre er dabeigewesen.» Das alles hängt mit jenem fernen Auftritt auf Margarita zusammen, als Arizmendi tränenüberströmt vor Morillo gekniet und Morales seinem Chef geraten hatte, «dem Verräter von Margarita» nicht zu trauen. Damals hatte Morillo ihn zurechtgewiesen und ihm zu schweigen befohlen. Jetzt fühlte er sich gedemütigt. Schließlich war er Soldat, und zwar ein harter Soldat. Er hatte sich nach Kräften um Versöhnung bemüht und von seiner Ankunft in Caracas bis zu seinem Einzug in Santa Fé jeden Schritt seines Weges mit dem Erlaß einer Amnestie begleitet. Der Gedanke an Arizmendi aber trieb ihn um und ließ ihn täglich härter werden. In Santa Fé warf er das Netz seiner Militärpolizei aus. Viele Patrioten, die im Vertrauen auf eine von La Torre erlassene Amnestie dageblieben waren, wurden festgenommen. Er berief ein Kriegsgericht, das über die Gefangenen befinden sollte, die sich für ein anderes Vergehen als bloße Kriegsteilnahme (etwa als Deserteure der spanischen Armee) zu verantworten hatten; ferner setzte er einen Säuberungsausschuß ein, «so notwendig in unruhigen Ländern, wo Erbitterung und Rache zum Himmel schreien». Er änderte seine bisherige Methode und zeigte sich als strenger Gouverneur: vom 5. Juni bis 12. Dezember wurden einhundertundzwei Männer hingerichtet.

Einhundertundzwei zuviel. Gewiß hatten manche von ihnen es mindestens nach den damaligen Gesetzen und Begriffen durchaus verdient, etwa jene, die vierzehn Offiziere im Gefängnis ermordet hatten. Auch war ein Mann wie Villavicencio, der aktiver spanischer Offizier gewesen war, formell ein Verräter, der erschossen werden mußte. Aber Generäle wie La Torre, Correa, Montalvo und einige andere – sogar Morillo selbst, bis er von Arizmendi enttäuscht wurde – hatten recht, wenn sie für Milde plädierten, da selbst ein «Verräter» wie Villavicencio, mochte er auch nach Uniform und Fahneneid Spanier sein, in Quito geboren war und daher nicht anders konnte, als sich mit dem Herzen zu den «Patrioten» zu bekennen. Vor allem aber erforderten die Verhältnisse Phantasie und Großmut. Morillo hatte es mit Großmut versucht – und dann kam Arizmendi, weinte zu seinen Füßen und mordete die spanische Garnison auf Margarita, kaum daß Morillo den Rücken wendete.

Allerdings war Morillo zu der Auffassung gelangt, daß die

Masse der Bevölkerung verführt worden sei, und auf diese Auffassung gründete er zahlreiche antiklerikale Maßnahmen. So schrieb er am 31. Mai 1816 an den König: «Wo der Priester von der rechten Art war, haben die Leute ihm nachgeeifert. Viele oder gar die meisten Priester sind die Erfinder der neuen Ideen.» Oder er schreibt: «Dort drüben (in Venezuela) haben der Klerus und alle Klassen (er meint damit die Oberschicht) dasselbe Ziel: die Unabhängigkeit, und sie glauben dabei blindlings, daß sie damit etwas für die Farbigen täten.» Ferner betont er, daß alle Orden mit Ausnahme der Kapuziner «pervers», d. h. anti-spanisch seien, insbesondere die Augustiner, die der König nach Spanien zurückberufen solle. Diese Auffassung veranlaßte ihn dazu, Priester nach Spanien zu verbannen und an ihrer Stelle um spanischbürtige Kleriker zu bitten.

Trotzdem trifft Morillo die Verantwortung für eine grausame und unkluge Unterdrückung, mag sie nun durch Arizmendis Verhalten psychologisch gerechtfertigt sein oder nicht. Der spanische Bischof von Popayán beschuldigt Morillo und seine Gefährten in einem Brief an Papst Leo XII., er habe *«propter nimiam crudelitatem modosque impoliticos ducum hispanorum»* (durch übermäßige Grausamkeit und das unkluge Verhalten der spanischen Anführer) mit Blitzesschnelle Unzufriedenheit verbreitet. Dabei war Morillo ein tüchtiger Gouverneur. Er begann mit einem riesigen Straßenbauprogramm, setzte die Gerichtshöfe wieder ein und stellte die bürgerliche Ordnung ebenso wieder her wie die militärische Disziplin. Er beschäftigte sich mit Problemen der Verwaltung und des Wirtschaftslebens, verteilte Impfstoffe und kümmerte sich überhaupt um das Gesundheitswesen in den Provinzen. Schließlich schuf er Schulen für Handwerk und Künste, Waisenhäuser und Armenschulen. Offenbar rechnete er auf längere Zeit mit Frieden und Wohlstand. Zwar empfand er seit Arizmendis Aufstand Bolivars wegen Unbehagen, schien aber die Gefahr mindestens anfänglich nicht sehr ernst zu nehmen. So endete das Jahr 1816 mit der

Eroberung und, wie man das damals nannte «Befriedung» Neugranadas, während Venezuela abermals die Stellung Spaniens bedrohte. Restrepo, der später Bolivars Staatssekretär und Chronist wurde, schrieb am 9. Dezember von Kingston auf Jamaika an Sanchez Lima, den spanischen Gouverneur von Antioquia: «Hier werde ich bleiben, bis ich von unserm erhabenen Herrn Don Fernando VII. die Begnadigung erlange. Inzwischen werde ich mich gegenüber Seiner Majestät loyal verhalten, was ich nötigenfalls auch beweisen kann, denn ich habe schon seit langem alle revolutionären Ideen verabscheut und hege nur den Wunsch, friedlich im Kreise meiner Familie zu leben.» Bolivar hingegen schrieb am 1. Januar 1817 von Barcelona aus an Briceño Méndez, den amtierenden Universalminister des amtierenden Obersten Befehlshabers der Republik: «Sie werden die Wünsche aller unserer Mitbürger befriedigen, wenn Sie das Land [Guayana] unterwerfen, das uns so viel geschadet hat, aber für uns so nützlich sein kann. Wenn das aber getan ist, werden Sie dann nicht herbeieilen, um die Ketten Ihrer andern Brüder zu zerbrechen, die unter der Tyrannei unseres Feindes zu leiden haben? Ja, ja, Sie werden mit mir den weiten Weg nach dem reichen Peru eilen! Unser Schicksal ruft uns ans Ende der amerikanischen Welt!» Morillo beschloß, sein Heer persönlich gegen Bolivar zu führen.

VIERTES KAPITEL

Morillo verliert Margarita und Guayana – Bolivar wird bei El Semen geschlagen

Als Bolivar am 28. Dezember 1816 in Juan Griego landete, war Arizmendi mit vierhundert Mann nach Barcelona gesegelt. Bolivar rief in einer Proklamation alle Venezolaner auf, sich in dem nun freien Margarita zu treffen und «Eure Versammlung zu eröffnen und Euch nach Eurem Willen eine Ordnung zu geben. Eure erste Entscheidung wird mit der Annahme meines Rücktritts feierlich begangen werden.» Das bleibt das Leitmotiv seines ganzen Lebens. Im gleichen Ton schrieb er in einem wunderbaren Brief an seinen Rivalen Mariño: «Lieber Freund, glauben Sie nicht, ich hätte den Wunsch, Ihnen zu befehlen. Vielmehr müssen Sie sich davon überzeugen, daß ich das Verlangen habe, mich einer zentralen Autorität zu unterwerfen, die uns alle mit gleicher, strenger Rechtlichkeit führen wird. Von Herzen wünsche ich uns als gemeinsamen Führer einen Mann von unbeugsamem und unparteiischem Charakter. Wäre es anders, so würden wir viel unter Parteiungen zu leiden haben, die in Tagen des Unglücks und überhaupt im Verlauf der Zeit nur zunehmen.»

Wie aufrichtig meinte er das? Die Antwort ist klar, aber nicht einfach. Er wünschte sich aufrichtig eine «zentrale Autorität», die in einem aufrechten, unbeugsamen und unparteiischen Mann verkörpert wäre, welcher stark genug wäre, die Häuptlinge und Möchtegern-Befreier und -Diktatoren in Schach zu halten, von denen es im Lande wimmelte. Unaufrichtig war, daß er seine Überzeugung verbarg, es gebe solche «zentrale Autorität» außerhalb seines eigenen Herzens nicht – eine Überzeugung, die schließlich richtig war. Diese Tatsache – daß Bolivar allen andern Anführern überlegen war und das auch selber wußte – wird all sein Tun bestimmen und wird seine Politik und sein Vorgehen immer erklären, wenn auch nicht immer rechtfertigen. Andererseits sind die Grenzen ebendieser Überlegenheit die Erklärung für diesen oder jenen Fehlschlag, für die Niederlagen, Irrtümer oder gar Verbrechen in seinem dramatischen Leben und schließlich auch für sein politisches Scheitern, seine Verbannung und seinen Tod. Nach allgemein menschlichen Maßstäben war Bolivar unzweifelhaft der hervorragendste Führer, den die spanisch-amerikanischen Unabhängigkeitskriege hervorgebracht haben; aber bezüglich bestimmter Gaben begrenzterer Art, die jedoch für solche Kriege unentbehrlich waren, konnte er es mit bekannten Partisanenführern wie Piar oder Páez nicht aufnehmen. Der Ablauf seines Lebens wurde daher von dem Umstand bestimmt, daß der weitaus größte Patriot und begabteste Staatsmann im ganzen Lande den Machtkampf gegen unterlegene Rivalen gerade auf dem Gebiet des Buschkrieges führen mußte, auf dem er ihnen an Tüchtigkeit unterlegen war.

Im Augenblick gab es mindestens drei Männer, die jedenfalls in dem Bezirk, den sie mit ihren Truppen beherrschen konnten, als Oberste Befehlshaber der Republik auftraten: Mariño in Guiria, Piar in Barcelona und dem nach Guayana hin gelegenen Gebiet und Páez im Tal des Apure.

Antonio Páez war am 13. Juni 1790 als Sohn armer Leute in Acarigua in der Provinz Barinas geboren. Mit siebzehn Jahren erschlug er im Streit einen Gegner, floh ins Apuretal und verdingte sich auf einer Rinderfarm. Das hieß bei Tage wilde Rinder für den Markt mit dem Lasso einfangen und nachts in einer Hütte schlafen, die mit Pferdeschädeln und Alligatorköpfen verziert war. Als sich trotz Mirandas Scheitern venezolanische Patrioten in der Prärie gegen Monteverde erhoben, folgte Páez seinem Herrn, Don Manuel Pulido, den die Republikaner zum Oberstleutnant gemacht hatten. Seine Kühnheit machte ihn unter den Llaneros bald so berühmt, daß nach Boves' Tod dessen Poncho auf ihn überging. Páez kämpfte zusammen mit seinen Landsleuten, die keine anderen Waffen als selbstgefertigte Speere hatten,

FRANCISCO J. YANEZ

keine andere Kleidung als ihre eigene Haut, keine andere Nahrung als ungesalzenes Fleisch, und kümmerte sich wenig um Staat oder Generalstab, um Siege oder Niederlagen und führte auf seine Weise in seinem Lande seinen eigenen Krieg. Am 16. Februar 1816 hatte er mit vierhundert Mann dem spanischen Oberst Lopez, der fünfzehnhundert Mann bei sich hatte, eine dramatische Niederlage beigebracht. Dieses als Schlacht bei Mata de la Miel bekannt gewordene Gefecht machte ihn noch beliebter. Wenige Monate später wurde er in eine kleine Versammlung oder Junta berufen. Die ihn beriefen, waren die Anführer der Truppen, die, von Morillos Armee verfolgt, von Neugranada nach Venezuela gezogen waren; um ihrer eigenen Anarchie zu wehren, hatten sie beschlossen, eine «Regierung» zu bilden. Diese kleine Gruppe, ein buntes Gemisch aus Advokaten und Häuptlingen, ernannte Oberst Serrano zum Staatschef und Francisco Yanez, einen «Doktor» kubanischer Herkunft, zum Staatsminister, während Oberst Santander das Kommando über die Truppe bekam. Páez fand sich mit allen diesen Ernennungen ab und dachte sich vermutlich sein Teil. Santander schickte ihn fort, damit er Pferde finge; als Páez zurückkehrte, «meuterte» seine Armee und bestand darauf, daß ihr Chef die Regierung auflöse und die politische und militärische Gewalt übernehme. Das war im September 1816. Páez fügte sich seinen Soldaten.

Morillo war in Mompox, als er hörte, auf See zeigten sich verdächtige Segel, bei denen es sich um die Expedition handeln könnte, die Bolivar in Aux Cayes vorbereitete. Ihn beunruhigte die Lage in Venezuela und zumal auf Margarita und in Guayana, dessen strategische Bedeutung er sehr wohl erkannte. So schrieb er: «Ich hielt jene Provinz für so wichtig, daß ich mich erkühnte, Seiner Majestät in Madrid zu sagen, sollte sie verlorengehen und besetzt werden, so würden Caracas und Santa Fé gefährdet sein.» Und weiter: «Sollte Margarita verlorengehen, so würden die Aufständischen es befestigen, und dann würde ein ganzes Expeditionskorps nötig sein, um es zurückzuerobern.» Er entschloß sich, Morales zu entsenden, dessen Name «in jener Gegend mehrere Bataillone wert ist». Immer wieder bat er um viertausend Mann als Verstärkung, «um auf Margarita zu landen». Er war überzeugt, daß Venezuela der Kern des Aufstandes war, und hatte dort trotzdem einen Kommandeur ernannt, der seines Vertrauens nicht würdig war. Don Salvador Moxó, «ein Katalane und Kavallerieoffizier, war klein und rundlich mit etwas vorstehenden Augen, gebildet, im Umgang und bei Tisch höflich, grausam und sehr heuchlerisch, und sein kleiner Körper bot seinem feurigen Temperament nicht genug Raum». Noch am 31. August 1816 bat Morillo den Kriegsminister, er möge Moxó wegen «seiner großen Besonnenheit, militärischen Gaben, Standhaftigkeit und unermüdlichen Tätigkeit» als Generalkapitän von Venezuela bestätigen. Als aber schlechte Nachrichten aus Venezuela eintrafen, erkannte er bald, daß Moxó das Land ein für allemal verloren hatte. Margarita war geräumt worden, weil Moxó trotz wiederholter Hilferufe seines Gouverneurs Pardo nur kleine Einheiten schlecht uniformierter und kümmerlich bewaffneter eingeborener Truppen geschickt hatte, während er sich in Caracas mit einer starken spanischen Garnison umgab. Auf ähnliche Weise gestattete er Mariño und Piar, im Osten einen Sieg nach dem andern zu erringen. Dieser schlechte Kommandeur war ein noch schlechterer Gouverneur. Auf rechte oder unrechte Weise verschaffte er sich ein ansehnliches Vermögen. So erlaubte er einem gefährlichen Rebellen, gegen Zahlung von zwanzigtausend Pesos in Caracas zu bleiben; oder ließ es zu, daß ein englischer Freibeuter ein von der spanischen Flotte in Puerto Cabello aufgebrachtes Schiff kaufte, welches von seinem neuen Besitzer alsbald gegen Spanien bewaffnet wurde; oder er ließ jeden gegen jeden Waffen tragen, solange nur ihm die Erlaubnis dazu bezahlt wurde.

Mitte November brach Morillo nach Venezuela auf, nachdem er La Torre vorausgeschickt hatte. Dieser überquerte mit einem Rekrutenbataillon, das in dreißig Tagen ausgebildet worden war, mit ein paar Kompanien von Veteranen und mit achtzig Husaren im Dezember 1816 und Januar 1817 die Anden. Sie vollbrachten damit eine Leistung, die zwar nie erwähnt wird, aber nicht weniger hervorragend ist als die berühmte Überquerung der Anden, die Bolivar später in umgekehrter Richtung vornahm. Sie ist sogar mindestens bei den europäischen Teilnehmern, die nicht im Lande abgehärtet waren, noch bemerkenswerter.

Am 18. Januar stieß La Torre auf dreizehnhundert Llaneros unter Páez. Seine vielfach noch unerfahrene Truppe widerstand in viereckiger Aufstellung dem furchtbaren Ansturm der wilden Kavallerie. Páez setzte das trockene Gras in Brand, und bald wurde das feste Viereck der Männer, die sich nicht bewegen durften, wollten sie nicht Niederlage und Tod herausfordern, von den Flammen bedroht, die ein starker Wind wütend emporschlagen ließ. Sevilla, der dabei war, schreibt: «Unsere Ohren konnten schon das böse Gelächter vernehmen, mit dem sich unsere Feinde ihres teuflischen Sieges freuten. In dieser Lage wendeten wir alle, ohne uns zu rühren, die Blicke auf unsern General, der hoch zu Roß inmitten unseres Vierecks prüfend den Horizont musterte.» Der General befahl den Rückzug durch die Flammen. Zwar erlitten einige Soldaten Brandwunden und Verletzungen durch explodierende Patronen, aber das Heer wurde durch einen Sumpf gerettet, den La Torres Augen hinter den Flammen halbwegs erkannt hatten. Ein paar Tage später beklagte sich Morillo, nachdem er sich in Paso del Frio mit La Torre vereinigt hatte, in einem Brief an Moxó über die Verhältnisse, die er in Venezuela angetroffen hatte. Nichts zu essen und nicht einmal ein kleines Lazarett. Als einzige Antwort erhielt er einen Begleitbrief zu einem Bericht des Gouverneurs Lorenzo Fitzgerald von Guayana, worin dieser in spanischen Diensten stehende Ire die Lage der einstmals wohlhabenden, jetzt aber durch den Krieg verarmten Provinz in düstern Farben schilderte und warnend bemerkte, jegliche Hoffnung auf Lebensmittel sei dahin, falls die Missionen erobert würden. Morillos Gedanken galten vor allem Margarita und Guayana. Margarita war verloren, und Guayana schwand dahin.

Als Bolivar am 31. Dezember 1816 in Barcelona an Land ging, brachte er wertvolle Unterstützung mit: mindestens acht bewaffnete Schiffe und vier andere Fahrzeuge, jedes mit einer Kanone bestückt, dazu siebzig Mann. Mit Waffen und Munition war Pétion freigebig gewesen. Aus Haiti hatte Bolivar auch viele französische und britische Offiziere mitgebracht. Vor allem aber hatte er Bolivar mitgebracht. Viele Offiziere, die damals unter Piar oder Páez dienten, baten ihren Kommandeur um ihre Papiere und eilten zurück zum Kommandeur aller Kommandeure.

Noch war Bolivar aber seiner selbst nicht würdig. Anstatt abzuwarten, zuerst die Gesamtlage zu prüfen – seine eigenen knapp siebenhundert Mann, die zweitausend, die Piar und Mariño in Guyana auf die Beine bringen konnten, und die zweitausend Mann von Páez im Apuretal – und alle diese Verbände zu verschmelzen, um Morillo entgegenzutreten, der von den Anden herab ihm entgegenkam, machte Bolivar es anders. Er zog es vor, von dem Gipfel der Führung, auf den ihn seine Kameraden emporgehoben hatten, herabzusteigen auf die Höhe eines bloßen Mariño, Piar oder Páez und seine schlecht vorbereiteten siebenhundert Mann gegen die Spanier zu werfen, um was zu erringen? Caracas, seine politische Hausmacht. Er führte seine siebenhundert Mann gegen Hauptmann Jiménez, einen tüchtigen spanischen Offizier, der bei Clarines eine gut ausgebildete Indianertruppe wohl verschanzt hatte. Bolivar und Arizmendi wurden so vollständig besiegt, daß sie mit nur noch einer Handvoll Offiziere Hals über Kopf nach Barcelona fliehen mußten.

Unverdrossen machte Bolivar sich daran, Barcelona in Verteidigungszustand zu versetzen, doch wurde die Stadt das

Opfer der ehrgeizigen Rivalen Mariño und Bolivar. Mariño führte seine Armee an die Nordküste nach Cumaná. Bolivar begab sich auf der Suche nach einer Armee nach Angostura am Ufer des Orinoco. Die Armee, die er im Auge hatte, wurde damals gerade von Piar geführt, dem tapferen Mulatten, der ihm schon mehr als einmal im Wege gewesen war und ihm wegen seiner plötzlichen Abreisen Vorwürfe gemacht hatte. Piar und Cedeño hatten Angostura am 17. Januar im Frontalangriff zu nehmen versucht, waren jedoch gescheitert. Diesen Fehlschlag nahmen einige Offiziere zum Anlaß, um fortzugehen und sich Bolivars Stab anzuschließen. Da kam Piar, vermutlich um sie mit der Aussicht auf eine glänzende und gewinnbringende Operation festzuhalten, der Gedanke, die Missionsstation Caroni zu überfallen; dort war es zweiundzwanzig Kapuzinermönchen gelungen, unter einer zahlreichen indianischen Bevölkerung Frieden und Wohlstand zu verbreiten. Waffen gab es dort nicht. Die Mönche wurden enteignet und in dem Kloster Caruache festgesetzt, während Piar die Verwaltung der an Getreide, Rindern und Pferden reichen Siedlung dem republikanischen Priester und Oberst José Felix Blanco übertrug. In diesem Augenblick erschien Bolivar. Daher mag sein Adjutant Mosquera den Bericht fortsetzen: «Als er hörte, daß zweiundzwanzig Kapuzinermönche gefangengehalten wurden, und er bedachte, wie hartnäckig sie die spanische Sache verteidigt hatten, war es nur natürlich, daß er seiner Bitterkeit ihnen gegenüber Lauf ließ; das tat er dann auch. Oberstleutnant Jacinto Lara und dessen Adjutant Monzón fühlten sich durch Bolivars heftige Äußerungen genügend aufgebracht, um das Massaker der Mönche für eine patriotische Tat zu halten; ein paar Tage später begingen sie die Untat auf eigene Verantwortung.» Die verbrecherischen Offiziere wurden nicht bestraft, und Lara blieb, wie sich bald zeigen wird, einer von Bolivars engsten Mitarbeitern.

Bolivar verweilte nicht lange bei Piar, jedoch lange genug, um sich von ihm überzeugen zu lassen, daß Guayana für die republikanische Sache die wichtigste Operationsbasis war. General La Torre war unterwegs, um Angosturas Besatzung zu verstärken. Eines Nachts brachte ein Spitzel die Meldung, La Torre und sein Unterführer Ceruti hätten die Stadt an der Spitze ihrer Truppen auf dem Fluß verlassen. Piar hielt es für wahrscheinlich, daß diese Bewegung der Mission in Caroni galt. Er bemühte sich, diesen Angriff auf seine reichen Reserven zu verhindern. Die beiden Verbände stießen bei San Felix zusammen; Piar errang einen glänzenden Sieg und vernichtete die spanischen Streitkräfte vollständig. La Torre verbrachte in einem nahen Wald eine schlaflose Nacht und galoppierte im Morgengrauen von hinnen.

Oberflächlich betrachtet, sah es nicht besonders gut für Bolivar aus. Von seinen drei Rivalen hatte Mariño ihm den Rücken gekehrt, während Piar und Páez Schlachten gewannen, ohne ihn um Rat zu fragen. Im Augenblick schien sich Bolivar nur noch auf das Ansehen zu stützen, das er bei den meisten Anführern in Venezuela dank seiner magnetischen Anziehungskraft und seiner klar überlegenen Intelligenz immer noch genoß. Er begann mit Páez, dem er den Rang eines Brigadegenerals anbot, falls er Bolivars Vorrang anerkannte. Páez nahm das Angebot an. Ferner gelang es Bolivar, seinen Erzfeind Bermúdez auf seine Seite zu ziehen. Er hatte jedoch vergessen, daß er eine Zivilregierung zu schaffen und die republikanischen Ideen zu achten versprochen hatte, in deren Namen er doch angeblich kämpfte. Der Mann, der seinem Gedächtnis nachhelfen sollte, war damals damit beschäftigt, auf Margarita Verfassungen zu entwerfen. «Herr General», schrieb der Kanonikus Cortés Madariaga am 25. April 1817 aus Pampátar, «seit dem Achtzehnten bin ich hier auf der Insel, die ich, von Kingston und Barbada kommend, erreicht habe; in beiden Orten wurde ich von den jeweiligen Admiralen für würdig befunden, daß sie mir zwei Kriegsschiffe für die Überfahrt anboten ... Sie möchten, daß Kapitän Stirling, Kommandant von H. M. S. ‹Brazen›, der mich hierhergebracht hat, mit Ihnen und dem Admiral

JOSÉ FRANCISCO BERMÚDEZ

[Brion] darüber verhandelt, wie wir unsere bereits vorhandenen Beziehungen am besten koordinieren können; ferner haben sie mir ein paar vertrauliche Dinge aufgetragen, die ich dem Risiko der Feder nicht aussetzen möchte.» Weiter erläuterte Cortés, London fordere gewisse schriftliche Zusicherungen, damit es Venezuela in die Anerkennung der Unabhängigkeit Südamerikas einschließen könne, «die innerhalb weniger Monate vollzogen werden soll»; allerdings nur für «solche Provinzen und Königreiche, die ordnungsmäßige Regierungen mit soviel Militär und Hilfsquellen besitzen, daß sie ihrer Freiheit Achtung verschaffen können». Deshalb besteht er auf «der Notwendigkeit, die Regierung mit ihrer gesetzmäßigen Teilung der Gewalten wiederherzustellen, ohne welche wir die Verachtung der Welt ernten und der Anarchie anheimfallen werden». Er erinnert Bolivar an die Worte, die dieser ihm von Haiti aus geschrieben hatte: «Gewalt ist keine Regierung.» Zwei Tage, ehe er diesen Brief schrieb, hatte er ein langatmiges, bombastisches Manifest entworfen, worin er ein Bild des ganzen Kontinents in seinem Kampf gegen «das hinfällige Spanien» malte, seine früheren Dienste in Erinnerung rief und neuerdings seine Mitarbeit anbot. In seinem Brief an Bolivar klang jedoch Unbehagen über die «Apathie» der Insel an; er ging sogar soweit zu sagen, wenn Arizmendi nicht bald zurückkäme, «frage ich mich, ob sie nicht schließlich dem Feinde unterliegen wird». Morillo rückte heran.

Mariño befand sich in Cariaco auf dem Festland, und Cortés Madariaga setzte mit seinen politischen Papieren im Koffer dorthin über. Am 8. Mai 1817 berief Mariño als «Zweiter Chef der Republik» (was immer das sein mochte) einen Kongreß aus elf Personen, darunter Brion, Cortés Madariaga und Zea. Mariño sollte Oberbefehlshaber sein, die Regierung bis auf weiteres in Pampátar auf Margarita ihren Sitz haben. Alles war aktionsbereit und wartete nur noch auf Bolivars Segen. Bis dieser eintraf, nahm sich die Regierung todernst. Da sie sich als Bundesregierung etabliert hatte, konnte Mariño im Gebiet von Cumaná Wahlen abhalten, aus denen eine Art von Versammlung hervorging, die am 28. Mai in Cariaco zusammentrat. Sie beschloß, Mariño zum Präsidenten des Staates Cumaná zu ernennen, und übertrug ihm die volle zivile und militärische Gewalt. Inzwischen eroberte Morillos Unterführer Jiménez Cariaco und Carúpano zurück. Am 29. Mai beschloß die Regierung, ihren Sitz nach Maturin zu verlegen, und forderte den Admiral auf, er möge für sie, ihre Beamten und deren Familien Schiffsraum beschaffen. Der Admiral hatte jedoch beschlossen, seinen Kurs zu ändern und sich dichter an Bolivar zu halten; daher antwortete er, auf Befehl des Obersten Chefs (den die neue Verfassung gar nicht kannte) könne er nur einen Transport nach Guayana – das von Bolivar beherrscht wurde – übernehmen, wo er sich mit den ihm unterstellten Streitkräften zu melden habe. «Und damit», beschließt Yanes seinen Bericht, «war die Bundesregierung aufgelöst.»

Dieses feste Auftreten gegen zivilistische Einmischungsversuche war unter den gegebenen Verhältnissen berechtigt. Schließlich bedeutete es damals eine Illusion, eine Grundlage für normale republikanische Institutionen finden zu wollen, und Cortés Madariages Fleißarbeiten hätten nicht unzeitgemäßer sein können. Wenn andererseits Bolivar «die sogenannte Regierung» verächtlich abtat, so fand darin diesmal wie künftig noch oft sowohl sein staatsmännischer Sinn für die Erfordernisse der Stunde wie auch seine diktatorische Art Ausdruck, die keineswegs die Frucht langer, enttäuschender Erfahrungen war, sondern von Jugendzeit an einer seiner wesentlichen Charakterzüge gewesen war.

Im übrigen lagen die Dinge aber nicht so einfach, wie man meinen könnte, und selbst unter den Soldaten vertrug sich die Ergebenheit für Bolivar sehr wohl mit dem Verlangen, seine Allmacht einzuschränken. Bolivar schrieb am 13. Juni 1817 an seinen Freund und Mitarbeiter, Oberst Briceño Mendez, er habe gehört, Arizmendi versuche eine Regierung «als Opposition gegen die in Margarita residierende» Regierung zu bilden; das «könnte aber während der Wahl zu Kämpfen und sogar zu Blutvergießen führen, denn Wahlen können nur Soldaten, Offiziere und Armeeführer abhalten, da es außer dem Militär keine freien Männer gibt». Briceños Antwort aus Upata drei Tage später klingt wie der Brief eines Mannes, der eine Zivilregierung für nötig hält, aber weiß, daß Bolivar davon nichts wissen will. «Alles, was wir brauchen, ist ein Senat oder Beirat für Sie, damit unsere Regierungsform etwas demokratisch und repräsentativ ist, und damit es jemand gibt, der sich mit zivilen und politischen Fragen beschäftigen kann, während Sie mit dem Krieg zu tun haben ... Es gilt, Eifersucht, Furcht und Mißtrauen zu verhindern, die unter den Generälen zumal gegen Sie ausgestreut werden. Es heißt, General Mariño würde, wenn er Ihre absolute Macht nicht mehr fürchtete, mit besten Absichten auf seinen Posten zurückkehren, was auf andere Weise nicht zu erhoffen ist; und die andern Kommandeure, die Soldaten und das Volk würden sich beruhigen und von neuem auf Freiheit zu hoffen beginnen.» Schließlich bemerkt Briceño, man möge ihm ersparen, daß er sich nochmals zu dem Thema äußern müsse.

Bolivars Antwort hätte nicht bezeichnender sein können. «Ich wußte nicht, daß Sie so ängstlich sind», zürnt er. «Mich fürchten Sie nicht, denn Sie sagen Ihre Meinung ja deutlich genug ... Sie glauben anscheinend, wir befänden uns in einer ähnlichen Lage wie damals in Cartagena, Guiria oder Carúpano, als die Verhältnisse gegen mich waren und der Parteigeist über Gerechtigkeit und Vaterland triumphierte. Wenn ich bisher maßvoll gewesen bin, so nicht aus Schwäche; glauben Sie nicht, daß Verschwörungen stark genug sein können, uns zu vernichten. Ich habe mich niemals in glücklicherer Lage befunden, wiewohl jedermann sagen darf, was ihm paßt. Auf mein Wort hören dreitausend Mann, die Unschuldige verteidigen und keinerlei Parteiung dulden werden. Glauben Sie mir, Briceño, Sie dürfen keine Angst haben. Sie sind weder in Konstantinopel noch auf Haiti; solange ich atme und den Degen führe, gibt es hier weder Tyrannen noch Anarchie. Wenn ich bisher einige Unordnung geduldet habe, brauchen Sie deshalb nichts zu fürchten; ich werde das in Ordnung bringen und dann um so freier atmen.» Das war also klar. Briceño hätte nicht geschrieben, wenn er keine Angst hätte! Bolivar würde alles in Ordnung bringen, das heißt, er würde jede andere Stimme, der vielleicht andere dreitausend Mann gehorchen könnten, zum Schweigen bringen.

Die gefürchtete Stimme gehörte Piar, der als Anführer ebenso mächtig wie Mariño, aber entschlossener und gefährlicher als jener war, weil er Kühnheit besaß, ein geborener Führer war und zudem als Mulatte bei den Farbigen viel vermochte. Mit seinem Sieg über La Torre bei San Felix hatte Piar sich beträchtliches Ansehen erworben; er hatte seinen Gegner genötigt, nach Angostura zu fliehen, und belagerte jetzt die unglückliche Stadt, die nach der Niederlage bei San Felix jegliche Hoffnung auf Zufuhren verloren hatte. Der Hunger war jetzt ihr ärgster Feind. Die Spanier besaßen dort keine Seestreitkräfte, während die Patrioten immer auf die ausländischen Freibeuter rechnen konnten, die scharenweise in der Mündung des Orinoco auftauchten, weil sie sich gute Kaffee- oder Kakaoladungen erhofften. Man unternahm einen Ausfall mit Kanonenbooten und zweihundert Mann, um zu verhindern, daß die Patrioten am Fluß eine Batterie errichteten. Im Morgengrauen des 18. Mai gingen die Soldaten an Land und massakrierten etliche Gruppen von Patrioten, die im Schlaf überrascht wurden; dann aber begrüßte sie aus dem nahen Wald kräftiges Gewehrfeuer. Der spanische Kommandeur Echevarria ging voraus und hätte beinahe Bolivar gefangengenommen, der Hals über Kopf fliehen und ein kostbares Maultier mit üppigem Zaumzeug zurücklassen mußte. Hauptmann Sevilla kaufte einem Soldaten das Gebiß ab, während ein Unteroffizier Echevarria den Sattel und La Torre die Pistolen überreichte.

Diese ruhmreiche Episode brachte der Stadt aber keine Erleichterung. Mitte Juli wurde die Lage verzweifelt. Das Militär unter Echevarria war unbedingt dafür, durch die Belagerer auszubrechen und damit wenigstens die Truppe zu retten, aber ein alter, reicher Kreole nahm darauf das Wort: «Ich hatte sechs Söhne; einer ist Hungers gestorben, einen hat der Feind getötet, die andern vier kämpfen für ihren König. Meine vier Töchter, zwei verheiratet, zwei ledig, pflücken auf den Straßen Gras, um sich am Leben zu erhalten. Ihr Vater ist reich an Gold, hat aber nicht eine Brotrinde, die er ihnen für seine dreißig Enkel geben könnte. In meiner Lage sind alle Familien in Guayana, ob weiß, schwarz oder indianisch – das Unglück hat uns gleichgemacht. Ihr könnt uns nicht im Stich lassen. Müssen wir die Stadt verlassen, so laßt uns das zusammen tun.» Viele Tage verstrichen. Schließlich befolgte man des alten Mannes Rat. Die ganze Stadt, soweit sie noch am Leben war, schiffte sich ein. Viele kamen infolge Brions Angriffen auf See ums Leben; manche trafen mit La Torre am 9. August in Granada ein – gelbliche Gerippe, die nicht einmal mehr essen konnten, weil sie starben, sobald sie Nahrung zu sich nahmen. Diese Katastrophe der spanischen Truppen verschaffte Bolivar in Guayana soviel Einfluß, wie er sich den Umständen nach wünschen konnte. Von nun an hatten die Patrioten eine solide Operationsbasis.

Über die Hälfte von Morillos Armee waren Amerikaner, da er viele Soldaten durch Krankheit verloren und Mangel an Offizieren und Unteroffizieren hatte. Er war enttäuscht und pessimistisch, nachdem er nun Moxós Unfähigkeit und Unehrlichkeit in ihrer ganzen Tragweite erkannt hatte. Genau wie das Verlangen, Caracas zu erobern, Bolivars bessere militärische Einsicht getrübt hatte, so ließ sich jetzt Morillo, statt seine Truppen gegen Piar und Bolivar in Guayana zu sammeln, dadurch ablenken, daß er von Margarita und Arizmendi besessen war – «von dem heuchlerischen, widerwärtigen Arizmendi», wie er ihn in einer Proklamation an die Bewohner von Margarita am 17. Juli 1817 nennt, nachdem er drei Tage vorher zum zweitenmal auf der Insel gelandet war. Er überließ La Torre die Verteidigung Guayanas und war als Oberbefehlshaber nicht dorthin marschiert, wohin ihn sein militärischer Verstand geschickt haben würde, sondern dorthin, wohin ihn sein zerschlagenes Herz trieb.

Mit frisch aus Spanien eingetroffenen Verstärkungen unter General Canterac war er am 15. Juli in Punta de Mangles gelandet. Die spanischen Truppen rückten stetig, aber mühsam vor. Zwar wurden Pampátar und auch Juan Griego genommen, aber dann wurde der Verlust Guayanas gemeldet, und Morillo beschloß, Margarita zu räumen. Er beschloß damit zu spät, was er längst hätte tun sollen: nämlich sich auf das Festland zu konzentrieren. Am 19. August traf er in Cumaná ein. Im September war er mit über siebenhundert Verwundeten und Kranken wieder in Caracas. Moxó hatte seinen Posten und das Land verlassen, mit unrechtmäßig erworbenen Gütern reichlich versehen.

Als Herr über den Orinoco fühlte sich Bolivar nun stark genug, es mit seinem Rivalen Piar aufzunehmen. Er hatte das Tun des kühnen, ehrgeizigen Mulatten im Auge behalten und insbesondere die Streitereien Piars mit dem Priester und Oberst José Felix Blanco verfolgt, der die reichen Besitzungen der ermordeten Kapuzinermönche in Caroni leitete und verwaltete. Mehrere Briefe Bolivars an Blanco aus jener Zeit raten diesem zur Geduld. Piar war nicht sehr glücklich. Bolivar schrieb ihm liebenswürdige Briefe und weigerte sich in den freundlichsten und geduldigsten Ausdrücken, seinen Rücktritt anzunehmen. Er tat sein möglichstes, und zwar anscheinend ehrlich, um diesen Mann zu halten – natürlich als Untergebenen. Piar bestand jedoch auf seinem Abschied und bat um seinen Paß, weil er ins Ausland gehen wollte. Er wurde ihm am 30. Juni bewilligt, doch wies Bolivar am 23. Juli Bermúdez an, er solle Piar ins Hauptquartier rufen und, falls er sich weigerte, verhaften. Piar kam nicht, weil er

Bolivars Absichten nicht traute; schließlich nahm Cedeño, sein eigener Unterführer, Piar in Aragua fest und brachte ihn entwaffnet als Gefangenen nach Angostura. Bolivar berief eine Offiziersversammlung ein, um sich zu sichern, und der gestürzte Anführer wurde von allen seinen ehemaligen Freunden preisgegeben. Ein Kriegsgericht unter Brions Vorsitz verurteilte Piar zum Tode. Am 16. Oktober 1817 wurde er auf dem Marktplatz von Angostura hingerichtet. Er war fünfunddreißig.

Bolivars Tränen und Klagen sind unaufrichtig. Das Kriegsgericht war eine klare Rechtsbeugung, da einer der Anklagepunkte, Fahnenflucht, die übrigen, die kaum stichhaltiger sind, hinfällig macht. Die Hinrichtung war andererseits nützlich als ein Gewaltakt in einem Lande, wo nichts außer Gewalt zu fruchten schien. Es war die Tat eines Prätorianers in einer prätorianischen Gesellschaft. Nichts illustriert das besser als das Dekret, das Bolivar zehn Tage vor Piars Hinrichtung erließ. Dadurch wurde das Eigentum aller Spanier und aller royalistischen Kreolen folgendermaßen an die Armee verteilt: fünfundzwanzigtausend Pesos für den Oberbefehlshaber, zwanzigtausend für Divisonsgeneräle, fünfzehntausend für Oberstleutnants und so weiter bis zu den Gemeinen, die je fünfhundert Pesos bekommen sollten. An Páez schrieb er: «Lassen Sie es mit der ganzen Feierlichkeit eines nationalen Dekrets Ihrer Armee bekanntgeben.» Nachdem er in einer weiteren Proklamation vom 30. Oktober 1817 erläutert hatte: «Es ist gegenwärtig unmöglich, eine gute repräsentative Regierung und eine besonders liberale Verfassung zu schaffen, wie sie das Ziel aller meiner Bemühungen und mein glühendster Herzenswunsch sind» – ernannte er in Angostura einen Staatsrat, der diesmal ausschließlich aus Jasagern bestand.

Gegen Ende des Jahres 1817 hatte die Lage in Venezuela eine gewisse Symmetrie angenommen. Der Westen war treu oder unterwürfig, der Osten aufständisch oder patriotisch.

Morillo hatte als Rückendeckung das Vizekönigtum Neugranada, das er inzwischen zum Gehorsam gezwungen hatte; Bolivar hielt die unvergleichliche Operationsbasis in Guayana und am unteren Orinoco und wurde – dank Brion einerseits und dank der geheimen oder offenen Sympathie der britischen Flotte andererseits – im Rücken vom Meer geschützt. Die Streitkräfte waren auf beiden Seiten dürftig. Der Marsch durch die Anden hatte Morillos Truppe geschwächt; als einzige erfahrene Soldaten blieb ihm Aldamas Division. Er lenkte daher die Aufmerksamkeit des Kriegsministers auf die Tatsache, daß ihm, um Neugranada zu halten, nur noch eine kreolische Division mit ein paar spanischen Offizieren und Sergeanten zur Verfügung stand. Seiner Armee in Venezuela fehlte es an Offizieren. La Torre war schwer verwundet, Aldama und Warleta waren an Skorbut erkrankt, Calzada war kaum mehr als ein Partisanenhäuptling, und seine beiden regulären Obersten waren verwundet. Unter seinen Offizieren gab es zu viele unfähige Neulinge, die «von jedem Kommandeur, der sich gern als Zwergkönig aufspielt», befördert worden waren. Es gab nichts zu essen, die Vorräte schwanden dahin, und der Vizekönig von Granada war feindselig und wollte keine Hilfe schicken.

In diesem Augenblick scheint Bolivar gehofft zu haben, er könne Morillo einen entscheidenden Schlag versetzen. Sein Plan sah vor, daß er Guayana mit Bermúdez' Leuten halten wollte, also mit früheren Untergebenen Mariños, die größtenteils Freigelassene oder Sklaven von den großen Gütern waren; daß er alle übrigen verfügbaren Truppen zusammenfassen und sich mit Páez vereinigen wollte, der auf eigene Faust im Apuretal Krieg führte; daß er diesen ein für allemal für sich gewinnen wollte (deshalb sein starkes Aufgebot) und daß er sich dann mit der endlich vereinigten venezolanischen Streitmacht auf die Spanier stürzen würde. Für alle Männer zwischen vierzehn und siebzig hatte er das sogenannte Kriegsrecht verkündet, das in Wirklichkeit eine Kriegsdienstpflicht war. Aber wie stark war er? Das kommt darauf an, wem er schreibt. An Lopez Méndez, seinen Agenten in London, schreibt er, er marschiere mit sechstausend «vollständig ausgerüsteten» Soldaten ins Apuretal. O'Leary hingegen, der es wissen müßte, schreibt: «Bolivars Streitmacht belief sich auf etwa dreitausend Mann, davon zweitausend Infanteristen; die Kavallerie war mit Speeren bewaffnet, und von der Infanterie hatten nur vierzehnhundert Flinten, die übrigen Pfeil und Bogen.» Aber trotzdem war er gut bewaffnet, da Páez' Division aus tausend Reitern und zweihundertfünfzig Fußsoldaten bestand.

Am 30. Januar 1818 begegneten sich Bolivar und Páez zum erstenmal. O'Leary beschreibt Páez folgendermaßen: «Er war mittelgroß, kräftig und wohlgestalt, obwohl seine untere Körperhälfte nicht im Verhältnis zu seinem Rumpf stand. Brustkorb und Schultern sehr breit, der Hals kurz und gedrungen, ein großer Kopf, der mit kurzem, welligem, dunkelbraunem Haar bedeckt war; flinke, dunkle Augen, eine gerade Nase mit großen Nüstern, dicke Lippen und ein rundes Kinn. Seine glatte Haut verriet kräftige Gesundheit und wäre ohne die Sonne weiß gewesen. Seine Gesichtszüge drückten vor allem Vorsicht und Mißtrauen aus. Als Sohn einfacher Eltern hatte er keinerlei Erziehung genossen. Als völliger Analphabet wußte er nichts über die Theorie des Berufes, den er so lange praktiziert hatte, und kannte nicht einmal die einfachsten Fachausdrücke; die leiseste Empfindung und jeder Widerspruch versetzten ihn in solche Erregung, daß er zeitweilig wie von Sinnen war ... Als Partisanenhäuptling war er ohnegleichen. Kühn, tatkräftig, tapfer, erfinderisch, von rascher Auffassungsgabe, entschlossen im Handeln, schnell beweglich und um so furchtbarer, je kleiner die ihm unterstellte Truppe war. Da es ihm an Methode, Wissen und Zivilcourage fehlte, war er in der Politik wertlos. Ohne grausam zu sein, sparte er nicht mit Menschenleben, und es gibt Fälle, in denen er viel Blut vergossen hat, obwohl Menschlichkeit, Patriotismus und Klugheit dagegen spra-

JOSÉ ANTONIO PÁEZ

chen. Sein Ehrgeiz war schrankenlos und war neben seiner Habgier seine größte Leidenschaft. Die Llaneros waren ihm ganz ungewöhnlich ergeben, weil er ihnen das Plündern erlaubte und die Manneszucht lockerte.»

Sobald er hörte, daß Bolivar nur vier Meilen entfernt in der Rinderfarm Cañafistola sei, ritt Páez ihm entgegen. Die beiden Männer stiegen ab, umarmten sich und begannen sofort damit, den Feldzug zu planen. Die erste Schwierigkeit bestand darin, den Apure zu überqueren. Es gab keine Flußboote. «Die beschaffe ich», sagte Páez. «Woher?» fragte Bolivar. «Ich werde die nehmen, die wir drüben finden.» – «Aber wie?» – «Mit meiner Kavallerie», antwortete Páez. Immer noch ungläubig ritt Bolivar weiter bis an den Fluß. Páez wählte fünfzig Mann aus, die ihren Pferden die Sattelgurte lockerten, so daß sie die Sättel abwerfen konnten, ohne abzusteigen. Als er mit ihnen ans Flußufer gekommen war, sagte er zu ihnen: «Wir müssen jene Flecheras dort nehmen oder sterben. Wer mitmachen will, möge dem Onkel folgen.» (Diesen Spitznamen hatten seine Leute Páez gegeben). Sie nahmen die Speere zwischen die Zähne, stürzten sich in den Fluß, der von Alligatoren wimmelte, und eroberten unter dem Feuer der Spanier auf der andern Seite vierzehn Boote. Bolivar traute seinen Augen nicht. Für Páez war Bolivar ein Büchergeneral, während er sich selber als Partisanenführer betrachtete. Bolivar jedoch, der seine Mängel als Stratege nur zu gut kannte, mußte solche Taten seines Rivalen mit dem wachsamen Auge des Kunstverständigen betrachten. Das war ein Mann, der ihn vielleicht eines Tages auf seinem eigenen Gebiet schlagen und als Prätorianer nach der politischen Macht streben könnte.

Kaum hatte Morillo gehört, daß sich Páez und Bolivar vereinigt hatten, als er auch schon von San Carlos nach Calabozo marschierte. Dort griff ihn Bolivar am 12. Februar 1818 an, einen Tag nach Morillos Ankunft mit 4100 Mann, darunter 2500 Berittene. Morillo hatte etwas mehr als 2000 Mann. Er gewann das erste Gefecht und zwang Bolivar, von seinem Versuch, Calabozo zu nehmen, abzustehen; aber Bolivar schien seines Sieges sicher zu sein. Es gelang Morillo jedoch, trotz seines Gegners Wachsamkeit Calabozo zu räumen; augenscheinlich ließen sich die Offiziere, die darüber wachen sollten, von der Aussicht auf Beute ablenken. Spätabends am 14. Februar verließ er die Stadt mit einem langen Schweif von «Verwundeten, Kranken, Ambulanzen und Packwagen sowie eine Schar von treuen Bewohnern, die den Schutz der königlichen Truppen suchten». Er folgte dem Fluß bis nach El Sombrero, wo er die Patrioten am 17. Februar schlug, und konnte seinen Marsch ungestört nach Villa de Cura fortsetzen, wo er am 23. Februar eintraf. Bolivar besetzte El Sombrero am Siebzehnten abends und gab Weisungen, die ihn zugleich belasten und entlasten. «Klugheit sowohl als Menschlichkeit» hatten ihn veranlaßt, den Krieg bis zum Tode zu suspendieren. «Sie müssen daher», schreibt er an Oberst Rangel, «diese Entscheidung respektieren und dafür sorgen, daß auch Ihre Truppe sie beachtet. Sie müssen Ihre Leute daran hindern, irgend jemand, sei er Spanier oder Kreole, zu töten.»

Wäre Bolivar tatsächlich gewesen, was er auf dem Papier war, nämlich Oberster Chef der Venezolanischen Republik, so hätte er sein Hauptquartier in die Stadt Ortiz verlegt, «am Rande des feindlichen Gebietes, so daß er gleichzeitig nach Westen San Carlos und durch die Täler von Aragua auch Valencia und Caracas bedroht hätte». Sein Herz verspürte stets die magnetische Anziehungskraft der Hauptstadt, die seine Heimat war, während sein militärischer Instinkt ihn immer auf seinen Hauptgegner verwies. Als man in Caracas hörte, Morillo habe Calabozo geräumt, floh die damals sehr gegen die Patrioten eingestellte Bevölkerung wie ein Mann nach La Guaira, zumal da La Torre die Behörden verständigt hatte, daß die Stadt verlorengehen könne. Endlich einmal hätten bei Bolivar Herzenswunsch und verstandesmäßige Entscheidung übereinstimmen können. Er entsandte seinen Stabschef Soublette zu seinen Unterführern Cedeño und

Páez, damit er ihnen Bolivars Pläne erläuterte; aber Páez war nicht ein urbaner und aristokratischer Caraqueño, sondern ein Rauhreiter aus der Prärie. Bolivars Argumenten setzte er ein zähes Nein entgegen. Er wollte in der Nähe der Ufer des Apure, an seinem heimatlichen Fluß bleiben; und er rechtfertigte diese instinktive Vorliebe mit sogenannten militärischen Argumenten zugunsten von Calabozo, das eine bessere Operationsbasis sei, wenn es darum gehe, San Fernando zu nehmen – eine belagerte Stadt, die ohnehin fallen mußte. Daß er auf San Fernando so versessen war, beruhte auf der lockenden Beute, die es dort geben könnte. Am 21. Februar ritten Páez, Cedeño und Rangel mit ihrer Kavallerie – die sie ohne Bolivars Wissen aus Calabozo geholt hatten – zu einer Besprechung mit dem Oberbefehlshaber. Um vier Uhr begann Bolivar mit seinen drei Generälen den Rückzug auf Calabozo. Der Oberbefehlshaber hatte Befehl erhalten, dorthin zu gehen, wohin er nicht wollte. Páez, Cedeño und Rangel waren Häuptlinge, deren jeder nur seine Macht und sein Glück im Sinne hatte. Bolivar, der das mächtige Spanien herausgefordert hatte, mußte nun mit vielen kleinen Spanien fertig werden, mit einer Staubwolke von Eroberern. Was war er schließlich mehr als eine intelligentere, feinere und hochgemutere Version von Páez? Er mußte sich dem Unvermeidlichen beugen, hat das aber Páez niemals verziehen.

Am 3. März 1818 konnte Bolivar der Verlockung von Caracas nicht länger widerstehen und marschierte, ohne auf Páez' Schwadronen zu warten, mit allen verfügbaren Truppen nach San Pablo weiter. Am 11. März zog die Armee, durch Monagas' Kavallerie verstärkt, in Villa de Cura ein. Morillo war in Venezuela, während La Torre in der Stellung bei Las Cocuizas den Weg nach Caracas versperrte. Bolivar ließ Monagas in Maracay zurück und rückte vor, um La Torre zu verdrängen. Die bloße Drohung, daß Bolivar nahe, löste allenthalben und zumal in der Hauptstadt Panik aus. Sein Verwandter Feliciano Palacios, der 1815 in Cartagena das Kommando von Bolivar übernommen hatte, schrieb:

»Innerhalb weniger Stunden stürzte die Bevölkerung der ganzen Stadt wie von einem elektrischen Schock getrieben an die Küste bei La Guaira; fast sämtliche Männer und Frauen, ob alt oder jung, ließen Heimat, Reichtümer und Bequemlichkeit zurück, um vor der verhaßten Republik davonzulaufen und des Königs Regierung aufzusuchen. In jedem Dorf, wohin die Nachricht drang, floh alles in die Berge.« Inzwischen rückten die Spanier beiderseits der Lagune vor. Schließlich trafen sich die beiden Armeen am 16. März 1818 auf der welligen Ebene, die von dem Bach Semen durchzogen wird, in der Nähe des Hohlweges von La Puerta, wo viele Schlachten schon geschlagen worden waren und noch weitere stattfinden sollten. Es hätte ein Sieg für Bolivar werden können, denn Morales' Truppen waren nicht stark genug, um dem Ansturm der Patrioten standzuhalten; aber als Morillo frische Truppen heranführte, entstand dadurch bei den Republikanern einige Unordnung. Da meinte Morillo, die Lage verlange ein persönliches Beispiel, und führte einen Angriff, bei dem er zwar schwer verwundet wurde und fast das Leben verlor, der aber Bolivars Truppen in Verwirrung stürzte. Diese Schlacht kostete Bolivar achthundert Tote und vierhundert Gefangene, und er verlor alle seine Akten.

Gegen Ende des Monats zog Bolivar nach Calabozo weiter. In der Rinderfarm Rincón de los Toros, nicht weit von San José, wäre er fast gefangengenommen und getötet worden. Er schlief ein Stück vom Lager entfernt unter einigen Bäumen, als sich eine Gruppe von acht spanischen Soldaten unter Hauptmann Renovales, die Oberst Lopez mitten in der Nacht ausgeschickt hatte, vorsichtig bis auf wenige Schritte seinem Versteck näherten. Renovales stieß mit seinen Leuten auf Santander, der den abwesenden Soublette als Stabschef vertrat. Ein Deserteur hatte ihm die Losung gesagt. Sie verlangten den Oberbefehlshaber zu sprechen. Santander rief: «Herr General!» Bolivar sprang aus seiner Hängematte und lief instinktiv zu seinem Pferd. Eine

Salve zerriß die stille Luft. Der Kaplan und zwei Oberste fielen tot zu Boden. Bolivar versuchte, sein Maultier zu besteigen, das jedoch beim Knall der Schüsse scheute. In der Verwirrung rief er einem seiner Hauptleute zu, er solle ihn auf seinem Pferd reiten lassen, doch erwiderte dieser, das Pferd könne nicht zwei Männer tragen. Ein Sergeant gab ihm ein Pferd, doch stolperte es und stürzte. Um sich zu retten, warf Bolivar seine goldbestickte rote Jacke und seinen prächtigen Hut weg und floh zu Fuß, bis ihm die Obersten Rondon und Infante ein gutes Pferd anboten, das sogar so gut war, daß Bolivar eine Falle vermutete, durch die er dem Feind ausgeliefert werden sollte. Es stellte sich jedoch heraus, daß es das Pferd von Oberst Lopez war, und auf ihm erreichte Bolivar endlich am 18. April Calabozo. Nachdem er vergeblich versucht hatte, zu Páez zu stoßen, zog er sich am 3. Mai nach San Fernando zurück. Tags zuvor war Páez bei Cojedes geschlagen worden.

FÜNFTES KAPITEL

Die britischen Hilfstruppen

In seinem Bericht über die Schlacht von Semen schreibt Morillo: «Unter den toten Aufständischen befinden sich mehr als vierzig Offiziere, darunter zehn in ihren Diensten stehende Engländer.» Woher kamen diese Engländer? Der Krieg entvölkerte Venezuela, da er hauptsächlich mit venezolanischen Kräften geführt wurde. Bolivar schrieb am 15. Mai 1818 an Brion, die Patrioten hätten «fünf- bis sechstausend spanische Soldaten vernichtet, davon die meisten Europäer». Er veranschlagte die Armee der Royalisten auf zehn- bis zwölftausend Mann, davon die Hälfte Spanier. «Sie haben weder Pferde noch Kavallerie, aber ihre Infanterie ist höchst vortrefflich; auf den Höhen von Caracas sind sie unbesiegbar, weil unsere Kavallerie ihnen nichts anhaben kann, und wir haben bloß fünfhundert Fußsoldaten. Die Spanier können sich nicht in die Prärie wagen, ohne zu riskieren, daß sie hart aufs Haupt geschlagen werden und mit nur der Hälfte ihrer Truppen zurückkehren. Aber wir können auch nicht nach Caracas hinein, wenn wir unsere Infanterie nicht beträchtlich vermehren.» Obwohl Bolivar vor und nach der Niederlage von Semen mit Schmeichelei, Amnestien und Gewalt versucht hatte, Rekruten anzuwerben, war der Ertrag nur mager gewesen. Das Gebiet von Guárico war royalistisch bis auf die Knochen, und die Mehrzahl der Häuptlinge blieb Spanien treu. «Ihre Treue wurde durch die allgemeine Haltung der Bevölkerung gerechtfertigt. Zogen die Patrioten in einen Ort ein, so flohen viele oder gar alle Familien in die Wälder.» Bolivar gab Befehl, auf die Bevölkerung Rücksicht zu nehmen und sie zum Bleiben zu veranlassen sowie «alle Räuberei, Gewalttaten, Quälerei oder sonstige Ausschreitungen zu verbieten, die den Haß der Bevölkerung gegen uns wecken könnten». Aber die Bevölkerung traute den Möchtegern-Befreiern nicht.

Auch Morillo fehlte es an Soldaten, an Offizieren, an Generälen. Aber auf lange Sicht würde das Land wohl den spanischen Truppen zum Siege verholfen haben, hätte nicht ein neuer Faktor das Gleichgewicht der Kräfte zugunsten der Patrioten verschoben.

Offiziell hielt Castlereagh an seiner Politik fest, daß keine Nation außer Spanien in die Angelegenheiten Spanisch-Amerikas eingreifen dürfe, und noch am 27. November 1817 hatte der Prinzregent eine Verordnung erlassen, die es britischen Untertanen verbot, an dem Krieg zwischen Spanien und den Rebellen in Übersee auf irgendeine Weise teilzunehmen. Hinter dieser amtlichen Politik stand jedoch die stillschweigende Duldung aller Beihilfe und Unterstützung spanisch-amerikanischer Agenten, die in England damit beschäftigt waren, britische Freiwillige anzuwerben. Aus den Memoiren Hippisleys, der einer der britischen Rekrutierungs-«Obersten» war, geht hervor, daß ihn zunächst ein Freund dazu angeregt hatte, «dem gegenüber etliche Herren in der Geschäftswelt ihre volle Überzeugung ausgedrückt hatten, daß die Unabhängigen in Südamerika schließlich Erfolg haben würden, wenn sie Hilfe und Unterstützung durch Offiziere und Mannschaften aus Großbritannien bekämen». Dann schildert er, wie er sich entschloß, dieser Sache zu dienen, und setzt hinzu: «Mit diesem Entschluß und mit Billigung meines Freundes (dessen hoher Rang in der britischen Armee und dessen militärische Erfahrung ebenso hervorragend waren, wie sein Name geehrt, geliebt und geachtet wurde[1]), stellte ich mich dann dem venezolanischen Agenten Lopez Méndez zur Verfügung.»

Der Erfolg, den Lopez Méndez beim Rekrutieren dieser britischen Verbände hatte, beruhte vor allem auf zwei Dingen. Einmal war es die uralte Tradition, derzufolge die Engländer in Südamerika das Eldorado sahen, ein Eldorado,

---

1 Wellington? Er war inzwischen ein spanischer Grande geworden, und Spanien hatte ihm eine schöne Besitzung bei Granada geschenkt.

das bis dahin verschlossen und unzugänglich wie ein zweites Tibet gewesen, jetzt aber dank den Patrioten in jedermanns Reichweite lag, sofern er nur kühn genug war, sich den Weg hinein zu erkämpfen. Hinzu kam als zweiter Grund, daß viele britische Offiziere nach dem Ende der Napoleonischen Kriege ohne Beschäftigung waren. Männer und Material waren in Hülle und Fülle auf dem Markt, und Abenteurer aller Art ergriffen rasch jede sich bietende Gelegenheit. Die einen traten ein oder boten ihre Dienste an: beispielsweise Sir Gregor MacGregor oder jener MacDonald, der Morillo zufolge in der Schlacht von Semen gefallen war; die andern versuchten, Einheiten aufzustellen, und ließen sich dazu von Lopez Méndez verlocken, der ihnen höheren Rang und Sold anbot, als sie in Europa besessen hatten. Gegen Ende des Jahres 1817 lagen die fünf Schiffe «Britannia», «Emerald», «Dawson», «Prince» und «Indian» zum Auslaufen bereit; an Bord befanden sich fünf Regimenter unter dem Kommando der «Obersten» Gilmore, Hippisley, Wilson, Campbell und Skeene. Insgesamt waren es nicht mehr als achthundert Mann, aber ihre Ausrüstung war vorzüglich, und außerdem nahmen sie eine ansehnliche Ladung von Waffen und Munition mit, die spekulierende Londoner Kaufleute hinüberschickten. Skeene und sein Regiment kamen um, als ein Sturm die «Indian» vernichtete. Die andern Regimenter bestanden noch einige Abenteuer, erst auf der schwedischen Insel San Bartholomé, später in Georgetown auf Grenada und danach in andern mehr oder minder gastlichen Häfen der Antillen. Nachrichten darüber, wie der Krieg in Venezuela in Wirklichkeit geführt wurde, hatte die Begeisterung der Freiwilligen etwas abgekühlt: Beschwerden, Krieg bis zum Tode, kein Sold, keine Uniform, kein Eldorado. Viele desertierten, andere fochten Duelle, gerieten in Schlägereien und in finanzielle Schwierigkeiten aller Art. Schließlich gelang es etwa hundertfünfzig Mann unter Hippisley, Wilson, Campbell und Gilmore, Guayana im Laufe des zweiten Vierteljahres 1818 tatsächlich zu erreichen.

Als Hippisley am 22. Mai 1818 in San Fernando eintraf, erließ er an seine Leute strenge Weisungen, die an den berühmten Ausspruch erinnern, den Wellington getan haben soll, als er in Spanien neue Verstärkungen aus England besichtigte: «Ich weiß nicht, welchen Eindruck sie auf den Feind machen werden – mich erschrecken sie jedenfalls!» Hippisley wußte nur zu gut, wie schlechte Rekruten er mitgebracht hatte, und gab daher in seinem Tagesbefehl bekannt: «Jeder Mann, der im Dienst oder außer Dienst betrunken angetroffen wird, soll so streng bestraft werden, wie die militärische Lage in Venezuela gestattet.»

Etwas voreilig setzte er hinzu: «Ein betrunkener Soldat ruft bei Bolivar Ekel und Abneigung hervor.» Das deckt sich kaum mit seinen eigenen Beobachtungen. So schreibt er von Tomas Montilla, er sei «bei dem Oberbefehlshaber Bolivar sehr beliebt, etwa siebenundzwanzig Jahre alt, von sehr gepflegtem Auftreten, aber leider dem Trunk so ergeben, daß er kaum jemals nüchtern in die Hängematte kommt». Hippisley hatte schon in Angostura erlebt, wie Armut, Anarchie und Intrigen der Sache der Patrioten zusetzten, war aber dennoch erstaunt über die unheilschwangere, niedergeschlagene Atmosphäre, die er in San Fernando vorfand.

Páez war dort der eigentliche Herr, da er die vorhandenen Truppen kommandierte, und nicht Bolivar. Hippisley machte Páez bei der Ankunft seine Aufwartung. Der Llanerohäuptling empfing den Engländer herzlich und bat ihn, alle drei Wochen zu schreiben. «Ich fragte ihn, ob er wünsche, daß ich bleibe; darauf entgegnete er mir, das würde der Chef [Bolivar] nicht erlauben, da er die Engländer als Verstärkung der Armee vor Cumaná haben wolle.» Die Absicht war nur zu deutlich. Bolivar, der im Apuretal keine Armee besaß, wollte sich am unteren Orinoco eine verschaffen; zu diesem Zweck sollte Soublette in Angostura die Waffenladungen entgegennehmen, die Brion auf den Antillen von den Spekulanten in der City zu erlangen hoffte, während er gleichzeitig mehr Engländer anwerben sollte, weil es nicht mehr genug Venezolaner gab und die wenigen Páez «gehörten». Der sogenannte Oberst English, ehemals Schreiber in der britischen Intendantur, war von Bolivar im Mai 1818 in geheimer Mission nach England geschickt worden; wie Hippisley bald herausfand, sollte er dort weitere Freiwillige anwerben – wofür er pro Kopf fünfzig Pfund bekomme und dazu nach seiner Rückkehr Brigadegeneral und Kommandeur eines Regiments werden sollte. Ein anderer Mann, der überhaupt keinerlei militärische Vergangenheit hatte, war mit einem ähnlichen Auftrag bedacht worden. Daraufhin beschloß Hippisley, «mit ähnlichen Mitteln die Auslagen hereinzubekommen, die ich bereits gehabt hatte». Da Páez nicht dumm war, hatte er das schnell begriffen. Es gelang ihm, den sogenannten Oberst Wilson auf seine Seite zu ziehen, der dann den sogenannten Major Trewren, Hippisleys Stellvertreter, nach sich zog. Was für Leute diese ersten Freiwilligen waren, beschreibt am besten Oberst Hippisley: «Oberst Wilson hatte nur hundert Mann unter sich, die größtenteils Deserteure und Aufrührer aus einem anderen Korps waren. Darunter ein versoffenerer und verlebter Oberstleutnant, der nicht einmal einen gewöhnlichen Appell abhalten konnte; ein noch versoffenerer Major, der immerhin in nüchternem Zustand ein guter Soldat war; ein Haufen von Hauptleuten und Subalternoffizieren, die mit Ausnahme von zweien noch niemals in einem Regiment gedient hatten und alle zusammen als Reiter und Fechter von Páez' Kavalleristen ausgelacht worden waren.»

Als Bolivar am 5. Juni 1818 endlich in Angostura eintraf, fand er dort das übliche Chaos unter seinen Generälen vor. Bermúdez und Mariño lagen sich in der Gegend von Cumaná in den Haaren; Mariño hatte Bermúdez Gewalt angedroht, falls er weiter auf Cumanacoa vorrückte. Das war Ende April. Dann hatte Bermúdez den jungen Sucre als Unterhändler zu seinem Rivalen geschickt; Sucre war zwar für sein Alter klug und geschickt, doch erreichte er nur, daß Blutvergießen vermieden wurde. So mußte Bolivar Urdaneta hinschicken, der schließlich Mariño zur Vernunft brachte. Dieser erließ am 26. Juni eine Proklamation, worin er Bolivars Autorität anerkannte – die Ereignisse werden zeigen, für wie lange und wie aufrichtig er das meinte. Bolivar sah sich genötigt, sich mehr und mehr auf ausländische Hilfe zu verlassen. Er verordnete, Ausländer sollten von Steuern und Militärdienst befreit werden. Das war nötig, weil Montilla zwei Monate vorher mit den englischen Kaufleuten in Angostura in Schwierigkeiten geraten war; er hatte sich nämlich eigenmächtig die Mittel besorgt, um Hippisleys Husaren zu entlohnen. Jetzt aber wurde vom Orinoco ein britisches Schiff gemeldet, das Kleidung und Ausrüstung für zehntausend Mann an Bord hatte, während die «Hunter», ebenfalls ein britisches Schiff, bereits mit Nachschub für Oberst Wilsons Truppe in Angostura eintraf. Es war also dringend nötig, die entrüstete britische Kolonie zu beschwichtigen.

Die Stadt Angostura beschreibt Hippisley als «eine Reihe von Häusern (alle aus Stein), die etwa anderthalb Kilometer lang ist und etwa hundert Schritte von der Hochwassermarke entfernt liegt ... In dieser Reihe gibt es einige hervorragende und geräumige Bauten, die durchweg Stuckfronten haben, einige auch Veranden oder im ersten Stock Balkons ... Hier liegen die Wohnhäuser der wichtigsten britischen und amerikanischen Kaufleute, von denen manche hier wohnen, seit die Stadt den Royalisten abgenommen wurde.» Die beiden schönsten Häuser gehörten Brion und Soublettes Schwester, Bolivars ehemaliger Geliebten. Die übrige Stadt bestand aus Straßenzügen mit Steinhäusern, die schachbrettartig etwa einen Hektar bedeckten. Der Hauptvorteil der Stadt war, daß sie das Delta des Orinoco und das Meer beherrschte. Brion, der Admiral der Republik, kämmte damals die Antillen nach Waffen durch. Er hatte Hippisley in Altguayana getroffen und von ihm einiges über die Intrigen und dunklen Geschäfte zwischen den abenteuernden Soldaten, den Freibeutern und den Spekulanten erfahren, die sich durch das Netz der unfähigen spanischen Flotte nach Margarita und Angostura zwängten und dabei auf die kaum verhohlene Beihilfe der britischen Marine rechnen konnten. Der spanische Flottenchef Chacón war in Georgetown und reparierte seine Schiffe. Brion rettete die «Britannia» vor den Spaniern, die nach Haiti gesegelt war, um dort ihre Waffenladung zu verkaufen, nahm die französischen Freibeuter Joly und Bernard mit zwei guten Schiffen in Dienst, erwarb die «Emerald» und entzog sich im Schutze bald schwedischer, bald holländischer Häfen der spanischen Flotte. Am 12. Juli traf er unter lautem Jubel in Angostura ein. Er brachte wertvolle Waffen mit, konnte nicht bar bezahlt werden, aber erhielt das volle Eigentum an drei der besten Häuser in Angostura und dazu das Privileg, auf dem Orinoco Dampfschiffe laufen zu lassen.

Es soll Bolivars Kühnheit als Buschkrieger keinen Abbruch tun, wenn man sagt, er machte hinter dem Schreibtisch einen stärkeren Eindruck als hoch zu Roß. Seine Briefe und Urkunden aus Angostura verraten im Umgang mit Menschen, Dingen und Ideen mehr Sicherheit als seine Abenteuer auf den Prärien seines Vaterlandes. In seinem Disput mit Hippisley beweist er Würde und Tatkraft. Hippisley selber schildert uns einen wankelmütigen, kleinlichen und unehrlichen Bolivar. Der britische Oberst verstand sich nicht mit dem Venezolaner und hatte Bolivar von Anfang an nicht gemocht. Seine Schilderung zeigt die Unfähigkeit des Inselbewohners, selbst die einfachsten Elemente einer fremden Umwelt zu begreifen. Er starrte vor Beschwerden wie ein Igel vor Stacheln und wollte mit einem geplagten Bolivar darüber diskutieren, als ob sie irgendwo in einer ruhigen Buchhaltung säßen. In puncto Geld mag er recht gehabt haben, aber sonst war er ein Prahlhans – wenn auch höchstwahrscheinlich ein tapferer und sogar tollkühner Mann. «Zweitausend Briten hätten ungehindert von einem Ende der Provinz zum andern marschieren können, ohne daß man sich um sie gekümmert hätte», schreibt er, und diese Haltung von nationalem Trotz legte er auch Bolivar gegenüber an den Tag. «Ich legte meine Abrechnung vor. Seine Antwort war typisch für ihn – gerissen, ausweichend, trügerisch, unehrlich und einfach undankbar. Die Abrechnung möge ja vollkommen richtig sein, er bezweifle ihre Richtigkeit in keiner Hinsicht; aber wo war Herrn Méndez' Unterschrift? Ob ich dessen Zahlungsanweisung vorlegen könne? Warum habe Herr Méndez das Geld nicht in England vorgeschossen oder sich dafür bei den dortigen Kaufleuten Kredit verschafft? Nachdem er seinen Schnurrbart gezwirbelt und mich scharf angeblickt hatte, wiederholte er die Fragen. Nun zwirbelte ich meinen Schnurrbart (der ebenso groß, nur nicht so schwarz war), bat den Dolmetscher, dem General zu übersetzen, und gab meiner Verwunderung Ausdruck, daß der General sich weigerte, die Rechnung zu bezahlen.» Hippisley war so unbedacht, Bolivar zu drohen, er werde ihn in London bloßstellen. «Leidenschaftlich sprang der Chef auf und erklärte, es stehe mir frei, nach Belieben zu handeln; weder ihn noch die Regierung von Venezuela könnten meine Drohungen einschüchtern.» Ihre Korrespondenz verrät einen kühlen, höflichen, festen und scharfsinnigen Bolivar, der seine Würde wahrte und von Hippisley jede Unze verlangte, die seinem Lande zustand. Als Hippisley abreiste, schrieb Bolivar ihm einen freundlichen, liebenswürdigen und den Umständen nach sogar großmütigen Brief. Er kaufte dem Engländer seinen Dreispitz mit Federbusch ab und hätte ihm auch dessen Achselschnur abgekauft, wenn er sich hätte überwinden können, Hippisley nach dem Preis zu fragen.

Kaum war der Streit mit Hippisley Mitte Juni beigelegt, hatte Bolivar schon einen neuen Zwist mit J. B. Irvine, dem Agenten der Vereinigten Staaten, zu bestehen. In dieser Korrespondenz (Juli bis Oktober 1818) zeigt sich Bolivar von seiner besten Seite. Die amerikanische Regierung hatte Irvine mit einem doppelten Auftrag entsandt: einmal als Zeichen einer inoffiziellen, aber unverkennbaren Sympathie der

Republik im Norden, zum andern aus Protest gegen die Beschlagnahme zweier amerikanischer Schiffe, die im Winter zuvor den Spaniern im belagerten Angostura Lebensmittel und Waffen bringen sollten. Es gab noch einen weiteren Streitpunkt zwischen den Patrioten und den Vereinigten Staaten. Die Insel Amelia, vor der Küste von Florida, war im Auftrag der Geheimagenten der aufständischen Regierungen in Südamerika zuerst von McGregor und später von Aury den Spaniern weggenommen worden. Im Dezember 1817 griffen die Vereinigten Staaten ein und besetzten die Insel. Dagegen protestierten dieselben Geheimagenten, darunter Lino de Clemente als Vertreter von Bolivars Regierung, offiziell und inoffiziell, wiewohl weder klug noch maßvoll. Auch diesen Fall brachte Irvine in seinen Akten mit. Bolivar schrieb am 24. Juli an Clemente, da er nichts über den Zwischenfall von Amelia wisse, könne er weder McGregor noch Aury als legitime Parteien im Kampf gegen Spanien anerkennen, sofern sie nicht von irgendeiner unabhängigen Regierung ermächtigt worden seien; über diese Antwort habe Irvine sich äußerst befriedigt gezeigt. Clemente hatte aber noch nicht einmal sein Beglaubigungsschreiben überreichen können, weil sich der Staatssekretär wegen Clementes offenherziger Äußerungen über die Besetzung Amelias weigerte, ihn zu empfangen. Weniger Erfolg hatte Irvine wegen der beiden Schiffe. Die Korrespondenz zeigt Bolivar als Meister der Diplomatie und erstklassigen Unterhändler. Er erbot sich, die Sache einem Schiedsgericht zu unterbreiten, was Irvine stillschweigend beiseite schob. Dann drohte Irvine der unabhängigen Regierung mit der Macht seiner Nation. Das brachte Bolivar in Hochform. «Es scheint, als wollten Sie mich dahin treiben, Ihre Beleidigungen zu erwidern. Das will ich nicht, doch erkläre ich feierlich, daß ich nicht gestatten werde, daß man meine Regierung verachtet oder beleidigt – und auch nicht die Rechte Venezuelas. Im Verteidigungskrieg gegen Spanien ist ein beträchtlicher Teil unseres Volkes vernichtet worden, und die Übriggebliebenen sind bereit, sich das gleiche Schicksal zu verdienen. Es ist für Venezuela gleichgültig, ob es gegen Spanien oder gegen die ganze Welt kämpft, wenn es darum geht, eine Kränkung zurückzuweisen.» Alle diese Diskussionen mit Engländern und Amerikanern scheinen Bolivars Hispanophobie gemildert zu haben. General Renovales, ein Spanier im Exil, hatte ihm seine Dienste angeboten. In seiner Antwort lobte er Renovales' Leistungen im Krieg gegen Napoleon und seine Integrität, weil er eine glänzende Stellung geopfert und sich geweigert habe, als Sklave unter Ferdinand zu leben. «Ich empfinde in meinem Herzen ungeheure Genugtuung, wenn ich bedenke, daß nicht alle Spanier unsere Feinde sind... Euer Exzellenz erweisen uns einen wirklichen Dienst, wenn Sie uns anbieten, daß Sie mit uns zusammenarbeiten wollen, um die Unabhängigkeit Amerikas wiederherzustellen. Dieser Dienst wird noch größer sein, wenn es Euer Exzellenz gelingt, für unsere Sache die größtmögliche Zahl von spanischen Offizieren zu gewinnen, die den Wunsch haben sollten, sich in der amerikanischen Hemisphäre ein freies Vaterland zu wählen.» Das war nicht mehr derselbe Bolivar, der 1813 den Krieg bis zum Tode verkündet hatte. Die Notwendigkeit, sein Land, das infolge seiner früheren, leidenschaftlichen Politik ausgeblutet war, mit spanischem Blut aufzufrischen, steht deutlich in einem Brief an Lopez Méndez vom 12. Juni 1818; dort merkt man auch die Wirkung seiner Erfahrungen mit Hippisley, Wilson und anderen. Er drängt auf Waffen und Munition, für die seiner Meinung nach ihre begrenzten Mittel in erster Linie verwendet werden sollten, und fährt dann fort: «Nächst Waffen, Munition und Ausrüstung können wir auch gute Offiziere, Korporale und Sergeanten aus Spanien sehr wohl gebrauchen – aus der großen Schar der Anhänger unserer Sache, die in England oder Frankreich leben, weil sie das Exil der Sklaverei vorziehen. Sie nützen uns viel mehr als Ausländer, die unsere Sprache nicht kennen und lange brauchen, bis sie diese lernen, inzwischen aber nutzlos sind... Man könnte viel tun, um spanische Offiziere und andere Unterstützung aus Spanien selber zu bekommen, wenn wir offen den Grundsatz verkündeten, auf dem unsere Politik beruhen sollte: ‹Friede der spanischen Nation und Vernichtungskrieg gegen ihre jetzige Regierung.› Nichts sollte unterbleiben, um die Interessen der spanischen Nation von denen ihrer Regierung zu unterscheiden und die Nation zur Einsicht zu bringen, daß ihr wahrer Vorteil in einem engen Bündnis mit einem unabhängigen Amerika liegt.»

Diese politischen Höhenflüge waren sein einziger Ausgleich für die schmutzigen Machtkämpfe unter seinen Offizieren und für das tägliche Elend und die Kümmernisse einer gefährdeten, von Armut geplagten und noch kaum geborenen Nation. Ebenfalls am 12. Juni 1818 schrieb Bolivar einen Brief an Juan Martin de Puyrredón, den Direktor der Vereinigten Provinzen von Rio de la Plata, als Antwort auf dessen Botschaft vom 18. November 1816. Darin freut sich Bolivar der Tatsache, daß trotz den durch Entfernung und Geheimhaltung bedingten Verzögerungen die Beziehungen hergestellt worden waren, und erklärt weiter, die Bürger der Vereinigten Provinzen würden in Venezuela nicht nur als Freunde, sondern als «Mitglieder unserer venezolanischen Gesellschaft» behandelt werden, denn: «Ein Vaterland nur darf es für alle Amerikaner geben, da wir in allem vollkommene Einheit bewahrt haben.» Wieweit machte er sich klar, daß die hier betonte Einheit eine Schöpfung der dreihundert Jahre alten spanischen Kultur war, die er bald verfluchte, bald nachdenklich betrachtete, während sie unter seinen Augen und von seiner eigenen Hand zerstört wurde? Schon errichtete er im Geiste ein riesiges Gebäude vom Ausmaß eines Kontinents, vielleicht eine Wiedergeburt des spanischen Weltreiches, dessen überlebte Form er gerade zu zerstören im Begriff war. «Wenn die Zeit und die Waffen Venezuelas das Werk seiner Unabhängigkeit vollenden oder wenn günstigere Umstände uns gestatten, häufiger in Verbindung zu treten und engere Beziehungen zu pflegen, werden wir uns mit äußerster Anteilnahme einander nähern. Auf unserer

Seite sind wir dann bereit, einen amerikanischen Pakt abzuschließen, der aus allen unsern Republiken ein Gemeinwesen macht und Amerika der Welt als ein Beispiel majestätischer Größe darstellt, dessengleichen die Nationen der Antike nicht gekannt haben.»

SECHSTES KAPITEL

Von Angostura aus sieht Bolivar San Martins Stern über den Anden aufgehen

Um jene Zeit machte Bolivar sich Sorgen über das, was er «die spanisch-russische Expedition» nennt. Man glaubte, die Expedition werde zunächst in Margarita an Land gehen. Am 13. Juli 1818 befahl Bolivar Arizmendi, er solle die Insel von allen Bewohnern räumen lassen, falls er sich Widerstand nicht zutraue; es sei nämlich besser, die Wiedereroberung Margaritas vom Festland aus vorzubereiten, als die Insel einem ungleichen Kampf auszusetzen. Mit der Räumung der Insel mag er aber in Gedanken einen andern Zweck verfolgt haben. Eines der schmerzlichen Themen seiner Überlegungen war das, was er die Fahnenflucht der Zivilbevölkerung in die noch unter spanischer Herrschaft stehenden Gebiete nannte. Auch seine Familie, sogar seine Geliebte, schienen die spanische Flagge der Fahne der Unabhängigkeit vorzuziehen. Was Señorita Pepa angeht, so machte sich Bolivar als Mann ebenso viele Sorgen wie als Führer und schrieb daher an seinen Verwandten Leandro Palacios: «Hier heißt es, die Damen Machado (Pepita mit Mutter und Schwester) seien nach Caracas gereist; sollte das der Fall sein, so ist nichts mehr dazu zu sagen. Andernfalls möchte ich Sie um einen Gefallen bitten. Señor José Méndez Monsanto hat Weisung, Pepita 400 Pesos zu geben, damit die Damen hierher kommen können, und ich werde auch ihre Reisekosten hierher zahlen. Ich tue das, weil ich gewiß bin, daß die Emigranten von bitterer Not nach Caracas (das heißt in spanisches Gebiet) getrieben werden, während sie hier besser als in den Kolonien (das heißt auf den ausländischen Antillen) leben können. Machen Sie der Familie klar, daß sie kommen müsse, und sagen Sie Pepita, sie müsse kommen, wenn sie nicht wolle, daß ich sie vergesse. Zu alledem werden Millionen Dinge erzählt, die unglaublich erscheinen, und der Zweifel plagt mich sehr.

[Das könnte sich auf Pepitas Treue gegenüber Bolivar oder gegenüber Bolivars Sache beziehen.] Kurzum, sagen Sie mir alles Wissenswerte über die Damen, damit ich entscheiden kann, was ich zu denken und zu tun habe.»

Damals war Bolivar der einzige anfeuernde, maßgebliche Geist und Wille. Zwar war er nur einer von vielen Anführern, die sich als Prätorianer auf den Gipfel der Macht emporzuschwingen versuchten, doch unterschied er sich von den andern dadurch, daß er wirklich in nationalen und kontinentalen Maßstäben dachte. Daher seine Standhaftigkeit, sein Glaube, sein im Kampf nie erlahmender Wille. Daher auch sein bedenkenloses Umspringen mit Tatsachen. Die Briefe, die er an seine Generäle, seine Vertreter im Ausland, seine Freunde und Verwandten schreibt, haben mit den Tatsachen nicht mehr gemein, als ihm angebracht erscheint. Ein Beispiel für viele: In den Schlachten von Semen und Ortiz war Bolivar gründlich geschlagen worden. Hier sein Bericht über das erste Gefecht an Arizmendi: «Es wurde auf beiden Seiten zäh und blutig gekämpft, aber der Sieg fiel unserer Seite zu, und der Feind hatte nach eigenen Aussagen tausend Tote und Verwundete. Da ich viel weniger Infanterie als der Feind besaß, da wir schon viele Gefechte überstanden und ich viele Gewehre verloren hatte, kehrte ich in die Prärie zurück, um meine Verluste zu ersetzen und vor allem mehr Waffen und Munition zu holen, woran ich Mangel hatte. Ich ordnete die Armee gründlich und schlug die Spanier abermals bei Ortiz, das ich sie zu räumen zwang; sie mußten sich nach Villa de Cura zurückziehen, wurden aber nicht verfolgt, weil der Wald sie vor unserer Kavallerie schützte.»

Was aber war aus der russischen Expedition geworden? Ferdinand VII. war vom Abschaum Madrids umgeben. Seine liebsten Gefährten waren Barbiere und Kammerdiener. Einer von diesen, Antonio de Ugarte, der Privatsekretär des Königs, hatte mit dem skrupellosen russischen Botschafter Tatischeff intrigiert und wollte für gute spanische Dublonen eine wertlose russische Flotte kaufen. Ferdinand litt an der chronischen Finanznot aller spanischen Herrscher. Das einzige, was ihm einfiel war, dafür zu sorgen, daß wieder regelmäßig Geschwader mit Gold und Silber aus den überseeischen Besitzungen der Krone einträfen. Das bedeutete, daß man zunächst die überseeischen Königreiche wieder zu ihrem früheren Gehorsam zurückführen mußte; das wiederum bedeutete – worauf hinzuweisen Morillo nicht müde wurde – viele tausend gut ausgebildete spanische Soldaten und natürlich eine Transportflotte. An diesem Punkt schalteten sich Ugarte und Tatischeff ein. Die Russen würden in Cadiz fünf Linienschiffe und drei Fregatten abfahrbereit abliefern. Die Verhandlungen waren so geheim, daß sogar die spanische Admiralität beiseite geschoben wurde. Alle Urkunden wurden nachträglich vernichtet, was allerdings die «London Morning Chronicle» nicht hinderte, sich eine Abschrift der beiden Hauptverträge vom 11. Juli 1817 und vom 27. September 1819 zu besorgen und diese im Dezember 1823 zu veröffentlichen. Die Schiffe wurden hauptsächlich von den vierhunderttausend Pfund Sterling bezahlt, die Großbritannien Spanien als Entschädigung für die Abschaffung des Sklavenhandels schuldete; Ugarte und Tatischeff fingen das Geld geschickt zwischen London und Madrid ab. Die Schiffe waren aber unbrauchbar und mußten mit einer Ausnahme sämtlich noch vor 1823 abgetakelt und verschrottet werden. Der Minister, der die Schiffe bei der Übergabe besichtigt hatte, wurde von Ferdinand entlassen, und die Kommandanten, unter denen die Schiffe fahren sollten, wurden pensioniert, als sie ihre Schiffe vor der Abreise inspizieren wollten. So erreichte die «spanisch-russische Expedition» nichts weiter, als daß sie Bolivar für ein paar Wochen Kopfzerbrechen machte.

Im übrigen hatte Bolivar während des ganzen Frühlings 1818 immer an Caracas gedacht. Im April hatte Soublette Bermúdez erläutert, Bolivar plane eine Operation an der Küste von Caracas. Als Brion mit reichlich Munition eintraf

DON JOSÉ DE SAN MARTIN

und die Lage sich dadurch besserte, daß man auf einen stetigen Strom von Männern und Rohstoffen aus England rechnen konnte, reiften Bolivars Pläne heran. Die Ereignisse veranlaßten ihn jedoch, seine Strategie zu ändern. Hauptmann Uribe, ein Kurier der Republikaner in Neugranada, brachte ihm wichtige Nachrichten. San Martin hatte am 5. April bei Maypo einen Sieg errungen. «In Chile gibt es keine Feinde mehr», schrieb er in seinem Bericht nach Buenos Aires. Die Lage in Peru hatte sich völlig geändert, Lima und Callao waren von den Republikanern genommen worden, ihre Truppen drangen von Süden nach Neugranada ein, und im Norden hatte sich ein Buschkrieg entwickelt, so daß die Verbindungen der Royalisten zwischen Cartagena und Sante Fé gefährdet waren. Bolivar beschloß, sich an die Befreiung Neugranadas zu machen, und ersah dafür als Oberbefehlshaber Francisco de Paula Santander aus, einen siebenundzwanzigjährigen Oberst, der im Jahr zuvor sein Kommando infolge einer Intrige des kühnen Páez verloren hatte. Damals war Santander zu Bolivar übergetreten. Bolivar blieb jedoch wie immer vorsichtig und unterstellte ihm einen seiner engsten Gefolgsleute, Justo Briceño. «Halten Sie sich dicht zu ihm», schrieb er Briceño deutlich. Vorläufig aber verrät er nur eine flüchtige Neigung, selber die Expedition zu führen, die eine der Hauptursachen seines militärischen Ruhmes werden sollte. «Ich würde zurückkehren, um den Ruhm zu genießen, jene Armee zu führen, erforderten die Interessen der Republik nicht, daß ich hier bleibe; denn dieser Ort [Angostura] ist der Ausgangspunkt für alle Operationen, für die Waffen und Munition aller Divisionen, die an verschiedenen Stellen operieren, zumal bis wir wissen, wie sich die Beziehungen zwischen Europa und Amerika gestalten. Das werden wir bald wissen. Amerikas Tag ist angebrochen.»

Als Führer des Kontinents mußte Bolivar in San Martin seinen vornehmsten Rivalen im Kampf um die Befreiung Spanisch-Amerikas sehen. Man kann das spanische Reich in

Südamerika mit einer Zange vergleichen, deren offene Bakken Brasilien umschließen, deren Scharnier in Lima liegt und deren Enden auf den Mündungen von Orinoco und La Plata ruhen. In strategischer Hinsicht bedeutete Angostura für Bolivar das, was Buenos Aires für San Martin war. Als Bolivar von San Martins Triumph in Chile hörte, wußte er, daß er keine Zeit mehr verlieren durfte. Er mußte so schnell wie möglich Neugranada nehmen, oder er würde zu spät zu dem Rendezvous kommen, welches das Schicksal (sonst auch der natürliche Ablauf genannt) zwischen ihm und San Martin in Lima verabredet hatte. (Daß die Begegnung dann tatsächlich in Guayaquil stattfand, ist unwichtig; im politischen Sinne fand alles in Lima statt).

José de San Martin war am 25. Februar 1778 im Yapegú in der Provinz Misiones des Vizekönigtums Buenos Aires geboren; er war also fünf Jahre älter als Bolivar. Sein Vater war spanischer Offizier, seine Mutter Kreolin von spanischer Herkunft. Mit acht Jahren wurde er nach Madrid geschickt, besuchte das «Seminario de Nobles» und bekam mit elf Jahren sein Offizierspatent. Über zwanzig Jahre diente er in der spanischen Armee in Afrika, Frankreich, Portugal und Spanien, wo er als Waffenbruder von Morillo an der Schlacht von Bailén teilnahm. 1812 kehrte er mit der Goldmedaille von Bailén an der Uniform als Oberstleutnant nach Buenos Aires zurück. Im Herzen war er bereits Separatist, da seiner Mutter Blut die Oberhand gewonnen hatte. San Martin war ein schweigsamer und verschlossener Mann mit einer Vorliebe für Verschwörungen und Geheimgesellschaften. Er war Freimaurer und wurde bald einer der Unterführer der Revolution, die von den dunklen Hintergründen der Logen aus den Gang der Ereignisse kontrollierten. Als ihm von der Revolutionsregierung die Aufgabe gestellt wurde, die Armee aufzubauen und zu unterweisen, schuf er ein Bataillon berittener Grenadiere, in dem er eiserne Disziplin hielt. Als diese Truppe, deren geborener und amtlich bestellter Anführer er war, noch kaum aufgestellt war, benutzte er sie, um am

7. Oktober 1812 die Regierung zu stürzen und eine andere einzusetzen, die mehr nach seinem Geschmack war. Der Sieg, den er am 3. Februar 1813 bei San Lorenzo am Ufer des Paraná über den spanischen General Zavala errang, festigte seinen Ruf, so daß ihm das Kommando der Armee in Oberperu angeboten wurde. San Martin war jedoch anderer Ansicht. Er hielt es für sinnlos, den Krieg auf dem Weg über Oberperu fortzusetzen, weil die republikanischen Truppen immer in der Ebene, die Spanier stets im Hochland stärker waren. Sein Gedanke war, über die Anden nach Chile zu marschieren, Santiago zu nehmen und dann mit Lima als Ziel nach Peru vorzurücken. Im Gegensatz zu dem raschen und redseligen Bolivar war San Martin verschwiegen und langsam. Eine Krankheit, die manche für vorgetäuscht hielten, die aber wahrscheinlich echt war, kam ihm gelegen. Er trat als Kommandeur der Vereinigten Provinzen zurück und wurde Gouverneur und Intendente der Provinz Cuyo am Ostfuß der Anden. Dort machte er sich in der reichen Stadt Mendoza in aller Ruhe daran, sich auf die selbstgestellte Aufgabe vorzubereiten. Ein Streit mit dem hochbegabten Soldaten und Politiker Alvear drohte seine wohlausgedachten Pläne zu zerstören. Als Alvear in Buenos Aires zum Obersten Staatsdirektor ernannt wurde, entfernte er San Martin von seinem Posten; dieser war aber für seinen Rivalen zu verschlagen, und unter seiner unauffälligen Führung protestierten Stadt und Cabildo von Mendoza «spontan» so laut, daß Alvear nachgab und San Martin wiedereinsetzte. Dieser ließ sich aber nicht drängen. Durch tüchtige, kluge und uneigennützige, wenn auch strenge und rücksichtslose Verwaltung seiner Provinz vermehrte er sein Ansehen; die größte Aufmerksamkeit schenkte er aber jahrelang stets seinem Militär. Er dachte an alles. Da er den Politikern in Buenos Aires nicht traute, schuf er sich eigene Webereien, Lebensmittelfabriken und sogar Gießereien und Waffenfabriken, die er einem kriegerischen Mönch anvertraute. Zwei Ereignisse begünstigten den Aufgang seines Sterns: In Chile

kam es zu Streitigkeiten zwischen zwei rivalisierenden Gruppen von Republikanern, und in Buenos Aires fand ein politischer Szenenwechsel statt. Der erste Umstand verschaffte ihm einen Vorwand, nach Chile einzumarschieren, und einige Hilfstruppen, der zweite brachte einen Mann an die Regierung, der ihm und seinen Ansichten geneigt war: Juan Martin de Puyrredón.

Endlich war alles bereit. San Martin hatte alles vorausbedacht, hatte Versuchsmärsche unternommen, den Feind mit falschen Nachrichten und Erwartungen überschwemmt, die Regierung mit bis in die letzten Einzelheiten gehenden Ersuchen um Nachschub bombardiert, sofern ihm nicht selber an Ort und Stelle eine ebenso einfache wie populäre Lösung einfiel, was gewöhnlich der Fall war. Auch vergaß er die seelische Seite nicht, sondern hielt am 5. Januar 1817 eine Parade ab, bei der er seine Truppen einen zwiefachen Eid schwören ließ: auf ihre heilige Schutzpatronin, die Jungfrau von Carmen, und auf die neue weißblaue Farbe der Vereinigten Provinzen, deren Unabhängigkeit am 9. Juli 1816 erklärt worden war. Mag, wer die Geschichte vereinfachen will, das Rätsel nach Belieben lösen, das dieser in der Wolle gefärbte Freimaurer und Revolutionär aufgibt, der zugleich zur Heiligen Jungfrau betete und Monarchist war.

Er hatte zwei Pässe ausgewählt: den Uspellata gegenüber von Mendoza und den Los Patos bei San Juan, die beide zwischen 3000 und 4000 Meter hoch und nur im Sommer passierbar waren. Die Armee bestand aus 3000 Fußsoldaten, 700 Kavalleristen und 200 Artilleristen, wozu noch mehr als 1200 Mann für Hilfsdienste kamen. Sie sollte in drei Abteilungen marschieren. Die Vorhut unter Soler und die Nachhut unter dem chilenischen Führer O'Higgins sollten den weiteren Weg über den Los Patos nehmen, die übrigen mit der Artillerie unter Las Heras über den Uspellata; um jedoch die Verteidiger zu zersplittern, schickte er kleinere Einheiten auch nach Copiapó, Coquimbo und Talca. Am 8. Februar

1817 fiel San Antonio de Putaendo auf der chilenischen Seite des Passes Soler in die Hände, während Las Heras am selben Tage Santa Rosa de los Andes auf der chilenischen Seite des Uspellata einnahm. Am 10. Februar trafen sich beide Flügel mit nahezu mathematischer Genauigkeit in Chacabuco. Von zehntausend Maultieren waren sechstausend umgekommen, dazu auch die meisten Pferde. Die Truppe hatte große Verluste erlitten, aber ein Meisterwerk der Generalstabsarbeit war gelungen.

Da der unfähige chilenische Präsident Marcó nicht einmal einen Oberbefehlshaber besaß und der tags zuvor erst ernannte General Maroto nur zweitausend Mann in unbekanntem Gelände befehligte, wartete San Martin gar nicht auf seine Artillerie, sondern begann sofort den Kampf. Der Sieg von Chacabuco öffnete ihm die Tore von Santiago, wo er am 14. Februar einzog und O'Higgins als Obersten Direktor des chilenischen Staates einsetzte. Dann überließ er die weiteren Kämpfe in Chile Las Heras und reiste selber nach Buenos Aires, um eine Flotte zusammenzustellen. Er hatte erkannt, daß die Seeherrschaft eine der wichtigsten Voraussetzungen des endgültigen Erfolges war. Am 11. Mai wurde er abermals begeistert in Santiago begrüßt. Von dort aus nahm er Verhandlungen mit Pezuela, dem Vizekönig von Peru, auf. Zu diesem Zweck entsandte er den argentinischen Major Domingo Torres, der in Calla eintraf, als Pezuela gerade den Feldzug gegen die chilenischen Separatisten vorbereitete. Zwar scheiterten seine offiziellen Verhandlungen, doch war seine geheime Mission, die ihm San Martin außerdem übertragen hatte, von Erfolg gekrönt; im Sekretariat des Vizekönigs erfuhr er alle Einzelheiten des spanischen Vorhabens, mit denen er am 5. Januar 1818 nach Valparaiso zurückkehrte, als bereits die Schiffe des Expeditionskorps am Horizont erschienen. Pezuela hatte zwei Fehler gemacht. Das Expeditionskorps war zu klein, weil er nicht begriff, daß Peru in Chile verteidigt werden mußte und nicht im peruanischen Hochland; und sein Verwandter Ossorio war nicht der

geeignete Kommandeur. Zwar besiegte er San Martin am 19. März bei Cambarrayada, doch erlitt er selber dabei schwere Verluste. So gelang es ihm erst am 2. April, die Republikaner am Maypo abermals zum Kampf zu stellen. San Martin hatte Zeit gehabt, seine Kräfte neu zu ordnen, und errang einen der entscheidendsten und folgenschwersten Siege in der ganzen Geschichte Spanisch-Amerikas.
Auf Bolivar müssen diese Ereignisse tiefen Eindruck gemacht haben. Es konnte ihm nicht entgehen, daß der Sieg am Maypo San Martin das Tor nach Lima öffnete – zumal wenn den Patrioten die Seeherrschaft zufiel. Das aber konnte in Bolivars Augen nicht schwierig sein, da Spanien selbst unter den viel günstigeren Bedingungen im Atlantik, wo es Puerto Rico und Kuba in der Hand hatte, seine Seewege nicht sichern konnte. Der Entschluß, Santander nach Casanare zu entsenden, war das erste Eingeständnis der Lage, ein Bauernzug auf dem Schachbrett des Kontinents als Antwort auf Chacabuco und Maypo. Noch aber konnte sich sein Geist nicht vom Osten losreißen. Zwei Motive bewegten ihn dabei: Einmal war er von Caracas besessen, zum andern schätzte er die strategische Bedeutung Guayanas, des Orinocodeltas und der Küste von Cumaná richtig ein. Er schrieb an Bermúdez, in Cumaná seien elf große spanische Schiffe eingetroffen, die zusammen mit den dort bereits vorhandenen eine ansehnliche Streitmacht bildeten und, wie er fürchtete, für eine Operation gegen Guayana und den Orinoco bestimmt sein könnten. Er war jedoch nicht in Alarmstimmung, da dank britischer Zufuhren sein Artilleriepark erstaunlich gewachsen war und er Schießpulver auf Jahre hinaus hatte. Rasch ergriff er Gegenmaßnahmen. Sein Gedanke war, die Küste zu befreien und damit die Gefahr für Angostura zu beseitigen.

Bolivar gab dem Druck seiner zivilistischen Freunde und auch einiger seiner Kommandeure nach; diese wollten seine Macht durch eine Instanz beschränken, die wenigstens «auf einem Schatten von Volksrepräsentation» beruhte. So berief er auf den 1. Januar 1819 einen Kongreß nach Angostura ein. Der Staatsrat war nach den Worten von Bolivars Vertrauten und Adjutant O'Leary lediglich «eine Versammlung von Beamten und militärischen Führern, die der Chef ernannt hatte, und besaß keine andern Befugnisse als das Recht, einige Angelegenheiten zu erörtern, die jener bereits geregelt hatte». Die Opposition wurde nachdrücklicher und lauter. Bolivar fürchtete, ein anderer Führer könne sich Piar zum Vorbild nehmen und die Armee für dieses allerdings republikanische Anliegen gegen ihn aufbringen. Peñalver, ein zuverlässiger Patriot und einer seiner treuesten Freunde, hatte ihm nachdrücklich geraten, er möge nachgeben. Vier Jahre später schrieb er an Peñalver Worte, die erkennen lassen, in welchem Geiste er das tat. «Sie waren der Mann, der mich am meisten bedrängt hat, den Kongreß von Angostura einzuberufen, der mir größeres Ansehen verschafft hat als alle meine früheren Dienste; denn die Menschen wollen, daß man ihnen auf eine Weise diene, die allen gefällt, und der richtige Weg, ihnen zu gefallen, besteht darin, daß man sie einladet, an Macht und Ruhm des Kommandierens teilzuhaben. Ich weiß sehr wohl, daß Sie zu dem Begräbnis meiner Feinde beigetragen haben, die ich im Kongreß von Angostura lebendig begraben habe; denn von jenem Tage an verloren sie ihre Eifersucht und Aufsässigkeit. Und Sie waren wahrhaftig der einzige, der mir zu solchem Schritt geraten hat.» Natürlich hatte er durch eine Verordnung, durch die den Ortskommandanten alle politischen, kommunalen, gerichtlichen und mit Wahlen zusammenhängenden Fragen übertragen wurden, dafür gesorgt, daß der Kongreß seinen Wünschen zugänglich sein würde. Als weiteres Mittel zur Kontrolle der öffentlichen Meinung gründete Bolivar die Wochenzeitung «Correo del Orinoco», die am 27. Juni 1818 mit entwaffnender Bescheidenheit ihr Erscheinen begann: «Wir sind frei, wir schreiben in einem freien Lande und versuchen niemanden zu täuschen. Wir übernehmen damit keine Verantwortung für amtliche Meldungen, sondern bringen sie als solche und überlassen es dem Leser zu entscheiden, wieviel Glauben sie verdienen.»

Nachdem Bolivar sich auf solche Weise gegen Überraschungen seitens der Wählerschaft gesichert hatte, berief er auf den 1. Oktober 1818 eine Sitzung des Staatsrats ein. Seine Eröffnungsrede begann er damit, daß er als Chef der Regierung seine Verordnungen einbrachte. Dann malte er ein schmeichelhaftes Bild von der Gesamtlage, erwähnte «die tapferen Engländer, die, nach wohltätigem Ruhm dürstend, zu uns gestoßen sind», und kündigte an, er wolle den Feind mit seinen gut bewaffneten Streitkräften von allen Seiten her angreifen. «Durch so schmeichelhafte Hoffnungen gestärkt, beeile ich mich, dem Staatsrat die Einberufung eines Kongresses für Venezuela vorzuschlagen.» Nichts solle das verhindern. «Während unsere Krieger kämpfen, mögen unsere friedfertigen Bürger die erhabenen Funktionen der Souveränität ausüben... Es genügt nicht, daß unsere Armeen siegreich sind, daß unsere Feinde aus unserm Gebiet verschwinden und daß die ganze Welt unsere Unabhängigkeit anerkennt. Wir brauchen noch mehr: Freiheit im Schutze liberaler Gesetze, die aus der heiligsten Quelle entspringen, nämlich dem Willen des Volkes.» Dann schlug er die Bildung eines besonderen Ausschusses vor, der prüfen solle, wie allgemeine Wahlen abzuhalten seien. Das geschah unter Roscio als Vorsitzendem, der unter sich fünf weitere Mitglieder einschließlich Peñalver hatte. Der Ausschuß machte sich sofort an die Arbeit, da «der Oberste Befehlshaber dem Staatsrat sein heftiges Verlangen mitgeteilt hatte, die Regierung der Republik so bald wie möglich in repräsentativer Form wiederhergestellt zu sehen.» Dabei betonte er, wie unmöglich es für einen General sei, zugleich Beamter und Schöpfer einer neuen Regierung zu sein; nichts vertrage sich weniger mit seinen persönlichen Anlagen, seinen Pflichten und seinem Schicksal als die Ausübung von Regierungsfunktionen.

Während Bolivar auf solche Weise die Zusammenkunft

der Volksvertreter vorbereitete, die ihn nach dem klassischen Vorbild von Cortés in Veracruz mit kommunalen Vollmachten ausstatten sollten, sah er sich einem neuen Vermittlungsversuch Spaniens gegenüber. Lopez Méndez hatte Castlereagh am 10. April eine Note überreicht, die jedem derartigen Versuch vorbeugen sollte. Nach einer Reihe von Artikeln zu urteilen, die er im «Correo del Orinoco» veröffentlichen ließ, scheint sich Bolivar der Reaktion seines eigenen Volkes, sollte es zu einem solchen Schritt kommen, nicht sicher gewesen zu sein. Schließlich veröffentlichte er im eigenen Namen eine amtliche Erklärung, die auf großartige Weise von seiner Tapferkeit zeugt, was immer man von einigen seiner Behauptungen darin halten mag; denn mochte sich damals die Verstärkung seiner Armee durch Waffen und ausländische Verbände auch gut anlassen, so lagen seine militärischen Erfolge doch noch in der Zukunft. Er beginnt seine Erklärungen mit der Feststellung: «Der Gedanke an eine von Herzen kommende Versöhnung ist der spanischen Regierung niemals in den Sinn gekommen.» Nach einigen fragwürdigen Feststellungen kam er dann zu zwei Punkten, deren Wert unbezweifelbar war. «Venezuela hatte nur um der Menschlichkeit willen die Vermittlung gewünscht, damit Spanien aufgefordert würde, mit ihm über einen Friedens- und Freundschaftsvertrag zu sprechen, welcher Venezuela als freie, unabhängige und souveräne Nation anerkennen und behandeln würde... Seit dem 19. April 1810 hat Venezuela für seine Reche gekämpft. Es hat das Blut seiner meisten Söhne vergossen, seinen ganzen Reichtum, alle Freuden und was die Menschen sonst noch als teuer und heilig ansehen, geopfert, um seine souveränen Rechte zurückzugewinnen. Um diese unversehrt zu erhalten, wie die göttliche Vorsehung sie ihm verliehen hatte, ist sein Volk entschlossen, sich Mann für Mann unter seinen Trümmern begraben zu lassen, sollten Spanien, Europa und die ganze Welt darauf bestehen, das Land unter das spanische Joch zu beugen.»

ZWEITES BUCH

Sieg und Enttäuschung

ERSTER TEIL

Vom Chaos zum Sieg

ERSTES KAPITEL

Die Ansprache von Angostura

Am Abend des 14. Februar 1819 hörte die Stadt Angostura, provisorische Hauptstadt der Republik Venezuela, blitzsauber im Glanz einer Festbeleuchtung, endlich einmal das Dröhnen der Kanonen mit allgemeinem Jubel. Der Kongreß trat zusammen. «Als am Fünfzehnten die Sonne aufging, ertönte wieder eine Salve. Die Volksvertreter versammelten sich um 10.30 Uhr in der Halle des Regierungshauses, das ihnen für ihre Sitzungen zur Verfügung stand; der Generalstab, der Stadtgouverneur, der kommandierende General der Provinz und andere Offiziere versammelten sich im Hause des Oberbefehlshabers, um diesen zu der Feierlichkeit zu geleiten. Drei Kanonenschüsse kündigten den Abmarsch des Zuges an, woraufhin die Abgeordneten aus dem Tor des Palastes traten, um Seine Exzellenz zu begrüßen. Zahlreiche Truppen, die die Straße füllten, erwiesen ihm militärische Ehren.» So begann der Kongreß von Angostura unter Feierlichkeiten, die jedermann in jeder Einzelheit klarmachen sollten, wo die wirkliche Macht lag und wo ihr bloßer Schatten. Aber Páez? ... Mariño? ... Und die übrigen? Sie schienen damals mehr wirkliche Macht als Bolivar zu besitzen, besaßen jedoch weniger. Denn nur Bolivar kannte das Geheimnis politischer Klugheit: daß das Auftreten so nötig zur Wirklichkeit gehört wie die Haut zum Körper.

Durch Zuruf wählte der Kongreß Francisco Antonio Zea zu seinem vorläufigen Präsidenten. Dann «schwor Bolivar den Eid aufs Evangelium und nahm danach jedem einzelnen Abgeordneten den Eid ab. Nachdem die Vereidigung vorüber war, setzte Seine Exzellenz den Präsidenten auf den Stuhl unter dem Baldachin, wo er selber gesessen hatte, wendete sich an das Offizierskorps und sagte: ‹Meine Herren Generäle und Offiziere, meine Kameraden, wir sind nur schlichte Bürger, bis unser souveräner Kongreß geruht, uns in solchem Rang und Amt zu beschäftigen, wie ihm gut dünkt. Im Vertrauen auf Ihre Zustimmung werde ich in meinem und in Ihrem Namen deutlichsten Beweis unseres Gehorsams dadurch erbringen, daß ich dem Präsidenten das Kommando, das ich innehabe, übergebe.› Bei diesen Worten näherte er sich dem Präsidenten, übergab ihm seinen Kommandostab und fuhr fort: ‹Ich gebe der Republik den Kommandostab zurück, den sie mir als General anvertraut hatte. Ihr in jedem Amt oder Rang zu dienen, den mir der Kongreß übertragen mag, wird für mich eine Ehre bedeuten. Dort werde ich ein Beispiel der Unterordnung und des blinden Gehorsams geben, wie sie jeden Soldaten der Republik auszeichnen müssen.›»

Dann sprach Zea. Er war ein bekannter Botaniker, der von Humboldt gelobt und in Spanien geschätzt wurde. In Bogotá geboren, hatte er mit Nariño konspiriert, war nach Spanien geschickt worden und hatte dort nicht die erwartete Strafe, sondern einen Lehrstuhl für Botanik und schließlich die Leitung des Botanischen Gartens in Madrid erhalten. Er war einer der wenigen Spanier, die nach Bayonne gereist waren, um Napoleon zu huldigen. Dies war nicht sein erster Kongreß. Er hatte auch dem Kongreß von Bayonne angehört, der unter dem gebieterischen Blick von Bolivars Vorbild die Verfassung gebilligt und unterzeichnet hatte, die Napoleon Spanien vergeblich aufzuzwingen versucht hatte. Derselbe Zea sollte nun unter Bolivars Augen die Verfassung, die Napoleons Nachahmer Venezuela aufzwang, durch den Kongreß von Angostura steuern. Er sprach nobel und schlicht über die Größe von Bolivars Haltung, die, wie er naiv erklärte, «dieser feierlichen Zeremonie einen antiken Charakter aufprägt». Er versicherte seinen Zuhörern, Bolivar sei würdig, neben «den großen wohltätigen Kaisern Vespasian, Titus, Trajan und Marc Aurel» zu stehen. Weiter wurde Bolivar gelobt, weil er nicht im Unglück zurückgetreten sei, «sondern erst, als das Amt dem Auge des Ehrgeizigen einen gewissen Reiz zu bieten schien». Und dann bereitete er dem Kongreß und Bolivar genau die Überraschung, auf die alle gewartet hatten: «Aber wie? Sollen wir General Bolivar gestatten, sich so hoch über seine Landsleute zu erheben, daß er sie mit seinem Ruhm erdrückt? Sollen wir es mit ihm nicht wenigstens an Noblesse und Patriotismus aufnehmen und uns weigern, ihn aus dieser erhabenen Umgebung gehen zu lassen, ohne daß wir ihn mit ebendenselben Befugnissen bekleiden, deren er sich eben entledigt hat, damit die Freiheit keinen Schaden leide – weil wir doch allein dadurch die Freiheit retten könnten?» – «Nein, nein», erwiderte General Bolivar lebhaft und fest, «niemals, niemals wieder werde ich ein Amt annehmen, das ich aus Grundsatz und gefühlsmäßiger Überzeugung für immer aufgegeben habe.» Dann bat er, sich zurückziehen zu dürfen, und der Präsident bezeichnete zehn Abgeordnete, die ihn ans Tor des Palastes geleiten sollten. Der Kongreß beschloß, Bolivar zu bitten, daß er sein Amt für achtundvierzig Stunden weiterführte. Am 16. Februar beschloß er, ihn auf die Dauer zu ernennen. Bolivar schrieb ein formelles Rücktrittsgesuch. «Als dieses Dokument vor dem Kongreß verlesen wurde», schreibt der «Correo del Orinoco», «wurden verschiedene Ansichten vorgebracht, über die es zu langen Debatten kam; diese und deren Ergebnis werden dem Publikum in einer Beilage mitgeteilt werden.» Der Beilage bedurfte es nicht. Am 17. Februar wurde Bolivar mitgeteilt, der Kongreß habe sich geweigert, seinen Rücktritt anzunehmen, und er sei als Präsident der Republik bestätigt worden. Bolivar beugte sich der Souveränität des Volkes.

Über die politischen Ideen, die Bolivar zu jener Zeit bewegten, unterrichtet uns die Ansprache, die er am 18. Februar 1819 vor dem Kongreß von Angostura gehalten hat. Obwohl er selbst später geschrieben hat, er habe sie «in größter Unordnung zusammengestellt», handelt es sich doch um eine sorgfältig durchdachte Rede. Er beginnt mit der Versicherung: «Nichts anderes als die zwingende Notwendigkeit, verbunden mit dem gebieterischen Willen des Volkes, würde mich dazu veranlaßt haben, mich der furchtbaren und gefährlichen Verantwortung eines Diktators und Obersten Befehlshabers der Republik zu unterziehen.» Dabei müssen sich die Gesichter der ehrenwerten Abgeordneten lächelnd oder grinsend verzogen haben. Dann lehnte er bescheiden jedes Verdienst und jede Verantwortung für Gutes und Böses in vergangenen Jahren ab und behauptete, der Titel «guter Bürger» würde ihm noch wertvoller sein als der Titel Befreier, den ihm Venezuela, oder als der Titel Befrieder, den ihm Cundinamarca verliehen hatte. Er gebe seine Befugnisse «aufrichtig und von Herzen gern» auf. «Ständige Befugnisse für eine und dieselbe Person haben oft das Ende demokratischer Regierung bedeutet.»

Dann legte er seine Verfassung vor, die er mit einer bemerkenswerten Präambel einleitete: «Wir sind nicht Europäer, wir sind nicht Indianer, sondern eine Zwischenstufe zwischen den Ureinwohnern und den Spaniern. Amerikanisch von Geburt, europäisch von Rechts wegen, befinden wir uns in dem Konflikt, daß wir um unsern Eigentumsanspruch streiten müssen, während wir gegen den Willen der Eindringlinge in unserer Heimat bleiben müssen.» Das sollte ein Wink sein, daß er zwar gegen die Spanier, aber nicht für die Indianer spreche. Er tritt vielmehr für die Rechte der Kreolen sowohl gegen Spanien als auch gegen die früheren Besitzer des Landes ein. Als sollten insoweit keine Zweifel möglich sein, brachte Bolivar dann einen Gedanken, der ihm selber paradox erschien: «Man hat uns nicht nur unserer Freiheit beraubt, sondern auch der Ausübung häuslicher, aktiver Tyrannei.» Er wollte damit sagen, die Tyrannei über das Volk hätten die Spanier im Besitz von Amt und Würden ungehindert ausgeübt, während man ihnen, den Kreolen, dieses Privileg vorenthalten habe. Diese Beschwerde hätte seines Vaters Sohn nicht vorbringen sollen, denn der gute Bischof von Caracas, ein von Spanien ernannter Spanier, war für die Frauen in den Familien von Don Juan Vicente de Bolivars bedauernswerten Bauern und Sklaven die einzige Zuflucht vor der Tyrannei ihres Herrn gewesen. Ebensowenig konnte der Erbe kommunaler Ämter und Ehren in Caracas wahrheitsgemäß sagen, die Kreolen hätten «an ihren heimischen Angelegenheiten und der inneren Verwaltung keinerlei Anteil haben dürfen». Er sagte es aber doch und fügte noch folgende aufschlußreiche Worte hinzu: «Das hatte es uns unmöglich gemacht, dem Gang unseres öffentlichen Lebens zu folgen; auch genossen wir nicht das Ansehen, das in den Augen der Menge der Glanz der Macht verleiht und das in großen Revolutionen so wichtig ist.»

Daß es dem Volk von Venezuela an Wissen, Macht und Tugend gebrach, wird dann als unvermeidliche Folge der spanischen Herrschaft dargestellt. Danach erreicht Bolivar die nächste Stufe seines schwierigen Aufstiegs. «Die Freiheit ist eine leckere Speise, aber schwer zu verdauen», sagt Rousseau. Wird das Volk sie vertragen? Mögen die Gesetzgeber nachdenken, mögen sie die Vergangenheit betrachten. Gewiß: «Die Demokratie ist als einziges System darauf angelegt, die Freiheit zu sichern, aber wo gibt es die demokratische Regierung, welche Macht, Wohlstand und Dauer in sich vereinigt?» Sehe man sich doch China an, das Römische Imperium, Frankreich und Großbritannien – überall Aristokratien und Monarchien. Ja, der erste Kongreß von Venezuela war in seiner republikanischen Gesinnung großartig, aber: «Wie soll ich mich ausdrücken? Soll ich es wagen, mit meiner Kritik unsere heiligen Gesetzestafeln zu entweihen?... Ich bin gewiß, daß die Regierung Venezuelas der Reform bedarf, und wenngleich viele Bürger so denken wie ich, haben doch nur wenige den Mut, sie öffentlich zu neuen Grundsätzen zu bekennen.» Dann widmet er einen Absatz seiner Bewunderung für die Verfassung der Vereinigten Staaten, setzt aber wohlweislich hinzu – für die Vereinigten Staaten! Er erinnert daran, daß Montesquieu gefordert habe, die Gesetze sollten den Erfordernissen des Volkes und des Klimas entsprechen. Daher seine Analyse des venezolanischen Volkes: «Wir stammen alle von derselben Mutter, aber unsere Väter unterscheiden sich nach Herkunft und Blut, sind sich gegenseitig fremd und unterscheiden sich deutlich durch die Hautfarbe.» Deshalb mögen die Gesetze auf der Grundlage politischer Gleichheit die natürlichen Unterschiede von Begabung, Temperament, Kraft und Charakter unter den Menschen anerkennen.

Darum, so fährt Bolivar fort, wollen wir immer die Geschichte im Sinn behalten. Dann kommt eine Phrase, die klingt, als ob sie heute geschrieben worden sei. «Das vollkommenste Regierungssystem ist dasjenige, welches das größte Glück, die größte soziale Sicherheit und die größte politische Stabilität schafft.» Deshalb empfiehlt er seinen Landsleuten, die britische Verfassung zu studieren. Er will keine sklavische Nachahmung. «Wenn ich von der britischen Regierungsweise spreche, so meine ich nur das, was sie an Republikanischem aufzuweisen hat... Kann man denn ein System eine reine Monarchie nennen, das die Volkssouveränität, die Gewaltenteilung, die Bürgerrechte, Freiheit für Handel und Meinungsäußerung anerkennt und überhaupt alles, was in der Politik erhaben ist?» Daher sollten sie eine Legislative ähnlich dem britischen Parlament schaffen. Ihre Kammer sei bereits ein getreues Abbild des Volkswillens. «Würde der Senat nicht wählbar, sondern erblich sein, so würde er meiner Ansicht nach Grundlage, Garantie und Seele unserer Republik sein.» Diesen Gedanken führt er beredt und geschickt noch weiter aus und erklärt dann, die ersten Senatoren würden von der Kammer des Kongresses gewählt werden; ihre Nachfolger würden dann den vornehmsten

Anspruch gegenüber dem Staat haben, der sie sorgfältig ausbilden würde. «Von Kindesbeinen an werden sie die Laufbahn kennen, die ihnen von der Vorsehung beschieden ist, und schon im zartesten Alter werden sie ihre Seele zu der Würde emporheben, die auf sie wartet.» Dabei würden sie keinen Adel bilden, da das Senatsamt kein Privileg sein würde, sondern Pflicht und Beruf. Gleichwohl sollten die Namen der Gründer der Republik dadurch verewigt werden, daß sie in den Rang von Senatoren erhoben werden.

Nachdem er diese schwierige Hürde genommen hatte, suchte er für die nächste neue Kraft in der britischen Verfassung. Eingehend und genau beschreibt er die Schranken, die dem König als Oberhaupt der Exekutive gezogen sind, und kommt zu dem Schluß, die Exekutivgewalt sei «das vollkommenste Modell, ob für ein Königreich, eine Aristokratie oder eine Demokratie». Unter Exekutivgewalt versteht er hier den englischen König. Dann fährt er fort: «In Venezuela möge diese Exekutivgewalt sich in einem Präsidenten verkörpern, den das Volk oder seine Vertreter bestellen, dann werden wir einen großen Schritt hin zum Glück der Nation getan haben.» Was Bolivar wollte, war also ein Präsident auf Lebenszeit, ein ungekrönter König. Immerhin mit einem Unterschied: «So übermäßig die Befugnisse der Exekutivgewalt in England erscheinen mögen, so brauchten sie das in Venezuela nicht zu sein. In allen Republiken muß die Exekutive die stärkste Gewalt sein, da alle sich gegen sie verschwören; in Monarchien muß die Legislative am stärksten sein, da alles den Herrscher begünstigt.» Bolivar wollte also einen Präsidenten auf Lebenszeit, der aber größere Befugnisse haben sollte als der König von England. Es ist kindisch, darum zu streiten, ob er Monarchist oder Republikaner war, ob er zum König gekrönt werden wollte oder nicht. Es geht hier nicht um Wörter, sondern um den Sinn. Wenn die Wörter Monarch und Monarchist hinderlich sind, weil sie an Königtum erinnern, dann wollen wir ein anderes Wort prägen, das seinen Absichten entspricht. Bolivar war Monokrat, und das, was er wollte, war eine Monokratie[1]. Eine Republik mit einem erblichen Senat und einem Präsidenten auf Lebenszeit ist im Grunde keine Republik mehr.

Die Sache wird durch zwei Vorurteile vernebelt. Das eine, das man in Amerika südlich der kanadischen Grenze allenthalben antrifft, meint, die republikanische Staatsform sei «fortschrittlicher» als die Monarchie; das andere will nicht einsehen, in welchem Maße der spanische Charakter sich feindselig und widerspenstig gegenüber echten republikanischen Institutionen verhält. Schiebt man diese beiden Vorurteile beiseite, so ergibt sich folgendes: Bolivar wollte eine Monokratie, und Bolivar hatte recht. Gewiß waren seine Ansichten die intellektuelle Blüte seines diktatorischen und imperialen Temperaments, aber sie waren trotzdem richtig. Vielmehr fällt einem gerade auf, wie weise Bolivars politische Ideen um jene Zeit waren, wie reif sein Urteil, wie tiefschürfend seine Beobachtungen und wie originell seine Ansichten. Weit entfernt davon, den demagogischen Vorstellungen nachzugeben, die zum Wahlzwang und zum Stimmrecht der Analphabeten in seinem Lande geführt haben, teilte Bolivar die Bürger in Aktive und Passive ein, um dadurch, wie er sagte, «den nationalen Wohlstand durch die beiden stärksten Hebel, die es gibt, zu fördern, nämlich durch Gewerbefleiß und Wissen». Er wollte für «Wählerversammlungen kluge und gerechte Beschränkungen verfügen, um die Willkür der Massen einzudämmen und die blinden, wilden Springfluten zu vermeiden, die von jeher Wahlen irregeleitet haben». Schließlich wollte er eine moralische Gewalt unabhängig von der Exekutive schaffen, der die politische Erziehung und sittliche Führung des Volkes über-

1 Als ich dies schrieb, glaubte ich die Wörter Monokrat und Monokratie selber geprägt zu haben. Einige Monate später entdeckte ich, daß Bolivar selber sie schon vor mir gebraucht hat, um das auszudrücken, was er erstrebte. (Brief an Fernandez Madrid und andere vom 13.2. 1830.)

tragen werden sollte. Wir mögen die Brauchbarkeit oder den praktischen Wert mancher seiner Ideen in Frage stellen, aber eines ist gewiß: Er war positiv eingestellt und frei von der platten Rhetorik, die so viele Politiker in seiner Umgebung auszeichnete. Hätte der Kongreß auf ihn gehört und ihm sein Königtum ohne Krone und selbst seinen erblichen Senat zugestanden, so würde der neue Staat sein unabhängiges Dasein unter günstigeren Auspizien begonnen haben.

ZWEITES KAPITEL

Von Angostura nach Boyacá

Inzwischen hatte Bolivar seine Kongreßabgeordneten ihrer Verfassungsdebatte überlassen und segelte den Orinoco hinauf, um wieder zu Páez' Armee zu stoßen. In Araguaquen, wo der Arauca sich mit dem Orinoco vereinigt, führte ihm am 11. März Anzoátegui etwa dreihundert Engländer zu, die größtenteils zu Hippisleys Expeditionskorps gehörten. Anzoátegui hatte den größten Teil seiner Infanterie infolge «skandalösester Fahnenflucht» verloren; daher kamen nun die Engländer, um die Venezolaner zu befreien, die sich selber nicht befreien wollten. Der Llanero verachtete den Infanteristen und gab ihm das schlechteste Fleisch, das er hatte. Páez und Bolivar waren kaum jemals einer Meinung, und kaum war Bolivar eingetroffen, da gab es schon wieder Streit. Bolivar wollte unbedingt Morillo angreifen, Páez war dagegen. Er schätzte Morillos Truppen auf etwa sechstausend, was Bolivar nicht glauben wollte. Er trat dafür ein, Morillo fern von Caracas zu beschäftigen, damit Urdaneta die Stadt mit den fünfzehnhundert Mann nehmen könne, die Bolivar ihm zur Verfügung gestellt hatte. Das klingt ganz sachlich, doch hat das alles eine sehr reizvolle menschliche Seite. Páez freute sich wie ein Schneekönig, wenn er in der Prärie seinen Krieg führen konnte. Natürlich war er kein schlechterer Patriot als andere, aber sein Hauptinteresse galt weniger der Rettung der Republik als seinem Leben als Kriegerhäuptling im Apuretal. Für ihn war Bolivar nur ein Haar in der Suppe, ein Störenfried. Nichts wünschte er sehnlicher, als ihn loszuwerden. Bolivar andererseits war aus ebenso menschlichen Gründen ebensosehr ganz Caraqueño, wie Páez Präriebewohner war; da er außerdem mehr Format hatte und dazu ein Staatsmann war, betrachtete er Caracas als Symbol und Schlüssel zur Befreiung des Landes. Daher war Bolivar von Caracas besessen. Als Páez sich nun Bolivars Wünschen einfach widersetzte, traf er, wie er wohl wußte, Bolivar an seinem empfindlichsten Punkt. Auch wußte er, daß Bolivar nun entweder schleunigst abreisen würde, um an Urdanetas Stelle das Kommando vor Caracas zu übernehmen – was Páez sehnlichst wünschte –, oder daß er sich zu unbedachtem und ungeduldigem Vorgehen gegen Morillo treiben ließe. Bolivar entschied sich für die zweite Möglichkeit.

Er überschritt den Fluß Arauca bei San Juan de Payara, konnte dann der Versuchung nicht mehr widerstehen, rückte vor und begann die Schlacht. Er wurde zurückgeschlagen und verlor mit vierhundert Mann fast die Hälfte seiner Truppen (27. März). O'Leary führt diese Schlappe auf drei Ursachen zurück. Oberst Pigott, der das nach englischem Muster gegliederte Schützenbataillon führte, wurde von seinen eingeborenen Pfadfindern im Stich gelassen; die Indianer flohen beim Lärm des Gewehrfeuers (das taten sie fast immer, obwohl sie Pfeilen tapfer standhielten); und Páez bekam einen epileptischen Anfall. Diese letzte Einzelheit ist aufschlußreich. Zwischen den beiden Anführern bestand eine Spannung. O'Leary berichtet: «Dieser Rückschlag kühlte die Begeisterung der Armee etwas ab und ließ Bolivars Hoffnung entschwinden, er könne Morillo in dessen Hauptquartier überraschend ausheben.» Bolivar zog sich an den Arauca zurück; als er hörte, Morillo rücke heran, rief er die Generäle zum Kriegsrat zusammen und befolgte schließlich Páez' Rat, über den Arauca zurückzugehen. Ein brillant geführtes Gefecht bei Quesedas del Medio gab Páez die Möglichkeit, Morillo mit typischen Buschkriegmethoden schwere Verluste zuzufügen. Nach einigem Hin und Her kehrte Morillo am 11. April auf die Insel Achaguas zurück. Da die Regenzeit herannahte, beschloß er abzuziehen, weil er seine Armee nicht den üblichen Überschwemmungen aussetzen wollte. Er überquerte am 14. Mai den Apure und kehrte nach Calabozo zurück. Es war weder für Bolivar noch für Morillo ein ruhmreicher Feldzug gewesen.

Bolivar war immer noch unentschlossen. Zwar war er von Morillo geschlagen worden, aber er dachte immer noch an Caracas. Zuerst hatte er beabsichtigt, Morillo über den Apure zu folgen; dann erschien es ihm besser, Vieh zusammenzutreiben und in Barinas zu überwintern. Er wollte nämlich, wie Restrepo sagt, «während des Winters das Gebiet westlich von Caracas in Besitz nehmen, hügeliges Land, das durch die Überschwemmungen nicht gefährdet war». Die Schwierigkeit, was man mit der Infanterie in überschwemmten Gebieten anfangen sollte, war Bolivar und Morillo bekannt, nur Páez brauchte das nicht zu kümmern. Restrepo sagt, der Marsch nach Barinas sei zwischen Bolivar und Páez vereinbart worden. Das bezieht sich fraglos auf ihre Begegnung in Cañafistola dicht bei der Furt von Setenta, wo beide den Fluß zu überqueren gedachten. Páez war jedoch gegen den Plan und sagt das selber: «Denn in jener Stadt würden wir nichts für unsere bedürftige Armee finden; anstatt nach Barinas zu gehen (wo wir, wie Bolivar sagte, wenigstens Tabak finden würden, den wir in Guayana verkaufen und daraus Geld lösen könnten), glaubte ich, daß es besser wäre, wenn Bolivar durch Casanare nach Neugranada marschierte.» Nun könnte das ein nachträglicher Versuch von Páez sein, andere des Ruhmes zu berauben, daß sie als erste an die Andenexpedition gedacht haben; es klingt jedoch ganz echt. Páez hat immer an Operationen gedacht, die Bolivar möglichst weit von ihm entfernen würden. Als nun Páez auf Bolivars Befehl hin bereits nach Guasdualito abgezogen war, traf Oberst Jacinto Lara mit Nachrichten von Santander ein. Er war schon wegen seiner Berichte willkommen, mehr aber noch, weil er Salz bei sich hatte, das alle Feinschmecker der Armee in sein Quartier lockte.

Im Laufe eines halben Jahres hatte General Santander die beiden entzweiten republikanischen Gruppen, die in Casanare die Macht hatten, miteinander versöhnt, hatte eine Armee von zwölfhundert Mann Infanterie und sechshundert Reitern aufgestellt und einem Expeditionskorps, das der

FRANCISCO DE PAULA SANTANDER

Vizekönig von Santa Fé, der dumme und grausame Sámano, gegen ihn ausgeschickt hatte, soviel Respekt eingeflößt, daß dessen Kommandeur sich vor ihm zurückzog. Diesen Kommandeur, den jungen Artilleriehauptmann Barreiro, hatte Morillo zu Sámano geschickt, dem damals Offiziere ebenso fehlten wie Soldaten. Sámano bevorzugte die harte Methode. Er hatte den klugen Rat der Audiencia verworfen und rücksichtslos das Standrecht angewendet. So war es kein Wunder, daß Santander Bolivar melden konnte, eine Befreiungsarmee würde eine Nation vorfinden, die bereit sei, ihr zuzujubeln.

Viele kolumbianische Schriftsteller behaupten, der Gedanke, die Anden zu überqueren und Bogotá zu nehmen, sei Bolivar durch Jacinto Lara von Santander überbracht worden. Das ist sehr wahrscheinlich, lag der Gedanke doch nur zu nahe. Venezolanische Schriftsteller halten dem entgegen, Bolivar habe solche Anregung nicht nötig gehabt. Das ist aus demselben Grunde sicher richtig. Im Bereich bewußten militärischen Denkens bestimmten mehrere Faktoren Bolivar zu einer Operation in den Anden, vor allem die Fieberkrankheiten, «Hunger, mangelnde Unterkunft und hundert andere Übel, die den größten Teil seiner Armee vernichten würden, wenn er den Winter über in dem heißen Tiefland bliebe». Da er aber wissen mußte, daß die Überquerung der Anden für seine Armee noch viel schlimmere Folgen haben würde, muß in ihm noch ein anderes Motiv mitgesprochen haben. Dieses war zwiefältig: Bolivar überquerte die Anden, um sich von Páez zu entfernen und um sich San Martin zu nähern.

Am 23. Mai 1819 rief Bolivar seine Kommandeure am Ufer des Apure in einer verfallenen Hütte des Dorfes Setenta zur Beratung zusammen. Einen Tisch gab es nicht, als Sitze dienten die von Sonne und Regen gebleichten Schädel von Ochsen, die royalistische Guerillas vor längerer Zeit als Proviant geschlachtet hatten. Hier legte er seinen Plan vor:

den Feind überraschen, auf dem Wege über Cúcuta mit Páez' Division Neugranada nehmen, während Santander in Casanare einen Entlastungsangriff führen sollte. Das war jedoch nicht sein wirklicher Plan, sondern erst einer von zwei Schleiern, mit denen er diesen verhüllte. Er schrieb am 26. Mai an die Regierung nach Angostura, wiederholte seinen Plan und setzte echt bolivarisch hinzu: «Geschwindigkeit soll die Devise sein. Wir werden Morillo keine Zeit lassen, uns im Rücken zu bedrohen; denn wenn er etwas gegen uns unternehmen kann, so werden wir mit zweimal oder dreimal so starker Macht zurückkommen, wie wir sie jetzt von hinnen führen.» Er schickte Zea Weisungen, wie die Sicherheit Venezuelas zu gewährleisten sei, und Páez den Befehl, er solle am 25. Juni mit soviel Vieh, wie er auftreiben könnte, in Cúcuta sein. Sollte er sich bedroht fühlen, so dürfe er ins Apuretal zurückkehren. Páez jedoch tat nichts dergleichen, sondern war entschlossen, am Apure zu bleiben; er schickte Bolivar nicht einmal die dreihundert Pferde, die er ihm aus seiner Reserve von sechzehnhundert Pferden zugesagt hatte.

Bolivars Plan sah drei Stufen vor: der obere Apure, Casanare und das Tal von Sogamoso auf dem Hochland, das nach Bogotá führt. Ein Blick auf die Karte zeigt die ansehnlichen Hindernisse, die es zu überwinden galt. Auf dem ersten Wegstück mußte die Armee zwischen Guasdualito und Tame ein Netz von Gebirgsflüssen überqueren, die jetzt alle vom Regen angeschwollen waren. Zwar gab es Lederboote für Nichtschwimmer und für die Munition, doch mußten die Soldaten die meisten Flüsse durchwaten, so daß ihnen das Wasser bis an die Brust reichte. Vom 5. bis 13. Juni mußten die Männer einen Fluß nach dem andern durchqueren, wobei sie sich häufig den gefräßigen Karaiben aussetzten, kleinen Fischen, die so gierig auf Menschenblut sind, daß sie sich auf die kleinsten Wunden und Kratzer stürzen und, wenn sie in großer Zahl sind, schon manchem Schwimmer das Leben gekostet haben. In Betoyes brach die Armee in Jubelrufe aus, weil sie eine Ration von Bananen und Salz bekam, die

Santander geschickt hatte. Als sie nach diesem mühseligen Marsch von fast zweihundert Kilometern in Tame eintraf, befand sich die Armee jedoch «in kläglichem Zustand».

Bolivar war nach Tame vorausgeritten, um Santander zu treffen. Er fand dort zwei Bataillone Infanterie und zwei Schwadronen Kavallerie, so daß er nun insgesamt über dreitausendvierhundert Mann verfügte. Jetzt mußte eine folgenschwere Entscheidung getroffen werden: Welchen Weg sollte die Armee wählen? Die Überquerung der Anden würde auf jedem Wege ein gewaltiges Unternehmen sein; nachdem er sich aber erst für den Paß La Salina de Chita ausgesprochen hatte, weil dieser Weg kürzer und für die Truppen angenehmer sei, entschloß sich Bolivar schließlich, über das Moor von Pisba zu marschieren. Warum? Wir wissen es nicht sicher; wahrscheinlich, weil der Feind, da es sich um die ungastlichste und schwierigste Route von allen handelte, um so überraschter sein würde. Es bedeutete jedoch, daß er über hundertsechzig Kilometer weit am Fuß einer Bergkette entlangziehen und auf dem Höhepunkt der Regenzeit wiederum einen Fluß nach dem andern überqueren mußte. Von Tame nach Pore, der Hauptstadt von Casanare, stand «der ganze Weg unter Wasser; das Gelände glich eher einem kleinen Meer als festem Land», schreibt Santander. Am 22. Juni begannen sie den Aufstieg. Wir müssen uns diesen mächtigen Geist in seinem kleinen, biegsamen Körper vorstellen, wie er am Fuß des Gebirges stand, das nächst dem Himalaja das unzugänglichste Hindernis auf Erden ist; hinter sich ließ er, bedroht von einer verhältnismäßig starken spanischen Armee, eine Anzahl von rivalisierenden Häuptlingen zurück, deren Treue zweifelhaft war, und eine schwache, nicht besonders tüchtige Regierung. Hier stand ein Führer, der erst vor wenigen Tagen Aufruhr und Verrat in den eigenen Reihen unterdrücken mußte, da einige seiner Gefährten sich verschworen hatten, ihn zu stürzen und durch Páez zu ersetzen – ein Mann von Fünfunddreißig, der kerngesund, unermüdlich und zu jeder körperlichen und geistigen Anstrengung bereit war, der niemals klagte, dem keine Entbehrung unerträglich, kein Marsch zu weit, keine Aufgabe zu niedrig war, der gelassen Maultiere und Kanus belud oder mit seinem Pferd hin und her schwamm, um schwachen Soldaten oder Frauen über den Fluß zu helfen. Im vollen Bewußtsein der riesigen Gefahren, die er auf sich nahm, versuchte dieser Mann die Natur dort, wo sie am stärksten war, zu bezwingen, um danach einer Armee entgegenzutreten, die besser ausgerüstet, zahlreicher und natürlich frischer sein würde als seine eigene. Er setzte alles aufs Spiel, obgleich er nur die geringfügigsten Mittel besaß: keine Geschütze, keine Maschinen, keine Organisation, keinen Nachschub, kaum Kleidung – nichts als Haut und Knochen, Muskeln und Herzen jener venezolanischen Soldaten, die größtenteils aus der heißen Ebene kamen und die eisigen Höhen fürchteten; die andern waren Engländer, die an die Hitze des Tieflandes so wenig gewöhnt waren wie an die dünne, kalte Luft der Hochmoore auf den Anden. Wenn wir ihn uns vorstellen, wie er dort am Fuße der Anden steht und den Bogen seines Willens spannt, um seinen Pfeil über die mächtige Bergkette hinweg auf Santa Fé und den Sieg abzuschießen, muß uns das Wunder an Kraftanstrengung erstaunen, das er nun vollbringen sollte.

Die Llaneros blickten zu so gewaltigen Höhen ehrfürchtig und bewundernd auf und staunten darüber, daß es überhaupt ein Land gab, das so ganz anders war als ihre Heimat. «Die Männer, die in ihrer Prärie gewohnt waren, reißende Flüsse zu überqueren, wilde Pferde zu zähmen und es einzeln mit Stieren, Tigern und Krokodilen aufzunehmen, fühlten sich in so fremder Umgebung ohnmächtig . . . Viele desertierten.» Es regnete Tag und Nacht, und der Boden unter ihren Füßen, der fast immer steil war, wurde unzuverlässig wie blankes Glas. Die Soroche, eine Höhenkrankheit, verursachte vielen von ihnen Übelkeit und schläfrige Kraftlosigkeit; wenn nicht ein Kamerad den Kranken mit Schlägen, Stößen und Püffen daran hinderte, der Krankheit nachzugeben, starb jener mit Schaum vor dem Munde. Trotzdem zogen sie weiter unter niedrigen, grauen Wolken, über trostlos kalte Moore, vorbei an «Kapuzenmönchen», den einzigen Pflanzen, die in dieser erhabenen Einsamkeit zu blühen wagen. Es hätte wohl jedes Herz versagt und jeder Körper wäre gestürzt, hätte es nicht das große Herz in dem kleinen Körper ihres Führers gegeben, der schweigend mit ihnen marschierte und von zukünftigen Tagen träumte.

Er muß sich oft nach einem Zusammenstoß mit dem Feind gesehnt haben. Dazu kam es erst am 27. Juni bei Paya, wo die Vorhut unter Santander etwa hundert Royalisten aus einem Fort verdrängen mußte; dieses beherrschte eine Straße, über die Bolivars Armee vorrückte. Die Garnison zog sich auf das Gros der Streitmacht zurück, mit der Barreiro den Zugang nach Sogamoso bewachte. Danach nahm Bolivar den Vormarsch wieder auf. Sie kamen nun in eine lieblichere Landschaft «an der Nordostseite des schönen, grünen Payatales; an steilen Hängen entlang schlängelten sie sich langsam über Felsklippen und wateten durch Gebirgsbäche». Der günstigste Weg war zu jener Jahreszeit der Pfad nach Labranza Grande, über den auch die Royalisten abgezogen waren. Bolivar hielt jedoch an seinem ursprünglichen Entschluß fest, durch das Moor von Pisba zu marschieren, das damals während der Regenzeit als unpassierbar galt.

Dabei waren schon viele Soldaten umgekommen. «Die Armee lag im Sterben», schrieb Santander. Bolivar mußte seine ganze gewaltige Energie aufwenden. Vier Tage genügten ihm, um dieser sterbenden Armee wieder soviel Leben einzuflößen, daß sie kämpfen konnte. Obwohl Barreiro überrascht wurde, reagierte er schnell und stellte den Patrioten zwei vorgeschobene Einheiten von je etwa achthundert Mann beiderseits des Flusses in Corrales und Gámeza entgegen. Als sie in Corrales zurückgeworfen wurden, sammelten die Royalisten alle ihre Kräfte auf dem rechten Ufer des

Sogamoso in Gámeza, wo er den gleichnamigen Fluß aufnimmt. Bolivar befand sich in einer mißlichen Lage, da sich ein Teil seiner Kavallerie und die britische Legion noch bei seiner Nachhut aufhielten. Barreiro hatte den Gámeza überquert. Die Vorsicht hätte defensive Untätigkeit geboten, Bolivar führte jedoch seine Truppe gegen den Gegner, und Barreiro ging, unsicher geworden, wieder über den Fluß zurück, um in Peña de Tópaga eine starke Stellung zu beziehen. Bolivar entschied daher, er könne einen Angriff riskieren. Die Schlacht dauerte acht Stunden und endete unentschieden. Bolivar zog sich nach Tasco zurück, um auf seine Kavallerie und die Briten zu warten. Natürlich war es unbedingt nötig, daß er wartete, bis seine Leute sich ausgeruht hatten und seine Vorräte wieder aufgefüllt wurden; weshalb jedoch Barreiro nicht die Gelegenheit nutzte, um die müde und abgekämpfte Armee zu vernichten, ist nicht so klar. Hier wie während des weiteren Feldzuges rührten Barreiros Schwierigkeiten von der Unzuverlässigkeit seiner Truppen her. Die Zeit arbeitete für Bolivar; da er aber von Natur ungeduldig war, machte er den ersten Schritt. Er versuchte, Barreiro über Santa Rosa und Duitama zu überflügeln, und ließ die Royalisten ostwärts in Sogamoso. Er hatte schließlich nirgends oder, wenn man so wollte, überall einen Stützpunkt, so daß er niemals wirklich abgeschnitten werden konnte; hingegen drohte er durch seine neue Bewegung Barreiro von Tunja und Bogotá abzuschneiden.

Am 20. Juli gelangte Bolivar nach Corral de Bonza. Dadurch wurde Barreiro genötigt, sich aus seiner starken Stellung in Tópaga in die Berge um Bonza zurückzuziehen, die zwar auch eine starke Stellung boten, aber unmittelbarer auf Bolivars Weg nach Tunja lagen. In der Nacht auf den 23. Juli entsandte Bolivar Santander mit einem Bataillon nach Paipa, um den Gegner dort zu überflügeln; die Truppe verirrte sich in Regen und Dunkelheit. Darauf versuchte er eine neue Überflügelung durch den Sumpf von Vargas. Am 25. Juli vormittags zehn Uhr überquerte die Armee den stark angeschwollenen Sogamoso auf hastig gebauten Flößen; als sie um zwölf Uhr an der Ostseite des Sumpfes entlangmarschierte, erschienen auf den Höhen Barreiros Leute. Es waren etwa zweitausend Mann. Barreiro verlegte seine Kavallerie in die Ebene und beherrschte mit seinem Fußvolk die Straße. Bolivars Kavallerie bestand aus zweihundertfünfzig Llaneros, die mit Lanzen bewaffnet waren und ohne Sättel ritten. Die spanische Kavallerie bestand aus sechshundert gut bewaffneten und ausgerüsteten Leuten. Diesmal hatte Bolivars Unbedachtsamkeit seine Armee in eine nahezu hoffnungslose taktische Lage gebracht. Vor der Vernichtung bewahrte ihn der großartige Mut der britischen Legion und nachfolgend eine Attacke der Llaneros, durch den die königstreue Kavallerie überrascht und verwirrt wurde. Trotzdem hatte bei Einbruch der Dunkelheit noch keine Seite den Sieg errungen, wohl aber hatten beide so schwere Verluste erlitten, daß sie sich vom Schlachtfeld zurückzogen, die Royalisten nach Paipa und die Patrioten nach Corrales de Bonza. Obwohl die Schlacht bei Vargas unentschieden verlief, erwies sie sich schließlich für Bolivar als der eigentliche Schlüssel zum Endsieg.

Obwohl Bolivars Berichte von «Begeisterung» der Bevölkerung sprechen, verhielten die Menschen sich passiv. Drei Tage nach der Schlacht von Vargas verkündete er in Duitama Standrecht und verfügte, alle Männer zwischen vierzehn und vierzig, ob verheiratet oder ledig, hätten sich binnen vierundzwanzig Stunden mit ihren Pferden und Maultieren zum Kriegsdienst zu melden, andernfalls sie erschossen würden; dieselbe Strafe sollte alle zivilen oder militärischen Behörden treffen, wenn sie bei der Ausführung dieser Anordnungen säumig sein sollten. Seine Armee, die durch Fahnenflucht und durch die Verluste bei Vargas auf achtzehnhundert Mann zusammengeschmolzen war, begann durch neue Rekruten, die fast im feindlichen Feuer ausgebildet wurden, wieder zu wachsen.

Am 3. August 1819 führte Bolivar seine Truppen gegen die

Vorposten der Spanier. Barreiro räumte Paipa und bezog eine vorbereitete Stellung auf einer Anhöhe, von der aus er die Straßen nach Tunja und Socorro beherrschte. Daraufhin besetzte Bolivar Paipa und ging über den Sogamoso. Nachdem er den Royalisten dadurch, daß er bei Tageslicht über die Brücke zurückging, ein Rätsel aufgegeben hatte, kehrte er in der Nacht wieder um, umging den Sumpf, überflügelte die spanische Armee und erreichte glücklich Tunja, wo er am 5. August um elf Uhr eintraf. Dieser Nachtmarsch ist eines seiner Meisterstücke. Die Garnison von sechshundert Mann, die der Gouverneur zurückgelassen hatte, als er selber an der Spitze eines Bataillons zur Verstärkung Barreiros ausrückte, wurde gefangengenommen. Barreiro war jedoch nicht abgeschnitten. Die beiden Armeen begegneten sich schließlich bei Boyacá. Die Brücke von Boyacá liegt an dem tiefsten Punkt einer Schlucht zwischen hohen, waldbedeckten Bergen. Barreiro, der nicht ahnte, daß die ganze Armee der Unabhängigen zur Stelle war, hatte seine Leute unbesorgt zum Essen halten lassen, als seine Vorhut über die Brücke ging und auf dem Kamm des Berges Bolivars Infanterie entdeckte. Nach kurzem Kampf ergab sich Barreiro mit seinem Stellvertreter Jiménez und sechzehnhundert Soldaten. Unter den Offizieren befand sich Vinoni, der Bolivar 1812 an die Royalisten verraten und zur Flucht aus Puerto Cabello gezwungen hatte. Er ließ ihn auf der Stelle erschießen. An diesem Abend schlief Bolivar in Venta Quemada und ritt am 8. August weiter nach Bogotá. Zwei Tage später hörte er auf der Brücke von El Común, daß Vizekönig Sámano geflohen war; er beschleunigte seinen Ritt und zog um fünf Uhr nachmittags unter dem Jubel der Bevölkerung in die Hauptstadt ein.

Die Schlacht von Boyacá war nach Verlauf und Folgen im wesentlichen politischer Natur. In militärischer Hinsicht war sie kaum mehr als ein Geplänkel; sie dauerte etwa zwei Stunden und verursachte kaum Verluste – im allgemeinen spricht man von zwanzig Toten. Bolivar hatte die Lage vor der Überquerung der Anden ganz richtig eingeschätzt. Teils

TEILANSICHT DER SCHLACHT VON BOYACÁ

dank der unfähigen Politik des Vizekönigs Sámano, hauptsächlich aber infolge des Zusammenwirkens zahlreicher geschichtlicher Strömungen befand sich Neugranada in der Schwebe zwischen zwei Bindungen und war beim geringsten Anstoß bereit, nach der einen oder andern Seite umzufallen. Er hatte daher richtig gedacht, daß jedes Ereignis, das den Granadinos als dramatische spanische Niederlage erschiene, einen politischen Erdrutsch zur Folge haben würde. Das ist der Schlüssel zum Verständnis dieses Feldzuges. Bolivar wußte, daß er, falls er scheiterte, Gefahr liefe, von seinesgleichen in spanischer Uniform erschossen zu werden; daß er aber gute Aussicht hatte, jene zur Fahnenflucht zu veranlassen. Für seinen politischen Scharfblick verdiente er viel Glück – aber auch als Lohn für die wahrhaft heroische Standhaftigkeit und Zuversicht, die er in allem Unglück und während der furchtbaren Leiden des Gebirgsmarsches bewiesen hatte. Er hätte die Niederlage wegen seines unbedachten Verhaltens im Sumpf von Vargas verdient, wo ihn seine britischen Bundesgenossen retteten. Glück verdiente er hingegen wiederum für sein meisterhaftes Manövrieren gegenüber Barreiro. Boyacá jedoch war schon bei Vargas gewonnen worden, so daß die Kämpfe dort kaum mehr waren als eine Ehrenrettung der venezolanischen Truppen, die nun zu ihrer wahren Fahne überlaufen konnten.

DRITTES KAPITEL

Neue Hilfe aus England

Da die noch vorhandenen geringen spanischen Streitkräfte über das riesige Gebiet von Neugranada verteilt waren, stellten sie für Bolivar kein größeres Problem dar, so daß er sich nun der politischen Seite seiner Eroberung zuwenden konnte. Theoretisch besaß er Vollmacht lediglich für vorläufige Maßnahmen, die aus militärischen Erwägungen getroffen wurden, bis die Granadinos ihrem Vaterland eine neue Ordnung gegeben hätten; aber darauf scheint Bolivar nicht einen einzigen Gedanken verschwendet zu haben. Daran können wir sehen, wie lebendig in ihm immer noch das spanische Regime war, das er nach außen hin beseitigte; denn das Heimatgefühl, das heute noch jeder Spanisch-Amerikaner in jedem spanisch-amerikanischen Lande hat, beruht auf dem ihnen allen gemeinsamen spanischen Ursprung. Er erließ eine ähnliche Verordnung wie im März desselben Jahres für Venezuela; das politische Leben wurde den Militärbefehlshabern unterstellt, während die Zivilbehörden nur noch für kleine Justizfälle und Polizeisachen zuständig blieben. Am 11. September errichtete er auf dem Verordnungswege eine Provinzialregierung unter seiner Präsidentschaft, übertrug aber, wie es seine Gewohnheit war, den größten Teil des täglichen Kleinkrams einem Vizepräsidenten, als der Santander ausersehen war. Indem er den Posten annahm, erkannte Santander Bolivar als den tatsächlichen Souverän von Neugranada an. Bolivar ernannte ferner einen Gerichtshof und eine Anzahl von Provinzgouverneuren.

Die schwächste Seite des neuen Staates waren die Finanzen. Obwohl Bolivar bekanntgab, man habe in der Münze eine halbe Million Pfund gefunden, scheint es sich nur um eine bescheidene Summe gehandelt zu haben. Das Privateigentum aller Bürger, die sich nicht als aktive Anhänger der Patrioten ausgezeichnet hatten, wurde beschlagnahmt, aber, wie O'Leary schreibt, «erwies sich der ernannte Intendente des ihm erwiesenen Vertrauens unwürdig, und das Ergebnis der Beschlagnahmen wurde schamlos verschleudert». Weitere Tribute wurden benötigt, um die Armee zu ernähren und zu besolden. Bolivar zögerte nicht, doch rief er damit Santanders Protest hervor. Er ließ sich nicht gern aufhalten und antwortete dem Vizepräsidenten in einem Ton, der vieles enthüllt – nicht zuletzt seinen Charakter: «Zur Unterstützung eines Unternehmens, dem keine Mittel zur Verfügung stehen, sind durchgreifende Maßnahmen unvermeidlich, wenngleich schrecklich. Erinnern Sie sich an den heftigen Druck, den ich ausüben mußte, um die wenigen Erfolge zu erringen, denen wir unser Leben verdanken. Um unserer Sache vier Guerilla-Scharen zu verpflichten, mußten wir den Krieg bis zum Tode verkünden; um ein paar treue Partisanen zu gewinnen, mußten wir die Sklaven befreien; um die beiden Armeen für das vorige und laufende Jahr mit Rekruten zu versorgen, mußten wir den schwerwiegenden Ausnahmezustand verhängen; um die sechshundertsiebzigtausend Pesos zu erlangen, die jetzt nach Guayana unterwegs sind, haben wir alle nur erreichbaren privaten und öffentlichen Mittel erbeten und genommen.» Das sind Worte, wie wir sie uns zum Verständnis des Mannes deutlicher nicht wünschen können. Not kennt kein Gebot, große Ziele erfordern große Mittel. Dieser Bolivar war nicht der Mann, der kleinere Männer in sein Gehege kommen ließ – und wer in Amerika war nicht ein kleinerer Mann als er? Ein paar Tage später erreichten ihn beunruhigende Meldungen aus Angostura. Was geschah in seinem eigenen Venezuela, während er wie ein Napoleon Neugranada eroberte?

Oberst English hatte bei seinem Rekrutierungsauftrag in England Erfolg gehabt. Er war im Dezember 1818 in London angekommen und hatte innerhalb weniger Wochen aus den von der britischen Regierung entlassenen Regimentern eine Brigade von zweitausend Mann aufgestellt – «und im Verhältnis zu ihrer Zahl hat man eine bessere Truppe vielleicht niemals gesehen». Das schreibt ein Seemann, der aus England kam, um unter Bolivar zu dienen. Er fährt fort: «Kleidung und Ausrüstung waren ganz nach britischer Art und sehr reichlich. Zwölf Schiffe wurden ausgerüstet und überreich mit Vorräten und all den Dingen beladen, die nötig sind, um die Brigade wohlbehalten nach der Insel Margarita zu bringen, die als Depot ausersehen war.» Als dieses und andere Expeditionskorps, die in Irland aufgestellt wurden, in Margarita ankamen, stellten sie fest, daß Bolivar Urdaneta mit dem Kommando der britischen Legion beauftragt hatte. Die erste Abteilung von Oberst Englishs Brigade landete unter Oberst Blossett gegen Ende des Jahres 1818. Das Gros traf dreieinhalb Monate später auf Trinidad ein und wurde dort, wenn wir unserm anonymen Seemann glauben dürfen, von der «trinidadischen» Flotte bedroht, weil Gouverneur Sir Ralph Woodford einer so unneutralen Aktion von Engländern feindselig gegenüberstand. Aus Angst vor Woodfort segelte die Expedition rasch weiter und traf am 19. April 1819 vor Margarita ein.

Je mehr Männer jedoch auf Margarita eintrafen, um so größere Schwierigkeiten entstanden dort, da es auf der Insel nur wenig zu essen und gar kein Geld gab. Die einzige Einkommensquelle, gekaperte Schiffe, war an sich schon fragwürdig und «konnte ihnen die Existenz nur für kurze Zeit ermöglichen, da General Urdaneta in seiner Begehrlichkeit, die überhaupt für sein ganzes Verhalten bezeichnend war, sich einen beträchtlichen Teil selber angeeignet hatte; er verwendete diesen entweder für die übermäßige Befriedigung seiner persönlichen Bedürfnisse oder vergeudete ihn im Spiel». Da sie dreimal täglich Rationen von Zuckerrohr bekamen, begannen die wackern Briten zu murren und meuterten schließlich. Brion «verweigerte der ausgehungerten Truppe einen Teil von den Vorräten, mit denen seine Schiffe buchstäblich vollgestopft waren». Schließlich marschierte die Brigade, besoldet und diszipliniert, von Pampátar nach Juan Griego, um sich nach dem Festland einzuschif-

FRANCISCO ANTONIO ZEA

fen. Am 17. Juli landete die Expedition in Pozuelos, nicht weit von Barcelona. Sie besetzten die Stadt, doch erwies sich Urdaneta als schwächlicher Kommandeur, der schließlich seine Truppe im Stich ließ. So kam es, daß die Spanier Barcelona zurückeroberten und der ganze Feldzug eine Verschwendung von Zeit, Geld und Menschenleben gewesen war.

Mittlerweile tat Zea, der spitznasige Botaniker, den Bolivar in Angostura wie eine Eule in einem Nest voll Habichten an der Spitze des Kongresses zurückgelassen hatte, sein möglichstes, um wie ein Adler zu regieren. Das ist nicht leicht und schon gar nicht dann, wenn ein wirklicher Adler mit richtigen Fängen in der Nähe ist. Die Vereinigten Staaten mochten ja sehr demokratisch und republikanisch sein, doch hatten sie als Wappentier einen Adler gewählt, und das hatte gewiß etwas zu bedeuten. Das jedenfalls wurde Zea unmißverständlich klargemacht. Als nämlich der amerikanische Agent Irvine mit einem negativen Bescheid hinsichtlich der amerikanischen Forderungen wegen der Beschlagnahme von Schiffen nach Washington zurückgekehrt war, schickte die Regierung Kommodore Perry mit einem Kriegsschiff, um die Verhandlungen fortzusetzen. Da Zea nicht Bolivar und Perry hinter seinen Kanonen nicht Irvine hinter seinem Tintenfaß war, wurde den Forderungen entsprochen. Außerdem sollen, was niemals schlüssig geklärt worden ist, Geheimverhandlungen über die Abtretung eines Hafens an die Vereinigten Staaten geführt worden sein. Dieserhalb befürwortete Gouverneur Woodford von Trinidad aus die Ausdehnung der britischen Herrschaft auf das gegenüberliegende Festland, doch vermochte er nicht, den Kolonialminister Lord Bathurst für seine Auffassung zu gewinnen.

Trotz ihrer Wichtigkeit war die Außenpolitik jedoch nicht die schwierigste Aufgabe des intellektuellen Vizepräsidenten. Da war vor allem die Verfassung. Der Kongreß war zwar arm, arbeitete aber fleißig. Inmitten soviel Ungewißheit und

Elend setzten die Kongreßmitglieder die Diskussion des Verfassungsentwurfs, den ihnen Bolivar hinterlassen hatte, mit der Gelassenheit, Konzentration und geistigen Überlegenheit fort, als wären sie ein erfahrenes europäisches Parlament. Der Heeresintendant Peñalver, der Bolivar die Einberufung des Kongresses angeraten hatte, trug am 24. Juli 1819 seine Ansicht über den Entwurf vor. Sie glich der Ansicht Bolivars: Auf jeden Fall republikanisch, aber wir wollen eine echte, nicht eine nachgeahmte Verfassung haben, im Einklang mit dem Land und seinen Bräuchen. So kam er zu dem Schluß: «Eine Exekutivgewalt auf Lebenszeit, ein Senat auf Lebenszeit und eine Abgeordnetenkammer, die auf sieben Jahre gewählt wird, sind meiner Ansicht nach Einrichtungen, die dem zivilisatorischen Stand und den Bräuchen Venezuelas entsprechen; denn sie kommen der monarchischen Regierungsweise, an die wir gewöhnt waren, am nächsten, ohne von der republikanischen Regierungsweise abzuweichen, die wir annehmen wollen.» Die am 15. August verkündete Verfassung entschied sich dann für einen Senat, der auf Lebenszeit amtieren, aber nicht erblich sein sollte, und für einen nur auf vier Jahre gewählten Präsidenten. Typisch für die damalige Lage war, daß die damit beschlossene Verfassung nicht veröffentlicht wurde, «bis man weiß, wie der Libertador darüber denkt». Der Kongreß ernannte einen besonderen Kriegs- und Verwaltungsrat. Während jedoch der Kongreß fleißig arbeitete, taten sich hinter seinem Rücken zwei verärgerte Generäle zusammen: Arizmendi, der während des fruchtlosen Feldzugs gegen Barcelona ins Gefängnis gewandert war, und Mariño, den Bolivar seines Kommandos enthoben hatte.

Mariño war bei dem Kongreß in seiner doppelten Eigenschaft als Abgeordneter und als ehemaliger Kommandeur vorstellig geworden; er wollte wissen, warum man ihm sein Kommando genommen hatte. Zea, der Weisung hatte, Mariño in den Kongreß zu holen, damit Bermúdez an der Front freie Hand habe, wollte nicht auf diejenigen hören, die ihm rieten, Mariño sein Kommando zurückzugeben. So war für Mariño ein militärisches Pronunciamiento der einzige Ausweg. Er ließ Gerüchte über Katastrophen in Neugranada ausstreuen, und am 14. September erschien Oberst Diego Morales mit der Nachricht, die Royalisten rückten mit starken Kräften gegen Angostura vor. Eine Panik wurde jedoch vermieden, weil Zea sich den Gerüchtemacher kommen ließ und alsbald seine Intrige durchschaute; trotzdem tagte die Versammlung in einiger Unordnung, und Mariño erschien unter frechem Säbelrasseln. Nach einem langen und ziemlich unwürdigen Tauziehen trat Zea zurück. Die Verschwörer machten sich sogleich auf, um Arizmendi zu holen, der auf den Schultern aufrührerischer Obersten das Gefängnis mit dem Sessel des Vizepräsidenten und Regierungschefs vertauschte. Arizmendi entließ Bermúdez und Urdaneta, den er auch verhaftete, und stellte Mariño an die Spitze der Truppen. Dann beschlagnahmte er alle Rinderhäute – die damals viel wertvoller waren als das ganze Fleisch – und verordnete, daß er allein darüber verfügen dürfe. Er versuchte, «mittels einer Art von Wehrpflicht eine Brigade von 4000 Mann aus Kreolen, Zambos und Indianern aufzustellen, und hatte denkbar guten Erfolg», wenn auch gelegentlich Fahnenflüchtige erschossen werden mußten. Nicht weniger wirksam begegnete er Streiks; als er nämlich Flecheras benötigte und feststellte, daß die Schiffswerften streikten, um höhere Löhne zu erlangen, «ließ er von seinen Soldaten vier oder fünf sehr lange Galgen errichten, ließ alle Zimmerleute der Stadt zusammenrufen und teilte ihnen mit, er würde sie allesamt aufhängen, wenn nicht binnen vierzehn Tagen sechs Flecheras fertig wären». Diese Art zu regieren scheint ihn merkwürdigerweise bei einigen Führern der britischen Freiwilligen beliebt gemacht zu haben, und Arizmendi suchte ihnen zu gefallen; denn wie jeder andere Häuptling einschließlich Bolivar war er darauf aus, sich eine Truppe zu schaffen, auf die er sich persönlich verlassen konnte. Daher erließ er eine für die Fremdenlegionen äußerst günstige

Verordnung, durch die er sie den Venezolanern gleichstellte und ihnen bei der späteren Verteilung des Nationalvermögens gleichen Anteil zusicherte.

Jedermann dachte an die Engländer, so auch Morillo, der schon im März 1819 von Achaguas aus eine Proklamation an die englischen Freiwilligen gerichtet und ihnen freie Heimreise oder Aufnahme in königlich spanische Dienste angeboten hatte. Damals war er schon im Besitz einer Verordnung des Kriegsministers, derzufolge der König von Spanien beschlossen hatte, «im allgemeinen» alle Ausländer zum Tode zu verurteilen, die im Kampf oder bei der Unterstützung der Aufständischen gefangengenommen würden. Am 12. Mai schrieb Morillo von Calabozo aus nach Madrid: «Es sieht aus, als ob die ganze englische Armee auf diesen Kontinent herüberkommen wollte. Europa muß erstaunt zusehen, wie von einer Macht, die mit Spanien befreundet ist, die beträchtlichen Mittel kommen, die unsere Feinde instand setzen, gegen uns Krieg zu führen ... Bolivars Armee besteht größtenteils aus englischen Soldaten, in den Garnisonen von Guayana liegen Engländer, mehr als 1500 Angehörige jener Nation sind nach Margarita gekommen, und die Kriegsschiffe, die zahlreichen Vorräte von Waffen aller Art, die Munition, Kleidung und Lebensmittel – überhaupt alles, was zum Kriegführen und zum Kampf für die Unabhängigkeit gehört, stammt aus den Häfen des Königs von Großbritannien.»

Für die venezolanischen Generäle waren diese Engländer ein Geschenk des Himmels. Sie lieferten genau das, was ihre Armeen benötigten: ein militärisches Rückgrat, Ausbildung, Manneszucht und sogar jenes Mindestmaß jeder militärischen Ordnung: Uniformen. Arizmendi muß mit Vergnügen von der Ankunft weiterer Engländer auf seiner geliebten Insel Margarita gehört haben. Dabei handelte es sich um die berühmte Irische Legion, um die sich schon vor ihrer Ankunft oder gar vor ihrer Aufstellung eine Legende gebildet hatte.

Kommandeur dieser Irischen Legion war Devereux, Sohn eines Iren, der wegen Teilnahme am Aufstand 1798 hingerichtet worden war. Er hatte etwas Geld mit einer Kaffeeladung verdient, die er während der britischen Blockade nach Frankreich hineingebracht hatte, und war nach Barcelona gekommen, als Bolivar die Stadt belagerte. Augenscheinlich hat er schon damals angeboten, eine Irische Legion aufzustellen. Als Oberst English dann ernstlich mit der Werbung begann, schloß Devereux mit Bolivar einen richtigen Vertrag, worin ihm, falls er die Männer besorgte, die Anstellung als Divisionsgeneral versprochen wurde.

Es handelte sich um die erste Rate der legendären Irischen Legion, die krank und ausgehungert in Margarita landete, als Arizmendi kurz zuvor in Angostura die Macht übernommen hatte. «Sie trafen auf Gelbfieber, das besonders heftig wütete. Mehr als siebenhundertfünfzig kamen um, darunter viele vortreffliche junge Männer, die sich die vorher erwähnten Offiziersstellen gekauft hatten. Allesamt stellten zu ihrem Entsetzen und Erstaunen fest, daß die Regierung weder Devereux noch sonst irgend jemand dazu ermächtigt hatte, über Offiziersstellen zu verfügen... Viele, die ihren letzten Schilling für die Überfahrt verwendet hatten, sahen sich genötigt, ihre Kleider zu verkaufen, um leben zu können... Mit dem Erlös reisten viele in die Vereinigten Staaten..., und nicht wenige verhungerten, ehe die nötige Hilfe eintraf. Devereux hatte sich gehütet, mit ihnen nach Margarita zu fahren, sondern war in Irland und England geblieben und lebte dort üppig von dem Geld, das er ihnen abgenommen hatte. Ein oder zwei beherzte junge Männer stellten ihn in Dublin zur Rede. Er entkam jedoch heimlich nach Liverpool, wo er eine Kohlenbrigg charterte, die ihn und seinen Stab nach Margarita bringen sollte.»

VIERTES KAPITEL

Von Boyacá nach Angostura

Als Sieger von Boyacá war Bolivar zwar schon am 10. August in Santa Fé eingetroffen, doch hielt er seinen feierlichen Einzug in die Stadt erst am 18. September. Dieser Aufschub dürfte bestätigen, daß er bei seinem ersten Eintreffen keineswegs warm begrüßt worden war. Um in die Stadt einzuziehen, begab er sich mit seinen Offizieren nach San Diego hinaus, wo die Armee ihn in Paradeaufstellung erwartete: Gardegrenadiere, Schützen und Britische Legion. Zusammen mit den Vertretern der Zivilbehörden zog die Prozession unter Blumenregen, Hurrarufen und freudigem Glockengeläut in die Stadt ein. Bolivar und seine beiden Kommandeure Santander und Anzoátegui wurden zuerst in die Kathedrale geleitet, wo sie kniend dem Tedeum lauschten. Dann wieder hinaus auf den Marktplatz, wo Bolivar zwischen Santander und Anzoátegui auf einem hierfür errichteten Podium Platz nahm; über ihm schwebte ein dreifarbiger Damastbaldachin, den sechs Statuen krönten, welche die Tugenden des Helden versinnbildlichten. Der Platz war gedrängt voll, die Fenster geschmückt und dicht besetzt, der Himmel darüber blau. Nach feierlichem Schweigen sang ein Chor eine Hymne zu Ehren von Bolivar, und dann brachten zwanzig weißgekleidete Mädchen in einem kleinen silbernen Korb den Kranz und sonstigen Schmuck. Eine von ihnen drückte Bolivar den Lorbeerkranz auf die Stirn. Er stand auf, nahm den Kranz vom Kopf und rief: «Die Soldaten hier sind es, die ihn verdienen!» Dann setzte er ihn erst Anzoátegui und danach Santander auf und warf ihn schließlich dem Schützenbataillon zu. Die Menge tobte vor Jubel. Eines der Mädchen, Bernardina Ibañez, wurde die Nachfolgerin von Señorita Pepa, die Bolivar einstmals ebenfalls in weißem Gewand in Caracas begrüßt hatte. Später heiratete Bernardina Ambrosio Plaza, der im Kampf um

Carabobo fiel; danach wurde sie die Frau eines Kolumbianers, Florentino Gonzalez, der zuviel über sie erfuhr und demzufolge solchen Haß gegen Bolivar empfand, daß er schließlich 1828 einer der Hauptverschwörer gegen Bolivars Leben wurde.

Bolivar hielt sich nicht in Bogotá auf, sondern reiste am 20. September nach Venezuela ab. Er hatte nicht die Geduld, wie ein Beamter zu leben, und schließlich ist auch der Präsident einer Republik ein Beamter. Sein Leben verlief immer nach dem gleichen Plan: Er verschaffte sich alle Macht – entweder auf dem Schlachtfeld oder in einem Kongreß oder auf beiderlei Weise, dann ließ er einen Mann seiner Wahl zum Vizepräsidenten ernennen, damit der die Kleinarbeit täte, und zog selber weiter. Nachdem er in Santander einen guten Vizepräsidenten für Neugranada gefunden hatte, reiste er nach Angostura ab. Er nahm den Weg über Tunja, Velez, Socorro, San Gil und Bucaramanga nach Pamplona, wo er am 19. Oktober eintraf. Das war ziemlich schnell, aber ihm ging es trotzdem zu langsam. Überall mußte er länger bleiben, als ihm lieb war, um der Neugier und Begeisterung der Menge Genüge zu tun. Dabei bekümmerte ihn die militärische Lage. So klagt er in einem Brief aus Pamplona: «Soublette hat mir nur nutzlose, nutzlose, nutzlose Gewehre hinterlassen. Ich fürchte sehr, daß wir in den drei Provinzen nicht mehr als zwölfhundert Gewehre zusammenbringen – ich meine Gewehre, die auch losgehen.» Derselbe Soublette hatte La Torre in der Nähe von Cúcuta eine unentschiedene Schlacht geliefert, und nach kurzem Rückzug war La Torre wieder nach Grita zurückgekehrt. Das verursachte einige Unruhe, die Bolivar am 2. November mit einer Proklamation zu dämpfen versuchte. Sein Inneres war jedoch weniger ruhig als seine Worte. So schrieb er bald darauf an Santander: «Ich empfehle Ihnen, General Anzoátegui und seinen Leuten mit größter Nachsicht zu begegnen; da sie nämlich hoffnungslos darauf versessen sind, nach Venezuela zurückzukehren, kann der kleinste Anlaß ihre Verzweiflung noch steigern und zu Unruhe oder gar Fahnenflucht führen. Ich empfehle Ihnen das freundschaftlich und im Interesse Neugranadas und weil ich überzeugt bin, daß das Land an dem Tage, da diese Division es verläßt, vom Feinde besetzt werden wird. Sie können gar nicht anders, als innerhalb von zwei Monaten wieder angreifen.»

Fünf Tage später starb Anzoátegui plötzlich im Alter von dreißig Jahren. Die Nachricht traf Bolivar tief, da er diesen General sehr gern gemocht hatte, doch mußte er sich nun um die Lage kümmern, die in Angostura entstanden war. Am 13. November hatte er umfangreiche Post aus Guayana bekommen. Worum es sich handelt, geht aus ein paar vielsagenden Sätzen in dem Brief hervor, den er am nächsten Tage von Soatá aus an Santander schrieb: «Es lohnt nicht, daß ich nur bleibe, um La Torres Truppe zu schlagen, aber Devereux' fünfzehnhundert Engländer und die Intrigen von Mariño und Arizmendi erfordern allerdings meine Aufmerksamkeit. Jeder Augenblick ist kostbar ... Jetzt brauchen wir da drüben mehr Geld denn je zuvor, um das Volk zu beruhigen, um die Engländer zufriedenzustellen und um Waffen zu kaufen ... Señor Zea ist verärgert und rät mir, hier einen Kongreß einzuberufen. Wir kommen schon mit dem venezolanischen nicht zurecht, was sollen wir dann mit zweien anfangen? Ich empfehle Ihnen, niemals auf derartige Ratschläge zu hören. Wenn der Kongreß nicht für das ganze nächste Jahr in die Ferien geht, bin ich entschlossen zurückzutreten. Schaut man nicht hin, so beschließt er ein Gesetz, das dem, das ich im Sinne habe, genau entgegengesetzt ist. Dazu ein neuer Vizepräsident, der jetzt wie immer schon genau das tut, was ihm paßt. Was kann ein Körper mit zwei Köpfen tun? ... Ich habe eben durch Kurier neue Nachrichten aus Angostura, die etwas zufriedenstellender sind als die früheren. Alle schreiben hocherfreut über die Schlacht von Boyacá; wie Zea schreibt, traf die Meldung gerade zur rechten Zeit dort ein. Alle meine Freunde und selbst solche, die es nicht sind, drängen mich, dorthin zu eilen, um zu verhindern, daß die geschlagenen Angehörigen beider Parteien zurückkehren. Ich beeile mich, diesem Rat und meiner eigenen Eingebung zu folgen.» Das Gefühl für seine eigene Größe spricht aus diesen Worten. Und er war groß. O'Leary berichtet, wie er allenthalben den Witwen von Patrioten, die von den Spaniern getötet worden waren, aus seinem Privatvermögen Pensionen aussetzte, von denen manche sich auf fünfzehnhundert Pesos beliefen und keine unter fünfhundert Pesos lag. Um seine eigene Bequemlichkeit kümmerte er sich nur wenig. «Er hatte bei seinem Feldgepäck kein Bett, sein Anzug war schlichter und seine Tafel damals frugaler als bei vielen Generälen seiner Armee.»

Santander war mit gemischten Gefühlen in Santa Fé geblieben. Mit siebenundzwanzig Jahren Vizepräsident, also republikanischer Vizekönig von Neugranada zu sein, muß dem hochbegabten jungen Mann geschmeichelt haben; aber es war keine leichte Aufgabe, für die Sicherheit und Treue eines riesigen, dicht bevölkerten und trotz der Verheerungen des Bürgerkrieges immer noch wohlhabenden Landes verantwortlich zu sein. Boussingault, der ihm wenige Jahre später begegnet ist, beschreibt ihn so: «*J'en ai conservé un souvenir peu agréable. Un bel homme, figure intéressante, les yeux un peu obliques, dénotant du sang indien; poli, instruit, très laborieux. C'était dans toute l'acception du mot, un bon chef d'état major. On lui contestait la bravoure injustement peut-être.*» Er tanzte gern und elegant und war ein ebenso unheilbarer Spieler wie jeder andere südamerikanische General jener Epoche, mit Ausnahme von Bolivar und Sucre. Vom Gewicht seiner Aufgabe bedrückt, wendete Santander sich an Bolivar, freilich auf etwas unerwartete Weise. Da Bolivar alle Truppen mitnahm, meinte Santander, er müsse die achtunddreißig in Boyacá gefangengenommenen Offiziere erschießen, weil er sonst in Gefahr geriete. Bolivar verbot ihm das. Er wußte wahrscheinlich, daß Calzada viele Patrioten gefangengenommen hatte, denen nichts geschehen war und die sich immer noch in spanischer Hand befanden. Bolivar hatte an Sámano geschrieben und einen Gefangenenaustausch vorgeschlagen: «Mann gegen Mann, Dienstgrad gegen Dienstgrad, Stellung gegen Stellung.»

Wie Mosquera berichtet, hat Bolivar Santander erläutert, wenn der Vizekönig sie ihrem Schicksal überließe, würden Barreiro und seine Offiziere frei und dazu bereit sein, in den Dienst der Republik zu treten. Das war in einem Bürgerkrieg durchaus zu erwarten, da der Gegensatz zwischen Unabhängigkeit und Abhängigkeit oft etwa dasselbe bedeutete, was wir heute mit links und rechts bezeichnen. Ein Mann wie Barreiro würde zwar seinem Staat, auch wenn dessen Politik ihm zuwider war, treu dienen; sollte ihn aber des Vizekönigs Verhalten von seiner Treupflicht entbinden, so mochte er wohl seiner politischen Neigung folgen und zu den Republikanern übergehen. Zudem war Barreiro mit einer jungen Granadina verlobt, deren Bruder Offizier bei den Unabhängigen war. Das alles schuf eine eigentümliche Atmosphäre. Am Abend des Tages von Boyacá hatte Santander Barreiro zum Essen eingeladen und auf sein Wohl getrunken; er hatte ihn persönlich aufgesucht und ihm seine Zuversicht bekundet, daß der Sámano vorgeschlagene Gefangenenaustausch erfolgreich verlaufen werde.

Am Abend des 10. Oktober wurden die Gefangenen, die bis dahin in behaglichen Quartieren gelebt hatten, in Eisen gelegt und in ein Haus am Marktplatz gebracht, das damals einer Kavallerieabteilung als Kaserne diente. Während der Nacht oder bei Morgengrauen teilte man ihnen mit, daß Santander sie erschießen lassen wolle. «Kurz vor Mittag wurden sie in Vierergruppen auf die gegenüberliegende Seite des Platzes geführt. Barreiro, Jiménez und zwei andere ihm befreundete Offiziere mußten trotz der schweren Ketten, die sie schleppten, den ganzen Weg zu Fuß gehen.» Barreiro war ein Jahr jünger als Santander, da «er am 20. August 1791 in Cadiz geboren war. Er hatte die Artillerieschule Segovia absolviert und bei Bailén und Talavera gekämpft. Er war ein gebildeter Mann und so hübsch, daß er in Bogotá als Adonis der Frauen bekannt war». Unter dem Torbogen des Regierungssitzes leitete Santander hoch zu Roß das Schauspiel. Hinter den Soldaten stand eine schweigende Zuschauermenge. «Als er an der Stelle eintraf, wo seine Leiden ein Ende finden sollten, rief Barreiro, den ein Priester begleitete, Oberst Plaza, der die Truppe kommandierte, zu sich, sprach einige Worte mit ihm, zog aus der Brusttasche das Bild der jungen Frau, die er hatte heiraten wollen, und bat ihn, es ihrem Bruder zu geben, der unter Plaza diente. Einen Augenblick später bekam er Befehl hinzuknien und wurde von hinten erschossen.» Die andern siebenunddreißig Offiziere, darunter einige Kreolen, wurden anschließend erschossen. Ein Zuschauer, der mit der Begründung protestierte, Bolivar habe die Gefangenen begnadigt, wurde auf der Stelle erschossen. Dann sprach Santander zur Menge «und ritt hinter der Musik her durch die Hauptstraßen; dabei sang er den Refrain eines Liedes, das dem Ereignis gewidmet war».

Es gibt dafür zwei Erklärungen. Einmal war Santander gewalttätiger, als man allgemein annimmt; zum andern verlor er die Nerven. Das erste beweist er selber. So schrieb er am 17. Juni 1821 an Azuero: «Ich bin höllischer Laune und weiß nicht, ob ich soviel Tugend aufbringe, daß ich die vielen Undankbaren, die Bolivar und mich angreifen, nicht aufhänge.» Soviel über Santanders Charakter. Im übrigen ist klar, daß er angesichts der Umstände die Nerven verlor. Er sagt das selber in zwei Briefen an Bolivar, einem amtlichen und einem Privatbrief. «Schließlich mußte ich Barreiro und seine achtunddreißig Kameraden loswerden. Die Funken der Gefahr machten mich verrückt, und wenn ich sie im Gefängnis behielt, konnte daraus nichts Gutes werden.» Dann bittet er, man möge ihn entlasten. Diese Angst vor dem Zusammenbruch erklärt seine herzlose Haltung bei der Hinrichtung und die unwürdigen Szenen, mit denen er die Bevölkerung zu gewinnen versuchte. Bolivar war empört, diktierte einen scharfen Verweis und sagte, «er würde in eine denkbar bittere

Lage kommen, sollte Sámano den Austausch annehmen». Weil er aber fürchtete, Santander könnte in dem Augenblick zurücktreten, da La Torre Cúcuta bedrohte, schickte er ihm statt dessen einen süßsauren Brief, in welchem er durch eine scheinbare Billigung sein Mißfallen sichtbar werden ließ: «Mit Bedauern höre ich von dem treulosen Verhalten unserer Kriegsgefangenen, das E. E. genötigt hat, sie hinrichten zu lassen, während wir über einen Austausch verhandelten, der für die Republik so ehrenvoll gewesen wäre, weil ausländische Mächte allein kultivierten und menschlichen Handlungen kriegführender Völker Beifall zollen. Unsere Feinde werden nicht ernstlich glauben ..., daß unsere Strenge ein Akt der Gerechtigkeit gewesen ist und nicht eine Repressalie oder gar willkürliche Rache. Wie dem aber auch sei, so danke ich E. E. für Ihren tatkräftigen Eifer, mit dem Sie durch diese schmerzliche Maßnahme der Republik zu dienen versucht haben. Unser Ruf wird sicherlich leiden; als Belohnung wird uns der Beifall unserer Völker und ihr neuer Eifer im Dienst an der Republik trösten.» Diese Erklärung kann keinesfalls als Billigung von Santanders Vorgehen aufgefaßt werden; allerdings kann man sie auch nicht als Beweis für Bolivars humanitäre Einstellung anrufen. Die Umstände, die Absicht und der Wortlaut deuten lediglich auf den Wunsch hin, den Beifall des Auslandes zu erringen. Bolivar war vor allem Politiker. Bei seinem Austauschangebot an Sámano hatte er an erster Stelle die britischen Offiziere und Mannschaften genannt, um die englische öffentliche Meinung zu gewinnen; an zweiter Stelle die in Santa Marta und auf Margarita gefangengenommenen Offiziere, um Neugranada zu gewinnen. Was ihn an dem Fall Barreiro beunruhigte, war das Auslandsecho. Die achtunddreißig Menschenleben interessierten ihn überhaupt nicht.

Am 11. Dezember 1819 traf Arizmendi, der in Maturin gewesen war, wieder in Soledad am Orinoco, gegenüber von Angostura, ein. Er hörte in Angostura Glockenläuten,

Geschützsalven, Raketen und Feuerwerk – lauter Anzeichen öffentlichen Jubels; er konnte auch flatternde Fahnen und geschmückte Flecheras erkennen. Er war über diesen Empfang, den die Hauptstadt ihrem Vizepräsidenten bereitete, ebenso überrascht wie erfreut und schickte einen Adjutanten hinüber, der um eine Flechera bitten und offiziell verkünden sollte, daß Arizmendi zurückgekehrt sei. Die Zeit verging, aber keine Flechera kam. Er wurde zwar ungeduldig, dachte sich aber, daß ein feierlicher Empfang vorbereitet werde. Er schickte noch einen Boten hinüber, dann einen dritten. Keiner kam zurück. Bei Einbruch der Dunkelheit setzte er mit seinem Sekretär in einem kleinen Kanu über. Als er ans Ufer stieß, ertönte wieder eine Salve. Er ging an Land, aber obwohl er in voller Uniform war, kam niemand, um ihn zu begrüßen. «Was kann nur los sein?» fragte er seinen Sekretär. Dann hörte er plötzlich die Menge rufen: «Lang lebe Bolivar!» – «Lebt wohl, Herr General!» sagte sein Sekretär und eilte von hinnen.

Niedergeschlagen ging Arizmendi zum Regierungssitz und «war fast einer der ersten Würdenträger, die Bolivar in der großen Halle begrüßten». Dann gab der Vizepräsident dem siegreichen Präsidenten ein Bankett, zu dem mehr als fünfhundert Offiziere und Zivilpersonen eingeladen wurden. «Die Halle des Regierungssitzes, die riesengroß war, und die andern unteren Räume waren zu diesem Zweck glänzend ausgestattet worden, und bis spät abends spielten Musikkapellen republikanische Weisen. Seine Exzellenz dankte den britischen Offizieren insgesamt für ihre Dienste und überschüttete sie mit wärmstem Lobpreis. Nachdem viele blumenreiche Reden gehalten, die üblichen Trinksprüche ausgebracht und nach altem Brauch die Gläser zertrümmert worden waren, zog sich Seine Exzellenz, unberührt vom Wein, von dem er nur wenig getrunken hatte, mit General Arizmendi zurück und ließ die Gesellschaft weiter feiern, solange sie Lust hatte.»

Innerhalb von vierundzwanzig Stunden war der großzügige Gastgeber als Vizepräsident entlassen und zum Kommandeur der Region Ost ernannt worden, «wo er keinerlei Beziehungen hatte und kaum bekannt war». Arizmendi ersetzte Mariño, der damit ohne Kommando war. Die Britische Legion wurde wieder Urdaneta unterstellt. Dann fiel Bolivar sein Kongreß ein. Er rief ihn zusammen, wovon er Arizmendi «kaum eine Stunde vorher» unterrichtete, der auch nicht teilnahm. Die Sitzung wurde auf den 14. Dezember um zwei Uhr einberufen. «Der Präsident, der sich seit morgens früh mit Mitgliedern seiner Partei, darunter General Urdaneta, beraten hatte, begab sich in der prächtigen Uniform eines französischen Feldmarschalls in feierlichem Zuge in die Halle.»

Er sprach mit seiner gewohnten Geschicklichkeit und Eleganz, stellte die Verdienste seiner Waffenkameraden heraus und lobte die Bevölkerung von Neugranada. Das ermöglichte ihm zwanglos den Übergang zu dem Plan, den er aus dem fernen Santa Fé mitgebracht hatte: der Zusammenschluß Venezuelas, Kolumbiens und Quitos unter einer einzigen Verfassung. Von O'Leary stammte die Auffassung, daß Bolivar nicht nur durch die politischen Vorteile des Unternehmens auf diesen Gedanken verfallen sei, sondern auch durch den Wunsch, «das Unrecht, das einem großen Manne widerfahren war, wiedergutzumachen. Wenn wir unsere Republik Kolumbien und unsere neue Hauptstadt Las Casas nennen, werden wir der Welt beweisen, daß wir frei sein können und die Kraft besitzen, unsere Freunde und die Wohltäter der Menschheit zu ehren; denn Columbus und Las Casas gehören Amerika.» Er hatte den Plan fertig in der Tasche, und «da der Ausschuß aus Abgeordneten beider Republiken einen Bericht und einen Gesetzentwurf dieser Art vorbereitet hatte, beschloß der Kongreß, alle andern Punkte auszusetzen und seine Aufmerksamkeit allein diesem Punkt zu widmen». Am 17. Dezember wurde das Gesetz verabschiedet. Die Republik Kolumbien wurde gegründet, und ihre wichtigsten Ämter wurden besetzt. Bolivar ließ Zea zum Vizepräsidenten von Kolumbien wählen, und zu Vizepräsidenten der Teilrepubliken wurden Santander für Neugranada und für Venezuela Dr. Roscio gewählt, «ein alter, abgestandener Mann, den Ausschweifungen geschwächt haben», wie der englische Seemann schreibt. Was Quito angeht, so hielt man für besser, es erst zu befreien und dann einen Vizepräsidenten zu wählen. Das neue Gesetz brachte zwei Änderungen, die symbolisch für die ganze Zeit sind: der Name Neugranada wurde in Cundinamarca umgewandelt, und der Name Santa Fé in Bogotá.

Was waren Bolivars Beweggründe bei alledem und wie wurde es aufgenommen? Für Bolivar war es eine napoleonische Vision. Der ganze Stil seiner damaligen Reden, der feine Unterschied zwischen dem allmächtigen militärischen Diktator und den untertänigen, wiewohl dekorativen Personen unmittelbar unter ihm – alles verriet das bonapartische Modell. Zea, den schon Napoleon selber in Bayonne gelehrt hatte, sich zu bücken, war seit jeher Bolivars Werkzeug in Angostura gewesen. Roscio hatte sich, wie Zea selber an Bolivar schreibt, «stets auf das nobelste und liberalste verhalten, ganz im Gegensatz zu dem, was wir zunächst erwartet hatten. Hätte es an ihm gelegen, so wäre keine Silbe in der Verfassung geändert worden». Schon die Verfassung, die Bolivar dem Kongreß in Angostura einige Monate vorher vorgelegt hatte, war ein bonapartisches Machwerk gewesen, der erste Flügel des Gebäudes, das er jetzt vollendete. Die Verschmelzung der drei Republiken fand nur auf dem Papier statt, und nicht einmal das auf ganz reguläre Weise. Weder der Kongreß von Angostura noch die fünf Abgeordneten aus Casanare, die praktisch von Santander ernannt worden waren, konnten Neugranada vertreten. Außerdem wurde, sofern wir einem britischen Beobachter glauben wollen, die Abstimmung «durch eine kleine Mehrheit entschieden, die er sich vorsorglich durch sein Übergewicht, seinen parteipolitischen Einfluß und durch Bestechung, diese nie versagende Quelle aller Korruption, gesichert hatte». Derselbe Beobachter behauptet: «Hätte es nicht Männer wie Páez, Montilla, Mariño und ein paar andere gegeben, so würde sich die Republik schon vor Jahren als Königreich bezeichnet haben.» Mariano Montilla war einer der Hauptgegner der Union. «Er nutzte seine Stellung als Mitglied des Senats, um die Union schärfstens zu verurteilen, und nannte ihre Förderer Männer, die sich auf Kosten der Allgemeinheit bereichern wollten. Bei einer Gelegenheit hörte ich, wie er nachdrücklich mit Bolivar sprach und ihm geradeheraus sagte, als nächstes werde er versuchen, die Republik in eine Monarchie zu verwandeln und sich an deren Spitze zu setzen.» Diese Aufzeichnungen eines englischen Beobachters, der nichts mit Hippisley und Morillo zu tun hat, bestätigen, daß Bolivar die gleiche Politik verfolgte, die Napoleon dahin gebracht hatte, aus einem General der Republik zunächst Erster Konsul zu werden und sich dann selber zum Kaiser zu krönen.

FÜNFTES KAPITEL

Die Sorgen des Mächtigen

Das Herrschen war Bolivar lästig, weil es Verwalten und Kleinkram einschloß. Die erste Hälfte des Jahres 1820 verbrachte er größtenteils in der einen oder andern kleinen Stadt nahe der Grenze zwischen Venezuela und Neugranada. Er stand um sechs Uhr morgens auf, zog sich rasch an und begab sich von seinem Schlaf- und Arbeitszimmer zu den Ställen, um auf seine Pferde «des Herren Auge» zu werfen, das sie nach dem spanischen Sprichwort gedeihen läßt. Dann kehrte er in sein Zimmer zurück und las bis neun Uhr (zu jener Zeit Voltaire und Montesquieu). Danach frühstückte er und empfing den Kriegsminister, seinen Privatsekretär und seinen Stabschef. Kriegsminister war Pedro Briceño Méndez, ein wohlhabender junger Mann aus Barinas, und sein Stabschef Salom, ein unermüdlicher, wenngleich etwas rücksichtsloser Offizier. Ein großer Teil ihrer Arbeit scheint in der Beantwortung persönlicher Gesuche bestanden zu haben, über die Bolivar rasch entschied, ohne dabei allzu sanft zu verfahren. Gelegentlich ging er sogar so weit, daß er schneidende Bemerkungen über die Dummheit seiner Mitarbeiter diktierte. Er war hart, weil er ungeduldig war. Während er seine Briefe diktierte, schaukelte er in seiner Hängematte oder ging im Zimmer auf und ab und las in einem Buch, dieweil sein Sekretär einen Satz hinschrieb. Diese Arbeit dauerte etwa zwei Stunden, danach las er bis fünf. Dann speiste er frugal; Wasser war dabei sein einziges Getränk, «allerdings mehr notgedrungen als aus freien Stücken, denn wenn der Markt es bot, fehlten auf seinem Tisch weder üppige Speisen noch erlesene Weine». Selten saß er eine ganze Stunde bei Tisch, und nach dem Essen pflegte er zu reiten. Den Abend verbrachte er plaudernd mit seinem Stab und begab sich um neun in seine Hängematte, wo er noch bis elf las. Mit seiner Arbeit und seiner Lektüre erschöpfte sich seine geistige Tätigkeit noch nicht, sondern er schrieb auch politische Artikel für die amtlichen Zeitungen in Angostura und Bogotá. Als eifriger und aufmerksamer Journalist empfiehlt er Santander, der «Anzeiger» müsse lebendiger werden; er kennt alle Kunstgriffe von Publizistik und Propaganda. So schreibt er an Santander: «Ich schicke Ihnen Auszüge aus einer Note unseres Agenten in den Vereinigten Staaten, damit Sie diese im ‹Anzeiger› als Brief aus dem Norden veröffentlichen; keinesfalls darf es scheinen, als komme er von uns.» Er scheint sich auch um die Gunst der poetischen Muse bemüht zu haben, doch wissen wir leider nicht, mit welchem Erfolg.

Seine politische Linie tritt in allem hervor, was er über die Verfassung geschrieben hat. Er verhehlt kaum seine Belustigung, wenn er Bemerkungen über die Zivilisten macht, *«qui croient que c'est arrivé»*. Der Kongreß von Angostura hatte seine Sitzungsperiode am 19. Januar 1820 beendet, und Zea hatte aus diesem Anlaß ein wortreiches Manifest verfaßt. Bolivar schreibt an Santander: «Kleinigkeiten haben wir seit Tagen nicht mehr erwähnt. Señor Zeas Manifest scheint sehr elegant zu sein, doch enthält es ein paar verfehlte Ausdrücke.» Niemals verlor er die wichtigsten politischen Dinge aus den Augen: Massenpsychologie und Macht. Seinem Freunde William White schreibt er im Mai 1820 aus San Cristóbal und verteidigt seine Verfassung gegen die Kritik des Engländers auf eine Weise, die seinem Scharfsinn zur Ehre gereicht. «Lesen Sie meine Rede im ganzen. Sie beweist, daß ich mich auf das Moralgefühl [heute würden wir sagen: soziale Gefühl] meiner Landsleute nicht verlasse, aber ohne republikanische Moral kann es keinen freien Staat geben.» Einen Monat später an Santander: «Weder die Freiheit noch die Gesetze noch die glänzendste Erziehung werden moralische Menschen aus uns machen. Mein Freund, nicht Blut rinnt in unsern Adern, sondern Laster, vermischt mit Angst und Irrtümern.» Noch pointierter schrieb er im April aus Pamplona an Santander: «Wenn wir siegen, so bin ich entschlossen, Sullas Beispiel zu folgen, und ich bezweifle nicht, daß die Kolumbianer mir für ihre Freiheit ebenso dankbar sein werden wie einst die Römer Sulla. Werden wir geschlagen, so gibt es weder einen Hof noch ein Vaterland; und wenn ich sterbe, verantworte ich alles mit meinem Leben.»

Er war ein geborener Diktator. Der Ton seiner Briefe, die ganze Stimmung sind die des Mannes an der Spitze, der diese Stellung ganz selbstverständlich einnimmt und keine andere wählen würde, selbst wenn er das könnte. Er spürte die Last und gab das seinem bislang noch getreuen Ratgeber auch zu. Nach einer mißlaunigen Liste von «Ich hoffe dies» und «Ich hoffe das» schließt er jenen Brief mit den Worten: «Ich bitte Sie von hier aus um Rat für den Fall, daß er rechtzeitig kommt. Jetzt ist der Augenblick, mir alles offen zu sagen, denn ich bin so unentschlossen, daß ich jede Nacht schlaflos daliege und zu keiner Entscheidung kommen kann.»

Persönliche Dinge machten ihm viel Kopfzerbrechen, denn wenige Männer in seiner Umgebung, außer Sucre wohl keiner, waren so selbstlos wie er. «Zea ist so gut», schreibt er am 30. Mai voll Galgenhumor an Santander, «daß er Dinge getan hat, die Sie sich nicht vorstellen können... Er hat Mariño erlaubt, nach Trinidad abzureisen, und hat mir geschrieben, er schicke ihn als seinen Agenten gen Norden. Das erste ist schlimm, weil es den Keim eines Bürgerkrieges legt, und das zweite absurd, weil wir dadurch noch mehr diskreditiert werden, als wir schon sind. Da der Finanzsekretär über die Gelder nur auf meine Weisung verfügen wollte, hat Zea ihm die Verwaltung weggenommen; da er dem Kongreß verantwortlich war, hat er den Kongreß diese Verantwortlichkeit aufheben lassen. Alles, alles, alles nur, um es jedermann recht zu machen – entgegen meiner ausdrücklichen Weisung, daß die Gelder nur für die Rüstung auszugeben seien. Er hat Páez Vollmacht gegeben, alle Waren im Apuretal aufzukaufen und Wechsel auf das Schatzamt auszustellen. Stellen Sie sich den Verlust vor! Roscio und auch Sucre haben ihm klargemacht, sie hätten Vollmacht, Mariño lebendig oder tot zu mir zu schicken, aber er wollte nicht hören. Ich verzeihe ihm seinen Ungehorsam, aber nicht den angerichteten Schaden. Er hat alle möglichen Vorrechte genossen und dazu fünfzigtausend Pesos zur freien Verfügung seiner Frau, falls er während seiner Mission umkommen sollte.»

Zea hatte seine persönlichen Interessen keineswegs vernachlässigt. Das taten damals in Bolivars Umgebung nur wenige Männer, und er sah sich das alles mit jener seltsamen Gleichgültigkeit an, die er sich sogar bei den Dingen bewahren konnte, die seinem Herzen am nächsten standen. Er besaß eben jene letzte, beinahe spielerische Uneigennützigkeit, ohne die man keiner großen Sache auf große Weise dienen kann. Brion gehörte zu den Männern, deren Habgier ständig befriedigt werden mußte. Der allzu häufig als Wohltäter der Republik geschilderte Brion war ebensosehr auf Geldgewinn aus wie auf Ehre und goldene Tressen. So mußte Bolivar im Juli 1820 an Santander schreiben: «Der Admiral hat in großem Stile Schulden gemacht, die wir wenigstens teilweise decken müssen, um nicht denen den Mut zu nehmen, die uns Geld leihen und Unternehmungslust zeigen. Irgendwie müssen wir ihm helfen ... Wir müssen die Provinzen Antioquia und Chocó auspressen, denen man bisher nichts genommen hat, und sie auf eine Stufe mit den nördlichen Provinzen stellen, die wir gänzlich ausgesogen haben. Befehlen Sie ihnen, hunderttausend Pesos aufzubringen – je fünfzigtausend für Montillas Truppen und für den Admiral, für seine Flotte und für seine jüngsten Schulden.»

Aber selbst Santander klagte, daß er kein Geld habe. Er hatte seinen Schritt sorgfältig vorbereitet. Am 4. März hatte er Bolivar in Bogotá empfangen, wo der Zusammenschluß der beiden Königreiche zu einer Republik durch eine Proklamation feierlich begangen wurde. Eine literarische Feier durfte in Bogotá nicht fehlen, die diesmal aber nicht schönen

Frauen, sondern franziskanischen Mönchen anvertraut wurde, denen Bolivar, der an der Feier nicht teilnahm, am nächsten Tage angemessen und bescheiden dankte. Santander stellte Bolivar in der Umgebung von Bogotá ein hübsches Landhaus zur Verfügung. Dann schrieb er schließlich am 21. Mai einen Brief. «Nun eine persönliche Sache. Sie haben Vollmacht, Staatsgüter zu verleihen. Verleihen Sie mir hier im Lande eines, beispielsweise das kleine Haus des Vicente Cordoba, das vielleicht dreitausend Pesos wert ist. Können Sie sich vorstellen, Herr General, daß ich kein Geld habe? Die Staatskasse zahlt mir kein Gehalt mehr, da ich es nicht anständig finde, Geld anzunehmen, wenn für die Soldaten nichts da ist.» Alles in allem gereicht Santander dieser Brief zur Ehre. Gewiß bat er darum, man solle ihm das Haus eines Royalisten beschlagnahmen, doch hätte er es ohne weiteres an sich raffen können. Und seine Bitte war bescheiden: ein Haus im Wert von dreitausend Pesos für einen Vizekönig, dessen (nicht ausgezahltes) Jahresgehalt sich auf zwanzigtausend Pesos belief. «Ich finde nichts, nichts, nichts Merkwürdiges daran, daß Sie kein Geld haben», antwortete ihm Bolivar mit jener dreifachen Wiederholung, die bei ihm häufig Ausdruck leidenschaftlicher Betonung war. «Aber ich muß sagen, daß ich keine Vollmacht habe, Staatsbesitz zu verschenken, doch kann ich etwas Wertvolleres tun, wenn Sie mich um etwas Lohnendes bitten. Datteln kosten nichts und Freundesdienste noch weniger, und erst recht nichts eine Belohnung von Verdiensten mit öffentlichem Besitz. Außer dem kleinen Haus von Cordoba könnte man um etwas zehnmal so Wertvolles bitten. Sie werden sich erinnern, daß ich bei allen Dingen, die mit Staatseigentum zu tun hatten, allmächtig war, solange ich keine Gesetzgeber hatte – verstehen Sie mich? Wenn Sie mich also verstehen, dann zerreißen Sie diesen Brief und behalten, was ich Ihnen geschrieben habe.» Santander hat den Brief nicht zerrissen.

Der junge republikanische Vizekönig von Bogotá zeigte bereits jene betonte Achtung vor dem Gesetz, die ihm von

Bolivar den Spitznamen «Der Mann des Gesetzes» eintragen sollte. Diese Neigung entsprang eher dem Wunsch, Bolivar festzulegen und zu kontrollieren, als einer eigentlichen Achtung vor dem Recht. Da Bolivar aber den juristischen Schein durchschaute und dahinter die machtpolitischen Motive erkannte, war Santanders Haltung nur dazu angetan, Bolivars diktatorischen Drang noch schärfer hervortreten zu lassen.

Als Residenz hatte sich Bolivar die Gegend um Cúcuta ausgewählt, die etwa gleich weit von Angostura und Bogotá, von der Küste und dem Süden entfernt war. Seine militärische Planung mußte alle vier Himmelsrichtungen berücksichtigen. Morillo beherrschte das Küstenhochland mit einer Streitmacht, die er auf elftausend Mann schätzte, während La Torre ganz in der Nähe die Republikaner bedrohte. Im Süden bedrohte Calzada, der spanische Kommandeur, der alle erreichbaren Truppen aus Bogotá gerettet hatte, Popayán. Die Küste war wie eh und je stark royalistisch. Um diese Zeit scheint Bolivar eine Periode verständlichen Zauderns durchgemacht zu haben. Montilla, dem er befohlen hatte, Caracas anzugreifen, falls er sich dazu stark genug fühlte, oder andernfalls Rio Hacha aufs Korn zu nehmen, hatte sich für die zweite Möglichkeit entschieden. Bolivar sah in Maracaibo das Hauptziel. Eine weitere Armee sollte unter Salom oder Lara südwärts gegen Calzada geschickt werden. Sehr selbstsicher schreibt er im März 1820: «Ich habe zwei Offensivarmeen: die erste marschiert nach Quito ab, während die zweite gleichzeitig in die Provinzen Cartagena, Santa Marta und Maracaibo einfallen soll. Im Laufe des Winters wird es uns gelingen, diese Provinzen in Besitz zu nehmen, und im Sommer werde ich dann Morillo umzingeln. Sucht er mich, so wird er mich finden, und ich werde ihn vernichten; wartet er aber auf mich, so ist sein Untergang unvermeidlich.» Es ist mehr als zweifelhaft, ob er auch glaubte, was er schrieb. Ihm machten Páez' «Fehlgriffe und Unordnung» Sorgen, vor allem aber der Mangel an Maultieren und Gewehren. Dazu sollte er mit Devereux' Expeditionskorps eine Enttäuschung erleben.

Devereux traf am 20. Januar 1820 auf Margarita ein. Nach vielem Essen, Trinken und Redenhalten bat er, nach Jamaika fahren zu dürfen, um riesige Waffen- und Munitionstransporte zu holen – und kehrte nicht zurück. Die irischen Truppen, die auf Margarita geblieben waren, mußten Sardinen fischen, um etwas zu essen zu haben. Mittlerweile war Montilla nach St. Thomas gefahren, um Proviant und Waffen zu kaufen; bei seiner Rückkehr berichtete er dem Kriegsminister der Republik über das Unternehmen gegen Rio Hacha, das englische Freiwillige unter McGregor im Oktober des Vorjahres ausgeführt hatten. Der Bericht war nicht gerade ermutigend. McGregor hatte Rio Hacha ohne Schwierigkeiten besetzt, aber die englischen Truppen, von denen viele den Krieg in Spanien mitgemacht hatten, begingen hier denselben traurigen Fehler wie schon in Badajoz und San Sebastián und plünderten die Stadt, die sie angeblich befreiten. Die Bürger von Rio Hacha waren darüber so aufgebracht, daß sie zu den ersten besten Küchenmessern griffen: Von dreihundert Engländern blieben nur sechsundvierzig am Leben. Montilla schloß seinen Bericht mit den Worten: «Das beweist, daß ausländische Truppen, wenn sie nicht durch eine nationale Truppe in Schach gehalten werden, der republikanischen Sache nur Rückschläge bereiten.» Er hielt sich jedoch an seine eigene Warnung nicht, sondern entschloß sich, obwohl er nur über siebenhundert undisziplinierte Iren verfügte, das Unternehmen zu wagen. Vor seiner Abfahrt schloß Montilla ein schriftliches Abkommen mit Brion, worin sich der Admiral verpflichtete, vierhundert Matrosen für den ersten Angriff und zweihundert für den Dienst an Land bereitzustellen, während Montilla kreolische Truppen besorgte, um die Iren am Plündern zu hindern. O'Connor, einer der irischen Offiziere, berichtet: «Der Admiral verlor keine Zeit, sondern suchte aus der sich ihm bietenden

Gelegenheit Vorteil zu ziehen und schlug uns vor, wir sollten ein Manifest veröffentlichen, worin wir unsern Entschluß kundtäten, uns ihm zu unterstellen. Mir wurde klar, daß ich mich in einem Lande von Intriganten befand.»

Am 7. März verließ die Flotte Juan Griego und traf fünf Tage später in Rio Hacha ein. Die Garnison zog sich nach Santa Marta zurück, und die Einwohner folgten ihr aus Furcht vor einer Wiederholung der Episode mit McGregor. Montilla besetzte eine leere Stadt; allmählich kehrte die Bevölkerung jedoch zurück, so daß er mit dem Rekrutieren beginnen konnte. Er drang landeinwärts in das Upartal vor, wo er ein Expeditionskorps unter Urdaneta erwartete, das ihm Bolivar versprochen hatte. Dies war aber eine entschieden royalistische Gegend, und jeder Mann, der sich vom Gros trennte, wurde sofort von Indianern getötet. Auf diese Weise ging die ganze Vorhut aus deutschen Pionieren verloren. Da sich Urdanetas Verband nicht zeigte, entschloß sich Montilla, nach Rio Hacha zurückzukehren. O'Connor warnte ihn, das werde zu einer Meuterei der enttäuschten Abenteurer führen, und so kam es auch. Die Iren waren um so wütender, als Montilla sich weigerte, ihnen als Ausgleich für den fälligen Sold Rio Hacha zum Plündern freizugeben. Er verlor die Kontrolle, und das Unternehmen endete unheilvoll. «Mich wundert das nicht», schrieb Bolivar an Montilla. «Ich bin bei diesen Henkern auf alles gefaßt, die nicht töten, wenn sie kein Geld bekommen, und die wie Kurtisanen sind, die sich nicht hingeben, wenn man sie nicht vorher bezahlt.» Damit geschah aber O'Connors zweihundert Iren Unrecht, die gegen den spanischen Anführer Sanchez Lima tapfer fochten, so daß Montilla vornehmlich ihnen den Sieg verdankte. Die meisten von ihnen waren jedoch (nicht ohne Grund) der Überzeugung, der Admiral habe Geld, das er nicht hergeben wolle, meuterten abermals, plünderten die Stadt und setzten sie in Brand; als sie eingeschifft wurden, um nach Jamaika geschickt zu werden, mußte man ihnen androhen, sie würden versenkt, damit sie ihre Waffen abgaben.

Auch das Unternehmen gegen Süden war gescheitert. Antonio Obando war vor Popayán geschlagen, seine Truppe war zerstreut worden. La Torres Truppen drohten ihn vom Orinoco abzuschneiden. Bolivar sah, wie der Horizont sich ringsum verdüsterte. Dann griff das Schicksal ein. Das spanische Volk wurde Bolivars Rettung.

SECHSTES KAPITEL

Das spanische Volk rettet Bolivar

Am 1. Januar 1820 hatte Rafael Riego, eine Art von spanischem Bolivar, an der Spitze seines Bataillons die Verfassung von 1812 proklamiert und in ihrem Namen ein revolutionäres Pronunciamiento begonnen, das mindestens zunächst Ferdinands Tyrannei ein Ende setzte. Die Ereignisse in Spanien verliefen auf ganz ähnliche Weise wie die in Spanisch-Amerika. Es gab in der Hauptsache drei Richtungen. Die reaktionäre, tyrannische Richtung vertraten in Amerika Männer wie Vizekönig Sámano, Brigadegeneral Morales und der venezolanische Publizist José Domingo Diaz; in Spanien waren es Ferdinand VII. und eine Reihe von Generälen sowie ein Kriegsminister Eguia, die für eine Rückkehr zum alten System eintraten. Auf dem linken Flügel, der mit Geheimbünden gespickt war, glaubten die republikanischen Reformer an das, was sie Philanthropie nannten und was wir heute Demokratie nennen; sie träumten von einer Regierung des Volkes für und durch das Volk und hatten die Verfassung von 1812 mit nur einer Kammer, allgemeinem Wahlrecht und allen sonstigen «modernen Ideen» ausstaffiert. Diese Richtung besaß in Spanien und Südamerika viele Anhänger, allerdings mehr an der Oberfläche und auf dem Papier als in Taten und Überzeugungen; kam es nämlich auf die politische Praxis an, so wurden die Worte vergessen, und die Persönlichkeit setzte sich durch. Dem Namen nach waren Riego in Spanien und Bolivar in Venezuela die Führer dieser Richtung, doch wurde sie in Venezuela eher durch jene «Gesetzgeber» repräsentiert, über die sich Bolivar lustig machte. Schließlich gab es eine Mittelgruppe liberal gesinnter, für empirisches Handeln und ruhige Entwicklung eintretender Männer, zu denen später Morillo selber gehörte; denn er sollte sich sowohl von Ferdinands Tyrannei wie von dem reichlich naiven Idealismus der übereiligen Reformer lossagen.

Als Ferdinand aus seinem langen Exil in Frankreich nach Spanien zurückgekehrt war, hatte sich das Land in den Händen der Verfassungstreuen befunden, die größtenteils jener Mittelgruppe angehörten. Seiner Natur nach hegte der König keine freundschaftlichen Gefühle für die Verfassung von 1812. Gleichwohl ließ er keinerlei despotische Neigungen erkennen, bis die verfassungsrechtlichen Pedanten anfingen, seine Befugnisse und seine Bewegungsfreiheit auf taktlose Weise einzuschränken. Daraufhin gab er sich nun allerdings der Tyrannei in ihrer schwärzesten und übelsten Form hin. Männer, die als Führer des Widerstandes gegen Napoleon und damit als Anhänger Ferdinands höchstes Ansehen genossen, wurden genötigt, sich gegen ebenden König aufzulehnen, um dessen Rückkehr sie so schwer gerungen hatten. Porlier in Galicien, Lacy in Katalonien, Richard in Madrid, Beltrán de Lis und dreizehn weitere Verschwörer wurden hingerichtet. Unter diesen Umständen beschloß der selbstherrliche König, eine Armee aufzustellen, um damit seine schwindende Macht über seine amerikanischen Untertanen zu befestigen. Diese Armee bezog Garnisonen in der Gegend von Cadiz. Die Abneigung der spanischen Soldaten gegen ihre Verwendung in Amerika, freimaurerische Einflüsse und die revolutionäre Stimmung im Lande verwandelten dieses Instrument zur Unterwerfung Spanisch-Amerikas in ein Werkzeug zur Befreiung Spaniens. Sie unterstand einem spanischen General irischer Herkunft, der O'Donnell hieß, aber auch als Count de la Bisbal bekannt war; er war ein ziemlich verantwortungsloser Ehrgeizling, der sich nebenher mit Freimaurerei und revolutionären Bestrebungen befaßte. O'Donnell wendete sich diesmal jedoch gegen die Verschwörer und verhaftete die meisten von ihnen, darunter auch die beiden Bataillonskommandeure Riego und Quiroga, die wegen ihrer Verfassungstreue bekannt waren. Das war im Juli 1819, doch waren die Pläne damals schon zu weit gediehen. So proklamierte der inzwischen wieder auf freien Fuß gesetzte Riego am 1. Januar 1820 morgens um acht Uhr die Verfassung und führte seine Soldaten gegen den Oberbefehlshaber Calderón, den Nachfolger O'Donnells, verhaftete die Generäle und gewann die übrige Armee für seine Sache.

Weder Riego noch Quiroga, der seinem Beispiel gefolgt war, hatten eine Ahnung, was sie mit der Armee anfangen sollten, die sie zu ihrer Ansicht bekehrt hatten. Das Pronunciamiento wäre zusammengebrochen, wenn nicht plötzlich in fast allen Teilen des Landes die latente Revolution offen ausgebrochen wäre. Sie spielte sich ähnlich ab wie 1808 in Spanien und 1810 in Spanisch-Amerika. In einer Stadt nach der andern verkündeten Aufrührer aus Militär und Zivilbevölkerung die Verfassung, und am 6. März mußte der König durch ein Dekret die Cortes einberufen. Als Ferdinand am nächsten Tage hörte, daß sogar seine Generäle für die Verfassung seien, erließ er ein weiteres Dekret, durch das er die Verfassung annahm und sich einer beratenden Junta unterwarf, die ihn bis zur Eröffnung der Cortes, die am 19. Juli stattfinden sollte, unter eine Art von Vormundschaft stellte.

Morillo hielt sich Ende Mai 1820 in Valencia auf, als ihm zwei Caraqueños, die der Militärgouverneur von Caracas, Brigadegeneral Don Ramón Correa, zu ihm schickte, mitteilten, angesichts der Ereignisse in Spanien bäten die Bürger von Caracas darum, daß die Verfassung von 1812 verkündet und beschworen würde. Das war ein streng legaler Schritt, da er davon ausging, Venezuela solle wie jedes andere spanische Königreich auch nach der spanischen Verfassung regiert werden. Übrigens bestätigte dieses Ersuchen, daß Westindien niemals als Kolonie betrachtet, sondern immer genauso zu den Reichen der spanischen Krone gezählt wurde wie die elf oder zwölf spanischen Königreiche in Europa. Morillo antwortete, er werde sofort nach Caracas zurückkehren. Er ritt auf sehr schlechten Straßen in zwanzig Stunden nach Caracas und überraschte die Stadt durch seine plötzliche Ankunft. Am selben Abend empfing er, immer noch staubbedeckt, den Gemeinderat. Zwei Tage später trafen zwei amtliche Schreiben aus Madrid ein. Das eine ordnete an, daß die Verfassung von 1812 verkündet würde, das andere ersuchte alle spanischen Behörden in Übersee, sich um Waffenstillstand mit den spanisch-amerikanischen Aufständischen zu bemühen. Demgemäß schrieb Morillo am 17. Juni an Bolivar, Páez, Bermúdez, Zaraza, Monagas, Cedeño, Rojas und Montilla und teilte ihnen mit, er weise alle seine Kommandeure an, sie sollten an dem Tage, an dem auch die Befehlshaber der Rebellen dazu bereit seien, die Feindseligkeiten für einen Monat einstellen. Dieses Vorgehen beweist, daß Morillo nicht zögerte, sich mit der neuen Lage abzufinden. Er persönlich konnte dadurch nur gewinnen. Er war ja mit seinem Auftrag gescheitert. Zwar war er immer noch stärker als seine Gegner. Er verfügte immer noch über zwölftausend Mann (knapp die Hälfte davon Spanier aus seinem Expeditionskorps, die andere Hälfte Kreolen) und hielt praktisch ganz Venezuela besetzt, da die Patrioten nur Margarita, Guayana und das Apuretal beherrschten; aber wiewohl er ein guter Soldat und Führer seiner Leute war, war er doch zu durchschnittlich und nicht originell genug, um eine Lösung für eine so neuartige militärische Aufgabe zu finden, wie sie ihm gestellt war. Außerdem hatten seine Verwundung und mancherlei Krankheiten seine robuste Gesundheit geschwächt. Er hatte mehrmals darum gebeten, nach Spanien abreisen zu dürfen. Der Waffenstillstand würde ihm einen brauchbaren Abgang verschaffen.

Auch Bolivar konnte durch einen Waffenstillstand viel gewinnen. Seine militärische Lage war schlecht. Neugranada war einem Angriff der Royalisten ausgeliefert. Seine Mittel blieben so weit hinter seinen Bedürfnissen zurück, daß er zur Zeit nicht wußte, was er tun sollte. Aber Bolivar gedieh im Krieg und sah in einem Waffenstillstand selten etwas anderes als ein Mittel der Kriegführung. Nur ein- oder zweimal scheint er in einer flüchtigen Anwandlung die Verhandlungen als einen wirklichen Weg zum Frieden betrachtet zu haben: als er sie nämlich vor ihrem eigentlichen Beginn richtig vorausgesagt hatte, und dann unmittelbar nach seiner Begegnung mit Morillo. Dieser hatte ihm durch seine freimütige Aufrichtigkeit Eindruck gemacht, so daß er an Santander schrieb: «Der Waffenstillstand ist für uns vorteilhaft, da wir mit einwandfreien Verbindungen und ungebrochener Frontlinie die beste Ausgangsposition besitzen, um nötigenfalls zu gegebener Zeit die Operationen wieder aufzunehmen; ich halte das allerdings nicht für wahrscheinlich, denn, wie man uns versichert, liegt der größte Vorteil des Waffenstillstandes darin, daß er das Ende dieses Krieges bedeutet.» Von diesen beiden Ausnahmen abgesehen, betrachtete Bolivar den Waffenstillstand jedoch als einen Schachzug im Kriege und nutzte ihn auf eine Weise aus, die wir leider perfide nennen müssen. Das wird sich alsbald zeigen. Am 20. Juli schildert er Santander den Besuch von Herrera, der Morillos erster Unterhändler war. «Er blieb drei Tage bei uns, lebte und sprach vertrauensvoll und mit der größten Offenheit ... Er schien mir aufrichtig zu sein.» Am 21. Juli beantwortete er von El Rosario aus das amtliche Schreiben, das Morillo ihm am 22. Juni geschickt hatte. Er betonte Kolumbiens feierliche Entschlossenheit, «unaufhörlich gegen Fremdherrschaft zu kämpfen und sich mit nichts anderem als Unabhängigkeit zufriedenzugeben», schickt Morillo als Beleg das Grundgesetz der Republik und fügt schließlich hinzu: «Der Waffenstillstand, um den E. E. bitten, kann nicht bewilligt werden, ehe bekannt ist, welcher Art die Verhandlungen sind, mit denen die Herren Toro und Linares betraut wurden.» An demselben Tag schreibt er an Montilla und mahnt ihn, im Hinblick auf die Möglichkeit eines Waffenstillstandes rasch zu handeln. Er möchte, daß Montilla sich darauf konzentriere, den Rio Magdalena zu erreichen, Santa Marta zu nehmen und Cartagena zu blockieren. Das alles gehörte zu seinen Rechten, ja zu seinen Pflichten als Oberbefehlshaber.

Zwei Wochen später, am 1. August 1820, schreibt er wieder an Montilla, während er Morillos Unterhändler erwartet. «Jedem, der Ihnen die Möglichkeit verschafft, Cartagena einzunehmen, sollten Sie auf die vorsichtigste und überlegteste Weise bis zu hunderttausend Pesos oder einen militärischen Rang bis zum Oberst hinauf anbieten; sollte es ein Oberst sein, bieten Sie ihm außer den hunderttausend Pesos die Beförderung zum Brigadegeneral an. Zu diesem Zweck können Sie sehr wohl den von Morillo erbetenen Waffenstillstand als Vorwand benutzen. Sie sagen einfach, Sie hätten Befehl erhalten, die Feindseligkeiten einzustellen, und bitten um einen Parlamentär, damit Sie versuchen können, einen von ihnen mit so hübschen Belohnungen für sich zu gewinnen. Versuchen Sie doch, ob Sie nicht wenigstens den Wachkommandanten im Kastell San Felipe oder den vom Halbmond oder vom Tor Santa Catalina oder von irgendeinem andern Ort an der Bucht oder auch von Boca Chica bekommen können. Sollte einer von diesen Ihnen die Stadt ausliefern, so winkt Ihnen die gleiche Belohnung. Sie dürfen versichern, Morillo habe mir geschrieben und mich als Präsident angeredet, und der Unterhändler Herrera habe mir versichert, daß Morillo Befehl bekommen hat, er solle mit allen Mitteln Frieden schließen und die Republik anerkennen. Mit dieser Nachricht, die wahr ist, können Sie vielleicht Ihre Verhandlungen mit einem pro-spanischen Kreolen oder Spanier fördern, der zu uns halten will.» Das war schwerlich eine Haltung, wie Morillo sie von ihm erwarten durfte, doch könnte man ihm vielleicht auch das noch als Recht eines Kriegführenden zubilligen. Dann aber setzt er hinzu: «Ich beabsichtige nicht, Frieden zu schließen, bis wir Quito genommen haben. Valdés ist dorthin unterwegs und stößt auf keinerlei Hindernisse.» Spätere Briefe Bolivars zeigen, daß er in seinem Eifer, Quito zu erobern, seine Verpflichtungen Morillo gegenüber verletzt hat.

Zu diesem Zeitpunkt erhielt Bolivar von seinem getreuen Briceño Méndez brieflich die Nachricht, daß die Lage der seit mehr als Jahresfrist in Cartagena belagerten Spanier verzweifelt sei. Darauf faßte er den Plan, diesen heranreifenden Sieg zu pflücken, und schrieb am 8. August an Santander: «Während unsere Truppen sich sammeln, werde ich ein Rennen wie Achilles veranstalten und versuchen, noch im September in einem Schwunge Cartagena, Santa Marta und Maracaibo zu erobern.» Er ließ in San Cristóbal Urdaneta und Briceño zurück, damit sie Morillos Unterhändler empfingen, und gab ihnen Instruktionen, von denen er selber schreibt: «Sie sind so präzise, klar und diplomatisch, als wären sie auf den Feldern von San Cristóbal diktiert worden, wo allenthalben Cowboypolitik gedeiht.» Sein Sinnen gilt aber so sehr dem Krieg, daß er folgenden Satz hinzufügt, der gerade in einem Brief an Santander einen bösen Klang hat: «Ich habe vor, daß Sucre mit der Gardekavallerie und mindestens zweitausend Schützen Cundinamarca sichert. Er soll über Trujillo marschieren, wo Lara mit einer guten Division zu ihm stoßen wird, während ich mit sieben- bis achttausend Mann Morillo abhole, damit wir in Caracas Frieden schließen können, wie Sie es in Bogotá mit Barreiro gemacht haben.» Hochgestimmt und voll Zutrauen zu sich und seiner Sache packte ihn der Zorn, als ihn in Turbaco ein Brief von General Torres, dem Kommandeur der spanischen Garnison in Cartagena, erreichte; dieser bat Bolivar, auf der Grundlage der Anerkennung der spanischen Verfassung die Feindseligkeiten einzustellen. Er verlor die Geduld und schrieb eine Antwort, die schon an sich ausfallend, am Vorabend von Verhandlungen aber besonders fehl am Platze war. «Glauben Sie vielleicht, Herr, das alte, korrupte Spanien könne immer noch die Neue Welt beherrschen? Glauben Sie, die Regierung jener Nation, die für alles das, was am Menschengeist abwegig ist, das schrecklichste Beispiel gegeben hat, könne es jetzt fertigbringen, das Schicksal auch nur eines einzigen Volkes zu gestalten? Herr, sagen Sie Ihrem König und Ihrem Volke dies: Nur um nicht den Makel zu tragen, daß es als spanisch gelte, sei das Volk von Kolumbien entschlossen, auf Jahrhunderte und aber Jahrhunderte gegen Menschen und selbst gegen

Unsterbliche zu kämpfen, sollten diese für Spanien Partei ergreifen. Kolumbianer wollen lieber auf ewig in die Hölle fahren, als Spanier sein.»

Zu jener Zeit war Bolivar schon nicht mehr der Mann, der sich von irgend jemand seine Ausdrucksweise vorschreiben ließ. Er war Diktator, und niemand wagte ihm auch nur anzudeuten, daß er nicht völlig recht habe, geschweige denn, daß er rase. Offenbar erkannte er, daß Cartagena noch nicht so reif war, wie er erwartet hatte. Nachdem er wieder zu Sinnen gekommen war, schrieb er am nächsten Tag an Santander, er hoffe, daß Kolumbien im Laufe des Jahres 1821 anerkannt werde; aber «wenn wir auch nur eine einzige Schlacht verlieren, verspreche ich mir gar nichts mehr, denn die Goten sind furchtbar, wie Sie nur zu gut wissen». Diesen Gedanken wiederholt er um jene Zeit häufig.

In Wirklichkeit aber hatte er nur den Krieg im Kopf. In denselben Briefen, durch die er Montilla und Santander über seine Verhandlungen unterrichtet, empfiehlt er dem einen, Santa Marta zu nehmen, und dem andern, er möge Valdés drängen, damit dieser Quito nehme, ehe der Frieden unterzeichnet werde. Auf dem Wege nach Cúcuta weist er von Mahates aus seine beiden Unterhändler an, sie sollten Morillos Leuten mitteilen, ehe er in einen Waffenstillstand willige, der nicht von der Unabhängigkeit Kolumbiens ausgehe, würde er die Auslieferung von Barcelona, Maracaibo, Santa Marta und Cartagena verlangen. «Dieser Vorschlag muß gesprächsweise als persönliche Meinung, nicht als Auffassung der Regierung vorgebracht werden.» Das hieß natürlich, daß kein Waffenstillstand möglich war, und läßt zwei Dinge erkennen: Bolivar war nicht mehr mit Verhandlungen einverstanden und maß außerdem Maracaibo besondere Bedeutung bei; dieses taucht in allen seinen neuen Plänen auf und soll entweder mit Waffengewalt genommen oder durch Vertrag erworben werden. Trotzdem schrieb er am 21. September von San Cristóbal aus an Morillo und bat darum, die Verhandlungen wieder aufzunehmen. Warum? Er beginnt, was verdächtig genug ist, damit, seine «Offenherzigkeit und die Reinheit seiner Absichten» zu betonen. Nunmehr ist alles klar. Das Waffenstillstandsangebot war eine Kriegslist. Er schreibt an Morillo: «Um unsere Korrespondenz zu erleichtern und zu beschleunigen, werde ich mein Hauptquartier gegen Ende Oktober nach San Fernando de Apure verlegen.» Er meinte gerade das Gegenteil.

Morillo ließ sich durch Bolivars Diplomatie nicht täuschen. Er merkte, daß sein Gegner seine Aufmerksamkeit ablenken und dann nach Trujillo vorrücken wollte. Im Dezember 1820 schrieb er darüber: «Da die Feindseligkeiten andauerten, ließ ich nicht ab, bis ich ihre Vorhut aus Carache in der Nähe von Trujillo vertrieben hatte; damit verfolgte ich das doppelte Ziel, für den Fall, daß wir uns nicht einigten, für einen entscheidenden Schlag bereit zu sein und die Truppen, die Maracaibo angriffen, von dort abzuziehen.» Die Vorschläge, die Bolivar von San Cristóbal aus an Morillo geschickt hatte, sahen hauptsächlich einen Waffenstillstand von vier bis sechs Monaten vor, doch sollten Santa Maria, Rio Hacha und Maracaibo ihm übergeben werden. Es wurden viele Briefe gewechselt, in denen Bolivar hinsichtlich seiner gegenwärtigen (nicht aber seiner endgültigen) Stärke bluffte, während Morillo sich geduldig und maßvoll als ein Mann erwies, der wirklich Frieden wollte. Nach langem Briefwechsel erklärte Bolivar sich endlich bereit, Morillo in Santa Ana zu treffen. Am Morgen des 27. November traf Morillo mit etwa fünfzig Offizieren und einer Schwadron Husaren an dem Treffpunkt ein. Er fragte O'Leary, durch den Bolivar sein Kommen anmeldete: «Was für eine Begleitung bringt er mit?» – «Etwa zwölf Offiziere», antwortete O'Leary. Morillo schickte seine Leute zurück. Dann sah man auf der Kuppe eines Hügels die kleine Reiterschar, die Bolivar begleitete. Als man Morillo auf Bolivar hinwies, fragte der Spanier: «Was! Der kleine Mann im blauen Mantel auf dem Maultier da?»

Die beiden Männer stiegen ab, umarmten sich und betraten das ansehnlichste Haus im Dorf, wo Morillo zu Ehren seines Gastes ein Bankett vorbereitet hatte. «Von Morillo an abwärts», schrieb Bolivar später an Santander, «übertrafen sich die Spanier in dem Bemühen, zuvorkommend und freundlich zu sein. Es gab sehr höfliche und geistreiche Trinksprüche, doch gefielen mir am besten diejenigen von Oberst Tello und General La Torre. Der erste ‹auf den Sieg von Boyacá, der Kolumbien die Freiheit schenkte›, der zweite ‹auf die Kolumbianer und Spanier, die zusammen bis in die Hölle marschieren mögen, wenn das gegen Despoten und Tyrannen nötig sein sollte›. Morillo brachte neben vielen andern begeisterten und liberalen Trinksprüchen einen auf ‹die Helden, die im Kampf für ihr Land und die Freiheit gefallen sind› aus.» Soweit Bolivar. Morillo selbst berichtet, er habe auch den folgenden vielsagenden Trinkspruch ausgebracht: «Möge der Himmel diejenigen strafen, die nicht von denselben Gefühlen des Friedens und der Freundschaft bewegt werden wie wir!»

SIEBTES KAPITEL

Waffenstillstand

In seiner Korrespondenz mit Morillo hatte Bolivar einen Vertrag vorgeschlagen, welcher «wirklich heilig sein und den Krieg der Schrecken und Verbrechen, der bisher Kolumbien mit Blut und Tränen überschwemmt hat, normalisieren sollte». Dieser Vertrag wurde abgeschlossen und am 26. November 1820 unterzeichnet. Er sah Achtung vor Leben und Wohlfahrt der Kriegsgefangenen vor und bestimmte, daß Kranke und Verwundete nicht als Gefangene behandelt, sondern das Recht haben sollten, nach ihrer Wiederherstellung zu ihrer Fahne zurückzukehren; auch sollten sie mindestens so gut behandelt werden wie die Kranken und Verwundeten der eigenen Partei. Gefangene sollten Dienstgrad für Dienstgrad ausgetauscht werden. Artikel sieben schrieb vor: «Da dieser Krieg auf Ansichtsverschiedenheiten beruht und die auf beiden Seiten kämpfenden Personen eng verwandt sind..., sollen Soldaten und Zivilpersonen, die in Gefangenschaft geraten, nachdem sie erst der einen Seite gedient und dann zur andern übergelaufen sind, nicht mit dem Tode bestraft werden. Auch Verschwörer und Unzufriedene werden straffrei bleiben.» Andere, weniger wichtige Dinge wurden in demselben Geist geregelt. «Der Vertrag über die Normalisierung unseres Krieges», schrieb Bolivar an Santander, «gereicht uns zur Ehre, weil wir ihn vorgeschlagen haben.» O'Leary bemerkt dazu, daß der Vertrag von Bolivar in demselben Hause in Trujillo unterschrieben und ratifiziert wurde, in welchem er siebeneinhalb Jahre vorher das Dekret über den Krieg bis zum Tode unterschrieben hatte. Nach Bolivars Auffassung sollte er dazu dienen, Kolumbiens Ansehen im Ausland und zumal in England zu heben.

Von Morillo hatte Bolivar einen günstigen Eindruck gewonnen. So schreibt er am 29. November an Santander: «Ich traf vorgestern Morillo und glaube aufrichtig, daß er ein maßvoller Mann voll guter Absichten ist... Ich mochte ihn wirklich gern.» Auch die andern spanischen Generäle hatten ihm Eindruck gemacht. So spricht er in einem Brief an Morillo am 30. November mit geradezu liebevoller Betonung von «unserm General La Torre» und schreibt an Santander: «Wenn die Verträge, zumal der Vertrag zur Regelung des Krieges, veröffentlicht werden, müssen Sie darauf achten, daß einiges Lob für die spanischen Unterhändler abfällt, die vortreffliche Leute und sehr menschlich sind; dabei heben Sie Brigadegeneral Correa besonders hervor, der der gütigste Mensch auf Gottes Erdboden ist.» Die spanischen Generäle wurden teilweise von der liberalen Woge mitgerissen, die damals über Spanien hinwegging, und Bolivar war großmütig und vorsichtig genug, Santander zu schreiben, er solle seine Berichte nur vertraulich verwenden, da einige ihrer Überschwenglichkeiten La Torre und andern schaden könnten. Und an Morillo schreibt er: «Mir scheint, daß in unsern Empfindungen ein allgemeiner Wandel stattgefunden hat, der uns ermöglicht, alle Dinge etwas freundlicher zu betrachten. Ich für meine Person muß gestehen, daß mein Herz sich gegenüber meinen neuen Freunden gewandelt hat... Ich beglückwünsche mich, Männer getroffen zu haben, die meine gerechte Wertschätzung so sehr verdienen, die wir aber infolge der Vorurteile des Krieges nur überschattet von Irrtümern sehen konnten.»

Wie aufrichtig meinte er das? In seinen Gesprächen mit Peru de Lacroix beantwortet er die Frage unmißverständlich: «Während meines ganzen öffentlichen Wirkens habe ich niemals mit mehr Bedacht und mit mehr diplomatischer Verschlagenheit gehandelt als bei jener Gelegenheit... Vom Scheitel bis zur Sohle gerüstet bin ich zu jener Unterredung gegangen und verbarg meinen Vorbehalt und meine Diplomatie unter einer üppigen Darbietung von Offenherzigkeit, gutem Glauben, Vertrauen und Freundschaft; denn es ist ja bekannt, daß ich nichts dergleichen für Morillo empfinden und daß er solche Gefühle in mir nicht während einer

Unterredung von wenigen Stunden erwecken konnte.» Vielleicht ist Bolivar 1820 in Santa Ana weniger unaufrichtig gewesen, als ihm selber 1828 klar war. Aber ein gewisses Maß von Unaufrichtigkeit lag sicherlich vor, und das wird durch drei konkrete Fälle bestätigt, die ihm kaum zur Ehre gereichen: Quito, Barinas und Maracaibo.

Was Quito angeht, so schrieb Bolivar, nachdem er eben den herzlichen Brief an Morillo vom 30. November abgeschickt hatte, am 1. Dezember an Santander: «Quito werden wir auf jeden Fall nehmen ... Während hier über den Frieden verhandelt wird, könnte ich mich rechtzeitig auf den Weg machen, falls Valdés so töricht sein sollte, die Gelegenheit fahren zu lassen, die sich ihm bietet, um unsterblichen Ruhm zu erlangen. Es gibt viele Möglichkeiten, die amtliche Nachricht über den Waffenstillstand hinauszuzögern; unter anderm könnte der Brief verlorengehen, der Kurier könnte krank werden, oder Valdés könnte sich für die Zeit, da er auf dem Gebiet von Quito ist, von Ihnen lossagen. Überdenken Sie diese Anregungen, die mir gerade so kommen.»

So war seine Einstellung. Am 11. Dezember schrieb Bolivar dann von Barinas aus an Morillo, an Stelle eines Offiziers mit fünfundzwanzig zivilen Beobachtern, wie sie Artikel sechs des Waffenstillstandsvertrages vorschrieb, werde er «als Beweis für die Aufrichtigkeit und den guten Glauben, die diesen Vertrag beseelen», eine Brigade von zweitausend Mann unter Oberst Plaza in der Stadt zurücklassen. Bolivars Ausrede war, daß «die Verletzung des Waffenstillstandes bedeutungslos» sei. Diesmal hatte er jedoch kein Glück, da La Torre seinen Vorschlag ablehnte.

Der schlimmste Fall war jedoch Maracaibo. Wir haben schon gesehen, welche Bedeutung Bolivar und Santander dem Ort beimaßen. Morillo läßt in seinen Berichten mehr als einmal erkennen, daß auch er sich darüber klar war. Gouverneur Montenegro hatte das Vertrauen und die Freundschaft der reichen Weißen in Maracaibo verloren, weil er deren militärischer Tüchtigkeit nicht traute und deshalb eine farbige Miliz herbeigeholt hatte, um mit ihr die Stadt zu verteidigen. Militärbefehlshaber war Oberstleutnant Francisco Delgado, ein Bürger von Maracaibo. Bolivar entfernte sich unauffällig aus dem benachbarten Bezirk Trujillo und überließ diesen dem Befehl von Urdaneta, der aus Maracaibo stammte. Es gab vier Brüder Delgado, von denen drei, darunter Francisco, vom König ausgezeichnet worden waren, während der vierte Bruder Juan Evangelista als republikanischer Offizier damals in Pamplona Dienst tat. Urdaneta hatte ihn herbeigeholt, damit er seine königstreuen Brüder für die Republikaner gewänne, was ihm schließlich auch gelang. José Maria Delgado besuchte Urdaneta unter dem Vorwand eines Tabakgeschäfts. Dieser gab ihm viertausend Pesos, angeblich um damit die Verpflegung des größeren Teils der royalistischen Garnison zu bezahlen, die auf Grund eines gefälschten Befehls von La Torre fortgeschickt worden war. Die Fälschung stammte von Juan Evangelista, das heißt also von Urdaneta, der ein Bataillon in Gibraltar an der Lagune bereitstellte, damit es in die Stadt einmarschiere, sobald sich diese «spontan» für die Republik erklärt hätte. Am 28. Januar verkündete Francisco Delgado, der Kommandeur der Royalisten, die Unabhängigkeit Venezuelas, und am nächsten Tag besetzte Heras, der Kommandeur des republikanischen Bataillons in Gibraltar, die Stadt. Urdaneta schreibt in seinen Memoiren: «Einige Leute haben gesagt, der Ruhm für diese Operation gebühre Heras, weil er die Stadt auf eigene Verantwortung besetzte, obwohl er von Urdaneta gegenteilige Weisung gehabt habe: Solche Behauptungen lassen sich nur aus mangelnder Kenntnis der Tatsachen erklären. Es herrschte Waffenstillstand, und es war daher nötig, den Spaniern keinen Grund zur Klage zu geben... Heras erhielt daher Befehle entsprechend dem Plan, der mit den Abgesandten aus Maracaibo verabredet worden war; diese sollte er bis einschließlich der Besetzung der Stadt ausführen. Außerdem erhielt er Gegenbefehle, die er vorweisen konnte, aber nicht ausführen sollte. Das würde in jedem

Fall nützlich sein, um spanische Proteste zu beantworten, weil man dann die ganze Schuld Heras geben konnte, der sich für diesen Fall mit einem Kriegsgerichtsverfahren einverstanden erklärt hatte... Urdaneta und Heras waren sich hierüber einig, doch ist das vorher nie veröffentlicht worden, weil es der Ehre der Nation nicht zuträglich war.»

Soweit Urdaneta. Wußte Bolivar von alledem? Dem einheimischen Historiker José Felix Blanco zufolge war das gerade der Grund, weshalb er Urdaneta dorthin geschickt hatte. Außerdem hätte Urdaneta eine so krasse Verletzung kaum ohne Bolivars Einverständnis vornehmen können. Am 21. Januar hatte Bolivar in Bogotá gehört, daß Urdaneta Montilla gebeten hatte, er möge ein Schützenbataillon und die Schwadron Gardehusaren schicken, um einen Aufstand der Patrioten in Maracaibo zu unterstützen. In einem amtlichen Brief an Montilla (aber nicht an Urdaneta) mißbilligt Bolivar den Gedanken, weil er dem Waffenstillstand zuwiderlaufe. Dadurch wird der Briefwechsel über diese Episode mit La Torre um so bezeichnender. Von Bogotá aus schrieb er am 25. Januar an La Torre einen Brief, in dem er bereits den Bruch und die Wiederaufnahme der Feindseligkeiten vorbereitete; er nannte darin die einzige Bedingung, unter der er imstande sein würde, «dem allgemeinen Drängen meiner Waffengefährten und Mitbürger» zu widerstehen. Seine Bedingung war, daß den Republikanern die restlichen Teile der Provinzen Cumaná, Maracaibo und Rio Hacha überlassen würden. Gegen Ende des Briefes erwähnt er besonders Maracaibo und sagt: «Nur sein Besitz könnte unser neues Opfer erträglicher machen.» Warum sollte er dergleichen an La Torre schreiben, und zwar nur vier Tage, ehe Urdaneta Maracaibo durch List einnahm?

Nachdem dies geschehen war, schrieb Bolivar an La Torre, der inzwischen die Zurückziehung der republikanischen Truppen aus Maracaibo verlangt hatte, damit die Stadt sich nach Belieben regieren könne, am 19. Februar einen neuen Brief. Dieser war ein allzu sophistisches Machwerk, als daß

RAFAEL URDANETA

ein Mann von Bolivars Intelligenz ihn aufrichtig gemeint haben könnte. «Zunächst möchte ich freimütig erklären, daß ich den Einmarsch von Major Heras in die Stadt mißbillige und daß er vor ein Kriegsgericht kommen wird, weil er seine Befugnisse dadurch überschritten hat; er hat nicht eine Entscheidung seines Vorgesetzten abgewartet, ehe er ein Spanien gehörendes Gebiet unter den Schutz seiner Waffen stellte, solange die Feindseligkeiten ruhten.» Weiter hebt er hervor, daß die Stadt sich «spontan» entschieden habe, obwohl er genau wußte, daß der Flaggenwechsel eine rein militärische Angelegenheit gewesen war. Schließlich schreibt er: «Gegen die Erhebung selbst ist nichts einzuwenden, und prima facie bietet nur der unvorhergesehene Schritt von Major Heras Grund für die Anschuldigung, daß der Waffenstillstand verletzt worden sei.»

Das Wort «unvorhergesehen» verrät ihn. Offenbar wußte er alles, was ja inzwischen auch nicht anders möglich war, da es undenkbar ist, daß Urdaneta ihm den Plan verheimlicht haben sollte, der bereits Erfolg gehabt hatte, selbst wenn er das vorher getan hätte (was mehr als zweifelhaft ist). Er hatte Krieg im Sinn. Als La Torre auf einer Antwort auf seinen versöhnlichen Vorschlag bestand, bekam er nur zu hören, daß die Feindseligkeiten binnen vierzig Tagen wieder aufgenommen würden, sofern die spanischen Unterhändler, die in La Guaira eingetroffen waren, nicht bereit wären, auf der Grundlage der Unabhängigkeit zu verhandeln. «Sein wirklicher Beweggrund war», schreibt der Historiker Baralt, der ein Sohn nicht nur Venezuelas, sondern Maracaibos ist, «die zu Unrecht gewonnene und unrechtmäßig gehaltene Stadt Maracaibo zu behaupten, was immer die andern sagen mochten. Auch wenn man auf seine Darlegung nicht eingeht und unterstellt, daß er von Urdanetas Schlichen nichts gewußt habe, so liegt auf der Hand, daß Heras am 29. Januar nicht Maracaibo erreichen konnte, wenn er nicht mit der Überquerung der Lagune vor der Revolution in der Stadt spanisches Gebiet verletzt hätte. Tatsächlich hat er aber

Gibraltar am Abend des 27. Januar verlassen, als sich Maracaibo noch im Besitz der Royalisten befand.»

Die Treulosigkeit, die er hier bewies, wurde den Verhandlungen der beiden Abgesandten, die er nach Spanien geschickt hatte, zum Verhängnis. Rafael Revenga und Tiburcio Echeverria sollten im Februar 1821 mit der spanischen Regierung auf der Grundlage der Unabhängigkeit Kolumbiens verhandeln. Sie hatten Vollmacht, auf die Landenge und Provinz Panama (die sich damals in spanischer Hand befanden) zu verzichten, ob nun Quito hinzuerworben wurde oder nicht; ferner bringt Kolumbien «als Entschädigung dafür, daß Spanien seine sogenannten Rechte opfert, seinerseits das Opfer, die Souveränität Spaniens über Mexiko und die andern Länder und Gebiete Amerikas anzuerkennen, soweit sie inzwischen nicht auf dieselbe Weise wie Kolumbien Frieden und Unabhängigkeit erlangt haben». Die beiden Abgesandten überbrachten einen etwas bombastischen Brief Bolivars an Ferdinand VII., worin sich diese Sätze finden: «Es ist unser Ehrgeiz, allen Spaniern ein zweites Vaterland zu bieten, aber stolz und nicht mit Ketten beladen. Mögen die Spanier kommen und die süßen Früchte von Tugend, Wissen und Gewerbefleiß pflücken, doch sollen sie nicht kommen, um die Früchte der Gewalt an sich zu reißen.» Revenga und Echeverria segelten auf einer spanischen Fregatte nach Cadiz; als sie dort eintrafen, war die spanische Regierung jedoch über die Vorgänge in Maracaibo unterrichtet und weigerte sich, mit ihnen zu verhandeln.

Die beiden Unterhändler begaben sich schließlich im September nach Paris und London, wo sie viel Arbeit vorfanden, nicht zuletzt die Beseitigung der finanziellen Unordnung, die Lopez Méndez und Zea angerichtet hatten. Als Vertreter einer Regierung, die geringen oder gar keinen Kredit genoß, hatte Lopez Méndez schwierige Jahre in London zugebracht und schließlich den letzten Kredit dadurch verloren, daß er ein Büro eröffnete, wo er Offizierspatente der venezolanischen Armee meistbietend versteigerte. Zea versuchte die Dinge in Ordnung zu bringen, hinterließ aber aus Mangel an Erfahrung oder andern Gründen die Lage schlimmer, als er sie vorgefunden hatte. Er war ein skeptischer Intellektueller, der schon drei Herren – Karl IV., Joseph Bonaparte und Bolivar – gedient hatte und nun auch bereit war, einem vierten zu dienen. Er nahm private Verhandlungen mit dem Herzog von Frias auf, der spanischer Botschafter in London war. Wie weit er dazu ermächtigt war oder mit seinen Vorschlägen über Bolivars geheime oder ausdrückliche Weisungen hinausging, ist nicht klar. Am 4. Februar 1821 schrieb Bolivar an verschiedene spanisch-amerikanische Regierungen, daß «die Gespräche und privaten Beziehungen, die in London zwischen dem Gesandten Spaniens und demjenigen Kolumbiens an jenem Hofe begannen, bereits den Boden vorbereitet haben, auf dem die neuen Gesandten lediglich weiterarbeiten würden». Die Gespräche gipfelten in einem Plan, demzufolge die Kriege in Übersee auf der Grundlage eines Bundes spanischer Nationen unter dem König von Spanien beigelegt werden sollten. Zea hatte ein spanisches Commonwealth im Stile des heutigen britischen Commonwealth entworfen und deshalb die spanischen Nationen in «Dominien» verwandelt. Der Plan war damals nur eine Idee, ohne daß es einen geschichtlichen Leib gab, in dem sie sich hätte manifestieren können. Die Verantwortung für das Scheitern dieses Planes sollte nicht den spanisch-amerikanischen Führern zur Last gelegt werden, selbst wenn die meisten von ihnen ihn ebenso verworfen hätten, wie Bolivar es tat. Die Verantwortung dafür lag allein bei der spanischen Regierung, deren offizielle Haltung dahin ging, daß «die Hauptvoraussetzung eines solchen Vorschlages und damit dessen ganzes Wesen völlig unannehmbar sind».

Zea selber mußte feststellen, daß seine Stellung nicht wenig durch den Eigensinn von Lopez Méndez untergraben wurde, der sich weigerte, seine Befugnisse als amtlicher

Vertreter Venezuelas abzugeben. Um sich als solcher zu erweisen, unterzeichnete Méndez einen Kontrakt mit einem Sattler James Mackintosh für die vollständige Ausrüstung und Bewaffnung von zehntausend Mann zum Preis von fünfzehn Pfund Sterling pro Kopf. In dieser Höhe stellte er im Wettbewerb mit Zea von ihm unterschriebene Schuldscheine aus. Solcherart waren die Schwierigkeiten, mit denen Echeverria in London und Paris fertig werden mußte, und nicht nur auf finanziellem, sondern auch auf politischem Gebiet. Die Anerkennung lag allmählich in der Luft. Henry Clay hatte einen Antrag eingebracht, der sich für die Anerkennung der in Spanisch-Amerika geschaffenen unabhängigen Regierungen durch die Vereinigten Staaten aussprach. Der Antrag war zwar nicht durchgegangen, hatte aber den Boden für spätere Erfolge vorbereitet. Echeverria berichtete am 2. Juli 1821 aus London, Zea habe bei einem Besuch Lord Londonderrys erfahren, daß dieser eine Antwort von der spanischen Regierung erwarte, um dann zu entscheiden, was hinsichtlich der Anerkennung Kolumbiens zu tun sei; auch habe er Zea um einen Bericht über die Verhandlungen zwischen Kolumbien und Spanien gebeten. Den letzten Schritt in dieser Sache sollte jedoch Bolivar tun.

ACHTES KAPITEL

Sieg

Der Waffenstillstand war für die Patrioten ein moralischer Sieg gewesen. Urdaneta bemerkt dazu: «Weil sie mit den Spaniern auf dem Boden der Gleichberechtigung verhandelten, mußte die Bevölkerung der von ihnen besetzten Landesteile erkennen, daß die Patrioten nicht mehr als Räuberbande behandelt wurden, sondern als Feinde, die mindestens soviel wert waren wie ihre Gegner. Der Verkehr zwischen den Parteien, der während des Waffenstillstandes unvermeidlich war, mußte das Vertrauen zwischen den Söhnen des Landes wiederherstellen und der spanischen Armee einen großen Teil ihres moralischen Gewichts nehmen.» Das hatte Bolivar vorausgesehen, und er tat sein möglichstes, diese Entwicklung zu fördern. So schrieb er noch, kurz ehe er den Waffenstillstand brach, an Santander: «Ich habe befohlen, fünfzehnhundert Gewehre nach Maracaibo zu schicken – für alle Fälle, und um dort eine Armee aufzustellen. Der Feind rührt sich nicht, und ich glaube, daß ihn die Sache in Maracaibo eher vergrämt als gereizt hat. Er bedroht uns nicht, und Sie werden aus meiner Mitteilung an La Torre gesehen haben, daß wir das Recht haben, alle Kolumbianer zu schützen, die sich zu unserer Sache bekennen. Das werden wir mit Erfolg bei allen denen tun, die jenem Beispiel zu folgen wünschen. Sie müssen von diesem Recht, denjenigen zu helfen, die sich uns anschließen, die Führer aller Einheiten verständigen, damit sie keine Gelegenheiten versäumen, die sich so spontan anbieten wie in Maracaibo.» Der Zynismus der letzten Bemerkung war typisch für Bolivar.

Aber es war mehr dahinter als Bolivars Machiavellismus. Wenn der Priester Torrellas, der indianische Oberst Reyes Vargas und etliche andere Kommandeure der Royalisten das Lager wechselten und das Angebot annahmen, nach jahrelangen, treuen Diensten für die Krone nunmehr im gleichen

Rang in der republikanischen Armee zu dienen, oder wenn die Brüder Delgado, die dem weißen Adel von Maracaibo angehörten, ihren König «verrieten», so geschah etwas, was tiefere Bedeutung hatte als ein bloßer Wechsel der Partei. Das Angebot eines Waffenstillstandes durch die liberale Regierung in Spanien läßt sich in seiner Wirkung überhaupt nur mit der Vertreibung der Jesuiten in dem vorausgegangenen Jahrhundert vergleichen. Wie jene Vertreibung versetzte sie gerade demjenigen Teil Amerikas einen schweren Schlag, der dem König die Treue gehalten hatte. Ohne Treue zum König hatte aber jede Treue zu Spanien in Spanisch-Amerika ihren Sinn verloren. Die Autorität des Königs von Spanien in Spanisch-Amerika war eine bloße Tradition aus jener Zeit, als die Eroberer ihrem Herrscher treu blieben und spanische Königreiche auf amerikanische Wurzeln pfropften. Solange also die Erben jener Eroberer dieser Tradition treu blieben, blieb die spanische Herrschaft über die spanisch-amerikanischen Königreiche unbestritten; solange gehorchte man den Vizekönigen und Generalkapitänen als Verkörperungen eines Königs, der in den Herzen der amerikanischen Völker seinen Platz hatte. Diese Lage wurde gegen Ende des achtzehnten Jahrhunderts auf zwiefache Weise bedroht. Die Französische Revolution übertrug die Souveränität von dem Monarchen als der Verkörperung der Nation auf die Nation selber, und außerdem rollte die spanische Krone in Bayonne in die Gosse. Diese beiden Ereignisse nährten in dem überseeischen Spanien einen republikanischen Impuls, den das europäische Spanien selbst dann nicht hätte zügeln können, wenn es so stark geblieben wäre wie im achtzehnten Jahrhundert. Die königstreue Tradition in Amerika war jedoch so kraftvoll, daß hauptsächlich dank ihrer Hilfe der republikanische Separatismus jahrelang in Schach gehalten wurde. Nun aber kam (so schien es wenigstens) der König selber und streckte diesen Republikanern die Freundeshand hin. Das war das Ende der königstreuen Tradition in Spanisch-Amerika und daher auch das Ende der spanischen Herrschaft.

Hierüber war sich Bolivar, ein Meister der politischen Intuition, sehr wohl im klaren, während es die spanischen Liberalen nicht erkannt zu haben scheinen. Viele von ihnen waren vielmehr von französischen Theorien erfüllt und daher demokratische Absolutisten à la Rousseau. Sie entrüsteten sich über die amerikanischen Separatisten; denn im Gegensatz zu den Royalisten alten Stiles betrachteten sie die überseeischen Gebiete entweder als Kolonien oder als integrierende Bestandteile des einen unteilbaren, souveränen Volkes, das der Universalerbe des früher absoluten Königs war. Morillo war Royalist, jedoch, wie er noch in demselben Jahr in Madrid beweisen sollte, ein aufgeklärter Royalist und daher Gegner des Absolutismus; er erkannte auch, was der Wandel bedeutete. So schrieb er am 26. Juli 1820 nach Madrid: «Es scheint mir eine Illusion zu sein, wenn man glaubt, dieser Teil Amerikas könne jemals den Wunsch hegen, sich jener Hemisphäre [Europa] zu verbinden und die politische Verfassung der Monarchie zu übernehmen. Die amerikanischen Dissidenten [er vermeidet das Wort ‹Rebellen›] haben ihren Kampf nicht geführt, um das Regierungssystem zu verbessern, und es ist ein Irrtum zu glauben, daß sie jemals imstande sein werden, sich mit dem Mutterland zu vereinigen.» Er konnte mit eigenen Augen verfolgen, wie die Revolution in Spanien in den Köpfen, Ideen und Symbolen Verwirrung stiftete. In einem seiner offiziellen Berichte widersetzt er sich den gelb-grünen Kokarden, wie die neuen Liberalen sie trugen, und meldet, er habe die Armee daran erinnern müssen, daß die einzige amtliche Kokarde rot sei. Diese Einzelheit zeigt, in welchem Umfang sich unbestimmte republikanische Gefühle schon in der spanischen Armee ausbreiteten.

Der eigentliche Grund seines Verlangens, nach Spanien zurückzukehren, war die Überzeugung, daß der Krieg verloren sei, wenn nicht überwältigende Verstärkungen herübergeschickt würden. Morillo erfreute sich bei Royalisten und Unabhängigen ungeheuren Ansehens. Bei seinem Vormarsch auf Carache kam es zu einem Zwischenfall, der für den Menschen Morillo bezeichnend ist. Im Verlauf eines Nachhutgefechts war ein Mann zurückgeblieben, der nun, an den Leib seines toten Pferdes gelehnt, eine Anzahl von spanischen Reitern in Schach hielt und zwei von ihnen tötete. Umzingelt, verwundet und mit zerbrochener Lanze schien er dem Untergang preisgegeben, als Morillo erschien und rief: «Schont den tapfern Mann!» Der Gefangene wurde ins Lazarett gebracht. Als Morillo mit O'Leary wegen des Waffenstillstandes zusammentraf, sprach er begeistert von jenem Soldaten, den er mit einem Geldgeschenk zu Bolivar zurückschickte, ohne einen Austausch zu verlangen. Bolivar zahlte für seinen Soldaten mit acht spanischen Gefangenen. Die Geschichte ist typisch. Da, wo Morillo sich einfach so gab, wie er war, fühlte sich Bolivar, wiewohl ein viel größerer Mann, auf der Bühne.

Morillo verließ Venezuela ohne ein Wort des Abschieds an seinen neuen Freund. Bolivar fühlte sich gekränkt, doch war die Abreise eines der vielen günstigen Ergebnisse, die der Waffenstillstand für ihn zeitigte. Er konnte jetzt die Wiederaufnahme der Feindseligkeiten unter viel günstigeren Bedingungen vorbereiten, als er sich bei deren Einstellung hätte träumen lassen. Die öffentliche Meinung war mehr für ihn eingenommen, er hatte mehr Soldaten, hatte Maracaibo – und dazu San Martins Sieg in Lima. «Obwohl Ihnen das unangenehm sein mag», schrieb er am 5. März 1821 aus Trujillo an La Torre, «nehme ich mir die Freiheit, Ihnen mitzuteilen, daß San Martin Lima genommen hat und daß General Pezuela [der spanische Kommandeur in Peru] geschlagen worden ist; dieses Ereignis unterrichtet also die spanische Regierung über den wahren Stand der Dinge in Amerika.» Die Nachricht, die er allerdings zwei Tage später in einem Brief an Santander mit Recht anzweifelte, mußte für La Torre gewiß unangenehm sein, doch brauchte sie deshalb Bolivar nicht übermäßig zu begeistern. Am 10. Januar hatte er an San Martin einen Brief geschrieben, der zwar liebenswürdig und bescheiden war, aber doch seine Sorge verriet, der Held des Südens könne vor ihm selber den Gipfel des Ruhms erklimmen: die endgültige Befreiung Amerikas. Daher hatte er es so eilig, Popayán, Quito und Guayaquil zu befreien. «Der Sieger von Chacabuco und Maipo, der erste Sohn des Vaterlandes, vergißt seinen eigenen Ruhm, wenn er mich so mit Lob überschüttet... Als ich hörte, daß E. E. die Küste Perus betreten habe, hielt ich sie schon für befreit, und ich beeile mich, E. E. im voraus zu dem dritten Lande zu beglückwünschen, das Ihnen sein Dasein verdanken wird. Ich bin im Begriff, mein Versprechen zu halten, daß ich das Reich der Inka dem Reich der Freiheit verbinden will. Zweifellos ist es leichter, in Quito einzudringen als in Lima, aber E. E. können schwierige Dinge leichter verrichten als ich einfache. Bald wird die göttliche Vorsehung, die bisher die Fahnen von Recht und Freiheit beschützt hat, uns in irgendeinem Winkel von Peru zusammenführen.» Winkel von Peru! Was für ein merkwürdiger Ausdruck! Und wie richtig im tiefsten Grunde trotz seiner sprachlichen Unrichtigkeit. Denn Guayaquil oder auch Lima waren der Scheitelpunkt jenes gewaltigen, vom La Plata und Orinoco gebildeten Winkels, der das spanische Weltreich genannt wurde. Und an diesem Scheitelpunkt sollten die beiden großen Männer sich begegnen.

Eile war das Gebot aus dem Süden, wiewohl es paradoxerweise von einem langsamen, zaudernden General an den schnellsten und ungeduldigsten Führer erging, den es je gegeben. Bolivar verspürte den Druck, bedurfte seiner jedoch nicht, da die eigenen Umstände Eile gebieterisch verlangten. Allenthalben wurden seine Reihen durch Krankheit und Entbehrungen gelichtet, denn unter dem Schutz des Waffenstillstandes wurden die Viehherden wieder dem friedlichen Handel zugeführt. Nachdem die Güter, soweit sie spanischen Parteigängern gehörten, konfisziert und an die Häuptlinge der Unabhängigen verteilt worden waren, zogen die neuen Eigentümer, nun sie einmal in den Besitz der Viehherden gelangt waren, es vor, sie für gutes Geld oder wenigstens überhaupt für Geld zu verkaufen, anstatt sie für die Ernährung ihrer eigenen Truppe beschlagnahmen zu lassen. Dieses Problem war den venezolanischen Kriegen eigentümlich und würde für sich allein Bolivar nicht dazu veranlaßt haben, den Krieg wieder zu beginnen. O'Leary erklärt mit Bestimmtheit, daß das Elend der Soldaten, so echt es war, nur als Vorwand diente. Der Raub Maracaibos hatte seinen Armeen gewaltige Vorteile verschafft und war zudem nicht der einzige Bruch des Waffenstillstandes, den sich die Patrioten zunutze machten.

Gleichwohl gab es Schwierigkeiten. Teils infolge der eben geschilderten Probleme, teils infolge Páez' üblicher Drückebergerei ging die Sammlung von Pferden und Rindern, die für den Feldzug benötigt wurden, nicht rasch genug voran, so daß Bolivar sich selber der Sache widmen mußte. Die Bremswirkung, die Hindernisse auf sein Tempo ausübten, versetzte seine ungeduldige Seele stets in einen gereizten Fieberzustand, der dann wiederum launische Änderungen seiner Ansichten und Pläne zur Folge hatte. Sein Feldzugsplan war klug und sogar genial. La Torre besaß zwischen Barquisimeto und Valencia etwa fünftausend Mann und weiter östlich weitere zweitausend unter Correa als Deckung für Caracas. Bolivar hatte Páez am Apure und Urdaneta in Maracaibo, während er selber in Barinas war. Er befahl Bermúdez, Caracas anzugreifen und die Stadt bis Ende Mai zu nehmen. Inzwischen sollten sich die westlichen Truppen in Mijagual sammeln, von wo aus sie Guanare oder San Carlos bedrohen konnten. Nervös und verärgert stieß Bolivar diesen Plan jedoch am 24. April um – eine Woche, ehe Urdaneta und Bermúdez ihre Operationen einleiten sollten – und schickte etwa die Hälfte seiner Truppen, ungefähr dreitausend Mann, zu Páez, um diesen zu verstärken (und vielleicht auch festzuhalten). Drei Tage später kam er auf seinen ursprünglichen Plan zurück, und seine Garde nahm

Guanare in der Zeit vom 22. bis 25. Mai. Inzwischen war Bermúdez am 28. April aus Barcelona abmarschiert und am 14. Mai in Caracas eingezogen, während die Spanier sich nach Puerto Cabello flüchteten. Nachdem Bermúdez an den folgenden Tagen Correa geschlagen und Brigadegeneral Cires, einen der besten spanischen Kommandeure, gefangengenommen hatte, besetzte er am 20. Mai La Victoria.

Den ersten Verlust erlitten die Royalisten am 19. Juni, als Oberst Silva den Ort Tinaquillo erstürmte. Infolge dieser Schlappe zogen sich die Royalisten von dem Berg Buenavista an der Straße von Tinaquillo nach Carabobo zurück und ermöglichten es dadurch Bolivar, anstelle des Umweges über El Pao, der viel gewundener und leichter zu verteidigen war, die gerade Straße zu benutzen. Unverständlicherweise erwartete La Torre ihn gerade auf dem Umweg und hatte dort die enge Zufahrt von Tinaquillo stark befestigt und gut verteidigt. Aber Bolivar weigerte sich natürlich, wiewohl er von Tinaquillo kam, seine Truppen gegen so starke Stellungen zu werfen. Im Morgengrauen des 24. Juni erreichte er den Buenavista. Die spanische Armee hielt die acht Kilometer entfernte Ebene von Carabobo besetzt, und ihre Artillerie beherrschte das Tal, durch das Bolivar in die Ebene gelangen konnte. Man sagte ihm jedoch, daß sich westwärts durch die Berge ein wenig benutzter Pfad winde, der es der Kavallerie gestatten würde, sich im Rücken der Spanier in die Ebene zu ergießen. Er schickte Páez' Kavallerie auf diesem Weg voraus, damit sie die Spanier in der rechten Flanke faßte, während deren Gros im Zentrum festgehalten wurde. Páez tat das und erreichte nach einem schwierigen Marsch eine Hügelkuppe, von der aus er die spanische Armee in drei Kilometer Entfernung sehen konnte. Er ritt stürmisch weiter, bis er sich plötzlich fünfzig Meter unterhalb der Ebene wiederfand, auf der die Schlacht stattfand. Die Spanier machten sich sein unbedachtes Vorgehen zunutze und verteidigten zäh, was nun für Páez eine Anhöhe über seinem Kopf war. Die Llaneros versuchten die Höhe zu erklimmen, konnten aber dem spanischen Feuer nicht widerstehen und mußten umkehren. Die Britische Legion lenkte das Feuer der Spanier auf sich, während Páez' Leute sich in ihrem Schutz neu gruppierten. Die Kaltblütigkeit und Entschlossenheit der Briten in dieser kritischen Stunde entschieden die Schlacht, die Páez aus Unbedachtsamkeit und Mangel an Erfahrung fast verloren hätte. «Ruhig, Jungens!» warnte der englische Oberst Farrier, als die Spanier auf seine Linien vorrückten – und er war einer der ersten, die fielen. Unter solchem Schutz erkannte der jugendliche Páez (er war damals erst etwa fünfundzwanzig) seinen Irrtum und schickte seine Männer nordwärts zurück, wo es ihnen gelang, im Schutz von Unterholz und Bäumen die Ebene zu erreichen und die Spanier in dem Augenblick im Rücken anzugreifen, als Bolivars Truppe auf der direkten Straße eintraf. La Torre, dessen etwa fünftausend Mann starke Armee je zur Hälfte aus Spaniern und Venezolanern bestand, verlor die Kontrolle über seine Truppe. Manche Verbände verweigerten den Gehorsam, andere fürchteten die Gefangenschaft, wieder andere desertierten. So befand sich die Armee der Royalisten bald auf voller Flucht – bis auf Valenceys Regiment, dessen Rückzug nach Valencia auf Bolivars Leute Eindruck machte. La Torre verlor seine Armee, und die Unabhängigen gewannen die Städte Valencia und Caracas.

Die Schlacht von Carabobo öffnete Bolivar die Tore von Caracas, wo er am 29. Juni 1821 in Begleitung seines Stabes an der Spitze von Páez' Division seinen Einzug hielt. Die Stadt war menschenleer; denn trotz Bolivars Proklamationen hatte die Erinnerung an frühere Ausschreitungen viele ins Exil getrieben und viele andere dazu bewogen, sich in den Wäldern zu verstecken. Die Zurückgebliebenen kamen jedoch zum Vorschein und begrüßten ihn freudig. Allerdings war nicht alles eitel Freude. Bolivar hatte noch etliche militärische Aufgaben zu lösen. Da waren die spanischen Truppen, die er von Carabobo hatte entkommen lassen:

Morales' Reiterei, die kaum gekämpft hatte, und die beiden Infanterieregimenter, die sich meisterhaft zurückgezogen hatten. Da war ferner der Aufruhr in Coro, dessen Bewohner hartnäckig zu den Spaniern hielten. Da waren schließlich seine lang erträumte Expedition gen Süden, die Eroberung von Quito und – San Martin. Die erste Aufgabe löste er mit einer Mischung von Gewalt und Diplomatie. Von Caracas aus schrieb er an den spanischen Kommandanten Oberst Pereira und bot ihm die Kapitulation an. Pereira hatte zunächst daran gedacht, das Gebirge nach Ocumare zu überqueren und den Krieg in dem hochgelegenen Llano fortzusetzen; als er aber mit seinen achthundert Mann, einem Haufen Flüchtlingen und sechshundert Kriegsgefangenen in Valle gerade abmarschbereit war, erhielt er Befehl, statt dessen nach Puerto Cabello zu marschieren. Auch das konnte nur geschehen, weil die spanische Armee gespalten war. Die Mehrheit der spanischen Offiziere wollte den Krieg nicht fortsetzen. Schon bei Carabobo hatten sie nur mit halbem Herzen gekämpft. Pereira zog durch das Gebirge, bis ihm der Proviant ausging, und kehrte dann nach La Guaira zurück, wo Admiral Jurieu, dem drei französische Schiffe unterstanden, die Vermittlung übernahm. Bolivars Angebot war großmütig, und Pereira stimmte der Kapitulation am 4. Juni zu. Bolivar schlug auch La Torre einen Waffenstillstand vor. Es war dem spanischen General gelungen, in Puerto Cabello über viertausend Mann zusammenzuziehen. Außerdem verfügte er über eine Truppe in Cumaná, und einzelne spanische Einheiten kämpften immer noch um Coro und im Bergland um Caracas für Spanien. Bermúdez belagerte Cumaná, das schließlich am 16. September kapitulierte; damit war der östliche Teil Venezuelas von spanischen Truppen frei. Coro befand sich am Ende des Jahres noch in spanischer Hand, nicht jedoch Cartagena; dort wußte Montilla, daß am 24. Juli die meisten spanischen Offiziere an einem Freimaurerfest teilnahmen. Er nutzte die Gelegenheit und schwächte die Verteidigung so sehr, daß der Kommandant Torres seine

CARLOS SOUBLETTE

großmütigen Bedingungen annahm und nach einer Belagerung von vierzehn Monaten die Stadt am 11. Oktober übergab.

Die Ordnung, die Bolivar Venezuela gab, war der Form nach republikanisch, fußte aber auf streng militärischer Grundlage. Er wußte sehr wohl, daß Páez der eigentliche Herr sein würde, doch war dieser Cowboyführer vorläufig weder vorzuzeigen noch verläßlich. An die Spitze des Staates stellte Bolivar als Vizepräsidenten seinen Gehilfen Soublette, einen umgänglichen General, während Páez zum Kommandierenden General befördert und zum Militär- und Zivilbefehlshaber der Provinz ernannt wurde. Obwohl das unter den gegebenen Umständen die klügste und vielleicht die einzig mögliche Anordnung war, sollte sie zu vielen militärischen Rückschlägen führen; denn Páez, der Soublette als Soldaten verachtete, erwies sich als störrisch. Außerdem sollte Soublettes Stellung auch unter Bolivar selber viel zu leiden haben. Das Gesetz, demzufolge alle Besitzungen von Emigranten enteignet werden sollten, trat sofort in Kraft. Soublette wußte wohl, wie schlecht sich das auf die öffentliche Meinung auswirkte, und ordnete daher an, daß die Güter gemeinsam vom Staat und den Erben oder Verwandten der emigrierten Eigentümer verwaltet werden sollten. Hier griff Bolivar ein, denn dies war eine Sache, die er niemals übersah, rührte sie doch an die Grundlage seiner Macht, nämlich die Dankbarkeit des Militärs für erwiesene Begünstigungen. Der wirkliche Urheber der Methode war jedoch Páez gewesen, und es lag auf der Hand, daß Bolivar nicht daran dachte, ein so wichtiges Instrument des Prätorianertums ausschließlich in Páez' Händen zu lassen. In einem amtlichen Schreiben vom 18. Januar 1821 erinnert Briceño Méndez daher Páez daran, daß die Verteilung von Staatsgütern allein dem Präsidenten vorbehalten sei, der ihm diese Befugnis nur im Hinblick auf seine Armee und insoweit übertrage, als der Wert der verteilten Güter zur Abgeltung gesetzlicher Soldzahlungen diene.

Jedes darüber hinausgehende Zugeständnis sei dem Präsidenten vorbehalten. (Es wurde sinnigerweise hinzugesetzt, daß nach Bolivars Ansicht solche Zugeständnisse das Ziel verfolgten, daß die Soldaten im Lande Fuß fassen sollten, weshalb Páez darauf achten solle, daß sie nicht wie so häufig im Spiel verschleudert würden.) Aus alledem erklärt sich die Unruhe, die Bolivar über Soublettes Verordnung empfand, welche er alsbald durch eine eigene Verordnung vom 27. Juli wieder aufhob.

In diesem Sommer konnte Bolivar zum erstenmal nach langer Zeit einige Tage in seinem Hause in San Mateo nahe bei Caracas verbringen. Seine Privatangelegenheiten befanden sich in chaotischem Zustand, doch war er nicht der Mann, um sich darüber Gedanken zu machen. In einer Note an den Kongreß von Cúcuta unterrichtete er die Regierung davon, daß er 1819 in Bogotá auf Betreiben seiner Familie und von Freunden, die er in Not wußte, vierzehntausend Pesos aus der Staatskasse der Republik bezogen habe; er erinnerte den Kongreß ferner daran, daß das Gesetz über die Verteilung der Staatsgüter ihm fünfundzwanzigtausend Pesos zugesprochen habe und daß er als Präsident seit 1819 auf jährlich fünfzigtausend Pesos Anspruch habe. Zum Schluß erklärt er, daß er auf alle diese Ansprüche verzichte und sich mit den in Bogotá entnommenen vierzehntausend Pesos zufrieden gebe. Der Kongreß nahm das Geschenk an. Ferner ersuchte er den Kongreß, dieser möge Don Franciso Iturbe das Eigentum zurückerstatten, das diesem seinerzeit als Spanier weggenommen worden war; damit bewies er, daß er sich des Mannes erinnerte, der ihm 1812 die Flucht ermöglicht hatte. Etwa um dieselbe Zeit gab er seinem Neffen Anacleto Clemente, dem ältesten Sohn seiner älteren Schwester Maria Antonia, Vollmacht, ihn in persönlichen Angelegenheiten zu vertreten – ein Vertrauen, das die Ereignisse nicht rechtfertigen sollten.

In einem Brief, den Bolivar im September 1821 an Anacleto schrieb, heißt es: «Ich höre, daß Deine Mutter bereits heimgekehrt ist und daß auch Juanica [seine andere Schwester] zurückgekommen sein soll. Ich bin froh, daß die beiden unglücklichen Frauen wieder zu Hause sind.» Die jüngere Schwester Juana hatte nach einer Zeit des Exils auf den Antillen seit 1817 in Guayana gelebt. Die Geschichte Maria Antonias kann man in einer Bittschrift nachlesen, die sie im Februar 1819, als ihr Bruder die Anden überquerte, von Havanna aus an den König gerichtet hatte. Darin heißt es: «Nichts ist meiner Denkweise mehr zuwider als die Grundsätze, die jene fanatischen Anhänger der von ihnen selber proklamierten, aber illusorischen Freiheit eingeführt haben... und die zu dem völligen Ruin jener schönen, fruchtbaren Provinzen geführt haben. Das Unglück (denn so darf man es nennen, Sire), daß mein Bruder an der Spitze der revolutionären Partei steht, mußte notgedrungen den Haß und die Verwünschungen der gegnerischen Richtung auf mich herabrufen.» Weiter schildert Maria Antonia, wie sie im Ausland (Curaçao) mit ihren vier Kindern und einem halbirren, epileptischen Gatten Wohnung nehmen mußte. Am 26. August 1816 hatte sie die Audiencia in Caracas (das damals in spanischen Händen war) ersucht, ihr ihr Eigentum zurückzuerstatten. Die Audiencia, so schreibt sie an den König, «erklärte mich zu einer treuen Dienerin und anhänglichen Untertanin E. M. und lud mich ein, nach meinem Belieben ins Land zurückzukehren; sie entschied, daß mein Eigentum freigegeben und mir zurückerstattet werde». Sie hatte in Caracas Vertreter bestellt, doch war nichts geschehen, vielleicht, so schreibt sie, weil man nicht gewagt hatte, für jemand mit einem so verhaßten Namen tätig zu werden. Sie bat bis zur Rückerstattung um eine Pension des Königs. Dieser bewilligte ihr tausend Pesos im Jahr, und auf eine neue Bittschrift hin verdoppelte Ferdinand VII. im Juni 1820 die Pension. Ein Jahr später kehrte sie nach Caracas zurück, das nun von den «fanatischen Anhängern einer illusorischen Freiheit» befreit worden war.

Die Rückkehr seiner widerspenstigen Schwester besiegelte

für Bolivar die Stunde seines Triumphes. Er war jetzt unbestritten der Held Venezuelas. Jetzt war der Augenblick gekommen, seinen Ehrgeiz viel höher zu spannen. Er wendete seine Blicke den Anden zu und bereitete sich darauf vor, San Martin «in irgendeinem Winkel Perus» zu treffen.

ZWEITER TEIL

Sonnenuntergang eines Weltreiches

ERSTES KAPITEL

San Martins Einzug in Lima

Schon eine Woche nach seinem Sieg am Maipo am 2. April 1818 hatte San Martin wieder die Rückreise nach Buenos Aires angetreten, um als nächste Etappe den Marsch auf Lima vorzubereiten. Den Juni über war er damit beschäftigt, für diesen Zweck die Unterstützung der Geheimbünde zu gewinnen. Man versprach ihm im Juni in Buenos Aires eine halbe Million Pesos und verweigerte sie ihm im Juli in Mendoza. Am 16. September wurde ihm der Betrag abermals angeboten. Er beschlagnahmte alle privaten Gelder, die von Chile nach Buenos Aires geflossen waren, und gab dafür Schuldverschreibungen auf die Regierung aus. Das war so seine Art. Da er die Anden nicht vor dem Frühling überqueren konnte, verbrachte er den Winter damit, seinen Plan auszuarbeiten. Am 29. Oktober 1818 traf er nach seiner fünften Überquerung der Anden in Santiago ein. Allerdings wußte er, daß der Marsch auf Lima in Wirklichkeit «die Seefahrt nach Lima» war; denn die Wüsten im Norden Chiles stellten für eine Armee eine noch wirksamere Schranke dar als die Anden. Der General mußte sich daher nach einer Flotte umsehen.

Die chilenische Regierung hatte den Aufbau ihrer Flotte damit begonnen, daß sie sich die spanische Brigg «Aguila» von zweihundertzwanzig Tonnen aneignete, die nach der Schlacht bei Chacabuco im Vertrauen auf die spanische Flagge, welche die Patrioten als Köder auf dem Fort aufgezogen hatten, in den Hafen von Valparaiso eingelaufen war. Sie wurde mit sechzehn Geschützen bewaffnet, zu Ehren des Direktors der Vereinigten Provinzen «Puyrredón» getauft und erhielt als Kommandanten den Iren Raymond Morris. Kurz vor der Schlacht am Maipo hatte man die Fregatte «Windham» von der Ostindischen Kompanie in Valparaiso gekauft und aus ihr die «Lautaro» gemacht – weniger zu Ehren des Araukanerhäuptlings als der Lautaro-Loge, die, wie Mitre schreibt, «insgeheim das politische Leben beider Länder beherrschte». Ihre Offiziere waren George O'Brien und J. A. Turner, während die Marinesoldaten an Bord Hauptmann William Miller unterstanden. «Die Offiziere», schreibt Mitre weiter, «waren alle Engländer oder Amerikaner und sprachen kein Wort Spanisch, so daß außer Miller keiner von ihnen den Chilenen, die den größeren Teil der Truppe bildeten, einen einzigen Befehl geben konnte.» Wie es auch häufig in Kolumbien der Fall war, kämpften alle diese Männer als Patrioten, doch war nicht ganz klar, welches ihr Patria war. Trotzdem kämpften sie großartig, und am 27. April 1818 kostete ein kühner Angriff auf die beiden spanischen Schiffe, die Valparaiso blockierten, O'Brien das Leben und fügte der «Lautaro» schwere Schäden zu; aber die Spanier wurden gezwungen, die Blockade aufzuheben. Es ist bezeichnend, daß die chilenischen Schiffe, bis sie nahe bei den Spaniern angelangt waren, sich als britische Kriegsschiffe tarnten und auch die britische Flagge führten. Ein Kapitän John Higginson wurde der neue Kommandant der «Lautaro». Dann erschien die Brigg «Columbus» mit sechzehn Geschützen und dem amerikanischen Seeoffizier C. W. Wooster (oder Worcester) als Kommandant und wurde mitsamt ihrem Kapitän von den Chilenen gekauft und in «Araucana» umbenannt. Schließlich schickte im August 1818 San Martins Agent Alvarez Condarco aus London das größte Schiff, das bis dahin in jenen Gewässern gefahren war; es wurde «San Martin» getauft und bekam als Kommandant William Wilkinson.

«Admiral» dieser Flotte wurde der achtundzwanzigjährige Manuel Blanco Encalada, der in der spanischen Flotte gedient und sich am Maipo ausgezeichnet hatte. Der junge Admiral führte ein Geschwader nach Talcahuano; da er unter spanischer Flagge segelte, gelang es ihm, unterwegs Meldungen zu erhalten, die für die Spanier bestimmt waren. Dadurch konnte er Talcahuano angreifen (wo er unter britischer Flagge einlief) und sich nach einem wirklich tapfer ausgetragenen Gefecht in den Besitz des spanischen Schiffs «Maria Isabel» und später noch fünf anderer Transporter setzen. Die chilenische Flotte war geboren.

Alsbald erschien auch der Mann, der von ihr glänzenden Gebrauch machen sollte. Thomas Lord Cochrane, später Earl of Dundonald, war eine jener außerordentlichen Gestalten, deren Format und Feuer menschliche Institutionen sprengen. Er übertraf Nelson noch durch alles, was er von Drake in sich hatte. Auf Gold war er nicht weniger versessen als Drake. Er selber schreibt in seinen Memoiren, «trotz romantischer Vorstellungen von Selbstlosigkeit und Patriotismus» sei das erste und weitaus wichtigste Motiv, aus dem Seeleute kämpfen, das Prisengeld. Er war 1775 als Sprößling einer schottischen Adelsfamilie geboren, hatte in der britischen Flotte eine glänzende Laufbahn begonnen, war jedoch 1809 wegen persönlicher Streitigkeiten mit seinen Vorgesetzten ausgeschieden. Dann hatte er spekuliert und war durch fragwürdige Geschäfte ins Gefängnis gekommen, was ihn sein Offizierspatent und seinen Sitz im Unterhaus kostete. Schließlich begegnete er in London San Martins Agent Alvarez Condarco, der ihm den Oberbefehl über die chilenische Flotte anbot. Er nahm das Angebot an und machte sich im August 1818 auf die Reise. Am 28. November traf er in Valparaiso ein. Wooster und zwei englische Offiziere, denen es Spaß machte, unter einem so jungen und unerfahrenen Vorgesetzten wie Blanco Encalada zu dienen, versuchten Cochrane durch eine Intrige abzuschieben; Blanco Encalada aber unterstellte sich aus patriotischer Haltung dem neuen

Admiral, und so legte sich der Sturm rasch. Am 28. Dezember hißte Cochrane seine Flagge auf der «O'Higgins» (der früheren «Maria Isabel»), und in weniger als einem Jahr war dank ihm die Stellung der Royalisten in Chile auf die im äußersten Süden gelegene Insel Chiloé zusammengeschrumpft.

Am 20. August 1820 lief Lord Cochrane an Bord der «O'Higgins» an der Spitze der Expedition aus dem Hafen von Valparaiso aus. Auf zwölf Transportern befand sich eine Armee von viertausendvierhundertdreißig Offizieren und Mannschaften; sechs weitere Transporter waren mit Kriegsmaterial beladen. San Martin segelte als Oberbefehlshaber in der Nachhut an Bord eines Schiffes, das seinen Namen trug. Das Geleit, das aus sechs Kriegsschiffen bestand, hatte eine Besatzung von fünfzehnhundert Offizieren und Mannschaften, darunter sechshundert Engländer. San Martin landete am 8. September in Pisco, etwa zweihundertfünfundzwanzig Kilometer südlich von Callao, und besetzte den Ort, ohne auf Widerstand zu treffen, ebenso die darüber gelegenen fruchtbaren Täler. Er verschaffte seiner Kavallerie dort Pferde, stellte die Negersklaven von den Gütern bei der Infanterie ein und schickte eine Aufklärungsabteilung unter dem europäischen Spanier Arenales landeinwärts. San Martin erließ eine Proklamation, in der er die spanische Verfassung für Spanien guthieß, für Amerika jedoch ablehnte. Damit war er dem Vizekönig zuvorgekommen, der Weisung erhalten hatte, er solle mit den Abtrünnigen auf der Grundlage der Verfassung verhandeln oder doch wenigstens einen Waffenstillstand schließen, während deren Vertreter nach Spanien reisten. Der Vizekönig schrieb gleichwohl an San Martin, der sich auch am 16. September zu Verhandlungen bereit erklärte. Diese begannen sofort in Miraflores, einem Vorort von Lima. Am 1. Oktober waren sie gescheitert. Während Arenales einen kühnen Vorstoß über Ica, Huamanga und Huancavelica unternahm, schiffte San Martin am 28. Oktober seine Truppen wieder ein, verzichtete zu Cochranes äußerstem Mißfallen darauf, Lima anzugreifen, und landete statt dessen zwei Tage später in Ancón, etwa vierzig Kilometer nördlich von Callao.

Es kennzeichnet Cochranes Einstellung, daß ihm die Zeit, die über Friedensverhandlungen zwischen Brudervölkern verstrich, als «durch Müßiggang» verloren erschien. Diese ständigen Änderungen, Landungen und Aufschübe erbitterten den hitzigen Schotten. Er entschloß sich zu einem kühnen Unternehmen: er wollte den Spaniern ihre Kriegsschiffe unter den zweihundertfünfzig Kanonen von Callao wegnehmen. Am Abend des 5. November führte er selber den Angriff auf die «Esmeralda», deren Mannschaft unversehens überwältigt wurde und das Schiff nach hartem Kampf verloren gab. Da Cochrane und sein Stellvertreter verwundet worden waren, mußten sie sich mit diesem Sieg zufriedengeben, der jedoch auch so eine glänzende Leistung darstellt und schließlich dazu führte, daß die chilenische Flotte den Pazifik beherrschte. Cochrane sah Lima schon in seiner Hand; aber San Martin blieb ungerührt und führte seine Armee nicht in das angstbebende Lima, das so nahe lag, sondern nordwärts nach Huacho, wo er am 10. November eintraf.

Der Vorschlag eines Waffenstillstandes und der Sieg der Verfassungstreuen in Spanien hatte in Peru genau wie in Kolumbien eine Welle von Fahnenflucht zur Folge. Plötzlich nahm der Marqués de Torre-Tagle, der als Limeño Trujillo für den König verwaltete und seit einiger Zeit insgeheim mit San Martin in Verbindung gewesen war, den königstreuen Bischof in Haft und erklärte sich für die Unabhängigkeit. Dadurch geriet die ganze Küste von Guayaquil bis in die Nähe von Chancay, also fast bis vor die Tore von Lima, in die Hände der Patrioten. Dieser Rückschlag neben vielen andern verstärkte die Bestrebungen, den Vizekönig abzuschieben, dem Nepotismus, Entschlußlosigkeit und Blindheit gegenüber seiner Umgebung vorgeworfen wurde. Am 29. Januar 1821 versammelten sich die Offiziere der Armee im Lager von Aznapuquio bei Lima und forderten, daß der Vizekönig zurücktrete und durch General Laserna ersetzt werde, der die Nachfolge höchst ungern noch an demselben Tage antrat.

Zum Oberbefehlshaber ernannte Laserna den in spanischen Diensten stehenden Franzosen Canterac. Ihm lag vor allem daran, Frieden auszuhandeln und, falls er dabei scheitern sollte, den Krieg in Oberperu weiterzuführen. Im Februar 1821 schrieb der neue Vizekönig an San Martin und schlug ihm Verhandlungen vor. San Martin stimmte zu, und die Delegierten trafen sich in Retes. Die Zusammenkunft war ein Fehlschlag. Laserna hielt sich jedoch an seine Weisungen und lud San Martin im April abermals zu Verhandlungen ein. Inzwischen wütete in beiden Armeen das gelbe Fieber; San Martin hielt jedoch an seinem Plan fest, den Vizekönig in der Hauptstadt einzuschließen, segelte am 27. April von Huacho nach Ancón zurück und drängte mit seinen Truppen und den im Binnenland gesammelten Partisanen die spanische Garnison allmählich in dem Dreieck Lima–Callao–Aznapuquio zusammen. Währenddessen gingen die Verhandlungen in Punchauca, etwa fünfzig Kilometer nördlich von Lima, weiter; dabei erinnerte der spanische Vertreter daran, daß San Martins Delegierte während der Verhandlungen in Miraflores den Spaniern versichert hätten, eine Lösung lasse sich dadurch finden, daß man in Amerika einem spanischen Prinzen die Krone aufsetze. Das Gespräch wendete sich vom Frieden einem Waffenstillstand zu. Dabei verlangten San Martins Leute – vielleicht, um die Verhandlungen scheitern zu lassen, denn sie wollten nur Zeit gewinnen – die Auslieferung von Callao, das zurückgegeben werden sollte, falls der Waffenstillstand beendet würde. Zu ihrem Erstaunen waren Lasernas Leute, die ebenfalls Zeit gewinnen wollten, dazu bereit.

Das führte am 2. Juni zu einer Unterredung zwischen Laserna und San Martin in Punchauca. Nach vielen Umarmungen und einem guten Essen mit Trinksprüchen, die es freilich an Zahl und Beredsamkeit keineswegs mit denen zwischen Bolivar und Morillo in Santa Ana aufnehmen konnten, schlug San Martin dem Vizekönig die Bildung eines Regentschaftsrates vor, der aus Laserna als Präsident und zwei weiteren Mitgliedern bestände, von denen Laserna und San Martin je einen ernennen sollten; daß ferner ein spanischer Prinz zum konstitutionellen König gekrönt würde und daß San Martin nach Spanien reisen und einen solchen Prinzen suchen sollte, während seine Armee unter dem Befehl des Regentschaftsrates zurückbliebe. Laserna war darauf nicht vorbereitet und bat um zwei Tage Bedenkzeit. Als Gegenvorschlag regte er einen Waffenstillstand an, bis aus Madrid eine Antwort auf San Martins Plan einträfe. Dabei sollte Peru durch eine entlang dem Chancay verlaufende ost-westliche Linie geteilt werden; im Norden sollte San Martin mit seiner Armee regieren, im Süden die spanische Krone. Ferner wollte Laserna zum König reisen, um ihn zu unterrichten, und San Martin möge, wenn er immer noch einen spanischen Prinzen wolle, auf demselben Schiff mitreisen. Diesen Plan lehnte San Martin ab.

Meinte er es aufrichtig? Anscheinend tat er es. Ehe wir darauf eingehen, mag es aber nützlich sein, einen Blick auf Neuspanien zu werfen, aus dem damals wieder Mexiko wurde. Schon vor 1820 war es den Royalisten gelungen, den Aufstand der Separatisten niederzuschlagen, vornehmlich weil er von Anfang an eine proletarische Wendung genommen und sich gegen die Reichen gerichtet hatte; dadurch waren die Kreolen vorsichtiger geworden als in Südamerika. Die spanische Revolution von 1820 verursachte daher in Mexiko neue separatistische Bestrebungen, die aber diesmal von konservativen und reaktionären Kreisen ausgingen. Diese fürchteten nämlich, die Revolution in Altspanien könne in der Struktur der neuspanischen Gesellschaft radikalen Wandel schaffen. Als in Mexiko die Weisung eintraf, die spanische Verfassung auszurufen, spalteten sich die europäischen Spanier in Untertänige und Liberale, die Kreolen hingegen in Monarchisten und Republikaner. Augenscheinlich schrieb Ferdinand VII. dem Vizekönig Apodaca einen Brief, in dem er seine Absicht bekanntgab, nach Mexiko zu kommen und sich dadurch von der Tyrannei der Liberalen zu befreien. Die Angst vor einem liberalen Pronunciamiento zwang den Vizekönig jedoch, am 31. Mai 1820 den Eid auf die Verfassung zu schwören; er ging sogar soweit, daß er sich nicht mehr Vizekönig nannte, sondern Oberster politischer Führer und Generalkapitän. Die neu errungene Pressefreiheit und die Wahl verfassungsmäßiger Gemeinderäte brachten im ganzen Land eine politische Gärung in Gang. Eine Verschwörung entstand, deren Ziel es war, Mexiko nach dem spanisch-westindischen Recht, aber unabhängig von Spanien zu regieren, solange Spanien nach der liberalen Verfassung regiert werde. Auf der Suche nach einem Führer dachten die Verschwörer an Don Agustin Iturbide.

Als Sohn eines Spaniers und einer mexikanischen Kreolin von guter und wohlhabender, aber nicht besonders reicher Familie war Iturbide am 27. September 1783 geboren und daher zwei Monate jünger als Bolivar. Er trat sehr jung in die Armee ein und schloß sich bei Ausbruch der Revolution den Royalisten an. Er war ein guter Soldat, aber grausam und habgierig. Rasch war er zum Oberst aufgestiegen. Zu jener Zeit war er überzeugt, daß man ohne ein Armeekommando keine Revolution anführen könne. Am 9. September 1820 ernannte ihn der Vizekönig zum Kommandierenden General der Südarmee. Damit erhielt er die Herrschaft über ein Gebiet, das sich von Tasco und Iguala in der Provinz Mexiko bis ans Meer erstreckte. Nun war er in der Lage, seine Absichten zu äußern, was er in der Proklamation vom 24. Februar 1821 tat, die den berühmten «Plan von Iguala» enthielt. In tiefster Ergebenheit gegenüber Spanien verkündete Iturbide folgende Punkte als Grundlage seiner Revolution: 1. Die katholische Religion und keinerlei Toleranz für eine andere, 2. Absolute Unabhängigkeit des Königsreichs und 3. Ferdinand VII. oder ein Prinz aus seinem Hause als Kaiser von Mexiko. Warum Kaiser und nicht König? Viel-

AGUSTIN ITURBIDE

leicht, weil man damals glaubte, Montezuma sei Kaiser gewesen. Diese Proklamation entzog den Royalisten den Boden. Im Juli 1821 wurde Iturbide als Befreier des Vaterlandes ausgerufen. Im August stimmte der neue Vizekönig O'Donojú dem «Iguala-Plan» zu.

Der Ablauf dieser Ereignisse hat eine gewisse Ähnlichkeit mit dem Geschehen in Kolumbien und Peru. In allen drei Fällen hat ein Führer auf das aus Spanien kommende Angebot einer liberalen Verfassung zu reagieren. In allen drei Fällen wird die Verfassung abgelehnt; in Peru und Kolumbien, weil die Unabhängigkeit mehr Zugkraft hat als der Liberalismus, in Mexiko, weil der Liberalismus abgelehnt wird und die schwarze Partei in der Unabhängigkeit eine Sicherung gegen den Liberalismus erblickt. Während aber Bolivar von einem spanischen König nichts wissen will, hält San Martin, der kein überzeugter Republikaner ist, einen spanischen König für eine mögliche Lösung; das glaubt auch Iturbide. Im größeren Zusammenhang erscheint daher San Martins Vorschlag als ein ehrlicher Versuch, Peru als einen königstreuen, traditionellen und höfischen Staat zu festigen, und zwar zu einer Zeit, da seine Heimat über dem Versuch, republikanische Einrichtungen zu schaffen, in Anarchie versinkt. Der Vorschlag scheiterte, weil die Offiziere nicht mitmachten, sondern verlangten, daß die Entscheidung der Zentralregierung in Madrid überlassen bleibe – womit sie recht hatten. Die Verhandlungen zogen sich hin, weil San Martin das so wollte. Lima wurde immer hungriger. Der Vizekönig beschloß, die Stadt zu räumen. Das war aus zwei Gründen das beste, was er tun konnte: Seine Armee wurde von der Seuche dahingerafft, die damals im Unterland wütete, und konnte sich nun in der Sierra erholen; und Oberperu war immer noch die Hochburg der Royalisten in Südamerika.

Kapitän Basil Hall, der San Martin am 25. Juni 1821 von Callao an Bord der «Montezuma» kennenlernte, beschreibt den südamerikanischen Führer folgendermaßen: «Auf den ersten Blick fesselte er kaum die Aufmerksamkeit, aber wenn er aufstand und zu sprechen begann, war seine Überlegenheit offenkundig. Er empfing uns sehr zwanglos an Deck seines Schiffes. Er trug einen großen Überrock und eine große Pelzmütze und saß an einem Tisch, der aus ein paar losen Brettern auf einigen Fässern bestand. Er ist groß, wohlproportioniert und hält sich gut, sieht gut aus, hat eine große Adlernase, dichtes schwarzes Haar und einen gewaltig buschigen, dunklen Backenbart, der sich unter dem Kinn von einem Ohr zum andern zieht. Sein Teint ist dunkeloliv, und seine großen, durchdringenden Augen sind pechschwarz. Sein ganzes Auftreten ist höchst militärisch. Er ist sehr wohlerzogen und von natürlich schlichten Manieren, äußerst herzlich und gewinnend und offensichtlich von sehr liebenswürdiger Art. Kurzum, ich habe niemals einen Menschen gesehen, dessen Auftreten so bezaubernd und unwiderstehlich ist. Im Gespräch geht er geradewegs auf die Kernpunkte des Themas los, als verschmähe er es, sich mit Kleinigkeiten aufzuhalten. Er hörte ernsthaft zu, antwortete distinguiert und fair und verriet dabei einen erstaunlichen Vorrat an Argumenten und eine Fülle von treffenden Bildern. Gelegentlich erreichte seine Stimmung Höhepunkte; dann verrieten seine blitzenden Augen und sein ganzer Gesichtsausdruck so außerordentliche Energie, und er fesselte die Aufmerksamkeit seiner Zuhörer so sehr, daß es unmöglich war, sich seinen Gründen zu verschließen. Das war besonders auffällig, wenn es um Politik ging. Aber auch im ruhigen Zustand war er nicht minder bemerkenswert und verriet einen Geist von ungewöhnlicher Prägung. Er konnte sogar spielerisch und vertraulich werden. Wie immer sich später der Besitz großer politischer Macht auf seinen Geist ausgewirkt haben mag, so bin ich doch gewiß, daß er von Natur gütig und wohlwollend veranlagt ist.»

San Martin erläuterte seine Lage, und Basil Hall hat sie aufgezeichnet. «Er sagte, der Krieg in Peru sei nicht von gewöhnlicher Art, kein Krieg, dessen Ziele Ruhm und Eroberung sind, sondern ein Kampf der Anschauungen – ein Krieg der neuen, liberalen Grundsätze gegen Vorurteil, Bigotterie und Tyrannei. Die Leute fragen mich, warum ich nicht gleich nach Lima marschiere; ich könnte das tun, wenn es meiner Auffassung entspräche. Ich suche nicht militärischen Ruhm, ich möchte lediglich das Land aus der Unterdrückung befreien. Was könnte mir Lima nützen, wenn seine Bewohner feindselige politische Gefühle hegten? Ich gewinne vielmehr von Tag zu Tag die Herzen der Menschen als Bundesgenossen. Mit nicht geringerem Erfolg habe ich meine Armee vermehrt und verbessert, während die Spanier unter Mangel und Fahnenflucht zu leiden haben. Das Land hat jetzt erkannt, worin sein eigenstes Interesse besteht, und es ist nur richtig, daß die Bewohner die Möglichkeit bekommen zu sagen, was sie denken.» Soweit San Martin über sein Zaudern, als ob er es beherrschte und nicht das Zaudern ihn. Am 5. Juli gab der Vizekönig durch Proklamation bekannt, daß er die Stadt zu verlassen beabsichtige. Alsbald machte sich bei der Bevölkerung die Neigung breit davonzulaufen. Basil Hall ging an Land und ritt von Callao nach Lima. «Es war keineswegs leicht für mich, gegen die Menge von Flüchtlingen voranzukommen, die mir entgegenkam: Menschen zu Fuß, auf Wagen, zu Roß eilten an mir vorbei. Männer, Frauen und Kinder mit Pferden und Maultieren, und Scharen von Sklaven, die mit Gepäck und andern Gütern beladen waren, alles zog wahllos dahin, allenthalben war Klage und Verwirrung. In der Stadt selber herrschte äußerste Bestürzung.» Tatsächlich hatte Laserna jedoch ausreichende Vorkehrungen getroffen, und San Martin benahm sich so begabt und taktvoll, daß alles glatt ging und er am 12. Juli 1821 in die Stadt einziehen konnte.

ZWEITES KAPITEL

Südwärts

«Das Geld, das für die Armee eingeht», schrieb Bolivar im April 1821 an seinen Finanzminister Gual, «verwenden Sie für den Kongreß; denn die Hälfte der Soldaten wird in Kürze tot sein, und die andere Hälfte wird nichts benötigen, ob sie nun siegreich sind oder geschlagen werden ..., und es gehört sich nicht, daß der Kongreß etwa aus Geldmangel aufgelöst werden müßte.» In diesen Worten mischt sich die anarchische Arroganz des Diktators mit der Erbitterung eines hochgesinnten und großmütigen Mannes, dem kleinere Leute Fesseln anlegen; sie machen jedoch offenkundig, daß es Bolivar mit dem Kongreß ernst war, der gemäß der Verfassung von Angostura in El Rosario de Cúcuta zusammentreten sollte, um die Republik Kolumbien einzurichten. Seine Stütze für diesen Kongreß, Roscio, war schwer krank und starb bald darauf. Am 8. März 1821 schrieb Bolivar von Trujillo aus an Azuola, er solle als Vizepräsident die Regierung übernehmen, und gab ihm dafür Weisungen, die zitiert zu werden verdienen: «Versuchen Sie den Kongreß so bald wie möglich mit einer sehr *einfachen,* aber noblen Ansprache zu eröffnen – weder gesuchte Redensarten noch altmodische Ausdrücke. Erst recht kein Lob für mich. Was die Reihenfolge der Themen angeht, so mögen Sie versuchen, sich an die Rede Ferdinands VII. vor den Cortes oder an die Ansprache des Präsidenten der Vereinigten Staaten an den Kongreß zu halten.» Dann führt er nicht weniger als acht Gründe an, aus denen er die Präsidentschaft der neuen Republik ablehnen müsse, und schlägt, da der Staat noch überwiegend militärischen Charakter habe, Nariño, Urdaneta oder Santander als Präsident vor. Ehe noch einer dieser Vorschläge verwirklicht werden konnte, starb auch Azuola.

Am 21. April schrieb Bolivar aus Barinas an Nariño – ein Granadino aus Bogotá, der nicht mit Bolivars venezolanischem Rivalen Mariño verwechselt werden darf –, den er nun endgültig zum Vizepräsidenten bestimmt hatte: «Das rasche Ende Ihrer Vorgänger muß Sie etwas melancholisch stimmen. Der Himmel möge verhüten, daß Sie ihnen ins Reich der Toten folgen.» Er besteht wiederum darauf, daß er nicht Präsident werden wolle, und setzt hinzu, seiner Ansicht nach müsse ein Mann der Armee aus Cundinamarca Präsident und ein venezolanischer Zivilist Vizepräsident werden. Wollte er damit wirklich sagen, daß er nicht gewählt zu werden wünschte? Die Wahrheit ist etwas kompliziert. Er hatte den ehrlichen Wunsch, in Ruhe gelassen und nicht mit Kleinigkeiten behelligt zu werden; aber er wäre tödlich gekränkt gewesen, hätte der Kongreß ihn nicht unter Mißachtung seiner Wünsche gewählt.

Nariño war damals sechsundfünfzig. Erst kürzlich war er von einem langen Aufenthalt in Europa, hauptsächlich in Paris, zurückgekehrt. Er gehörte wie Miranda und Zea der älteren Generation an. Obwohl er in Cartagena und Cadiz bittere Jahre in Ketten im Gefängnis verbracht hatte, betrachteten seine Feinde unter den Abhängigen seine lange Abwesenheit in Europa mit Mißfallen. Bolivar wollte jedoch einen Granadino als Vizepräsidenten und konnte damals Santander nicht entbehren; er ging daher über alle Widerstände (die er vielleicht unterschätzt hatte) hinweg und ließ ihn wählen. Schwierigkeiten mancherlei Art verzögerten die Sitzung, als Nariño Ende April in Rosario de Cúcuta eintraf. Von fünfundneunzig Kongreßmitgliedern waren nur siebenunddreißig erschienen, so daß die Mindestzahl von zwei Dritteln nicht vorhanden war. Nariño beschloß, diese Vorschrift zu übersehen, und berief die erste Sitzung auf den 6. Mai ein.

Im Kongreß von Cúcuta bestand von Anfang an eine Spannung zwischen Juristen und Generälen. Außerdem herrschte fühlbare Abneigung gegen die beiden «Tyrannen» Bolivar und Santander. Der Kongreß verlieh sich, vielleicht um den Militärs Eindruck zu machen, den Titel Majestät, mit dem er angeredet werden mußte. Das Unrecht war gleichmäßig verteilt. Bolivar und Santander waren Regenten, die wenig Lust hatten, sich von Juristen aufhalten zu lassen, die nicht gerade besonders patriotisch waren. Bolivar schrieb an Penalver (einen seiner engsten Freunde, dem er, als er ihn in Not fand, sein ganzes Silber und alle seine Juwelen schenkte): «Ich wüßte nicht, worin der zweite Kongreß vor dem dritten etwas voraus hatte. Hingegen weiß ich, daß in Cundinamarca jedes Mitglied zweihundert Pesos bekommen hat und daß in Venezuela der Vizepräsident erklärt hat, er sei von den Kongreßleuten ruiniert worden... Ein Mitglied allein hat tausend Pesos bekommen.»

Während dieser Brief in Guanare geschrieben wurde, hatte der Kongreß aus Juristen, für den der Brief eigentlich bestimmt war, bereits zweieinhalb Wochen getagt, ohne recht voranzukommen. Zunächst hatte er über den Brief Bolivars aus Barinas vom 1. Mai beraten, worin der Befreier-Präsident, der den Druck der Kritik nicht mehr aushalten konnte, sich weigerte, noch länger Präsident der nunmehr ordnungsmäßig gegründeten Republik zu bleiben, «weil meine Tätigkeit als Soldat unvereinbar mit dem Amt ist und weil ich es müde bin, von meinen Feinden als Tyrann bezeichnet zu werden.» Er schwor «blindesten Gehorsam», besann sich aber rasch und schloß: «Wenn jedoch der souveräne Kongreß, wie ich fürchte, darauf besteht, daß ich Staatspräsident bleibe, so verzichte ich hiermit ein für allemal auf den ruhmreichen Namen eines Bürgers von Kolumbien und verlasse überhaupt die Gestade meines Vaterlandes.» Der Kongreß wußte nur zu gut, daß Bolivar lediglich meinte, seine Kritiker sollten schweigen. Daher schickte er eine würdige Antwort und weigerte sich natürlich, den Rücktritt anzunehmen. Nun war der Kongreß zwar bereit, sich die hochfahrende Art bei Bolivar gefallen zu lassen, nicht jedoch bei Nariño. Dieser begann mit dem Vorschlag, den Kongreß nach Bogotá zu verlegen; damit kränkte er die Venezolaner. Dann legte er dem Kongreß einen eigenen Verfassungsentwurf vor. Dabei hatte er es so eilig, daß er den Kongreß in einem Brief vom 19. Mai um die Erlaubnis bat, seinen Entwurf in Fortsetzungen vorzulegen, «so wie er seinen Aufzeichnungen den letzten Schliff gab». Der Kongreß verwies den Entwurf an den Verfassungsausschuß, wo er auf die lange Bank geschoben wurde. Nariño war leicht verärgert. Er verweigerte dem Kongreß das Recht, sich in Regierungsangelegenheiten zu mischen, und erklärte, «in solchen Dingen werde er ihm niemals gehorchen». Es folgte ein Antrag, Nariño seines Postens zu entheben. Der Widerstand gegen ihn wurde immer heftiger. Er bekam Fieberanfälle und Wassersucht, und schließlich wurde an seiner Stelle das Kongreßmitglied José Maria des Castillo zum Vizepräsidenten ernannt.

Der Kongreß konnte sich nun der Gesetzgebung und dem Studium der Verfassung zuwenden, aber auch hier gerieten Juristen und Soldaten sich in die Haare. am 13. Juni 1821 schrieb Bolivar von San Carlos aus an Santander: «Es wird diesen Herren Juristen schließlich gelingen, sich in der Republik Kolumbien ebenso in Verruf zu bringen wie die Dichter in Platos Republik. Diese Herren glauben, ihr Wille sei des Volkes Wille, und merken nicht, daß in Kolumbien das Volk in der Armee steht.»

Der Kongreß debattierte über die Freilassung der Söhne von Sklaven, über die Verfassung und über die Ernennung der höchsten Würdenträger des Staates. Das Gesetz über die Sklaven war teils ein Kompromiß, teils das Eingeständnis Bolivars, daß er das Pétion gegebene Versprechen nicht halten könne. Dieses Versprechen war ehrlich gewesen, und er hatte es erfüllt, sobald er 1816 in Carúpano gelandet war – aber natürlich nur auf dem Papier. Der Kongreß von Angostura hatte nicht gewagt, Bolivars großzügige Anordnungen gutzuheißen, weil er fürchtete, er werde dann die Unterstützung der mächtigen Gutsbesitzer verlieren. Bolivar kam nach dem Sieg von Boyacá auf den Plan zurück und befahl, alle Sklaven, die in die Armee einträten, sollten dadurch sofort frei werden; insoweit stieß er jedoch in Neugranada auf zähen Widerstand. Nach der Schlacht bei Carabobo ersuchte er den Kongreß von Cúcuta, er möge den bescheideneren Vorschlag gutheißen, daß alle künftig geborenen Söhne von Sklaven frei sein sollten. Der Kongreß stimmte diesem Vorschlag am 19. Juli 1821 zu und beschloß ferner eine Erbschaftssteuer, um mit deren Ertrag jährlich eine Anzahl von erwachsenen Sklaven freizukaufen. Dabei berücksichtigte der Kongreß die Tatsache, daß in Bolivars Armee viele venezolanische Sklaven oder ehemalige Sklaven Dienst taten. (Ihre Rechtsstellung kannte niemand genau.)

Am 12. Juli hatte der Kongreß schon endgültig beschlossen, daß Venezuela und Neugranada sich zur Republik Kolumbien zusammenschlössen. Quito wurde gar nicht erwähnt; denn so sehr es Bolivars Gedanken beschäftigte, war seine Zukunft doch noch in der Schwebe. Die Verfassung unterschied sich nur wenig von derjenigen von Angostura. Der Senat sollte auf acht Jahre gewählt werden, das Repräsentantenhaus auf vier Jahre; Wahlberechtigte mußten ein Einkommen von mindestens fünfhundert Pesos haben oder den freien Berufen angehören. Präsident und Vizepräsident waren auf vier Jahre zu wählen, die Regierung bestand aus fünf Staatssekretären und einem Mitglied des Obersten Gerichtshofes. Artikel 128 verlieh dem Präsidenten volle Gewalt in denjenigen Teilen des Landes, wo er Krieg führte. Gegen den Wunsch vieler Venezolaner und zumal Peñas, die gern Pamplona, Cúcuta oder Maracaibo als Hauptstadt gehabt hätte, entschied sich der Kongreß für Bogotá, wobei er schon an die künftige Annexion von Quito dachte. Pressefreiheit wurde ebenfalls beschlossen. Klöster mit weniger als acht Mönchen oder Nonnen wurden aufgehoben; dadurch sollte der Staat die unabsehbare Fülle schöner Gebäude, die nahezu leer standen, für Schulzwecke erwerben können. Die Kopfsteuer der Indianer wurde in der guten Absicht aufgehoben, sie von einer Diskriminierung zu befreien, die ihnen seit den Tagen der Eroberung anhing.

Bolivar hielt sich aus alledem heraus, teils weil er mit seinen Kriegsplänen beschäftigt war, teils aus politischen Überlegungen. «Ich werde nichts sagen», schrieb er am 16. August aus Tocuyo an Santander, «da ich keine Zeit habe – ich meine, was den Kongreß, die Verfassung, Vizepräsidenten und dergleichen Scherze in Cúcuta und Umgebung angeht. Diese Themen könnten mich veranlassen, Bogen über Bogen zu schreiben, wenn ich wüßte, was ich schreiben sollte, und wenn ich Zeit hätte. Aber nicht einmal mit Worten könnte ich auch nur die Hälfte dessen ausdrücken, was mir über solche kläglichen Kümmernisse in den Sinn kommt, von denen für uns Leib und Seele abhängen, um von Ruhm und Ehre ganz zu schweigen.» Der Kongreß beschloß, einen Präsidenten und einen Vizepräsidenten zu wählen, und entschied, daß die Gewählten nach Cúcuta kommen müßten. Bolivar wurde mit fünfzig von neunundfünfzig Stimmen zum Präsidenten und Santander (nach einem Kampf mit Nariño) mit zwei Dritteln der abgegebenen Stimmen zum Vizepräsidenten gewählt. An beide wurden Kuriere entsandt; Bolivar erhielt mit dem Kurier Briefe von Kongreßpräsident Castillo und von Gual, die ihn beide dringend baten, er möge kommen. Er antwortete ihnen wie üblich mit einer Ablehnung und wies auf die Gefahr hin, die darin läge, alle Macht einem einzigen Mann zu geben, sowie auf die dringenden Erfordernisse der militärischen Lage. Was ihn jedoch erbitterte, war die Tatsache, daß die Juristen eine Klausel in die Verfassung hineingemogelt hatten, die es dem Präsidenten verbot, als Regierungschef tätig zu sein, solange er im Felde stand; damit wurde er, solange er bei der Armee stand, auf die Stellung des Oberbefehlshabers beschränkt. Schließlich traf er am 29. September in Cúcuta ein. Er und Santander gaben ihrer Unzufriedenheit über einige Artikel der Verfassung Ausdruck, aber beide legten am 3. Oktober den Eid darauf ab.

Da er nun Herr über Venezuela war, wendete Bolivar seine Aufmerksamkeit jetzt jenem Süden zu, der ihn nicht mehr losgelassen hatte, seitdem San Martins Stern am Firmament der spanisch-amerikanischen Geschichte rasch emporzusteigen begann. Quito war zwar ein Mittelpunkt republikanischer Haltung, aber Popayán, das Oxford Kolumbiens, schwankte, und Pasto und Patia, zwei Treibhäuser royalistischer Gesinnung, versperrten ihm den Weg nach Quito. Im Februar 1820 schrieb Bolivar an Santander, er möge Salom anweisen, «alles Nötige für ein großes Unternehmen gegen Pasto und Quito vorzubereiten». Etwas optimistisch antwortete Santander am 17. Februar: «Ich bezweifle nicht, daß Quito leichter zu nehmen sein wird als irgendein anderer Ort. Die Haltung dort ist der Republik sehr günstig, und die regulären Streitkräfte des Feindes übersteigen nicht zwölfhundert Mann.» Zwei Tage später schrieb er allerdings: «Es ist nicht mehr zweifelhaft, daß der Feind das Tal des Cauca genommen hat... Meine Bevölkerung hier in Bogotá, die aus verängstigten Patrioten, Egoisten und Abtrünnigen besteht, verschafft mir Unbehagen. Alle haben Angst. Sogar meine Staatssekretäre verlieren den Mut und lassen es an Festigkeit fehlen, sobald es eine kleine Schlappe gibt.» Immerhin hatte Santander wenige Wochen nach dem Verlust Popayáns eine Truppe auf die Beine gestellt, die er General Manuel Valdés und Oberst Mires als dessen Stellvertreter anvertraute. Valdés begab sich sofort an die Front und schlug Calzadas Truppen unter Oberst López am 6. Juni bei Pitayó, nordwestlich von Popayán. Auch in diesem Gefecht gaben zweihundert Engländer von dem Regiment Albion wieder den Ausschlag.

Dieser Sieg ermöglichte es Valdés, Popayán zurückzuerobern. Die Stadt war jedoch leer, da die Einwohner, die seine Brutalität in trauriger Erinnerung hatten, geflohen waren. Er zog weiter südwärts, wurde aber von Santander nach Norden zurückgerufen und versäumte daher eine günstige Gelegenheit, seinen durch Fahnenflucht, Krankheit und allgemeine Auflösung geschwächten Gegner zu vernichten. Statt dessen wurde er selber ein Opfer aller dieser Übel. Inzwischen hatte Calzada Sorgen wegen seines Rivalen – des Bischofs. Don Salvador Ximénez war «klein von Gestalt, aber wohlgebildet, mit gutartigem offenem Antlitz und lebhaften, grauen Augen». Als Oberst Hamilton ihn 1823 besuchte, sah er wie etwa sechzig aus, aber bewegte sich «so lebhaft wie ein Mann von fünfundzwanzig» und war «im Gespräch sehr angeregt und zum Scherzen aufgelegt». In Malaga geboren, war er zur Zeit von Napoleons Überfall auf Spanien dort gewesen und wie viele andere Geistliche seiner Zeit Offizier geworden; er bekam ein Patent als Oberst und kämpfte gegen die Franzosen. Ferdinand VII. belohnte ihn mit der Diözese Popayán, die damals jährlich zwanzigtausend Dollar einbrachte. Als Bolivar seine Diözese bedrohte, begab sich der Bischof von Popayán nach Pasto und setzte sich an die Spitze der stolzen Pastusier. Er kämpfte wie in früherer Zeit in Spanien, «das Kreuz in der einen Hand, den Degen in der andern, und schleuderte von der Kanzel Bannflüche gegen jeden, der gegen ihn Waffen trug».

Der Bischof war jedoch kein Fanatiker. Als Hamilton ihn besuchte, stellte er diesem «eine Dame aus Pasto vor, deren Namen ich vergessen habe. Sie führte ihm den Haushalt; die Dame war etwa vierzig, recht hübsch, mit guter Figur. Man erzählte sich damals in Popayán, der Gatte der Dame habe dem trefflichen Bischof einen Besuch gemacht, um seine Frau zu verlangen; Sir Illustrissimo habe sich über dieses Ersuchen empört und in seiner Erregung dem armen Mann einen heftigen Tritt versetzt und gedroht, er werde ihn exkommunizieren, falls er noch einmal wegen seiner Frau lästig würde». Hamilton war gern bei dem etwas ungewöhnlichen Prälaten. Dieser wendete, nachdem er alle seine Feinde ordnungsmäßig exkommuniziert hatte, seine Aufmerksamkeit dem eigenen Lager zu. Ihm mißfiel Calzada. Als Manuel Valdés die Schlacht bei Pitayó gewann, begab sich der

Bischof wiederum nach Pasto und bildete dort unter seiner Leitung eine Junta, um Calzadas Macht einzuschränken. Es gelang ihm, Aymerich soweit einzuschüchtern, daß dieser den weiten Weg von Quito nach Pasto zurücklegte, wo er Don Basilio Garcia das Kommando über die Truppen gab und Calzada verhaften ließ.

Am 9. Oktober 1820 erklärte Guayaquil seine Unabhängigkeit. Von wem? Von jedermann. Dank seiner eigentümlichen Lage an der Küste der Präsidentschaft Quito, von dieser jedoch durch die Lage der Hauptstadt in dreitausend Meter Höhe wie auch durch die Entfernung getrennt, hatte Guayaquil seit jeher eine umstrittene Stellung zwischen den beiden Vizekönigtümern Neugranada und Peru eingenommen. Nach spanischen Gesetzen gehörte es in militärischer Hinsicht zu Peru, unterstand aber der Zivilverwaltung von Neugranada. Die Revolutionsjunta schickte Abgesandte an Cochrane, San Martin und Bolivar, und San Martin schickte unverzüglich zwei Botschafter nach Guayaquil. Die Niederlage jedoch, die der argentinische Oberst José Garcia am 3. Januar 1821 bei Tanizahua erlitt, veranlaßte San Martins Vertreter dazu, die Stadt zu verlassen. Um sich vor den Truppen der Royalisten zu schützen, mußte Guayaquil die umliegende Ebene unter Wasser setzen.

Da zu jener Zeit Waffen und Waffenglück die politische Lage maßgeblich bestimmten, hätte die kolumbianische Sache wohl vorankommen können, wenn nicht Manuel Valdés abermals eine Niederlage erlitten hätte. Der Waffenstillstand von Santa Ana war am 26. November 1820 geschlossen worden. Am 15. Dezember schrieb Santander an Bolivar: «Falls Valdés nicht mehr so schrecklich langsam ist, erreicht ihn die Nachricht von dem Waffenstillstand vielleicht erst, wenn er mindestens in Pasto ist. Wie langsam dieser Mann ist! Ich habe ihm nochmals geschrieben, er möge auf jeden Fall rasch, eiligst vorrücken, um auf das Gebiet von Quito zu gelangen, aber ich habe ihm nichts, nichts von dem Waffenstillstand erzählt.» Woraufhin Bolivar noch befahl, er solle

Pasto angreifen, «selbst wenn er außer einem Adjutanten keine Truppen besäße». Valdés war am 2. Januar 1821 von Popayán aus vorgerückt, «ihm fehlten jegliche Vorräte», und seine Offiziere waren größtenteils barfuß. Noch ehe er an den Juanambú kam, erhielt er die Meldung über den Waffenstillstand sowie Weisung von Santander, er möge sehen, daß er den Fluß überquere, ehe die Waffenstillstandskommission zur Grenzziehung einträfe. Das tat Valdés und marschierte sogar weiter auf Pasto, das er zu nehmen hoffte; er wurde jedoch von einer starken pastusischen Einheit geschlagen, und seine Truppen wurden zerstreut. Als die fliehenden Soldaten den Fluß abermals überquert hatten und am 4. Februar in Salto de Mayo eintrafen, erwartete sie dort ein neuer Kommandeur.

Antonio José de Sucre, den Bolivar aus Zorn über den zähen Widerstand der Caucaner am 11. Januar zu Valdés' Nachfolger ernannt hatte, war damals einunddreißig. Er entstammte einer reichen Kreolenfamilie in Cumaná und begann 1802 mit mathematischen Studien, weil er Zivilingenieur werden wollte. Er diente von Anfang an in der Revolutionsarmee, 1811–1812 unter Miranda und später in der Ostarmee, deren Stabschef er von 1816 bis 1817 war. Unter den venezolanischen Anführern war er Bolivar am treuesten ergeben, doch vermochte er anscheinend sowohl Bolivar gegenüber an seiner eigenen Meinung festzuhalten wie andern Männern seine Freundschaft zu bewahren. Neben Intelligenz, Überlegenheit, Tüchtigkeit und Mut besaß er eine damals seltene Gabe: Er konnte mit Menschen umgehen und war daher ein erfolgreicher Unterhändler. Nach Boyacá wurde er zum Generalstabschef der gesamten Armee ernannt und gehörte der dreiköpfigen Kommission an, die den Waffenstillstand mit Morillo schloß. «Wer ist dieser schlechte Reiter dort?» fragte O'Leary, als er mit Bolivar zusammen in Cúcuta eintraf. Bolivar antwortete: «Er ist einer der besten Offiziere in der Armee, er versteht sein Handwerk so gut wie Soublette, ist so freundlich wie Briceño, so gescheit wie

ANTONIO JOSÉ SUCRE

Santander und so aktiv wie Salom; ich bin entschlossen, ihn voranzubringen, denn ich bin überzeugt, daß er es eines Tages mit mir aufnehmen wird.»

Von der Revolution in Guayaquil hörte Bolivar erst Mitte Dezember in Barinas. Am 10. Januar 1821 schrieb er aus Bogotá an Rocafuerte: «Ich bin unterwegs nach Quito und Guayaquil. General Valdés ist mir mit der Vorhut der Südarmee voraus, und General Sucre wird ihm auf dem Fuße folgen. Ich schicke General Mires mit Vorräten in jene patriotische Provinz.» Tatsächlich schickte er tausend Gewehre und Munition. Nicht einen Augenblick scheint er wegen des Waffenstillstandes Bedenken gehabt zu haben. Dabei war Mires' Expedition eine flagrante Verletzung des Artikels eins, der die Parteien verpflichtete, «in dem ganzen Gebiet, das während des Waffenstillstandes in ihrem Besitz ist, keinerlei feindselige Handlung zu unternehmen». Gewiß hatte sich Präsident Aymerich in Quito geweigert, die Provinz Guayaquil in den Waffenstillstand einzubeziehen, wohl aber war die Provinz, in der die Verstärkungen aufgestellt wurden, einbezogen worden. Sucre fühlte sich nicht wohl bei der Sache und schlug Bolivar am 27. März vor, alle Hilfe für die Unabhängigen in Guayaquil solle eingestellt werden. Bolivar gab die Angelegenheit an Santander weiter, der an Sucre schrieb, der Vertrag von Trujillo enthalte keine Bestimmung, welche die kolumbianische Regierung daran hindere, «ausländischen Völkern Hilfe zu leisten»; das war ein Argument, das weder den Verstand noch das Herz eines Mannes wie Sucre zu überzeugen vermochte, da Bolivar ja gerade der Auffassung war, Guayaquil sei Teil Kolumbiens und habe nicht das Recht, von diesem abzufallen. Santander fuhr fort: «Aus diesen Gründen ist die Regierung von Kolumbien bereit gewesen, die Stadt Guayaquil mit Truppen und Vorräten zu unterstützen. Ich habe daher die Ehre, E. E. im Namen S. S. des Befreier-Präsidenten zu erklären, daß wir diese Hilfe, da sie den Vertrag von Trujillo nicht verletzt, nicht Ihrem Vorschlag entsprechend einstellen können.»

Bolivar hatte beabsichtigt, nach Popayán zu gehen und dort den Feldzug im Süden vorzubereiten, solange es im Norden ruhig war; als er aber von der Niederlage bei Huachi und von den Parteikämpfen in Guayaquil hörte, änderte er sein Vorhaben und beschloß am 21. Januar ungeachtet des Waffenstillstandes Sucre zu bevollmächtigen, damit dieser über die Eingliederung Guayaquils in die Republik Kolumbien verhandelte. Sucres Vollmacht sollte auch tausend Mann Infanterie von der Cauca-Armee einschließen.

Am 2. April stach Sucre mit fünfhundertfünfzig Mann an Bord der Korvette «Alejandro» von Buenaventura aus in See; weitere hundert Mann folgten in einer Schaluppe. Die Reise war mühsam und langweilig, und Sucre landete mit seinen Leuten in Guayaquil erst am 7. Mai. Acht Tage später unterzeichnete er ein Abkommen mit der Junta, worin die Oberhoheit der Republik Kolumbien als Schutzmacht de facto anerkannt wurde; wichtiger noch war, daß Bolivar alle erforderlichen Befugnisse übertragen wurden, damit er die Stadt gegen Angriffe verteidigen könnte. Auch wurde er ermächtigt, die Stadt in alle Verträge einzubeziehen, die er schließen würde.

Im Laufe des Jahres 1821 traf Don Juan de la Cruz Mourgeón, der neue Vizekönig von Santa Fé, aus Spanien ein, um den Oberbefehl über die spanischen Truppen zu übernehmen. Im spanischen Unabhängigkeitskrieg war er San Martins Kamerad gewesen. Mit achthundert Mann landete er in Atacamas und traf «nach einem gewaltigen Marsch durch hundert Kilometer einsamen Waldes und nach Überquerung der Anden» am 24. Dezember 1821 in Quito ein.

DRITTES KAPITEL

Die Kämpfe um Quito

Denken und Handeln San Martins in Peru lassen sich kaum mit der allgemein gehegten Auffassung erklären, er habe auf selbstlose Weise Länder befreit, die sich in Not befanden. Kaum war die Unabhängigkeit Perus ausgerufen worden, da war sein erstes, daß er nicht nur den militärischen Oberbefehl, sondern die volle Herrschaft übernahm und eine wütende Verfolgung der spanischen Bevölkerung einleitete. Über beides schreibt sein bekanntester Biograph: «Als die Unabhängigkeit erklärt worden war, suchte eine Abordnung des Cabildo San Martin auf, um ihm die Regierungsgewalt über Peru anzutragen und ihn im Namen des Volkes zu bitten, er möge sie annehmen. Er antwortete mit einem rätselhaften, aber ernsten und freundlichen Lächeln, da er notgedrungen im Besitz des Oberbefehls sei, werde er diesen behalten, falls ihm das im Interesse des Gemeinwohls zu liegen scheine; auf solche Weise vermeide er alle unangebrachten Zusammenkünfte von Kongressen und Ausschüssen, die nichts weiter ausrichten könnten, als die Verwaltung der öffentlichen Angelegenheiten mit eitlen Einwänden zu behelligen und dadurch den Sieg der Unabhängigkeit aufzuhalten, der Vorrang vor allem andern habe.» Das ist eine beachtliche Erklärung. Gewiß befand Peru sich damals noch im Kriege, gewiß standen lebenswichtige Truppen in der Sierra. Wenn man aber dem Lande nicht zutrauen konnte, sich durch seine «Kongresse und Ausschüsse» zu regieren, wozu sollte man es dann überhaupt erst «befreien»?

Auf diese Frage gibt es zwei Antworten. Die erste ist persönlicher Ehrgeiz. Es ist doch wohl allzu einfach, San Martin von persönlichem Ehrgeiz nur deshalb freizusprechen, weil er selber gesagt hat, er habe keinen, und weil er das Spiel in Guayaquil verloren gab. San Martin stand ebenso stark unter Napoleons Einfluß wie Bolivar. Daß die Ergebnisse so verschieden waren, spricht nicht dagegen, daß die Ursache dieselbe war. Wenn die Sonne aufgeht, läßt ihr Licht eine Kiefer und eine Eiche erkennen, die natürlich verschieden bleiben, wenngleich das Licht, das sie sichtbar macht, dasselbe ist. Der San Martin, der seiner Regierung in Buenos Aires ungehorsam ist, sich über seine Pläne in Schweigen hüllt, die Chilenen regiert, sich mit dem zürnenden Cochrane streitet und «rätselhaft» die absolute Macht über Peru übernimmt, ohne daß der Cabildo sie ihm verliehen hat, ist ein Abbild Napoleons, der sich in einem stillen See spiegelt; Bolivar hingegen ist ein Abbild desselben Napoleons, der sich in einem rasch strömenden Fluß spiegelt. Die Befreiung Perus war eine Eroberung. San Martin fühlte sich ganz als Monarch; das zeigt sich an der jähen Gleichgültigkeit, mit der er fallen läßt, was ihm damals das Wichtigste hätte sein sollen: nämlich die Fortsetzung des Krieges. Statt dessen beschäftigt er sich damit, den Sonnenorden zu stiften oder über Adelstitel zu befinden oder seinen politischen Hofstaat einzurichten. Nichts von alledem war damals wichtig. Wichtig war die spanische Gefahr. Wenn San Martin sich nicht darum kümmerte, sondern seine Aufmerksamkeit Ordenssternen und Grafentiteln zuwendete, so beweist das nur, daß er seine Zuhörer oder Leser mit der Behauptung, er sei nicht ehrgeizig und werde sich zurückziehen, sobald die Gefahr vorüber sei, hinters Licht führte. Aber San Martin war ein ehrlicher Mann. Anders als Bolivar mußte er, um andere zu täuschen, zuerst sich selber täuschen.

Die zweite Antwort auf die Frage, warum man Peru befreien sollte, wenn man ihm nicht zutrauen konnte, sich selber zu regieren, heißt Unabhängigkeit. Hinter dem Wort von der «Tyrannei» der Spanier lebte eine Wirklichkeit: Ein Kontinent, in dessen Boden die Weißen durch die eingeborenen Indianer verwurzelt waren, verlangte von seiner Bevölkerung ein Treuebekenntnis. Das erklärt dann auch wiederum die Verfolgung der Spanier. Mitre gibt offen zu, sie sei «unbeugsam und gewalttätig» und ein Bruch des Versprechens gewesen, das San Martin der spanischen Bevölkerung gegeben hatte; auch habe «die öffentliche Sicherheit soviel Unbeugsamkeit nicht gerechtfertigt». Aber ebenso richtig erklärt Mitre die Maßnahme ursprünglich aus San Martins «Instinkt als amerikanischer Kreole und als Feind der spanischen Rasse». Der von San Martin erfundene und gestiftete Sonnenorden ist Ausdruck dieser beiden Impulse: Als Nachahmung der Ehrenlegion enthüllt er San Martin als Imitator Napoleons, während die Wahl des Symbols, der Rückgriff auf die Mythologie der Inkas, sein kreolisches Empfinden offenkundig macht. Ein zweiter Miranda, nur daß Miranda, der noch keinen Napoleon als Vorbild hatte, sich als Abbild europäischer Herrscher, vornehmlich des Königs von England, verstand, den er aus einem Impuls seines Mischlingsblutes als Inka verkleidete. Das vervollständigt die Parallele zwischen dem südlichen und dem nördlichen Helden der südamerikanischen Befreiung. Die beiden Impulse, von denen Bolivar und San Martin getrieben wurden, waren napoleonischer Ehrgeiz und kreolische Rachsucht. Jener führte zur Diktatur, diese zur Befreiung vom spanischen Joch. Diese machte aus ihnen Waffenbrüder, jener ließ sie zu Gegnern werden.

In dem Wettlauf nach Lima war San Martin bisher Sieger geblieben. Als er am 12. Juli 1821 in Lima einzog, feierte Bolivar noch in Valencia seinen Sieg bei Carabobo. Damals war «der Süden» für ihn noch mehr Wunsch als Wirklichkeit. Das Manövrieren um Positionen hatte jedoch schon begonnen, wie die Anwesenheit Sucres in Guayaquil deutlich zeigte. Das Regiment Numancia, dessen Übergang von den Spaniern zu den Unabhängigen ein so wichtiger Faktor bei San Martins Erfolg gewesen war, bestand ausschließlich aus Kolumbianern; trotzdem konnte Sucre es San Martin niemals mit dieser Begründung entreißen, obwohl das Regiment selber, das unzufrieden war, gebeten hatte, man möge es nach Guayaquil schicken. San Martin installierte sich allmählich als Herr von Unterperu. Am 28. Juli 1821 verkündete er die Unabhängigkeit des Landes von Spanien. Zwar schaute er mit einer unheimlichen Gleichgültigkeit zu, wie Canterac im September von der Sierra herabkam, um der spanischen Garnison von Callao Proviant zu bringen, und ließ ihn auch praktisch unbehelligt zurückkehren; aber kaum hatte Canterac den Rücken gewendet, da übergab General La Mar, der kreolische, in spanischen Diensten stehende Kommandant von Callao, Stadt, Hafen und Vorräte an San Martin.

Als Sucre statt des Regiments Numancia ein Expeditionskorps unter dem Kommando von Oberst Santa Cruz erhielt, begann er sofort mit dem Feldzug gegen Quito. Am 23. Januar 1822 überschritt er mit etwa tausend gut ausgebildeten und bewaffneten Soldaten den Guayaquil und stieß am 9. Februar bei Saraguro auf die Vorhut von Santa Cruz, deren Kommandeur der venezolanische Offizier Luis Urdaneta war, ein Vetter des General Urdaneta. Dies war die erste Begegnung zwischen republikanischen Soldaten aus Nord und Süd. Am 14. Februar traf Santa Cruz mit dem Rest seiner Truppe, etwas über neunhundert Mann, dort ein. Sucre blieb einen ganzen Monat dort, teils um seiner ermüdeten Armee Ruhe zu gönnen, teils um auf Bolivars Befehle für den Feldzug zu warten. Diese rieten zur Vorsicht. Da Bolivar, als er den Brief am 6. Januar verfaßte, noch nicht wußte, daß Sucre ein peruanisches Korps besaß, und weil er Pasto immer noch unterschätzte und daher glaubte, er könne in Quito im April von Norden her eindringen, wollte er, daß Sucre es ihm durch einen Angriff von Süden her leichter machte, die begehrte Hauptstadt einzunehmen. Während Sucre in Cuena war, erhielt er am 25. Februar von San Martins Minister Monteagudo einen Befehl, durch den er als Kommandant der verbündeten Armeen abgesetzt wurde.

Das Unheil kam aus Guayaquil. Weil ihn die Lage der Dinge in der Stadt beunruhigte, hatte Bolivar aus Cali am 2. Februar einen scharfen Brief an die Regierung von Guayaquil geschrieben und ihr mitgeteilt, die aus kolumbianischen Soldaten bestehende Division Torres sei auf dem Marsch nach Guayaquil und er selber werde bald folgen. Dann hatte er hinzugesetzt: «Ich schmeichle mir, daß in Ihrer Hauptstadt die Republik Kolumbien ausgerufen wird, noch ehe ich dort eintreffe. Sie müssen sich der Tatsache bewußt sein, daß Guayaquil Teil des kolumbianischen Gebietes ist, daß keine Provinz das Recht hat, sich von einer Zugehörigkeit zu lösen, und daß es wider die Gesetze der Natur und der Politik verstieße, wenn wir zuließen, daß ein zwischen zwei starken Staaten liegendes Land zum Schlachtfeld wird. Ich glaube nicht, daß Kolumbien jemals zulassen wird, daß irgendeine amerikanische Macht auf sein Gebiet übergreift.» Salazar schickte diese Note an San Martin weiter; dieser war damals bereits auf dem Wege nach Guayaquil, und Salazars Meldung erreichte ihn am 20. oder 21. Februar in Huanchaco, einem Hafen in der Provinz Trujillo. Aufgebracht und zornig kehrte er nach Lima zurück und ließ sich von seinem Staatsrat dazu ermächtigen, Kolumbien den Krieg zu erklären. Er begnügte sich dann jedoch mit dem Befehl, daß La Mar als Kommandeur zu den verbündeten Truppen geschickt werde, die Sucre nordwärts gegen Quito führte, und daß Santa Cruz nach Lima zurückkehren solle. Hiervon unterrichtete Santa Cruz Sucre am 29. März. Sucre weigerte sich, ihn ziehen zu lassen, und deutete an, daß er notfalls Gewalt anwenden werde. Inzwischen änderte San Martin jedoch seine Ansicht und schickte Santa Cruz Befehl, er solle in Sucres Armee verbleiben.

Was machte Bolivar? Er war die ersten drei Monate des Jahres 1822 wie ein Eichhörnchen hin und her gesprungen. Unter anderem überschüttete er Santander mit einer Fülle eigens hierfür gefälschter Dokumente, durch die er hoffte, den spanischen Kommandeur veranlassen zu können, er solle ihm gestatten, Quito noch während des Waffenstillstandes einzunehmen. Dabei war er in Wirklichkeit besorgter denn je zuvor. In Cali erließ er eine Proklamation an die Caucaner, die Pastusier und die Quiteñer. Diesen insbesondere widmet er einen Absatz, der seiner Feder nicht zur Ehre gereicht: «Die kolumbianische Garde richtet ihre Schritte zum uralten Tempel des Vaters des Lichtes. Hofft und vertraut! Bald werdet ihr sehen, wie der Regenbogen dem Engel des Sieges auf dem Fuß folgt.» Eine weitere Proklamation, die er in Popayán am 18. Februar erließ, richtete sich an die Patianer, Pastusier und Spanier. Sie enthielt eine Fülle von Versprechungen: «Kein Pastusier braucht auch nur die geringste Angst vor Strafe oder Rache zu haben.» Den Spaniern bot er an, entweder unbehelligt heimzukehren oder Kolumbianer zu werden.

Am 9. Februar wurde Major José Maria Obando, ein Sohn Popayáns, der die spanische Vorhut anführte, fahnenflüchtig und meldete sich bei Bolivar. Grausamkeit und sogar Räuberei hatten ihm einen beklagenswert schlechten Ruf verschafft. Als Bolivar ihm zum erstenmal erblickte, konnte er nicht ahnen, daß ihm der Mann begegnete, der den dunkelsten Schatten auf sein Leben werfen und seinen Tod beschleunigen würde. Obando erzählte ihm, daß die Spanier mindestens dreitausend Schützen und tausend gute Reiter hätten. Das berichtet Bolivar selber, aber entweder übertreibt er oder Obando erheblich. Bolivar erörterte mit seinem neuesten Rekruten, wie er am besten vorrücken sollte, um nicht ebenso zu scheitern wie vor ihm Nariño und Valdés; denn er fürchtete sich vor der Schande, «den ganzen Weg nach Juanambú zu machen und dann ebenso umkehren zu müssen wie alle andern, die denselben Marsch unternommen haben».

Ebendas wurde ihm zuteil. Am 24. März überquerte er den Juanambú bei Burrero. Nach einigen Verhandlungen mit dem spanischen Kommandeur Don Basilio Garcia setzte er seinen Vormarsch fort und besetzte am 6. April Consacá. Garcia hatte südlich der Cariacoschlucht Stellungen bezogen und hatte zur Linken den Rio Guaitara; Bolivar mußte daher kämpfen oder den weiteren Vormarsch nach Los Pastos, seinem Ziel, aufgeben. Obando faßt das Ergebnis des Tages knapp zusammen: «Beide Seiten verloren die Schlacht: wir unsere Truppen, die Spanier das Schlachtfeld.» Ihm zufolge hatte Bolivar mehr als achthundert Tote und über tausend Verwundete.

Danach wurden süßsaure Briefe gewechselt und Verhandlungen begonnen. Bolivar verlangte den Durchmarsch, da er der Sieger sei; Garcia weigerte sich. Schließlich mußte Bolivar auf dem Weg, den er gekommen war, zurückkehren, von royalistischen Truppen verfolgt. Er überquerte abermals den Juanambú, später auch den Mayo, «mit dem bittersten Widerwillen und nahezu gedemütigt», wie er selber sagt. Dann bezog er Stellungen im Gebiet von Patia in der Pfarrei El Trapiche, mehr als zweihundert Kilometer nördlich des Schlachtfeldes. Die Ereignisse und dazu das Klima und die Anstrengung hatten ihn so niedergedrückt, daß er während des Rückzuges auf einer Bahre getragen werden mußte. Dieses Gefecht, als Schlacht bei Bomboná bekannt geworden, wird gewöhnlich als Sieg der Patrioten verzeichnet, war aber in Wirklichkeit eine von Bolivars schlimmsten Niederlagen.

Bolivars Name und Sache wurden jedoch durch Sucres Sieg bei Pichincha gerettet. Am 25. Mai konnte der brillante junge General die Stadt Quito und ihre Forts besetzen, wobei ihm elfhundert Gefangene, vierzehn Geschütze und reiche Vorräte in die Hände fielen. Einige aus Quito entkommene Offiziere brachten die Nachricht von Sucres Sieg nach Pasto. Alsbald entsandte Garcia zwei Offiziere zu Bolivar, den sie in Berruecos antrafen, wo sie am 6. Juni die Kapitulation unterzeichneten – eine Entscheidung, die auf Sucres vergangenem Sieg beruhte und nicht auf Bolivars Sieg, der erst in der Zukunft lag.

Am Tage, nachdem er die Fahne gewechselt hatte, sprach Obando in Popayán mit Bolivar. Nach der Unterhaltung nahm Oberst José Gabriel Pérez, Bolivars Generalsekretär,

Obando mit in sein Büro und sagte ihm: «Wir werden im Triumphzug nach Peru marschieren und die Spanier hinwegfegen; danach werden wir bestimmt den Libertador krönen.» Man könnte diese Geschichte, da Obando sie überlieferte, als Verleumdung abtun; aber derselbe Bolivar hatte in ebendiesem Monat Februar aus ebendiesem Popayán an Santander geschrieben: «Falls Iturbide sich zum Kaiser ausruft, wird das die beste Sache von der Welt sein.» Und dieser selbe Bolivar hatte in El Trapiche drei Monate, nachdem er es vortrefflich gefunden hatte, falls Iturbide sich zum Kaiser ausriefe, ein Dekret erlassen, durch das die Garde des Libertadors auf eine Weise umgestaltet wurde, die offenbar die napoleonische Garde nachahmen sollte: mit General Rafael Urdaneta als Oberbefehlshaber, General Manuel Valdés als dessen Stellvertreter und Kommandeur der Infanteriedivision und General Sucre als Chef des Generalstabes und Kommandeur der Kavalleriebrigade. Und dieser selbe Bolivar, der Obando zufolge in Lima gekrönt werden sollte, hatte so offenkundig die Gewohnheit, seiner Umgebung von der Hoffnung auf einen kaiserlichen Hof à la Napoleon zu sprechen, daß sein naher Freund und Vertrauter Briceño Méndez einem Brief an Santander vom 18. Juli 1821 folgende Nachschrift anfügte: «Dann haben wir jetzt also eine gemeinsame Nichte? Das macht mich sehr glücklich; aber ich bedaure, daß der Pate für die Taufe soviel ausgegeben hat. Ja, wenn unsere Fürstentümer und Herzogtümer nur kämen, so könnten wir uns alles das leisten; aber die sind noch in weiter Ferne!» Und als die Spanier kapitulierten, wartete dieser selbe Bolivar gar nicht ab, bis sie offiziell unterschrieben hatten, sondern ritt nach Pasto weiter, wo er am Stadtrand vom Sekretär des Bischofs von Popayán empfangen wurde. Dieser fragte ihn, welche Ehrungen in solchen Fällen für den Libertador üblich seien; darauf antwortete Bolivar, wenn der Präsident von Kolumbien als Sieger in eine Stadt einziehe, ehre man ihn wie einen römischen Kaiser. Wie lebendig in ihm die Erinnerung an Napoleon war, kann man aus der Antwort an Oberst Garcia schließen, als dieser ihm seinen Degen und Kommandostab überreichen wollte: «Behalten Sie sie, Herr Oberst, denn Sie sind ihrer würdig. Wenn Sie aber nach Spanien zurückkehren, dann erzählen Sie dem König, daß die Nachfahren der Conquistadoren von Neugranada den Löwen von Kastilien gedemütigt haben, da es von den Siegern über den Sieger von Austerlitz verteidigt wurde.» Dann ritt er weiter nach Pasto hinein. Die spanischen Truppen standen auf den Straßen Spalier. Als er die Kirche betrat, ging er unter einem Baldachin – ein Privileg, das die spanische Geistlichkeit gekrönten Häuptern vorbehält.

Diese plötzliche Aufwallung von Monarchismus war die Reaktion seines niedergeschlagenen Geistes auf die Demütigung von Bomboná, die doppelt bitter schmeckte, nachdem er die Nachricht von Sucres Sieg erhalten hatte. Der Brief, den er am 9. Juni 1822 von Pasto aus an Santander schrieb, ist ein trauriges Dokument. Zu Beginn betont er die Bedeutung der Kapitulation, «für uns ein außerordentlich glückliches Ereignis» angesichts der stolzen Wesensart der Pastusier. Weiter widerlegt er die Auffassung (die niemand geäußert hatte), daß «seine Kapitulation» vielleicht dem Sieg bei Pichincha zu verdanken sei, was sicherlich der Fall war. «Verlassen Sie sich darauf, daß es meine Ankündigung war, die sie herbeigeführt hat, denn hier konnte niemand etwas von Sucres Schlacht wissen, die auch erst am Ersten bekannt wurde.» Das stimmte nicht, und Bolivar mußte wissen, daß es nicht stimmte. Die Kapitulation von Quito war in Pasto bekannt, ehe Garcia kapitulierte, ja sie bestimmte ihn gerade zu kapitulieren. «Ich möchte daher nicht, daß der Erfolg meiner Kapitulation Sucre zugeschrieben wird. Erstens bleibt für ihn noch genug Ruhm übrig, und zweitens ist es wahr, sehr wahr, daß sie zur Kapitulation entschlossen waren, ohne von Sucre gehört zu haben. Mir scheint, es dürfte ratsam sein, über unser beider Ruhm einen Artikel für die ‹Gazette› zu schreiben. Sucre hatte mehr Truppen als ich und weniger Gegner. Das Gelände begünstigte ihn nach Anlage und Bewohnern, während wir ganz im Gegensatz dazu mit Teufeln in der Hölle kämpften. Der Sieg von Bomboná ist viel schöner als der von Pichincha. Unsere Verluste waren in beiden Fällen gleich, der Charakter der Hauptgegner aber sehr verschieden. Am Tage der Schlacht selbst errang General Sucre nicht mehr Vorteile als ich, und seine Kapitulation hat ihm nicht mehr Vorteile verschafft, als ich errungen habe; denn wir haben, will man ehrlich sein, das Bollwerk des Südens genommen, während er das Capua unserer Eroberungen genommen hat. Ich glaube, daß man mit ein wenig Feingefühl die Garde hoch ehren kann, ohne daß Sucres Division deshalb Schaden nimmt.»

Mit schöner Bescheidenheit und mit jener Weltklugheit, die schon von Jugend auf sein Handeln ausgezeichnet hat, hatte Sucre darauf verzichtet, die republikanische Begeisterung in Quito zu entfesseln, ehe Bolivar eintraf, um den Lorbeer zu pflücken, den sein junger Kommandeur für ihn gepflanzt hatte. Während die Stadt noch unter Sucres alleinigem Befehl stand, hatte der Stadtrat von Quito beschlossen, auf dem Hügel von Pichincha eine Pyramide mit der Inschrift zu errichten: «Simon Bolivar, dem Engel des Friedens und der amerikanischen Freiheit von den Söhnen Ecuadors» – und im Rathaus eine Büste Bolivars aufzustellen.

Bolivar hielt sich nicht lange in Pasto auf. Garcia hatte ihm nahegelegt, nur durch die Stadt hindurchzuziehen, da den Pastusiern die Kapitulation mißfiel und sie wieder kämpfen wollten. So war er schon am 10. Juni, von einer großen Abteilung Garde begleitet, auf dem Wege nach Quito in Tulcán eingetroffen. Weiter südwärts fand er bessere und aufrichtigere Freunde. Am 13. Juni traf er in Otavalo ein, wo ihn eine Abteilung der Rio de la Plata-Grenadiere als Ehrenwache empfing. Zwei Tage später erreichte er Quito, wo er von den Zivil- und Militärbehörden, der Geistlichkeit und vielen begeisterten Bürgern empfangen wurde. Die Fenster waren mit Teppichen geschmückt, und lächelnde Frauen in ihren schönsten, das heißt spanischsten Kleidern warfen lächelnd Blumen auf den Befreier. Auf dem Marktplatz war eine reich geschmückte Tribüne errichtet worden, auf der sechs Mädchen warteten. Bolivar stieg die Stufen hinauf, gefolgt von Sucre, Salom und andern. Maria Arboleda, eine der jungen Damen, krönte Bolivar mit einem künstlichen Lorbeerkranz, in dem eine Diamantbrosche blitzte; Bolivar dankte ihr, nahm den Kranz ab und drückte ihn Sucre auf die Stirn: «Señorita, diese Krone gebührt dem Sieger von Pichincha!» Die jungen Damen von Quito hatten jedoch an alles gedacht. Maria Arboleda nahm von einem Tablett einen echten Lorbeerkranz und setzte ihn Bolivar mit den Worten auf: «Wenn Sie dem Sieger von Pichincha den künstlichen Lorbeerkranz abgetreten haben, dann bitte ich darum, Ihnen diesen natürlichen Kranz aufsetzen zu dürfen.» Danach krönten die andern Mädchen die übrigen Offiziere auf der Tribüne. Nach diesem Schauspiel begaben sich Bolivar und die Würdenträger in die Kathedrale, wo ein Tedeum gesungen wurde. Während dieses Triumphzuges mag Bolivar wohl geglaubt haben, endlich sei er Gebieter eines Erdteils; aber er blickte zu einem Balkon hinauf, und seine Augen begegneten den Augen von Manuela Sáenz. Der Gebieter des Kontinents war seiner Gebieterin begegnet.

Manuela Sáenz war 1797 in Quito als uneheliche Tochter des Don Simon Sáenz, eines entschieden royalistischen Spaniers, und der Doña Maria de Aizpuru, einer Dame der Gesellschaft von Quito, geboren worden. Eulalia, eine legitime Tochter ihres Vaters, heiratete einen Oidor und zog schließlich nach Spanien. Sie hatte drei eheliche Brüder, von denen einer sich in der Armee der Patrioten auszeichnete, nachdem er vorher eine Weile bei den Royalisten gedient hatte. Manuelita war zwölf, als der erste Aufstand gegen Spanien 1809 die Stadt Quito erschütterte. Ihre Mutter nahm sie mit aufs Land, wo sie so reiten lernte, daß sie später imstande war, im Herrensattel und mit einer Lanze in der Hand während politischer Unruhen in Quito einen Angriff abzuwehren. Nach einigem Hin und Her, wie es die Wechselfälle des Bürgerkrieges mit sich brachten, wurde Manuelita mit Siebzehn zur Erziehung in das Kloster St. Katharina in Quito geschickt. Klöster waren in Südamerika zu jener Zeit keineswegs heilige Stätten. Fausto d'Elhuyar, ein junger spanischer Offizier und Sohn des Wolframentdeckers, brannte mit ihr durch.

Es gab einen Skandal, der sich aber in Grenzen hielt. Doña Maria versuchte die Dinge ins Lot zu bringen und verschaffte dem Mädchen einen vortrefflichen Ehemann in Gestalt des englischen Arztes James Thorne, den das Mädchen 1817 in Quito ohne Liebe und möglicherweise mit einigen Vorbehalten ehelichte. Bald war sie wieder d'Elhuyars Geliebte, und endlich beschloß Thorne, mit seiner Praxis und seinen Sorgen nach Lima überzusiedeln. Er war wohlhabend und konnte mindestens auf beruflichem Gebiet mit sicheren Erfolgen rechnen. Sein peruanisches Leben begann er 1818 in einem ansehnlichen Haus in Lima. Manuela wurde in der glänzenden Hauptstadt rasch Mittelpunkt der Gesellschaft; auch wurde sie die Busenfreundin von Rosita Campuzano, die eine Schönheit aus Guayaquil war und im Rufe stand, die einzige Frau zu sein, die San Martins Herz erweicht hatte. Rosa und Manuela wurden von dem Protektor von Peru beide mit dem Sonnenorden ausgezeichnet. Mittlerweile scheint Manuela ein Leben geführt zu haben, daß selbst Dr. Thorne darüber die Geduld verlor und die junge Frau allein nach Quito zurückschickte. So waren sie und ihr Herz allein, als Bolivar in die Stadt einzog. Sie schenkte sich ihm und, wie das in solchen Fällen die Art der Frauen ist, nahm ihn sich ganz. Aber davon ahnte er noch nichts.

VIERTES KAPITEL

Die Begegnung in Guayaquil

Nicht alles in Quito war Wohlleben und Liebelei. Die politischen Verhältnisse des neu eroberten Landes mußten geordnet werden. Sucre hatte die Begeisterung der Quiteños ausgenutzt und sie veranlaßt, die Vereinigung der früheren Präsidentschaft mit der Republik Kolumbien zu erklären; diese Erklärung, hatte er gesagt, werde der schönste Lohn und Willkommen für den Befreier sein. Vielleicht «mit mehr Begeisterung als Überlegung oder Vorsicht», wie O'Leary schreibt, folgten die Quiteños seinem Rat. Das neue «Departement» der Republik trug den Namen Ecuador und umfaßte die früheren spanischen Provinzen Quito, Cuenca und Loja, die sich alle bereit erklärt hatten, sich Kolumbien anzuschließen, obwohl Bolivar bezweifelte, daß Cuenca und Loja mit den Patrioten eines Herzens waren. Anscheinend hat Bolivar zu jenem Zeitpunkt an eine größere Volksvertretung der südlichen Völker gedacht, die sich feierlich zur Republik bekennen würde, um dann damit auf Guayaquil moralischen Druck auszuüben; Sucre scheint ihm das jedoch ausgeredet zu haben. Bisher war Gewalt der einzige oder doch jedenfalls der wichtigste Faktor gewesen, der zum Anschluß an die Republik wie ja auch zu deren Geburt geführt hatte. In El Trapiche hatte Bolivar einen Brief von San Martin bekommen, der sehr freundschaftlich gehalten war, aber deutlich zu verstehen gab, er möge sich von Guayaquil fernhalten und die Stadt in Ruhe entscheiden lassen, wem sie sich anschließen wolle. Bolivar kam nach Quito bereits mit der Überzeugung, nötigenfalls müsse mit Gewalt erreicht werden, daß San Martin in Guayaquil «die Rechte Kolumbiens» respektiere.

Welche Rechte waren das? Ein Venezolaner umschreibt sie heute folgendermaßen: «Es waren die unbestreitbaren Rechte Kolumbiens, die auf königlichen Cédulas beruhten und bekanntlich seit langem von der Präsidentschaft Quito ausgeübt worden waren.» Ebendiesen Standpunkt vertrat auch Bolivar. So erklärt er in einem amtlichen Schreiben an San Martin vom 22. Juni 1822: «Ich glaube nicht wie Sie, daß man die Abstimmung einer Provinz heranziehen sollte, um die Souveränität einer Nation zu begründen, denn nicht in seinen Teilen, sondern als Ganzes berät das Volk in seinen frei und gesetzmäßig berufenen Versammlungen.» Bolivar glaubte aber diesmal so wenig wie sonst an das, was er selber sagte. Er hatte schon früher an Santander geschrieben: «Die Verhältnisse in Guayaquil erfordern meine und der Garde Anwesenheit; die Stadt befindet sich in einem Chaos von Undankbarkeit und Unaufrichtigkeit. Sucre hat Vollmacht, offen vorzugehen, falls die Herren dort meinen Befehlen trotzen sollten.» «Die Herren dort» waren die frei gewählte Regierung der freien Stadt Guayaquil, deren gewaltsame Entfernung er bereits beschlossen hatte. In seinem Brief an die kolumbianische Regierung, in dem er um Verhaltungsmaßregeln gegenüber Peru und Guayaquil bat, schrieb er: «In dieser Sache bin ich nicht bereit, einem andern Rat zu folgen als dem, den mir die Regierung erteilen mag ... Sollten wir aber glauben, daß wir äußerstenfalls das Recht haben, Gewalt anzuwenden, um Peru in seinen Grenzen zu erhalten und Guayaquil an Kolumbien anzuschließen, so möchte ich als meine Meinung hervorheben, daß solche Gewalt baldmöglichst angewendet werden sollte.» Immerhin empfiehlt er, mit Verhandlungen anzufangen, und versichert nochmals, er wolle die Antwort der Regierung abwarten und vorläufig darauf verzichten, «in dieser überaus ernsten Sache» Gewalt anzuwenden. Die Regierung antwortete, er solle Guayaquil durch Verhandlungen und nötigenfalls durch Gewalt an sich bringen.

Die Junta von Guayaquil fürchtete Bolivars Feindschaft und hatte deshalb La Mar als Unterhändler entsandt. Bolivar traf ihn auf dem Weg nach Guayaquil, nahm ihn herzlich auf, zeigte sich sehr um seine Gesundheit besorgt (La Mar war nämlich krank) und bewilligte gar nichts. Vom 3. bis 6. Juli wartete er in Huaranda auf seine Truppen, ließ dann La Mar in San Miguel zurück und schiffte sich mit seiner Armee am 11. Juli auf dem Guayaquil ein. Noch an demselben Tag zog er um vier Uhr nachmittags in die Stadt ein, in deren oberen Teil er an Land gegangen war. Die Triumphbögen verkündeten: «Dem Blitz im Krieg! Dem Regenbogen im Frieden!» Es war ein farbenreiches Schauspiel, diesmal jedoch mit politischer Absicht; denn die Damen, welche die Fenster schmückten, zeigten je nach ihrer politischen Neigung die kolumbianische Trikolore, das Weiß-Rot Perus oder das Weiß-Blau des unabhängigen Guayaquil. Als die Salven ertönten, strichen die Kanonenboote auf dem Fluß das Weiß-Blau von Guayaquil und setzten die kolumbianische Flagge. «Warum jetzt schon?» fragte Bolivar. Aber nach den Salven wurde die kolumbianische Flagge eingezogen, die Fahne von Guayaquil gesetzt, und die Menge rief: *Viva Guayaquil Independiente!*

Binnen vierundzwanzig Stunden verlangte die kolumbianische Partei im Bewußtsein des Rückhalts, den sie an Bolivars Streitmacht hatte, daß die Junta Guayaquils Anschluß an Kolumbien verkünde. Die Junta weigerte sich; darauf wurde ein ähnliches Ersuchen unmittelbar an Bolivar geschickt. Dieser sandte am 13. Juli einen Adjutanten zur Junta, durch den er erklären ließ, er übernehme die militärische und zivile Gewalt in der Stadt. Salom erließ eine Proklamation, daß Bolivar Stadt und Provinz unter seinen Schutz genommen habe und daß Guayaquil «wie die übrige Nation» die kolumbianische Flagge einführen solle; daß Bolivar die Macht ganz und gar übernommen habe und daß die Behörden ihre Tätigkeit einstellten, aber wie bisher geachtet würden. «Ich hoffe», schrieb Bolivar an Santander, «daß die Wahljunta, die am 28. Juli zusammentreten soll, uns aus diesem Schwebezustand befreien wird. Sie wird uns zweifellos günstig gesinnt sein; sollte sie das jedoch nicht sein . . ., so bin ich entschlossen, nicht zuzulassen . . . usw.»

Als aber dann alles vorüber und Bolivar von seiner Versammlung gewählt worden war, faßte Santander es einem Freunde gegenüber treffend zusammen: «Er verübte einen napoleonischen Staatsstreich à la St. Cloud, schmiß die Junta hinaus, bildete eine neue aus Leuten, auf die er sich verlassen konnte, und Sie werden sehen, daß das Departement beschließt, es wolle sich Kolumbien anschließen.»

Ehe Bolivar sein Vorhaben abschließen konnte, mußte er San Martin loswerden. Der Protektor packte das Problem Guayaquil auf nicht weniger prätorianische Weise an als der Befreier. Mitre, sein bewundernder, aber gerechter Biograph gibt zu, daß zu der Zeit, als Bolivar Guayaquil nahm, «San Martin sich seinerseits anschickte, ein ähnliches Manöver auszuführen». Seine Pläne mußten jedoch aus zwei Gründen scheitern: Er handelte zu langsam und dachte nicht klar genug, während Bolivar blitzschnell und kristallklar war. Was hatte San Martin eigentlich in Guayaquil gewollt? Vielleicht hatte er gehofft, er könne die Wählerschaft zum Anschluß an Peru oder sonst für eine Unabhängigkeit gewinnen, die Guayaquil tatsächlich von Lima abhängig gemacht hätte. Niemand wußte das genau. Bolivar hingegen wußte, daß er Guayaquil für Kolumbien haben wollte, und war entschlossen, es sich so oder so zu nehmen. Was aber die Schnelligkeit angeht, so war Bolivar in dem Augenblick, als San Martin ihm schrieb, er hoffe ihn in Quito zu treffen, bereits dabei, Guayaquil zu nehmen.

Am 24. Juli 1822 feierte Bolivar seinen neununddreißigsten Geburtstag. Am Abend jenes Tages segelte San Martin, ein Mann von vierundzwanzig Jahren, von Krankheit und allzu häufigem Gebrauch morphiumhaltiger Schlafmittel zermürbt, auf die Insel La Puná in der Mündung des Rio Guayaquil zu. Am nächsten Tag empfing er an Bord der «La Prueba», früher ein spanisches, jetzt ein peruanisches Schiff, seine beiden Sendboten, die Generäle Salazar und La Mar, sowie die drei Mitglieder der von Bolivar amtsenthobenen

Junta von Guayaquil. San Martin hatte erwartet, sie würden ihm Guayaquil für Peru aushändigen, empfing sie mit kaum verhülltem Mißfallen und ließ sich von Salazar und La Mar die traurige Geschichte erzählen, wie sich die Lage der Stadt radikal verändert hatte. Demnach war also Bolivar, den er mit Guayaquil in der Tasche in Quito zu treffen gehofft hatte, bereits selber in der Stadt und deren Gebieter. Bolivar verlor übrigens keine Zeit, um dem Ankömmling die Tatsache bekannt zu machen. Er schickte ihm einen Adjutanten mit einem süßsauren Brief, worin er von seiner Befriedigung über den überraschenden Besuch, von seinem Bedauern darüber, daß er keinen angemessenen Empfang vorbereiten konnte, und schließlich von seinem Mißfallen spricht: «Dabei weiß ich gar nicht, ob die Nachricht zutrifft, da ich keine glaubwürdige Mitteilung erhalten habe.» Unter dem Eindruck der Neuigkeiten schickte San Martin zwei Adjutanten zu Bolivar und schlug eine Zusammenkunft an Bord seines Schiffes «Macedonia» vor, um die Bevölkerung nicht aufzuregen. Bolivars Reaktion darauf war bezeichnend. Er schickte ihm nunmehr vier Adjutanten mit einem Brief, worin es heißt: «Wenn Sie nicht in die Stadt kommen, würde ich so schwer daran tragen, als wäre ich in vielen Schlachten besiegt worden. Aber nein, Sie werden mir nicht den Wunsch abschlagen, auf kolumbianischem Boden den vornehmsten Freund meines Herzens und meines Landes zu umarmen.» Da war es heraus. Vielleicht hat San Martin es zweimal lesen müssen. Guayaquil war kolumbianischer Boden, und Bolivar würde San Martins Gastgeber sein. Am Morgen des 26. Juli 1822 begab sich Bolivar an Bord von San Martins Schiff und überzeugte ihn.

San Martin ging an Land und ritt durch ein Doppelspalier kolumbianischer Soldaten in das Haus, das man für ihn hergerichtet hatte. Bolivar trat heraus, um den Besucher zu begrüßen. In der Diele des Hauses erwarteten ihn die von Bolivar ernannten Behörden und die nie versagenden jungen Damen. Eine von ihnen, Carmen Garaycoa, krönte San

Martin mit einem in Gold gefaßten Lorbeerkranz. Aber der Protektor war nicht der Befreier. Er errötete, nahm den Kranz ab und murmelte, daß er das nicht verdiene. Die beiden Männer zogen sich zusammen zurück. Als Bolivar fortging, mußte San Martin auf dem Balkon erscheinen, um den Jubel des Volkes entgegenzunehmen. Dann machte er Bolivar einen Besuch und kehrte zum Mittagessen zurück. Nachmittags geschah nichts, und abends wurde viel getanzt. Am nächsten Tag gab San Martin Befehl, seinen Schoner segelbereit zu machen, und begab sich um ein Uhr zu Bolivar, mit dem er sich vier Stunden lang allein unterhielt. Um fünf Uhr gab es ein Bankett mit vielen Trinksprüchen, dann wieder einen Ball, den Bolivar sehr genoß, während San Martin kühl zuschaute. Um ein Uhr gab er seinem Adjutant ein Zeichen und verschwand, wie vorher mit Bolivar abgesprochen, unbemerkt, um auf sein Schiff zurückzukehren. Der Libertador ist uns zuvorgekommen», sagte er am nächsten Tag zu seinen Adjutanten, und an O'Higgins schrieb er: «Der Libertador ist nicht der Mann, den wir uns vorgestellt hatten.»

Wir können uns die berühmte Konferenz rekonstruieren, weil wir drei von Bolivar diktierte Darstellungen und einen von San Martin geschriebenen Brief besitzen, die recht gut übereinstimmen. Zwei Themengruppen und Faktoren waren miteinander verflochten. Die eine war objektiv: der Zustand eines Erdteils, der in Wehen lag, und die Spannungen, die zwischen seinen einzelnen Teilen bestanden; die andere war subjektiv: die Temperamente und Absichten der beiden Männer. Im Grunde war die Begegnung von Guayaquil ein Duell zwischen der Willenskraft zweier Nachahmer Napoleons. Die Reihenfolge der Ereignisse, der inneren Ereignisse, auf die es ankam, läßt sich aus den Urkunden ablesen. So schreibt Bolivar über San Martin: «Er bestand darauf, daß er sich nach Mendoza zurückziehen wolle und daß er ein versiegeltes Dokument hinterlassen habe, in welchem dem Kongreß sein Rücktritt als Protektor übermittelt werden solle... Bevor er zurücktrete, wolle er jedoch feste Fundamente für die Regierung schaffen; diese solle nicht demokratisch sein, da sich das für Peru nicht eigne, sondern ein unvermählter Prinz solle aus Europa geholt werden, um den Staat zu regieren. Seine Exzellenz[1] antwortete, es schicke sich nicht für Amerika und daher auch nicht für Kolumbien, daß europäische Prinzen herübergeholt würden, denn sie seien für die Masse der Bevölkerung fremde Elemente; S. E. werde sich daher dergleichen nach Möglichkeit widersetzen, doch werde er sich keiner Regierungsform widersetzen, die sich irgendein Staat geben wolle. Der Protektor erwiderte, das Kommen des Prinzen sei einem späteren Zeitpunkt vorbehalten, aber Seine Exzellenz bestand darauf, daß Prinzen überhaupt nicht kommen sollten; S. E. habe es vorgezogen, General Iturbide vorzuschlagen, er solle sich selber krönen, sofern keine Bourbonen, Habsburger oder eine sonstige europäische Dynastie herüberkämen. Der Protektor sagte, es gebe in Peru eine starke Partei von Juristen, die eine Republik wollten, und beklagte sich bitter über den Charakter von Juristen. Es ist anzunehmen, daß eine Monarchie angestrebt wird, in der zunächst ein europäischer Prinz gekrönt wird, aber zweifellos in der Hoffnung, den Thron später an einen Mann abzugeben, der am beliebtesten ist oder über die stärksten Kräfte verfügt. Sofern der Protektor ehrlich spricht, denkt niemand weniger als er an den Thron. Er scheint von den Nachteilen der Macht sehr betroffen zu sein.» Und abermals Bolivar über San Martin: «Er sagt, er wolle nicht König sein, aber eine Demokratie wolle er auch nicht; was er will, ist, daß ein europäischer Prinz in Peru regiere. Ich glaube, dies letzte ist nur pro forma.» Und nun San Martin über Bolivar: «Bolivar und ich zusammen sind zu groß für Peru. Ich habe seine unbedachten Pläne durchschaut. Ich habe begriffen, wie kalt ihn der Ruhm läßt, den ich

[1] Bolivar spricht hier in dem von ihm diktierten Bericht von sich selber.

erringen könnte, wenn ich den Feldzug fortsetzte. Er wird keine Mittel scheuen, so tollkühn sie auch sein mögen, um an der Spitze seiner Truppen in diese Republik [Peru] einzuziehen. Vielleicht wäre ich dann nicht imstande, einen Konflikt zu vermeiden, in den uns das Schicksal stürzen würde. Damit böten wir der Welt einen demütigenden Skandal.»

Das ist eindeutig. Bolivar glaubte nicht, daß San Martin es ehrlich meinte, wenn er für Peru einen europäischen Prinzen befürwortete, obwohl, wenn wir Mosquera glauben wollen, San Martin als erstes Bolivar die Akte des peruanischen Staatsrates vom 21. Dezember 1821 vorlegte, durch die zwei Botschafter beauftragt wurden, mit Hilfe Großbritanniens oder Rußlands einen solchen Prinzen ausfindig zu machen. In Bolivars Augen war dieser europäische Prinz nur ein Vorwand, damit San Martin den Thron für sich selber reservieren konnte. Natürlich gab Bolivar, der fast jedes Jahr einmal unwiderruflich zurücktrat, überhaupt nichts auf San Martins Versicherung, er wolle zurücktreten und sich zurückziehen. Damit hatte Bolivar wohl sicher recht und ebenso damit, daß es San Martins Ehrgeiz war, Herrscher von Peru zu sein, wenngleich nicht unbedingt mit dem Königstitel. Wer aber, wie Mosquera, den Versuch macht, Bolivar als einen Vorkämpfer republikanischer Ideen hinzustellen, irrt sich gründlich. Bolivars eigene Worte beweisen, daß er von dem gleichen Ehrgeiz beseelt war: Er wollte unter dem Titel Libertador Kaiser von Spanisch-Amerika werden. Bolivar fürchtete nicht als Republikaner die Monarchie, sondern als Möchtegernherrscher die Rivalen. Sich auf einen Thron zu setzen, war das Ziel, das alle diese amerikanischen Napoleone verfolgten; da aber Bolivar der intelligenteste von ihnen war, erkannte er, daß er für seine Thronbesteigung einen andern Stil wählen mußte, weil sich der Zeitgeschmack geändert hatte. «Wie verrückt sind diese Herren, die gegen die Tagesmeinung eine Krone verlangen – ohne Verdienst, ohne Talent und ohne Herrschertugenden.»

Daß diese Deutung der Unterredung von Guayaquil richtig ist, beweisen die weiteren Ereignisse. Wären San Martin und Bolivar die Befreier gewesen, als die sie sich ausgaben, so hätten sie sich auf der gemeinsamen Grundlage ihrer gemeinsamen Aufgabe unschwer geeinigt. Die Befreiung Spanisch-Amerikas von der spanischen Herrschaft war ein Unternehmen, das mühelos beider Kräfte beanspruchen konnte, wenn sie Hand in Hand arbeiteten. Aber weil Napoleons Stern am Firmament Südamerikas aufgegangen war, mußte jeder andere Stern mit gleichem Ehrgeiz verblassen. Es hieß Entweder–Oder. San Martin erkannte das nur zu deutlich. Gewiß erklärte er sich bereit, unter Bolivar zu dienen; aber Bolivar nahm das Angebot nicht an, weil er es nicht für aufrichtig hielt. Einen Monat später schrieb San Martin an seinen Rivalen: «Leider bin ich fest davon überzeugt, daß Sie entweder mein Angebot, mit der mir unterstehenden Truppe unter Ihnen zu dienen, nicht für aufrichtig gehalten haben oder daß meine Person Ihnen im Wege ist.» Bolivar hatte trotzdem recht. Selbst wenn San Martin sein Angebot ehrlich gemeint haben sollte, so wäre er nicht imstande gewesen, dem nachzukommen; und Bolivar mußte natürlich San Martins Person als Hindernis betrachten.

Andererseits war San Martin davon überzeugt, Bolivar werde auf Lima marschieren, gleichgültig, was geschähe oder wer dort wäre. Darum schrieb er in demselben Brief: «Mein Entschluß ist endgültig: Auf den 20. nächsten Monats habe ich den ersten peruanischen Kongreß einberufen, und am folgenden Tag werde ich nach Chile abfahren, da ich überzeugt bin, daß meine Gegenwart das einzige ist, was Sie daran hindert, mit Ihrer Armee in Peru einzumarschieren. Es wäre der Gipfel meines Glücks gewesen, wenn ich den Unabhängigkeitskrieg unter dem Befehl eines Generals hätte beenden können, dem Amerika seine Freiheit verdankt. Das Schicksal hat es anders gewollt, und dem muß man sich fügen.» Inzwischen schrieb Bolivar, als er hörte, San Martin habe die Zügel wieder in die Hand genommen, an Santander:

«Ich glaube, San Martin hat die Trense zwischen die Zähne genommen und gedenkt sein Ziel auf dieselbe Weise zu erreichen wie Iturbide, nämlich mit Gewalt. Und damit haben wir auf beiden Flügeln ein Königreich, das so schlimm enden wird, wie es begonnen hat.»

So erzielte die Konferenz von Guayaquil ein Paradoxon, das sich erst mit der Zeit auflösen sollte. Beide Rivalen irrten sich hinsichtlich der allernächsten Absichten des andern, ahnten jedoch richtig, was des andern innerstes Denken und Trachten war. Denn wie sich zeigen wird, zauderte Bolivar zunächst, ob er nach Peru eindringen sollte, und dachte sogar daran, es den Spaniern zu überlassen. San Martin hingegen verließ Guayaquil nicht, wie Bolivar vermutete, um sich auf einen peruanischen Thron zu schwingen, sondern um einen Kampf aufzugeben, den er von vornherein verloren gab. Wie aufschlußreich aber, daß beide Männer die nächste Zukunft des andern eben deshalb falsch beurteilten, weil sie die tiefere Wahrheit im anderen, die mit der eigenen übereinstimmte, nur zu genau erkannten.

An dem Tag, als San Martin Bolivar an Bord seines Schiffes in der Bucht von Guayaquil empfing, wurde sein Kriegs- und Außenminister Bernardo Monteagudo durch einen Volksaufruhr in Lima gestürzt. Monteagudo hatte sich – allerdings mit Wissen San Martins – durch äußerste Grausamkeit und Habgier den Haß der Bevölkerung zugezogen, die sich zudem gegen den ausländischen und monarchischen Charakter von San Martins Regime auflehnte. Unter dem Druck der Kommunalbehörden wurde Monteagudo vier Tage später, am 29. Juli 1822, des Landes verwiesen. Als San Martin am 20. August aus Guayaquil in Lima eintraf, war offenkundig, daß er die Unterstützung der öffentlichen Meinung und sogar seiner eigenen Armee verloren hatte. Als der erste Kongreß am 20. September in Lima zusammentrat, legte er alle zivilen und militärischen Ämter nieder und reiste noch selbigen Abends nach Chile, um in der Ruhmlosigkeit des Privatlebens unterzutauchen. In seiner letzten Botschaft an die Peruaner heißt es: «Es langweilt mich, allenthalben zu hören, daß ich ein Souverän zu werden wünsche.»

In Bolivars Briefen finden sich Anzeichen dafür, daß er um diese Zeit die nach der Besetzung von Städten üblichen weiblichen Abenteuer hatte. Jene Carmen Garaycoa, die auf seinen Vorschlag San Martin gekrönt hatte, wurde seine Freundin, dazu auch ihre Schwestern, doch ist nicht bekannt, wie innig diese Freundschaften waren. Hingegen war in El Garzal, wohin er sich während seines Aufenthalts in Guayaquil zum Arbeiten zurückgezogen hatte, Manuela Sáenz seine ständige Gefährtin. Er litt unter dem Übermaß an Spannungen. So schreibt er am 29. September an Santander, daß er tagelang mit Kopfweh, Erkältung und Furunkeln im Bett gelegen habe, und bittet ihn, er möge das Landhaus bei Bogotá für das einfache Leben eines kranken Mannes vorbereiten: «Ich werde sehr reparaturbedürftig dort ankommen, denn es ist eine lange Reise, und ich bin jetzt schon gar nicht in Ordnung und von Sorgen und Schmerzen zermürbt, die mich nicht schlafen lassen; überhaupt bin ich alt und hinfällig.» Am meisten Sorge machte ihm um jene Zeit seine unbefriedigende Stellung in Venezuela, da er weder seiner plötzlichen Eroberungen noch des endgültigen Schicksals von Peru sicher war.

Ein blutiger Sieg über Pasto und eine beunruhigende Lage in Peru, relativ ruhige Verhältnisse in Neugranada und ein ziemlich ruhmloser und unfruchtbarer Kampf gegen die Spanier in Venezuela, die zuerst von La Torre und später von Morales geführt wurden – so sah das Bild aus, das Bolivar gegen Ende des Jahres 1822 vor Augen hatte. Es war alles andere als rosig. Glücklicherweise trat jedoch in den internationalen Beziehungen des Landes, zu dessen Entstehung er soviel beigetragen hatte, eine fühlbare Besserung ein. Die Vereinigten Staaten nahmen offener denn je zuvor eine wohlwollende Haltung ein. Seit dem August 1819 war Kolumbien in Washington durch den europäischen Spanier

Manuel Torres vertreten worden. Am 20. Februar 1821 überreichte Torres eine Note, durch die die Vereinigten Staaten förmlich ersucht wurden, Kolumbien anzuerkennen. Die amerikanische Regierung antwortete nicht. Er wiederholte dies Ersuchen am 30. November 1821 sowie am 2. und 18. Januar 1822. Außenminister John Quincey Adams entgegnete, die Sache werde erwogen, und setzte vielsagend hinzu, er wäre dankbar, wenn er bald erfahren könnte, daß Puerto Cabello oder Panama kapituliert hätten. Am 8. März leitete Präsident Monroe Torres' Noten dem Kongreß mit einer Botschaft zu, in der er die Anerkennung der neuen Republiken andeutete. Am 23. Mai schickte Quincey Adams eine Note an Torres, in der er ihm mitteilte, Präsident Monroe werde ihn als Geschäftsträger von Kolumbien empfangen.

Spanien konnte darin kaum einen unfreundlichen Schritt sehen, da etwa um dieselbe Zeit Vizekönig Mourgeón von Neugranada Bolivar als «Señor Presidente de Colombia» anredete. Spanien entwickelte sich damals (wie wir heute sagen würden) von links nach ganz links, worüber Frankreich sich besorgt zeigte. Der Kongreß von Verona mußte über eine Intervention in Spanien beraten; während England der Ansicht war, daß die Anerkennung der amerikanischen Republiken nur noch eine Frage der Zeit sei, weigerte sich Wellington im Auftrage Cannings, auf irgendeine Weise bei dem Versuch mitzuwirken, die Revolution gegen Ferdinand aufzuhalten. Canning hatte recht, wenn er darauf hinwies, daß die spanische Linke in Amerika nicht liberal genug war; wenn er sich jedoch weigerte, in Spanien einzugreifen, Frankreich aber die Intervention gestattete, so mußte das unweigerlich in Spanien und damit auch für die spanische Amerikapolitik Folgen haben. Dadurch machte Canning den Bruch zwischen Spanien und Spanisch-Amerika unausweichlich und endgültig. Aber vielleicht wollte er das auch. Jedenfalls wollten das die Londoner Kaufleute.

So war Bolivar gegen Ende 1822 in der Lage eines Mannes,

der erfolgreich einen Berg bestiegen hat und die Höhen überblickt, die noch erklommen werden müssen; der müde Leib verlangt nach Ruhe, aber der Geist ist immer noch frisch und drängt auf neue Unternehmungen. Verschiedene seiner Äußerungen aus dieser Zeit verraten das Bewußtsein, etwas erreicht zu haben, und sogar einen Anflug von Entsagung. «Nichts bleibt mir zu tun übrig, als den Schatz meines Erfolges in Sicherheit zu bringen und ihn an so verborgener Stelle zu verstecken, daß niemand ihn mir rauben kann. Ich meine, daß mir nichts mehr übrigbleibt, als mich zurückzuziehen und zu sterben. Ich verlange wahrhaftig nicht mehr; zum erstenmal habe ich keinen Wunsch mehr und bin mit meinem Schicksal zufrieden.» Er möchte nicht regieren, schreibt er, weil die Verfassung nicht gut sei; «aber selbst wenn man sie änderte, würde ich die Macht nicht übernehmen. Ich möchte nämlich nicht, daß man meine Rückkehr mit meinem Ehrgeiz erkläre, und zudem möchte ich nach zwölf stürmischen Jahren ausruhen. Zwei Drittel meines Lebens sind vorüber, und das Drittel, das mir verbleibt, möchte ich der Sorge um mein Seelenheil widmen; denn ich muß Gott über mein Leben Rechenschaft geben, und ich möchte nicht sterben, ohne meine Rechnung beglichen zu haben. Ich habe das Ende meiner Laufbahn erreicht; nun geht es bergab. Daher muß ich versuchen, mir einen ehrenvollen und sanften Abgang zu verschaffen; denn schaffe ich das nicht selber, so möchte ich gewaltsam hinuntergestoßen werden und dabei alles Errungene verlieren».

Vielleicht waren diese Anwandlungen von Müdigkeit während ihrer kurzen Dauer aufrichtig. Aber alles, was er vorher und nachher geschrieben und getan hat, läßt vermuten, daß selbst dann, wenn sie ehrlich waren, diese Anwandlungen ihm nur als Waffen in seinem verschlagenen Kampf dienten, mit dem er seine größte Leidenschaft, seinen Ehrgeiz, zu befriedigen suchte. So schreibt er an seine Freunde, die Brüder Toro, ganz naiv, nachdem er eben erst sein Verlangen nach Ruhe betont hatte: «Vielleicht wird mich, wenn ich in die Schicht Simon Bolivar zurückgekehrt sein werde, wieder der Wunsch anwandeln, Präsident zu sein. Dann sollte man meiner Laune als Belohnung für geleistete Dienste nachgeben.» Ein merkwürdiger Absatz findet sich in jener Zeit auch noch in einem seiner Briefe an Briceño. «Der ist etwas wert und kann immer gehalten werden», schreibt er bezüglich des Südens. «Ich weiß nicht, wieviel Venezuela wert ist und wie lange es bestehen wird. In Venezuela kann ich jedenfalls nicht mehr tun, als mit meinem Schiff den Sturm auf dem Meer ausreiten und das Risiko auf mich nehmen, daß ich mit meinem Schiff untergehe. Hier auf dem Pazifik hingegen kann ich allenthalben Anker werfen und mein Schiff im besten Hafen und in größter Sicherheit festmachen. Kurzum, dies könnte für mich die rettende Planke sein.» Was hatte er im Sinn? Den aufgehenden Stern seines Rivalen Páez. Caracas hatte erlebt, daß sich eine Partei gegen die Verfassung erhob, eine Partei gegen Bolivar und gegen die Union mit Neugranada. Soublette hatte Bolivar davon berichtet, der das Jahr 1822 mit einem Brief an den Kongreß beendete, worin er verkündete: «Die Verfassung Kolumbiens ist auf zehn Jahre unantastbar. Niemand soll sie ungestraft verletzen, solange noch Blut in meinen Adern rinnt und die Befreier weiterhin meinen Befehlen unterstehen.»

FÜNFTES KAPITEL

Die Versuchung von Peru

Den Anfang des Jahres 1823 verbrachte Bolivar zögernd auf der Schwelle Perus. Auf seine Weisung hin hatte sein dortiger Kommandeur Paz Castillo es geschickt verstanden, alle Versuche abzuwehren, durch die kolumbianische Truppen in peruanische Operationen verwickelt werden sollten. Als man ihm nahelegte, er solle seine Bedingungen schriftlich niederlegen, schraubte Castillo diese so hoch, daß die peruanische Regierung seine Truppe lieber ziehen ließ. Am 8. Januar zogen die Kolumbianer aus Callao in Richtung auf Guayaquil ab und hinterließen «keine allzu freundlichen Erinnerungen».

Bolivar begann die peruanische Expedition mit einem Pessimismus zu betrachten, der ein Ergebnis seiner nüchternen Abwägung spanisch-amerikanischer Mängel war. Er sah, wie die spanische Streitmacht in Peru, die schon zwölftausend Mann stark war, auf zwanzigtausend Mann verstärkt wurde, und schrieb an Santander: «Wir werden nicht in der Lage sein, Peru zurückzuerobern, weil Chile und Argentinien von Bürgerkriegen zerrissen werden, und wir werden von großem Glück sagen können, wenn wir nicht die gleiche verbrecherische Verrücktheit begehen.» Dann enthüllt er seinen neuen Gedanken: Frieden mit Spanien. Darin sieht er zwei Vorteile. Einmal würde künftig ein gesundes Kolumbien von Spanien weniger zu fürchten haben als in seinem jetzigen geschwächten Zustand; zum andern könnte Kolumbien, wenn zwischen ihm und dem Süden ein spanisch besetztes Gebiet läge, sich der Ansteckung durch die südliche Anarchie erwehren. «Behalten wir einen See der Tyrannei zwischen ihnen und uns!» Das hieß auf Ruhm und Ansehen, die Lima verleihen würden, verzichten.

Da er aber wirklich geteilter Meinung war, schrieb er abermals an die peruanische Regierung, um ihr seine Dienste anzubieten. Am 19. Februar entfaltet er vor Santander seine militärischen Pläne. Er möchte in Peru auf einen Schlag sechstausend Mann haben. Er drängt ihn, alles schnell, schnell, schnell zu tun. Selbst Gefangene solle er ihm als Rekruten schicken und dem Schützenregiment sagen, «sie würden als Garnison nach Cuenca geschickt, damit sie nicht desertieren». Geld? Muß mit allen Mitteln aufgebracht werden. Darüber hatte er ihm bereits geschrieben und dabei Ausdrücke gebraucht, die beweisen, wie rücksichtslos und unlogisch er wurde, sobald seine Gedanken an Spanien rührten. «Ich werde für alles aufkommen, denn uns fehlen auf Jahre hinaus die Mittel nicht, wiewohl sie in Blut und Tränen schwimmen werden; denn diesen Leuten fällt das Geben sehr schwer, und noch haben sie die große Grausamkeit der Spanier nicht erduldet.» Wie unlogisch diese Äußerung ist, beweist die Tatsache, daß Pasto zu jener Zeit rücksichtslos «ausgerottet» wurde, weil es Spanien die Treue gehalten hatte.

Quito und Guayaquil beschwerten sich über «die Vernichtung der Industrie, die Störung der öffentlichen Einkünfte und die verhaßten Steuern, die erhoben werden, um die Einkünfte wieder in Ordnung zu bringen. Ein Gutsbesitzer, der früher dreißig Pesos an Viehsteuer zahlte, muß heute an direkten Steuern mindestens dreihundert Pesos zahlen». Sie baten darum, «das gegenwärtige System direkter Steuern solle für beendet erklärt und das alte spanische Finanzwesen wieder eingeführt werden». Bolivar interessierte sich nicht besonders für solche Dinge. Er wollte mit Verwaltungsfragen nicht behelligt werden. Was militärische Ausschreitungen anging, so pflegte er stets wie ein guter Sultan mit dramatischem Gerechtigkeitsgefühl zu reagieren, wann immer ihm ein konkreter Fall zur Kenntnis gebracht wurde. Im übrigen ließ er seine Leute nach Belieben verfahren, denn es war ihm immer wichtig, daß seine Offiziere zufrieden waren, und er wußte nur zu gut, wo die Macht lag. Während seine Unterführer sich um das tägliche Knarren der Staatsmaschine kümmerten, blieb er in seinen Adlerhöhen. «Ich erwarte fast täglich, daß mich eine Mission aus Peru hier aufsucht», schrieb er am 19. Februar, aber nichts geschah. Armero, sein Vertreter in Lima, hatte am 9. Oktober 1822 an Bolivars Sekretär Pérez geschrieben, daß die Junta von Peru es schwierig fände, auf Bolivars Angebot von viertausend Mann einzugehen, weil «ein paar unruhige Elemente und zumal einige Emigranten aus Guayaquil nicht aufhören, Gerüchte über die ehrgeizigen Absichten zu verbreiten, die S. E. hinsichtlich dieses Staates hegen soll». Bolivar schob natürlich alle diese Gerüchte als nur zu wahr beiseite und verließ sich allein auf seine Kraft. Er wollte Peru wegen seiner Hilfsquellen und wegen «des Prestiges einer Hauptstadt wie Lima» haben. Wenn die Kolumbianer Peru hätten, könnten sie einen besseren Frieden aushandeln. «Ich kann Ihnen nicht nachdrücklich genug versichern, wieviel mir daran liegt, Lima und Callao in Besitz zu nehmen; denn aus meinen Händen wird das alles nicht verlorengehen, was bei jenem Haufen jeden Augenblick geschehen kann.»

Diese Worte schrieb Bolivar am 12. März 1823. Zwei Monate vorher war General Alvarado, dem San Martin das Kommando hinterlassen hatte, nach einem außergewöhnlich unfähigen Feldzug von den Generälen Canterac und Jeronimo Valdés bei Torata und Moquegua geschlagen worden. Diese Niederlage wurde in Lima am 4. Februar bekannt und verursachte weniger Niedergeschlagenheit, als man hätte erwarten können; das lag an der verbreiteten Abneigung «gegen alle Kommandeure aus Buenos Aires». Der Kongreß von Lima war übrigens keineswegs schuldlos. Während die Lage sich stetig verschlechterte, hatte er seine Zeit mit törichten Diskussionen vertan; gewaltsam eingetriebene Tribute waren eher die Regel als die Ausnahme, und die Unsicherheit war so groß, daß ehrliche Bürger auf der Reise von Callao nach Lima selbst dann von Dieben überfallen zu werden drohten, wenn sie in Gruppen zu zwanzig reisten. Vergeblich hatte die Armee gejammert, sie wolle besser ausgerüstet werden. Der beste peruanische General, der europäische Spanier Arenales, trug diese Wünsche mehrmals dem Kongreß vor. Als er merkte, daß das Militär unruhig wurde, bat er um seine Entlassung; aber am 14. Januar 1823 wurde dem Kongreß eine von ihm und allen ihm unterstellten Abteilungsführern unterzeichnete Bittschrift vorgelegt, in der Reformen verlangt wurden. Die Nachricht von der Niederlage bei Moquegua verschärfte die Spannung noch. Die Armee, die in Miraflores in der Nähe von Lima zusammengezogen worden war, nahm eine beinahe aufrührerische Haltung ein. Arenales wurde bedrängt, er solle die Führung der Rebellen übernehmen, weigerte sich jedoch, trat zurück und überließ das Kommando seinem Stellvertreter Santa Cruz. Am 26. Februar verlangten die militärischen Führer, die Junta solle die Regierungsgewalt Riva Agüero übergeben, dem Anstifter der Armeerevolte. Während der Kongreß darüber beriet, rückte die Armee auf Lima vor. Am Abend des 27. Februar wurde Agüero vom Kongreß zum Präsidenten der Republik ernannt.

Don José de la Riva Agüero gehörte einer der alten, reichen spanischen Familien in Peru an. Er war am 3. Mai 1783 in Lima geboren und daher fast gleichaltrig mit Bolivar. Schon in seiner frühen Jugend hatte er seine Studien in Madrid aufgegeben, um durch Europa zu ziehen; dabei hatte er Canning Vorschläge für die Unabhängigkeit Spanisch-Amerikas unterbreitet. Er kehrte über Buenos Aires nach Lima zurück und wurde von den spanischen Behörden als Separatist genau beobachtet. Bei den farbigen Massen, die ihm den zärtlichen Spitznamen «Niño Pepito» gaben, erfreute er sich großer Beliebtheit, die er, da sein Ehrgeiz größer war als seine Begabung, auf die gleiche prätorianisch-napoleonische Weise auszunutzen versuchte, die vor ihm schon so viele Nachahmer gefunden hatte. Kaum sah er sich an der Spitze, da ließ er sich zum Großmarschall der republikanischen Armeen ernennen, lehnte den Titel mit theatralischer Geste ab und beugte sich schließlich dem Drängen des Kongresses. Die eigentliche militärische Macht blieb jedoch in Santa Cruz' Händen. Beide Männer befanden sich in einer gefährlichen Lage. Zwar waren die Dinge so gelaufen, wie sie das im Hinblick auf Macht und Amt gewünscht hatten; aber die beiden drückendsten Probleme der neugeborenen Republik – der Mangel an Männern und Mitteln – blieben ungelöst. Inzwischen drohten die Spanier von Süden her anzugreifen, während Bolivar immer noch von Norden her zu helfen drohte. Der Priester Luna Pizarro, Präsident des Kongresses, sagte: «Lassen wir die Anarchie ins Land, so geben wir Bolivar einen Vorwand, bei uns einzudringen. Da ihm das Kriegsglück hold ist, wird es ihm gelingen, für uns die Unabhängigkeit zu erringen. Dafür wird er aber versuchen, unser Despot zu werden und uns wie Sklaven zu beherrschen. Die Ereignisse werden lehren, wie richtig ich prophezeit habe.»

Bolivar brauchte nicht mehr an eine geschlossene Tür zu klopfen. Er wurde gebeten einzutreten. Am 1. März 1823 ernannte Riva Agüero General Don Mariano Portocarrero zum bevollmächtigten Gesandten, damit er mit Bolivar über kolumbianische Hilfe verhandele, und schickte ihn mit einem Brief nach Guayaquil, der voll Lobes war für den «Genius Amerikas» und einen Bündnisvorschlag enthielt. Portocarrero überreichte seinen Vorschlag am 18. März in Guayaquil, und noch selbigen Tages antwortete Bolivar, die Expedition sei schon unterwegs, insgesamt würden sechstausend Mann geschickt werden, und er selber sei bereit, sich nach Peru zu begeben, «wenn es meine Dienste benötigt». Was er im Sinn hatte, kann man einem Brief an Santander vom 29. März entnehmen: «Nichts als eine prächtige Armee mitsamt einer sehr starken Regierung und einem cäsarischen Mann kann den Spaniern Potosi und Cuzco entreißen.»

Darüber, wer dieser cäsarische Mann sein könnte, brauchte niemand Zweifel zu hegen. Der Kapitän der Transporter sagte ihm, wenn er nicht selber nach Peru ginge, hätte es keinen Sinn, immer mehr Truppen dorthin zu schicken. Bolivar dachte mehr und mehr als der Napoleon Amerikas; dabei wirkte die Aussicht auf imperialen und cäsarischen Glanz und auf Lima anstatt Paris zugleich anziehend und abstoßend auf ihn. «Lima führt heute das Leben eines Leichnams, den ein vitaler Geist neu belebt hat», schreibt er. «Die Hoffnung auf mein Kommen hat jenen Leichnam neu belebt. Niemand träumt, niemand glaubt, niemand stellt sich vor, daß Peru ohne mich existieren könne. Ich fürchte, daß meine Feinde sehr mißtrauisch zuschauen werden, wenn ich nach Lima gehe. Es hat einen Bonaparte gegeben, und unser Amerika hat drei Cäsaren gehabt. Diese verderblichen Beispiele schaden heute meinem Ruf, denn kein Mensch will glauben, daß ich, der ich wie jene den Soldatenberuf ausübe, nicht von ihrem verhaßten Ehrgeiz getrieben werde. Meine drei Kollegen San Martin, O'Higgins und Iturbide hat ihr Schicksal bereits ereilt, weil sie die Freiheit nicht geliebt haben; und daher möchte ich nicht ebenso wie sie unter einem stillen Verdacht zu leiden haben. Das Verlangen, dem Krieg in Amerika ein Ende zu bereiten, drängt mich weiter nach Peru, aber ich fühle mich zurückgestoßen, weil mir mein Ruf teuer ist, und daher zaudere ich und beschließe gar nichts.»

Er war aufrichtig hinsichtlich seines inneren Zögerns, nicht jedoch hinsichtlich seiner Entscheidung, die er trotz seinem Zögern schon viel früher getroffen hatte. Er wollte nach Peru. Er traf auch jeden Tag Vorkehrungen dafür. Während er diese Briefe schrieb, waren bereits zwiefältige Verhandlungen über einen Vertrag im Gange, durch den die kolumbianische Mitwirkung an den peruanischen Kriegen festgelegt werden sollte. Ohne die Ratifizierung dieses Vertrages abzuwarten, begann Bolivar damit, die sechstausend Mann zu entsenden. Sie wurden von Valdés geführt, doch sollte Sucre als Chef der diplomatischen Mission ihm noch übergeordnet sein. «Ich gestehe offen», schrieb Bolivar an Riva Agüero, «daß Venezuela keinen Offizier von höherer Qualität und größeren Verdiensten hervorgebracht hat.» Gleichzeitig hält er an seiner ständigen, für ihn so typischen Methode fest und bedrängt Riva Agüero, er möge abwarten und nichts riskieren. «Es wäre töricht, wollten wir unser Waffenglück aufs Spiel setzen, selbst wenn wir noch so heftig auf den Sieg hoffen.» Wenn er «selbst wenn» schrieb, so meinte er «zumal da»; denn insgeheim war er der Ansicht, es dürfe ein Austerlitz nur im Beisein von Napoleon selber geben. Ein Pichincha war genug. Sucre gab er die gleichen Weisungen.

Die beiden Hauptpunkte dieser Instruktionen sind: keine Operationen ohne mich, und mein Kommen durch einen Waffenstillstand mit den Spaniern vorbereiten. Der ihm ganz ergebene Sucre führte seinen Auftrag getreulich aus. Am 14. Mai beschloß der Kongreß von Peru: «Da der Befreier-Präsident von Kolumbien trotz wiederholten Einladungen seitens des Präsidenten von Peru, er möge baldmöglichst unser Gebiet besuchen, die Ermächtigung des kolumbianischen Kongresses abwarten wollte, soll der Präsident von Peru nunmehr den kolumbianischen Kongreß davon unterrichten, daß Peru den glühenden und einmütigen Wunsch hat, die Einladung möge alsbald wirksam werden.» Natürlich versteckte sich Bolivar nur deshalb hinter der Einwilligung seines Kongresses, damit er zu einem ihm zusagenden Zeitpunkt nach Peru kommen konnte. Aber Äußerungen, die er nahen Freunden gegenüber getan hat, beweisen, daß ihn noch ein anderer Faktor beschäftigte. Was mochte das sein? Erinnern wir uns daran, daß er seinerzeit nach Guayaquil geschrieben hatte, er hoffe, die Stadt werde die Republik Kolumbien anerkennen, ehe er dort eintreffe, weil anders er sich im Widerspruch zu kolumbianischem Recht ins Ausland begeben würde; dann begab er sich aber trotzdem schon vorher nach Guayaquil und zwang die widerstrebenden Guayaquilaner – wie Santander schrieb, «ganz wie Napoleon» –, die Anerkennung zu schlucken. Was also hinderte unsern Napoleon, sich nach Peru zu begeben? Die Antwort lautet: Don Quichotte, war dieser doch in Bolivar so lebendig wie in jedem Spanier, ja wie in jedem Mann. Wie Don Quichotte kämpfte Bolivar um seinen Ruhm, und um seinem Ruhm zu dienen, hatte er ihn nach außen in eine Dulcinea projiziert, welche zuerst Venezuela und später Kolumbien war. Es war entscheidend wichtig für Don Quichotte, daß die Welt an Dulcinea glaubte. Ebenso wichtig war es für Bolivar, daß die Welt an Kolumbien glaubte. Daher die etwas aufgeblasene Feierlichkeit seiner amtlichen Ausdrucksweise, seine großartigen Reden an «Parlamente» von dreißig Kongreßabgeordneten, sein «Euer Exzellenz», sein «el señor General Cedeño» oder «el señor Colonel Montilla». Daher auch die feierliche Art, wie er sich abwartend der «Erlaubnis» eines «Kongresses» unterwirft, die ihm in unbewachten Augenblicken jedoch über seine «Achtung vor dem Gesetz» ein Lächeln abnötigt. Bolivar wartet an der Grenze Perus auf Nachricht aus Kolumbien in der gleichen Stimmung, in der Don Quichotte, ehe er mit einer Windmühle oder einem Löwen kämpfte, auf der Straße innehielt, um zu Dulcinea zu beten. Beide wollten nicht daran erinnert werden, daß die Dame ihres Herzens ihre eigene Erfindung war.

Der peruanische Kongreß, der sich noch 1822 Bolivars Kommen keineswegs glühend gewünscht hatte, war jetzt um so mehr darauf aus, weil er auf diese Weise Riva Agüero loszuwerden hoffte – nach dem Rezept des spanischen Sprichworts, daß ein Nagel den andern austreibt. Riva Agüero, der noch bis zum April Bolivar herbeigesehnt hatte, war jetzt aus demselben Grunde eher abgeneigt. Aber die öffentliche Meinung in Lima begünstigte Bolivars Kommen, und schon Ende Mai war dieser Punkt in Sucres Instruktionen erledigt. Heikler waren die Verhandlungen mit Spanien. Sucre begann am 22. Mai bei der peruanischen Regierung zu sondieren. Als er feststellte, daß diese zwar hinsichtlich der Ergebnisse skeptisch war, aber gegen die Eröffnung von Verhandlungen nichts einzuwenden hatte, schrieb er am

27. Mai an Laserna und lenkte seine Aufmerksamkeit auf den Stand der Dinge in Spanien, wo eine Intervention der europäischen Mächte drohte. Dann schlug er einen Waffenstillstand und «die Regulierung des Krieges» vor. Mit dem Vorschlag eines Waffenstillstandes wollte er nur Zeit gewinnen, und die Regulierung des Krieges war bloße Propaganda. Nur wenige Wochen später entfesselte Bolivar, wie gleich zu berichten sein wird, den wildesten Vernichtungskrieg in Pasto. Er dachte an einen sechs Jahre währenden Waffenstillstand mit Spanien und meinte, bis dahin würden die Unabhängigen genügend Kräfte gesammelt haben, um den Sieg sicherzustellen. Laserna antwortete, er könne lediglich auf der Grundlage verhandeln, daß die spanische Autorität anerkannt werde, «denn ich bin bisher nicht ermächtigt, eine abtrünnige Regierung anzuerkennen». Weiter wies er darauf hin, daß Ruhe und Ordnung nur in den von der spanischen Armee besetzten Gebieten herrschten, und versicherte, daß er, was die Kriegführung angehe, niemals gegen die Regeln von «Freiheit und Menschlichkeit» verstoßen habe. Es gelang Sucre nicht, ein Schriftstück zu unterzeichnen; was aber den Zeitgewinn anging, so verschafften ihm die Spanier diesen ganz ohne sein Zutun.

Als Bolivar die Nachricht von Iturbides Sturz erhielt, schrieb er an Santander: «Das Ergebnis in den Fällen Iturbide, San Martin und O'Higgins beweist nur, was ich tausendmal schon über den elenden Wahn gesagt habe, die Macht um jeden Preis zu erringen. Weil ich noch mehr Macht fürchte, habe ich wenig Neigung, nach Peru zu gehen.» Das klingt sehr schön, doch ist es der Auftakt zu überraschenden Enthüllungen: «Ich versuche hier im Lande [Guayaquil] drei Bataillone aufzustellen, doch wird es nichts nützen; verlegt man nämlich eine Einheit von einem Ort zum andern, so laufen sie alle weg. Die meisten Rekruten, die nach Lima geschickt werden, haben Frau und Kinder ... Ich habe meine letzte Energie aufgeboten, um Männer und Geld für die

Expedition nach Peru aufzubringen. Immer wird Gewalt auf Gewalt getürmt. Das Land und die Städte sind verwüstet worden, um dreitausend Mann und zweihunderttausend Pesos zusammenzukratzen. Ich weiß am allerbesten, wieviel Gewalt vermag, und insoweit ist alles getan worden. In Quito und Guayaquil haben wir auf den Straßen und in den Kirchen jeden einzelnen Mann als Rekrut eingezogen. Geld haben wir mit vorgehaltenem Bajonett erpreßt.» In einem späteren Brief vom 29. April schreibt er: «Neulich gab es einen fürchterlichen Skandal in Quito, weil wir ein paar Mann für das Bataillon Bogotá zu holen versuchten; das Ergebnis war, daß mehr als fünfzehn oder sechzehn Menschen getötet wurden. Salom führte den Befehl. Welch ein Volk! An einem andern Tage war es ganz ähnlich, wenngleich etwas weniger ernst und weniger oder keine Toten.»

Vor diesem Hintergrund muß man seine Bekenntnisse zum Liberalismus lesen. Dabei war sein Liberalismus nicht durchweg unaufrichtig. Er litt insoweit fast an Bewußtseinsspaltung. Sein liberaler Himmel wurde nur oft gerötet von den flammenden, verheerenden Vulkanausbrüchen seiner ehrgeizigen Seele. Es mußte ihm immer wieder bewußt werden, daß er sich den Namen Libertador erwählt hatte, wenn er über die unglücklichen Völker, die er befreit hatte, Gewalt, Erpressung und militärische Unterdrückung verhängte, wie sie dergleichen vor ihrer Befreiung nie gekannt hatten. Und weshalb? Er verrät es uns in ebendiesem Brief. Er sagt, er bekomme ständig Aufforderungen, nach Peru zu gehen. «Ich weiß nicht, wie ich es in dieser Stadt auch nur noch eine Minute aushalte. Einerseits ruft mich das öffentliche Wohl, andererseits mein Ruhm und überhaupt alles dorthin. Kurzum, die Versuchung ist stark, und ich könnte unfähig sein, ihr zu widerstehen, falls Gott nicht seine Hand über mich hält. Was mich nach Peru zieht, ist so mächtig, daß ich nicht weiß, wie ich mich noch länger zurückhalten soll.»

Von Guayaquil aus mußte Bolivar den Kontinent weit nach Norden und nach Süden im Auge behalten. Morales'

Treiben in Maracaibo beunruhigte ihn ständig, und die Schlagkraft der spanischen Armee (die er überschätzte), ließ ihn nachts nicht schlafen. Den Frühling verbrachte er damit, über Operationen in Peru zu diskutieren, und schrieb am 5. Mai von Quito aus an Sucre: «Ich werde alsbald folgen, um die Leitung dieser Operationen zu übernehmen, und werde nach Arequipa gehen, oder wo die Truppen nun sein mögen.» Am Schluß des Briefes setzt er jedoch hinzu: «Falls Gott es nicht mit einem unvorhergesehenen Ereignis verhindert.»

Das Ereignis trat ein: Pasto erhob sich abermals. Allerdings hätte man das voraussehen müssen. Salom war absichtlich in Pasto zurückgelassen worden, um die Bewohner zu unterdrücken. Sucre hatte das in einem Brief an Santander vom 27. Dezember 1822 deutlich zu verstehen gegeben: «General Salom bleibt dort und wird schon wissen, wie wir zu unserm Recht kommen, wenn man bedenkt, welche Bedingungen die Republik Pasto früher gewährt hatte... Salom versteht sich sehr gut auf diese Dinge.» Das tat er. Beschlagnahmen, Ausweisungen, Zwangsrekrutierung, Hinrichtungen ohne Gericht und unter abstoßenden Begleitumständen – vor nichts scheute er zurück. So war es kaum erstaunlich, daß die Pastusianer solche Tyrannei abzuschütteln versuchten. Einige von denen, die sich, wie O'Leary berichtet, «in den Wäldern und auf unzugänglichen Bergen versteckt hatten, bewaffneten sich mit Knüppeln, Spießen und was sie an Waffen auftreiben konnten», und rückten unter dem «verschlagenen und tapfern» Indianer Agualongo gegen ihre Stadt heran. «Fast alle Einheimischen waren seine Parteigänger», schreibt O'Leary weiter. Der venezolanische Oberst Flores, der damals Kommandant von Pasto war, wurde von der improvisierten Armee bei Catambuco schwer geschlagen; dasselbe widerfuhr später Salom selber bei El Puntal. Agualongo teilte dem Cabildo von Otavalo mit, der Aufruhr sei die Folge «der berüchtigten verheerenden Übel, die diesem treuen Volk von Kolumbien zugefügt werden – die ständigen Diebstähle, Morde und wüsten Gewalttaten, das Niederbrennen vieler Häuser, Landgüter und drei ganzer Dörfer». Bolivar sammelte Truppen gegen die Aufständischen und holte sogar die Genesenden aus den Lazaretten. Er übernahm selber die Führung. Seine Geistesverfassung verriet er in einer Proklamation, die er am 28. Juni 1823 an die Bürger von Quito richtete: «Das nichtswürdige Pasto hat abermals sein verhaßtes, aufsässiges Haupt erhoben, aber dieses Haupt soll für immer abgehauen werden ... Dies wird das letzte Mal in Pastos Leben sein. Es wird aus dem Katalog der Völker verschwinden, es sei denn, seine scheußlichen Bewohner strecken ohne einen Schuß ihre Waffen vor Kolumbien.»

Mit zweitausend Mann, darunter etwas Kavallerie und vier Geschütze, brach er von Quito auf. Am 16. Juli schlug Bolivar Agualongo bei Ibarra in einem ungleichen Kampf – ungleich an Zahl und Bewaffnung. Restrepo berichtet: «Achthundert Pastusianer blieben tot auf dem Schlachtfeld, denn Pardon wurde nicht gegeben.» Das ist eine schwarze Seite in der Geschichte Bolivars. Sein Benehmen nach der Schlacht war so blutrünstig, daß selbst seine getreuesten Chronisten sich angesichts des wahllosen, andauernden Blutvergießens entsetzt abwenden. Seine Weisungen an Salom bedeuteten nichts anderes, als daß die Bevölkerung auszurotten und durch andere Siedler zu ersetzen sei. Kein Metallgegenstand sollte in dem Gebiet erlaubt sein. Alle Männer, die sich stellten, sollten nach Guayaquil geschickt werden, wer sich nicht meldete, war zu erschießen. Alle Familienangehörigen sollten gleichfalls nach Guayaquil gebracht werden. Salom führte die Instruktionen unerbittlich aus. Dieses Vorgehen führte dazu, daß Pasto für den Rest des Jahres im Zustand ständigen Aufruhrs verharrte. Bolivar verließ jedoch die Gegend und kehrte nach Quito zurück, wo er am 31. Juli eintraf. Die Ereignisse in Pasto hatten ihm tiefen Eindruck gemacht. Er berief die Honoratioren von Quito zusammen mit der Gemeindevertretung zu einer Sitzung ein und ließ zwei Ausschüsse wählen. Der eine sollte alle Personen bezeichnen, die wegen ihrer prospanischen Haltung bekannt waren; sie sollten aus Kolumbien ausgewiesen, nicht jedoch ihres Eigentums beraubt werden. Der andere Ausschuß sollte diejenigen Personen in Ecuador namhaft machen, die monatlich fünfundzwanzigtausend Pesos aufzubringen hätten, um die Garnisonen zu unterhalten. Nachdem das geschehen war, reiste er nach Guayaquil ab.

SECHSTES KAPITEL

Bolivars Einzug in Lima

Während Bolivar den Aufruhr in Pasto unterdrückte, hatte die Lage in Peru eine dramatische Wendung genommen. Sucres Berichten aus Lima zufolge war die Lage keineswegs befriedigend. Auf eine Weise, die keinen von beiden als besonders eifrig oder aufrichtig erscheinen ließ, schoben sich jetzt Kongreß und Regierung die Ehre zu, Bolivar offiziell einzuladen. Die Chilenen gehörten zu Bolivars Partei, die Argentinier waren gegen ihn. Dieser Gegensatz war mindestens teilweise ein Nachklang des Streites zwischen San Martin und Bolivar. Niemand glaubte, daß Peru ohne Bolivar gerettet werden könne; aber ihn kommen zu lassen, war riskant, da er sich veranlaßt fühlen könnte, die volle Macht zu übernehmen oder seinen Ruf in einem Feldzug gegen die immer noch ansehnlichen spanischen Streitkräfte aufs Spiel zu setzen.

An diesem Punkt tauchten die Spanier wieder auf. Zwischen dem Vizekönig und Canterac war es zu einem ernsten Zerwürfnis über einige Truppen gekommen, die La Serna in Huamanga belassen, Canterac jedoch nach Lima führen wollte; schließlich setzte Canterac seinen Willen durch und kam mit siebentausend Mann an die Küste herunter. Es folgte eine wahre Völkerwanderung nach Callao, und ein Kriegsrat beschloß, Lima aufzugeben. Sucre wurde abermals der Oberbefehl angeboten, den er diesmal annahm. Am 16. Juni bezog Canterac in Lurin nahe bei Lima Stellung und marschierte am 18. Juni unter «offenem Beifall und schweigendem Einverständnis» in die Stadt ein. Der spanische General (der allerdings Franzose war) «traf auf offene Arme und eine zu seinen Gunsten gestimmte öffentliche Meinung». Um so seltsamer ist, was freilich nicht bezweifelt werden kann, daß er verlangte, ihm müßten binnen drei Tagen drei Millionen Pesos und dreitausend Gewehre geliefert werden, andernfalls er die

Stadt in Brand stecken würde. Der Cabildo erwiderte darauf, dann würden drei- bis vierhundert spanische Gefangene, welche die Unabhängigen in Callao festhielten, geköpft werden.

Hierfür verbürgt sich Sucre, der sich mit seinen dreitausendsiebenhundert Mann in Callao eingeschlossen hatte und völlig in eine Intrige gegen Riva Agüero verstrickt war. Der Kongreß trat in Callao zusammen und beschloß, abermals eine Abordnung zu Bolivar zu entsenden und ihn aufs neue nach Peru einzuladen; ferner sollte Sucre diktatorische Gewalt verliehen werden, während Kongreß und Präsident nach Trujillo übersiedelten. Sucre nahm seinen Erfolg mit einem Höchstmaß an Geschicklichkeit und Bescheidenheit auf und beschränkte seine Vollmachten sorgfältig auf seinen militärischen Pflichtenkreis. Der Kongreß ließ jedoch von seinem Angriff auf Riva Agüero nicht ab, sondern erweiterte am 21. Juni noch Sucres Würden und Befugnisse und beschloß einen Tag später, daß der Präsident «die Ausübung seiner Funktionen in allen Gebieten ruhen läßt, in denen Krieg geführt wird». Am 23. Juni schließlich setzte er den Präsidenten ab und verwies ihn des Landes. Sucre schloß mit Riva Agüero ein Abkommen, demzufolge der Präsident nach Trujillo abreisen und Jauja mit peruanischen Truppen besetzen sollte, um Callao auf dem Seewege mit Nahrungsmitteln, Geld und neuen Truppen zu versorgen; Sucre hingegen wollte sich in den inneren Streitigkeiten Perus neutral verhalten und Riva Agüero als Präsidenten anerkennen.

Canterac betrachtete die Vorgänge von einem friedlichen und freundlichen Lima aus, wo, wie ein chilenischer Historiker schreibt, «Angehörige aller Schichten mit dem Feind [d. h. den Spaniern] sympathisierten. Es gab Richter, Beamte und Kongreßmitglieder, die zu der Königsstandarte übergingen und damit ein beklagenswertes Beispiel gaben, dem später viele Leute folgen sollten». Aber der spanische Kommandeur empfand die Gesamtlage als unbehaglich. Erst als er bereits in Huarachirá war, hatte er von der Existenz von

Sucres Armee erfahren, und die Nachricht, daß Santa Cruz nach Oberperu vordringe, ließ ihn reichlich spät einsehen, daß der Vizekönig recht gehabt hatte, als er sich dem Abzug der Truppen aus Huamanga widersetzt hatte. Wenn Santa Cruz und sein Stabschef Gamarra weniger darauf bedacht gewesen wären, sich militärische Herrschaftsbereiche zu erobern, als die Spanier zu besiegen, so wäre es vielleicht damals schon mit der spanischen Herrschaft in der Neuen Welt zu Ende gewesen. Weil ihn diese Möglichkeit (die Santa Cruz freilich ungenutzt verstreichen lassen sollte) beunruhigte, schickte Canterac am 5. Juli Valdés mit einer Division aus drei Infanterieregimentern, einigen Reitern und etwas Artillerie zum Vizekönig zurück und verließ am 16. Juli selber Lima, «begleitet von einer großen Menge, die ihnen folgte, um ihr Schicksal zu teilen».

Sucre hatte keine Zeit verloren. Er hatte seine Truppe darauf vorbereitet, Santa Cruz zu verstärken. Er zögerte jedoch, weil er Santa Cruz mißtraute und die Lage in Lima nicht sehr vertrauenerweckend fand. Schließlich segelte er am 19. Juli südwärts, mußte aber feststellen, daß Santa Cruz seine Verstärkung ablehnte. Dieser fing seinen Feldzug jedoch falsch an. Sucre hatte zwar Zeit verloren, aber viel darüber gelernt, wie schwierig es ist, Truppen von Verbündeten zu befehligen. In Lima und Trujillo herrschte Anarchie. Als Riva Agüero vom Kongreß abgesetzt wurde, hatte er sich zuerst gefügt, dann aber den Beschluß mißachtet und einen Boten zu Santa Cruz geschickt, der diesen aufforderte, zu seiner Truppe zurückzukehren. Als dieser Bote Orbegoso in Arica ankam, hörte er von Santa Cruz' Scheitern. Die Armeeführer beschlossen, San Martin zurückzurufen. San Martin weigerte sich. Zwar war er darauf bedacht, nicht Bolivar als Retter zu empfehlen, sondern riet, man solle die Autorität des Kongresses ehrlich anerkennen. Inzwischen hatte Riva Agüero in Trujillo den Kongreß aufgelöst, während der Kongreß in Lima Riva Agüero abgesetzt hatte. Sucre hatte in Lima Torre-Tagle nominell das politische

Kommando und Manuel Valdés de facto das militärische Kommando überlassen; da er jedoch Riva Agüero «anerkannt» hatte, sollte Torre-Tagles Vollmacht erlöschen, sobald Riva Agüero zurückkehrte. Torre-Tagle hatte diese Bedingung in den Wind geschlagen, den Kongreß «mit großen Geldbeträgen aus dem Staatsschatz» gekauft und sich selber am 8. August 1823 zum Präsidenten und Vater des Vaterlandes gemacht. Als San Martin im fernen Mendoza vernahm, daß Torre-Tagle Präsident von Peru geworden sei, rief er aus: «Ich glaube, die ganze Macht des höchsten Wesens genügt nicht, um dieses unglückliche Land zu befreien; nur Bolivar kann es, gestützt auf Waffengewalt, erreichen.» Als Riva Agüero in scharfen Worten protestierte, ernannte der Kongreß Torre-Tagle zum Präsidenten der Republik. Torre-Tagle erklärte Riva Agüero zum Verräter und verfügte, jeder Bürger mache sich verdient, der ihn tot oder lebendig festnähme. Sucre war abwesend, und Manuel Valdés war eben nicht Sucre. Er schickte Riva Agüero einen Brief, der gut gemeint war, aber spielte darin mit der Macht Kolumbiens und drohte dem abgesetzten Präsidenten mit Bolivars Feindschaft auf eine Weise, die sich Sucre niemals hätte einfallen lassen. Riva Agüero war wütend. Ein Zambo, der Sergeant Velarde, der nach Trujillo gekommen war, um ihn zu bespitzeln, wurde verhaftet, augenscheinlich grundlos angeklagt, er habe Riva Agüero ermorden wollen, verurteilt und hingerichtet.

Am 1. September 1823 wurde Bolivar in Callao empfangen. Nachdem ihm der Kongreß am nächsten Tage die notwendigen Vollmachten verliehen hatte, schickte Bolivar sich an, Riva Agüero loszuwerden. Er schrieb einen Brief, der einer Aufforderung zu kapitulieren gleichkam. «Der Kongreß», so erklärte er ihm, «repräsentiert die Nation und ist die eigentliche Quelle Ihrer Macht. Ihn können Sie nicht auflösen, und ungehorsam dürfen Sie nicht sein.» Dann sehr bezeichnend: «Bonaparte in Europa und Iturbide in Amerika sind, jeder auf seine Art, die beiden erstaunlichsten Männer, welche die moderne Geschichte aufweist.» Keiner von beiden, so fährt er fort, hätte ihren Untergang verhindern können, weil beide das politische Verbrechen begingen, «den Tempel der Gesetze und das Allerheiligste der Rechte der Gesellschaft zu entweihen». Dann schildert Bolivar die Vorgänge in Trujillo als «den dunkelsten Fleck auf dem Schild der Revolution» und teilt Riva Agüero kurz und bündig mit: «Unter keinen Umständen werden Sie oder Ihre Freunde über Lima herrschen, denn wir alle rüsten uns zur Verteidigung Perus.» Gleichwohl bot er ihm seine Freundschaft an und entsandte zwei Unterhändler zu ihm.

An demselben 4. September befragte der Kongreß Bolivar, welche Befugnisse er benötige. Für ihn stand die Antwort fest: Alle. Er war jedoch weitaus vorsichtiger als jene beiden «erstaunlichen» Versager. Seine Antwort war beredt und nobel. Er schrieb am 5. September einen Brief, worin er erklärte, er sei gekommen, «um das einzige Ziel meines Lebens, den amerikanischen Krieg», zu erreichen. Wiederum schlägt er die amerikanische Note an, da er sich nun anschickt, Lima zu betreten, die wahre Hauptstadt Spanisch-Amerikas. Weiter betont er seine Abneigung gegen Regierungsaufgaben und versichert, sein Angebot an Peru beschränke sich auf «die Verwendung meines Degens». Fünf Tage später bewilligte ihm der Kongreß, was er erwartet hatte: «Die oberste Militärgewalt im gesamten Gebiet der Republik, soweit es die gegenwärtige Lage erfordert», und dazu «eine diktatorische politische Befugnis». Ferner bewilligte ihm der Kongreß ein Gehalt von fünfzigtausend Pesos, das er ablehnte, und eine Leibgarde. Diese war eine improvisierte Angelegenheit, und ihr Motto: «Für den Kongreß sterben» kann Bolivar kaum zugesagt haben; er gab sie an Torre-Tagle weiter und empfahl, aus der Garde eine erfahrene Truppe für kommende Feldzüge zu machen.

Lima war jedoch eine leichtlebige Stadt und sehnte sich nach buntem Gepränge. So schritt Bolivar am 13. September mit Torre-Tagle und allen andern zivilen, militärischen und kirchlichen Würdenträgern, die eine prächtige Uniform besaßen, durch die mit Blumen, Teppichen und schönen Frauen geschmückten Straßen zum Kongreß, «um die Souveränität der Nation anzuerkennen und zu bekunden, daß er sich ihr unterwerfe». Unter wildestem Jubel erklärte Bolivar: «Die Befreiersoldaten werden nicht in ihr Vaterland zurückkehren, wenn sie sich nicht mit Lorbeer bedecken und als Siegesbeute die Fahnen Kastiliens mitführen. Sie werden siegen und Peru frei zurücklassen – oder sterben.» Als dann der Präsident nicht weniger beredt geantwortet und Bolivar abermals «ein freies und souveränes Peru» versprochen hatte, erhob sich ein Kongreßmitglied zu einer Rede: «Der wahre Tag unserer Freiheit ist gekommen. Sollte der ruhmreiche Befreier Kolumbiens, sollte der unsterbliche Simon Bolivar uns hintergehen, so würden wir für immer darauf verzichten, mit Menschen zu verhandeln.» Dann gab es ein Bankett und Trinksprüche. Da niemand des entschwundenen Protektors gedachte, erhob sich Bolivar, um auf die Ehre seines ehemaligen Rivalen zu trinken – eine typische Geste seiner ritterlichen Art –, und erhob sich später abermals mit dem Glas in der Hand und trank darauf, «daß die Völker Amerikas es niemals zulassen mögen, daß irgendwo in ihrem Gebiet ein Thron errichtet werde; und daß, wie Napoleon in der Unendlichkeit des Ozeans versank und der neue Kaiser Iturbide in Mexiko gestürzt wurde, so auch alle Usurpatoren des amerikanischen Volkes fallen und nicht ein einziger in der ganzen Neuen Welt triumphierend überleben möge». Niemand war da, der gesagt hätte: Mich dünkt, Bolivar leugnet allzuviel.

Inzwischen wurde er seinen Rivalen los, wobei ihm Riva Agüero noch half, ohne daß ihm das bewußt wurde. Dieser hatte zum zweitenmal an San Martin zu appellieren versucht, der jedoch merkte, was gespielt wurde, und empört antwortete: «Wie können Sie sich einbilden, daß General San Martin seine Dienste jemals einem Privatmann anbieten würde, geschweige denn einem so verächtlichen Mann wie Ihnen?» Darauf schickte er einen andern Boten an seine Helfershelfer Santa Cruz, Gamarra und Guise; aber inzwischen waren Santa Cruz' und Gamarras Armeen verschwunden, während Sucres Armee immer noch vorhanden war; daher vollzogen die beiden Oberperuaner eine Schwenkung zu Torre-Tagle hinüber, und Admiral Guise folgte ihnen. So blieb Riva Agüero nichts weiter übrig, als mit den Spaniern zu verhandeln. Wenn er das tat, beging er keine größere Sünde als jeder andere Führer der Unabhängigen, der früher oder später diesen Ausweg erprobt hatte, beispielsweise Iturbide, Bolivar, San Martin, Sucre und, gerade zu jenem Zeitpunkt, Rivadavia in Buenos Aires. Riva Agüero schickte Oberst Don Remigio Silva zum Vizekönig und gab ihm Weisung mit, er solle über einen Waffenstillstand von achtzehn Monaten verhandeln, während dessen ein dauerhafter Friede mit Spanien geschlossen werden sollte. In einer besonderen Klausel erklärte sich die peruanische Regierung bereit, «die Hilfstruppen, die sich in Lima und Callao befinden, fortzuschicken; sollten sich deren Führer widersetzen, «so werden die spanische und die peruanische Armee sie gemeinsam mit Gewalt zwingen, das Land zu räumen». Der Vizekönig erklärte sich in seiner Antwort vom 12. Oktober 1823 zu Verhandlungen bereit, obwohl er, wie er betonte, militärisch stärker war. Diese Antwort wurde von einer Vorhut der Patrioten abgefangen und Bolivar überbracht. Das ist jedenfalls die amtliche Darstellung. Bedford Wilson jedoch, der zu den Getreuesten in Bolivars innerstem Kreis zählte, berichtet, daß diese Papiere von Bolivar für spätere Verwendung gefälscht worden seien.

Intensive Verhandlungen folgten, bis der erzürnte Kongreß Bolivar ermächtigte, mit Gewalt gegen Riva Agüero vorzugehen. Bolivar schickte ihm ein Ultimatum. Als Antwort schickte ihm Riva Agüero einen seiner Kommandeure, Don Antonio Gutiérrez de la Fuente. Als dieser in Bolivars

Arbeitszimmer eintraf, legte ihm jener die Beweise für Riva Agüeros Verrat vor, die er für diesen Zweck vorbereitet hatte; daraufhin ging La Fuente zu ihm über. Die Verhandlungen dauerten an, während Bolivar seine Truppen sammelte. Dann schlug er zu. Am 16. November erließ er von Supe aus eine Proklamation, in der er erklärte: «Die Souveränität des Volkes ist in Peru von einem Sohn des Landes, einem Majestätsverbrecher, mit Füßen getreten worden.» Dann forderte er seine Soldaten auf zu marschieren, um «das Ungeheuer Riva Agüero» zu bestrafen. Am 25. November nahm La Fuente in Trujillo Riva Agüero zusammen mit Herrera und vier anderen «Mittätern» gefangen. Für diese Tat wurde er zum Brigadegeneral befördert. Am 1. Dezember erhielt La Fuente von Berindoaga, der Torre-Tagles (und daher Bolivars) Kriegsminister war, den Befehl, Riva Agüero und seine fünf Gefährten sofort «an geheimem Ort und ohne jegliche Formalitäten» zu erschießen. La Fuente weigerte sich und schickte Riva Agüero an Bord eines amerikanischen Schiffes nach Huanchaco. Der gestürzte Präsident glaubte, er segele nach Kalifornien. Zu seiner Enttäuschung wurde er in Guayaquil an Land gesetzt und ins Gefängnis geworfen. Die andern fünf Männer wurden freigelassen. Bolivar war wütend.

Endlich war Bolivar Herr im eigenen Hause und konnte nun die Lage unter kontinentalem Aspekt überprüfen. Das Jahr 1823 hatte nicht nur in seiner eigenen Karriere dramatische Wendungen gebracht, sondern auch in der Einstellung der drei für ihn wichtigsten Länder zu Südamerika: der Vereinigten Staaten, Spaniens und Großbritanniens. Dieser Wandel beruhte teilweise auf seinen eigenen Erfolgen, aber den größten Vorteil zogen die spanisch-amerikanischen Separatisten aus dem Kampf, den sich in Spanien die beiden radikalen Parteien lieferten: die Absolutisten, die hinter Ferdinand VII. standen, und die Konstitutionalisten unter Riego. Dieser Kampf hatte mancherlei Folgen bei den europäischen Großmächten. Geführt von Henry Clay, dem unermüdlichen Sachverwalter der spanisch-amerikanischen Republiken, bewegte sich die amerikanische Regierung vorsichtig auf dem Wege zur Anerkennung voran, obwohl sie immer noch hoffte, sie könne Florida von Spanien erhalten. Am 8. März 1822 hatte Monroe dem Kongreß eine Botschaft unterbreitet, in der er die Anerkennung der spanisch-amerikanischen Republiken vorschlug. Im Juni hatte Castlereagh ihre Flagge für den Seehandel anerkannt. Inzwischen lag die britische Außenpolitik in Cannings Hand, hinter dessen großartiger Beredsamkeit sich ein kalter, politischer Verstand verbarg. Für die Spanier hatte die Schlacht bei Talavera die Befreiung von einem fremden Tyrannen bedeutet, für Canning jedoch öffnete sie die Häfen in Spanisch-Amerika dem britischen Handel. Die Außenpolitik der Vereinigten Staaten lag in den Händen des einzigen Mannes, der Canning bei solcher «Realpolitik» zu schlagen vermochte: John Quincy Adams. Bei ihren Schachzügen gegenüber Spanisch-Amerika ließen sich diese Männer von drei Faktoren bestimmen: vom politischen Kampf innerhalb Spaniens; von der Einmischung Frankreichs in spanische Angelegenheiten mitsamt den Absichten, die Frankreich in Spanisch-Amerika verfolgte; und von den Übergriffen des Zaren, dem in der Neuen Welt Alaska gehörte.

Der Radikalismus der spanischen Liberalen hatte die europäischen Monarchen in Schrecken versetzt; obwohl Wellington sie in Verona einzuschüchtern versuchte, waren sie entschlossen, der spanischen Gefahr Einhalt zu gebieten. Die Botschafter Preußens, Österreichs und Rußlands in Madrid hatten «in heftigsten und verletzenden Ausdrücken» um ihre Pässe gebeten. Am 18. Januar 1823 gab auch Chateaubriand seinem Botschafter entsprechende Weisung. Zehn Tage später kündigte Ludwig XVIII. in einer kriegerischen Thronrede an, daß hunderttausend Franzosen bereit seien, nach Spanien zu marschieren, um die Legitimität und das Recht Ferdinands VII. zu verteidigen, Institutionen zu bewilligen

LORD GEORGE CANNING

oder zu verweigern. Canning mobilisierte eine neue Armee, als deren Oberbefehlshaber er sich fühlte: die öffentliche Meinung. Am 11. Februar hielt er in Harwich eine drohende Rede. Er wollte jedoch keinen Krieg, sofern nicht Frankreich versuchen sollte, Spanien bei der Rückeroberung Spanisch-Amerikas zu helfen oder nach Portugal einzumarschieren. Außerdem hatte er seinen König und mit Ausnahme des Premierministers Lord Liverpool alle seine Kollegen gegen sich; Georg IV. hegte die Hoffnung, die Franzosen würden über Spanien herfallen und den Konstitutionalisten eine Lektion verabfolgen. Nichtsdestoweniger schickte Canning am 31. März eine Note nach Frankreich, die einem Ultimatum gleichkam, sofern nicht drei Bedingungen erfüllt würden: keine dauernde Besetzung Spaniens, keine Annexion spanischer Kolonien, kein Anschlag gegen Portugal. Die Franzosen antworteten nicht. Am 6. April überschritt die Armee des Herzogs von Angoulême die spanische Grenze. Am 14. April erklärte Canning im Unterhaus, Großbritannien werde neutral bleiben, schloß jedoch mit Nachdruck: «Gleichgültig können wir die Angelegenheiten Spaniens niemals betrachten, und ich hoffe ernstlich, daß es siegreich aus dem Kampf hervorgehen möge.»

Wieviel davon lag im wahren Interesse Spaniens? Sehr wenig. Obwohl der Einmarsch französischer Truppen in Spanien bedauerlich war, verfolgte der französische Ministerpräsident Villèle ein vortreffliches Ziel: Er wollte die spanische Verfassung reformieren, das Zweikammersystem einführen und damit eine mittlere Lösung zwischen den beiden wilden Richtungen finden, die Spanien zu zerstören drohten. Hätte sich Canning diesem Bemühen der Franzosen angeschlossen und dadurch eine militärische Intervention überflüssig gemacht, so hätte die Geschichte Spaniens und Europas vielleicht einen glücklicheren Verlauf genommen. Canning zog es vor, durch Nichtintervention zu intervenieren, eine Methode, die der britischen Diplomatie sehr reizvoll erscheint. Der Feldzug der Franzosen war ein Spaziergang.

Am 24. Mai waren sie in Madrid, am 30. September besetzten sie Cadiz. Ferdinand wurde von seinen konstitutionalistischen Untertanen befreit und zog am 1. Oktober unter allgemeinem Jubel in Cadiz ein. Selbigen Tages erließ er eine Verordnung, durch die er «alle Akte der sogenannten konstitutionellen Regierung, die meine Völker vom 7. März 1820 bis heute beherrscht hat», aufhob. Angewidert von seinem spanischen Verwandten, reiste Angoulême nach Frankreich zurück, so daß Ferdinand wieder in seine Untermenschlichkeit zurückfallen konnte. «Canning», so schreibt sein Biograph Temperley, «beobachtete aus der Ferne mit stiller Verachtung Angoulêmes untaugliche Versuche, die unseligen Opfer Ferdinands zu schützen ... Er hatte die Konstitutionalisten so lange wie möglich unterstützt, weil sie Gegner Frankreichs waren.» Die naiven Spanier jedoch hatten geträumt, Canning widersetze sich Frankreich, weil er die spanischen Konstitutionalisten zu ermutigen wünsche.

Canning, der sich in spanisch-amerikanischen Dingen bisher zurückgehalten hatte, fühlte sich nun nicht mehr gebunden, sondern entsandte am 10. Oktober, als er hörte, daß Cadiz gefallen war, Konsuln in die wichtigsten Städte des spanischen Teils der Neuen Welt. Ferner schickte er Kommissionen nach Kolumbien und Mexiko, welche die Möglichkeit einer späteren Anerkennung untersuchen sollten. Er war inzwischen zu der Ansicht gelangt, «daß Frankreich jetzt wie schon früher die direkte Einmischung in Spanisch-Amerika erwägt.» Da Canning entschlossen war, Frankreich mit allen Mitteln in Schach zu halten, bat er den französischen Botschafter Polignac zu einer Unterredung, die sechs Tage dauerte, verfaßte ein Protokoll darüber und ließ es von dem widerstrebenden Polignac unterschreiben. Das berühmte «Polignac-Memorandum» lehrte, daß Großbritannien die spanischen Kolonien entweder im Fall einer durch Gewalt oder Drohung erfolgenden Intervention oder auch bei einem Versuch anerkennen würde, der darauf abzielte, die Handels-

und Küstenrechte Spaniens gegenüber seinen Kolonien wiederherzustellen, die Großbritannien als stillschweigend aufgehoben ansah; daß Großbritannien es ablehnte, «gleichberechtigt mit andern Mächten in gemeinsame Überlegungen über Spanisch-Amerika einzutreten», und schon gar nicht ohne die Vereinigten Staaten; daß schließlich Frankreich endgültig verpflichtet sei, auf bewaffnete Einmischung in Spanisch-Amerika zu verzichten. Canning beeilte sich, dieses Dokument bei den Mächten in Umlauf zu bringen. Chateaubriand war über den Vorschlag entrüstet, daß die Vereinigten Staaten in dieser Sache überhaupt konsultiert werden sollten. Metternich hingegen betonte zwar, daß die Vereinigten Staaten im Widerspruch «zu den grundlegenden Prinzipien, Regierungsformen, Manieren, Doktrinen und zu dem zivilen und politischen Regime Europas» ständen, erkannte jedoch, daß Cannings Vorschlag nicht mehr bedeutete als die Blokkierung des vorgeschlagenen Kongresses, weil er diesen von einer unerfüllbaren Bedingung abhängig machte; denn die Vereinigten Staaten würden jede Einladung zu solchen Verhandlungen ablehnen.

Dafür würde Adams schon gesorgt haben. Als er von Botschafter Rush die ersten Andeutungen Cannings erhielt, gab der amerikanische Außenminister sie an Präsident Monroe weiter; auf diesen machten sie solchen Eindruck, daß er sie seinen beiden Vorgängern Madison und Jefferson mitteilte. Die drei Staatsmänner waren geneigt, Cannings Vorschläge anzunehmen. Adams war anderer Ansicht. Für ihn besagte die Nachricht, daß Großbritannien gegen ein Frankreich kämpfen würde, das sich in Spanisch-Amerika einmischte. «Wenn ich mich auf die Zusammenarbeit mit Großbritannien verließ», sollte er später schreiben, «so gründete ich das nicht auf seine Prinzipien, sondern auf seine Interessen.» Er hatte Canning durchschaut. Er würde Canning mit dessen Waffen schlagen. Er würde «eine amerikanische Politik erfinden und unbeugsam daran festhalten» – um so unbeugsamer, da notfalls die Briten den Kampf bestreiten würden. Monroe, der aus Virginia stammte, gefiel der Gedanke nicht, aber Adams gab nicht nach und nutzte die Gelegenheit, die ihm die radikale Doktrin verschaffte, welche damals der russische Gesandte in Washington vertrat; es handelte sich um einen Ukas des Zaren, der es allen Nichtrussen verbot, innerhalb von hundert Meilen vor der Küste Alaskas zu fischen oder Handel und Schiffahrt zu treiben. «Es würde ehrlicher und auch würdiger sein», erklärte Monroe, «unsere Grundsätze Rußland und Frankreich ausdrücklich mitzuteilen, als daß wir in einer Pinasse im Kielwasser des britischen Kriegsschiffes einherfahren.» Am 3. Dezember 1823 erließ Präsident Monroe dann seine berühmte Botschaft, deren Text als Monroe-Doktrin bekannt geworden ist. Sie enthält: 1. den Grundsatz, sich nicht in europäische Angelegenheiten einzumischen, sondern «in allen Fällen den gerechten Forderungen jeder Macht zu entsprechen und von keiner Kränkungen hinzunehmen». – 2. Die Vereinigten Staaten würden «jeden Versuch einer europäischen Macht, ihre Herrschaft auf irgendeinen Teil dieser Hemisphäre auszudehnen, als eine Gefährdung unseres Friedens und unserer Sicherheit betrachten». – 3. Die Vereinigten Staaten könnten sich nicht in vorhandene Kolonien oder Schutzgebiete einmischen, würden es aber immer als unfreundlichen Akt ansehen, wenn eine europäische Macht versuchen sollte, die bereits von den Vereinigten Staaten als unabhängig anerkannten Gebiete zu «unterdrücken» oder zu «kontrollieren». Das mißfiel Canning. Ihm erschien die Doktrin «extravagant» und «nicht sehr klug vorgetragen». Er fürchtete (augenscheinlich ohne Grund), sie werde soweit gehen, daß Spanien selbst daran gehindert würde, seine Königreiche gewaltsam zu behaupten, was «einen Unterschied zwischen seiner und unserer Auffassung bedeuten würde, wie man ihn sich gewichtiger nicht vorstellen kann».

Das alles geschah, während Bolivar bemüht war, sich aus einem Kolumbianer in einen Amerikaner zu verwandeln. Sein Gesandter Joaquin Mosquera hatte mit Monteagudo in

Lima schon im Juli 1822 eine dauernde Union vereinbart; in dem Vertrag verpflichteten sich die Parteien dazu, «die andern Staaten des ehemaligen Spanisch-Amerika zu veranlassen, daß sie diesem Pakt einer dauernden Union, Liga und Konföderation beitreten». Man plante eine Versammlung aller Staaten Spanisch-Amerikas in Panama. Ähnliche Verträge hatte Mosquera im Oktober 1822 in Santiago und im März 1823 in Buenos Aires unterzeichnet. Santa Maria schloß einen solchen Vertrag im Oktober 1823 in Mexiko. Dadurch versuchte Bolivar die politische Einheit der spanischsprechenden Welt wiederherzustellen, der Adams damals hinter der Monroe-Doktrin und Canning hinter der britischen Flotte Schutz gewährte. Nicht überall hatte er Erfolg. Der Vertrag von Buenos Aires befriedigte ihn nicht, und in einem Brief an Monteagudo (der damals schon im Exil lebte) beklagte er sich über die Einwände der Argentinier: daß die Vereinigen Staaten nicht eingeladen worden waren und daß die Versammlung nicht auf kolumbianischem Gebiet vorgesehen war. Bolivar ist wütend über Rivadavias Bemerkung: «Wir dürfen Europas Auffassung, daß wir Nichtskönner sind, nicht bestätigen.» Vielmehr müßten «wir Europa unsere Fähigkeit dadurch beweisen, daß wir Pläne gut entwerfen und geschickt ausführen». In demselben Brief erwähnt Bolivar einen Plan, den die Regierung in Buenos Aires Mosquera unterbreitet hatte: in Washington solle ein Kongreß zusammentreten, um gegen die Heilige Allianz ein Waffenbündnis zustande zu bringen, das aus Spanien, Portugal, Griechenland, den Vereinigten Staaten, Mexiko, Kolumbien, Haiti, Buenos Aires, Chile und Peru bestehen solle. Er verwirft diesen Plan ebenso humorvoll wie nachdrücklich als einen Versuch Großbritanniens, das auf dem Umweg über Portugal zum Ziel zu kommen hoffe. Am 16. September 1823 schrieb er von Lima aus an Santander «eine Reihe von Voraussagen»: «Erstens die Besetzung Spaniens durch die Alliierten, zweitens ein Krieg zwischen England und Frankreich, drittens die Übersiedlung der Bourbonen nach Amerika und viertens ein Weltbrand: In Europa, weil die Liberalen den Schutz der Engländer genießen, die mit Prinzipien gegen Prinzen kämpfen; und in Amerika, weil die Bourbonen Prinzipien mitbringen werden, die unsern Grundsätzen zuwiderlaufen, mögen sie auch nichts weiter als die monarchischen Prinzipien sein.» Er schließt mit einem etwas gescheiteren Satz, aus dem sich seine innere Unruhe als Möchtegern-Herrscher von Amerika ablesen läßt: «Ich glaube, daß alle Europäer ganz allgemein mehr oder minder an der Unabhängigkeit Amerikas interessiert sind, aber nur, wenn es von europäischen Fürsten regiert wird. Bedenkt man diese Sache gründlich, so sieht man, daß sie sehr wichtig und für uns äußerst ernst ist.»

SIEBTES KAPITEL

Die Schlacht bei Junin

Zu Beginn des Jahres 1824 ließ Bolivars Gesundheit zu wünschen übrig. Er schonte sich nicht. Abgesehen von seiner unermüdlichen Tätigkeit als Führer einer kontinentalen Revolution verbrauchte er seinen zarten Körper in den Freuden des Lebens, zumal durch seine unmäßige Liebe zu Frauen. Limas Frauen waren wegen ihrer Schönheit und ihres Charmes in ganz Amerika berühmt. Sie liebten Bolivar, und er ließ sich von ihnen lieben. So schrieb er an Santander: «Jeder Tag in Lima gefällt mir besser ... Die Männer schätzen mich, und die Frauen lieben mich. Es ist bezaubernd. Für den, der sie bezahlen kann, gibt es hier viele Vergnügungen ... Ich bin entzückt, und mir fehlt natürlich nichts. Die Tafel ist ausgezeichnet, das Theater recht gut, reichlich geschmückt mit schönen Augen und bezaubernden Figuren, Kutschen, Pferde, Spaziergänge, Stierkämpfe, Tedeums – nichts fehlt außer Geld für diejenigen, die keines haben. Ich jedenfalls habe dank meiner Ersparnisse zuviel.» Er bezog damals ein Gehalt von dreißigtausend Pesos, das ihm Kolumbien auf Lebenszeit bewilligt hatte, und nochmals die gleiche Summe, die dem Gehalt des Präsidenten von Peru entsprach. Er gab für sich selber jedoch nur wenig aus und war zu jener Zeit wohlhabend, da seine persönlichen Auslagen von Amts wegen bezahlt wurden. Am 13. Oktober 1823 traf Manuelita Sáenz in Lima ein. Das kann Bolivars Gesundheit kaum zuträglich gewesen sein, denn was Sinnlichkeit angeht, konnte ihre Begegnung nur nach dem spanischen Sprichwort als Zusammentreffen von Hunger und Appetit bezeichnet werden. Sein hektisches Leben als allenthalben bewunderter Cäsar galoppierte voran.

Als Bolivar von Trujillo zurückkehrte, wo er Guise in seine Schranken hatte verweisen müssen, wurde er in Patilvilca am Neujahrstag 1824 ernstlich krank. Er beschrieb die

Krankheit in einem Brief an Santander als «eine Komplikation von inneren Reizungen und Rheumatismus mit Fieber, Gallenbeschwerden, Erbrechen und Darmschmerzen» und führte sie auf einen langen Marsch in der Sierra zurück. Wahrscheinlicher war, daß sie von seinem schnellen Leben in Lima herrührte, was er selber eingesteht: «Falls ich zur Genesung nach Lima gehe, werden mich Geschäfte und Vergnügungen wieder krank machen ... Ich kann mich nicht mehr anstrengen, ohne große Schmerzen zu bekommen.» Das Datum dieses langen Briefes, der 7. Januar, beweist jedoch, sechs Tage nach Ausbruch der Krankheit, seine unbezähmbare Energie. Immerhin fügt er zwei vielsagende Bemerkungen hinzu: «Ich bin sehr erschöpft und sehr alt, und inmitten eines solchen Sturmes verkörpere ich das Greisenalter.» Und ferner: «Hin und wieder überfällt mich, auch wenn ich sonst gesund bin, eine Verrücktheit; dann verliere ich völlig den Verstand, ohne dabei die leisesten Schmerzen oder Unwohlsein zu empfinden.» Die erste Bemerkung unterstreicht das Gefühl des Alterns und der Enttäuschung, das Bolivar schon frühzeitig empfunden hatte und das ihn seit dem vergangenen Jahr fast ganz beherrschte. Der Anblick San Martins, der sich aus freien Stücken aus dem öffentlichen Leben zurückzog, faszinierte ihn so, wie manchmal andere Menschen ein Selbstmord fasziniert.

Im tiefsten Grunde nagte an seinem Seelenfrieden die geheime Unehrlichkeit seines Lebens. Hatte er für die Freiheit oder für den Ruhm gekämpft? In einem langen Brief an Santander vom 23. Januar taucht dieses Thema, wenngleich auf kuriose Weise, als Ausdruck seiner Mißgelauntheit auf. «Die Quitoaner und Peruaner wollen nichts für ihr Land tun, und daher kommt es mir nicht zu, sie zu ihrem Glück zu zwingen ... Bisher habe ich für die Freiheit gekämpft; künftig beabsichtige ich, für meinen Ruhm zu kämpfen, und wäre es auch um den Preis der ganzen Welt. Mein Ruhm liegt jetzt darin, daß ich keine Macht mehr ausübe und überhaupt nur noch mit mir selber zu tun habe. Meine Jahre [er war vierzig], meine Leiden und die Enttäuschung aller meiner jugendlichen Illusionen... Ich bin so todmüde, daß ich niemanden sehen, mit niemandem speisen möchte, und der Anblick eines Menschen tut mir weh.» Dann malt er ein buntes Bild der Zeit, «einer Zeit des Unheils. Da mich der Tod nicht unter seine schützenden Fittiche nehmen will, muß ich mich beeilen, mein Haupt in der Dunkelheit stillen Vergessens zu verbergen, auf daß nicht aus dem Hagel der Donnerkeile, die der Himmel über der Erde ausschüttet, einer mich treffe und mich in Staub, Asche, Nichts verwandele. Es wäre Wahnsinn, wollte ich den Sturm betrachten und nicht Zuflucht suchen. Bonaparte, Castlereagh, Neapel, Piemont, Portugal, Spanien, Morillo, Ballesteros, Iturbide, San Martin, O'Higgins, Riva Agüero und Francia – alle stürzen, gefällt durch Niedertracht oder Unglück –, und ich soll stehen? Das kann nicht sein, so muß auch ich stürzen.»

Es ist bezeichnend, daß Bolivar auf dieser Seite, die in engster Fühlung mit seinem Innenleben geschrieben wurde, das Wort *demencia* verwendet, das ihm in den Sinn kam, als er seine verrückten Anfälle beschrieb. Der ganze Brief ist in einer Art von geistigem Zwielicht geschrieben. Er bestätigt die Vermutung, die wir zu Beginn unserer Betrachtung dieser gewaltigen, gemarterten Seele aufgestellt haben, deren innere Spannungen zu stark für einen gesunden Geist waren. Wann immer die Verhältnisse die Haupttriebkraft seines Lebens, den Ehrgeiz, schwächten, war es unvermeidlich, daß die inneren Spannungen die Einheit seines Wesens zerstörten und ihn an den Rand des Wahnsinns brachten. So ist es auch hier. Aber jetzt können wir unsere Betrachtung einen Schritt weiterführen. Gewiß war Bolivar ehrgeizig und auch stark genug, um jedes äußere Hindernis zu überwinden; aber er begann jetzt zu erkennen, daß er den Gipfel der Macht niemals erreichen würde, weil ihm sein eigener Charakter im Wege stand. Drei Eigenschaften waren es, die ihn immer wieder vom Gipfelpfad abweichen ließen: ihn langweilten Regierungsaufgaben, er liebte die Vergnügungen zu sehr und war vor allem viel zu intelligent. Sobald er nur konnte, eilte er aus seinen Hauptstädten von hinnen und schob die Last des Regierens seinen Unterführern zu. Über seine Vergnügungssucht sind Bände geschrieben worden. Er liebte Frauen, Bankette und Bälle. Seiner überlegenen Intelligenz hat er in seinen Briefen ein Denkmal gesetzt. Wo ein weniger scharfer Geist sich damit begnügt hätte, der Hand zu dienen, die den Hebel der Macht umspannte, weicht Bolivars Geist vom schmalen Pfad des Handelns ab, um sich umzublicken, zu beobachten, zu vergleichen, Voraussagen zu machen und Gedanken mit soviel Hingabe zu genießen, wie er auf alle Dinge im Leben verwendete. So zeitigen diese drei Eigenschaften Bolivars nur ein Ergebnis: Er würde nicht *ad augusta* vordringen, weil er sich mit dem *per angosta* nicht abfinden wollte.

In jenem Januar seines annus mirabilis hatte Bolivar jedoch genug Sorgen, um seinen Pessimismus als berechtigt zu empfinden. Die militärische Lage war nicht gut. Die Patrioten waren dank einem dichten Netz von Mißtrauen und Geringschätzung uneins, während die Spanier nach Bolivars eigenen Worten «standhaft und hartnäckig» waren. Der spanische Oberbefehlshaber Canterac, der sein Hauptquartier in Huancayo und eine weitere Abteilung unter Brigadegeneral Rodil in Ica stehen hatte, beherrschte das Land bis nach Chincha. Die Nordarmee verfügte über achttausend Mann, und außerdem lagen tausend Mann in Cuzco, wo Viezkönig La Serna residierte. General Jerónimo Valdés kommandierte von seinem Hauptquartier in Arequipa aus die Südarmee; dabei unterstanden ihm dreitausend Mann unmittelbar, während viertausend Mann unter Olañeta in Oberperu jenseits des Desaguadero standen, der aus dem Titicacasee abfließt. Weitere zweitausend Mann gehörten zu fliegenden Abteilungen. Der Plan der Spanier ging dahin, den Feldzug gegen Ende der Regenzeit im April oder Mai zu eröffnen, Lima und Callao zu besetzen und Bolivar aus Peru hinauszudrängen. Zu diesem Zweck sollten sich Jerónimo Valdés und Olañeta mit der Nordarmee in Jauja vereinigen. Inzwischen rang Bolivar mit der reinsten Anarchie. Torre-Tagle hatte, ohne ihn zu fragen, eine chilenische Abteilung von Callao aus nach Hause geschickt. Der Kongreß hatte alle Rekruten, die als Soldaten von der Sklaverei befreit worden waren, zu ihren früheren Herren zurückgeschickt. Peruanische Soldaten desertierten, «sobald man ihnen erlaubte, im Freien zu schlafen, oder während langer Märsche». Er beschwerte sich bei Torre-Tagle und drohte mit seinem Rücktritt, den er Santander sogar am 7. Januar ankündigte.

Santander konnte natürlich nur lächeln. Bolivar trat zurück, wie andere Leute husten, alle paar Stunden und stets aus demselben Grunde: eine leichte Reizung in der Luftröhre, die beseitigt werden mußte, ehe man zu reden beginnt. Und zu reden begann er nach jedem Rücktritt. Auch diesmal war es nicht anders. Am 9. Januar 1824, noch geschwächt von seiner Krankheit, diktierte er einen langen Plan, um der Gefahr zu begegnen, die er deutlich erkannte. Er konnte der spanischen Armee nicht entgegentreten, ehe er sechstausend bis achttausend kolumbianische Soldaten zur Verstärkung bekam (in seinem Brief an Santander hatte er um zwölftausend gebeten). Die Zeit bis zu ihrer Ankunft schätzte er auf sechs Monate. Sollten die Spanier vorher angreifen, so würden die Patrioten vernichtet werden. Er sah daher keinen andern Ausweg, als «mit den Spaniern über einen Waffenstillstand zu verhandeln, um Zeit zu gewinnen und zu sehen, ob wir inzwischen die ganze kolumbianische Armee zusammenholen können, die ich erwarte».

Die Idee eines Waffenstillstandes stammte von Sucre. Nach Sucres Ansicht sollten aber richtige Verhandlungen über einen richtigen Frieden stattfinden. Bolivar machte daraus einen hinterhältigen Waffenstillstand. Nun hatte Torre-Tagle gegen Ende des Jahres 1823 Canterac durch einen geheimen Unterhändler die Auslieferung von Callao angeboten (Torre-Tagle fühlte sich durch Bolivars kurz angebundene Art gedemütigt und zeigte das beispielsweise dadurch, daß er über die hohen Steuern Klage führte, die Bolivar erhob, um die kolumbianischen Truppen hübsch einkleiden zu können). Die Spanier antworteten, wenn Torre-Tagle sein Versprechen einlöse, werde er die Gunst des Herrschers zurückgewinnen und entsprechende Belohnung erhalten. In diesem Augenblick unterbreitete Heres ihm Bolivars Vorschlag. Torre-Tagle bat, ihn lesen zu dürfen, und machte sich eine Abschrift; dann schickte er mit Zustimmung des Kongresses seinen Kriegsminister, Brigadegeneral Don Juan de Berindoaga, nach Jauja, um mit den Spaniern zu verhandeln. Berindoaga, Graf von San Donás, war ein ehemaliger Offizier der spanischen Armee. Ob nun im Einvernehmen mit Berindoaga oder nur mit dessen Adjutanten Herrán (der ein europäischer Spanier war), jedenfalls versuchte Torre-Tagle es unter dem schützenden Vorwand von Bolivars Vorschlag mit eigenen Verhandlungen mit den Spaniern. Berindoaga wurde nicht von Canterac empfangen, sondern führte Besprechungen mit zwei untergeordneten Generälen, die ihm rieten, er solle mit ihnen zusammen «Bolivar auf die andere Seite des Juanambú zurückschicken». Was immer damals besprochen oder vereinbart wurde, es entsprach nicht Bolivars Absichten, sondern mag sehr wohl gerade das Gegenteil gewesen sein; denn es besteht mindestens ein verdächtiger zeitlicher Zusammenhang zwischen dem Angebot bezüglich Callaos, das Torre-Tagle den spanischen Behörden im Oktober 1823 gemacht hatte, und der tatsächlichen Übergabe der Stadt durch zwei meuternde Sergeanten in der ersten Februarwoche 1824.

Als Garnison lagen damals in Callao etwa vierzehnhundert Mann vom Regiment Rio de la Plata, das aus argentinischen und peruanischen Soldaten unter den beiden aus Buenos Aires stammenden Generälen Alvarado und Martinez bestand. In den Kasematten befanden sich etwa dreißig gefangene spanische Offiziere. Zwei Sergeanten, ein Neger namens Damaso Moyano aus dem argentinischen Cordoba, und der Argentinier Oliva, verschworen sich mit allen andern Sergeanten in Callao, um ihren Sold zu fordern, den ihren Anschuldigungen zufolge General Martinez in die eigene Tasche steckte und in Lima verspielte. In der Nacht auf den 5. Februar verhafteten die Sergeanten alle Offiziere einschließlich General Alvarado und sperrten sie ein. Einen Tag lang herrschte große Unordnung; da sie jedoch Strafe fürchteten, besannen sich die Rädelsführer auf die spanischen Offiziere und berfreiten einen von diesen, Oberst Casariego, der sie dazu überredete, die Stadt der spanischen Armee zu übergeben. Zunächst verhandelten die Sergeanten mit ihren Vorgesetzten über die Zahlung von hunderttausend Pesos und freie Heimreise. Martinez gab jedoch dem Kapitän des Schiffes Weisung, er solle sie zurückschicken, damit sie erschossen würden; Moyana fing diesen Befehl ab und beschloß, zurückzukehren und Callao den Spaniern zu übergeben. Diese Lösung scheint Torre-Tagle dadurch gefördert zu haben, daß er sich Zeit ließ, die hunderttausend Pesos aufzubringen. Casariego hißte die spanische Flagge über Callao, beförderte Moyano zum Oberst und Oliva zum Oberstleutnant und bat Canterac, er möge einen Gouverneur entsenden. Canterac war «angesichts einiger Nachrichten, die er bekommen hatte», nicht überrascht darüber. Am 29. Februar 1824 zog General Monet mit einer starken spanischen Truppe in die Festung ein.

Wenn aber Bolivars Lage sich verschlechterte, weil seine Verbündeten zum Gegner übergingen, so nahm sie andererseits plötzlich eine Wendung zum Guten, weil ein mächtiger Gegner sich auf seine Seite schlug. Das war das seltsame Gesetz jenes wahren Bürgerkrieges. Torre-Tagle, vielleicht auch Berindoaga und jedenfalls die beiden Sergeanten hatten die Unabhängigen zugunsten der Royalisten verlassen. Da erhob sich plötzlich Olañeta mit seinen viertausend Mann gegen den spanischen Vizekönig. Ob er tatsächlich zum Patrioten wurde, mag man bezweifeln. Olañeta war ein peruanischer Kaufmann, der es als kühner Partisanenführer bis zum Brigadegeneral gebracht hatte. Er verband militärische und geschäftliche Tätigkeit auf eine Weise, die seinen Kameraden mißfiel, und ließ seine Offiziere und Soldaten für Speise und Trank Wucherpreise bezahlen, wann immer sich dazu Gelegenheit bot. Zudem war er ein in der Wolle gefärbter Absolutist, der die spanische Verfassung haßte. Er hatte sich in Obeperu allmählich eine Art von militärischem Vizekönigtum aufgebaut. Als er von Ferdinands Dekret hörte, das den Sturz des verfassungsmäßigen Regimes ankündigte, erließ Olañeta am 4. Februar 1824 eine Proklamation an die Peruaner; er erklärte sich zum Beschützer von Religion und Absolutismus gegen «die Liberalen, Juden und Ketzer», die der Vizekönig, Canterac und Valdés angeblich verteidigten. Olañeta weigerte sich, den Feldzug gegen Bolivar irgendwie zu unterstützen. Valdés, den der Vizekönig herbeigerufen hatte, mußte handeln. Es wurden zwei Schlachten geschlagen, in denen auf beiden Seiten spanische Truppen standen; als aber nach der zweiten, der Schlacht bei La Lava, alles auf die Vernichtung der Rebellen hinzudeuten schien, wurde Valdés abberufen. Bolivar hatte die Schlacht bei Junin gewonnen.

Als Joaquin Mosquera von seiner diplomatischen Reise durch den Süden zur Berichterstattung zurückkehrte, fand er in dem bescheidenen, weißgetünchten Haus in Pativilca einen Bolivar vor, der trübsinnig auf seine Genesung wartete. «Dünn, abgezehrt, so fand ich ihn in einem Ledersessel gegen die Mauer des kleinen Gartens gelehnt, ein weißes Taschentuch um den Kopf gebunden. Seine Leinenhosen ließen die knochigen Knie und mageren Beine erkennen, die Stimme klang hohl und schwach, das Gesicht war leichenblaß.» So stand es um das hinfällige Gefäß eines unbezwingbaren Geistes. Niemand hätte auf seinen körperlichen Zustand schließen können, wenn er die Briefe las, die in jenen Fiebertagen aus dem kleinen Haus auf die staubige Straße von Pativilca hinausgeschickt wurden. Seine schwarzen, brennenden Augen verfolgten unerbittlich jedes Ereignis. Am 4. Februar schrieb er an Sucre einen langen, lebhaften Brief, der von Ideen übersprudelte. Der Verlust von Callao bedrückte ihn schrecklich, forderte aber seine Energie und seinen Scharfsinn heraus. Er erwägt den Rückzug bis nach Kolumbien, weil er seine Armee nicht erneuern kann, und noch 1824 mußte Bolivar zugeben, daß die große Masse der Bevölkerung im Süden, also im heutigen Ecuador und im Caucatal in Kolumbien, immer noch zu Spanien hielt. Das bereitete ihm zusätzliche Sorgen, hatte er doch sein peruanisches Unternehmen von Anfang an als eine Wiedereroberung von Norden her aufgefaßt, wozu er freien Durchzug nach Ecuador – daher sein *delenda Pasto* – und einen Flottenstützpunkt in Guayaquil benötigte. Der Verlust von Callao und nachfolgend der von Lima wären kein so großes Unheil, wenn nur seine Verstärkungen rechtzeitig kämen. In den Augen der öffentlichen Meinung hätte jedoch nichts Schlimmeres geschehen können. Der Verlust der beiden Küstenstädte machte den Eindruck, als sei der Krieg so gut wie vorüber. Am 10. Februar verlieh der Kongreß Bolivar diktatorische Vollmachten und vertagte sich auf unbestimmte Zeit. Bolivar war natürlich erfreut und schickte General Martinez Weisung, er solle aus Lima alles retten, was der Armee von Nutzen sein könne.

Bolivars Gedanken zu jener Zeit sind klar. In auswärtigen Angelegenheiten sieht er, was Santander nicht sieht. Als Antwort auf ein vertrauliches amtliches Schreiben, worin Santander seiner Sorge wegen Frankreich Ausdruck verleiht, schreibt Bolivar am 16. März 1824 aus Trujillo: «Diese Befürchtung erscheint mir nicht sehr begründet... Die Engländer müssen auf unsere Seite treten, sobald die Franzosen sich mit den Spaniern zusammentun, und die Engländer sind den Verbündeten so überlegen, daß wir diesen Fall als Triumph ansehen dürfen.» Das war richtig; das Bemerkenswerte daran war jedoch sein völliges Schweigen hinsichtlich der Vereinigten Staaten und der Monroe-Doktrin. Weiter führt Bolivar aus, daß eine französische Drohung im Norden es nicht weniger, sondern mehr notwendig mache, die südliche Pforte, Peru, zu verschließen. Darüber schreibt er noch energischer als sonst: «Aus demselben Grunde müßten wir unsere Streitkräfte rasch benutzen, um den peruanischen Haufen zu vernichten und uns dann wieder gegen diese Franzosen im Norden zu wenden; dabei würde ich alle amerikanischen Streitkräfte mitnehmen, die ich gutwillig oder mit Gewalt auftreiben könnte. Denn Gewalt nährt Gewalt, wie eine Schwäche die andere nährt.» Über Peru meint er: «Dieses ist voll von Parteiungen und Verrätern. Manche sind für Torre-Tagle, andere für Riva Agüero, wieder andere für die Spanier und ganz wenige für die Unabhängigen. Alle jedoch beginnen mich sehr zu fürchten, und außerdem sagt man, alles werde durch mein Rezept kuriert werden: eine Unze Blei und vier Dram Pulver.» Zur Kriegslage: Nagelt möglichst viele Spanier im Süden fest, da eine Vereinigung von Canterac und Valdés unser Ruin wäre. Zu diesem Zweck «sollen Sie Salazar und den chilenischen Gesandten häufig Briefe auf Schiffen schicken, die abgefangen werden können, und darin vorgeben, daß die Regierung plane, diese oder jene Truppe nach Südperu zu schicken». Die Lage im Norden beunruhigt ihn, weil, wie er an Santander schreibt, «wir im Mai siegen oder untergehen müssen... Der Spanier Valdés ist mit seiner Division unterwegs, um sich mit Canterac zu vereinigen. Die Goten werden uns für nichts Zeit lassen, denn Torre-Tagle wird ihnen unser ganzes Geheimnis verraten, wie wir sie dazu veranlassen wollen, die Zeit zu vertrödeln, bis unsere Verstärkungen eintreffen. Vielleicht hat sich das Schicksal schon erfüllt, wenn Sie diesen Brief erhalten!»

Man kann sich gut vorstellen, wie erleichtert er war, als er am 13. April in Trujillo erfuhr, daß Olañeta verkündet hatte, der König sei absolut, und er bedürfe keiner Befehle vom Vizekönig. Seine Winkelzüge, um die Spanier im Süden festzuhalten, waren nicht mehr nötig. Seine Schlußfolgerungen waren so scharfsinnig wie gewöhnlich: «Das alles zeigt, daß die spanische Armee gespalten ist und daß sie bald durch Parteiung und sogar durch Kämpfe zerrissen werden wird. Das Ergebnis ist: Erstens befindet sich Olañeta mit seiner Division jenseits von Oruro im Rückzug auf Jujuy. Zweitens befindet sich Valdés jenseits von Oruro. Drittens kann keiner sich hier im Mai zum Kampf stellen. Viertens wird der König Olañetas Partei ergreifen. Fünftens schließlich werden La Serna, Valdés und Canterac ihre politische Haltung ändern müssen, damit sie nicht von der spanischen Regierung verfolgt werden.» In allen Punkten eine zutreffende Voraussage. Dann kommt er zu dem Schluß, daß es für ihn das Beste sei, im Mai gegen Canterac die Offensive zu ergreifen, und fordert Sucre auf, alle nur erdenklichen Vorkehrungen zu treffen, vom Beschlagen der Pferde bis zur Wahl der Straße, auf der die Armee marschieren müsse. Sein Plan sah vor, sich während der zweiten Hälfte April zu rüsten, im Mai auf Jauja zu marschieren und im Juni zu kämpfen. Am dringendsten benötigte er zu jener Zeit Eisen aus der Provinz Biskaya, damit er Hufnägel für seine Pferde machen konnte. Der Abfall Olañetas hatte jedoch seine Gemütsverfassung so verändert, daß er an Heres schrieb: «Nichts kann das Angesicht Amerikas verwandeln, wenn Gott, London und wir entschlossen sind.»

Von diesen dreien verließ Bolivar sich am meisten auf «wir», womit er die Kolumbianer und vor allem sich selber meinte. Chile, dem er mehrmals Hilferufe geschickt hatte, entsandte ein Bataillon, dessen eine Hälfte umkehrte, als sie Callao in spanischen Händen sah, während die andere Hälfte sich Bolivars Truppen anschloß. Anscheinend wollte die Regierung nicht mehr Hilfe schicken, weil sie Bolivars Absichten nicht traute. Auch Buenos Aires war nicht gerade hilfreicher, da es auf ein Ersuchen um Schiffe antwortete, Bolivar könne solche vielleicht in den Vereinigten Staaten oder Europa bekommen. Trotzdem war er nicht niedergeschlagen und schrieb: «Ich bin über meine Gelassenheit selber erstaunt, aber dank der Lehren, die ich in Kolumbien bekommen habe, verstehe ich mich jetzt auf mein Handwerk.» Was dieses Handwerk war, beschreibt er selber vorzüglich: «Ich bin ein Töpfer von Republiken geworden, ein mühsames Handwerk, aber ruhmreich.»

Bolivar befand sich in bester Stimmung. Das verraten auch seine Briefe, die teilweise zu den glänzendsten, geistreichsten, tiefsinnigsten und menschlichsten seines ganzen Lebens gehören. Obwohl er, als der Kongreß in Anarchie und Defaitismus versank, mit einer hoffnungslosen Lage zu kämpfen hatte, brachte er fast wie durch ein Wunder eine Armee von zehntausend Mann auf die Beine. Der Abfall Olañetas hatte seine Siegeshoffnungen geschwellt. Um jene Zeit hatte er eines der Liebesabenteuer, die sein Soldatenleben bereicherten. Im Laufe des Mai 1824 zog er auf dem Weg in die Sierra unter Volksjubel, Triumphbögen, Glockengeläut, Blumen und Musik in Huailas ein. Die mittlerweile zur Tradition gewordenen jungen Mädchen in Weiß überreichten ihm einen Blütenkranz. Ehe zwei Tage vergangen waren, hatte er sich die Mädchenblüte gepflückt und behielt sie für die Dauer des Feldzuges bei sich. Sie hieß Manuela Madroño. Wo sich die andere Manuela zu jener Zeit aufhielt, wird nicht erwähnt. Die Gesellschaft seiner neuen Geliebten scheint ihn bei Laune gehalten zu haben: «Wie Sie sehen, bitte ich zwar, bin aber nicht traurig», schrieb er an Santander. Nicht ganz ehrlich bat er Santander, ihm sogleich seinen alten Freund und Lehrer Simon Rodriguez zu schicken, der in Bogotá aufgetaucht war: «An Stelle einer Geliebten möchte ich einen Philosophen zur Seite haben.»

Bolivar hatte sich eine Art von militärischem Königtum vorbehalten und hatte Sucre im Februar zum Oberbefehlshaber der verbündeten Armeen ernannt. Der jugendliche General hatte viel Kummer mit einem Antrag gehabt, den der kolumbianische Kriegsminister im Kongreß eingebracht hatte und durch den er für das Mißlingen von Santa Cruz'

Expedition gen Süden verantwortlich gemacht wurde. Seine Korrespondenz über dieses Thema hatte Bolivar veranlaßt, ihm einen energischen, aber wirklich herzlichen Brief zu schreiben. Bolivar hatte eine sehr hohe Meinung von Sucre, über den er an Santander geschrieben hatte: «Er ist der verdienteste Venezolaner, den ich kenne. Sollte Gott ihm einen Sieg schenken, so wird er, was militärische Erfolge angeht, mein Rivale sein, denn dann wird er von Ecuador bis südwärts hinunter nach Potosi alles getan haben.» Das sollte eine von Bolivars treffendsten Prophezeiungen werden. Es ehrt Bolivar, daß er sie im Oktober 1823 schrieb und trotzdem im Februar 1824 Sucre den höchsten Posten gab, den er zu vergeben hatte. Seine reisende Regierung organisierte Bolivar so, daß er den Peruaner José Sanchez Carrión zum Minister für alle Angelegenheiten und General Santa Cruz zum Stabschef ernannte. La Mar stellte er an die Spitze der dreitausend Mann zählenden peruanischen Armee, die bis Ende Mai gut ausgebildet und einigermaßen ausgerüstet war. Gegen Mitte Juni setzte Bolivar seine Armee in Marsch auf das von Canterac besetzte Jaujatal. Córdoba wählte den Weg über Cajatambo, Lara marschierte über Chavin und La Mar über Huánuco – die drei Schluchten, die den Aufstieg auf den Cerro de Pasco gestatteten. Indianer trugen den Nachschub auf ihrem Rücken hinauf. Die Armee besaß warme Kleidung für die Höhe und gute französische oder britische Gewehre für die Infanterie sowie Pistolen und Karabiner für die Kavallerie.

Gegen Ende Juli erreichte die Armee die Hochebene von Cerro de Pasco. Obwohl sie der Straßenlänge nach einhundertvierzig Kilometer entfernt waren, konnten die Patrioten von den Bergen von Tarma aus Canteracs spanische Armee sehen, die neuntausend Mann Infanterie und zweitausend Reiter zählte. Sie erhielten eine Zeitung, die in Canteracs Armee umlief und in der der spanische Kommandeur einen raschen Sieg als sicher voraussagte. Bolivar, der auch seine

DIE SCHLACHT VON JUNIN

eigene Zeitung hatte, verzichtete klugerweise auf einen Federkrieg und begnügte sich mit der Bemerkung an seine Offiziere, «daß er zum erstenmal Gelegenheit haben werde, sich im Kampf mit zwei so tapferen Führern zu messen».

Am 1. August hielt die verbündete Armee auf der Ebene von Sacramento in der warmen Morgensonne, die aus den schneebedeckten Gipfeln der Anden vielfältige Farben schlug, eine Parade ab. Bolivar traf in Begleitung von Sucre, La Mar, Santa Cruz und Gamarra ein und wurde begeistert begrüßt. Er spielte geschickt auf das Glück an, das in Zahlen liegt, und verhieß seiner Armee, die nur noch siebentausend Mann zählte – der Rest war in Lazaretten und in der Etappe zurückgeblieben –, den Sieg für den 7. August, den Jahrestag des Sieges bei Boyacá. Am 3. August begann die Armee der Patrioten den Vormarsch auf die Lagune von Lauricocha. Zwei Tage später zogen Sucre mit der Infanterie auf der Höhe und Bolivar mit der Kavallerie in der Ebene in Richtung auf Condocancha. Als Bolivar bei Rumichaca auf einem Brückengeländer sitzend sein Mittagessen einnahm, erreichte ihn die diesmal zutreffende Nachricht, daß Canterac nach Cerro de Pasco unterwegs war.

Canterac hatte sein Lager in der Nähe von Jauja am 1. August verlassen und am nächsten Tag in Tarma-Tambo kampiert. Er besaß acht gute Infanteriebataillone, dreizehnhundert Reiter und acht gute Geschütze – eine bessere Armee als Bolivar, abgesehen vielleicht von ihrer Zuverlässigkeit. Am 5. August vernahm er zu seiner Überraschung, daß Bolivar über Yauli zwischen der Lagune und der Sierra auf Jauja marschierte, also am andern Ufer der Lagune und in entgegengesetzter Richtung. Aus Sorge, er könne von seinem Stützpunkt abgeschnitten werden, machte er auf der Stelle kehrt. Das erfuhr Bolivar früh genug, um zu beschließen, daß er ihn auf dem Rückmarsch angreifen wollte. Canterac war an dem einen Ufer der Lagune entlangmarschiert, ohne das andere Ufer aufzuklären, und dadurch in diese ungünstige Lage geraten. Bolivars Kavallerie war jetzt in der Ebene, wo sie ihren rechten Flügel an die Höhen von Junin und den linken Flügel an einen breiten Sumpf anlehnen konnte, der die Verlängerung der Lagune war. Canterac glaubte auf die Artillerie verzichten zu können, schickte sie mit der Infanterie zurück und befahl einen Reiterangriff. Dieser wurde von den Kolumbianern gelassen abgeschlagen, deren lange Spieße die Spanier irritierten. Canterac hatte keine Streitkräfte in der Nähe, um die Lage wiederherzustellen. Nicht ein einziger Schuß wurde abgefeuert, weil die spanische Infanterie am Kampf nicht teilnahm und weil Bolivars Infanteristen von der «Soroche», der Höhenkrankheit, gelähmt wurden. Der Kampf zog sich lange hin, und bei Anbruch der Nacht wußte niemand, wie die Dinge wirklich standen. Bolivar schaute zu, erst aufgeregt, später ohnmächtig, sogar niedergeschlagen. «Was geht vor, Herr General?» rief Lara. «Was? Unsere Kavallerie ist geschlagen worden.» – «Ist der Feind denn so stark?» – «Zu stark, da er die Unserigen geschlagen hat.» – «Soll ich mit diesen Männern angreifen?» fragte Lara und zeigte auf die zurückgeschlagenen Reiter. «Nein, denn dann hätten wir für den übrigen Feldzug keine Kavallerie mehr.» Um sechs Uhr dreißig kam Oberst Carvajal, um zu melden, daß der Feind sich geschlagen bekenne. Bolivar schickte dem Feind mehrere Kompanien Scharfschützen nach, die hinter der Kavallerie aufgesessen waren; aber Canterac und seine geschlagenen Reiter vereinigten sich während der Nacht mit ihrer nutzlosen Infanterie und Artillerie. Enttäuscht räumte Canterac die Provinz Jauja und zog sich nach Cuzco zurück.

ACHTES KAPITEL

Die Schlacht bei Ayacucho

Für Canterac war ein schneller Rückzug die einzige Rettung, weil anders seine Armee, die zu drei Vierteln aus peruanischen Rekruten bestand, desertiert wäre. Er legte in zwei Tagen einhundertsechzig Kilometer zurück und marschierte anschließend fast sofort weiter. Er zog sich in ein Gebiet zwischen zwei Bergketten zurück, das von Flüssen bewässert wurde; wenn die Brücken zerstört waren, konnte man nur mit größter Mühe ans andere Ufer gelangen. Dazwischen lagen die drei Städte Tarma, Huancayo und Huamanga. Am 18. August hatte er den Rio Pampas überquert, und fünfzehn Tage später befand er sich wieder auf dem Marsch nach Cuzco. Bolivar verfolgte ihn und machte sich die ständige Ernte von Waffen und Traingütern zunutze, welche die Royalisten auf ihrer Flucht zurückließen. Unterwegs betätigte er sich auf etwas orientalische Weise, die seinem Stil entsprach, als reisender Regent und Gesetzgeber; dabei nahm er besondere Rücksicht auf die religiösen Interessen, da er erkannt hatte, wie stark die prospanischen Neigungen des peruanischen Volkes in seiner Religion verwurzelt waren. Er ordnete an, daß unter Führung des Klerus Schulen gegründet würden, befreite die vom Feind niedergebrannten Ortschaften von Steuern und war sehr darum besorgt, daß ein Inventar des Eigentums von Emigranten angelegt wurde, damit seine Armee von dem Verkauf profitieren könne. Andererseits übte er seine ziemlich summarische Justiz mit einem Nachdruck, der jegliche Opposition lähmte. Wer nicht gehorchte, wurde erschossen. Als er von dem Präfekt von Huamanga erfuhr, daß einige Gemeinderäte sich weigerten, an Sitzungen teilzunehmen, drohte Bolivar ihnen, er werde sie als gemeine Soldaten einziehen. Dem Leiter eines Lazaretts, der seine Pflichten vernachlässigt hatte, wurde seine Erschießung angedroht. Das waren keine leeren Drohungen.

In dieser Provinz wurden ein Sergeant und zwei Kolonialsoldaten, die das Haus eines Bauern geplündert und dessen Tochter geschändet hatten, erschossen und gevierteilt und ihre Leichen öffentlich ausgestellt. So als absoluter Herrscher befand sich Bolivar in seinem Element, doch war das ein Charakterzug, der ihn bald in ernste Konflikte stürzen sollte.

Am 6. Oktober schrieb er aus Sañayca abermals an Olañeta und bot ihm ein Bündnis an, das ihm den Umständen nach naheliegend erschien. Als er hörte, daß La Serna von Cuzco nach Limatambo zog, unternahm er es persönlich, das Gelände bis zum Apurimac hinauf zu erkunden; dabei verwendete er auf alle Einzelheiten die genaue Sorgfalt, die ihm in Zivilangelegenheiten ein Greuel war, an der er es aber bei militärischen Dingen niemals fehlen ließ. Danach erhielt er eine Reihe wichtiger Nachrichten. Die peruanische Regierung hatte in London eine Anleihe aufgenommen, die ihm Ausgaben von etwa drei Millionen Pfund ermöglichen würde. Heres schrieb, Bolivars Anwesenheit in Lima sei nötig, weil sonst die Anleihe vergeudet würde. Das schreibt O'Leary, der es wissen müßte, denn Heres berichtet, daß O'Leary einer der Verschwender gewesen sei. Ferner waren von den zwölftausend Mann, die Bolivar in Kolumbien angefordert hatte, dreitausend unterwegs. Schließlich war die spanische Pazifikflotte durch das Linienschiff «Asia» und die Brigg «Aquiles» verstärkt worden. Das alles, so schrieb Heres, lohne eine Schlacht. Bolivar beschloß, alsbald nach Lima abzureisen, und übergab Sucre das Kommando. Er verließ Sañayca am 7. Oktober und traf drei Tage später in Andahuailas ein.

Diese Reise hat man allgemein als selbstverständlich hingenommen. Ist sie aber nicht doch etwas ungewöhnlich für den Chef einer Armee, der zwar eine Niederlage erlitten hat, aber immer noch furchtgebietend ist? Gewiß war Sucre dem Namen nach Oberbefehlshaber, aber wir wissen aus einem Brief, den Sucre am 28. August 1824 an Bolivar geschrieben hat, daß es bloß eine Bezeichnung «mit unbestimmter und vager Vollmacht» war. Auch konnte Bolivar nicht darüber im Zweifel sein, wie wertvoll die Anwesenheit seiner magnetischen Persönlichkeit für die Truppe war. Daß er deshalb ein schlechtes Gewissen hatte, können wir aus O'Learys lahmen Entschuldigungen und widerspruchsvollen Erklärungen schließen. Wir dürfen daher als sicher annehmen, daß Bolivar, als er die Armee verließ, wußte, wie schäbig er sich benahm. Er wußte es wirklich. Was in ihm damals vorging, liegt auf der Hand. Junin hatte ihm einen Schrecken eingejagt. Er sah die Niederlage vor Augen, eine für ihn endgültige und verhängnisvolle Niederlage inmitten einer feindseligen, prospanischen und antikolumbianischen Bevölkerung, während Callao in spanischen Händen, zwei starke spanische Schiffe in der Nähe und praktisch keine Armee vorhanden war, die ihn dort empfangen konnte. Dazu fast die Gewißheit, daß er gefangengenommen und nach Spanien geschickt würde, um in Mirandas Zelle zu sterben. Zwei Gedanken begannen ihn zu beherrschen: Um seiner persönlichen Sicherheit willen müsse er in der Nähe der Küste bleiben und dort eine weitere Armee aufstellen. Der erste Gedanke beruhte nicht auf Feigheit, Bolivar war kein Feigling, mochte er auch gelegentlich von Panik ergriffen werden. Er erklärt sich daraus, daß Bolivar wußte, welche Rolle er für das Schicksal des Kontinents spielte, und darin hatte er recht. Das wiederum führte zu einer dritten Überlegung: Er mußte seinen Ruhm aufsparen und durfte eine Niederlage nicht riskieren. Die Spanier waren so stark, daß sie es sich leisten konnten abzuziehen, ohne ihre Infanterie und Artillerie einzusetzen; sie konnten getrost ein Kavalleriegefecht verlieren und dann weitermarschieren, während seine Leute von der Höhenkrankheit gelähmt waren. Mußte es eine Niederlage geben, so mochte Sucre sie einstecken. Siegte Sucre aber, so siegten alle mit, zumal der Oberste Befehlshaber. Die Zeit sollte bald beweisen, daß er diese – von den Umständen gerechtfertigte – Überlegung schon angestellt hatte, als er

Sucre im Binnenland zurückließ. Bolivar reiste also an die Küste.

In Huancayo erfuhr er am 24. Oktober, daß der kolumbianische Kongreß das Gesetz vom 9. Oktober 1821 aufgehoben hatte, durch das ihm in allen Gebieten, in denen Krieg geführt wurde, volle Befugnisse, dazu im Süden die volle Befehlsgewalt und das Recht verliehen worden waren, militärische Beförderungen auszusprechen, ohne vorher den Kongreß zu fragen. Er war gekränkt. Dieser Rückschlag war das natürliche Ergebnis zweier verschiedener Motive: Einmal fürchtete man sich ehrlich vor seiner diktatorischen Art, die mißfiel, und zum andern war es jene Mischung aus Eifersucht, Erbitterung, vereiteltem Ehrgeiz und Intrigen, die sich allen großen Männern in den Weg legt. Die Spannung zwischen ihm und Santander war bereits im Wachsen, und zwar eben in der Form, die später zutage treten sollte: der Mann der Gewalt gegen den Mann des Rechts. Als Bolivar um Verstärkungen und Geld um jeden Preis bat, antwortete ihm Santander: «Sie können alles tun und damit durchkommen, ich aber habe einen Kongreß auf dem Buckel.» Haben wir es also wieder mit dem alten spanischen Gegensatz zwischen Degenträger und Robenträger zu tun? Teilweise schon. Aber es ist noch mehr daran. Santander war mit seiner Stellung in der Armee unzufrieden: Jüngere und nicht immer würdigere Männer wurden ihm vorgezogen. O'Leary beschuldigt ihn, er habe die Auflehnung des Kongresses aus Eifersucht auf Sucres Karriere angezettelt. Das braucht nicht völlig falsch zu sein. Santander war nicht ganz aufrichtig, wenn er Bolivar schrieb: «Ich glaube, daß wir unsern Erfolg um so besser sichern, je bescheidener wir [dem Kongreß gegenüber] auftreten», als ob er insoweit mit Bolivar solidarisch wäre. Er hatte jedoch im April 1824 Bolivars Ersuchen um Verstärkungen dem Kongreß mit einer Botschaft zugeleitet, worin er bemerkte: «Wenn der Libertador die von ihm freiwillig übernommene Verpflichtung, Peru zu befreien, erfüllen will und deshalb für nötig hält, daß ihm die kolumbianische Regierung die spärlichen Kräfte zur Verfügung stellt, die sie bei der Verteidigung der Republik kaum entbehren kann, so vergißt er, daß die Regierung sich unweigerlich einer Rechtsordnung unterwerfen muß.» Das war ein deutlicher Wink an den Kongreß, er möge gegen den Diktator entscheiden.

Bolivar durchschaute Santanders Haltung und brach eine Zeitlang die Korrespondenz mit ihm ab, in der er seinem Unterführer stets frei und offen begegnet war. Er trat zurück, unterrichtete Sucre brieflich von der Lage und übertrug ihm das Kommando der kolumbianischen Armee. Das war jedoch ein reines Manöver, denn er blieb ja Diktator von Peru, und schließlich ist derjenige der wirkliche Diktator, der schießt – und das tat Bolivar immer noch reichlich, wohin er auch kam. Die Gewohnheit, jeden mit dem Tode zu bestrafen, der sich seinem ungeduldigen Willen nicht beugte, hatte sich in ihm so festgesetzt, daß ihm dieser Zusammenhang sogar im Scherz einfiel. Lopez berichtet, wie Bolivar ihm für eine Mission einige Weisungen gab und dann scherzend hinzufügte: «Daß Sie mir ja nichts vergessen, sonst lasse ich Sie erschießen.» Das war keine politische Überlegung, sondern beruhte auf Charakter und Erziehung. «Von frühester Kindheit an bin ich sehr schlecht erzogen worden, so daß ich mir von niemand etwas gefallen lassen wollte», schreibt er einmal an Santander.

Sucre kannte Bolivar genau und nahm daher vermutlich die Rücktrittsdrohung eines so mächtigen Mannes nicht allzu ernst. Bolivar begab sich nach Jauja, wo er bis zum 24. Oktober blieb und sich weiter energisch betätigte, ohne mehr an seinen papierenen Rücktritt zu denken. Dann schrieb er an Sucre und mahnte ihn zur Vorsicht gegenüber den Spaniern, bis ihn beträchtliche Verstärkungen erreicht hätten. Es war wenig wahrscheinlich, daß Bolivar diese Weisungen ändern würde, so lästig sie für Sucre auch waren; denn als er am 5. November in Chancay eintraf, das zweihundert Kilometer nördlich von Lima lag, erreichte ihn die Nachricht, daß Luis

Urdaneta zwischen Lima und Callao schwer geschlagen worden war. Er war entrüstet und ließ etliche Offiziere und Soldaten wegen Feigheit kurzerhand erschießen. In der Nacht auf den 7. November zog er düster, schweigend und in sein Unglück vergraben in Lima ein. Ramirez, ein Guerillaführer, der die spanischen Farben zeigte, hatte die Stadt seit Monaten abwechselnd eingenommen und wieder aufgegeben und das als Vorwand für Ausschreitungen aller Art benutzt. Sobald die Bewohner hörten, daß Bolivar in der Stadt war, breitete sich die Begeisterung wie ein Lauffeuer aus. Die Menge hob ihn auf die Schultern und erdrückte ihn fast. Torre-Tagle, Berindoaga, der peruanische Vizepräsident Aliaga und viele andere waren zu den Spaniern übergegangen und befanden sich in Callao. Mit der ihm eigenen Schnelligkeit und Energie schuf er sich eine peruanische Regierung mit Heres als Kriegsminister und stellte dann eine weitere Armee auf.

Am 22. Oktober verließ La Serna an der Spitze von neuntausenddreihundertzehn Mann Cuzco; Canterac war sein Stabschef und Valdés, Monet und Villalobos waren seine Divisionskommandeure. Drei Tage später überquerte er bei Agcha den Apurimac. La Sernas Plan bestand darin, Sucres rückwärtige Verbindungen abzuschneiden. Sucre aber, der in militärischer Hinsicht richtiger und unabhängiger dachte, war es gleichgültig, ob seine rückwärtigen Verbindungen abgeschnitten wurden oder nicht. Er schickte Bolivar einen Plan, demzufolge er die Peruaner La Mar überlassen und mit den Kolumbianern La Serna zuvorkommen und ihn zum Kampf stellen wollte. Bolivar widersetzte sich dem rundheraus. Die Tatsache, daß Bolivar immer wieder darauf bestand, die Armee zusammenzuhalten und die Schlacht nur zu riskieren, wenn sie des Sieges gewiß wären, war die Grundlage von Ayacucho. Vor dem Sieg mußte die Armee der Verbündeten jedoch eine Niederlage einstecken. Vom 1. Dezember an manövrierten die beiden Armeen etwa eine

Woche lang in so geringer Entfernung voneinander, daß ihre Vorposten sich öfters Geplänkel lieferten; diese hatten jedoch keine Folgen, da Sucre sich nicht unabhängig genug von Bolivars Weisungen fühlte und La Serna Schwierigkeiten mit seinen Generälen und mit Olañeta hatte. Am 3. Dezember begab Sucres Armee sich bei Corpaguaico in der Nähe von Matará in einen Engpaß. Valdés war ihm zuvorgekommen und hatte starke Stellungen bezogen. Er ließ die Vorhut ungestört vorüberziehen und fügte dann der Artillerie am Schluß der Kolonne schwere Verluste zu. Sucre verlor einige Geschütze, das halbe Schützenbataillon und fast den ganzen Train, darunter sein persönliches Gepäck. Von jenem Tage an bis zur Schlacht bei Ayacucho lehnten sich die Indianer gegen ihre Befreier auf und warteten nur darauf, jeden, der sich von der Truppe trennte, zu ermorden.

Falls wir O'Connor glauben können, hatte er die Stellung ausgewählt, welche die verbündete Armee bei Ayacucho bezog. Es war eine kleine, etwa neunhundert Meter lange, in ost-westlicher Richtung verlaufende Ebene am Fuß der Condorcanqui-Kette. Sie wurde von zwei Schluchten begrenzt, deren eine tief und unpassierbar war; die andere war weniger tief, doch schnitt eine Abzweigung die Ebene in zwei Teile. Der Scheitelpunkt der beiden Schluchten zur Rechten der Royalisten war der Mittelpunkt der Schlacht. Die Spanier hielten die Flanken des Condorcanqui besetzt: Villalobos zur Linken, Monet im Zentrum und Valdés zur Rechten. Sie zählten jetzt fast siebentausend Mann. Sucre, der fünftausendsiebenhundert Mann hatte, postierte La Mar gegenüber Valdés, Córdoba gegenüber Villalobos und Lara als Reserve am westlichen Ende der Schlachtordnung. «Als die Sonne sich vor unserer Front über dem majestätischen Gipfel des Cundurcunca erhob, schwamm die Landschaft im Licht und schien für das Fest neu gemalt worden zu sein», schreibt Lopez, der dabei war, über diesen Morgen des 9. Dezember. «Um acht Uhr kam General Monet, ein kräftiger, eleganter Mann mit Bart, zu unsern Linien spaziert, rief

Córdoba an und sagte ihm, er komme, um zu fragen, ob nicht diejenigen spanischen Offiziere, die Brüder, Verwandte und Freunde im republikanischen Lager hatten, sich mit diesen vor der Schlacht treffen könnten. Córdoba fragte Sucre, der seine Einwilligung gab. Ungefähr eine halbe Stunde lang unterhielten sich etwa fünfzig Männer aus beiden Lagern an einer neutralen Stelle zwischen den Fronten, nachdem sie ihre Degen vor der Front abgelegt hatten. Währenddessen führten Monet und Córdoba abseits von dieser Gruppe ein diskretes Gespräch. Monet schlug einen Friedensschluß vor; Córdoba nahm den Vorschlag an, wenn Peru unabhängig würde. Monet verwies auf die Stärke der spanischen Armee, worauf Córdoba erwiderte, darüber werde die Schlacht entscheiden. Monet zog sich zurück, und beide Armeen frühstückten in Frieden. Dann begannen alle sich zur Schlacht anzukleiden, als ginge es zur Parade.

Die Republikaner waren bescheiden gekleidet – die Uniformen hatte O'Leary aus Chile geschickt – und trugen dunkle Röcke, so daß die Spanier aus der Ferne glauben mußten, sie hätten es mit einer Armee von Mönchen zu tun. Die Spanier hingegen kleideten sich in leuchtende Farben verschiedener Art, damit ihr Kommandeur es leichter hätte, sie zu verschieben. So konnten die Unabhängigen sich «auf dem Gelbgrün des Cundurcunca an den langen, beweglichen Reihen von weißer, blauer, grüner, grauer, gelber, roter und anderer Farbe, an der Goldstickerei und den bunten Fahnen» freuen, dazu am Glitzern der Ordenssterne und Dekorationen.

«Gegen halb elf Uhr erschien unser alter Freund General Monet in prächtiger Uniform abermals vor unserer Front, ließ General Córdoba rufen und fragte: ‹Herr General, sind wir zu unserer Schlacht bereit?› – ‹Laßt uns kämpfen!› entgegnete Córdoba und begab sich zu Sucre, um Meldung zu machen.» Entsprechend dem Plan kam Valdés zum Angriff herunter, doch sah der Plan vor, daß die Linke der Republikaner auf deren Zentrum und Rechte zurückgewor-

DIE SCHLACHT VON AYACUCHO

fen wurde, wo sie dann, in Unordnung geraten, von den beiden andern Divisionen angegriffen werden sollte. Valdés hatte Erfolg, und die Patrioten begannen zurückzuweichen. Darauf eilten zwei spanische Regimenter unter Rubin de Celis, ohne Befehl dazu zu haben, herbei, um am Sieg teilzuhaben. Sucre schickte Verstärkungen zu La Mar und warf gleichzeitig Millers Kavallerie und Córdobas Division von zweitausendachthundert Mann gegen Rubin de Celis. Córdoba stieß seinen Siegesruf aus: «Soldaten, die Waffen schweigen! Dem Sieg entgegen!» Mit großartigem Mut und eiserner Disziplin rückten seine Soldaten im Feuer des Feindes vor, ohne zu schießen. Monet wurde vorgeschickt, unterstützt von zwei Abteilungen des Regiments Gerona unter Canterac persönlich. Gerade dieser Teil der spanischen Armee begann zu weichen. Rubin de Celis fiel, es entstand Verwirrung, eine Woge von Panik erschütterte die Armee der Royalisten und beschleunigte die Niederlage der beiden Divisionen unter Villalobos und Monet. So konnten die Unabhängigen Valdés umzingeln und auch ihn schlagen. Innerhalb von zwei Stunden hatte Sucre die letzte Schlacht um Spanisch-Amerika gewonnen. Es scheint, als sei die Niederlage eine Nachwirkung des Krieges bis zum Tode gewesen. Die spanischen Offiziere hatten die Kolumbianer als so wilde Männer geschildert, daß die Armee beim leisesten Schwanken des Schlachtenglücks die Flucht ergriffen hatte. Sucre schrieb an Bolivar: «Der Krieg ist zu Ende. Die Freiheit Perus ist vollendet. Als Belohnung erbitte ich mir, daß Sie mir Ihre Freundschaft bewahren.»

Diese Schlacht weist etliche merkwürdige Züge auf. Zunächst begann sie mit einer Verbrüderung, die von beiden Kommandeuren geduldet wurde, obwohl das der sicherste Weg ist, um eine Armee zu demoralisieren. Zweitens war an dieser seltsamen Szene, für die ein Subalternoffizier genügt hätte, auf beiden Seiten ein Divisionskommandeur beteiligt. Drittens führten diese beiden Kommandeure im Angesicht ihrer Truppen eine halbstündige Privatunterhaltung, während die amtliche Fassung dessen, was sie sich gegenseitig erzählten, nicht mehr als fünf Minuten beanspruchen konnte. Viertens kehrte der spanische Gesprächspartner zwei Stunden später zurück, um sein Gegenüber zu fragen, ob er zur Schlacht bereit sei. Fünftens war es, als die Schlacht ihren Höhepunkt erreichte, gerade die Division dieses gesprächigen Kommandeurs, die zu wanken anfing und die Flucht auslöste; dagegen standen die beiden Kompanien des Regiments Gerona, die ihm zu Hilfe kamen und gleichfalls zurückwichen, unter dem persönlichen Befehl von Canterac, der Stabschef und Stellvertreter des Oberbefehlshabers war. Sechstens wurde eine an Zahl, Ausbildung und Manneszucht überlegene Armee geschlagen, obwohl sie noch über zweitausend Soldaten verfügte, die sich nach der Schlacht ergeben mußten. Siebtens setzte ein Mann von Canteracs militärischen Gaben seine Kavallerie dem Nachteil aus, daß sie von Steilhängen herab das Schlachtfeld erreichen mußte; dadurch boten die Männer, während sie ihre Pferde vorsichtig hinabführten, dem Gegner ein sicheres Ziel. Achtens stürzte sich der Vizekönig ins Getümmel und wurde unschwer gefangengenommen. Neuntens dauerte die letzte Schlacht, die für ihr Land entscheidend sein mußte, für die spanischen Generäle nur zwei Stunden. Zehntens enthält Sucres amtlicher Bericht über diese Schlacht, die seine glänzendste Ruhmestat war, äußerst wenige Einzelheiten und ist in der Darstellung höchst verschwommen. Canteracs Bericht hingegen beschränkt sich ganz darauf, die Kapitulation zu rechtfertigen, enthält aber auch keine Einzelheiten. Elftens waren Sucres Bedingungen außerordentlich großzügig.

Das alles gestattet nur eine einzige Erklärung: Monet war gekommen, um bereits vorher über die Kapitulation der königstreuen Generäle zu verhandeln. Etwas anderes konnten die spanischen Generäle schwerlich tun, wenn sie sich nicht kampflos ergeben wollten, was übrigens Monet vielleicht auch vorgeschlagen hatte. Ihre Stellung war unhaltbar.

Zur Linken hatten sie (politisch verstanden) die Unabhängigen, zur Rechten Olañeta. Ferdinand war Absolutist und mußte früher oder später Olañeta gegen sie unterstützen. Für wen oder was kämpften sie eigentlich? Es ist so gut wie sicher, daß Canterac und Monet diese Bewegung anführten und daß La Serna und Valdés ihnen widerstrebend folgten. Das würde erklären, warum La Serna sich absichtlich ins Getümmel stürzte und eine Verwundung als Alibi suchte. Ein letzter Hinweis darauf, daß die Schlacht für die Spanier nur ein Manöver war, um ihr Gesicht zu wahren, findet sich in einem andern Zwiegespräch, das von dem Augenzeugen Lopez überliefert wird. Valdés saß niedergeschlagen auf einem Felsen, während noch vereinzelt gekämpft wurde. Bei ihm war ein Major Mediavilla, der Lopez die Geschichte erzählt hat. «‹Mediavilla›, sagte Valdés mit verzweiflungsvoll bitterem Tonfall, ‹melden Sie dem Vizekönig, daß der Teufel diese Komödie gestohlen hat.› ‹Was wollen Sie machen?› fragte der Offizier. ‹Ich weiß nicht›, entgegnete Valdés. ‹Wir können immer noch ehrenvoll kapitulieren.› ‹Sie haben recht›, antwortete Valdés.» Wir wissen also von Valdés, daß die Schlacht eine Komödie war.

Offiziell wurde die Kapitulation nach der Schlacht zwischen Canterac und La Mar ausgehandelt, und die Bedingungen waren denkbar großzügig. Die Armee, die sich ergab, umfaßte den Vizekönig, fünfzehn Generäle, sechzehn Obersten, fünfhundertzweiundfünfzig sonstige Offiziere und zweitausend Soldaten; die Soldaten wurden fast ausnahmslos in die Armee der Unabhängigen übernommen. Die Nachricht von dem Sieg erreichte die Küste erst ziemlich spät, weil Oberst Medina, den Sucre als Kurier entsandt hatte, auf der Brücke von Isuchaca von Indianern zu Tode gesteinigt wurde. Lima hörte von dem Sieg am 21. Dezember. An demselben Abend erließ Bolivar eine Proklamation, die ihm zur Ehre gereicht: «Die Befreiungsarmee unter dem unerschrockenen General Sucre hat den Krieg in Peru und auf dem amerikanischen Kontinent überhaupt mit dem glänzendsten Sieg beendet, den Waffen jemals in der Neuen Welt errungen haben.» Diesmal sparte Bolivar nicht mit Lob für seinen jungen Rivalen. Die Präambel seines Dekrets über Belohnungen beginnt: «Dieweil diese ruhmreiche Schlacht ausschließlich der Tüchtigkeit, dem Mut und dem Heldentum von General Sucre, seinen Generälen, Offizieren und seiner Armee zu verdanken ist...» Die Belohnungen waren sehr großzügig, allerdings auch vollauf verdient. Sucre wurde zum Feldmarschall ernannt und erhielt den Titel eines Libertadors von Peru. Ferner wurde verordnet, auf dem Schlachtfeld solle eine Pyramide mit seiner Büste errichtet werden. Bei alledem ließ Bolivar sich von zwei Beweggründen leiten. Einerseits wollte er die Schlacht bei Ayacucho von dem Verdacht befreien, den ihre vielen seltsamen Begleiterscheinungen unweigerlich hervorrufen mußten und auch in der Tat schon bald in der Neuen Welt und in Spanien hervorriefen. Andererseits wollte er seinem eigenen Gewissen Ruhe verschaffen. Er muß über diesen Sieg um so glücklicher und dankbarer gewesen sein, als er sein Schuldbewußtsein gegenüber Sucre sühnte, den er in seinem Innern einer Niederlage ausgesetzt und geopfert hatte.

Außerdem empfand er natürlich aufrichtige Dankbarkeit, wie er auch aufrichtige Freundschaft empfand. Bolivar liebte Sucre wie einen Sohn, und Sucre verdiente das angesichts seiner Treue, seiner inneren Unabhängigkeit und seines Mannesmutes, mit dem er Bolivar seine Meinung auch dann sagte, wenn er mit ihm nicht übereinstimmte. Vielleicht läßt Bolivars Korrespondenz jetzt auch eine gewisse Milderung seines Wesens erkennen. Nicht, als ob sein altes Ich leicht absterben würde. Beachtlich ist der Brief, den er einen Tag, ehe er amtlich vom Sieg unterrichtet wurde, als aber schon Gerüchte davon wissen wollten, an Santander schrieb; er brach damit ein langes Schweigen, da ihn nun Sucres Sieg von der Demütigung und dem Gefühl der Unterlegenheit befreite, die ihm Santander bereitet hatte. «Sucre hat den glänzendsten Sieg des amerikanischen Krieges errungen. Ich finde ihn dessen durchaus würdig», schrieb er an den Mann, von dem er glaubte, daß er auf Sucres Karriere eifersüchtig war. Dann kündigte er an, daß in den nächsten zwei Monaten der peruanische Kongreß zusammentreten, Callao fallen und er damit die Freiheit gewinnen würde, nach Europa abzureisen; denn er sei des Herrschens müde.

Natürlich dachte er nicht ernstlich daran. Am 15. November 1824 hatte er an den Abbé de Pradt geschrieben, ihn nach Venezuela eingeladen und ihm aus seinem Privatvermögen eine Jahrespension von fünfzehntausend Duros angeboten. In diesem Briefwechsel zeigt sich, daß seine Entschlossenheit und sein Herrschaftswille ungebrochen waren. Gleichwohl heuchelte er nicht. Wir wissen ja, daß Bolivars Wesen nicht aus einem Guß war. Er barg in seinem Inneren leere Räume und Zusammenhanglosigkeiten, die es ihm ermöglichten, gleichzeitig in verschiedenen Richtungen aufrichtig zu sein. Er hatte wirklich Lust, alles hinzuwerfen und abzureisen, zugleich aber wollte er auch bleiben und die Schalthebel der Macht fest in beide Hände nehmen. Es scheint jedoch, als habe er damals nach so vielfältigen Erlebnissen ein Gefühl der Enttäuschung gehabt. Während des Junin-Feldzuges war er täglich neben O'Higgins geritten, dem ehemaligen Befreier Chiles, den das befreite Land nun verbannt hatte; er hatte nicht gewagt, O'Higgins ein Kommando zu geben, das dieser sich sehnlich wünschte, weil er fürchtete, er könne die chilenische Regierung damit kränken, auf deren Hilfe er angewiesen war. Dann war da San Martin, dessen Stern am Horizont versunken war. Ferner Iturbide, über den er im November an Santander schrieb: «Hier drüben erzählt man sich, daß Iturbide in Soto la Marina erschossen worden sei; ich wäre froh, wenn das zuträfe, denn er hätte in Mexiko abermals Revolution machen können.» Das alles spukte in seinem Kopf. Er spricht immer noch von dem «großen Napoleon», war aber allzu scharfsinnig, als daß er sich mit äußerem Schein zufrieden gab, und durchschaute sein eigenes

Cäsarentum. Seine vertraulicheren Briefe verraten die Sorgen, die er sich damals machte: «Ich kann Ihnen offen gestehen, daß die Vergangenheit ein blumiger Pfad war und daß mein Kummer noch vor mir liegt. Die Zukunft ist meine Qual, mein Martyrium. Meine Traurigkeit entspringt aus meiner Weltanschauung ... Ich bin ein Philosoph eher des Wohlstandes als des Mißgeschicks ... Wenn ich traurig bin, so um Euer aller willen; mein Glück hat mich so hoch emporgehoben, da ist es kaum wahrscheinlich, daß ich Unglück haben werde ... In dieser unseligen Revolution ist der Sieg ebenso unheilvoll wie die Niederlage. Wir werden immer Tränen über unser Schicksal vergießen müssen. Mit den Spaniern wird es bald zu Ende sein, aber wann mit uns? Gleich dem verwundeten Reh tragen wir in unserer Seite den Pfeil, der unweigerlich unsern Tod herbeiführen muß; denn unser Blut ist unser Gift. Glücklich sind jene, die sterben, ehe sie erleben, wie dieses blutige Drama endet. Sie haben wenigstens diesen einen Hoffnungsstrahl, daß das, was geschehen wird, nicht geschehen möge. Das ist alles, was ich mir nach dem Krieg wünsche. Leben Sie wohl, lieber Freund, und trösten Sie sich mit dem Gedanken, daß unser Tod, so traurig er auch sein mag, immer noch heiterer sein wird als unser Leben.» Solches dachte Bolivar über die von ihm begonnene Revolution zu der Zeit, da sie unter Sucre bei Ayacucho ihren Triumph erlebte.

DRITTER TEIL

Das Andenreich

ERSTES KAPITEL

Die Versuchung der Krone

Das Jahr 1825 begann für Bolivar unter günstigen internationalen Vorzeichen. Am 31. Dezember 1824 hatte Canning Kolumbien anerkannt. Zu Anfang des Jahres hatte er sich als Vermittler zwischen Spanien und seinen überseeischen Königreichen angeboten. Er hatte Spanien insgeheim vorgeschlagen, er wolle ihm Kuba garantieren, wenn dafür die Besitzungen auf dem Festland friedlich abgetrennt würden. Das Angebot wurde nicht angenommen. Dabei stand Canning fast allein, da weder der König noch die meisten seiner Kollegen im Kabinett ihn unterstützten. Schließlich kam ihm die City zu Hilfe, die auf schnelle Anerkennung der spanisch-amerikanischen Staaten drängte. Andererseits entzog sich Frankreich allen Aufforderungen, das von ihm immer noch besetzte Spanien zu räumen. Um diesen Machtzuwachs Frankreichs aufzuwiegen, forderte Canning «die Trennung der Hilfsquellen Spanisch-Amerikas von Spanien». Obwohl der König erst am 30. Januar 1825 endgültig zustimmte, hatte Canning schon einen Monat vorher auf eigene Verantwortung die Anerkennung ausgesprochen.

Nachdem Manuel Torres im September 1822 gestorben war, hatte die kolumbianische Regierung José Maria Salazar als bevollmächtigten Gesandten nach Washington geschickt, wo er im Juli 1823 Präsident Monroe sein Beglaubigungsschreiben überreichte. Als amerikanischer Gesandter in Kolumbien traf Richard C. Anderson im Dezember 1823 in

Bogotá ein und überreichte Santander sein Beglaubigungsschreiben. Er kam mit der Weisung, über einen Handelsvertrag zu verhandeln, in den die kolumbianische Regierung eine Zwangsschiedsklausel aufzunehmen versuchte, was die amerikanische Regierung jedoch ablehnte. Ebensowenig Erfolg hatte Kolumbien mit dem Versuch, den Handel mit Negersklaven abzuschaffen, denn der diesbezügliche Vertrag, den Gual vorgeschlagen und im Dezember 1824 mit Anderson in Bogotá unterzeichnet hatte, wurde vom amerikanischen Senat abgelehnt. Anderson berichtete während seines Aufenthalts in Bogotá über einen ständigen Strom europäischer Sendboten, die damals Spanisch-Amerika überschwemmten und nach Mitteilung des kolumbianischen Außenministers Gual alle Abneigung gegen republikanische Einrichtungen bekundeten.

Anderson meinte, die kolumbianische Regierung interessiere sich vor allem für eine Föderation amerikanischer Staaten. Das war von Anfang an eine von Bolivars Lieblingsideen gewesen. Schon in einem Aufsatz, den er 1810 in der Londoner Zeitung «Morning Chronicle» veröffentlicht hatte, war er darauf eingegangen, und in seinem ganzen umfangreichen politischen Schrifttum bleibt er dem Gedanken der Einheit des (spanisch-)amerikanischen Kontinents treu. In dieser Hinsicht trifft man manchmal auf eine falsche historische Betrachtungsweise, die zur Folge hat, daß man Bolivar eine Art von Seherblick und die zusammenfassende Kraft zuschreibt, die zwanzig Nationen Spanisch-Amerikas in einem riesigen Staatenbund zu vereinigen. Wenn Bolivar sich an alle Amerikaner wendet und sie dabei als «Conciudadanos» anredet, so beschwört er damit weniger die Zukunft als die Vergangenheit. Bolivar empfahl nicht die Einheit Spanisch-Amerikas, sondern er hielt sie für selbstverständlich, lebte und atmete in ihr. Seine Armee wurde von Männern geführt, die aus allen spanisch-amerikanischen Ländern und auch aus Spanien selber kamen. In seiner Regierung saßen häufig nicht nur Granadinos wie Córdoba und Zea, sondern auch der Kubaner Yanes; zum Gesandten in Mexiko ernannte er den Mexikaner Santa Maria und zu seinem ersten Gesandten in Washington den europäischen Spanier Torres. So sehr er auch sein Leben der Zerstörung der Einheit widmen mochte, die Spanien in der Neuen Welt geschaffen hatte, so machte gerade diese Einheit ihn mehr als alles andere zu einer Gestalt von kontinentaler Bedeutung. Wären Neugranada französisch und Peru britisch gewesen, so wäre Bolivar immer nur ein Venezolaner geblieben und wahrscheinlich in Cadiz im Kerker gestorben. Bei seiner föderalistischen Politik dachte Bolivar übrigens nicht in kontinentalen Begriffen, auch nicht (wie man heute sagt) in ibero-amerikanischen Begriffen, sondern in dem Begriff *«la América antes española»*. Er versuchte also mit republikanisch-föderalistischem Zement das alte spanische Bauwerk, das er mit seinem politischen Sprengstoff nahezu demoliert hatte, wieder zusammenzukitten.

Bolivar hatte am 7. Dezember 1824 die Regierungen von Kolumbien, Mexiko, Buenos Aires, Chile und Guatemala zu einer Zusammenkunft in Panama eingeladen. Er hatte das als Chef der peruanischen Regierung und nicht als Präsident von Kolumbien getan, was er damals auch war, und er begann sein Rundschreiben mit der damals unter Staatsoberhäuptern üblichen Formel: «Großer und guter Freund.» Es war angemessen, daß ein solches Dokument nicht in Bogotá, sondern in Lima, und zwar von einem Mann aus Caracas unterzeichnet wurde, der aber peruanisches Staatsoberhaupt war. Sein erstes Ziel war nämlich, unter republikanischer Flagge die Einheit Spanisch-Amerikas wiederherzustellen, die der Vizekönig von Peru verkörpert hatte und die aus geographischen und politischen Gründen Lima zur Hauptstadt der spanischen Neuen Welt hatte werden lassen. Ferner verfolgte Bolivar das Ziel, seinen Machtbereich zu erweitern und mit einem Schlage Monokrat der spanischen Neuen Welt zu werden. Daran kann man nicht zweifeln, wenn man das Rundschreiben liest und dabei bedenkt, mit wieviel Geschick

Bolivar immer wieder Versammlungen dazu benutzt, diktatorische Vollmachten zu erlangen. Er nennt als sein Ziel «ein System von Garantien, die in Krieg und Frieden der Schild unseres Schicksals sein können... Die Fundamente eines solchen Systems zu schaffen und die Macht dieses großen Gemeinwesens (des früheren spanischen Reiches) zu festigen, ist die Aufgabe einer obersten Behörde, welche die Politik unserer Regierungen bestimmen, durch ihren Einfluß die Einheitlichkeit ihrer Grundsätze erhalten und durch ihren bloßen Namen jeden Sturm beschwichtigen kann. Eine solche achtenswerte Behörde kann nur in einer Versammlung von Bevollmächtigten bestehen..., die sich im Zeichen des Sieges treffen, den unsere Waffen über Spaniens Macht errungen haben.» Am 22. Dezember 1824 trat er als Präsident von Kolumbien zurück.

Bolivar regierte Peru mit Hilfe dreier Männer: des Peruaners Unanúe und Sanchez Carrións und des Kolumbianers Heres. Unanúe, ein alter Gelehrter und Verfasser einer Studie über das Klima von Lima, war Finanzminister. Sanchez Carrión, 1787 in Huamachuco geboren, war ein redegewandter Anwalt, der Erzfeind Monteagudos und ehemals als Sekretär des ersten Kongresses von Lima einer der Führer der Republikanischen Partei. Heres war Soldat und Bolivar völlig ergeben. Er war in Lima ebenso verhaßt wie Pérez, Bolivars Kriegsminister. Die Qualität der Männer, mit denen Bolivar sich umgab, ist einer seiner unerfreulichsten Charakterzüge. Während der Krise, die bald zu Bolivars erster Diktatur führen sollte, empfing der Marquis von Torre-Tagle eine Reihe von einflußreichen Kolumbianern und Peruanern in seinem Hause zu einer Besprechung der Lage. Pérez schlug eine Anleihe vor, um die Truppe zu besänftigen. «Wieviel wollen Sie dazu beitragen?» fragte ihn die Marquise. «Will man nämlich den Gerüchten glauben, so unterhalten Sie eine Geliebte und eine Equipage.» Das war eine nur zu wahre Anklage gegen den Luxus, in dem manche dieser Obersten lebten, während ihre Truppe hungerte. Pérez antwortete: «Niemand sollte etwas auf Gerüchte geben, Madame, denn sonst müßten wir glauben, daß sich in Ihre Gunst der Marquis und ein junger Leutnant teilen.» Das war das Niveau von Bolivars engstem Mitarbeiter.

Auf seine sehr persönliche Weise hatte er auch Bernardo Monteagudo für seine Regierungsmannschaft gewonnen, San Martins bösen Geist, den der Kongreß von Lima auf Carrións Betreiben verbannt hatte. Monteagudo war der Vorkämpfer des Monarchismus in Südamerika. Bolivar war ihm im Herbst 1823 in Iberia zwischen Quito und Pasto begegnet, wohin er sich nach dem Feldzug gegen Pasto zur Erholung begeben hatte. Der verbannte Monteagudo besuchte ihn und wurde «gastfrei und höflich» empfangen. Sie hatten zwei gemeinsame Interessen, «Monokratie» und eine spanisch-amerikanische Föderation. Bolivar hielt ihn in seiner Nähe fest. O'Connor berichtet, wie fast genau ein Jahr später, während des Feldzuges von Ayacucho, «während wir bergab auf ein Dorf zu marschierten, wo wir die Nacht verbringen wollten, Monteagudo schweigsam und nachdenklich auf mich zukam, sich vor den Kopf schlug und ausrief: ‹Ich hab's!› – ‹Was?› fragte ich. ‹Die Chiffre›, antwortete er.» Er bezog sich auf einen Brief Canteracs an Rodil, den Kommandanten von Callao, der abgefangen worden war. «Die schwierigste Chiffre, die mir in meinem Leben begegnet ist», schreibt der spanisch-amerikanische Fouché – aber er hatte sie gelöst. Monteagudo war der erklärte Feind von Sanchez Carrión; als man ihn am 28. Januar mit einem Messer im Herzen auf einer Straße in Lima tot auffand, zeigte die öffentliche Meinung auf Bolivars Außenminister. Bolivar machte den wirklichen Mörder, einen Neger, ausfindig, ließ ihn sich vorführen und auf der Stelle foltern, was gegen alle peruanischen und spanischen Gesetze verstieß, und entrang ihm das Geständnis, daß Sanchez Carrión der Anstifter war. Nachdem er sich mit Unanúe und Heres beraten hatte, wurde die Sache vertuscht und der Neger nach Haiti geschickt.

Heres aber war mit Monteagudo eng befreundet gewesen und schaffte es bis zum Mai desselben Jahres, Carrión eigenhändig zu vergiften.

Bolivar wurde dafür verantwortlich gemacht und sogar von seinen Feinden beschuldigt, er habe an dem Mord mitgewirkt. Das war ein unsinniger Vorwurf. Er ist verantwortlich dafür, daß er als vertraute Mitarbeiter Männer ausgewählt hatte, unter denen sich dergleichen abspielen konnte; daß er aber mitwirken sollte, um den Mann zu ermorden, den er sich als Vertrauten ausgewählt hatte, ist undenkbar. Seine lebhafte Anteilnahme an dem Verbrechen beruhte auf der Annahme, es handele sich um den Teil einer royalistischen Verschwörung mit dem Ziel, ihn zu ermorden. Bolivar hatte damals viele wütende Feinde, und gerade sein Erfolg schuf ihm täglich neue. Peru lag ihm buchstäblich zu Füßen. Als der Peruaner Don Manuel Lorenzo Vidaurre, der früher Oidor der Audiencia von El Cuzco gewesen war, eines Tages sah, daß Bolivar schlecht auf sein Pferd kam, fiel er auf alle viere nieder, um die Ehre zu genießen, daß der große Mann ihm den Fuß auf den Rücken setzte. Bolivar ernannte ihn zum Präsidenten des Obersten Gerichtshofs. Die Frauen rissen sich um die Ehre, als seine Geliebte ins Gerede zu kommen, und zwischen Epistel und Evangelium wurden ihm zu Ehren Hymnen gesungen, deren Lobhudelei bemerkenswerter war als ihre Schönheit. In einer solchen Atmosphäre persönlichen Regiments trat der Kongreß zusammen. Das Land war weniger begeistert als die amtlichen Kreise, und viele Kongreßmitglieder waren gegen Bolivar und erst recht gegen eine Verlängerung der kolumbianischen Besetzung. Die «Befreier» stellten bald fest, daß das Volk ihrer allenthalben müde war, weil sie sich wie eine Besatzungstruppe benahmen. Das geschah sogar in Kolumbien. So hatte sich am 8. Februar in Bogotá eine merkwürdige Szene abgespielt. Der Kongreß war zusammengetreten, um über Bolivars Rücktritt als Präsident zu beraten. «Nach der Verlesung herrschte im Saal tiefstes Schweigen.» (Das konnte für den abgehenden Präsidenten kein günstiges Omen sein; wie Satander am 6. Mai 1825 an Bolivar schrieb, «hegen die Kongreßmitglieder tödlichen Haß gegen die Befreier des Vaterlandes».) Restrepo berichtet weiter: «Als fünfzehn Minuten vergangen waren, ohne daß jemand das Schweigen gebrochen hatte, ordnete der Präsident des Senats eine Abstimmung an; mit einundzwanzig Stimmen der Senatoren und zweiundfünfzig Stimmen der Abgeordneten wurde der Rücktritt einmütig nicht angenommen. Wiederholte Hurrarufe brachen das majestätische Schweigen, das bis dahin im Saal geherrscht hatte.

Am Morgen des 10. Februar 1825 verkündeten einundzwanzig Salutschüsse der Stadt Lima, daß abermals einer der farbenreichen Staatsakte begann, mit denen Bolivar während seiner ganzen Laufbahn eine Nation nach der andern vor seinen Triumphwagen spannte. Der Kongreß schickte eine Kommission in den Palast, um Bolivar von seinem Zusammentritt zu unterrichten. Der Präsident des Kongresses, der an der Spitze der Kommission stand, kam Bolivars Absichten zuvor und erklärte: «Der Kongreß bebt bei dem bloßen Gedanken, Euer Exzellenz könnten auch nur ein Wort darüber verlieren, daß Sie jene höchste Gewalt niederlegen möchten, durch die vor Jahresfrist unser Schicksal gewendet wurde.» Begleitet von der Kommission und gefolgt von einem feierlichen Zug aller Behörden, schritt Bolivar durch die Straßen, in denen Truppen Spalier standen und eine begeisterte Menge sich drängte, die Blumen warf und ihrem Befreier zujubelte. Nach einem kurzen Überblick über seine politische und militärische Tätigkeit gebrauchte Bolivar Worte, die Bewunderung verdienen, weil sie ebenso kühn wie listig sind: «Ich möchte dem Volke Glück dazu wünschen, daß es von den furchtbarsten Dingen auf dieser Welt befreit worden ist: vom Krieg durch den Sieg bei Ayacucho und von der Tyrannei durch meinen Rücktritt.» Dann gab er bekannt, daß er, wenn er die spanischen Streitkräfte in Cuzco erledigt hätte, heimkehren würde. Der Präsident des Kongresses bestand darauf, daß er bliebe: «Möge die Vorsehung, nachdem sie beschlossen hatte, Peru zu retten, dem Lande nunmehr diese neuen Opfer des Genius der Freiheit gewähren.» Dann erinnerte Bolivar, noch kühner und noch listiger, den Kongreß daran, daß er ein Ausländer sei und daß der Kongreß kein Recht habe, die Souveränität des Volkes zu veräußern. Der Kongreß aber war entschlossen, seine Souveränität auf Bolivar zu übertragen, und verabschiedete selbigen Tages noch ein Gesetz, durch das Bolivar noch mehr Befugnisse erhielt, als er während des Krieges innegehabt hatte. «Ich versuchte, ihren Nationalstolz zu kränken», schrieb Bolivar, «damit meine Stimme gehört und Peru nicht von einem Kolumbianer regiert würde.» Aber alles war vergeblich: «Die Stimme Perus sprach lauter als die Stimme meines Gewissens.» In Wirklichkeit hatte er schon im Januar an Santander geschrieben, er wolle zunächst bleiben, die Feldzüge gegen Olañeta und Callao beenden und die Konföderation durchbringen. Seine damalige Geistesverfassung geht aus dem Schluß des Briefes hervor, wo er wieder einmal die drei Namen zusammenbringt, die ihn mehr als alles andere beschäftigen: Iturbide, Napoleon und Bolivar.

«Die Äußerungen einiger Kongreßmitglieder», schreibt der peruanische Historiker Paz Soldán, «ihre Gesten, ihre bloße Begeisterung übertrafen noch die demütigste Unterwürfigkeit.» Der Kongreß verabschiedete eine Dankadresse an Kolumbien und beschloß, als Ausdruck seiner Dankbarkeit eine Medaille zu prägen und Bolivar ein Standbild zu errichten. Sucre wurde zum Großmarschall von Ayacucho ernannt und bekam zweihunderttausend Pesos und ein üppiges Landgut. Bolivar bekam eine Million Pesos für seine Armee, die er annahm und verteilte, und eine weitere Million für sich selber, die er ablehnte (die jedoch seine Erben 1851 noch beansprucht und kassiert haben). Kein General und keine Einheit der peruanischen Armee bekam eine einzige Belohnung. Bolivar verlor keine Zeit, sondern schaffte sich alsbald den Kleinkram des Regierens vom Halse. Er schuf einen Regentschaftsrat mit La Mar als Präsidenten und Unanúe und Carrión als weiteren Mitgliedern, dem er seine Vollmachten übertrug; der Rat war gehalten, seine Weisungen auszuführen, wie sie ihm von Bolivars Kriegsminister (einem Venezolaner) übermittelt würden. Dieser sollte ihn auf seinen Reisen begleiten. Die Zeit verging. La Mar war damit beschäftigt, Callao zu belagern, wo sich der Spanier Rodil trotz Ayacucho weigerte zu kapitulieren. Carrión war krank. Bolivar ernannte daher an ihrer Stelle Unanúe zum Präsidenten und ferner seinen Kriegsminister Heres, den er nun in Lima zu lassen beschloß, und dazu noch als Finanzminister den Peruaner Don José Maria Pando, der in Spanien Staatsminister gewesen war; Pando war ein gemäßigter Liberaler und Monarchist. Ehe Bolivar nach dem Süden abreiste, beschloß er, den Kongreß aufzulösen; wie ein peruanischer Chronist meint, «fürchtete er, der Kongreß könne sich auf seine nationale Würde besinnen und seine Beschlüsse aufheben». Ein Auflösungsantrag, den seine beiden Vertrauensleute Ortiz, ein Kolumbianer, und Pedemonte einbrachten, wurde «mit einem klaren, wenngleich untertänigen Bericht» gebilligt; so beging der Kongreß am 10. März 1825 Selbstmord.

Wie ertrug Bolivar seinen Erfolg? Mit einer Ausnahme recht gut. Die Ausnahme war sein Liebesleben. Er widmete sich den Vergnügungen einer Stadt, die von alters her für Schönheit und Eleganz berühmt war und in der ihn sein politischer und militärischer Ruhm dem schönen Geschlecht unwiderstehlich machte. Sein Leben in Lima untergrub seine Gesundheit und trug zu seinem frühen Tode bei. Im übrigen erwies sich Bolivar seines Erfolges würdig. Er blieb so großmütig und höflich wie immer und war gegenüber Sucre und Santander ein Muster an Freundschaft und Verständnis. Ständig drängte er Sucre, er solle ehrgeiziger sein. Der jugendliche General hatte um Enthebung von seinem Kommando gebeten, sobald Oberperu befriedet worden war, weil er sich, da sein Vater im Juli des Vorjahres gestorben war, seinen Familienangelegenheiten widmen wollte. Bolivar schreibt ihm: «Mein lieber General, erfüllen Sie Ihre Bestimmung, ergeben Sie sich dem Glück, das Sie umwirbt, folgen Sie nicht dem Beispiel Iturbides und San Martins, die den Ruhm verschmähten, der sie aufsuchte. Sie vermögen alles und sollten nicht zaudern, sich vom Glück leiten zu lassen ... Ich bin nicht ehrgeizig, aber ich sehe, daß Sie ein wenig ehrgeizig sein sollten, um es mir gleichzutun oder mich zu übertreffen. Bedenken Sie, daß Sie in mir einen liebenden Vater besitzen, der sich des Ruhms seines Sohnes immerdar freuen wird.» Das waren nicht nur leere Worte. In einem späteren Brief, in dem er ziemlich scharf von der Meinung seines Stellvertreters abweichen muß, fügt er mit Recht hinzu: «Glauben Sie mir, niemandem ist Ihr Ruhm lieber als mir. Kein Chef hat einem Untergebenen schönere Anerkennung gezollt. Gerade jetzt wird Ihre Lebensbeschreibung gedruckt, die ich geschrieben habe und in der ich, um meinem Gewissen Genüge zu tun, Ihnen alles gebe, was Sie verdienen.» So war es auch, und das ehrt Bolivar. Ein nicht weniger nobler Absatz findet sich in dem Brief an Santander vom 9. Februar 1825, der hier zitiert werden muß, weil er zu dem berühmten Beinamen Anlaß gab, den Santander seither geführt hat. «Je mehr ich von Ihrer Tätigkeit sehe, um so mehr betrachte ich Sie als den Helden der Regierung in Amerika ... Es ist großartig, daß zwei meiner Freunde und Mitarbeiter sich in meiner Hand zu Wundermenschen entwickelt haben. Ihr und Sucres Ruhm sind unermeßlich. Wäre der Neid mir nicht fremd, so würde ich neidisch sein. Ich bin der Mann der Schwierigkeiten, Sie der Mann des Gesetzes, Sucre der Mann der Schlachten.» Das schrieb er, weil er wußte, daß Santander grün vor Neid war. Und abermals: «Wäre ich neidisch, so verdiente ich nicht, Mensch genannt zu werden. Leider ist das eine Regung, die manche hervorragende Männer zum Schaden ihrer Vorzüge befällt.»

Hinter dieser Großzügigkeit steckt mehr, als auf den ersten Blick erkennbar ist. Gegenüber Santander zielt seine Großzügigkeit offenbar auf dessen Neid, aber auch gegenüber Sucre ist Bolivars Großzügigkeit nicht weniger berechnet und absichtsvoll. Nicht zufällig oder nur bildlich schrieb er Sätze wie diesen: «In mir besitzen Sie einen liebenden Vater, der sich des Ruhms seines Sohnes immerdar freuen wird.» Bolivar hatte keine Söhne. Ohne Söhne keine Dynastie. Ohne Dynastie keine Monarchie. Also ...

Am 7. März 1825, nur wenige Wochen nach seinem väterlichen Brief an Sucre, schrieb Bolivar an Restrepo folgende rätselhafte Sätze: «Insgeheim habe ich eine Idee, die ich nicht enthüllen kann, solange ich an der Macht bin. Sie können Kolumbien retten oder verdammen; verdammen, meine ich, falls sie nicht ausgeführt wird.» Was war diese Idee? Er meint unbedingt, daß sie geheim bleiben müsse, solange er an der Macht ist. Die unmittelbar vorhergehenden Worte lauten: «Ich möchte tatsächlich die Macht los sein, um meinem Lande eine wirkliche Segnung zuteil werden zu lassen. Diese Segnung wird später offenkundig werden.» Das Geheimnis wird noch undurchdringlicher, wenn man den davor stehenden Satz betrachtet: «Sie schmeicheln mir sehr, wenn Sie sagen, mir solle gestattet werden, in wohlverdienter Muße zu leben und nur dem Namen nach Präsident zu sein. Das ist schmeichelhaft, befriedigt mich aber nicht.» Anscheinend war also das, was ihm im Weg stand und ihn hinderte, der Nation seine Wohltat zu offenbaren, nicht die Macht, sondern seine überragende Stellung als Präsident, mochte diese nun nur formale oder reale Bedeutung haben. Nun hat Bolivar einen Tag später einen wichtigen Brief an Santander geschrieben: «Zudem erscheint es mir ratsam zu prüfen, worauf die Franzosen schließlich hinauswollen. Sie wissen, daß Polignac [der französische Botschafter in London] den peruanischen Delegierten mitgeteilt hat, Frankreich wolle, daß wir eine monarchische oder doch mindestens aristokratische Regierung bekommen. Ferner hat Polignac den peruanischen Delegierten gesagt, *es sei ihnen ziemlich gleich, ob in Amerika europäische Fürsten oder revolutionäre Generäle gekrönt würden.* (Die Unterstreichung stammt von Bolivar.) Es sieht also so aus, als verlangten sie von uns nichts weiter als ein dem europäischen ähnliches System, ohne daß sie Wert darauf legten, uns ans Mutterland zu binden. In Spanien haben die Franzosen sich bemüht, die Verfassung auf ähnliche Weise wie ihre eigene zu reformieren. Die Spanier haben sich, sehr zu ihrem Schaden, geweigert. Sollten wir ihrem Vorbild folgen, so wüßte ich nicht, was wir damit gewinnen könnten. Ganz Europa würde gegen uns sein und Amerika verwüstet werden.»

Seine geheime Idee war also – eine Monarchie. Der weitere Inhalt des Briefes macht das deutlich. «Die Engländer und die Amerikaner sind nur zeitweilig Verbündete und sehr selbstsüchtig. Es erscheint daher ratsam, freundschaftliche Beziehungen zu den Herren Verbündeten [d. h. zur Heiligen Allianz] aufzunehmen und mit ihnen in nachgiebigen und liebenswürdigen Tönen zu reden, um ihnen eine endgültige Entscheidung abzuringen und Zeit zu gewinnen.» Und weiter: «Wollten die [Spanisch-]Amerikaner mir nur glauben, so würde ich ihnen das Mittel [nämlich die ‹geheime Idee›] verraten, mit dem sie den Krieg vermeiden und sich ihre volle, absolute Freiheit bewahren können. Einstweilen bestehe ich auf der Isthmus-Konferenz.» Man beachte, wie er in Gedanken die nach Panama einberufene Versammlung mit dem Plan einer Monarchie verbindet und dadurch das vorher Gesagte bestätigt. Schließlich kommt eine klare Enthüllung seines Gedankenganges: «Für mich verlange ich nichts, gar nichts, absolut nichts. Soviel Gerechtigkeit, werden Sie, der mich kennt, und die andern, die mich kennen sollten, mir widerfahren lassen. Sie sollten mir daher Ihr ganzes Vertrauen schenken und mich mit den Verbündeten verhandeln lassen. Ich will gleich sagen, daß ich weder hier noch in Kolumbien die Regierung übernehmen werde.» Diese letzte Erklärung darf man übersehen, da er sie sein ganzes Leben lang mit vollkommener Unaufrichtigkeit immer wiederholt hat. Das übrige ist jedoch klar. Am Vorabend der Konferenz von Panama und zu Beginn der amtlichen internationalen Existenz der spanisch-amerikanischen Nationen, die er befreit hatte, tritt Bolivar entschieden für eine Verständigung mit der Heiligen Allianz auf der Grundlage einer Monarchie oder einer Konföderation von Monarchien ein. Er will keine europäischen Fürsten haben, das hat er vorher und nachher immer wieder gesagt. Er weiß, daß die Franzosen bereit wären, die Krönung eines revolutionären Generals zu akzeptieren. Und er legt sich nicht fest, ob er selber die Krone annehmen würde oder nicht. Aber wer sonst sollte sie wohl annehmen, solange er lebte?

Um diese Zeit fügte es sich so, daß Bolivar sich aufs neue für die Inkas und zumal für Manco Capac interessierte. Dafür gab es natürlich allemal zwei Beweggründe: Einmal seine Einstellung als Mestize; als solcher fand er, wie das in ganz Amerika das übliche war, bei den Chibcha keine Stütze, und da er vor den blutigen Azteken zurückschreckte, flüchtete er sich zu den Inkas. Dann aber die Tatsache, daß Bolivar damals als Sieger über die Spanier in Peru stand, weshalb es politisch geboten erschien, die spanische Seite seines Wesens zu verdecken und als Rächer der Dynastie Atahualpas aufzutreten. Alle seine Proklamationen aus jener Zeit folgen dieser Linie. So spricht er am 10. Februar zum Kongreß über seine Waffengefährten: «Sie haben die vom Himmel gewollte Mission erfüllt, die ihnen der Kongreß anvertraut hatte: In Junin und in Ayacucho haben sie dem ganzen Reich, das einstmals Manco Capac gehört hat, die Freiheit gegeben.» Das alles konnte man erwarten. Was aber hatte Manco Capac in seinem Brief an den Bischof von Cuzco vom 28. Januar zu suchen, in dem jeder Satz christlich beginnt und inkaisch endet? «Ich werde immer die Rechte des Heiligtums [was immer das heißen mag] verteidigen, und mein Herz wird niemals von dem Land der Inkas scheiden ... Ich werde es als eine Gnade der göttlichen Vorsehung betrachten, daß ich

Euer Eminenz begegnet bin und den apostolischen Segen von Ihnen empfangen habe, während ich die Ehre habe, dieses Land zu besuchen, das mir ebenso teuer wie mir die Erinnerung an Manco Capac ehrwürdig ist; er hat mit soviel Weisheit und Menschlichkeit verstanden, ein Reich auf der Grundlage einer Sittlichkeit zu gründen, von der andere Völker, die sich für gebildeter hielten, nichts gewußt haben.»

Am 18. März 1825 rief Bolivar den britischen Geheimagenten Thomas J. Maling zu sich, der in Chorillos wohnte, und hatte eine lange Unterhaltung mit ihm. Maling schickte an den damaligen Marineminister Lord Melville einen ausführlichen Bericht, demzufolge Bolivar unter anderm folgendes gesagt hat: «Kein Land ist freier als England unter einer wohlgeordneten Monarchie. England wird von allen Ländern der Welt beneidet und dient allen als Vorbild, wenn es darum geht, eine neue Regierungsform und Verfassung zu schaffen. Von allen Ländern eignet sich Südamerika vielleicht am wenigsten für eine republikanische Regierungsform. Aus was anderem besteht denn seine Bevölkerung als aus Indianern und Negern, die unwissender sind als das niederträchtige Volk der Spanier, von dem wir sie eben befreit haben. Ein Land, das von solchen Leuten repräsentiert und regiert wird, muß dem Ruin entgegengehen. Wir müssen uns Hilfe von England erwarten ... Ich erlaube Ihnen nicht nur, sondern ich bitte Sie, daß Sie unsere Unterhaltung der britischen Regierung mitteilen und zu bedenken geben ..., sei es amtlich oder anderweitig. Sie dürfen sagen, ich sei niemals ein grundsätzlicher Gegner der Monarchie gewesen; vielmehr halte ich sie für das Ansehen und Wohlergehen neuer Nationen für wesentlich. Sollte jemals vom britischen Kabinett der Vorschlag ausgehen, in der Neuen Welt eine oder mehrere Monarchien zu schaffen, so wird England in mir einen zuverlässigen Förderer seiner Wünsche finden, der durchaus bereit ist, den Souverän zu verteidigen, den England auf den Thron setzen und dort unterstützen mag. Ich weiß, daß man von mir gesagt hat, ich wolle König werden, aber das stimmt nicht [zweifelhaft, bemerkt Maling hierzu]. Ich würde selber die Krone nicht annehmen, denn sobald ich sehe, daß dieses Land unter einer guten, festen Regierung glücklich ist, werde ich mich ins Privatleben zurückziehen ... Der Königstitel würde vielleicht zuerst in Südamerika keinen Anklang finden, und deshalb sollte man dem Vorurteil vielleicht dadurch begegnen, daß man den Titel ‹Inka› wählte, an dem die Indianer so sehr hängen.» Dieser Bericht bestätigt, was schon bei der Lektüre von Bolivars Brief an Santander klar geworden war: Er dachte an eine Monarchie und an sich selber als Monarchen, wiewohl er das noch nicht zu zeigen wagte.

Als Bolivar hörte, daß starke französische Seestreitkräfte im Anmarsch seien, schrieb er am 11. März einen Brief an Santander, der seine vielseitige Persönlichkeit anschaulich macht. Zuerst der General: Er bietet Santander zehn- bis zwölftausend Mann sofort und später noch mehr an. Dann der Propagandist, der immer seine Hintergedanken hat: «Vergessen Sie nicht, einen Kreuzzug gegen die ketzerischen und gottlosen Franzosen auszurufen, die ihre Priester, Heiligtümer und Standbilder und alles sonst vernichtet haben, was es an Heiligem auf der Welt gibt. Dazu eignet sich der Bischof von Mérida ebenso vortrefflich wie alle andern Fanatiker, die in Kirchen und auf Kanzeln und Straßen aufzutreiben sind.» Das schreibt der Anführer der Befreiung von dem bigotten Spanien an Santander, in dessen Haus jeden Abend der Rosenkranz gebetet wurde, über die französische Nation, die inzwischen wieder von Thron und Altar regiert wurde. Dann beflügelt diese Nachricht von einer französischen Gefahr seine Phantasie. Er sieht einen weltweiten Krieg, um «den Triumph der Throne über die Freiheit» herbeizuführen. Da sieht er England im Bunde mit dem konstitutionellen Geist Portugals, Spaniens, Italiens, Griechenlands, Hollands, Schwedens und der Türkei (die sich aus Rußlands Klauen retten will) gemeinsam die Partei Spanisch-Amerikas gegen die Heilige Allianz ergreifen. Schließlich schlägt er Santander vor, man solle, um diesen Krieg zu vermeiden, mit England in politischen und militärischen Fragen ein Einvernehmen erzielen, und setzt vielsagend hinzu: «Ich glaube, Sie müssen alsbald untersuchen, was England über unsere Regierungen hier in Amerika denkt. Diese beiden Zeilen erfordern eine unendlich lange Erklärung, die ich im Hinblick auf die Entfernung und die Unsicherheit der Übermittlung nicht geben kann.» Wieder die geheime Idee. Am 23. März nimmt er, von des französischen Admirals Rosamel Zusicherungen überzeugt, dies alles wieder zurück. «Der jüngste Bericht des Kriegsministeriums in Bogotá hatte mich mit Sorge erfüllt und dazu veranlaßt, mit allen Mitteln um die Verhütung eines Krieges bemüht zu sein; dabei legte ich großes Gewicht auf einen diplomatischen Ausweg, der darauf angelegt war, den Zorn der Heiligen Allianz zu neutralisieren, wiewohl ich damit meinen guten Ruf ruiniert haben würde.» Da er nun den Krieg nicht mehr fürchtet, fährt er fort: «Ich ziehe meinen Vorschlag zurück, daß Frankreich teilweise auf die Reform unserer Regierungsweise Einfluß nehmen solle. Da die Gefahr zusammenschrumpft, muß auch das Ausmaß seiner Opfer schrumpfen. Verwenden Sie meinen vorigen Brief nicht. Sie werden verstehen, daß ich recht habe, wenn ich ihn zurücknehme.»

Das alles richtig zu beurteilen, ist nicht einfach. Bolivar wurde von der Krone zugleich angezogen und abgestoßen. Er sah sich als Inka eines Großkolumbiens, das alle spanischen Gebiete um Brasilien einschließen würde. Seine autoritären und autokratischen Neigungen strebten nach der Macht, was berechtigt und sozusagen natürlich war, weil er alle seine Zeitgenossen überragte; aber die Sonne Rousseaus und die demokratischen Wolken über der Landschaft seiner Seele waren dem nicht förderlich. Dieses innere Zaudern wurde noch vermehrt durch seinen scharfen Verstand, der das Gleichgewicht der Kräfte in seinem Innern in positiver wie in negativer Hinsicht beleuchtete. Wenn ihn sein Herz nach der Krone greifen ließ, so wendete sein Verstand ein, daß die leiseste Bewegung in jener Richtung seine Volkstümlichkeit und damit die Grundlage zerstören würde, auf der er seine ehrgeizigen Wünsche aufbaute. Betrachtete er die Monarchie mit den Augen seines Jahrhunderts, so lähmten nicht nur Sonne und Wolken Rousseaus, sondern das kalte Licht seines voltairischen Witzes seine Willenskraft und ließen das Bild sich in skeptisches Lächeln auflösen.

ZWEITES KAPITEL

Die Geburt Boliviens

Der Sieger von Ayacucho war nicht auf seinen Lorbeeren eingeschlafen. Alsbald wendete er sich gegen Olañeta und Oberperu. Damit stellten sich ihm zwei Aufgaben: Er mußte Olañeta durch einen Vertrag loswerden oder ihn besiegen und Oberperu als solches schaffen. Aber wie? Dieses Hochland war politisch zwischen Buenos Aires und Lima hin und her geschwankt. Im Dezember 1824 hatte Sucre dieserhalb dreimal um Weisungen gebeten; am 3. Januar wurde er ermächtigt, in Oberperu einzumarschieren und mit Olañeta auf der Grundlage der Unabhängigkeit und Souveränität der Bevölkerung zu verhandeln. Die endgültige staatliche Zugehörigkeit sollte zwischen den Kongressen von Lima und Buenos Aires geregelt werden, «sofern der letztere frei, einheitlich und gesetzmäßig zustandegekommen ist». Am 19. Dezember 1824 traf Sucre in Cuzco ein, wohin er als Präfekten den General Gamarra, einen Oberperuaner, vorausgeschickt hatte. Er mußte die Reden und Triumphbögen über sich ergehen lassen, die Bolivar so entzückten, die aber, wie O'Connor schreibt, «diesem wahrhaft bescheidenen und wirklich republikanischen Charakter sehr gegen den Strich gingen». Er blieb bis zum 19. Januar in Cuzco und wartete auf Instruktionen. Die Armee war gemischt. Er konnte in Oberperu nur mit kolumbianischen Truppen einmarschieren, «denn wie sollen wir in einem Land arbeiten, das nicht zu Peru gehört und anscheinend niemand anders als ich selber gehören will»? Er hatte einen Oberst Elizalde als Unterhändler zu Olañeta geschickt; der rebellische General schrieb freundliche Briefe, erließ aber gleichzeitig kriegerische und absolutistische Aufrufe. Am 19. Januar bekam Sucre das Gefühl, er müsse Gewalt anwenden. Zehn Tage später war er in Potosi, wo er es «etwas gotisch fand, mindestens die führenden Leute, die Bevölkerung aber patriotisch, allerdings nicht sehr». In Puno empfing er Anfang Februar Dr. Casimiro Olañeta, einen neunundzwanzigjährigen Anwalt und Neffen des Generals, der auf die siegreiche Seite übertrat, weil er hoffte, er könne ein freies Oberperu schaffen, das nicht nur von Spanien, sondern auch von Buenos Aires und Lima unabhängig wäre. Es scheint, als habe er Sucre für seine Ideen gewonnen.

Sucre schrieb am 1. Februar an Bolivars Kriegsminister, er werde gemäß seinen Instruktionen eine Oberperuanische Volksversammlung einberufen, die über den politischen Aufbau bis zur Entscheidung ordnungsmäßig gewählter Kongresse in Buenos Aires und Lima entscheiden solle. Bolivars Weisungen sprachen von einem Abkommen zwischen den Kongressen von Peru und Buenos Aires, «sofern dieser letztere frei, einheitlich und gesetzlich zustande gekommen ist». Sucre hingegen spricht von einem «Abkommen zwischen den Kongressen von Peru und Buenos Aires, die beide einheitlich, gesetzmäßig und frei zustande gekommen sind». Es scheint, als wollte Sucre damit, daß er die von Bolivar nur im Hinblick auf Buenos Aires aufgestellte Bedingung auch auf den Kongreß in Lima ausdehnte, auf die anmaßende Behandlung hinweisen, die sein Chef dem peruanischen Kongreß angedeihen ließ. Obwohl Sucres Briefe an Bolivar eine solche Auslegung nicht unterstützen, scheint Bolivar die Bemerkung so verstanden zu haben, und das mag die Ursache der Zurechtweisung gewesen sein, die er Sucre später schickte. Dieser erließ als nächstes ein Dekret, mit dem er eine Volksversammlung für Oberperu auf den 5. April einberief. Daraufhin schrieb Bolivar ihm am 21. Februar: «Mit der Armee unter Ihrem Kommando unterstehen Sie meinem Befehl und können nur tun, was ich Ihnen zu tun befehle.» Weiter erklärte er ihm, daß nach den Grundsätzen des Völkerrechtes die Staaten Spanisch-Amerikas entsprechend den Grenzen der spanischen Vizekönigtümer gegründet werden müßten. «Ihre Mäßigung ist seltsam. Sie wollen Ihre Befugnisse als Oberbefehlshaber und faktisches Oberhaupt des Landes, das Ihre Truppen besetzt halten, nicht anwenden, und trotzdem unternehmen Sie es, über einen legislativen Vorgang zu entscheiden.» Glücklicherweise endete Sucres geheimer Plan, demzufolge er Olañeta tot oder lebendig durch dessen Unterführer Medinaceli in die Hände bekommen wollte, damit, daß Olañeta am 2. April bei Tumula geschlagen und getötet wurde. Zwei Tage später schrieb Sucre einen demütigen Brief über seinen «Irrtum» an Bolivar, erinnerte seinen Chef jedoch daran, daß er trotz wiederholter Berichte ohne Weisungen geblieben war und daß Bolivar selber ihm gesagt habe, er wolle für diese Provinzen eine Volksversammlung einberufen. Einstweilen werde er die Versammlung bis zum 25. Mai vertagen. Bolivar antwortete am 26. April von Nasca aus mit einem Brief, der sich durch Vernunft, Festigkeit und Zuneigung auszeichnet. Darin besteht er darauf, daß er ihn berichtigen müsse, «denn ein Übel, das man nicht kennt, läßt sich nicht heilen». Dann setzt er hinzu: «Sie sind zu höchsten Aufgaben berufen, und ich sehe kommen, daß Sie, nachdem Sie mich bereits um zwei prächtige Feldzüge betrogen haben, im Wettstreit um den Ruhm mein Rivale werden; mit Ihrer Liebenswürdigkeit und Tatkraft und auch mit Ihrem Eifer für die gemeinsame Sache übertreffen Sie mich bereits.» Dies ist einer der schönsten Briefe Bolivars, der zudem überraschende Äußerungen über seine Absichten in Oberperu enthält, die er auf folgenden Grundsatz stützt: «Wie Sie wissen, habe ich mich stets voll Verehrung zum Willen des Volkes und zu Recht und Gesetz bekannt.» Das sagt er, und wahrscheinlich meinte er das auch zu der Zeit, als er es schrieb.

Während seiner Reise war in der Frage der Volksversammlung für Oberperu dadurch eine radikale Wendung eingetreten, daß eine argentinische Streitmacht unter Arenales eintraf, die Weisung hatte, das Verlangen der Provinz nach Autonomie zu respektieren. Sucre unterrichtete am 27. April alsbald Bolivar über diese Wendung. Als dieser die Nachricht erhielt, ließ er seine Einwände fallen und beschloß, die oberperuanische Versammlung solle zusammentreten. Ein dementsprechendes Dekret fertigte er am 25. Mai in Arequipa aus. Über seine Motive schreibt er: «Sie sollen nicht in einem falschen Licht erscheinen, Oberperu will ich einen Gefallen tun, will den Wünschen am Rio de la Plata Rechnung tragen, einen Beweis für die liberale Haltung des peruanischen Kongresses geben und meinen Ruf als Liebhaber der Volkssouveränität und der freiheitlichsten Institutionen wahren.» Er fühlte sich jedoch nicht wohl dabei, was wahrscheinlich an dem unterbewußten Verlangen lag, der Lostrennung Oberperus von Lima zu widerstehen; das läßt sich schon aus dem Dekret schließen, das den Geist der Souveränität Perus über die oberen Provinzen atmet, was unter den gegebenen Umständen nur natürlich war. Bei Bolivar mußte man jedoch stets auf der Hut sein, denn bei ihm entspricht die Fassade nicht immer den Tatsachen dahinter. Alles, was in dieser Korrespondenz mit Sucre steht, deutet darauf hin, daß er sich weigerte, Oberperu als besonderes Staatswesen anzuerkennen. War das Bolivars wirkliche Auffassung oder nur ein Aushängeschild Peru zuliebe? Er selbst liefert uns in seinem Brief, den er am 30. Mai aus Arequipa an Sucre schrieb, die Antwort: «Die öffentliche Meinung (in Oberperu) ist dafür, daß ein Staat wie Chile oder Guatemala geschaffen werde, die Oberperu in jeder Hinsicht gleichen; ich meine einen völlig unabhängigen Staat, der nur der amerikanischen Konföderation untertan ist. Ich halte das für gerechtfertigt und sogar für notwendig im Interesse dieser Provinzen.»

Am 10. April 1825 trat Bolivar von Lima aus eine Reise durch Südperu an. Diese Reise wird im allgemeinen für selbstverständlich gehalten, doch verdient sie einige Beachtung; es war nämlich das erstemal, daß Bolivar, nachdem er diktatorische Vollmachten erhalten hatte, es nicht nötig gehabt hätte, die Hauptstadt des Landes, das er beherrschte, zu verlassen, da es keine Feinde mehr gab, um die er sich hätte bemühen müssen, außer vielleicht in Callao, das vor den Toren von Lima lag. Trotzdem begab er sich, kaum daß er zum Diktator ernannt worden war, auf eine lange Reise, wie er vormals aufzubrechen pflegte, um gegen den Feind zu kämpfen. Das zeigt, daß er vermutlich selbst bei seinen Feldzügen sich weniger zum Feinde hin als von dem politischen Apparat fortbewegte. Was er suchte, war Freiheit der Machtausübung, der Genuß einer nahezu orientalischen Allmacht. Er befand sich in seinem Element, wenn er bedürftige Familien großzügig mit Geschenken überschüttete oder als leutseliger Herrscher vielfältige Wohltaten ausstreute, oder auch wenn er, als er unter den spanischen Offizieren bei Boyacá den in Gefangenschaft geratenen Vinoni entdeckte, diesen auf der Stelle und ohne gesetzliche Umstände aufhängen ließ. Seine Reise durch die südlichen Provinzen hatte er ganz im Stile Harun al Raschids geplant. Er nahm ein ansehnliches Gefolge mit, darunter seinen philosophischen Hofnarren Don Simon, der mit leeren Taschen, aber mit einem Kopf voller Gedanken und Einfälle in sein Vaterland zurückgekehrt war. Bolivar wäre kein Kind seiner Zeit gewesen, wenn sein Herz von den Wundern, die von der Erziehung zu erwarten seien, ungerührt geblieben wäre. Es war das goldene Zeitalter der Pädagogen.

Der aufgeklärte Despot verließ Lima also am 10. April, nachdem er den Einwohnern zum Abschied in einem Manifest verkündet hatte, er mache sich auf, um das Schicksal ihrer Brüder zu bessern; deren Regierung sei bisher despotisch (aber vermutlich nicht aufgeklärt) gewesen, nun aber nach soviel Aufregungen gönne er ihnen einen Ruhepause, wenngleich «in dem sanften Fluß der Freiheit». Nicht zu seinem Gefolge gehörte Manuela Sáenz; am 20. April schrieb er ihr aus Ica einen Brief, dessen Glut nicht seinen Wunsch, sie loszuwerden, verbergen konnte. Nachdem er jahrelang unter der Nasenspitze von Manuelas Ehemann (der in Lima praktizierte) eine Liaison mit ihr gehabt hatte, die ein öffentlicher Skandal war, schrieb ihr Bolivar nun, sie müßten sich trennen, um nicht länger schuldig zu werden. «Künftig wirst Du allein an Deines Gatten Seite leben, ich aber allein inmitten der Welt.» Durch das verlassene Küstengebiet, das hin und wieder von Tälern mit üppig grüner Vegetation durchquert wurde, reiste er nach Arequipa. Überall wurde er als Sieger begrüßt. Oftmals wurden bei Einbruch der Dunkelheit die Herzen der erschöpften Reisenden durch Lichterglanz ermuntert, der ihnen einen herzlichen Empfang versprach. Unterwegs teilte er Wohltaten aus. Allenthalben hatte der Krieg das einstmals blühende Land verwüstet. Er senkte die Steuern, untersagte die Beisetzung in den Kirchen, verwandelte Klöster in Schulen und betätigte sich ganz allgemein als absoluter Herrscher, was sein größtes Vergnügen war – nur bedachte er nicht oder vergaß, daß seine Entscheidungen meistens ohne Folgen blieben, da es keinen wirklichen Staatsapparat gab, der seine Ukase hätte ausführen können.

In ganz Spanisch-Amerika gab es damals niemand, der sich wie Bolivar durch eine kontinentale Betrachtungsweise, durch soviel Intellekt und, bei allem Ehrgeiz, durch soviel Distanz zur Wirklichkeit auszeichnete. Zudem hatte Bolivar das Glück, in Sucre einen tüchtigen Stellvertreter zu besitzen. Wenn Santander hin und wieder grollte, sollte man ihm zugute halten, daß er die langweiligere und unscheinbarere Rolle übernommen hatte, während Bolivar und Sucre die Tressen und den Lorbeer ernteten. Santander arbeitete fleißig in Bogotá, während Bolivar und Sucre Schlachten schlugen und Nationen gründeten. Der junge Cumanese, der auf den Gipfel kontinentalen Ruhms emporgestiegen war, schrieb wie ein Potentat an fremde Mächte. So schrieb er am 20. Februar und am 6. April 1825 an die argentinische Regierung, um ihr sein Vorgehen in Oberperu zu erläutern, von dem er wußte, daß es in der zu jener Zeit chaotischen Republik im Süden Mißtrauen geweckt hatte. Am 9. Mai beschloß der Verfassungskongreß in Buenos Aires, eine

Sondermission zu Bolivar zu schicken, um ihn zu dem, was er für die Neue Welt getan hatte, zu beglückwünschen und zu erklären, daß Oberperu in Freiheit über sein Schicksal bestimmen solle. Sucre lud den argentinischen Delegierten Arenales ein, ihn auf einem Staatsbesuch in Chuquisaca zu begleiten, der alten Universitätsstadt, welche die Wiege der Unabhängigkeitsbewegung war – und, wie es in Spanisch-Amerika üblich war, zugleich die Wiege des neuen Staatswesens. Die beiden Generäle wurden im Triumph empfangen. Am Stadttor erhielt Sucre einen römischen Streitwagen in Rot und Weiß, der von zwölf jungen Bürgern gezogen wurde. Er weigerte sich jedoch, darin zu fahren, doch ließ sich Arenales nicht davon überzeugen, daß ihm diese Ehre zukomme; Sucre schlug dann als Kompromiß vor, die beiden Generäle sollten ihre Degen auf den Sitz des Wagens legen und zu Fuß hinterhergehen. Auf diese Weise zogen sie durch Straßen, deren schöne Bauwerke hinter Pyramiden und Obelisken aus Pappe verschwunden waren, zu einem «Ionischen Tempel», wo sechs weißgekleidete Kinder unter Sucres Bild in einem Silberrahmen nacheinander auf ihn Reden hielten. Nach einem Tedeum in der Kathedrale (in der er mit königlichen Ehren empfangen wurde), führte man ihn zum Palast, wo sich, als er eintrat, aus einem Triumphbogen eine Wolke löste, in deren Mitte man ein kleines Mädchen wahrnahm, das schwebend den Sieger von Ayacucho grüßte.

Bolivar hatte Sucre angewiesen, er solle die Armee dem Sitz der Versammlung fernhalten. Im Umkreis von zwanzig Meilen sollten sich keine Soldaten aufhalten, und er selber sollte «so fern wie möglich» bleiben. Sucre begab sich nach La Paz. Am 10. Juli trat die Versammlung in Chuquisaca zusammen, und ihre neununddreißig Mitglieder wurden vereidigt. Erster Punkt der Tagesordnung war, «die römisch-katholische apostolische Religion zu üben und zu schützen». Eine der ersten Handlungen dieser Versammlung bestand darin, den Mann zu wählen, der die eigentliche Macht ausüben sollte. Sie wählte General Santa Cruz und entsprach damit der Logik der Tatsachen; denn in jeder Nation erkannten die Robenträger, die in den Versammlungen die Mehrheit bildeten, daß unter ihnen ein Degenträger weilte, mit dem sie es nicht verderben durften. Sucre war Kolumbianer und würde eines Tages in seine Heimat zurückkehren. Santa Cruz und Gamarra waren Oberperuaner, die im Lande bleiben würden. Mit ihnen mußte man rechnen. Zur Zeit war Santa Cruz bei Bolivar gut angeschrieben und war von ihm sogar als Präfekt in La Paz vorgesehen. Die Versammlung schickte Bolivar eine überschwengliche Dankadresse, worin jedoch sein Einberufungsdekret nicht erwähnt wurde; dieses Dekret hatte in Chuquisaca Mißfallen erregt, weil darin mittelbar ein Anspruch auf peruanische Souveränität über die Provinz angemeldet wurde. Bolivar antwortete höflich und zurückhaltend. Nach ausgedehnten Debatten beschloß die Versammlung am 6. August 1825 die Unabhängigkeit des Staates und «verkündete angesichts der ganzen Erde ihren unwiderruflichen Willen, sich selbst zu regieren und von einer Verfassung, Gesetzen und Behörden beherrscht zu werden, welche sie sich selber geben werde. Dies alles um ihres künftigen Glückes willen und um unsere heilige katholische Religion zu bewahren und dazu die geheiligten Grundsätze von Ehre, Leben, Freiheit, Gleichheit, Eigentum und Sicherheit.»

Am 11. August nannte sich der neue Staat «Republica Bolivar». In Bolivar ehrte sie ihren «guten Vater und die beste Hilfe gegen alle Gefahren», verlieh ihm die oberste Regierungsgewalt, solange er sich in ihrem Gebiet aufhielte, und beschloß, daß nach seinem Tode sein Geburtstag für alle Zeiten Staatsfeiertag werden solle; ferner sollte ein Bildnis Bolivars in allen öffentlichen Gebäuden angebracht und in allen größeren Städten sein Standbild errichtet werden. Eine Reihe von ähnlichen Ehren wurden Sucre verliehen, so bekam Chuquisaca seinen Namen. Ein Goldstück sollte geschaffen werden, auf dem «ein schöner Eingeborener als Sinnbild Amerikas» auf einem Löwen als Sinnbild Spaniens stehen und den rechten Arm um Bolivar, den linken Arm um Sucre legen würde. Bolivar wurde eine Million Pesos zur Verteilung an die Armee bewilligt; da aber das Geld in dem Lande, wo Potosi sich auf silbernen Füßen zum Himmel erhob, nicht vorhanden war, wurde Bolivar ermächtigt, eine Anleihe aufzunehmen. Die Versammlung ernannte eine Kommission, die Bolivar die Unabhängigkeitsakte überbringen sollte, dazu das Ersuchen um eine Verfassung, um die Rücknahme oder Erläuterung seines Dekrets vom 16. Mai und um die Genehmigung, daß Sucre an der Spitze des neuen Staates bleiben dürfe.

Am 16. August, während die Versammlung noch tagte, hatten sich Bolivar und Sucre in Zepita getroffen, das zwischen Puno und La Paz lag. «Als Sucre abstieg, um den Libertador zu umarmen», berichtet O'Leary, «fiel sein Degen aus der Scheide. Als ich ihn fallen sah, bemerkte ich, das sei ein böses Omen. Als Sucre am nächsten Tag seinem Burschen für irgendeine Frechheit mit der flachen Klinge desselben Degens einen Schlag versetzte, zerbrach der Degen. ‹Das ist ein noch böseres Omen›, sagte ich zu ihm. ‹Das habe ich auch gerade gedacht›, antwortete Sucre.» Am 18. August zogen Bolivar und Sucre in La Paz ein, wo die Stadt Bolivar das nun schon übliche, reich aufgezäumte Pferd und die goldenen Schlüssel überreichte. Als aber die übliche Damenabordnung ihm die Bürgerkrone aus Gold und Diamanten brachte, reichte Bolivar, der ebenso stolz wie bescheiden war, sie an Sucre weiter und sagte: «Dieser Lohn gebührt dem Sieger.» Nach der üblichen Reihe von Banketten und Bällen machte er sich an die Arbeit. Er berief einen Bürgerausschuß, der ihn beraten sollte, wie man die Mißstände im öffentlichen Leben beheben könne, er mußte den Ausschuß aber wieder auflösen, weil dieser eine unliberale, rachsüchtige Haltung einnahm. So wurde er eben entweder gebeten, diktatorische Befugnisse zu übernehmen, wie in Peru, oder wurde, wie hier in La Paz, einfach genötigt, sie auszuüben. Ein geringerer Mann hätte sich dadurch vielleicht korrumpieren lassen, bei ihm führte diese Erfahrung jedoch zu Reife, Nachdenklichkeit und melancholischer Skepsis. Am 5. Oktober traf er in Potosi ein, wo die Vergötterung, die seine Anwesenheit allenthalben hervorrief, die Form annahm, daß man ihn um Erlaubnis bat, den Namen der Stadt in Bolivar abzuändern. Er war geschmackvoll genug, das abzulehnen. Er stieg den steilen Hang des Silberberges hinauf und hißte oben die Flaggen von Kolumbien, Peru und La Plata. Dort träumte er von einer Konföderation aller spanischen Länder Südamerikas und sogar von einer Befreiung der Philippinen. Von Venezuela bis nach Chile war er bereits der Abgott der Bevölkerung, und hinsichtlich Argentiniens hatte er eben erst von La Paz aus an Santander geschrieben: «Das ganze argentinische Volk, alle guten Patrioten und selbst die Regierung erhoffen sich Gutes ausschließlich von mir.» An jenem Tage muß er sich wie der Herrscher von Spanisch-Amerika gefühlt haben.

Portugal hatte durch Vermittlung Cannings am 29. August 1825 Brasiliens Unabhängigkeit anerkannt. Der junge Kaiser Don Pedro hatte es sich in den Kopf gesetzt, das östliche Ufergebiet des La Plata zu annektieren, das heute Uruguay heißt. Da die Regierung der Vereinigten Provinzen des La Plata wohl wußte, daß Canning diesen Ehrgeiz scheel ansah, gab sie am 25. Oktober die Einverleibung des Ostufers bekannt. Am 7. Oktober traf eine Gesandtschaft dieser Regierung unter Führung von Alvear in Potosi ein. Sie sollte Bolivar einem Krieg gegen Brasilien geneigt machen. Bolivar setzte eine amtliche Miene auf und verwies die Delegation an das Außenministerium in Lima; da er den Vorschlag jedoch für gut befand, empfing er die beiden Gesandten, die ihm mit der Beschreibung, wie ruhmreich seine Rückkehr nach Kolumbien auf dem Umweg über Rio de Janeiro verlaufen würde, den Mund wässerig machten. Er bedurfte keines Anstoßes von außen, um so glorreiche Visionen zu haben, und erklärte sich bereit, sofern die Regierungen von

Peru und Kolumbien ihre Zustimmung gäben. In Peru konnte er diktieren, nicht jedoch in Kolumbien, wo sich Santander eine feste Stellung geschaffen hatte und sich den reichlich grandiosen Plänen des südamerikanischen Napoleons widersetzte, die angesichts von Cannings Widerstand ohnehin zum Scheitern verurteilt waren. Bolivar fühlte sich enttäuscht, denn er träumte in kontinentalen Ausmaßen. «Meine Rechte», schrieb er am 26. September aus Oruro an Páez, «soll auf der Mündung des Orinoco ruhen und meine Linke bis an den La Plata reichen. Tausend Meilen will ich mit meinen Armen umfangen, aber mein Herz wird immer in Caracas sein.»

Als Diktator von Peru regierte Bolivar das Land auf patriarchalische Weise. Straßenbau, Schulen, Gerichte, die Befreiung und der Schutz der Indianer wie überhaupt alle Seiten des öffentlichen Lebens wurden überprüft. Er verordnete, daß das von den Cortes von Cadiz beschlossene Gesetzbuch auch in Oberperu gelten solle. Die größte Schwierigkeit bereitete die Finanzlage, nicht weil es dem Land an Hilfsquellen gefehlt hätte, sondern weil seine Einkünfte von einer improvisierten Verwaltung vertan wurden, die gegen Korruption und Verschwendung nichts auszurichten vermochte. Dieser Zustand machte ihm einige Sorge. Gleichwohl hatte er ihn auf mancherlei Weise selber geschaffen, da er eine Folge der Revolution war, die Bolivar entfesselt hatte. Organisation, Leistungsfähigkeit und Reichtum des spanisch-amerikanischen Reiches waren in bester Verfassung, als die Revolution der Separatisten 1810 begonnen hatte. Der Bürgerkrieg, den diese Revolution auf dem ganzen Kontinent entfesselte, führte zum Zusammenbruch der Staatsgewalt und zum Versiegen fast aller Quellen des Reichtums. Bolivar war kein Wirtschaftsfachmann. So befanden sich die Bergwerke, die dreihundert Jahre lang nicht nur dem spanischen Staatsschatz, sondern hauptsächlich Peru selber soviel Reichtum beschert hatten, in beklagenswertem Zustand, weil es an Arbeitskräften, Kapital und Fachleuten fehlte. Bolivar verfügte, die verlassenen, abgesoffenen oder eingestürzten Gruben sollten automatisch in Staatseigentum übergehen. An Santander schrieb er, dieser solle in Kolumbien ebenso verfahren und sie als Abgeltung der Zinsen für die Staatsschuld einer englischen Gesellschaft verkaufen. In einem langen Brief, den er an Santander am 21. Oktober aus Potosi schrieb, teilte Bolivar ihm mit, er habe die Bergwerke in Oberperu für zweieinhalb Millionen Pesos verkauft und der peruanischen Regierung vorgeschlagen, sie solle zur Abgeltung der Staatsschuld von zwanzig Millionen alle ihre Gruben, Ländereien und sonstige Einkommensquellen an England verkaufen. Auf solche Weise verkaufte Spanisch-Amerika, das zu spanischer Zeit reich gewesen war, seine wirtschaftliche Unabhängigkeit, sobald seine politische Unabhängigkeit ihm das gestattete.

Das Vorbild für diese öffentliche Verschwendungssucht lieferte Bolivar mit seinem Privatleben. Nachdem seine einzige tüchtige, vielleicht allzu tüchtige Verwandte, seine Schwester Maria Antonia, nach Caracas zurückgekehrt war, begann er, seine Güter dank ihrer Geschäftigkeit zurückzuerlangen. Eine seiner reichsten Besitzungen, die er selber als «das schönste Eigentum in Venezuela» beschrieb, die Aroa-Gruben, waren Gegenstand langwieriger Verhandlungen, weil sie an eine englische Gesellschaft verpachtet werden sollten. Er billigte den Vertrag, den Maria Antonia am 12. Oktober 1824 unterschrieben hatte, und bestand darauf, daß die Zahlungen in London erfolgen müßten. Der Vertrag galt für neun Jahre, und die Pacht sollte in den beiden ersten Jahren zehntausend und danach dreizehntausend Pesos jährlich betragen. Im Oktober 1825 wies Bolivar seine Schwester an, die Aroa-Gruben zu verkaufen, «da jetzt in ausländischen Kolonien so lebhafte Nachfrage nach Gruben besteht. Lassen wir uns diese Gelegenheit entgehen, so könnten wir später Mißerfolg haben, so daß wir uns dann, wenn wir das wollen, kein Vermögen in England mehr sichern können. Wir haben genug Landgüter und Häuser, die das nächste Erdbeben zerstören kann. Wenn wir in England hunderttausend Pfund Sterling sicher auf der Bank haben, so können wir unsere drei Prozent kriegen, was jährlich zwölftausend Pesos sind.» Er setzt hinzu, daß er niemals darauf angewiesen sein werde, aber wenn er stürbe, wollte seine Familie vielleicht nach Europa gehen. So trug Bolivar ganz ahnungslos zur Verarmung der Nation bei, weil er ihre «reichste Besitzung» an fremde Kapitalisten veräußerte, die bald ausländische Niederlassungen daraus machen würden. «Die Pächter Deiner Gruben», schrieb Maria Antonia ihm am 30. Juli 1825, «wollen dort eine englische Kirche und Siedlung gründen, um Kupfer zu schürfen; laß mich wissen, was Du davon hältst.» Dabei muß man jedoch zwei Dinge bedenken: Einmal fehlte es vorläufig weitgehend oder fast gänzlich an den natürlichen Hilfsmitteln, um die Gruben auszubeuten; zum andern verstand man damals noch höchst unvollkommen, was Unabhängigkeit in wirtschaftlicher Hinsicht bedeutete.

Für Bolivar war es ein Jahr voll stolzer Erfolge, voll Erfahrungen und neuer Erkenntnisse gewesen. Am 8. Juni 1825 schrieb er an Santander einen amtlichen Brief, der folgendermaßen begann: «Gestern erhielt ich zu meiner unsäglichen Freude den großartigen Brief, in welchem E. E. mich davon unterrichten, daß Kolumbien von der Königin der Nationen, Großbritannien, anerkannt worden ist.» Der ganze Kontinent hatte ihn als seinen Befreier gepriesen, und selbst in Buenos Aires war, als die Nachricht von der Schlacht bei Ayacucho eintraf, sein Bild zwischen Fahnen und Fackeln durch die Stadt getragen worden; die Begeisterung hatte einen Monat lang gedauert. Lima hatte ihm und Sucre einen Degen aus Gold und Diamanten und eine dazu passende Uniform geschickt. Er war der Abgott eines Kontinents geworden. Anders als die meisten Abgötter behielt er jedoch einen klaren Kopf, und seine Augen und Ohren verfolgten aufmerksam die Wirklichkeit in Raum und Zeit. Eine eigentümliche Bitterkeit liegt in der Art, wie er seine venezolanischen Landsleute in Bausch und Bogen verdammt. «Wenn ich mich nicht irre», schreibt er im Mai 1825 an Santander, «so kann dieser Pöbel wohl nur durch unerbittlichste Strenge in Schranken gehalten werden.» Das gilt den Politikern in Venezuela. Er hat erfahren, daß er für eine dritte Amtsperiode als Präsidentschaftskandidat aufgestellt worden ist. Er lehnt ab, wenngleich mit ziemlich gemischten Gefühlen; denn nachdem er erklärt hat, er setze seinen Stolz darein, nicht weniger liberal als Washington zu sein, fährt er fort: «Ich will mit diesen widerlichen Soldaten von Boves nichts zu tun haben, mit diesen Leuten, die Morillo geschmeichelt haben und vor Morales und Calzada gekrochen sind. Das waren die Führer, denen jene glühenden Republikaner gehorcht haben und zu Gefallen gewesen sind, die wir gegen ihren Willen, ihre Arme, ihre Zungen und ihre Federn befreit haben.»

Wie immer, wenn er von seinem Verlangen spricht, sich aus dem öffentlichen Leben zurückzuziehen – zumal wenn er das gegenüber Santander tut –, brauchen wir auch diese Worte nicht allzu ernst zu nehmen. Es handelt sich nicht um eine feste Absicht, wohl aber um eine aufrichtige Stimmung. Wir spüren, was in seinem Herzen vorging, als er im Juli 1825 seinem Onkel Esteban Palacios einen Brief schrieb, sobald er hörte, jener sei in Caracas angekommen. Es ist ein offenherziger, aufrichtiger Brief; nachdem der mehr persönliche Teil erledigt ist, wendet sich Bolivar in unsicherem, beinahe flehendem Ton dem traurigen Thema zu, welche Veränderungen sein Onkel wohl entdeckt haben mag: «Sie sind von den Toten gekommen, um die Verwüstungen der unerbittlichen Zeit wahrzunehmen, des grausamen Krieges, der wütenden Menschen ... Die Felder, getränkt vom Schweiß dreier Jahrhunderte, sind durch Meteore und Verbrechen [Erdbeben und Bürgerkrieg] in unseligem Verein verheert worden. Wo ist Caracas? werden Sie fragen. Caracas besteht nicht mehr; seine Asche aber, seine Denkmäler, der Boden, auf dem es gestanden, glühen noch immer vor Freiheit und sind bedeckt mit dem Ruhm des Martyriums. Dieser Trost wiegt alle Verluste auf; mich wenigstens tröstet es, und ich hoffe, auch Sie.» Bolivar war nicht sicher, daß sein Onkel ihm zustimmen würde. War er seiner selbst noch sicher? Die Antwort ist nicht mehr gewiß.

DRITTES KAPITEL

Die «Bolivianische» Verfassung

Lima, wo Bolivar abermals triumphalen Einzug hielt, wurde zum Mittelpunkt des Kontinents, und Bolivar herrschte, wie O'Leary schreibt, «über einen beträchtlichen Teil Südamerikas und über den ganzen Kontinent absoluter als der erhabenste Herrscher Europas über seine Besitzungen». Das Stadium der Befreiung war vorüber, die Zeit des Aufbaus war gekommen. Aber wie? Die Meinungen gingen auseinander, in Lima jedoch nur innerhalb eines Kreises, der sich noch der glänzenden Tage des Vizekönigtums erinnerte. Manche waren für eine Union zwischen Peru und Bolivien, über die Sucre als Präsident, vermutlich auf Lebenszeit, herrschen sollte; andere betonten, niemand außer Bolivar könne in Buenos Aires und Santiago Ordnung schaffen, weshalb eine Union aller sieben Staaten unter seiner Leitung der einzige Ausweg sei. Wieder andere traten unter Führung von Unanúe offen für eine Monarchie ein, weil die neu geschaffenen Länder für ein republikanisches System noch nicht reif seien. Natürlich gab es nur einen Mann, der für einen solchen Thron in Frage käme. Bolivar ließ die Leute reden.

Dabei lebte er wie ein König. Er hatte sich wieder in seine Villa in La Magdalena bei Lima zurückgezogen, wo er die Sonne sehen konnte, die der Stadt sechs Monate im Jahr durch eine dichte Nebeldecke vorenthalten blieb, und wo er unauffälliger als in seinem Amtssitz die Freuden genießen konnte, denen er sich so gern hingab: eine gute Tafel, lebendige Gespräche – und Frauen. Seine Erfolge bei den Frauen wurden zur Legende. Seine offizielle Geliebte Manuela Sáenz, die ihre Macht über Bolivar kannte, fand sich damit ab und ließ ihn spielen; sie bedang sich dafür politischen Einfluß und die Freiheit – die vielleicht nicht gewährt, aber jedenfalls genutzt wurde – aus, selber auf Liebesabenteuer auszugehen. «Die Adjutanten haben mir unglaubliche

Sachen erzählt», schreibt Boussingault über diese Periode, und er kannte Manuela Sáenz gut. «Gewöhnlich ging Manuela nachts zum General. Einmal traf sie dort ein, als sie nicht erwartet wurde. Und was findet sie in Bolivars Bett? Einen herrlichen goldenen Ring mit Brillanten. Es gab eine unbeschreibliche Szene. Die wütende Manuela wollte dem Libertador unbedingt die Augen auskratzen. Nun war sie eine kräftige Frau und bedrängte ihren Ungetreuen so heftig, daß der arme große Mann genötigt wurde, um Hilfe zu rufen. Zwei Adjutanten hatten die größte Mühe, die Tigerin zu zähmen. Ihre Nägel hatten im Gesicht des Unglücklichen solche Spuren hinterlassen, daß er tagelang das Zimmer hüten mußte.»

Das alles kostete Geld. Der Peruaner Vidaurre, der einstmals Bolivar beim Besteigen seines Pferdes als Schemel gedient hatte und ihn jetzt in Panama vertreten sollte, berichtet, die persönlichen Ausgaben des Diktators hätten in den vier Jahren, in denen er Peru regierte, dreihunderttausend Pesos ausgemacht, nicht gerechnet die Juwelen und Kunstwerke, die er geschenkt bekam, die nochmals weitere zweihunderttausend Pesos ausmachen würden. Riva Agüero versichert auf Grund von peruanischen Staatsakten, Bolivar habe für achttausend Pesos Kölnisch Wasser verbraucht. Die Konsulatskasse in Lima zahlte an Manuela Sáenz monatlich zweitausend Pesos, während ihr geduldiger Gatte Dr. Thorne ihr noch weitere tausend Pesos im Monat zahlte. Cayetano Freire, der Polizeichef, hatte Weisung, ihr jeden gewünschten Betrag für Juwelen, Möbel und kleinere Ausgaben zur Verfügung zu stellen.

Es war nur natürlich, daß in einer solchen Atmosphäre von Erfolg, Byzantinismus und uneingeschränkter Macht Bolivars alte Neigung zur «Monokratie» wieder hervortrat. Seine Ideen kamen jedoch nicht recht voran; denn der Widerstand gegen seine Person und seine Bestrebungen war ständig gewachsen. Nachdem er 1825 nach Arequipa abgereist war, planten zwei junge Offiziere, Cabero und Millán, bald darauf eine Verschwörung; sie wurden von der Polizei gefangen und erschossen. Gegen Ende Februar wurde eine Verschwörung aufgedeckt, die von einigen Argentiniern und zwei seiner eigenen Minister geleitet wurde. Sie hatte zum Ziel, ihn und seine Truppen loszuwerden. Aber Bolivar, der «von Peru verhext» war, benötigte seine Truppen, um zu bleiben. Er spürte wohl die untergründige Erbitterung, aber glaubte, man könne sie mit Gewalt oder nötigenfalls mit Terror unterdrücken. In einem Brief an Santander vom 27. Dezember 1825 beschreibt Bolivar selber die Verfassung, die er für Bolivien und für ganz Südamerika vorbereitet hatte, als «sehr stark, ohne irgendeine der drei Einheiten zu verletzen, jedoch werden alle Privilegien, angefangen bei der Sklaverei, beseitigt». Eine Wählerschaft würde die Legislatur wählen und je drei Kandidaten für die Ämter der Richter, Präfekten, Gouverneure, Corregidores und Priester benennen. Die Legislative sollte sich in Zensoren, Senatoren und Tribune gliedern. Das Bürgerrecht würde nach Fähigkeit und nicht nach Vermögen verliehen werden. «Wer nicht schreiben und Steuern zahlen kann oder keinerlei namhaftes Gewerbe betreibt, soll nicht Bürger sein.» Die Exekutive sollte bei einem Präsidenten auf Lebenszeit liegen, der seinen Vizepräsidenten selbst ernennt; da der Vizepräsident auch sein Nachfolger sein sollte, handelte es sich um eine Art von Monarchie, deren Dynastie der erste Präsident bestimmen würde.

Der Kongreß sollte im Februar zusammentreten, so daß Wahlen stattfinden mußten. «Da ich gerade erst angekommen bin», schrieb Bolivar am 8. Februar 1826 an Santander, «kenne ich nur sehr wenige Abgeordnete und kann mich daher über ihre Ansichten nicht äußern, aber ich bin gewiß, daß sie größtenteils für mich sind, d.h. für Ordnung und Amerika.» Es mußten jedoch energische Maßnahmen ergriffen werden, um die Wählerschaft in die Kanäle zu «lenken», die der Regierung, d.h. Bolivar, erwünscht waren. Luna Pizarro, der Präsident des ersten Kongresses gewesen war, wurde in Arequipa gewählt und kam in kampflustiger Anti-Bolivar-Stimmung nach Lima. Bolivar versuchte ihn dadurch zu gewinnen, daß er ihm abermals das Kongreßpräsidium anbot, scheiterte jedoch; daraufhin wandelte sich seine Schmeichelei in Verachtung. «Ein gewisser Luna Pizarro, ein kleiner Priester...» Die Arequipaner, «welche die Caraqueños von Peru sind», verlangten in der ersten Sitzung, der Kongreß solle verfassunggebende Gewalt besitzen. Bolivar widersetzte sich dem durch die Regierung; als er nur wenig ausrichtete, beschloß er, die Legalität aller Abgeordneten der Opposition in Frage zu stellen und, was noch schlimmer war, die Entscheidung darüber nicht dem Kongreß, sondern dem Obersten Gerichtshof zu übertragen. Die Abgeordneten protestierten und «einige von ihnen rührten an eine empfindliche Seite: daß die kolumbianischen Truppen nicht mehr in Peru bleiben sollten».

Das brachte Bolivars Gereiztheit zum Überkochen, und am 1. März teilte er mit, daß er abreisen werde. Es gab einen allgemeinen Protest – wie ehrlich wohl! –, woraufhin er denen nachgab, die ihn zu tun baten, was er ohnehin zu tun beabsichtigt hatte: Er blieb. Er nutzte die Gelegenheit jedoch, um etwa zwanzig Abgeordnete ihrer Vollmacht zu entkleiden, «und obwohl etwa achtundvierzig bleiben, deren Mandat in Ordnung ist», schrieb er an Santander, «glaube ich nicht, daß dieser Kongreß vor 1827 zusammentreten wird; nicht nur weil vierzig Abgeordnete nicht ausreichen, sondern weil die Mandate der anderen zwanzig erneuert oder Neuwahlen abgehalten werden müssen.» Die Absicht, den Kongreß am Arbeiten zu hindern, liegt auf der Hand. Er bemüht sich auch gar nicht, sie zu verbergen. «Es macht mir nichts aus, Ihnen zu sagen, daß ich bei alledem kaum ein Bedauern verspüre; denn inzwischen kann ich mich daranmachen, das Land in Ordnung zu bringen, ihm moralischen Rückhalt zu geben und einen Menschen zu finden, der die Regierung mit soviel Festigkeit und Energie führen kann, wie sie hier vor allem andern nötig sind.»

Mit diesem Schachzug verfolgte er ein doppeltes Ziel: Er wollte den Kongreß loswerden und die bereits beträchtlich angewachsene Opposition gegen sein persönliches Regiment entwaffnen. Das erklärt auch, warum Bolivar, der gegen die «Arequipaner» war, keineswegs dagegen war, daß die Verfassungsfrage angeschnitten wurde, obwohl die Arequipaner gerade das taten. Er war keineswegs dagegen. Die zweiundfünfzig Abgeordneten, die seinem Diktat gehorchten, legten «seiner» Regierung ein aus drei Punkten bestehendes Programm vor, das «seine» Regierung auch annahm: Der Kongreß sollte sich auf ein Jahr vertagen, die Provinzen sollten darüber gehört werden, ob die Verfassung reformiert werden solle und gegebenenfalls ob ganz oder teilweise; schließlich auch darüber, wer Staatsoberhaupt sein solle. Bolivar wollte, daß Peru die Verfassung übernähme, die er für Bolivien entworfen hatte; zu diesem Zweck wollte er den Kongreß umgehen und statt dessen die Wahlkollegien befragen. Das war natürlich illegal. Es roch nach Plebisziten, mit denen alle Diktatoren von Napoleon bis Hitler stets versuchten, ihre Macht auf die mangelhaft unterrichteten Massen zu gründen, während sie gleichzeitig die in liberalen Zeiten geschaffenen Einrichtungen von der Bildfläche verdrängen. Bolivars eigentliches Ziel war, seine faktisch vorhandene und einigermaßen irreguläre Macht mit legaler Autorität zu umkleiden. Tatsächlich hätte sein monokratisches oder gar monarchisches Streben kaum edleren Motiven entspringen können. De facto besaß er die Macht bereits. Er wollte sie nun auch de jure haben. Dabei rechtfertigte er seine geheimen Bemühungen vor sich selber, da er ehrlich davon überzeugt war, daß es völlig unmöglich sei, Südamerika mit republikanischen Institutionen zu regieren. Das versichert Restrepo und setzt hinzu, er habe von Bolivar oftmals solche Ansichten gehört, «von denen er im Innersten überzeugt war».

Aus diesem Grunde entwarf er die «bolivianische» Verfassung und ließ sie von Peru im August 1826 annehmen. Im stillen sah er darin die Grundlage für einen viel weitergehenden Plan und nicht nur die Gründung der neuen Republik, die seinen Namen trug. Er spricht davon zu Sucre in einem Brief vom Mai 1826. Zunächst drängt er Sucre, dieser solle Bolivien eine Verfassung beschließen lassen, «die vollkommener ist, als wir je zu hoffen wagten. Pando [Bolivars Minister] sagt, sie sei göttlich, das Werk eines Genies und so vollkommen wie möglich. Pando ist jeder Schmeichelei unfähig.» Weiter nennt er sie «den Schrein des Bündnisses, den Kompromiß zwischen Europa und Amerika, zwischen Armee und Volk, zwischen Demokratie und Autokratie, Kaiserreich und Republik; sie ist die große Triebkraft unserer sozialen Reformen». Peru werde, so schreibt er weiter, Bolivien einen Unionspakt anbieten, der auch für Kolumbien gelten müsse, «wo ich für seine Annahme sorgen werde». Er will «die vollkommenste Union in föderalistischer Form». Die Bundesregierung soll sich die Außenpolitik, das Kriegswesen und die Bundesfinanzen vorbehalten, und jedes Ministerium erhält eine eigene Kammer. Es soll einen Präsidenten und einen Vizepräsidenten geben. «Der Libertador als oberster Chef wird jeden Staat alljährlich besuchen.» Der Vizepräsident soll regieren (sein altes Rezept: er ist unterwegs, während ein anderer die Arbeit tut). Er besteht auf der Union: «Andernfalls würde es so viel Unruhen geben, daß das Volk nach einem Kaiserreich verlangen würde, denn Armee, Geistlichkeit und Europa fordern es schon.» Dann kommt ein vielsagender Absatz: «Mein Freund, verlassen Sie uns nicht in diesem Augenblick, da wir mehr denn je tüchtige Männer brauchen, die ruhmreich und volkstümlich sind. Für einen tapfern Mann ist Gefahr der rechte Anreiz; da ich gewiß bin, daß Sie meine Gefühle teilen, habe ich nicht einen Augenblick daran gezweifelt, daß angesichts des großen Risikos, das Amerika eingeht, Ihre Dienstwilligkeit noch gewachsen ist. Seien Sie gewiß, daß ein großes Schicksal Sie erwartet. Mir hat man eine Krone angeboten, die auf meinen Kopf nicht paßt; ich sehe sie im Dunkel künftigen Geschehens über dem Haupt des Siegers von Ayacucho schweben –

und sollte es nicht jenes Diadem sein, so doch immerhin der Lorbeer, der die Tugend belohnt.»

Bolivar wollte also ein Imperium gründen, dessen erster Monarch er mit dem Titel Libertador sein würde, der zweite aber Sucre mit dem Titel Kaiser. Das läßt sich nicht mehr abstreiten. Aber warum auch? Der Gedanke war staatsmännisch, großzügig, gescheit und wirklich bedeutend. Sein republikanisches Auftreten war nur ein Vorwand – weniger aus Heuchelei als aus taktischer Notwendigkeit geboren. Alvear und O'Higgins wollten ihn als Beschützer einer Konföderation, die aus Kolumbien, Chile und Buenos Aires bestände. Pando und seine Regierung befürworteten ein Imperium von der Mündung des Orinoco bis nach Potosi, denn, so sagten sie, «sie wollen um jeden Preis Frieden mit Europa». Wenn er selber einer Konföderation den Vorzug gab, war auch das nur Taktik, da er die republikanischen Gefühle seiner Landsleute scheute.

Waren sie denn so republikanisch? Restrepo schreibt über die Armut der Republik Kolumbien und geht dabei den Dingen auf den Grund. Er sagt, das Elend rühre weniger von den Gesetzen als von den Beamten her, welche die Gesetze nicht anwenden wollten. «Dieses in Neugranada immer noch vorhandene Übel, die Nichtachtung der Gesetze, rührt vielleicht von der republikanischen Staatsform her; in ihr wirken viele Leute bei der Gesetzgebung mit und haben daher keine Achtung mehr davor. Wie anders war unsere Achtung vor dem Gehorsam, der den vom Kabinett in Madrid ausgehenden Gesetzen erwiesen wurde; viele tausend Meilen weit entfernt wurden sie beschlossen und hier von den Beauftragten der spanischen Regierung nachdrücklich und genau angewendet.» Genügen diese Worte eines Mannes, der damals sehr genau beobachtet hat, nicht, um Bolivar zu rechtfertigen? Es muß abermals, wenngleich kaum zum letztenmal, festgehalten werden, daß Bolivars Ziel die Wiederherstellung des spanischen Imperiums ohne den spanischen König war.

Wie er an Sucre schrieb, wußte er sehr wohl, es werde «eine Schar von Tyrannen sich aus meinem Grab erheben; jeder einzelne von ihnen wird ein Sulla oder ein Marius sein, und ihre Bürgerkriege werden sie in Blut ertränken». Aber selbst hierin war er noch zu optimistisch; denn einer hatte sich bereits erhoben, ebenderselbe, welcher ihn aus Venezuela und schließlich aus dem Leben vertreiben sollte. Die Ordnung, die Bolivar in Venezuela nach seinem Sieg bei Carabobo hinterlassen hatte, war nicht von langer Dauer gewesen. Soublette hatte als Vizepräsident die Verantwortung übernommen, und das Land war in drei Militärbezirke eingeteilt worden: Caracas-Barinas unter Páez, Barcelona-Margarita-Cumaná-Guayana unter Bermúdez und Coro-Mérida-Trujillo unter Mariño. In Coro und Puerto Cabello saßen immer noch die Spanier. Páez war verärgert, weil man ihn Soublette unterstellt hatte, der im Dienstrang unter ihm stand und kein militärisches Ansehen genoß; er führte die ihm übertragene Aufgabe nur mit halbem Herzen weiter und widersetzte sich Soublettes Weisungen hinsichtlich des Krieges gegen die Spanier mehr als einmal. Dank Páez' bösem Willen und Soublettes Unfähigkeit zog sich der Krieg im Gebiet zwischen Coro, Maracaibo und Puerto Cabello endlos hin. Als Venezuela auf Grund der Verfassung von Cúcuta Teil der Republik Kolumbien wurde, ernannte man Soublette zum Intendente von Venezuela, was nur eine andere Bezeichnung war; tatsächlich herrschte er als ziviler und militärischer Gebieter über den drei örtlichen Gebietern Páez, Bermúdez und Mariño. Das ärgerte Páez nur noch mehr. Der Cabildo von Caracas protestierte gegen die Verfassung. Soublette verbot der amtlichen Zeitung, dieses Dokument zu veröffentlichen, doch ließ der Cabildo es besonders drucken; obwohl Páez diesen Schritt formell mißbilligte, paßte er ihm doch so gut in den Kram, daß er wahrscheinlich der Urheber gewesen ist. Als Páez in einem späteren Stadium des Krieges die lange Belagerung von Puerto Cabello aufheben mußte, ordnete er durch Proklamation eine allgemeine Rekrutierung an, für die er angeblich Vollmacht vom Oberbefehlshaber erhalten hatte; gleichzeitig ermächtigte er die örtlichen Behörden, begüterte Einwohner zur Kriegsdienstpflicht heranzuziehen. Soublette widerrief den Befehl.

Im weiteren Verlauf wurde Puerto Cabello doch zur Übergabe gezwungen, und die letzte spanische Garnison verließ Venezuela im November 1823, um sich nach Kuba zu begeben. Damit nahmen die Sorgen jedoch noch kein Ende, sondern es kam immer wieder zu Unruhen. Zwei Dinge vor allem hielten Venezuela in Bewegung: ein «Föderalismus», der an den Bindungen an Bogotá zerrte, und ein dauernder Kampf zwischen Militär und Zivilbehörden. Beide Faktoren hingen zusammen, da Páez, der eigentliche militärische Führer, Lokalpatriot war. Mehr als einmal hatte er sich gegen den Intendente aufgelehnt – inzwischen war dies der ehemalige Marqués de Toro –, doch wurde es noch schlimmer, als Ende 1824 Escalona den Posten übernahm. Der Lokalpatriotismus machte sich auch in Caracas bemerkbar, wo man nach den Worten eines venezolanischen Historikers erleben konnte, wie «die kommunale Tradition der Spanier, deren Gemeinden immer eifersüchtig über ihren Rechten gewacht hatten, in der Republik eine Wiedergeburt erlebte». Aus dieser Geisteshaltung wurde ein Protest der Stadt Caracas gegen ein Regierungsdekret vom März 1825 geboren, das alle Verschwörer zum Tode verurteilte, ihr Eigentum beschlagnahmte und allen Sklaven die Freiheit schenkte, welche diejenigen denunzieren würden, «die sie gegen den öffentlichen Frieden aufzuwiegeln versuchten» – eine Bestimmung, von der der Rechtsberater der Gemeinde sagte, «sie würde mehr Schaden anrichten als die Möchtegern-Verschwörer». Eine Bestimmung übrigens, welche beweist, daß die früheren Dekrete über die Freilassung aller Sklaven in der Republik nicht befolgt worden waren.

So sah das Leinen aus, das Páez besticken sollte. Er berief im Dezember 1825 eine Versammlung der Bürger von Caracas ein, um sie auf Grund seines Dekrets von 1824, das er als Kommandeur des Militärbezirks erlassen hatte, für die Armee zu rekrutieren. Aufgebracht durch ihre Gleichgültigkeit, berief er sie im Januar 1826 abermals in das Kloster San Francesco, «um sie alle das Gewicht seiner Stellung fühlen zu lassen». Da nur wenige reagierten, befahl er seinen Truppen, wahllos alle Männer zu verhaften und in die Kasernen zu schicken. Die Stadtverwaltung protestierte. Escalona zwang Páez, die Truppen zurückzuziehen und alle verhafteten Männer bis zum Abend zu entlassen. Mittlerweile begingen die Truppen solche Ausschreitungen, daß die Stadt aussah, als sei sie vom Feind geplündert worden. Escalona und auch die Stadtverwaltung beschwerten sich beim Kongreß. Santander berichtete der Kammer, nahm Páez in Schutz und riet zur Mäßigung, ohne jedoch den Weg zu weiteren Maßnahmen zu versperren. Eine formelle Anklage gegen Páez wurde dem Senat vorgelegt und am 27. März 1826 gebilligt. Das hatte zur Folge, daß er als Kommandeur des Militärbezirks suspendiert wurde. Noch schlimmer war, daß Santander Escalona zum Nachfolger des Mannes machte, den jener selber aus dem Amt vertrieben hatte.

Das mißfiel Bolivar. Er war durch Briceño Méndez, den Mann seiner Nichte, dem er vertraute, über Páez' Lage unterrichtet und wußte, daß Páez eine Militärpartei anführte, die zum Staatsstreich bereit war, angeblich um Bolivar zum Kaiser von Venezuela oder gar von Kolumbien auszurufen. «Wir müssen gestehen», schrieb Páez, «daß Morillo Ihnen in Santa Anna die Wahrheit gesagt hat, als er meinte, er habe der Republik dadurch einen großen Dienst erwiesen, daß er alle Juristen tötete; aber wir müssen uns anklagen, daß wir Morillos Werk unvollendet gelassen haben, da wir mit den noch Vorhandenen nicht ebenso verfahren sind.» Briceño hatte Páez beruhigt. Bolivar ging den gleichen weg und bat Páez geschickt und vorsichtig, er möge Geduld haben und bis 1831 warten, da dann die Verfassung geändert würde; insgeheim zeigte er seine Briefe Santander und ließ sie durch ihn übermitteln. Bis 1831, so riet er Páez, möge er die «bolivianische» Verfassung in Venezuela unterstützen.

Páez brach jedoch schon die damals geltende Verfassung. Im Einverständnis mit Dr. Miguel Peña und mit einer mehr oder minder spontan versammelten Menge erwirkte er am 30. April seine Wiedereinsetzung als Militärbefehlshaber durch die Stadtverwaltung von Valencia. Am 3. Mai übernahm er durch eine Proklamation offiziell das Kommando. Daraufhin folgten etliche andere Gemeinden seiner Führung, darunter sogar Caracas, das seine Absetzung veranlaßt hatte. Die Bewegung entwickelte sich aus einem persönlichen Streit zu einem Parteienkampf, wobei Páez' Partei es darauf anlegte, die Verfassung alsbald zu reformieren und nicht bis 1831 zu warten. Am 14. Mai wurde Páez vor dem Gemeinderat von Valencia vereidigt, «wobei klar war, daß er den Befehlen der Regierung in Bogotá nicht gehorchen würde», und am 29. Mai nahm der Rebell selbst als oberster Beamter in Valencia den andern Amtsträgern ihren Eid ab. Peña und Páez scheinen auch die Rassen- und Klassenvorurteile ausgenutzt zu haben und trugen ihre mulattenfreundlichen Ansichten als Anführer derer zur Schau, die Maria Antonia Bolivar die Pardokraten nannte (Pardo heißt dunkelhäutig). Auf Peñas Rat stattete Páez dem Apuretal einen Besuch ab, um sich seiner Llaneros zu vergewissern.

Als Bolivar erkannte, wie ernst der Vorfall war, schickte er O'Leary zu Santander und zu Páez. O'Leary besprach die Angelegenheit mit Santander, den er zu beinahe jedem Kompromiß bereit fand. Dann reiste er weiter zu Páez, den er in seinem alten Kriegshauptquartier in Achaguas antraf; «er saß auf einem niedrigen Schemel und spielte Geige, während ein blinder Neger auf einem Stuhl vor ihm saß». O'Leary bemühte sich, das Problem nach Santanders Methode zu lösen, doch wollte Páez davon nichts hören, weil er fürchtete, er werde ähnlich wie Piar umkommen. Immerhin regierte er Venezuela inzwischen als selbständiger Diktator. Er hatte die

Münze von Caracas wiederhergestellt und die Zentralregierung beseitigt; den Umlauf von Briefen und Akten aus benachbarten Bezirken hatte er im Juli 1826 verboten und sorgte für eine so strikte Durchführung, daß der britische Konsul protestieren mußte, weil er seine Privatpost nicht mehr erhielt. Das alles berichtete O'Leary Bolivar und betonte dabei Páez rebellische Haltung. In seinem ganzen Bericht verrät der Ire seine Besorgnis, Bolivar könne den Rechtsbruch gutheißen, den Páez verkörperte. Er ist, so schreibt O'Leary, «ein unmoralischer, boshafter und hinterhältiger Mann, der E. E. Schutzes nicht würdig ist.» Auch betont er die Gefahr für Bolivars Ruhm, falls dieser die Krone oder eine Diktatur annehmen würde. Bolivar mißfielen alle diese Ratschläge, und daher empfing er O'Leary bei dessen Rückkehr sehr kühl. «Einer seiner Adjutanten», schreibt O'Leary in seinen Memoiren, «versuchte mich mit der Erklärung zu trösten, das alles beruhe keineswegs auf einem Fehler von mir, sondern auf der Mißstimmung des Libertadors, der wie Idomeneo gelobt hatte, den ersten, dem er begegnete, zu opfern. ‹Nein›, antwortete ich. ‹Sagt lieber, er habe wie Agamemnon seine Tochter getötet: die Verfassung.›»

Die volle Bedeutung dieser Ereignisse wurde Bolivar erst im Sommer klar. In dem Augenblick, da er daran dachte, aus seinem Ruhm Kapital zu schlagen und zu kaiserlicher Macht über eine Konföderation aus drei, vielleicht fünf oder vielleicht gar allen spanisch-amerikanischen Nationen aufzusteigen, wurde eine separatistische Bewegung von dem einzigen Mann, den er fürchtete, in Gang gebracht – von jenem Páez, der auf weltweiten Ruhm nichts gab und es zufrieden war, über das Apuretal zu herrschen. Sollte der Quichotte des Kontinents von dem Cowboy Sancho geschlagen werden? Er beschloß, sich nach Venezuela zu begeben. Die Nachricht verbreitete sich wie ein Lauffeuer; vom 13. bis 15. August setzte es Beschwörungen, Geschrei, Wehklagen, Bitten und Gebete, um ihn in Peru festzuhalten. Er blieb bei seinem

Entschluß. Die Hauptstadt Lima bestürmte ihn mit ihrer unwiderstehlichen Streitmacht. «Eine beträchtliche Anzahl schöner und wohlangesehener peruanischer Damen», versichert uns Restrepo, «begaben sich in sein Haus, umringten ihn und forderten mit dringlichstem Flehen, er möge in Peru bleiben.» Er setzte sein strahlendstes Lächeln auf und gab nach.

Am nächsten Tage, dem 16. August, billigte das Wählerkollegium der Provinz Lima die «bolivianische» Verfassung. Bolivar wurde offiziell davon unterrichtet. Man bot ihm die Präsidentschaft auf Lebenszeit an, die er formell, aber nur formell, ablehnte. Achtundfünfzig von den neunundfünfzig Wählerkollegien in Peru bestätigten Limas Beschluß. Nachdem er sich nun der Haltung Perus vergewissert hatte, verließ Bolivar, dem Venezuela große Sorgen bereitete, nach einer der von ihm so geliebten großen Gesellschaften bei Anbruch des 3. September in aller Stille Peru. In Lima blieb sein Getreuer als Kommandeur der kolumbianischen Truppen zurück – derselbe Lara, der die aragonesischen Mönche von Caroni ermordet hatte.

VIERTES KAPITEL

Die heimliche Idee

Seine Reise sollte einem doppelten Zweck dienen. Er wollte mit Páez abrechnen und wollte selber als Diktator aller Länder bestätigt werden, die zwischen Lima und Caracas lagen. Seine Waffe war prätorianisch. Wie Napoleons Imperium sollte auch seines auf den Kasernen ruhen. Er hatte einen Boten vorausgeschickt, dem er vertraute: den jungen Antonio Leocadio Guzmán Blanco, Sohn eines Spaniers und Bewunderer seiner Taten. Guzmán hatte Briefe bei sich an die Generäle Carreño, Urdaneta, Padilla und Flores und an Cristobal Mendoza als einzigen Zivilisten; die Briefe empfahlen die sofortige Einberufung eines Konvents zur Verfassungsreform, durch die er sich diktatorische Vollmachten verschaffen wollte. Das juristische Instrument des neuen Regimes sollte die «bolivianische» Verfassung sein, in der Bolivar «den ganzen Reiz einer Konföderation, die ganze Festigkeit einer Zentralregierung und die ganze Stabilität von Monarchien» sah. Guzmán Blanco hatte in Guayaquil, Quito, Panama, Santa Marta und Maracaibo Erfolg. Mit nur wenigen Ausnahmen (eine davon war Pasto unter José Maria Obando) verdrängte die «bolivianische» Verfassung diejenige von Cúcuta auf wahrhaft revolutionäre Weise. Zahlreiche Briefe von Generälen liefen ein, in denen Bolivar gedrängt wurde, sich die Krone aufzusetzen. Páez und Mariño wiederholten das Ersuchen, das sie schon durch Guzmán vorgebracht hatten. Flores, Mosquera, Manuel Valdés – alle schrieben in demselben Sinne, dem Mosquera folgendermaßen Ausdruck verlieh: «Im allgemeinen ist die Armee eindeutig für eine konstitutionelle Monarchie, und dieser Meinung haben sich die Priester und einige Männer angeschlossen, die Grafen und Markgrafen werden möchten. Diese Gedanken setzen sich durch, weil man meint, die Heilige Allianz werde angesichts unserer Staatsform unsere

Unabhängigkeit niemals anerkennen.» Das wird bestätigt durch die Berichte, die Canning um jene Zeit von seinen Beobachtern in Kolumbien erhielt.

Santander war jedoch dagegen. «Mit aller Wärme eines treuen und aufrichtigen Herzens bitte ich Sie, nicht solche Vorkommnisse zu billigen wie die in Guayaquil und Quito ... Die skandalösen Vorkommnisse von Guayaquil und Quito ... jene gräßliche Diktatur.» Santanders Briefe sind vernünftig, klug, freundschaftlich und ergeben. Aber die Frage war nicht so einfach, wie seine Anhänger das gern darstellen. Urdaneta hatte an Santander über die Krönung Bolivars geschrieben, und jener hatte geantwortet, daß er zwar der monarchistischste Mann auf Erden sei, daß ihn aber seine Pflicht daran hindere, sich an dem Plan zu beteiligen. Urdaneta glaubte jedoch, er werde keine Schwierigkeiten machen, da die Veränderung vorteilhaft für ihn sein würde. Tatsächlich ist es so, daß eine Diktatur zwar für Bolivars Veranlagung die einzige Staatsform war, die er wirklich «leben» konnte, daß sie aber zu jener Zeit wahrscheinlich auch der klügste Weg war. Konnte Santander denn einen besseren Ausweg vorschlagen? Nachdem er die Lage der Republik in rosigen Farben dargestellt hatte, mußte er Bolivar große soziale Mängel eingestehen, die in erheblichem Maße eine Änderung des Systems rechtfertigten. «Wir haben keine Männer, denen wir unsere Republik anvertrauen können; manche wollen ihr nicht dienen ..., andere sind nur auf dem Schlachtfeld zu gebrauchen, wieder andere wollen sich nur auf Kosten des Volkes bereichern ... Unsere Gesetze sind so übermäßig menschenfreundlich, daß ich mich nur frage, wie wir uns überhaupt auf den Beinen halten.» Und wiederum: «Steuern werden nicht bezahlt; die sie bekommen sollten, bekommen sie nicht. Händler betrügen den Zoll, und Beamte nehmen an dem Betrug teil. Die Wurzel unserer Übel ist meiner Ansicht nach, daß, angefangen bei der Verfassung bis hinunter zur letzten Verordnung, alle unsere Gesetze zu liberal sind.» Das war nicht etwa ein aus Erfahrung neugeborener Gedanke. Schon im August 1822 hatte er an Lino de Clemente geschrieben: «Ich glaube, es dürfte nicht schwierig sein, das Land dahin zu bringen, daß es eine gemäßigte konstitutionelle Monarchie akzeptiert. Zumal wenn der Kongreß sie dem Libertador als Belohnung für seine Dienste anbieten sollte.»

Was Bolivars Ablehnung angeht, so hatte Santander sie schon vorher beiseite geschoben. «Jedermann weiß, daß der Libertador den Vorschlag aus Feingefühl ablehnen wird. Er wird öffentlich darum bitten, daß man ihn als einfachen Bürger verabschiede; in der Politik wird man dem aber soviel Gewicht beimessen, wie das in solchen Fällen eben üblich ist, und durch einen einstimmigen Beschluß des Kongresses werden wir unser Ziel erreichen. Er weiß, daß es die einzige Staatsform ist, die unserm Volk zum Wohlstand verhelfen kann.» 1822 hatten also Bolivar und Santander eine Monarchie im Sinn, und Bolivar sollte ihr gekröntes Haupt sein. Santanders Opposition im Jahre 1826 war daher eine opportunistische Laune, die auf persönlichem Ehrgeiz beruhte. Er wußte, daß Bolivar sich Sucre als seinen politischen Erben auserwählt hatte. Hätte Bolivar seinen Erben mehr aus Bequemlichkeit als aus sachlichen Gründen und im öffentlichen Interesse ausgewählt, wie er es wirklich getan hatte, und hätte er erkannt, daß es lohnender war, Santander für sich zu gewinnen als Sucre, der zu treu und selbstlos war, um jemals gefährlich zu werden, so würde Santander sich an dem Plan beteiligt haben, und Bolivar wäre 1826 gekrönt worden. «Und wer wird nach Ihrem Tode Ihr Nachfolger sein? Páez? Montilla? Padilla? Ich möchte keinen von ihnen als gekröntes Oberhaupt auf Lebenszeit haben.» Das schrieb Santander am 6. Juli 1826 an Bolivar. Der Satz ist aufschlußreich, weil er Sucre nicht erwähnt, obwohl Santander wußte, daß Bolivar an Sucre als seinen Erben dachte. Schon im Dezember 1826 hatte er an Santander geschrieben: «Die Verfassung braucht General Sucre, und ohne ihn steckt nichts in ihr darin.»

Bolivar benutzte seine Rückreise nach Kolumbien dazu, um seine Kommandeure für die «bolivianische» Verfassung zu gewinnen. An Bord der Brigg «Congreso» traf er am 12. September bei Morgengrauen in Guayaquil ein und erließ alsbald eine Proklamation, in der er unter dem Deckmantel nobelster Großmut, ohne Namen zu nennen, seinen Vizepräsidenten Santander auf eine Stufe mit dem Rebellen Páez stellte. «Der Aufschrei eurer Zwietracht drang mir in Peru in die Ohren, und ich bin gekommen, euch einen Ölzweig zu bringen. Nehmt ihn als rettende Arche entgegen ... Ich will nicht untersuchen, wer gefehlt hat ... Ich bringe euch zwei Arme, um euch an meiner Brust zu vereinen. Granadinos und Venezolaner, Recht und Unrecht, alle Soldaten der Befreiungsarmee und Bürger der großen Republik ..., in euerm Streit gibt es nur einen Schuldigen: mich! Denn ich bin nicht beizeiten zurückgekehrt. Zwei befreundete Republiken haben mich ferngehalten, haben mich mit unermeßlicher Dankbarkeit und unvergänglichen Belohnungen bezaubert. Ich biete mich euch als Opfer an.» Dieses Dokument, darin der Präsident seinen eigenen Vizepräsidenten aller Macht entkleidete, beweist, daß Bolivar bereit war, durch seine Rückkehr aus Páez' selbstsüchtigem Anschlag insoweit Nutzen zu ziehen, als er Santanders Bauwerk zum Einsturz bringen wollte, das er selber, wenngleich aus anderen Gründen, zu zerstören wünschte. Warum und wann er sich gegen Páez wenden wollte, wird gleich deutlich werden. Das irreguläre Verfahren der sogenannten «Actas», durch das ihn Gruppen von mehr oder minder berufenen Personen in jeder Stadt zum Diktator erklärten – ein Verfahren, das er selber durch Guzmán Blanco ins Leben gerufen und empfohlen hatte –, wurde rein formell mißbilligt, tatsächlich jedoch anerkannt; denn Bolivar beförderte Mosquera, Flores und die meisten andern Offiziere, die es in Gang gebracht hatten. Wo immer er auftauchte, traf er diktatorische Anordnungen, ohne die Regierung in Bogotá um Rat zu fragen.

Santander war Bolivar bis nach Tocaima entgegengereist.

Die beiden Männer waren sich bereits fremd geworden. In Guayaquil hatten Leute, die Santander nicht mochten, Bolivar die finanzielle Korruption ausgemalt. Die Anleihe, die Francisco Montoya und Manuel Arrubla in London aufgenommen hatten, sei, so sagten sie, vergeudet worden, und die beiden Unterhändler sowie Santander hätten sich damit die Taschen gefüllt. O'Leary, schon in der Haltung «Mein Herr und Gebieter Bolivar hat immer recht», verzeichnet diese Anschuldigungen, ohne sie zu erörtern. Der Einwand der Anhänger Santanders, daß dieser niemals reich gewesen sei, ist nicht stichhaltig, da er ein wilder Spieler war. Sicherlich hat er seinen politischen Freunden manche Provisionen und unerlaubte Gewinne zugestanden, um seine Wiederwahl zu sichern; aber Santanders Freunde waren nicht die einzigen Nutznießer der britischen Anleihe, die vielmehr von der ganzen herrschenden Schicht schamlos für Spekulationen ausgenutzt wurde, mit denen auch Bolivar einverstanden war. So ist es auch glaubhaft, wenn erzählt wird, Bolivar habe, als er nach dem Spiel in Santanders Landhaus seinen Gewinn einsteckte, gesagt: «Dann habe ich wenigstens etwas von der Anleihe bekommen.» Seine entrüsteten Briefe über die Korruptheit von Santanders Regime verlieren dadurch viel von ihrem Wert. Auch wurde die Anleihe mit schlecht geplanten und noch schlechter ausgeführten kriegerischen Vorbereitungen verzettelt, insbesondere bei großspurigen Käufen von britischen und amerikanischen Rüstungsgewinnlern.

In Popayán empfand Bolivar, daß seine Gedanken unzulänglich unterstützt würden, und dort erhielt er auch Nachricht von einer völligen Veränderung der Lage in Lima. Admiral Guise und andere Feinde von ihm waren von den Gerichten freigesprochen worden. Das brachte ihn auf den Gedanken (von dem er auch Santa Cruz schreibt), dieser und die anderen Minister sollten sich an die Spitze der Opposition stellen, alle amerikanischen Pläne aufgeben und nur an Peru denken. Wie aufrichtig war er dabei? Überhaupt nicht. Jede seiner Handlungen zu jener Zeit straft seine Worte Lügen. Er schreibt nur, um als Antwort die übliche Treuekundgebung zu erhalten, wie er ja auch häufig nur deshalb zurücktrat, um desto mächtiger am Ruder zu bleiben. Er war von Schmeichlern umgeben, und in seinem Kreis war es üblich geworden, Santander anzuschwärzen und Páez' Partei zu ergreifen. Das Land zerfiel in Santanderisten oder Liberale und in Bolivaristen oder Untertänige; die Bezeichnungen wurden aus Spanien übernommen, wo die Untertänigen die Anhänger von Ferdinands VII. absoluter Herrschaft und die Liberalen seine Gegner waren. Trotzdem trafen beide Männer sich in freundschaftlichem Geiste und sprachen eine ganze Nacht miteinander. Bolivar erklärte Santander, er werde zur Verfassung von Cúcuta stehen, werde jedoch gemäß Artikel 128 die volle Gewalt übernehmen, um die Ordnung wiederherzustellen; nach ein oder zwei Jahren wolle er dann, daß die «bolivianische» Verfassung übernommen werde.

Santander kehrte gut gelaunt nach Bogotá zurück, womit er die aufgeregte Stadt beruhigte. Bald darauf zog Bolivar in Bogotá ein, «fast allein und unter nur geringem Volksjubel, wiewohl alle Straßen, durch die er zog, reich geschmückt waren. Es war ein sehr regnerischer Tag». Santander empfing ihn in Galauniform im Thronsaal des Palastes; denn dieser eigensinnige Republikaner empfing stets «auf seinem Thron unter einer Art von Baldachin aus karminrotem Samt, umgeben von Ministern, Offizieren aus Heer und Marine, Beamten usw. der Republik». Allerdings saß er an jenem Tage nicht auf dem Thron, sondern stand inmitten seines glänzenden Gefolges mit seinen Staatssekretären, dem Präsidenten des Senats, den Richtern des Obersten Gerichtshofes, Generälen und einer Anzahl Privatleuten. Er sprach nicht ohne Bewegung, erinnerte an Bolivars Siege und setzte hinzu, er «werde der Sklave von Verfassung und Gesetzen sein, wenngleich ständig ein Bewunderer und treuer Freund des Libertadors». Man beachte das «wenngleich». Posada Gutiérrez, der die Szene schildert, fährt fort: «Niemand atmete. Nichts war zu vernehmen als das Pochen der Herzen, während der Libertador eine Weile in sich versunken blieb. Dann stand er auf und begann mit lebhaft strahlendem Gesicht seine Antwort.» Er billigte die Regierung, erklärte seine Achtung vor der Verfassung und rief alle Kolumbianer zu Frieden und Eintracht auf. Von ihrer Spannung erlöst, bereitete die Versammlung ihm eine Ovation. Acht Tage später, am 23. November 1826, erließ er ein Dekret, mit dem er die uneingeschränkte Macht übernahm.

Vor diesem Hintergrund muß man den Kongreß von Panama betrachten, den Bolivar förderte und schließlich im Sommer 1826 auch zustande brachte. Dabei verfolgte er drei Ziele: Er wollte den Bereich, in dem er Macht und Ansehen genoß, auf ganz Spanisch-Amerika ausweiten, wollte der Welt ein diplomatisches Schauspiel bieten, das die Stabilität und Einigkeit der neuen Nationen bezeugte, und wollte die Fragen Kuba und Puerto Rico regeln. Der Kongreß war seine Idee, obwohl Miranda und andere gewiß auch damit gespielt hatten. Der Vertreter Perus, des von ihm damals unmittelbar beherrschten Staates, traf ein volles Jahr vor den andern in Panama ein und wartete dort geduldig auf die übrigen Delegierten. Trotzdem verlief der Kongreß nicht so gut, wie Bolivar sich erträumt hatte. Was die Teilnehmer anging, so war er im Grunde für einen rein spanisch-amerikanischen Kongreß, also ohne die Vereinigten Staaten, Haiti oder Brasilien (wiederum fühlte er sich unbewußt als Erbe des spanischen Reiches in Amerika). Santander hatte jedoch von sich aus die Vereinigten Staaten eingeladen, deren Delegierte den Kongreß allerdings nicht rechtzeitig erreichten. Chile konnte weder zu- noch absagen; dort herrschten damals so anarchische Zustände, daß der kolumbianische Außenminister Gual, als er im Parlament gefragt wurde, welche der chilenischen Regierungen eingeladen würde, antworten mußte, das wisse er nicht. Buenos Aires wurde damals von dem Advokaten Rivadavia regiert, der Bolivars Absichten mißtraute und daher absagte. So wurde der Kongreß eine bescheidene Konferenz der Staaten Kolumbien, Peru, Mexiko und Guatemala (das damals ganz Mittelamerika umfaßte). Aber – ein Engländer war zugegen.

Bolivar erklärte zu jener Zeit, er erstrebe eine Konföderation ganz Spanisch-Amerikas, die er dann in eine Art Britisches Dominion verwandeln wollte. Er entwickelt den Plan mit bewundernswertem Nachdruck und Scharfblick in einem Brief an Santander vom Juni 1825. Er sieht ihn als eine Art von Schutz-und-Trutz-Bündnis, denn «unsere amerikanische Konföderation kann nicht von Dauer sein, wenn sie nicht unter britischen Schutz genommen wird». Bolivar ließ Canning diesen Gedanken durch den britischen Diplomaten Ricketts unterbreiten. Canning aber hatte Besseres zu tun, als einen so monströsen Findling wie die im übrigen totgeborene spanisch-amerikanische Konföderation zu adoptieren. Er entsandte den höflichen und geschmeidigen Diplomaten Dawkins nach Panama und wies ihn an zu beobachten, inoffiziell, aber bestimmt zu sprechen und vor allem vier Punkte im Auge zu behalten: die Grundsätze des britischen Seerechts seien zu beachten, die Vereinigten Staaten dürften keinen übermäßigen Einfluß in Spanisch-Amerika gewinnen, die Spanisch-Amerikaner sollten veranlaßt werden, Spanien durch Zahlung eines Schadenersatzes zur Anerkennung zu bewegen, und Kolumbien und Mexiko sollten von allen Absichten abgebracht werden, die sie hinsichtlich Kubas und Puerto Ricos haben könnten. Dawkins löste seine Aufgabe vortrefflich. Er verschaffte sich hohes Ansehen bei den kolumbianischen Delegierten, die er anscheinend besonders auszeichnete, und hatte, nicht ohne einiges Glück, allenthalben Erfolg, nur nicht hinsichtlich einer Einigung mit Spanien.

Bolivar hatte sich seit längerem über Kuba und Puerto Rico Gedanken gemacht; das hatten aber auch Mexiko und die Vereinigten Staaten getan, und im übrigen hatten weder Spanien noch Frankreich die beiden Inseln vergessen. Das rief

England auf den Plan, und die beiden spanischen Antillen wurden zum Mittelpunkt von Intrigen. Schon 1821 hatten die Verhandlungen und Vorbereitungen für mancherlei Anschläge begonnen, und noch im März 1826 hatten Kolumbien und Mexiko einen Vertrag geschlossen, der unter gewissen Bedingungen einen Angriff auf Havanna vorsah. Schließlich entschied Canning für längere Zeit das Schicksal der beiden Inseln. Er wies Dawkins an, er möge darauf hinweisen, Canning sei «weit davon entfernt, den neuen amerikanischen Staaten das Recht zu bestreiten, daß sie einen feindseligen Angriff gegen Kuba unternähmen»; auch gab er deutlich zu verstehen, «weder England noch Frankreich könnten sich die Vereinigten Staaten als Besitzer Kubas vorstellen», und unterstrich die Gefahr, die in der Haltung der Vereinigten Staaten läge.

Bolivar interessierte sich jedoch weniger für die Inseln als für den Kontinent. Für ihn war der Kongreß vornehmlich ein Mittel, um seine Herrschaft über das Festland auszudehnen und ohne Spanien das spanische Imperium, das er zerstört hatte, wieder zu errichten. Darum bestand er darauf, die Konföderation müsse von Dauer sein. «Der Staatenbund muß um jeden Preis erhalten bleiben, und wäre es nur äußerlich. Schon sein Schatten allein rettet uns vor dem Abgrund oder verlängert doch unser Dasein. Ich beabsichtige, zu der Zusammenkunft zu reisen und ihr einige meiner Ideen vorzulegen, die ich mir vorbehalte.» Wir wissen, was für Ideen das waren. «Die Argentinier wollen die Vollmacht des Kongresses einschränken, ich aber glaube, daß diese unendlich erweitert werden und so viel Nachdruck und Wirksamkeit erhalten muß, daß der Kongreß wahrhaft souverän ist.» Man betrachte das Wort souverän. Er denkt an eine verfassunggebende Versammlung für Spanisch-Amerika. «Ich möchte hieraus gern eine ständige Versammlung machen, damit sie als Schiedsrichter über Meinungsverschiedenheiten, die notwendigerweise zwischen neuen und benachbarten Staaten auftreten müssen, wirken und so das

Bindeglied werden kann, das diese Staaten dauernd vereinigt.» Die Absicht ist deutlich. Er sah sich selber als Oberhaupt und Schiedsrichter der ein rundes Dutzend zählenden Nationen Spanisch-Amerikas, die nach dem Sturz der spanischen Krone auseinandergefallen waren und nun wiedervereinigt werden sollten. «Bitte beachten Sie, daß ich es bin, der diesen Plan vorlegt; daß ich notwendigerweise das Oberhaupt dieser amerikanischen Konföderation sein werde und daß ich die Hoffnung auf eine so erhabene Stellung aufgebe, um der Stabilität Amerikas den Vorrang zu geben. England könnte mich niemals als Oberhaupt dieser Konföderation anerkennen, da solche Suprematie der britischen Regierung zustände.» Das war natürlich Taktik; es sollte eine patriotische Reaktion hervorrufen, durch die er zum Führer der Konföderation berufen würde.

In dieser napoleonischen Stimmung schreibt er am 8. Juli 1826 von Magdalena aus an Santander, er betrachte den Kongreß von Panama, der endlich zusammengetreten war, «als ein Theaterstück». Er war wütend über die «zivilistische» Reaktion gegen Páez und gegen seine eigenen diktatorischen Gelüste. Die Debatten im Kongreß hatten viel gegenseitiges Mißtrauen und Eifersucht offenbart. Niemand wagte das Wort «Grenzen» auszusprechen, das für die Delegierten jener riesigen, leeren Länder Dynamit bedeutete. Die peruanischen Delegierten waren im Juni 1825 eingetroffen, die Guatemalteken kamen im März 1826, die Mexikaner im Juni. Schließlich eröffnete der Kongreß seine Beratungen am 22. Juni und beendete sie am 15. Juli. Die vier Nationen unterzeichneten einen Vertrag über eine dauernde Konföderation, eine Vereinbarung, in der mexikanischen Stadt Tacubaya alle zwei Jahre als Kongreß zusammenzutreten, ein Verteidigungsabkommen und eine Militärkonvention zu dessen Durchführung. Bolivar widersetzte sich der Ratifizierung dieser Urkunden durch Kolumbien und Peru. Ihm mißfielen die militärischen Klauseln, und er fand, daß die Übersiedlung nach Tacubaya die Konföderation zu sehr unter den Einfluß Mexikos und der Vereinigten Staaten bringen würde. Briceño weist ihn in seinem Bericht darauf hin, die kolumbianischen Delegierten hätten Artikel 29 ändern müssen, da dieser in seiner ersten Fassung bestimmt habe, keiner der Verbündeten dürfe bei Strafe des Ausschlusses seine Staatsform ändern; die Kolumbianer hätten jedoch eine Fassung durchgesetzt, die jedem Mitglied der Konföderation freistelle, die ihm zusagende Staatsform zu wählen. Da dies von Bolivars Vertrauten stammt, besagt es genug. Gleichwohl war Bolivar nicht zufrieden und schrieb an Briceño, der Bundesvertrag «enthält Artikel, die mich an der Ausführung von Plänen hindern könnten, welche ich entworfen habe und welche meiner Meinung nach sehr nützlich und weitreichend sind».

Worum es sich bei diesen Plänen handelte, können wir aus dem Anfang desselben Briefabsatzes schließen: «Die Bezirke Guayaquil, Ecuador und Azuay haben mich zum Diktator ausgerufen, Cauco und andere mögen dem Beispiel folgen. Diese Grundlage wird meine Operationen stützen und mir die Mittel liefern, um alles zu organisieren.» Diese Worte, die am 14. September 1826, also zwei Monate vor seiner Ankunft in Bogotá, geschrieben wurden, beweisen, daß Bolivar die Republik zu stürzen beabsichtigte. Gewiß lieferte ihm Páez' Rebellion einen Vorwand, doch war es für ihn nicht mehr als ein Vorwand, der ihm die nötigen Vollmachten verschaffen würde, um die Republik der Juristen zu stürzen. Es war wieder einmal ein Streit, der dem herkömmlichen Zweikampf zwischen Degenträgern und Robenträgern entsprach, zwischen Generälen und Doktoren. Diesmal standen Santander und Páez gegeneinander; denn Páez war ein General, während Santander, der im Grunde ebenfalls ein General war, es vorgezogen hatte, sich als Doktor zu verkleiden, um desto besser kämpfen zu können. Daraus erklärt sich, warum Bolivar entgegen dem Rat seines besten Freundes und den unverblümten Briefen O'Learys als General niemals in seiner Haltung schwankte: für Páez und gegen Santander.

In Caracas hatte er in seiner Schwester Maria Antonia eine gute Beobachterin. Sie schrieb ihm Briefe, in denen Willenskraft und Mutterwitz stärker waren als Rechtschreibung und Grammatik. «Mit seinen sinnlosen Maßnahmen, mit seinem Versuch, Mendoza zum Intendente und Soublette, den hier alle hassen, zum Oberbefehlshaber zu machen, hat Santander Páez und uns alle an den Rand eines Abgrundes gebracht. Man glaubt hier, Santa Ander wolle sich die Krone aufsetzen, und man sagt, wenn schon, dann Du und nicht er.» Während Páez im August im Apuretal war, hatte das Bataillon Apure in Caracas gemeutert und, wie O'Leary es nennt, «Páez' Sache, die Sache der Unehre» verlassen. Diese Gegenrevolution von Caracas, wie wiederum O'Leary sie nennt, wurde zu Bolivars äußerstem Mißfallen von Maria Antonia angeführt. Sie schrieb ihm, die «bolivianische» Verfassung sei gut und gefalle allen Leuten, «bis auf die Bestimmung über die Freilassung der Sklaven».

Páez und sein Stellvertreter Mariño begegneten dem Abfall des Bataillons Apure mit Verstärkungen, «deren Zuchtlosigkeit und unordentliches Betragen die Lage der Hauptstadt noch kritischer gestalteten». Am 2. Oktober versprach Páez, die Truppen zurückzuziehen, damit die Bevölkerung ihre Meinung frei in der Versammlung oder dem Cabildo Abierto vorbringen könnte, zu dessen Einberufung die Stadtverwaltung von Caracas auf Páez' Betreiben Mendoza vermocht hatte. Die Versammlung trat am 5. Oktober unter politischen Verhältnissen zusammen, die Bolivar selber geschaffen hatte: durch die «bolivianische» Verfassung, durch seine «Actas» und durch seine Proklamation. Zum zweitenmal trat sie am 7. Oktober unter Páez' Vorsitz zusammen, der jedermann versicherte, Bolivar habe nichts gegen die vom Volke gewünschten Reformen; nach einer langen Debatte kam man überein, Páez solle ein Dekret erlassen, durch das Wählerkollegien berufen würden, welche

Abgeordnete für eine Regierung in Venezuela wählen sollten. Das war revolutionär, aber nicht revolutionärer als alles das, was Bolivar schon immer getan hatte. Das Dekret wurde am 13. November erlassen, die Wahl auf den 10. Dezember angesetzt und die erste Sitzung des neuen Kongresses für den 10. Januar 1827 in Valencia vorgesehen.

In Bogotá blieb Bolivar elf Tage und faßte zwei wichtige Beschlüsse: die volle Macht zu übernehmen und seine Vollmachten während seines Aufenthalts in Venezuela, abgesehen von diesem Gebiet, auf seinen Vizepräsidenten Santander zu übertragen. Das bedeutete, daß Santander in Cundinamarca Diktator wurde, wie Bolivar selber Diktator in Venezuela und Briceño in Bolivars Namen in Ecuador Diktator war. Das alles geschah mit Zustimmung und anscheinend zur Zufriedenheit von Santander. Außerdem wies dieser, der mit Gesetzen fachmännisch umzugehen verstand, Bolivar darauf hin, daß sie im Sinne des Gesetzes nur dann Präsident oder Vizepräsident sein könnten, wenn sie am 2. Januar 1827 vor dem Kongreß vereidigt würden; da aber Bolivar keinerlei Absicht hegte, den Kongreß einzuberufen, sollte Bolivar Santander brieflich ermächtigen, nach dem 2. Januar als Vizepräsident tätig zu sein. Diesen Brief schrieb Santander selbst, und Bolivar datierte ihn «Rosario de Cúcuta, den 12. Dezember 1826». Das geschah hinter dem Rücken der Regierung. Da ein Fluß Hochwasser führte, begab sich Bolivar überhaupt nicht nach Rosario de Cúcuta, doch hinderte das Santander nicht, den Brief in überschwenglichen Ausdrücken zu beantworten, die «als untertänig beschrieben zu werden» verdienten. Santander räumte Bolivar also freiwillig die weitestgehende Diktatur ein und versuchte nachher die Entscheidung darüber, ob der Vizepräsident am 2. Januar zurücktreten oder Bolivars Vollmacht (die er sich selber ausgebeten hatte) annehmen sollte, dem Präsidenten des Senats zuzuschieben. Dieser weigerte sich. Sobald nun Santander sich wieder unbehindert im Sattel sah und Bolivar fern wußte, begann er mit einer Flüsterkampagne gegen ihn, kritisierte jede von Bolivar getroffene Entscheidung und sogar solche, die bei Beratungen getroffen worden waren, an denen er selber teilgenommen hatte.

Als Bolivar am Weihnachtstag 1826 an Bord der «Estimbot» ging, um nach Maracaibo zu reisen, hörte er, daß Carabaño im Auftrage von Páez Briceño Méndez in Puerto Cabello angegriffen hatte. Sofort alarmierte er alle ihm ergebenen Kommandeure, sie sollten ihm Truppen für einen Kampf schicken, den er als lang und blutig voraussah. Mit großer Beredsamkeit beschwor er das Gespenst eines Rassenkrieges. Teilweise meinte er das vielleicht ehrlich. Ein Bürgerkrieg mußte in seinen Augen eine schrecklich drohende Gefahr sein, wußte er doch, daß die Republik noch keineswegs gefestigt war. Coro, wo er damals war, hielt immer noch zu den Spaniern. Er selber schrieb am 24. Dezember an Urdaneta: «Falls die Spanier sich dieser Küste nähern sollten, würden sie, glaube ich, allein in dieser Provinz vier- bis fünftausend Indianer aufstellen können.» Trotzdem übertreibt er die Gefahr eines Bürgerkrieges, um sich selber genug Truppen zu verschaffen, mit denen er Páez bezwingen will, den er fürchtet. Zudem war Páez so unbedacht gewesen anzukündigen, daß Bolivar als schlichter Bürger komme, und das war für den Diktator des Kontinents zuviel gewesen. «Ihre Proklamation sagt, ich käme als Bürger. Was kann ich als Bürger tun? Wie kann ich mich von den Pflichten meines Amtes lösen? Die Nation hat für Reformen und für Bolivar gestimmt. Niemand hat mich verworfen, niemand hat mich degradiert. Wer will mir die Zügel entreißen? Ihre Freunde und Sie selber? Das wäre unwürdig, und zwar als Undankbarkeit tausendmal schlimmer denn als Verrat. Ich kann das nicht glauben ... Was hätten alle Venezolaner denn, das sie mir nicht verdankten? Und Sie selber, verdanken Sie mir nicht Ihr Dasein? Es gibt in Venezuela keine legitime Macht als die meinige, ich meine als höchste Gewalt. Sogar der Vizepräsident hat, wie mein Dekret besagt, hier keine Befugnisse mehr. Ich biete Ihnen mit größtem Freimut meine ganze Freundschaft an ..., aber alles muß sich auf den Bahnen von Ordnung und wahrer Souveränität vollziehen, d.h. der Mehrheit der Nation. Was mich am meisten verwundert, ist der Umstand, daß Sie nicht ein Wort über meine oberste Gewalt verlieren ... Glauben Sie mir, Herr General: im Schatten von Geheimnissen hat nur das Verbrechen Erfolg. Mit mir werden Sie alles, alles, alles sein. Ich begebe mich morgen nach Puerto Cabello, wo ich Ihre Antwort erwarte.»

Inzwischen hatte sein Adjutant Fergusson Dr. Peña und Oberst Cistiaga als Gefangene nach Trujillo geschickt. Am 16. Dezember erließ Bolivar in Maracaibo selber eine Proklamation, die sich nur an die Venezolaner wendete. «Tötet nicht das Vaterland!» Er verpfändet sein Wort dafür, daß er sie zu einem Konvent führen werde – was seinerseits ein völlig verfassungswidriger Akt war. Dann greift er Páez an, ohne ihn zu erwähnen. «Nur die Mehrheit ist souverän. Wer sich an die Stelle des Volkes setzt, ist ein Tyrann.» Danach eine düstere Drohung: «Wehe denen, die mein Wort nicht achten und ihre Pflicht vergessen.» Páez reagierte heftig. «Der Schleier ist gefallen. Bolivar kommt mit dem Dolch in der Hand. Er kommt im Namen der Regierung von Bogotá, will jedermann zur Huldigung zwingen und bedroht alle Rebellen. Die Zeit zum Handeln ist da. Seid wachsam, Freunde! Laßt euch nichts vormachen. Galgen und Schafotte errichtete er für uns. Laßt uns ihm mit Festigkeit, mit Lanzen und Schwertern begegnen.» Das Jahr endete unter solchen Drohungen. Beide Degenträger hielten ihre Degen hoch in die Luft.

FÜNFTES KAPITEL

Ein Jahr der Ungewißheit

Das Jahr 1827 begann damit, daß Bolivar und Páez sich wütend und ängstlich zugleich gegenüberstanden. Beide waren tapfer, heftig und ehrgeizig. Bolivar war stärker, weil er volkstümlicher war; aber er war schwächer, weil er klüger und feinsinniger, weniger unbedacht und von den beiden der weniger skrupellos Ehrgeizige war. Als Repressalie für die Festnahme von Peña und Cistiaga hatte Páez Bolivars Abgesandten Silva verhaftet, doch traf dieser dann am 1. Januar mit einer Botschaft von Páez in Puerto Cabello ein. Auf diese Geste hatte Bolivar nur gewartet. Sofort erließ er ein Dekret, durch das Páez als Chef der Zivil- und Militärverwaltung in Venezuela bestätigt und Mariño zu seinem Stellvertreter in Maturin ernannt wurde; alles, was während der Krise geschehen war, sollte vergeben und amnestiert werden. Dieses Dekret wurde sofort mit einem herzlichen Brief an Páez geschickt, worin von der «unsäglichen Freude» die Rede war, die Bolivar beim Empfang seiner Botschaft empfunden habe; weiter teilte ihm Bolivar mit, es sei ihm «gelungen, die Regierung von der Notwendigkeit zu überzeugen, daß Kolumbien in drei Staaten aufgestellt würde». Ferner beschwichtigte er Páez' Furcht vor einer Unterredung und erinnerte ihn daran, wie Morillo ihn mit einer ganzen Schwadron aufgesucht hatte, während er selber ohne Begleiter gewesen, «denn Verrat ist zu widerwärtig, als daß er in das Herz eines großen Mannes Einlaß fände». Dann neue Schmeichelei: «Sie werden von allen verehrt werden, und ich werde in Ihnen den Gott des Friedens sehen ... Sie werden mit gesetzlichen Mitteln in Venezuela alles, alles sein.» Soweit hätte Bolivar mit seiner Schmeichelei und seiner offiziellen Vergebung nicht zu gehen brauchen, da Páez «ihm bereits nicht mehr widerstehen konnte und mit einer bloßen Amnestie und irgendeiner persönlichen Anerkennung seiner militärischen Stellung und Verdienste zufrieden gewesen wäre. Aber der Libertador dachte an Bogotá».

Páez antwortete auf Bolivars Dekret mit einem eigenen, worin er die Oberhoheit des Libertadors anerkannte und seine Landsleute aufforderte, ihm einen triumphalen Empfang zu bereiten. Das rief nun bei Bolivar einen solchen Ausbruch von Begeisterung hervor, daß er in einer Proklamation Páez zum Retter des Vaterlandes ausrief. Am 4. Januar verließen beide ihr Hauptquartier, um sich auf halbem Wege zu treffen. Páez war immer noch mißtrauisch und erwartete Bolivar am Fuß des Berges La Cumbre in Naguanagua, von Partisanen und regulären Truppen reichlich umgeben. Als sie sich erblickten, stiegen beide ab. Bolivar breitete seine Arme aus, Páez umarmte ihn, und ihre Degen verhedderten sich. Während sie diese zu trennen versuchten, sagte Bolivar lächelnd. «Das ist ein gutes Omen, Herr General.» Er meinte das wirklich. Er war entschlossen, Páez als Bundesgenossen für seinen Kampf gegen die Republik der Juristen zu gewinnen, die er in Santander verkörpert sah. Er wollte Arm in Arm mit Páez in Caracas einziehen, wo ihm auch wirklich am 10. Januar ein triumphaler Empfang bereitet wurde. In der Begleitung von Delegierten, die ihnen die Stadtverwaltung bis nach La Victoria entgegengeschickt hatte, zogen die beiden Degenträger unter Triumphbögen, lautem Jubel und den Fahnen aller neuen Republiken sowie dem Sternenbanner in die Stadt ein. Ihr Wagen kam kaum voran; obwohl jedoch Bolivar darauf bestanden hatte, daß Páez neben ihm saß, gelang es ihm nicht, der begeisterten Menge auch nur ein einziges «Viva!» für seinen unbeliebten Bundesgenossen abzuringen. Fünfzehn Jungfrauen verkörperten Soldaten- und Bürgertugenden und überreichten Bolivar zwei Lorbeerkränze; den einen setzte er Páez auf, den andern bot er dem Volk von Venezuela dar. Flaggen wurden gezeigt, auf denen die Namen verschiedener Tugenden verzeichnet waren. Bolivar überreichte General Toro die Fahne der Selbstlosigkeit, Don Cristóbal Mendoza die Fahne der

Rechtschaffenheit, dem britischen Vertreter die Fahne der politischen Klugheit, der Stadt Caracas die Fahne der Großmut, Páez die Fahne der Tapferkeit – und behielt für sich selber die Fahne der Standhaftigkeit.

Es folgten Feste und Bankette in großer Zahl. Am 13. Januar gab die Stadtverwaltung ein Bankett für zweihundert Personen, was für eine zerstörte Stadt eine beachtliche Leistung war. Páez erhielt Gelegenheit, seine Dankbarkeit zu bezeugen. Bolivar hatte ihn mit Geschenken überschüttet. Zu der Lanze und den Hemdknöpfen hatte er ihm zwei chilenische Pferde und nichts Geringeres als den mit Gold und Juwelen besetzten Degen geschenkt, den Lima ihm nach Ayacucho überreicht hatte. Diese Gabe veranlaßte Páez zu dem Trinkspruch, daß er niemals den Schwur verletzten werde, sein Schwert ausschließlich zur Verteidigung der Freiheit des Volkes zu ziehen. Noch mehr weißgekleidete Mädchen, noch mehr Palmen, noch mehr Musik – und dann dieses: «Von Caracas begab ich mich an den Apure, um fünfzehnhundert Reiter zu entwaffnen, die sich geweigert hatten, ihre Waffen abzulegen, bis sie wüßten, wie Bolivar sich mir gegenüber verhielte.» Das war die Wirklichkeit hinter der Fassade von Geschenken und Banketten. Vor seiner Abreise hatte Páez eine vertrauliche Unterredung mit Bolivar, der ihm sagte, er halte die Trennung von Venezuela und Kolumbien für unvermeidlich und nehme an, daß Páez der erste Präsident von Venezuela sein werde. Bolivar riet Páez dringend, er möge sich der Konföderation widersetzen und auf der «bolivianischen» Verfassung beharren. Auch gab er zu verstehen, daß er sich, falls diese Verfassung beschlossen würde, in Venezuela niederlassen wolle. Die Vorstellung, daß Bolivar als schlichter Bürger in einem von Páez regierten Venezuela lebe, war allzu idyllisch, als daß sie jemals von der Vorsehung ernstlich geplant worden wäre. Es war einfach eine jener Redensarten, die Bolivar wie Vorhänge zwischen sich und andere zog.

Um jene Zeit brauten sich politische Unwetter gegen

Bolivar sowohl in Lima als auch in Bogotá zusammen. Die Schuld daran lag keineswegs nur auf Seiten seiner Feinde. Sein Prätorianertum war zu offenkundig, beinahe zu zynisch, um nicht Widerstand zu wecken, der selbst dann, wenn er in persönlicher Verbitterung wurzelte, sachlicher Grundlagen nicht entbehrte. Seine Briefe an Páez, in denen er sich darüber beklagte, daß der Präsident mit Belohnungen und Wohltaten für seine Freunde nicht weit genug ginge, beweisen, daß er Stellungen und Kommandos an Personen vergab, die deren nicht würdig waren; er tat das nur deshalb, weil sie zu Páez' Partei gehörten (und sich daher gegen die verfassungsmäßigen Gewalten auflehnten, die zu verteidigen sie alle einschließlich Bolivar geschworen hatten). Santander, dessen Verfassungstreue über Zweifel keineswegs erhaben war, zog es vor, sich als politischer Puritaner zu geben, und veröffentlichte ungezeichnete Artikel gegen Bolivar in der nichtamtlichen Beilage zu der amtlichen «Gaceta de Colombia». Eine andere Zeitung, «El Conductor», die von Vicente Azuero, ebenfalls ein Gegner Bolivars, herausgegeben wurde, griff ihn noch heftiger an. Dabei wurden zwei Lösungen der anstehenden Probleme empfohlen: entweder eine Konföderation oder eine völlige Trennung der drei Republiken. Beide Lösungen mußten Santander zusagen, dessen Ziel es war, Bolivar loszuwerden und zur Spitze seines eigenen Landes emporzusteigen. Von solchem Ehrgeiz getrieben, abonnierte er einhundertfünfzig Exemplare von «El Conductor» auf Staatskosten und verschickte sie zusammen mit dem amtlichen Blatt. Bolivar war über Santanders Haltung tief erbittert. Sein erster Gedanke war zurückzutreten, und so schrieb er am 5. Februar 1827 an Luis Baralt, Präsident des Senats: «Einmal, tausendmal, millionenmal verzichte ich auf die Präsidentschaft der Republik.» Natürlich meinte er das nicht. Niemand in Bogotá glaubte ihm. Am nächsten Tag schrieb er Santander einen Brief, der seine Entschlossenheit zu bleiben verriet. Er glaubte immer noch, daß er, solange Páez in Caracas, Santa Cruz in Lima und Briceño in Quito waren, stark genug sei, um Santander abzuschieben und Spanisch-Amerika zu napoleonisieren. Am 9. Dezember 1826, dem Jahrestag von Ayacucho, hatten die peruanischen Behörden den Eid auf die «bolivianische» Verfassung abgelegt und Bolivar auf Lebenszeit zum Präsidenten berufen sowie ihm die Titel Vater und Retter Perus verliehen.

Im Morgengrauen des 26. Januar 1827 verweigerte die Wache Pando, dem amtierenden Chef der peruanischen Regierung, Zutritt zu dem Palast. Präsident Santa Cruz war «krank» in Chorillos. Die Bajonette, auf denen die Regierung (ungeachtet Napoleons Ausspruch) saß, waren kolumbianisch; sie gehörten der dritten Division von Bolivars Veteranenarmee, die in Peru zurückgeblieben war, um dem Land die Klugheit und die bolivarische Gesinnung zu erhalten. Obwohl nun diese Division von etwa zweitausenddreihundert Mann von General Lara, einem der engsten Freunde Bolivars, geführt wurde, waren die meisten Hauptleute und Subalternoffiziere Granadinos; unter Führung des Stabschefs Oberst Bustamante schoben sie die venezolanischen Offiziere beiseite und erklärten sich für die Verfassung und gegen jeden Versuch einer Diktatur. Bustamante handelte auf Betreiben von Santa Cruz und möglicherweise auch von Santander. Als Manuela Sáenz von dem Pronunciamiento hörte, ritt sie als Offizier verkleidet aus, betrat eine der Kasernen und versuchte vergeblich, das Regiment für Bolivar zurückzugewinnen. Das Pronunciamiento entwickelte sich nach klassischen Regeln. Der Cabildo trat zusammen, beanspruchte parlamentarische und sogar verfassunggebende Gewalt, erklärte die bolivianische Verfassung für aufgehoben, setzte die vorherige wieder in Kraft und stellte fest, daß Bolivars Vollmachten demgemäß erloschen seien. Der plötzlich genesene Santa Cruz kehrte nach Lima zurück und wurde begeistert empfangen. Zwei Tage später erklärte er: «Da die von Bolivar diktierte Verfassung nicht gut aufgenommen worden ist, sind die Pueblos aufgefordert worden, Vertreter für eine verfassunggebende Versammlung

ANDRÉS DE SANTA CRUZ

zu wählen.» Am 29. Januar segelten zwei granadische Subalternoffiziere von Callao nach Buenaventura; bei sich führten sie Lara und andere Offiziere, die von den Meuterern gefangengenommen waren, sowie Berichte von Santa Cruz und Bustamante an Santander. Die beiden Boten trafen am 9. März in Bogotá ein. Sobald ihre Nachrichten bekannt wurden, schickten einige Kommandeure ihre Blaskapellen auf die Straßen; Glocken läuteten, Raketen wurden abgefeuert und Hochrufe ertönten. Ein Augenzeuge setzt hinzu: «Santander schloß sich uns auf der Straße an und geleitete uns ein Stück; dabei verrieten sein Gesichtsausdruck, sein Gerede und seine Hochrufe auf die Freiheit die innige Freude, die ihn überwältigte. Allerdings verriet er manchmal auch ein Unbehagen, das er zu verbergen suchte.»

Die Ereignisse in Lima waren das Ergebnis einer Reihe von politischen und persönlichen Triebkräften. Die Peruaner empfanden die andauernde Besetzung ihres Landes durch kolumbianische Truppen als lästig – ganz unabhängig von dem Verhalten der Truppe. Das war eine nationale Empfindung, die alle Peruaner teilten, selbst solche, die politischen Vorteil aus der Anwesenheit der kolumbianischen Truppen zogen. Vermehrt wurde dieses Gefühl vielleicht noch durch eine gewisse Prahlsucht der Kolumbianer, die sich auf ihren Lorbeer als Sieger über die Sieger über Napoleon etwas zugute taten, und durch ihre unverhüllte Verachtung für die Peruaner als Soldaten; die Venezolaner zeigten das noch deutlicher als die Kolumbianer, weil sie militärischer waren. Vor allem Lara, der ein rücksichtsloser und launischer Mann war, hatte sich nicht nur bei den Peruanern, sondern auch bei dem granadischen Teil seiner Streitmacht gründlich unbeliebt gemacht. Als er im Verlauf seiner Schwierigkeiten mit der Regierung einmal vorgeschlagen hatte, er wolle mit seiner ganzen Truppe abziehen, hatte die peruanische Regierung ihn trotzdem gebeten zu bleiben; denn die Regierung wußte nur zu gut, daß ihre Macht auf der Anwesenheit der kolumbianischen Truppen beruhte. Zu jener Zeit erwog

Santa Cruz die Teilung der Division; er wollte Lara und seine Venezolaner, die für Bolivar eintraten, loswerden und die Granadinos behalten, die ihn im Amt stützen würden. Er wußte, daß er auf die stillschweigende oder ausdrückliche Hilfe Santanders rechnen konnte. Daher sein gewundenes Verhalten während dieser Vorgänge. Manuela Sáenz, die Bolivar in Lima zurückgelassen hatte, tat ihr möglichstes, um das Volk gegen die Regierung und Bustamante aufzuwiegeln. Vidaurre schrieb am 14. April an Santander, er fürchte eine Revolution, weil der kolumbianische Konsul Armero und Manuela Sáenz «ständig verführerische Versprechungen machen und, zumal die Dame, riesige Summen ausgeben. Angesichts der genauen Nachrichten, die ich über alles besaß, was Armero und die Frau im Sinne hatten, und angesichts ihrer skandalösen Korrespondenz, die so sehr gegen die öffentliche Moral verstößt, ließ ich ihn um vier Uhr kommen und sagte ihm: ‹Manuela wird binnen vierundzwanzig Stunden abreisen. Andernfalls sperre ich sie in Casas Matas ein.› Ich hatte sie in einem Kloster auf Nummer Sicher, doch verletzte sie die Regeln und wurde dauernd von Offizieren besucht.» Aus Furcht, die Anwesenheit der Division könne mehr schaden als nützen, ließ die Regierung alle Truppen nach Guayaquil bringen; so trat Bustamante mit achtzehnhundert Soldaten am 19. März von Callao aus die Seereise an. Die Regierung benutzte diese Gelegenheit, um auch noch andere unwillkommene Gäste loszuwerden, darunter Luis López Méndez, einstmals Bolivars Agent in London, jetzt einer seiner schärfsten Gegner und Bundesgenosse von Bustamante. Ferner Córdoba, der schmucke, tapfere, aber stürmische und unzuverlässige Held von Ayacucho, sowie Manuela Sáenz, welche die Überfahrt dadurch zu beleben versuchte, daß sie Córdoba belagerte, ohne doch seine verächtliche Gleichgültigkeit gegenüber ihren Annäherungsversuchen überwinden zu können.

In einem amtlichen Brief an Bustamante vom 15. März mißbilligte Santander dessen Insubordination grundsätzlich, entschuldigte sie jedoch tatsächlich. Einen Tag später schrieb Bolivar an Soublette: «Ich kann die perfide Undankbarkeit Santanders nicht mehr ertragen und habe ihm daher heute geschrieben, er möge mir nie wieder schreiben; denn ich will ihm nicht antworten noch ihn jemals einen Freund nennen.» Dieser endgültige Bruch war die Folge des unaufhörlichen Kampfes, den Santander mit ungezeichneten Aufsätzen gegen Bolivar führte. Santander verlor jedoch nicht den Kopf, sondern schrieb Bolivar einen würdigen und sogar freundlichen Abschiedsbrief. Als Bolivar von Santanders Brief an Bustamante und von seiner Beteiligung an den Freudenkundgebungen der Straße erfuhr, kannte seine Empörung keine Grenzen. Er fühlte sich von Santander und Santa Cruz verraten, und gleichzeitig meuterten seine eigenen venezolanischen Truppen in Valencia, Cumaná und überall. An Urdaneta schrieb er jedoch: «Wie Sie wissen, nenne ich mich gern den Mann für gefährliche Augenblicke. Krieg ist mein Element, Gefahr mein Ruhm.» Fest verlassen konnte Bolivar sich jedoch nur auf einen einzigen Mann, Sucre; der aber war Tausende von Meilen entfernt und zudem von Feinden oder falschen Freunden umgeben.

In den fünf Ländern, von deren Vereinigung Bolivar geträumt hatte, erhob die Anarchie ihr Haupt. In Peru trat im Juni 1827 ein neuer Kongreß zusammen, dem Santa Cruz mit einer Geste, die er von Bolivar gelernt hatte, seine Vollmachten zurückgab. Unter der Führung des gescheiten Luna Pizarro, der Priester, also Robenträger und als solcher der geborene Feind aller Degenträger war, wurde Santa Cruz jedoch beiseite geschoben und La Mar zum Präsidenten gewählt. Während er erwartet hatte, man werde ihn à la Bolivar zwingen, das Vaterland zu retten, wurde Santa Cruz beim Wort genommen. Darauf erklärte er, die Wahl sei «ein Überraschungsangriff, wie ihn ein Reisender von gewerbsmäßigen Straßenräubern erleben könnte».

Während Kolumbien mit der Anarchie rang, begann die Welt allmählich, das Land als unabhängige Nation anzuerkennen. Die Niederlande und Frankreich entsandten Generalkonsuln nach Bogotá, und die kolumbianische Flagge wurde in französischen Häfen offiziell zugelassen. Schweden, Bayern und die Hansestädte erkannten ebenso wie der Kaiser von Brasilien Kolumbien an. Der größte Triumph für Bolivar war jedoch die Anerkennung durch Papst Leo XII. Dadurch konnten Bogotá und Caracas wieder ihre Erzbischöfe, Santa Marta, Quito, Antioquia und Cuenca ihre Bischöfe und zahllose Städte und Dörfer neue Priester erhalten. Für ein Volk, das noch tief in seinem Glauben verwurzelt war (einem Glauben, der historisch mit Spanien gleichgesetzt wurde), bedeutete dieser Schritt des Vatikans die endgültige Weihe der Unabhängigkeit. Das war ein großer Tag für Bolivar, der, von seinen jakobinischen Jugendtagen inzwischen weit entfernt, die Bedeutung der damit zusammenhängenden Fragen sehr wohl erkannte. Sir Alexander Cockburn, im Jahr zuvor als britischer Gesandter akkreditiert, war nach Caracas gekommen, um Bolivar zu sprechen. Im April 1827 drängte Cockburn ihn, er solle nach Bogotá gehen und sich an die Spitze der Regierung stellen. Drei Tage später drängte Cockburn ihn wieder, diesmal im Namen seiner Regierung, und abermals am 23. April, als er Bolivar ermutigte, seine Tätigkeit im Staatsdienst fortzusetzen. Bolivar benutzte die Gelegenheit, um Canning darauf hinzuweisen, wie wichtig die Anerkennung durch Spanien sei. Als er schließlich meinte, die Zeit sei reif, um nach Bogotá zu reisen, übergab er Páez das Kommando in Venezuela und segelte in Begleitung seines britischen Freundes an Bord H. M. S. «Druid» am 5. Juli 1827 nach Cartagena.

Am 9. Juli kam er dort an und wurde von der Bevölkerung unter der Regierung seines Freundes Montilla gut aufgenommen. Als in Bogotá bekannt wurde, Bolivar sei eingetroffen und werde, begleitet von achthundert kampferprobten venezolanischen Soldaten unter Salom, über Ocaña in die Hauptstadt kommen, kannte die Aufregung keine Grenzen mehr. Santander verlor soweit den Kopf, daß er äußerte, ihm wäre es lieber, wenn der Ankömmling Morillo wäre und nicht Bolivar; auch sagte er, Bolivar komme in der gleichen Stimmung wie seinerzeit Napoleon bei der Rückkehr aus Ägypten. Das war allerdings richtig. In einem Brief, den Bolivar am 24. August von La Carrera aus an José Rafael Arboleda schrieb, bestand er darauf, die Armee müsse verstärkt werden. «Nicht einmal für eine halbe Stunde werde ich mich von der Armee trennen ... Wenn der Kongreß mich nicht vom Eid entbindet oder nicht willens ist, ihn durch eine Kommission entgegenzunehmen, werde ich ihn vor dem Volke ablegen, das bereits anfängt, mich von ihm zu entbinden.» Santander hatte das alles im Gefühl. Amtlich schickte er dem Kongreß eine Botschaft, daß er Bolivar nicht mit präsidialen Befugnissen bekleiden werde, bis dieser den Eid auf die Verfassung geleistet habe. Er schlug der Regierung vor, dem diplomatischen Korps ein Protestschreiben gegen Bolivars gesetzwidriges Vorgehen zu übermitteln; die Staatssekretäre, «die Freunde des Libertadors waren», verwarfen diesen Vorschlag jedoch. Der nicht minder aufgeregte Kongreß begann mit der Debatte über ein Gesetz, das Bolivar verbieten sollte, Truppen von Caracas nach Bogotá zu bringen. Santander war zugegen.

Bolivar schüttete Öl in diese Flammen, weil er sich wie üblich aufführte und die Gesetze des Landes mißachtete. Er maßte sich diktatorische Befugnisse an, die ihm nicht zukamen, verfügte Ernennungen und Beförderungen und befahl Truppenbewegungen – alles auf eine Weise, die Santander als Vizepräsidenten der Republik reizen mußte. Auf dem Wege in die Hauptstadt schrieb er an seine dortigen Freunde, um ihnen Mut zu machen. Einer dieser Briefe, an Pepe Paris gerichtet, verrät seinen persönlichen Stolz in Geldangelegenheiten. «Seien Sie so gut, Santander aufzusuchen und ihn um mein Landhaus zu bitten, wo ich wohnen möchte. Ich möchte nicht, daß der Regierung oder einer Privatperson irgendwelche Auslagen entstehen. Für mein Essen am ersten Tag leihen Sie sich Geld, das ich später zurückzahlen werde.»

Dann eine Nachschrift: «Ich besitze nicht einen Peso, aber mit Gottes Hilfe hoffe ich zu Geld zu kommen.» Das war stark untertrieben. Paris gehörte zu einer Anzahl von Freunden, die sich entschlossen, ihm bis nach Zipaquirá entgegenzureiten. Dazu gehörten auch Soublette, Oberst Herrán und Mosquera. Sie trafen Bolivar in El Socorro, wo Mosquera ein Wort für Soublette einlegen mußte, über dessen Zuverlässigkeit Bolivar einige Zweifel hegte. Bolivar schickte Herrán mit Briefen an Santander und den Kongreß zurück, in denen er erklärte, er habe über Panama weniger erfreuliche Nachrichten über die Lage im Süden erhalten (das war der Grund, weshalb er die Verschwörung Bustamantes erfand oder aufblähte), als Santander zu haben behauptete; deshalb bringe er die Truppen mit. Er komme des Eides wegen – und der Macht. Von Zipaquirá aus schickte Bolivar Mosquera mit entsprechenden Briefen zum Präsidenten des Senats und bat ihn, die Versammlung vorzubereiten. Schließlich ritt Bolivar am 10. September durch überfüllte Straßen in Bogotá ein, stieg vor der Kirche Santo Domingo ab, wo der Kongreß ihn erwartete, und legte den Eid ab, ohne auch nur eine Minute zu verlieren. Alsbald, so schreibt Mosquera, «erhielten wir Befehl, uns in das Kanzleihaus zu begeben und dem Vizepräsidenten zu verkünden, er habe den Eid abgelegt und sei nunmehr Chef der Regierung».

Also zogen alle weiter zum Kanzleihaus, wo Santander seinen Chef erwartete, der nunmehr sein Gegner war. Der Empfang war förmlich, doch ließ Santander es nicht an äußerer Freundlichkeit und Bolivar nicht an soviel Charme, Takt und sogar Herzlichkeit fehlen, wie er jederzeit aufbringen konnte, wenn er nur wollte. Santander lud ihn zu Tisch ein, was Bolivar annahm; während des Essens erzählte man ihm, etliche Führer der liberalen Partei seien abgereist, weil sie befürchteten, verfolgt zu werden. Bolivar bat Santander, sie zurückzurufen und ihnen zu versichern, sie würden ihrer Ansichten wegen nichts auszustehen haben. Abends begab er sich in sein Landhaus am Rande der Stadt. Am nächsten Morgen um acht Uhr lag Bolivar noch im Bett, als Santander in voller Uniform Besuch machte. Bolivar empfing ihn in seinem Schlafzimmer. Mosquera, der die Unterhaltung mit anhörte, berichtet, sie habe mit Santanders Entschuldigungen wegen der Affäre Bustamante begonnen, habe mit Erinnerungen an ihre frühere Freundschaft geendet, und Bolivar habe Santander zum Mittagessen dort behalten. Er setzt jedoch hinzu, die Staatssekretäre, die nachmittags in Dienstgeschäften kamen, hätten Bolivar gewarnt, er möge sich nicht auf Santanders Aufrichtigkeit verlassen. Bolivar ersuchte den Kongreß, seine Sitzungen fortzusetzen, und unterbreitete ihm die Maßnahmen, die er schon in Venezuela getroffen hatte; auf diese Weise sicherte er sich die Genehmigung selbst seiner eigenmächtigsten Handlungen. Ferner bestätigte er die Staatssekretäre, die schon unter Santander gearbeitet hatten, in ihren Ämtern: Restrepo für Inneres, Castillo für Finanzen, Soublette für Krieg und Marine, während Revenga die Außenpolitik von Restrepo übernahm, der dieses Ressort vorläufig geleitet hatte.

Bolivar tat sein Bestes, um das Land zu regieren und zu befrieden. Dabei vergaß er nicht den wichtigsten Teil aller politischen Macht: Begünstigung. Restrepo, der zugleich sein Innenminister und sein Chronist war, versichert uns, er habe sich bemüht, «alle Zweige der öffentlichen Verwaltung neu zu ordnen und Beamte seines Vertrauens zu ernennen». Das war so kurz vor der Wahl eine kluge Maßnahme. Er schickte Runderlasse an alle Behörden, in denen er sie ermahnte, das Wohlbefinden der Bürger und Parteien wiederherzustellen, zu diesem Zweck dem «Papierkrieg» Einhalt zu gebieten und jedermann zu veranlassen, daß nichts mehr gegen Personen oder Institutionen geschrieben würde, damit die Presse ihre Aufmerksamkeit auf Mittel und Wege richten könne, wie die Wunden des Vaterlandes zu heilen seien. Ferner empfahl er, die Wahlen sollten in größtmöglicher Ordnung und Freiheit stattfinden, und die gewählten

Abgeordneten sollten ehrlich und tüchtig sein. Der Anblick des «Tyrannen», wie er so weise und im Rahmen der Gesetze regierte, kühlte allmählich die Atmosphäre ab und stellte die Ruhe wieder her. Der Kongreß bewilligte Bolivar alles, was er beantragte, vornehmlich die Vollmacht, in der Armee Beförderungen vorzunehmen, und das Recht, das Erziehungswesen zu reformieren.

Die Briefe an seine Freunde aus jener Zeit lassen erkennen, daß er von dem Verlangen getrieben wurde, alle Abgeordneten seiner Partei sollten vor den Anhängern Santanders nach Ocaña eilen, wo der Konvent stattfinden sollte. Doch beschäftigten noch andere Ereignisse seinen Sinn. Befürchtungen, Morales könne mit einem spanischen Expeditionskorps über sie kommen, schwanden bald dahin. Cannings Tod, den er am 28. Oktober erfuhr, berührte ihn tief. Dann kam das Erdbeben, das Bogotá am Nachmittag des 16. November erschütterte, während er in seinem Landhaus weilte. Am 15. Dezember aber schreibt er in einem Brief an Arboleda, der in Popayán durch das Erdbeben erhebliche persönliche und sonstige Verluste erlitten hatte, die Schäden, welche die Natur verursacht habe, würden bald geheilt werden, aber «es gibt ein anderes Übel, das wir nicht vergessen können: es ist dasjenige, welches der große Konvent uns vielleicht zufügen wird». Er war sicher, daß er in der Hauptstadt scheitern werde. Er scheiterte auch. Und nicht nur in der Hauptstadt. In Bogotá und in vier Provinzen wurde Santander gewählt. Soto und Azuero, die gleichfalls seine Gegner waren, wurden in Bogotá gewählt. So beschloß Bolivar das Jahr voll düsterer Vorahnungen.

SECHSTES KAPITEL

Der Konvent von Ocaña

Kolumbiens Armeen im Süden waren durch Untätigkeit, durch Geldprämien (die nicht immer ausgezahlt wurden) und durch das kümmerliche Beispiel ihrer Offiziere demoralisiert worden. Als der Kongreß von Bolivien dem Beispiel von Peru folgte, den Siegern von Ayacucho eine Million Pesos zusprach und Sucre ersuchte, er möge in England eine Anleihe von fünf Millionen Pesos aufnehmen, um diese und andere außerordentliche Ausgaben zu bestreiten, entgegnete Sucre: «Gott behüte, daß ich so töricht sei, Bolivien nach Ablauf meiner Amtszeit mit einer ausländischen Schuld belastet zu verlassen». Bolivar kannte solche Bedenken nicht. Eifrig darum bemüht, seine Offiziere der Hand, die sie nährte, ergeben zu erhalten, kümmerte er sich darum, daß die Million Pesos, die der peruanische Kongreß den Siegern von Ayacucho bewilligt hatte, aus der britischen Anleihe gezahlt wurde. Er war auch mit dem, was der peruanische Kongreß gegeben hatte, noch nicht zufrieden; denn wir wissen von seinem Gefolgsmann Heres, daß er «anderthalb Millionen Pesos verteilte, eine halbe Million mehr, als das Gesetz vorsah». Heres fügt noch hinzu: «Die Offiziere hatten eine Ausrüstung bekommen, die E. E. ihnen in Arequipa überreicht hatte, ohne daß diese mit ihren Gehältern verrechnet wurde, und in Lima bewilligten E. E. Beträge, damit alle Offiziere der Regimenter Araure und Caracas ausgerüstet würden.» Das alles läßt nur eine Auslegung zu: prätorianische Bestechung. Das solchermaßen erwähnte Geld, ob es nun ausgezahlt wurde oder nicht, demoralisierte die Armee.

Im November 1826 hatte schon eine in Cochabamba unter dem deutschen Oberst Braun in Garnison liegende Abteilung gemeutert, weil sie den Verdacht hatte, der Oberst habe die der Einheit vom peruanischen Kongreß bewilligte Prämie verspielt. Auf diesem Boden gedieh weitere Unruhe. Santa

Cruz, der als Präsident von Peru mit Bolivar zusammen für eine Union (natürlich unter seiner Führung) geworben hatte, wurde nun, nachdem ihn La Mar in Peru verdrängt hatte, ein bolivianischer Separatist; zusammen mit seinem Landsmann Gamarra ging er eine Verschwörung ein, um Sucre zu stürzen und sich selbst zum ungekrönten König von Bolivien aufzuschwingen. Die beiden Strömungen – Ehrgeiz oben und Korruption unten – vereinigten sich. Das Bataillon Voltigeros, das in La Paz stand, beschwerte sich darüber, daß es, obwohl es zu den Siegern von Ayacucho gehörte, wie einfache Rekruten in der Kaserne eingesperrt blieb. Es ärgerte sie, daß sie wie einfache Rekruten festgehalten wurden, die man einsperrte, um ihr Weglaufen zu verhindern, während ihre Offiziere Tag und Nacht im Spiel das Geld durchbrachten, von dem sie zu Recht oder zu Unrecht überzeugt waren, daß es ihr rückständiger Sold oder ihr Anteil an der Prämie sei. So meuterte das Bataillon am 24. Dezember 1827 unter Hochrufen auf Santa Cruz und Gamarra und forderte fünfzigtausend Pesos, von denen ihnen der Präfekt vierzigtausend auch gab. Als sie dann reichlich ausgestattet nach Lima abmarschierten, holte eine ihnen nachgeschickte Truppe sie bei San Pedro de Ocomisto ein und vernichtete sie.

So sahen die Nachrichten aus, die O'Leary am 16. März erreichten. Er hielt es für klüger, sie für sich zu behalten. Am nächsten Tag konnte er noch größere Diskretion beweisen. Ein Kurier brachte Briefe von Admiral Padilla, der Soto, den Vorsitzenden der Vorbereitenden Junta, davon unterrichtete, daß General Montilla rebelliert und sich Cartagenas bemächtigt hatte. Dieser Vorfall sollte weitreichende Folgen zeitigen. Er entsprang einer persönlichen Rivalität der beiden Anführer, die sich gegenseitig die Macht in Cartagena streitig machten. Keiner von beiden hatte zu jener Zeit tatsächlich das Kommando, aber Montilla besaß einen Geheimbefehl Bolivars, der ihn ermächtigte, notfalls in der ganzen Provinz die zivile und militärische Macht zu übernehmen. Das ist nicht ohne besonderes Interesse, wenn man bedenkt, daß die Provinz unlängst um den Bezirk und die Stadt Ocaña erweitert worden war, wo der Konvent tagte. Nun war Montilla Venezolaner, Weißer und Bolivarist, während Padilla Granadino, Zambo und Santanderist war. Zudem war Montilla ein wohlerzogener und belesener Aristokrat, während Padilla ein ungebildeter Seemann war, den man in einen Admiral verwandelt hatte, obwohl er keine Schiffe besaß. Beide waren ehrgeizig. Den Anlaß zu offenem Streit gab eine Erklärung oder ein Manifest, mit dem Montilla beim Militär hausieren ging, um den Konvent von Ocaña einzuschüchtern. Dieses Manifest war ein unbedachtes Schriftstück. Es forderte außer einer einfachen, starken Regierung auch eine Reihe von militärischen Privilegien und drohte mit einem Aufstand der Armee, falls der Konvent sich nicht fügen würde. Aus einem Brief General Córdobas an einen Freund wissen wir, daß dieses Manifest aus Bogotá stammte und daß der Plan dahin ging, alle kolumbianischen Generäle und Offiziere zur Unterschrift zu bewegen. Aus einem andern Brief an Bolivar wissen wir ferner, daß zwar offiziell Montilla die Unterschriften sammelte, daß aber Bolivar selber die Werbung betrieb. Es ist daher nicht übertrieben zu sagen, daß diese typisch prätorianische Intrige von Bolivar eingeleitet worden war und von ihm persönlich geführt wurde. Es ergab sich, daß in Cartagena die venezolanischen Offiziere unterschrieben, während die meisten Granadinos darauf verzichteten und so in eine schwierige Lage kamen. Sie sammelten sich um Padilla, trafen sich in seinem Haus und nannten die Unterzeichner «die Untertänigen»; die Bolivaristen gaben das Kompliment zurück und nannten die andern «die Parteiischen». Padilla zwang den kommandierenden General Montes zum Rücktritt; als Montilla, der gerade in Turbaco weilte, das hörte, zog er seinen Geheimbefehl aus der Tasche, übernahm die volle Regierungsgewalt und zog in der Nacht auf den 5. März die besten Truppen der Garnison in Turbaco

MARIANO MONTILLA

zusammen. Padilla und seine Anhänger riefen die farbige Bevölkerung auf, und der Admiral ließ sich zum zivilen und militärischen Befehlshaber proklamieren. Da er jedoch einsah, daß die wirkliche Macht in Montillas Händen lag, begab er sich nach Mompox, schrieb seine Version der Vorgänge an Bolivar und schickte dem Präsidenten des Konvents in Ocaña einen Brief, «um seine Person, seinen geringen Einfluß und alles, was er hatte, zum Schutze des Konvents anzubieten».

Dabei gab es noch gar keinen richtigen Konvent und keinen Präsidenten. Dr. Soto, ein standhafter Santanderist, leitete die Vorbereitende Junta. Er nahm Padillas Botschaft entgegen, berief auf den Abend des 17. März eine Sitzung ein und verlas dort Padillas Schriftstücke, wobei er ihn als Helden und Märtyrer der Freiheit pries. Schließlich stellte er den Antrag, die Junta solle Padilla für seinen Eifer danken und seine Dienste zum Schutze des Konvents annehmen. Mit Unterstützung Santanders wurde der Antrag angenommen. Am nächsten Morgen kamen die kühleren Köpfe zum Zuge, so daß der Antrag wesentlich gemildert wurde. Dann erschien Padilla und bezog ein Haus, das Santander für sich und seine Kollegen unterhielt. Er verlor jedoch keine Zeit, sondern besuchte O'Leary, um die Dinge auf seine Weise zu klären und sich gegenüber Bolivar ins Recht zu setzen, wobei er Montilla gleichzeitig anschwärzte. O'Leary riet ihm, nach Mompox zurückzukehren; dann überlegte er es sich und riet, Padilla solle an Bolivar schreiben. Augenscheinlich wollte Bolivar den Zwischenfall dadurch beilegen, daß er Padilla als Kommandant nach Pasto schickte. Padilla befolgte aber O'Learys zweiten Rat nicht, sondern kehrte nach Mompox zurück. Montilla hatte das vorausgesehen und nach Mompox eine starke Abteilung unter Führung des schwedischen Abenteurers Adelcreutz geschickt. Padilla entschloß sich, sein Glück mit den Matrosen und der Bevölkerung von Cartagena zu versuchen; aber kaum war er heimlich in seinem Hause eingetroffen, als ihn Montilla festnehmen ließ.

Bolivar machte sich Sorgen über das Wahlergebnis. «Der große Konvent mag sehr wohl zum Grab der guten Sache und anständiger Bürger werden», schrieb er an einen Freund. Seine Gedanken wendeten sich daher ganz natürlich wieder der vollen Macht und der Diktatur zu. Ein Vorwand war bald zur Hand: Anfang Februar begannen sich royalistische Guerillas in Venezuela zu rühren. Sofort ließ er sich für jene Gebiete mit außerordentlichen Vollmachten ausrüsten und erließ am 20. Februar ein Dekret, demzufolge Personen, die wegen Verrats oder Verschwörung angeklagt wurden, vor ein Kriegsgericht gestellt und, falls schuldig, sofort erschossen werden sollten. Páez wurde mit den royalistischen Unruhestiftern rasch und energisch fertig; aber Bolivar nutzte die Gelegenheit, um von Bogotá nach Cúcuta überzusiedeln. Ihn trieb das Verlangen, näher bei Ocaña zu sein.

Seine Feinde behaupteten, er wolle auf den Konvent Druck ausüben, und tatsächlich übersäte er alle Orte um Ocaña mit seinen Garnisonen, insgesamt fünfzehntausend Mann. Er selbst ließ sich in Bucaramanga nieder, nur etwa zweihundert Kilometer von Ocaña entfernt. Seine Freunde hielten solchen Vorwürfen entgegen, daß zwischen Bucaramanga und Ocaña das «tödliche Moor Cachiri» lag. Trotzdem dachte Bolivar, als er sich dort am 9. April festsetzte, bestimmt an den Konvent; er war von ihm besessen und wollte, daß der Konvent von ihm besessen sei. Bucaramanga ist eine der elegantesten Städte in Südamerika, und abgesehen von der politischen Spannung, in der er lebte, muß Bolivar den Aufenthalt als richtige Ferien genossen haben. Die Landschaft ist schön, hügelig und offen, abwechslungsreich und farbig, üppig bewässert und bewaldet; die Erde hat einen tiefen Ockerton, der das Grün der Pflanzen und das Himmelblau noch unterstreicht. Niedrige, eingeschossige Häuser, auf deren fröhlich bemalten Fronten eiserne Gitter oder schön geschnitzte Balkons reizvoll symmetrische Schatten werfen, enthalten schlichte, elegante und kühle Räume, die soviel spanische Tradition besitzen, daß man an Cervantes denken muß. Bolivar nahm in einem dieser Häuser Wohnung; in einem andern, das in der Nähe lag, zeichnete sein Adjutant Peru de Lacroix täglich auf, was der müßige Diktator tat oder sagte.

Der Franzose Peru war dort zusammen mit dem Schotten Fergusson, dem Engländer Wilson und dem Iren O'Leary, der zwischen Ocaña und Bucaramanga hin und her pendelte. Dieser militärische Hofstaat, der überwiegend aus Ausländern bestand, war ein weiteres von den Mitteln, mit denen sich Bolivar unbewußt von seinesgleichen absonderte. Auch war es wieder eine prätorianische Eigenheit bei ihm, sich für Vertrauensstellungen absichtlich Ausländer auszusuchen: so auch die Iren Crofton und Whittle als Oberste der beiden in Bogotá stehenden Regimenter, den Italiener Chassebrune, den Engländer Chitty und den Iren Egan, die alle Kommandos in Cartagena hatten, ferner den Schweden Adelcreutz, den Iren O'Connor und viele andere. Die Sache hatte aber noch eine andere Seite. Für Europa und alles Europäische empfand Bolivar eine Bewunderung, die einem Minderwertigkeitsgefühl für alles Amerikanische nahekam. So schrieb er einmal an Unanúe: «Mit Verwunderung erhielt ich heute den Degen, den mir die gute Stadt Lima geschickt hat. Es ist allerdings bester europäischer Stil. Ich hätte nie gedacht, daß ein so kostbares Juwel in Amerika hergestellt werden könnte.» Und an Santander: «General Sucre und ich haben zwei herrliche Degen von der Stadtverwaltung bekommen. Sie sind so schön, daß man sie in London nicht besser hätte machen können.» Soviel über Dinge. Was Menschen angeht, so schrieb er 1825 bei der Rückkehr seines Onkels nach Caracas an Santander: «Er ist häufig bei Hofe gewesen und hat als Deputierter für Venezuela in den Cortes gesessen. Er ist sehr vernünftig und recht gut belesen. In jeder Hinsicht ein Mann wie Peñalver, aber viel mehr Weltmann, hat er doch vierzig Jahre in Europa verbracht.»

Bolivar erwog, ob er selber nach Ocaña reisen sollte, und fragte O'Leary in dem ersten Brief, den er ihm von Bucamaranga aus schrieb, um dessen Meinung. Am 9. April begann der Konvent offiziell seine Arbeit und wählte zu seinem Präsidenten José Maria Castillo, den Bolivar damals für einen zuverlässigen Gefolgsmann hielt. O'Leary war nicht sehr optimistisch. Er fand, die beiden Führer der Bolivaristen, Castillo und Joaquin Mosquera, seien nicht «die Männer, die sich an die Spitze einer Partei stellen können. Die übermäßige Feinsinnigkeit von Castillo und die aristokratische Arroganz von Mosquera sind machtlos in einer Versammlung, die größtenteils aus langweiligen, törichten und unwissenden Männern besteht, welche von ihren Leidenschaften verblendet sind. Sie vermögen nichts gegen die plebejische Unverschämtheit Santanders, die Schamlosigkeit Sotos, die Frechheit von Gómez, die Verrücktheit von Vargas Tejada und die Bosheit von Azuero.» Peña, dessen Anwesenheit Bolivar so sehr gewünscht hatte, war gewählt worden, wurde aber ausgeschlossen, weil er, wie O'Leary schreibt, «bei Freund und Feind verhaßt war und weil seine Gegenwart von manchen als Beleidigung der Nation, von andern als Drohung und von allen als widerwärtig empfunden wurde». Das schwarze Schaf war natürlich Santander, über den Bolivar am 13. April an O'Leary vielsagend schrieb: «General Santander bittet mich um Garantien und sogar um einen Paß; ich werde diese Gelegenheit nicht vorübergehen lassen, ohne ihm sein Elend bewußt zu machen.» Bolivar vertraute zuversichtlich auf seine Mehrheit, die er (in einem Brief an Montilla) für ausreichend hielt, obwohl er damit rechnete, sie würde sich noch um zehn weitere Abgeordnete vergrößern, «die unterwegs sind und gute Grundsätze haben». Er beabsichtigte, den Konvent nicht zur Ruhe kommen zu lassen, und bereitete zwei Botschaften vor; die eine galt der Dankadresse an Padilla, die andere der Ausschließung Peñas, und beide waren scharf formuliert. Sein Ton gegenüber Santander wurde schärfer. Am 15. April schrieb er an Briceño Méndez: «Es ist seltsam, daß über Peñas Verhalten hohe Staatsverbrecher und berühmte Diebe zu Gericht sitzen, die den Staatsschatz ruiniert haben.»

Am 17. April wurde die erste seiner beiden Botschaften verlesen. Er wagt jedoch keine konkreten Pläne vorzulegen, sondern schließt mit der Bitte an die Gesetzgeber, sie möchten «dem Volk, der Armee, den Richtern und den Behörden unerbittliche Gesetze» geben. Der stärkste Eindruck, den dieses Dokument hinterläßt, ist, daß Bolivar sich nicht mehr so auf scharfe politische Debatten und Streitschriften versteht wie zur Zeit von Angostura und Cúcuta. Seine Argumente haben sich in Klagen und Beschwerden verwandelt. Enttäuschung und Bittstellerei ziehen sich wie eine kalte Unterströmung unter seinen Worten hin. O'Leary berichtete ihm jedoch, die Botschaft habe «einen großen und vorteilhaften Eindruck» hinterlassen.

Der Konvent setzte seine Arbeit in einer Atmosphäre wachsender politischer Spannung fort. Dabei entwickelte sich eine merkwürdige Gereiztheit zwischen Bolivar in Bucaramanga einerseits und O'Leary und Briceño in Ocaña andererseits. Beide berichteten weiterhin in optimistischem Sinne, während Bolivar ihre Argumente verwarf und sie wegen ihrer Blindheit tadelte. Die beiden Beobachter folgten ihrem gesunden Menschenverstand und dem, was sie sahen. Obwohl O'Leary inzwischen ein heftiger, manchmal ein unwürdiger Gegner Santanders geworden war, äußerte er hin und wieder freimütige Ansichten, die seinem Chef kaum zusagen konnte. Über Peña berichtet er sehr sachlich. Wahrscheinlich also hatten O'Leary und Briceño recht, wenn beide berichteten, die Dinge liefen gar nicht schlecht. Der Grund, weshalb Bolivar ihre Berichte nicht mochte, war eben der, daß er gar nicht wollte, daß die Dinge richtig liefen. Er wollte den Konvent mit einem Gewaltstreich von der Bühne fegen. Daher seine Abneigung gegen alle Gemäßigten. «Wenn wir die Mehrheit haben», schreibt er am 28. April an O'Leary, «so müssen wir sie ausnutzen. Haben wir sie nicht, so dürfen wir keine Kompromisse schließen, sondern müssen mit den Waffen, die wir haben, kämpfen und lieber geschlagen werden; denn die Niederlage hat Wirkungen... Absoluter Triumph oder gar nichts.» Schließlich entsandte er Herrera mit dem Vorschlag, man solle Kolumbien in seine Teilrepubliken auflösen, und er wolle sich endgültig aus dem öffentlichen Leben zurückziehen.

Das hatte natürlich die gewünschte Wirkung. Sogar Castillo als Anführer der Gemäßigten schrieb ihm: «Sie müssen vorläufig den Vorwurf, ein Usurpator zu sein, ertragen, um Kolumbien zusammenzuhalten und zu seinem Glück hinzuführen», und mehr dergleichen. O'Leary wurde nach Bucaramanga geschickt, um dem großen Mann gut zuzureden und ihm vorzuschlagen, daß seine Freunde, sobald sie einer Mehrheit sicher wären, den Antrag stellen sollten, man möge ihn nach Ocaña rufen. Er nahm den Gedanken gelassen auf. Am 14. Mai schrieb er an Urdaneta, seine Freunde hätten fünfunddreißig Stimmen für den Antrag sicher, warteten aber noch auf zwei weitere. Dann schrieb er ihm die Nachricht, der er größte Wichtigkeit beimaß, so daß er sie wörtlich aus einem Brief abschrieb, den er von Castillo bekommen hatte: «Wir werden nichts tun, was nicht nützlich ist. Scheitern wir, so werden wir uns vertagen und die Reformen in der Schwebe lassen. Können wir nicht einmal das erreichen, so werden wir abreisen und die Urheber des Übels den öffentlichen Verwünschungen preisgeben.» Das war Musik in Bolivars Ohren. «Laßt unsere Freunde einig sein! Laßt sie mir befehlen, daß die Republik gerettet werde, dann werde ich ganz Amerika retten. Laßt sie mich bitten, die Anarchie zu vertreiben, und nicht einmal die Erinnerung daran soll zurückbleiben.»

An demselben Tage aber schrieb er an Briceño Méndez: «Ich habe viel über meine Reise nach Ocaña nachgedacht und bin zu dem Ergebnis gekommen, daß sie nicht ratsam sei. Man wird mein Kommen übel vermerken und mich in einem Netz von Mäßigung zu fangen suchen.» Obwohl er hinzu-

PEDRO BRICEÑO MÉNDEZ

fügt, das sei sein letztes Wort, nimmt er sehr unwillig die Nachricht auf, daß der Antrag, ihn nach Ocaña einzuladen, den Castillo am 13. Mai im Vertrauen auf achtunddreißig Stimmen eingebracht hatte, abgelehnt worden war, weil zehn Abgeordnete ihr Wort gebrochen hatten. Sein Brief an Briceño Méndez ist zwar ganz ruhig, aber persönlich war er aufgebracht genug. Am 22. Mai kam er beim Abendessen auf die Angelegenheit zu sprechen und beschuldigte O'Leary, Soublette, Castillo und Briceño Méndez, zu wenig Voraussicht bewiesen zu haben. Er wies darauf hin, jedermann werde meinen, die Anregung dazu sei von ihm ausgegangen, und sagte, die Antragsteller seien «idiotische Narren». Dann fuhr er fort: «Ich sage offen, daß ich, wenn der Antrag durchgegangen wäre, darin eine Falle Santanders gesehen hätte, der mich nach Ocaña locken wollte, damit ich dort unter Dolchen umkäme.» Peru berichtet, er habe das «mit außerordentlicher Glut, tiefer Bitterkeit und bedrücktem Herzen» gesagt. Als er später ausritt, wiederholte er, O'Leary und seine andern Freunde hätten «niemals bedacht, daß der Konventsaal, wenn ich nach Ocaña gegangen wäre, für mich hätte werden können, was das Kapitol für Cäsar war. Nicht als ob ich glaubte, Santander, Azuero und Soto würden selber ihre Dolche gezückt haben. Ich kenne ihre Feigheit nur zu gut, aber sie würden einen oder mehr Mörder gefunden haben, die das Geschäft übernommen hätten.»

Ende Mai war alles bereit, um den Konvent auf die einzige Bolivar zusagende Weise zu beenden: durch den Auszug der Bolivaristen. Das ergibt sich eindeutig aus einem Brief von Briceño Méndez an Bolivar: Sollte es nicht gelingen, Castillos Verfassungsentwurf zu verabschieden, sondern sollte man dem Ausschußentwurf den Vorzug geben, so «sind wir entschlossen, wegzugehen und damit den Konvent aufzulösen ... Da alle Leute danach schreien, daß Sie ihr Schicksal in die Hand nehmen, fühlen wir uns berechtigt, auf diesem Weg das Heil zu suchen.» Das Ziel ist also klar.

Am 9. Juni zogen Bolivars Freunde aus dem Konvent aus; da aber fünfundfünfzig Mitglieder dablieben, war der Konvent gerade noch beschlußfähig. Später wurde noch ein Abgeordneter gewonnen, und damit war der Konvent beendet. Am 12. Juni 1828 veröffentlichten die fahnenflüchtigen Bolivaristen ein «Manifest an das Volk von Kolumbien», worin sie die Ereignisse auf ihre Weise schildern. An demselben Tag verließ Bolivar Bucaramanga, um sich nach Bogotá zu begeben, das sein Gefolgsmann Herrán für ihn hielt. Dieser hatte ihm schon im Februar geschrieben: «Ich kenne keine andere Verfassung und kein anderes Gesetz als den Willen E. E.» Am 13. Juni berief Herrán die Bürger von Bogotá zu einer Versammlung ins Zollhaus, das er vorsorglich von achthundert Mann mit geladenen Gewehren beschatten ließ. Nachdem er «eine widerliche Tirade, die sein Sekretär ihn hatte auswendig lernen lassen» (so schreibt Posada Gutiérrez) gehalten hatte, schlug er vor, es solle ein Beschluß gefaßt werden, daß keinerlei Entscheidungen des Konvents anerkannt und Bolivar uneingeschränkte Vollmachten übertragen würden. Córdoba, damals stellvertretender Generalstabschef, ritt am Zollhaus vorüber, stieg ab, betrat mit der Reitpeitsche in der Hand den Saal, setzte sich auf eine Stuhllehne und hörte sich zwei Reden gegen Bolivar an, eine dritte aber nicht mehr. Als Dr. Juan N. Vargas in demselben Sinne zu sprechen begann, erhob sich Córdoba und erklärte, er werde nicht dulden, daß Bolivar in seinem Beisein angegriffen werde; es bedürfe auch keiner weiteren Reden mehr, sondern man brauche Bolivar nur noch die Vollmachten zu erteilen. Obwohl Dr. Vargas aufgefordert wurde weiterzureden, zog er sich zurück. Dann zog Herrán seine Entschließung heraus, die angenommen und «von den Untertänigen und Ängstlichen unterzeichnet» wurde. Die Entschließung erklärte, man werde Beschlüssen des Konvents nicht gehorchen, widerrief die Mandate der in Bogotá gewählten Abgeordneten und übertrug Bolivar uneingeschränkte Vollmachten. Als der Ministerrat diese Urkunde von Herrán entgegennahm, erklärte er diesen Ausspruch der Hauptstadt für «vortrefflich begründet und gebieterisch notwendig» und reichte ihn Bolivar weiter in der Hoffnung, das Urteil des Ministerrats «werde vom Libertador nicht mißbilligt werden und wenigstens seiner Nachsicht würdig sein». Bolivar vernahm die Nachricht von den Ereignissen am 16. Juni in El Socorro. An demselben Tag schrieb ihm Soublette: «E.E. müssen in die Stadt eilen, um dem Verlangen zu entsprechen, mit dem die Hauptstadt Sie erwartet.» Und Restrepo schrieb am 21. Juni an Montilla: «Der Libertador ist über das Pronunciamiento der Hauptstadt sehr befriedigt, und wir erhielten innerhalb von sechs Tagen seine Antwort.»

Wie sorgfältig er seine eigenen Anschläge verfolgte, geht aus zwei Briefen hervor, die er in El Socorro an dem Tage schrieb, als ihn die Nachricht erreichte. Gegenüber Peru de Lacroix hegt er, als er von der Entschließung von Bogotá spricht, einige Bedenken wegen solcher «actos popularos», und zwar in der Mehrzahl; denn, sagt er, der Akt von Bogotá wird andere in ganz Kolumbien zur Folge haben, und erklärt weiter, das «ist nicht, was ich möchte», denn dergleichen «verdirbt die öffentliche Moral» usw. In dem Bruchstück eines Briefes an einen unbekannten Empfänger schreibt er hingegen eine Aufforderung, «daß sie bei ihrem Marsch die öffentliche Meinung beeinflussen, ich meine, sie sollen sie anregen, daß sie dem Beispiel der Hauptstadt folgen mögen». Natürlich folgten viele Städte unter dem Einfluß ihrer Garnisonen dem Beispiel der Hauptstadt. Restrepo als Innenminister schickte den örtlichen Behörden das «Modell» in einem Rundschreiben, worin er ihnen versichert, Bolivar würde «einen so schwierigen und heiklen Auftrag» annehmen. Diese «Akte» waren alles andere als spontan, und in Briefen, die Bolivar von seinen Freunden erhielt, klingen Warnungen an. Beispielsweise war in Popayán die öffentliche Meinung so wenig bereitwillig, daß Mosquera am 25. Juli an Bolivar schrieb: «Ich hielt es für das beste, die Truppen in den Kasernen unter Waffen bereit zu halten, falls der Anschlag schief ginge; dann wäre ich mit Gewalt vorgegangen, hätte vier von den Frechsten aufgehängt, die nötigen Proklamationen erlassen und die Macht allein im Auftrag E. E. übernommen.» So ist es kein Wunder, daß Arboleda schon am 7. Juli geschrieben hatte: «Ich darf Sie nicht täuschen: nicht alles beruht auf Überzeugung und Begeisterung ... Gleichwohl haben sich alle gebeugt ...» Sogar Soublette schrieb am 14. August aus Caracas: «Im allgemeinen habe ich den Eindruck, daß das Land, wiewohl es sich zum Pronunciamiento von Bogotá bekennt, sich eher der Macht der Verhältnisse als seiner Überzeugung gefügt hat. Die Kühle, die man empfindet, und die allgemein festzustellende Isolierung scheinen mir Anzeichen von Unzufriedenheit und Furcht zu sein.» Solchen Geist und solche Einstellung fand Bolivar in Bogotá vor, als er die Stadt am 14. Juni 1828 betrat.

SIEBTES KAPITEL

Das Attentat auf Bolivar

In napoleonischer Stimmung traf Bolivar in Bogotá ein und übernahm die uneingeschränkte Macht, die er tatsächlich schon die ganze Zeit hindurch, und zwar manchmal auf höchst unerwartete Weise, ausgeübt hatte. So hatte er Jeremy Benthams Lehren verboten, was damit erklärt wurde, daß Bentham sich gegen den Ehrgeiz ausgesprochen hat; andere führten das Verbot auf Beschwerden von Familienvätern zurück, die der Ansicht waren, Bentham «vergifte» die Jugend. Die wirkliche Ursache ist wahrscheinlich, daß er sich wieder der Kirche zuwendete. Zu jener Zeit ging das Drama des Machtkampfes zwischen Bolivar und Santander über die Bühne. Nun war der ultrakonservative Bolivar ein skeptischer «Philosoph», der liberale Santander hingegen ein frommer Katholik. Bolivar mußte die Kirche für sich gewinnen. Am 22. August schrieb er aus Bogotá an Cristóbal Mendoza: «Sobald ich in der Hauptstadt eingetroffen war, erließ ich mehrere wichtige Verordnungen, die gut aufgenommen worden sind, zumal soweit sie die Förderung der Religion zum Ziele hatten.» Die andere und stärkere Säule seiner Macht war die Armee. Er verstärkte sie im August 1828 auf vierzigtausend Mann, eine ruinöse Maßnahme, die er dadurch zu rechtfertigen suchte, daß er die Gefahr einer europäischen Invasion übertrieb und daß er durch sein eigenes unbedachtes Verhalten politische Spannungen zwischen Peru und Kolumbien heraufbeschwor, die später zum Krieg führen sollten. Am 27. August erließ er eine Verordnung, die bis 1830 anstatt einer Verfassung dienen sollte und die offizielle Beseitigung Santanders zum Ziele hatte; sie beseitigte nämlich das Amt des Vizepräsidenten. Damit legalisierte er einen bereits im Februar von ihm geschaffenen Zustand; damals hatte er, ehe er sich nach Bucaramanga begab, die Minister ermächtigt, ohne Beisein des Präsidenten oder des Vizepräsidenten über Staatsangelegenheiten zu beraten und Beschlüsse zu fassen. Mit dieser Verordnung schuf er ferner einen Staatsrat, den er mit seinen Freunden besetzte, und erklärte außerdem «die römisch-katholische apostolische Religion für herrschend». Er selbst legte sich den Titel Libertador-Presidente zu.

Diese Diktatur ruhte hauptsächlich auf einer Gruppe von venezolanischen Generälen und irischen Obersten. Bolivar besaß eine Macht, wie sie kein spanischer Vizekönig jemals gekannt oder auch nur für möglich gehalten hatte. Tatsächlich lagen Leben und Eigentum jedes einzelnen Untertanen in seiner Hand. Er wurde wie ein Vizekönig behandelt. Bogotá erlebte, wie eine Art von Hof entstand, der sich einer ununterbrochenen Kette von Festen und Vergnügungen hingab. Schmeichelei war an der Tagesordnung. Der Emporkömmling Herrán als Gouverneur von Bogotá ging allen voran. Für den August plante er einen Umzug der Bürger, bei dem Bolivar auf den Schultern durch die Straßen von Bogotá getragen werden sollte. Das war (vielleicht aus Sicherheitsgründen) nicht nach Bolivars Geschmack, so daß Herrán sich mit dem Bildnis des großen Mannes bescheiden mußte, das auf den Schultern von vier Regidores einhergetragen wurde, während die übrigen Stadträte links und rechts davon gingen und die Enden von Bändern hielten, die an dem Rahmen befestigt waren. Das Gefolge bildete eine Schar junger Leute. Herrán zog mit der Fahne in der Hand dem Zug voraus. Niemand zeigte Begeisterung, so daß es Herrán klüger dünkte, nach Hause zurückzukehren, nachdem sie einmal um den Marktplatz gezogen waren. «Wie merkwürdig! Niemand jubelt dem Bildnis zu!» sagte Córdoba, der sich den Zug ansah. Sein Begleiter erwiderte spitz: «Herr General, die Menschen sind stark erkältet. Sie können nur husten.» Das war Florentino González, der Mann jener Bernardina, die Bolivar 1819 nach seinem triumphalen Einzug in Bogotá erlegen war. Er hatte sich gegen den allzu erfolgreichen Cäsar verschworen.

Dieser militärische Hofstaat hätte sehr wohl den Charme und die Eleganz einer Stadt annehmen können, die in der kultivierten Ära der Vizekönige groß geworden war, hätte Bolivar nicht diese Schwäche für die unverantwortliche und nicht zu zähmende Manuela gehabt. «Das Eis meiner Jahre wird durch Deine Güte und Grazie aufgetaut», schrieb er ihr einmal um jene Zeit. «Deine Liebe gibt mir das Leben wieder, das verrinnt. Ohne Dich kann ich nicht leben. Ich kann mich Deiner nicht berauben, meine Manuela. Ich bin nicht so stark wie Du, um fernbleiben zu können. Ich sehe Dich auch aus der Ferne. Komm, komm, komm schnell.» Sie stand damals auf dem Gipfel ihrer Schönheit und Macht. Als Bolivar im Palast offiziell Wohnung genommen hatte, mietete sie sich nicht weit davon an der Plazuela de San Carlos ein Haus. Boussingault, der sie damals oft besuchte, schreibt: «*Manuelita était toujours visible. Dans la matinée, elle portait un négligé qui n'était pas sans attraits. Ses bras étaient nus. Elle se gardait bien de les dissimuler; elle brodait en montrant les plus jolis doigts du monde, causait peu, fumait avec grâce; sa tenue était modeste. Elle donnait et accueillait les nouvelles. Dans la journée, elle sortait vêtue en officier. Le soir Manuelita se trouvait métamorphosée; elle éprouvait, je crois, l'influence de quelques verres de vin de Porto qu'elle affectionnait; elle mettait certainement du rouge. Ses cheveux étaient artistement arrangés. Elle avait beaucoup d'entrain, était gaie, sans esprit, se servant parfois d'expressions passablement risquées. Comme toutes les favorites des hauts personnages politiques, elle attirait les courtisans. Ses obligeances, sa générosité étaient inépuisables.*» Diese Frau, die rauchte, als Husar verkleidet durch die Stadt ritt und sich auch so aufführte, die lockere Geschichten erzählte und noch lockerer lebte, vermochte den Hof nicht zu führen. Das Milieu, in dem Bolivar seine Diktatur begann, glich eher einem Feldlager oder einer Kaserne, als daß es dem altüberlieferten Geist des höfischen Bogotá entsprach. Dieser Umstand trug nicht wenig dazu bei, die Spannung zu vermehren, die dann zu der Tragödie vom 25. September führte.

Am 28. März 1828 hatte Manuela an Bolivar über das Intermezzo zwischen Padilla und Montilla geschrieben: «Santander hat es wieder einmal geschafft. Als ob alles das, was er früher getan hat, nicht ausreichte, um ihn zu erschießen. Gott möge zulassen, daß alle diese bösen Männer sterben: Paula [Santander], Padilla, Páez ... Das würde für Kolumbien ein großer Tag sein.» Sie war die Hauptfigur in einer skandalösen Episode, die sich in Bolivars Landhaus in der Nähe von Bogotá abspielte, wo sie sich damals aufhielt; es war Ende Juli, die Zeit von Bolivars Geburtstag. Ein Fest wurde veranstaltet, und man darf annehmen, daß dabei viel getrunken wurde. Irgend jemand, anscheinend Manuela, regte an, Santander solle symbolisch erschossen werden. Man besorgte eine Puppe, die ihn darstellte, setzte sie auf eine Bank und ließ sie von hinten von einer Abteilung Grenadiere unter dem Kommando von Crofton erschießen. Dieser Crofton, einer der beiden von Bolivar ausgewählten Kommandeure der Garnison, war «vormals ein Korporal in britischen Diensten und ein ungemein ungebildeter Mann». Wie Henderson in einem Privatbrief an das Foreign Office berichtet, war Bolivar «besonders ärgerlich» über den Vorfall; Henderson setzt hinzu: «General Córdoba, ein junger Mann, der sich in der Schlacht bei Ayacucho besonders ausgezeichnet hat – ja, der Erfolg an jenem Tage ist vornehmlich seiner Tapferkeit zu verdanken –, hat es unternommen, dem Befreier über diesen Vorgang die Meinung zu sagen; da er seinen Brief und General Bolivars Antwort darauf mir *allein* anvertraut hat, erlaube ich mir, beide hier beizufügen ...»

Bolivars Verteidigung klingt nicht sehr überzeugend: «Sie wissen, daß ich Sie kenne und Ihnen das, was Sie mir sagen, nicht übelnehmen kann. Ich bin mir der Torheit meiner Freunde sehr wohl bewußt – mehr als jeder andere. Dieser Brief wird Ihnen zeigen, daß ich sie nicht verwöhne. Ich werde den Vorgesetzten der Grenadiere seines Amtes entheben und die Männer anderweitig Dienst tun lassen. Er allein ist schuldig, da die andern juristisch entschuldigt sind. Ich halte das nicht für ein Verbrechen, aber es war eine niedrige, kümmerliche Handlung. Und was die liebe, verrückte Frau angeht, was soll ich da sagen. Sie kennen sie lange; ich habe versucht, sie loszuwerden, aber gegen solchen Widerstand kann man nichts ausrichten. Trotzdem will ich, sobald diese Sache vorbei ist, nachdrücklich versuchen, sie in ihre Heimat zu schicken, oder wohin sie sonst gehen will. Ich muß allerdings sagen, daß sie sich niemals eingemischt hat, außer durch Fürbitte. Ich bin nicht schwach und fürchte die Wahrheit nicht. Sie haben einmal und tausendmal recht.» Bolivar tat jedoch nichts von alledem, was er in diesem Brief versprach. Er behielt Manuela bei sich. Was Crofton angeht, so berichtet Henderson: «Major Crofton, der Hauptbeteiligte . . ., blieb hier an der Spitze der Kavallerie und wurde sogar noch befördert.»

Santander war allerdings nicht klüger. Er sagte seine Meinung offener, als angebracht war, selbst wenn diese Meinung nicht so verwerflich war, wie seine Feinde sie darstellen. Vor Bolivars Abreise nach Ocaña war eine «Junta de Observación» gebildet worden, die einen günstigen Moment zum Handeln abwarten sollte; ein paar Franzosen, die wie üblich dabei waren, sorgten dafür, daß die amerikanische Atmosphäre um einige Typen bereichert wurde, die sich bemühten, die römischen Vorbilder Brutus und Cassius nachzuahmen. Unter dem milden Namen «Philologische Gesellschaft» trafen sich glühende Idealisten, um über Rubikon, Pharsalus und ähnlich dramatische Themen zu reden. Ein Jüngling namens Luis Vargas Tejada verfaßte in Versen einen Monolog über Catos Selbstmord bei Utica, den bald alle Studenten auswendig lernten und in der Öffentlichkeit unter den Rufen «Es lebe die Freiheit! Tod den Tyrannen!» rezitierten. Bolivar und Santander sahen das mit an. Santander, weil ihm der Gedanke an einen politischen Mord mißfiel und er es vorzog, die Regierung durch eine Reihe von Pronunciamientos zu ändern, denen Bolivars Gefangennahme und Tod wie bei Karl I. oder Ludwig XVI. folgen sollten. Bolivar, weil er auf eine Gelegenheit zum Handeln wartete. Alles war für den 20. August vorbereitet, aber aus irgendeinem unbekannten Grund wurde der Schlag vertagt, augenscheinlich weil Santander noch abwesend war und die Verschwörer nicht handeln wollten, ohne seine Meinung gehört zu haben. Er scheint den Gedanken einer Verschwörung oder selbst eines Mordes durch andere nicht völlig verworfen zu haben; vielmehr scheint er ihn schweigend gebilligt zu haben. Als er das Amt des Vizepräsidenten verlor, nahm er Bolivars Angebot an, als kolumbianischer Gesandter nach Washington zu gehen, und bat darum, daß Vargas Tejada ihn als Legationssekretär begleiten dürfe. In Vargas Tejadas Haus trafen sich die Verschwörer.

Die Anführer der Verschwörung waren der neunundzwanzigjährige Franzose Augustin Horment und der venezolanische Offizier Carujo. Dieser Carujo war ein begabter Mann, ein Sprachenkenner und Mathematiker. Er unterrichtete damals Córdoba in Englisch, Französisch und militärischer Topographie. Er war ein glühender Republikaner und scheint die treibende Kraft hinter der Verschwörung gewesen zu sein. Der erste Anschlag sollte am 10. August im Coliseo (heute das Teatro Colón) während eines Maskenballes aus Anlaß des Jahrestages von Boyacá stattfinden. Bolivar verdankt seine Rettung einem Streich Manuelas. Was für ein Streich das war, wissen wir nicht. «Sie begab sich maskiert dortin», schreibt der britische Konsul James Henderson, «nahm aber bald ihre Maske ab, was Gen'l. Bolivar so ärgerte, daß er den Ballsaal sehr früh verließ und damit die Absicht der Verschwörer vereitelte.» Die wahrscheinlichste Erklärung ist, daß Bolivar diesen verzeihlichen Fehler seiner Geliebten als Vorwand nahm, um nach Hause zu gehen und dadurch einen Anschlag zu verhindern, den zu befürchten er Anlaß genug hatte; vielleicht war er sogar gewarnt worden. Santander war abwesend und kehrte erst am 25. August zurück, was er später geschickt zu seiner Verteidigung ausnutzte. Als er schließlich kam, wurde er von den Verschwörern zu Rate gezogen, die nunmehr Bolivar am 20. September in Soata zu ermorden gedachten, wo er sich mit sehr wenigen Freunden und ohne militärische Begleitung aufhalten wollte. Santander widersetzte sich allen derartigen Unternehmungen, mindestens solange er auf kolumbianischem Boden wäre. Angesichts dieser Haltung des Mannes, auf dessen Namen sie angewiesen waren, beschlossen die Verschwörer, den Schlag abermals zu vertagen, und zwar auf den Simonstag, den 28. Oktober. Am 25. September aber betrat ein Hauptmann Triana einen Raum in der Artilleriekaserne und sagte zu einem Leutnant Salazar: «Ich komme aus der Loge, wo alle mich schützen, und wir wollen den alten Bolivar umlegen, der ein Tyrann ist. Weißt du, daß ich Freimaurer bin?» Damit begann der letzte Akt der Verschwörung, die demnach freimaurerische Ursprünge gehabt zu haben scheint. Salazar zeigte Triana an, und Oberst Ramón Guerra, der Stabschef der Garnison Bogotá, erhielt alsbald Weisung, die Strafverfolgung einzuleiten. Guerra war einer der Verschwörer und warnte seine Gefährten, die daraufhin beschlossen, noch selbigen Abends loszuschlagen. Gegen sieben Uhr begannen sie sich in Vargas Tejadas Haus zu versammeln, und gegen zehn Uhr waren etwa hundert Zivilisten und Offiziere in die Artilleriekaserne geschickt worden, um sich zu bewaffnen und bereitzuhalten. Vier oder fünf taten das wirklich, die andern versteckten sich. Guerra, der so oder so den Ausschlag geben konnte, zog es vor, den ganzen Tag über in Castillos Haus zu bleiben, was einer Fahnenflucht gleichkam. Um Mitternacht drangen zehn Zivilisten unter Horment und sechzehn Soldaten unter Carujo in den Palast ein, nachdem Horment drei Posten getötet hatte. Carujo befahl seinen sechzehn Mann, das Gebäude zu bewachen, während Horment und seine Zivilisten eindrangen, zwei Türen erbrachen und Leutnant Ibarra entwaffneten, der sich in einem der Räume befand. Dazu riefen sie: «Es lebe die Freiheit!»

Hinter der dritten Tür fand ein vertrauliches Gespräch statt. «Am Nachmittag des 25.», schrieb Manuela später O'Leary, «bat der Libertador mich, zu ihm zu kommen. Ich antwortete, daß ich Gesichtsschmerzen hätte. Darauf ließ er mir sagen, ich sei weniger krank als er und solle kommen. Da die Straßen naß waren, zog ich mir ein Paar Schuhe über meine Pantoffel. Die kamen ihm gerade recht, um darin wegzulaufen, da seine Stiefel beim Putzen waren[1]. Als ich eintrat, saß er im Bad. Er sagte mir, eine Revolution sei im Kommen. Ich sagte: ‹Was dich angeht, könnten es zehn sein, wenn man bedenkt, was du von Warnungen hältst.›» (Das war ein Vorwurf, den Bolivar verdiente; denn wenige Tage vorher war eine Dame heimlich zu Manuela gekommen, um sie vor der Verschwörung zu warnen. Bolivar hatte sie durch Fergusson wegschicken lassen, weil sie auch Córdoba verdächtigt hatte. Das hatte ihn als Verleumdung eines Freundes aufgebracht, doch hatte er trotzdem seinen Freund Paris zu ihr geschickt, um sie zu befragen.) Da er wußte, was Manuela im Sinne hatte, gab er zur Antwort: «Keine Sorge, es wird nichts geschehen.» Sie berichtet weiter an O'Leary: «Er bat mich, ihm vorzulesen, während er im Bad saß. Dann ging er zu Bett und schlief fest, ohne sich anders zu sichern als durch das Bereitlegen von Degen und Pistolen. Nicht mehr Wachen als üblich, keine Warnung an den Offizier vom Dienst, sondern er gab sich mit der Versicherung des Stabschefs zufrieden, daß dieser für alles einstehen werde. Gegen Mitternacht bellten zwei Hunde, und ich hörte seltsame Geräusche. Ich weckte ihn. Er packte Pistole und Degen und versuchte die Tür zu öffnen. Ich hielt ihn zurück, bat ihn, sich anzuziehen, was er auch rasch und ruhig tat. Dann sagte er: ‹Bravo. Jetzt bin ich angezogen. Was machen wir nun? Verbarrikadieren wir uns?› Er versuchte abermals die Tür zu öffnen, doch hielt ich ihn wieder zurück. Dann fiel mir ein, was ich von ihm gehört hatte: ‹Sagtest du nicht zu Pepe Paris, daß dieses

[1] Man beachte, wie klein Bolivars Füße waren.

Fenster für solche Fälle günstig sei?› – ‹Da hast du recht›, sagte er und ging an das Fenster. Ich hielt ihn zurück, solange Leute vorbeigingen; als aber niemand in der Nähe war, sprang er hinaus. In demselben Augenblick wurde die Tür aufgebrochen.»

So kam es, daß die Verschwörer, als die Tür aufsprang, eine Frau mit dem Degen in der Hand erblickten; sie betrachtete die Eindringlinge in dem Schein der Laterne, die einer von ihnen trug. Mit dem Dolch in der Hand und Pistolengurten über der Brust kamen sie näher. «Wo ist Bolivar?» fragten sie. «Bei der Sitzung des Staatsrates», antwortete Manuela. Da sahen sie das offene Fenster. «Er ist geflohen!» Ein gewisser Lopote, ein brutaler Soldat, wollte sich an ihr rächen. «Wir töten keine Frauen», sagte Horment kalt. Manuela hielt sie im unklaren, so daß sie nach dem Sitzungssaal suchten. Schließlich wurden sie ärgerlich. Als Manuela den verwundeten Leutnant Ibarra fand, begann sie, seine Verletzungen mit ihrer Wäsche zu verbinden. «Ist er tot?» fragte Ibarra. «Nein, er lebt.» Dann machten die Verschwörer ihrer Enttäuschung und Wut Luft und verprügelten Manuela mit der flachen Klinge so, daß sie noch zwölf Tage später das Bett hüten mußte. In dem Augenblick selbst scheint sie die Schmerzen jedoch nicht gefühlt zu haben, sondern verfolgte ihren klugen Plan mit bewundernswerter Gelassenheit. Sie hörte Fergussons schwere Schritte und blickte aus dem Fenster. Fergusson erkannte sie in dem hellen Mondlicht und fragte nach Bolivar. Sie bat ihn, nicht näher zu kommen, worauf der Schotte antwortete, er werde wie ein Soldat sterben. Das tat er auch, denn Carujo schoß ihn nieder. Manuela rief Fernando (Bolivars Neffe), der krank war, und bat ihn, sich um Fergusson zu kümmern, den sie nur für verwundet hielt. Dann ging sie hinauf, um nach den übrigen Mitgliedern des Haushalts zu sehen. Urdaneta, Herrán und andere stürzten herbei, um das Neueste zu hören. «Und das Komische ist», so schreibt sie zum Schluß, «daß alle fragten: ‹Und wohin ist er?› Das aber wußte nicht einmal der Libertador selber.»

Inzwischen war eine Gruppe Artilleristen über die Mauer zwischen ihrer Kaserne und dem Hof des Hauses gestiegen, in welchem Padilla unter Aufsicht von Oberst José Bolivar gefangengehalten wurde. Plötzlich hörte Padilla, wie Oberst Bolivar schrie: «Herr General, man bringt mich um!» Der nackte Oberst Bolivar suchte hinter Padilla Schutz, während die Soldaten und ihre Offiziere drohten, sie würden Padilla töten, falls er im Wege stände. Oberst Bolivar wurde gepackt, zu Boden geworfen und erschossen. Nun aber rückte das dem Libertador treu ergebene Bataillon Vargas auf dem Marktplatz gegen die Rebellen vor. Die Artilleristen verschwanden. Padilla blieb mit dem Toten auf dem Hof und in einer Lage zurück, die auf seinen Anteil an dem Vorfall die schlimmstmöglichen Rückschlüsse zuließ, obwohl er daran genauso unschuldig war wie an der ganzen übrigen Verschwörung. Anscheinend ist er in der Nacht geflohen, aber «nachdem der Aufstand niedergeschlagen worden war, ging er auf dem Hauptplatz auf General Bolivar zu, umarmte S. E. und beglückwünschte ihn zu seiner Rettung.» Santander hatte die Nacht des Aufruhrs im Hause seiner Schwester verbracht, wo wegen «dieser politischen Hetze» jederzeit ein Bett für ihn bereitstand. Dort blieb er bis spät in die Nacht hinein, als General Ortega hoch zu Roß mit einer Abteilung Soldaten vorbeikam, ans Fenster klopfte und ihm erzählte, in der Stadt sei es zu Unruhen gekommen. Darauf ließ Santander sein Pferd satteln und ritt mit Ortega zum Marktplatz.

Als Bolivar auf seinen Füßen landete, «hielt ihn ein nicht weit vom Fenster stehender Posten, so sagt man, für einen Lakaien aus dem Palast». Dieser Irrtum ist um so erklärlicher, als damals gerade ein Mann vorbeikam, der sich Bolivar anschloß und dann mit ihm fortging; das aber war sein Konditor. Sie liefen im Mondschein dahin und verbargen sich ein paar Häuserblöcke weiter unter einer Brücke in dem schlammigen Flußbett des San Agustin; dort blieben sie, während Schüsse fielen, Soldaten kämpften und Pferde vorbeigaloppierten. Zeitweise hörten sie Hochrufe auf die Freiheit oder auf Bolivar. Die Zeit verging, hin und wieder kamen kleine berittene Abteilungen vorüber, Patrouillen, die nach Urdaneta und Bolivar suchen sollten. Obwohl sie «Viva el Libertador!» riefen, zeigte sich Bolivar nicht, da er eine Falle fürchtete. Nach drei sorgenvollen Stunden befahl Bolivar seinem Diener, er solle vorsichtig hinausgehen und festzustellen versuchen, wer diejenigen seien, die sie kommen hörten; der Konditor erkannte die Offiziere, die auch ihn erkannten und über die Lage beruhigten. Bolivar kam aus seinem Versteck hervor und ritt durchnäßt, steif und schlammbedeckt zum Marktplatz, wo er begeistert begrüßt wurde. Aber, so berichtet der Chronist Posada Gutiérrez, er «ließ mit Grabesstimme die Worte hören: ‹Wollt ihr mich mit Freude töten, da ich im Begriff stehe, Kummers zu sterben?›» Über die Ursachen des Kummers kann es Zweifel kaum geben. In dieser unseligen Nacht war sein kostbarer Ruhm für alle Zeit befleckt worden. Wir wissen, wie tief er das empfand, weil er, der um seine Publizität so besorgt war, gewiß persönlich die Abfassung des Berichts überwacht hat, der in einer Beilage zum Amtsblatt erschien: «S. E. kam heraus, um ihnen entgegenzutreten», berichtet das Amtsblatt, das natürlich kein Wort von Manuela Sáenz sagt, «aber da er gegen so viele allein war, versuchte er sich in seinem Schlafzimmer zu verbarrikadieren. Als es unmöglich wurde, noch länger zu widerstehen, flog er durchs Fenster auf die Straße und gelangte über einen Weg in der Stadt zur Vargas-Kaserne. Als er feststellte, daß das Bataillon ausgerückt war, begab er sich auf den Marktplatz, wo er mit unbeschreiblicher Freude begrüßt wurde.» Einzelheiten wie «flog» statt «floh» lassen Bolivars Hand erkennen. Rührend ist, daß er die drei Stunden im Versteck verschweigt.

Noch immer niedergeschlagen, ließ Bolivar Ministerpräsident Castillo zu sich kommen und bat ihn, den Staatsrat einzuberufen, damit er seine Vollmachten zurückgeben könnte, alsbald den erst auf den 2. Januar einberufenen

Kongreß zu versammeln, eine Verordnung vorzubereiten, durch die alle Verschwörer amnestiert würden, und alles für seine Abreise ins Ausland zu richten. Castillo, der mit verschlungenen Armen und gesenktem Gesicht zugehört hatte, erklärte sich bis auf den letzten Punkt zu allem bereit und riet Bolivar, sich als schlichter Bürger in sein Landhaus zurückzuziehen; denn seine Abreise würde nur die Ansicht stützen, daß die Abneigung gegen ihn allgemein und gerechtfertigt sei. Bolivar stimmte auch dem zu, doch war das alles nur eine vorübergehende Laune. Von Castillo ins Bild gesetzt, suchte Urdaneta zusammen mit Córdoba, Whittle, Crofton und vielen Offizieren der beiden Regimenter Bolivar auf, weil sie wußten, daß sie, sollte Bolivar abreisen, so gut wie verloren wären. Er hörte sich ihre Vorstellungen an und gab endlich nach. Er widerrief seine Weisungen an Castillo, erklärte sich wieder zum uneingeschränkten Diktator, versprach noch in derselben Nacht dem Bataillon Vargas dreißigtausend Dollar und leitete eine Unterdrükkung ein, die seinen Ruf nicht eben verbessert hat. Am 29. September ernannte er ein Sondergericht, dem die Generäle Paris, Córdoba und Ortega, die Obersten Barriga und Arjona und die Juristen Pereira, Pareja und Alvarez angehörten; Präsident war sein intimer Freund Paris. Dieses Gericht verurteilte Horment, Zulaibar, Oberst Silva und die Leutnants Galindo und López zum Tode; alle wurden hingerichtet. Über Ramón Guerra war das Gericht geteilter Meinung. Córdoba, Barriga, Arjona und Pareja stimmten für die Todesstrafe, die andern für dreißig Jahre Kerker. Hierfür gab Paris mit seiner Stimme den Ausschlag. «Als der Libertador», so berichtet der britische Konsul dem Foreign Office, «von diesem Urteil Kenntnis erhielt, löste er das Gericht auf, enthob General Paris seines Postens als Kommandierender General und ernannte General Córdoba zum Kriegsminister. General Urdaneta, der bei solchen Dingen ein Mann von unbeugsamem Charakter ist, wurde zum Kommandierenden General ernannt und ermächtigt – entsprechend dem

Dekret über die Verschwörer –, unter Mitwirkung eines Kriegsanwalts, in diesem Fall Oberst Barriga, mit der Verurteilung aller derer fortzufahren, die irgend etwas mit der Verschwörung zu tun gehabt haben.» Henderson berichtet auch über die Erschießung der ersten fünf Verurteilten am 29. September (vier Tage nach dem Anschlag) und setzt hinzu: «General Urdaneta hat den feierlichen Auftrag, den er bekommen hat, mit großem Eifer ausgeführt. Er hat das Urteil über Guerra revidiert und heute ihn und General Padilla dazu verurteilt, morgen erschossen zu werden.»

Guerras Anteil an der Verschwörung war so übel und hinterhältig, daß dadurch das rein Tyrannische an diesem Vorgehen Bolivars etwas gemildert wird. Nichts aber kann den Justizmord an Padilla entschuldigen. Selbst der britische Konsul, der starke Sympathien für Bolivar hatte und die Erschießung Guerras billigte, kann hierüber nur folgendes sagen: «Unabhängig von der Anklage wegen des Aufruhrs in Cartagena, die noch über General Padilla schwebt, wird seine Teilnahme an der Verschwörung durch die Aussagen eines Sergeanten bewiesen; demnach habe Padilla das Leben des Oberst Bolivar retten können, doch habe er dessen Degen genommen und versucht, über die Mauer in die Vargas-Kaserne zu gelangen, weil er dort das Kommando übernehmen wollte. Diese und noch einige kleinere Beweise hat man für ausreichend befunden, um ihn zu verurteilen.» Padilla und Guerra wurden zum Tod am Galgen verurteilt, mußten aber vorher erschossen werden, da sich niemand fand, der sie zu hängen bereit war. Vierzehn Menschen verloren ihr Leben, darunter fünf Artilleriesoldaten, deren einziges Verbrechen darin bestand, daß sie gehorcht hatten. Die Jagd nach Opfern ging weiter, Berge und Wälder wurden nach ihnen durchsucht. Mit unermüdlicher Leidenschaft führte Bolivar die Nachforschungen selber. Der junge José Celestino Azuero wurde ebenfalls gefangengenommen und verurteilt; er starb mit einer Gelassenheit, die auf die Nation Eindruck machte. «Er näherte sich anscheinend heiter der Bank, wischte mit seinem Taschentuch den Staub ab und setzte sich vollkommen ruhig hin ... Er lehnte den üblicherweise von den Geistlichen angebotenen Trost ab, schlug die Beine übereinander und grüßte achtungsvoll die versammelte Menge, fast noch in dem Augenblick, da er in die Ewigkeit befördert wurde.»

Wie stand es mit Santander? Er tauchte in der Nacht auf und fragte Urdaneta, was er tun solle. Es gelang Urdaneta, ihn in der Nähe zu halten, bis er ihn am nächsten Tag verhaftete. Er wurde als Mittäter angeklagt; aber noch am 21. Oktober war Bolivar der Ansicht, daß die bis dahin vorliegenden Aussagen «noch nicht einen hinreichend vollständigen Beweis darstellen, um gegen ihn einen Prozeß und ein Todesurteil zu ermöglichen; denn nach meiner und anderer Leute Ansicht muß er eher mit Milde als mit Strenge beurteilt werden, da er mein Feind ist.» Der britische Konsul berichtet: «Es besteht der nachdrückliche Wunsch, etwas in die Hand zu bekommen, was Santander so stark belasten würde, daß es zu seiner Verurteilung führt; aber wahrscheinlich ist er zu vorsichtig gewesen, um hineinverwickelt zu werden.» Carujo wurde das Leben versprochen, falls er alles mitteilte, was er wußte; aber selbst nachdem er gesprochen hatte, blieb Santanders Stellung schlimmstenfalls zweideutig. Sie läßt sich etwa so zusammenfassen: Er muß sich häufig privat geäußert haben, wie vorteilhaft es für Kolumbien sein würde, wenn Bolivar stürbe. Vor Mord schreckte er jedoch zurück. Er würde Bolivar von Herzen gern wahrscheinlich sogar zum Tode verurteilt haben, wenn er über ihn hätte zu Gericht sitzen können. Er wußte auch, daß Verschwörungen im Gange waren. Er hatte nicht die Kraft, der Entwicklung Einhalt zu gebieten, obwohl er wußte und weil er wußte (denn es gilt beides), daß er nach Bolivars Tod das natürliche Staatsoberhaupt sein würde. Er konnte die Verschwörer schlechterdings nicht anzeigen, aber die Belastung wurde ihm zuviel, und so schickte er Bolivar am 21. September eine anonyme Warnung und hoffte, daß Bolivar seine Handschrift erkennen würde, obwohl er sie verstellt hatte. Santander verteidigte sich mit äußerster Klugheit und Gelassenheit. Mit dem Todesurteil gegen ihn beging Urdaneta abermals Unrecht. Der Ministerrat erhob Einspruch oder lehnte es mindestens ab, irgend etwas damit zu tun zu haben. Bolivar war nicht der Mann, um sich von einer «Handvoll Doktoren» aufhalten zu lassen. Gleichwohl beugte er sich und schrieb an Páez: «Mit dieser Begnadigung bleibt mein Leben in der Schwebe, während dasjenige Kolumbiens endgültig verlorengeht. Ich bedaure den Tod von Piar, Padilla und andern, die für dieselbe Sache gestorben sind.» Für welche Sache? Warum beugte er sich? Den Grund findet man in einem Bericht von James Henderson an das Foreign Office. Santander wurde begnadigt und nach Cartagena geschickt und «bekam zwei oder drei Tage zugebilligt, um seine Angelegenheiten zu regeln ..., wurde von einer großen Zahl von Personen, hauptsächlich weiblichen Geschlechts, besucht, weil deren Männer zu ängstlich waren, ihn aufzusuchen ... Sechs Siebentel der angesehenen Einwohner besuchten ihn oder schickten ihm Zeichen ihrer Wertschätzung. Der Erzbischof und die Geistlichkeit überhaupt haben eine Haltung eingenommen, die entschieden Santander begünstigt ... Dem Vernehmen nach hatte man für den Fall, daß das Urteil gegen Santander bestätigt würde, beschlossen, daß eine große Schar von Geistlichen und Frauen sich zur Zeit seiner Hinrichtung zwischen die Soldaten und seine Person stellen sollten.» Santander wurde unter militärischem Geleit, dessen Führer der Italiener Montebrune war, nach Cartagena gebracht; dieser führte Tagebuch über die Reise und berichtete darüber Manuela Sáenz.

Am 4. Oktober «hatte Bolivar das Vertrauen zur Öffentlichkeit zurückgewonnen; denn an diesem Tage spazierte er, nur von zwei oder drei persönlichen Freunden begleitet, durch die Stadt». Er war körperlich und seelisch ein gebrochener Mann und hatte seinen Freunden viel zu denken gegeben. Ein

Mordanschlag hatte ihn an den Rand des Todes gebracht, und infolge Erschöpfung und Krankheit war er seither dem Tode ständig nahe gewesen. Was sollte nun werden? Am 7. Oktober berichtete James Henderson darüber dem Außenminister Lord Aberdeen. Er hatte in Bogotá eine angesehene Stellung nicht nur als britischer Konsul und – während der Abwesenheit des kranken Campbell – als Geschäftsträger, sondern auch als Vater Fanny Hendersons, die in dem frühen Alter von dreizehn Jahren den jungen Córdoba, Bolivars Kriegsminister, zu heißer Liebe entflammt hatte. Durch diesen Kanal floß manches Staatsgeheimnis aus Bolivars Ministerrat in das britische Kabinett. So konnte Henderson am 7. Oktober nach London berichten: «General Bolivars Freunde meinen, eine konstitutionelle Monarchie sei nach dem Tode jener hervorragenden Persönlichkeit ihre einzige Hoffnung. Sie glauben jedoch, wie mir scheint mit Recht, daß kein europäischer Prinz hierherkommen würde, allerdings abgesehen von einem Angehörigen des spanischen Königshauses; aber gegen jede Verbindung mit dieser Dynastie besteht hier eine allgemeine, entschiedene und unüberwindliche Abneigung. Senor Joaquin Mosquera, der dem Staatsrat angehört, einer der ersten Familien Kolumbiens entstammt, ein Mann von hoher Begabung ist, großen Einfluß im Lande hat, viel Verständnis und gesundes Urteil besitzt, gehört zu denen, die da meinen, der Staat würde am besten unter freien monarchischen Institutionen gedeihen. Nachdem er mir vor ein paar Tagen seine Ansichten hierüber ausführlich dargelegt hatte, fragte er mich nach S. K. H. Prinz Leopold aus. Daraus schließe ich, daß der Plan, in nicht sehr ferner Zukunft einen europäischen Prinzen einzuladen, daß er hier als König die Regierung übernehme, rasch viele Anhänger finden würde.»

Diese Neigung zur Monarchie gewann unter Bolivars geschickter Führung an Boden. Córdoba spielte Henderson am 13. November einen ausführlichen Bericht über eine Sitzung des Staatsrates in die Hand, in der ein Antrag

Bolivars erörtert worden war. «Daß S. E. angesichts der Bestrebungen und Verschwörungen, zu denen es in der Republik gegen seine Regierung gekommen war, eine Nationalversammlung einzuberufen wünsche, der er über seine Regierungstätigkeit berichten, seine Befugnisse zurückgeben und den Antrag vorlegen könne, der Nation eine Verfassung zu geben. Restrepo und Vergara widersprachen dem, da die Nation Bolivar einstimmig und feierlich uneingeschränkte Vollmachten übertragen habe. Revenga meinte, die Verschwörung im September habe gezeigt, daß es eine starke oppositionelle Partei gebe, doch wiesen seine Kollegen darauf hin, daß diese Verschwörung von weniger als vierzig Personen unter Führung von Santander gefördert worden war, der ein persönlicher Gegner des Libertadors und zudem ehrgeizig sei.» Schließlich wurde die Erörterung auf den 15. vertagt, an dem Bolivars Antrag dann abgelehnt wurde – was er natürlich auch bezweckt hatte. Aber zusätzlich zu diesem schriftlichen Bericht gab Córdoba in seiner eigenen Handschrift Henderson eine viel aufschlußreichere Deutung der Sitzung, die Henderson an das Foreign Office weitergab. Dieser Bericht enthüllt, warum Bolivar seinen Antrag vorlegte und warum er ihn abgelegt wissen wollte. «Ich habe die Ehre, Ihnen zwecks Unterrichtung des Earl of Aberdeen mitzuteilen, daß wahrscheinlich in Kürze abermals eine Veränderung des politischen Regimes in diesem Staate stattfinden wird. Der Befreier hat den Staatsrat ersucht zu erörtern, ob es zweckmäßig sei, daß er die Volksvertretung einberufe; dank einer vertraulichen Mitteilung des Kriegsministers bin ich in der Lage, Ihnen die Übersetzung einer flüchtigen Aufzeichnung zu übersenden, die er über diese Beratung gemacht hat. Der Vorschlag des Befreiers wird abgelehnt werden. Das wird dazu führen, daß die Armee und die wichtigsten Städte der Republik veranlaßt werden, S. E. zu bitten, er möge dem Lande selber eine Verfassung geben, ohne den Kongreß einzuberufen. Falls es möglich sein sollte, diesen Plan zu verwirklichen, wird das Ergebnis eine konstitutionelle Monarchie oder eine ähnliche Staatsform sein. Alle gutunterrichteten Leute sind gegen die republikanische Ordnung.» Das schafft endgültig Klarheit. Es war Bolivar, der das Land zur Monarchie führte.

Alter und Erfahrung mit Menschen hatten in ihm einen Kompromiß zwischen diktatorischen Neigungen und jener angeborenen spanischen Unterströmung zustande gebracht, die bisher in seinem Leben keinen Ausdruck gefunden hatte. Mit dem Verstand sah er das Ziel deutlich vor sich, aber sein Wille war machiavellistisch und gewunden. Da er aber rasch war und deshalb von Ungeduld verzehrt wurde, neigte er leicht zu despotischem Verhalten. So schreibt selbst Henderson, der sein eifriger Parteigänger war, um jene Zeit: «Eine der Beschwerden gegen General Bolivars Regierung geht dahin, daß keine Gerechtigkeit geübt werde, da den Anhängern des Befreiers immer gestattet werde davonzukommen.» Dafür nennt er einige unerfreuliche Beispiele.

VIERTER TEIL

Der Abstieg

ERSTES KAPITEL

Der Krieg gegen Peru

Sucres Armee blieb in Bolivien als eine von der kolumbianischen Hauptstreitmacht abgeschnittene Einheit. Der General regierte das Land ausschließlich durch seine moralische Autorität und die Eleganz seines Auftretens. Von habgierigen Politikern und Generälen umgeben, stand er selber Geldfragen gleichgültig gegenüber und war frei von Ehrgeiz. Auch war er großmütig[1]. Inzwischen hatte jedoch sein Ansehen durch eine Meuterei seiner Soldaten im Dezember 1827 gelitten. Das hochfahrende Auftreten einiger seiner Offiziere führte zu ständigen Reibereien, und der argentinische Gesandte in Chuquisaca, Francisco Ignacio Bustos, vermehrte die Schwierigkeiten noch durch Intrigen, denen er mit Geld nachhalf. Als Bolivar verschwunden und La Mar nach Lima zurückgekehrt war, blieben die beiden ehrgeizigen Generäle Gamarra und Santa Cruz unbeschäftigt zurück. Beide waren Oberperuaner oder Bolivianer. Gamarra, damals der Gefährlichere von beiden, war ein erbitterter Feind Bolivars, der anscheinend zuviel Erfolg bei seiner Frau

[1] Neben andern Geschichten erzählt man sich die Anekdote von dem Hauptmann Valentin Matos. Dieser unternahm einen Anschlag auf Sucre, wurde vom Gericht zum Tode verurteilt, von dem General begnadigt und mit einem Paß versehen, damit er außer Landes gehen konnte. Am Tag seiner Abreise fand er in seinem Gepäck von unbekannter Hand zweihundert Pesos. Sie kamen von Sucre.

gehabt hatte. Ein wenig Rassenhaß würzte das Gericht noch schärfer: der indianische Spanier aus dem Hochland gab seiner Abneigung gegen den Venezolaner mit den Worten Ausdruck: Mulatten – nein! Sucre empfand Unbehagen über Gamarras Treiben, besuchte ihn am 11. März 1828 in Desaguadero und kehrte mit der Überzeugung zurück, daß er zuverlässig sei. Das war Gamarra aber keineswegs. Am frühen Morgen des 18. April meuterte in Chuquisaca eine Einheit mit dem Ruf: «Es lebe Gamarra!» Sucre erhob sich sogleich und ritt zur Kaserne, vor deren Eingang die Leiche des Wachkommandanten lag. In voller Uniform, den Federhut auf dem Kopf und den Degen in der Hand, ritt Sucre auf den Kasernenhof, wo ihn eine Musketensalve empfing, die sein Pferd erschreckte. Ohne Hut und Degen ritt er von dannen, sein Arm war von einer Kugel zerschmettert. Am Tor seines Palastes wurde er ohnmächtig. Er kam wieder zu sich, als er auf seinem Bett entkleidet wurde. «Ach!» rief er aus, «wäre mir das doch nur während des Krieges widerfahren.»

Mittags fand in der Universität eine Versammlung statt, auf der beschlossen wurde, Gamarra und seine Peruaner heranzuziehen. Sucre trat zurück, und Ministerpräsident Urdinenca übernahm das Kommando. Es erschien ratsam, Sucre im Seminar einzuquartieren, aber Olañetas Frau verriet das Geheimnis; man brachte Sucre daher in den Palast zurück, wo ihn Olañeta in bewegten Worten seiner Treue und Freundschaft versicherte, um dann sofort hinzugehen und sich Sucres Feinden anzuschließen. Urdinenca «verriet sein Land», wie Sucre schreibt, womit er meint, er haben den Peruanern an die Macht verholfen. Unter allen möglichen albernen Vorwänden rückte Gamarra in Bolivien ein. Der Feldzug war einfach, und im Vertrag von Piquiza wurde am 6. Juli vereinbart, die kolumbianischen Truppen sollten auf dem von Gamarra angegebenen Weg nach Arica abrücken, und die peruanischen Armee sollte Potosi besetzen, bis eine Versammlung zusammenträte, um über die künftige Regie-

AGUSTIN GAMARRA

rung zu beschließen. Sucre sollte sofort zurücktreten. Er tat das am 3. August mit einer Abschiedsbotschaft, die zwar verständlicherweise antiperuanisch, im übrigen aber nobel und elegant formuliert war. Als er mit kleinem Gefolge abreiste, hörte er mehrere Rufe: «Hinaus mit den Mulatten!»

Der peruanische Außenminister Mariátegui gehörte zu Bolivars Feinden. Er schickte Don José de Villa, der früher Privatsekretär des von Bolivar hingerichteten General Berindoaga gewesen war, als Gesandten nach Bogotá. Deutlicher konnte er nicht werden, und Santander hatte Montebrune versichert, der peruanische Gesandte sei mit reichen Mitteln gekommen, um Bolivars Ermordung zu betreiben. Lopez Méndez hatte Santander versichert, die peruanische Regierung sei «entschlossen, keine Mittel zu scheuen, um den Libertador zu beseitigen». Villa verlor keine Zeit und nahm mit der Opposition Fühlung auf; er übermittelte Santander Botschaften von La Mar und stand, wie Santander glaubte, mit José Maria Obando in Verbindung. Dem Anschein nach kam er, um die zwischen beiden Ländern offenen Fragen zu lösen. Bolivar weigerte sich jedoch, ihn zu empfangen, und am 3. März teilte man ihm mit, sofern nicht die noch in peruanischem Besitz befindliche Provinz Jaén und Teile der Provinz Mainas binnen sechs Monaten zurückgegeben, die ausstehenden 3 595 747 Dollar bezahlt, für einige Beleidigungen Entschuldigungen vorgebracht und Armero (nach seiner Ausweisung) als kolumbianischer Geschäftsträger in Lima wieder zugelassen würden, so «würde Kolumbien daraus den Schluß ziehen, daß Peru die Entscheidung dem Kriegsglück überlassen wolle». Die Presse in Lima griff Bolivar heftig an. Trotzdem ist zweifelhaft, ob La Mar den Krieg wirklich wollte oder für notwendig hielt. Er traute Gamarra nicht; er wollte seine Truppen unter dem Vorwand eines Krieges aus Bolivien abziehen und ließ sich daher vom Kongreß dazu ermächtigen, den Krieg zu erklären. Bolivar hingegen erließ am 3. Juli eine unbedachte Proklamation, mit der er die Kolumbianer im Süden des Landes aufrief, sich zu bewaffnen. Er schloß mit den vielsagenden Worten: «Meine Anwesenheit in eurer Mitte wird das Signal zum KAMPF sein!»

La Mars Ehrgeiz galt Peru, Bolivars Ehrgeiz hatte kontinentale und imperiale Ausmaße. Daher war er soviel kriegerischer und aktiver. Er war entschlossen, Peru abermals zu erobern. Der Proklamation folgte ein Manifest, das nicht weniger scharf und kriegerisch klang. Inzwischen schickte er O'Leary nach Lima, um zu «verhandeln» und damit Zeit zu gewinnen. Der Ire verließ Bogotá am 3. August, als Bolivar gerade die Armee im Hinblick auf den drohenden Krieg mit Peru und auf die Möglichkeit einer spanischen Invasion auf vierzigtausend Mann verstärkte.

Sucre verließ Chuquisaca am 2. August und traf am 26. in Cobija ein. An Bord einer englischen Fregatte segelte er über Callao nach Guayaquil, wo er vom 10. bis 12. September blieb, ohne an Land zu gehen, obwohl er dazu aufgefordert wurde. Er hatte die Absicht gehabt, zwischen seiner Heimat und Peru zu vermitteln; dann aber las er sowohl Bolivars Proklamation als auch La Mars Antwort vom 30. August und machte sich, was nur verständlich ist, kritische Gedanken darüber, die er freilich nicht aussprach. Er verfaßte an Bord eine kühle, sachliche Beurteilung der militärischen Lage und fügte hinzu, seine Wunde habe sich erst am Tag seiner Ankunft in Callao geschlossen, sein Arm, die Hand und alle Finger seien unbeweglich geworden und er beabsichtige, seine Frau, die Marquesa de Solanda (die er am Tage seines Rücktritts durch einen Stellvertreter geheiratet hatte), in Quito zu treffen. Am 19. September trafen Sucre und O'Leary sich in Guayaquil und sprachen den ganzen Tag miteinander. O'Leary zufolge sagte Sucre, «er wolle für E. E. und sein Vaterland alles tun, falls ein Plan aufgestellt werde; hingegen wolle er nicht arbeiten, ohne zu wissen für wen und warum». Vielleicht fiel ihm ein, was er im Februar an Flores geschrieben hatte; daß Peru sehr geteilter Ansicht sei, daß ein Umschwung zugunsten Bolivars jederzeit möglich sei, daß aber eine kolumbianische Invasion solche Möglichkeit zunichte machen würde. Sucre war damals fünfunddreißig, verfügte über beträchtliche Erfahrungen und unvergleichliches Ansehen. Er war gescheit, tapfer, geradezu und unabhängig – weitaus der beste Mann, den die spanisch-amerikanische Revolution hervorgebracht hatte. Nachdem er viele Jahre fortgewesen war, kam er jetzt in seine Heimat zurück; er war bereit, ihr wieder zu dienen, aber keineswegs machthungrig, war Bolivar treu ergeben, aber keineswegs bereit, ihm zu schmeicheln.

In Zusammenhang mit dem Anschlag auf Bolivar vom 25. September hatten die Verschwörer Aufstände in mehreren Provinzen vorbereitet. Im Caucatal lag die Führung der Verschwörer bei Oberst José Maria Obando, der in Popayán «Waffenkommandant» unter Mosquera war. Dieser hatte den Beginn des Aufstandes auf den 15. Oktober anberaumt. Zwar hatte Mosquera davon Wind bekommen und Gegenmaßnahmen getroffen, doch war er Obando an Kühnheit unterlegen, so daß es diesem gelang, die Umgegend einen Monat lang zu terrorisieren. Bolivar hielt sich in Chia, etwa fünfzig Kilometer von Bogotá, auf. Er hatte sich am 8. November in der Hoffnung dorthin begeben, «zwei oder drei Monate auf diesen Feldern mich auszuruhen und zu vergnügen». Als er am 22. November die Nachricht von Obandos Aufruhr erhielt, kehrte er nach Bogotá zurück und beschloß, energisch durchzugreifen; vor allem fürchtete er eine Verbindung zwischen den Peruanern und den Aufständischen. Er betraute Córdoba mit dem Kommando über achthundert seiner besten Soldaten.

Nichts kennzeichnet die tragische Bedeutungslosigkeit aller dieser Kriege und Unruhen besser als der Umstand, daß Bolivar und Córdoba auf so unsinnige Bemühungen Kräfte verschwenden mußten, die sie beide zu jener Zeit eigentlich dem Studium des Panamakanals widmeten. Am 14. Juli 1827 hatte Henderson schon berichtet: «Ich halte es für richtig, Ihnen mitzuteilen, daß General Bolivar in einer beiläufigen

Unterhaltung darum bat, ich möchte bei gegebener Gelegenheit die britischen Kapitalgeber von seinem Wunsche unterrichten, alles zu tun, um an der Landenge eine Verbindung zwischen den beiden Ozeanen herzustellen. S. E. erklärte dazu noch, er würde nötigenfalls das Gebiet neutralisieren.» Das war nicht nur ein flüchtiges Gespräch, wie ein Brief von Kriegsminister Córdoba an Bolivar vom 19. November 1828 zeigt: «Auf Ihren Vorschlag hin habe ich wunschgemäß empfohlen, daß erdkundlichen Untersuchungen auf der Landenge Vorrang einzuräumen sei; die Ingenieure sind dadurch angeregt worden und haben sich an Berichte gemacht, deren Fertigstellung sie für den nächsten Sommer versprochen haben. Dann werden wir also wissen, wie verschieden hoch der Meeresspiegel auf beiden Seiten ist und ob es möglich sein wird, den so oft besprochenen Kanal zu schaffen.» Eine Woche später sprach der General nicht mehr vom Kanal; er war an der Spitze seiner Truppe nach Popayán abmarschiert, um einen Bürgerkrieg zu führen.

Córdoba hatte keinerlei Schwierigkeiten bei der Einnahme von Popayán. Mosquera begleitete ihn, war ihm jedoch unterstellt. Córdoba war ein tapferer, ja ein tollkühner Mann, keck und unbezähmbar; Mosquera war nicht tapfer, war eitel und empfindlich und gehörte einer der mächtigsten Familien der Provinz an. In Popayán stellte Córdoba fest, wie klein Obandos Streitmacht bei La Ladera gewesen, wo Mosquera ihm wenige Wochen vorher unterlegen war, und gab Mosquera heftig zu verstehen, wie wenig er von ihm halte. Das war der Anfang von seinem tragischen Ende; denn Mosquera vergiftete Bolivars Gemüt und ließ ihn an Córdobas Treue zweifeln. Bolivar war damals mehr denn je geneigt, das Herz jeden Mannes zu verdächtigen, der ihm seinen Verstand nicht auslieferte. Córdoba hingegen bekam allmählich das Gefühl, daß Bolivars Vorhaben daheim und gegenüber Peru nicht immer wohlbegründet waren. Lopez hatte Popayán mit den aufständischen Truppen verlassen; Córdoba folgte ihm und schlug ihn am 29. Dezember bei La Horqueta, verzichtete jedoch auf die weitere Verfolgung und kehrte am nächsten Tag nach Popayán zurück.

Bolivar verbrachte die meiste Zeit in Bojacá in der Nähe von Bogotá. Am 28. Dezember reiste er nach Süden ab, um sich an die Spitze der Armee zu stellen. Henderson meldete dies nach London und setzte hinzu: «Obwohl er verlautbaren läßt, er beabsichtige nicht, in Peru einzudringen, bin ich immer noch der Meinung, daß es seit langem Teil seiner Politik ist, seinen Einfluß in jener Gegend zurückzugewinnen; wenn er sein Ziel erreichen kann, wird er sich bestimmt in den Besitz von Lima setzen.» Sucre, der immer noch keine Neigung verspürte, das Kommando über die Südarmee zu übernehmen, weilte in Riobamba, als er Bolivars Brief vom 28. Oktober erhielt, der ihm dies zu tun befahl; ebendort erhielt er die Meldung, Gamarra sei mit einer Verstärkung von dreitausendzweihundert Mann zu La Mar gestoßen. «Ich zögerte nicht, sondern machte mich sofort auf den Weg.» Am 27. Januar 1829 traf er in Cuenca bei der Armee ein, am nächsten Tag übernahm er das Kommando, und am Neunundzwanzigsten begann er mit den Operationen. Die Vorposten des Feindes standen bei Nabon, drei Tagemärsche von Cuenca entfernt. Gamarra befand sich bei La Mar. In einem Brief an Flores, den er ablöste, hatte Sucre am 18. Dezember geschrieben: «Ich halte es nicht für ratsam, Cuenca aufzugeben, sondern glaube, man muß den Feind vor den Toren dieser Stadt erwarten. Die Ebene von Tarqui ist ein gutes Schlachtfeld; jenseits davon liegt eine starke Stellung, die ich besetzte, als ich den Pichincha-Feldzug unternahm.» Eine bessere militärische Prophezeiung ist selten gemacht worden. An Bolivar schickte er die Meldung, er werde vor dem Sieg weder ihm noch der Regierung mehr schreiben.

Am 11. und 12. Februar trafen sich peruanische und kolumbianische Unterhändler in Saraguro und Paquichapa, doch fand selbst Sucre die peruanischen Forderungen viel zu weitgehend, so daß die Operationen ihren Fortgang nahmen. Nach einigem Manövrieren, in dessen Verlauf eine peruanische Abteilung am 10. Februar Cuenca einnahm, beschloß Sucre endgültig, die Ebene von Tarqui zu besetzen. Am 27. Februar begann dort morgens um halb fünf Uhr eine Schlacht zwischen fünfzehnhundert Kolumbianern und fünftausend Peruanern. Ein brillanter Kavallerieangriff unter Führung von O'Leary gab den Ausschlag, und «um sieben Uhr befanden sich keine Peruaner mehr auf dem Schlachtfeld». Fünfzehnhundert Soldaten waren gefallen, mindestens tausend weitere waren verwundet, gefangen oder vermißt. La Mar befand sich mit seinen Reitern und seiner Artillerie hinter einem Höhenzug auf einer benachbarten Ebene. Sucre schickte ihm das Angebot, unter denselben Bedingungen wie vor der Schlacht zu kapitulieren. Zunächst weigerte sich La Mar, gab aber schließlich nach. Flores und O'Leary schlossen mit Gamarra und Orbegoso die Konvention von Girón, worin die Grundzüge eines Vertrages festgelegt wurden, der abgeschlossen werden sollte, sobald das kolumbianische Gebiet geräumt wäre. Die Regierung der Vereinigten Staaten sollte als Vermittler tätig werden und gewährleisten, daß beide Parteien sich an den Vertrag hielten.

«Der Libertador traf hier am Dreiundzwanzigsten ein und scheint mir so gesund und munter wie eh und je», schrieb Córdoba am 28. Januar aus Popayán. Bolivar hatte die Pastusianer in einer Proklamation aufgerufen, Obando zu verlassen: «Überlaßt ihn jenem Fluch, der ihn verfolgt und in die Stromschnellen des Guáitara oder des Juanambú stürzen wird.» Er stellte fest, daß Córdobas Division «außerstande war, rasch gegen die Gruppe von Patia vorzurücken, weil es ihr an Vieh und Nahrung fehlte». Während er Anordnungen traf, die diesem Mangel abhelfen sollten, rüstete er sich schon, weiter nach Süden zu rücken, den Ölzweig in der einen, den Degen in der andern Hand. Córdoba berichtet, wie er versuchte, durch Priester und andere einflußreiche Männer den Widerstand zu brechen. Bolivar hatte es so eilig, nach Süden zu kommen, weil er nicht wollte, daß ohne ihn über Krieg oder Frieden entschieden würde; den Weg zu Sucres Armee versperrte ihm jedoch Obando. In Popayán hörte er sich Mosquera, Obandos Todfeind, sowie Córdoba an, der nach seinem Aufenthalt in Popayán eher dazu neigte, die Sache der Aufständischen mit Wohlwollen zu betrachten, und zu Verhandlungen mit Obando riet. Córdoba benutzte diese Gelegenheit, um Bolivar nahezulegen, er solle sich entweder ganz aus dem politischen Leben zurückziehen oder seine politische Stellung dadurch normalisieren, daß er auf seine Diktatur verzichte. Den ersten Rat hinsichtlich Obando hörte sich Bolivar an, weil er ihm in den Kram paßte; den zweiten Rat nahm er jedoch übel, was Mosquera nicht entging. Die beiden Priester Urrutia und Guerso wurden zu Obando geschickt. Dieser war keineswegs umgänglich. Bolivar wurde ungeduldig und marschierte los; dabei schickte er Córdoba voraus. Diese Mischung aus Gewalt und Verhandlungsbereitschaft lieferte die üblichen Ergebnisse, und Obando gab seine Zustimmung zu einem Abkommen, durch das er zum General befördert wurde, während die Pastusianer für ein Jahr vom Militärdienst befreit wurden. Das Abkommen wurde am 2. März in Puente de Mayo in der Nähe von Berruecos geschlossen – den Namen gilt es sich zu merken –, wo López, Obandos Stellvertreter, für eine Nacht Córdobas Gast war. «Das Ergebnis», schrieb Córdoba an Henderson, «ist mir nicht ganz unsympathisch. Diese Feststellung bedarf vieler Erklärungen, doch werden Sie, da Sie mich kennen, sich diese schon denken können.» Henderson selber berichtete als aufschlußreiche Tatsache nach London: «Das Dekret über den Vertrag mit Obando ist ganz geheimgehalten und nicht veröffentlicht worden, weder hier noch im Süden. In jenem Vertrag hat der Befreier es für nötig gehalten, die Bedingungen Obandos und der Pastusianer anzunehmen; denn dieser Partisanenhäuptling befand sich im Besitz dreier nahezu uneinnehmbarer Pässe zwischen General Bolivar und Pasto, deren Eroberung viel Zeit gekostet hätte. Die Ungewißheit, die hinsichtlich des Feldzuges gegen die Peruaner bestand, veranlaßte S. E. dazu, die demütigenden Bedingungen anzunehmen.»

Auf jeden Fall zahlte Bolivar den Preis willig. Am 8. März zog er in Pasto an der Seite des Mannes ein, den er noch kurz zuvor in die Stromschnellen des Guáitara hatte werfen wollen. Ihm erschienen diese Opfer jedoch unvermeidlich, um rechtzeitig nach Süden zu gelangen und dort zu verhindern, daß irgend jemand ohne ihn über Krieg oder Frieden entschied. Am 9. März erfuhr er von Tarqui, daß Sucre also ohne ihn Krieg und, schlimmer noch, sogar Frieden gemacht hatte. Drei Tage später schrieb er an Sucre: «Sollten jene Guayaquil nicht ausliefern oder irgendeinen Artikel der Konvention verletzen, was immer der Vorwand sein mag, so kündigen Sie sofort den Waffenstillstand und befehlen den Vormarsch der Armee nach Peru hinein.»

Die Tatsache, daß er innerlich entschlossen war, Peru zurückzuerobern, muß ihm Córdoba weiter entfremdet haben; denn wiewohl er weit entfernt war, empfand Córdoba in dieser Hinsicht ganz ähnlich wie Sucre. Am 14. März schrieb er aus Pasto an Henderson: «Der Krieg gegen Peru ist auf eine Weise beendet worden, die den Interessen Amerikas höchst angemessen, meiner politischen Meinung höchst angenehm und Kolumbiens und seiner tapferen Armee höchst würdig ist.» Diesmal war Córdoba sachlich. Sucre war das immer. «Er glaubt, wir sollten keinesfalls Krieg führen, sondern uns darauf beschränken, für Kolumbien zu arbeiten», schrieb Mosquera an Bolivar. Córdoba hatte für sein Mißfallen aber noch andere Gründe. Er hatte Bolivar einen mutigen Brief über Crofton geschrieben, der befördert worden war, und über Manuela, der Bolivar noch in jeder Hinsicht ergeben war. «Ich war krank», schrieb Bolivar am 9. März an Urdaneta, «bin jetzt aber wieder wohl. Sagen Sie M., der ich nicht schreibe, weil ich fürchte, neugierige Leute könnten über meine Torheit lachen, daß ich ihr gehöre.» Kein Wunder, daß der junge General bekümmert war. Schon am 7. März berichtet Henderson über Gerüchte, daß es zu

Meinungsverschiedenheiten zwischen Bolivar und Córdoba gekommen sei, doch war das vielleicht verfrüht und auf Mosqueras Einflüsterungen zurückzuführen. Córdoba selber schrieb am 2. April aus Pasto an die Familie Henderson: «Die Nation hat keine verfassungsmäßige Regierung, sondern ist dem Willen eines einzigen Mannes untertan, eines Mannes dazu, von dem man heute schon sagen kann, daß er bei schlechter Gesundheit ist.» Er hat das Gefühl, er müsse seinem Lande in solcher Krise zur Verfügung stehen, schließt aber in pessimistischem Ton, wenn er von seiner Abneigung spricht, «mit falschen und inkonsequenten Leuten umzugehen, wie es die meisten meiner Landsleute sind». Er behielt jedoch sein Kommando in Pasto.

Bolivar hatte Pasto am 11. April 1829 verlassen und war sechs Tage später in Quito eingetroffen. Dort traf er Sucre, den er seit Jahren nicht gesehen hatte. Bolivar war sechsundvierzig, Sucre sechsunddreißig. Sucre hatte sich in Quito ein Heim geschaffen. Nach Tarqui hatte er Bolivar gebeten, ihn seiner öffentlichen Verpflichtungen zu entbinden. Er war ein freier Mann, der einzige freie Mann in der ganzen Schar, die Bolivar umgab, in der jeder, auch Bolivar selber, ein Sklave seines Ehrgeizes war. Sucre liebte Bolivar und wollte ihm unter keinen Umständen öffentlich entgegentreten, doch war er nicht ein Mann, der mit der Wahrheit spielte. Mosquera berichtet, er habe in Quito eines Tages Bolivar ein Gesuch Santanders vorgelegt, der aus der Festung Bocachica entlassen zu werden bat; Bolivar habe sich geweigert, das Gesuch zu lesen, aber Sucre, der zugegen war, habe darauf bestanden, daß das Gesuch erwogen würde, und habe sich durchgesetzt. Nicht weniger offen war Sucre hinsichtlich Perus und der persönlichen Macht, der beiden Punkte also, in denen er anderer Ansicht als Bolivar war. In der Konvention von Girón waren nach Bolivars Ansicht die Peruaner viel zu gut behandelt worden; er wolle nämlich mit Peru nicht Frieden, sondern Krieg, damit er Lima zurückerobern könnte. Die Briefe, die er damals in Quito schrieb, lassen

JUAN JOSÉ FLORES

erkennen, daß er insgeheim wünschte, die Peruaner würden die Konvention brechen; er war zum Kampf bereit und eher geneigt, sich auf Flores zu stützen, den er preist und mehrfach als großen Mann beschreibt, als auf seinen getreuen Sucre. Córdoba teilte beide Tatsachen Henderson mit. Bolivars Briefe aus jener Zeit lassen erkennen, daß er den Gedanken, über Peru zu herrschen, noch nicht aufgegeben hatte. «Im Juli oder noch vorher wird es eine Revolution zu meinen Gunsten geben», schreibt er. Das war nicht nur eine leere Prophezeiung, wie aus einem Brief Córdobas an Henderson vom 3. Mai hervorgeht: «Tausend Dinge sprechen dafür, daß es in Peru zu einem Aufstand gegen La Mar und seine Regierung gekommen ist. Gamarra hatte diesbezügliche Absichten und war seines Erfolges sehr gewiß.» Daß dieser Brief Beziehungen zwischen Bolivar und Gamarra verrät, läßt sich ebensowenig bezweifeln, wie daß Gamarra insgeheim die Absicht hatte, La Mar zu verraten und danach Bolivar zu betrügen. Am 19. Mai schrieb Bolivar an Urdaneta: «In drei Tagen reise ich nach dem Süden ab, um dort militärisch so zu handeln, wie es die Umstände erfordern. Man schreibt mir aus Lima, meine Rückkehr würde, wenn ich mich Lima näherte, der Rückkehr Napoleons nach Frankreich gleichen.»

Die Peruaner hatten ihm dadurch in die Hände gespielt, daß sie sich von der Konvention von Girón losgesagt hatten. Als die beiden kolumbianischen Delegierten in Guayaquil eintrafen, wurden sie an Bord eines Kriegsschiffes festgehalten; der peruanische Stadtkommandant schlug einen Waffenstillstand von vierzig Tagen vor, während dessen er direkte Weisung aus Lima abwarten würde, ob er Guayaquil den Kolumbianern übergeben solle oder nicht. La Mar hatte gegen die Konvention Einwände von zweifelhaftem Wert erhoben; einer davon besagte, daß eine Anzahl von peruanischen Offizieren von Sucres Truppen ermordet worden seien, was nur zu wahr war. Als er nach Piura zurückkehrte, bat er um Soldaten und Geld, damit er den Krieg wenigstens zu dem Zweck, Guayaquil zu halten, fortsetzen könne. Das gab Bolivar die lange erwartete Möglichkeit, ins Horn zu stoßen. Aber weil er so darauf versessen war, Guayaquil rechtzeitig vor dem Machtwechsel, den er in Peru erwartete, zu erobern, begann er einen verhängnisvollen Feldzug in der Regenzeit. Das beruhte seinerseits auf schierer Gleichgültigkeit gegenüber menschlichem Leiden. In seiner Weisung an Córdoba, mit der er mehr Soldaten anforderte, sagte er kalt: «In Guayaquil wird es infolge des Klimas und auch des Krieges viele Tote geben, ehe die Stadt eingenommen wird.» Sucre und Córdoba waren beide entsetzt. Endlich war es Mosquera gelungen, Bolivars bisher unerschüttertes Vertrauen zu Córdoba zu untergraben. Der junge General wurde nach Quito befohlen, wo er am 16. April zusammen mit seinem Feind und Denunzianten Mosquera eintraf. Bolivar ernannte Mosquera zum Stabschef, eine Stellung, auf die Córdoba jeden Anspruch hatte. Mißvergnügt kehrte dieser nach Popayán zurück, wo er am 13. Mai 1829 eintraf und Verhandlungen mit den Liberalen, also mit Bolivars Feinden, aufnahm.

Am 1. Juni befand sich Bolivar bereits in Riobamba auf dem Wege nach Guayaquil, das er im Laufe des Monats durch Verhandlungen oder mit Gewalt einzunehmen hoffte. Dort hörte er von dem Verlust der peruanischen Fregatte «Prueba», die einem Brand zum Opfer gefallen war; die Nachricht erfreute ihn und machte ihm Mut, mit seinen Plänen fortzufahren. Aber die Operationen gegen Guayaquil mußten, wovor Sucre ihn gewarnt hatte, unheilvoll verlaufen, da die Truppenbewegungen erschwert wurden und durch Krankheit viele Ausfälle entstanden. Die Richtungen, in denen sich Bolivars Gedanken bewegten, hießen Peru, Imperium und Diktatur. Sucres Mißvergnügen und Córdobas wachsende Auflehnung verschmelzen zu eindrucksvoller Stärke, wenn man ihre Zusammenhänge betrachtet. Die Eile, mit der Bolivar Guayaquil zu nehmen versuchte, beruhte sowohl auf seinem Verlangen, Peru zurückzuerobern, als auf seinem monarchischen Ehrgeiz. Das alles tritt in Córdobas Briefen an Henderson und in dessen Berichten an das Foreign Office deutlich zutage. So schreibt Córdoba am 21. Juni an Henderson: «Mit der gestern abgegangenen Post habe ich um meine Entlassung gebeten. Ich stelle fest, daß das Verhalten der Regierung der öffentlichen Freiheit sehr abträglich ist. Das alles ist Hinterlist und Intrige, Korruption und Unmoral … S. E. will auf gut Glück marschieren und denkt an die Anarchie und Bedeutungslosigkeit, in die Peru versunken ist. Er läuft jedoch ernstlich Gefahr, ohne einen roten Heller zurückzukehren.» Dieser Brief veranlaßte Henderson zu einem Kommentar, der deshalb wichtig ist, weil er zeigt, wie sehr beide Männer bis dahin auf Bolivars Seite gestanden waren. «Ich bitte insbesondere auf das letzte hinweisen zu dürfen, da angesichts der engen Bindung General Córdobas an den Befreier und angesichts seiner charaktervollen Haltung der Kurs, den er einschlägt, sehr überrascht und zu dem Schluß führt, daß die Dinge schief laufen und daß nicht nur verbreitet Korruption herrscht, sondern daß der Befreier ein gefährliches Spiel spielt.»

Am 5. August schickte Henderson dem Foreign Office einen vertraulichen Bericht, der besonders wichtig ist. Beigefügt übersandte er eine Übersetzung der «Mirada a la América» (Blick auf Amerika), «eine Flugschrift, die in Cuenca gedruckt und von General Bolivar diktiert worden ist». Zur Erklärung bemerkt er: «Sie ist dazu angetan, ganz Südamerika gegen Kolumbien aufzubringen, aber ihr Hauptziel ist, den Weg dafür frei zu machen, daß General Bolivar entweder zum Kaiser oder zum Präsident auf Lebenszeit ausgerufen wird. Dieses ist es, was er vor allem zu erreichen wünscht … Die Streitmacht, die erforderlich sein wird, um ein solches politisches Regime aufrechtzuerhalten, wird die dürftigen Mittel des Landes verschlingen … Wäre das Dekret des letzten verfassunggebenden Kongresses, das die Armee auf mäßigen Umfang herabsetzen sollte und über das General Bolivar so erzürnt war, verwirklicht worden und wäre der

Frieden mit Peru erhalten geblieben ..., dann wäre zweifellos inzwischen auf die Anleihe eine beträchtliche Rückzahlung erfolgt. So jedoch verarmt das Land infolge der ständigen Aushebungen und Truppenverschiebungen vollständig. Die Landwirtschaft wird gänzlich vernachlässigt, weil die Arbeitskräfte immer wieder in die Armee abgezogen werden. Außerdem gibt es wahrscheinlich kein Land auf der Erde, wo so viele Soldaten sterben, weil sie unterwegs keine Zelte haben, die sie vor den Unbilden der Witterung schützen, und weil sie innerhalb kurzer Zeit allen Spielarten des Klimas ausgesetzt werden, die es in dieser Gegend gibt ... Viele erliegen ihren Leiden. Die kolumbianischen Armeen haben auf diesen Märschen immer viel mehr Soldaten verloren als im Gefecht: Das letzte Regiment, das hier mit achthundert Mann aus der glühenden Ebene eintraf, ist in kurzer Zeit auf die Hälfte zusammengeschmolzen, da zehn bis fünfzehn Mann täglich starben. Um daher einen Feldzug wie den jetzigen führen zu können, muß man das Land gänzlich von seiner bäuerlichen Bevölkerung entblößen.» Danach zitiert Henderson aus einem Brief, den Córdoba am 5. Juli an einen Freund in Bogotá geschrieben hatte. Dort wird bereits von dem «Blick auf Amerika» gesagt, er sei «im Büro S. E. geschrieben worden». Weiter heißt es dort: «Dies wird in Cuenca gedruckt werden und soll die Republik und ihre Regierung in so entsetzlichem Licht erscheinen lassen, daß die Kolumbianer sich daraufhin vor der republikanischen Ordnung entsetzen und S. E. auf den Knien anflehen, er möge sich die Krone aufsetzen. S. E. will Peru erobern, um sich endlich für persönliche Kränkungen zu rächen, oder gar, um das Land mit Kolumbien zu vereinigen und alles mit militärisch-despotischem Zepter zu regieren ... Um diese Befehle auszuführen, wird es nötig, in der Provinz Neyva, in diesem Bezirk und in dem unglücklichen Süden Maultiere, Pferde und Rinder gewaltsam zu requirieren, ohne daß die Eigentümer die geringste Aussicht auf Entschädigung haben.»

Henderson kehrt dann zu seiner eigenen Auffassung zurück: «Ich bin gewiß, daß bei den jüngsten Kongreßwahlen viele Intrigen und der Einfluß der Regierung eine Rolle gespielt haben, wo immer das möglich war. Die Behörden haben den Gedanken einer Monarchie oder lebenslangen Präsidentschaft in Umlauf gebracht. Vor einigen Tagen brachte der Präfekt bei einer öffentlichen Veranstaltung einen Trinkspruch aus und benutzte die Gelegenheit, um zu erklären, es müsse eine starke Regierung geschaffen werden; General Bolivar müsse an ihre Spitze treten, ob das nun ein Königreich, ein Kaiserreich oder eine Präsidentschaft auf Lebenszeit sei. Der Trinkspruch wurde sehr kühl aufgenommen, und einige Generäle aus Neugranada, die zugegen waren, standen bald von Tisch auf. Der Präsident des Staatsrates behandelte zum Teil dasselbe Thema; da er aber ein ängstlicher Mann ist, sprach er von General Bolivar nicht als König, Kaiser oder Präsident auf Lebenszeit ... Ein Mensch, von dem es hieß, er habe gegen die jetzige Regierung feindselige Bemerkungen gemacht, wurde verhaftet und nach Cuenca vor Gericht gebracht, doch wurde er freigesprochen. Trotzdem verhängte General Bolivar über ihn eine Geldstrafe von zehntausend Pesos, derentwegen sein Gut und seine Herden beschlagnahmt und verkauft wurden ... Luis Armero, der Bruder des aus Lima ausgewiesenen kolumbianischen Diplomaten, traf gestern hier ein; wie ich erfahre, erzählt er, das ganze Land sei zum Aufruhr gegen den Befreier bereit. Wie er sagt, hegen die Generäle Sucre und Córdoba die gleichen Gefühle ... Ihre Beliebtheit kennt keine Grenzen, vom Äquator bis nach Antioquia ... Die Leute in Neugranada sagen, sie könnten ebensogut unter dem König von Spanien bleiben, wie von einer venezolanischen Partei unterdrückt und kommandiert werden.»

Abgesehen von Sucres Haltung, die in Hendersons Berichten etwas übertrieben wird, werden diese im übrigen durch Sucres und Bolivars Briefe und erst recht durch Bolivars

Taten bestätigt. Wenn es hierüber bisher andere Auffassungen oder Meinungsverschiedenheiten hat geben können, so liegt das an der schillernden Art von Bolivars Briefen, die viele Auslegungen zulassen, wenn man sie nicht sorgfältig liest und vergleicht. Diese Art zu schreiben hat bei ihm wiederum mindestens drei Ursachen. Was Peru und die Monokratie angeht, so war er mit dem Willen entschlossen, zögerte aber noch mit dem Verstand; ferner war er von Natur unbeständig und neigte sehr dazu, selbst gegenüber seinen besten Freunden mit verdeckten Karten zu spielen; schließlich befolgte er sein ganzes Leben hindurch die Strategie, sich von andern gewaltsam aufdrängen zu lassen, was er gern selber nehmen wollte. Berücksichtigt man diese Charakterzüge Bolivars, so findet man in seinen Briefen Hendersons Auffassung bestätigt. Bolivar hatte sich vorgenommen, über Großkolumbien das Zepter zu schwingen, möglichst auch über Peru, möglichst über ganz Südamerika und möglichst sogar über Mexiko, und zwar als imperiale Herrschaft in monokratischer Form, mit oder ohne Krone. Zu diesem Zweck war er bereit, Männer und Reichtum seines Landes zu opfern, wie sein Vorbild Napoleon es in Europa getan hatte. Daher seine schwankende Taktik, sein Leugnen, daß er die Krone oder überhaupt ein Amt wolle, während er mit Hilfe aller seiner Freunde die absolute Macht zu erlangen versuchte. Daher seine dauernden Versicherungen, er werde niemals, niemals, niemals nach Peru ziehen ..., wenn er nicht durch einen Krieg dazu gezwungen würde; obwohl er damit doch nichts anderes erreichte als Angriffe und Anschuldigungen, daß er sich krönen lassen wolle. Außerdem rieten ihm seine zuverlässigsten Freunde, er möge nicht nach Peru gehen. Beweist das nicht hinreichend, daß niemand seinen Erklärungen mehr Glauben schenkte?

Am 5. Juni 1829 vertrieb La Fuente, der sich mit der dritten peruanischen Division auf dem Weg nach Norden befand, La Mars Regierung und übernahm vorübergehend den Titel Oberster Staatschef. Er handelte für das Triumvirat Gamarra–Santa Cruz–La Fuente, das Bolivar angeblich wohlgesinnt war. La Mar und Gamarra waren in Piura. Am 6. Juni überbrachte eine Offiziersdelegation La Mar einen Brief, worin sein Rücktritt gefordert wurde. Am 9. Juni schiffte La Mar sich ein, um ins Exil und in den Tod zu fahren. Am 10. Juli unterzeichnete Gamarra mit den Kolumbianern einen Waffenstillstand, der die Rückkehr von Guayaquil nach Kolumbien vorsah. Am 21. Juli besetzte Bolivar Guayaquil und empfing den Besuch des peruanischen Generals Cerdeña, der die Garnison befehligt hatte. Darauf schrieb er vielsagend an Páez: «Cerdeña bezweifelt, daß Peru in den Händen, in denen es sich befindet, bleiben wird; man glaubt nämlich, daß Gamarra die Präsidentschaft übernehmen, aber auch nicht lange bleiben werde, so daß die Peruaner schließlich mich werden rufen müssen. Ich sagte ihm, ich sei entschlossen, niemals nach Peru zu gehen, weil ich in Kolumbien zuviel zu tun und außerdem von der Macht genug habe.»

Da seine Taten wie üblich seine Worte Lügen straften, mußten seine guten Freunde ihn warnen. «Cerdeña sagt Ihnen, La Fuente, Santa Cruz und Gamarra seien Ihre Freunde, doch bin ich sicher, daß er sich da ein wenig irrt», schrieb Sucre ihm am 28. Juli, «Was den ersten angeht, kann ich weder für noch gegen ihn etwas sagen, der zweite hat nur seine eigenen Interessen im Kopf, und der dritte ist von Natur ein Verräter und Ihnen ein schlimmerer Feind als der wütendste Spanier; da er aber von niedriger Gesinnung ist, wird er sich als Ihr Freund ausgeben, solange er Sie braucht.» Sucre wiederholt nochmals sein «Gehen Sie nicht nach Peru!» Hierin wie überhaupt war er jedoch mehr kluger Empiriker als doktrinärer «Liberaler». So hatte er schon am 14. Juli an Bolivar geschrieben: «Aus Bogotá höre ich abermals, Kolumbien würde verloren sein, wenn Sie nach Peru gingen. Ich glaube das auch; zwar war ich gegen den Krieg, aber ich glaube, wenn Sie schon nach Peru müssen, dann sollten Sie es lieber als Eroberer tun, anstatt sich in den Netzen der

Treulosigkeit zu verfangen. Ich halte es für besser, in jenem Lande einen mit Herrschaft vergleichbaren Einfluß zu besitzen, als wirklich wie ein Herrscher aufzutreten.» Daraufhin blieb Bolivar monatelang in Guayaquil vor den Toren Perus. Am 21. August schrieb er an Soublette: «Es wird Frieden mit Peru geben, wo sich neuerdings die Meinung der besten Leute mir zuneigt. Die Regierung und unsere Freunde haben mir durch meinen Adjutanten Demarquet sehr zufriedenstellend geschrieben, und wir erwarten nun die Delegierten für die Vertragsverhandlungen; es ist deshalb jedoch nicht weniger nötig, die Flotte in den Pazifik zu schicken, denn die Herren aus Peru halten ihr Wort nur, solange sie Angst haben, und eine große Armee können wir nicht im Lande unterhalten, weil dieses ruiniert ist.»

Als Bolivar das schrieb, erholte er sich von schwerer Krankheit – er selber spricht von einem schwarzen Gallenanfall –, die ihn seit dem 3. August fast zwei Wochen ans Bett gefesselt hatte. Diese Krisen waren nur die Auflehnung seines schwachen Körpers, der von den fast unmenschlichen Spannungen hin und her gezerrt wurde, die sein wilder Geist ihm aufzwang. Die beiden Stürme, der peruanische und der monarchische, erreichten damals ihren Höhepunkt. Am 26. August schrieb er an Páez: «Wir brauchen jetzt nur eine Fregatte, denn die kleineren Schiffe müssen uns die Peruaner bei Friedensschluß zurückgeben. Schicken Sie mir daher die größte, aber rasch und gut ausgerüstet.» Endlich ernannte Peru Don José Larrea zu seinem Unterhändler, einen Freund Bolivars; Kolumbien ernannte Don Pedro Gual. Die beiden trafen sich am 15. September, und am 22. September wurde der Vertrag unterzeichnet. Sucre gefiel der Vertrag nicht. Er hielt ihn nicht für klar; denn in seinem Abkommen von Tarqui hatte er die Grenzen von 1809 vorgesehen. Der neue Vertrag hingegen legte die Grenzen des Jahres der Unabhängigkeit zugrunde, was für Neugranada 1810, für Peru aber 1820 war. Jedenfalls war der Vertrag für Kolumbien nicht so günstig, wie die siegreiche Seite zu hoffen berechtigt war, doch nannte Bolivar selber den Grund dafür in einem Brief an Páez: «Wir können den Bogen nicht überspannen ..., denn dieses Land ist ruiniert, und unsere Truppen sind zu zahlreich.» Bald nach der Unterzeichnung des Vertrages reiste er nach Quito ab. Ernste Nachrichten aus Neugranada zwangen ihn, seine ehrgeizigen Absichten in Peru vorläufig aufzugeben.

ZWEITES KAPITEL

König ohne Krone

Bei keinem Thema wand sich Bolivar in Worten und Taten mehr als bei dem Thema Monarchie. Wir wissen, warum. Da es seine Absicht war, die Krone angeboten zu bekommen, und nicht, sie selber zu nehmen, glich seine Haltung etwa derjenigen Franklin Roosevelts in dessen zweiter Amtszeit als Präsident, als die öffentliche Meinung halbwegs von ihm erwartete, er solle mit Washingtons Tradition brechen und sich um eine dritte Amtsperiode bewerben. In einem Brief an Santa Cruz schrieb Bolivar: «Der Kongreß, den ich einberufen habe, wird zusammentreten und uns eine starke Regierung geben, wie die öffentliche Meinung sie jetzt erwartet... Die Regierungsform, die man beschließt, wird stärker sein als bei Ihnen.» Es folgen Worte, die er später durchstrich: «Viele denken an eine erbliche Regierung, doch widersetze ich mich dem nach Kräften, weil ich nicht mein ganzes Leben lang eine so gewaltige Last tragen will, um sie nachher einem Nachkommen zu übergeben.» Daß er dies ausstrich, ist nicht weniger bezeichnend, als daß er es überhaupt geschrieben hat. Seine privat und öffentlich abgegebenen Versicherungen, er sehne sich danach, endgültig aus dem Staatsdienst auszuscheiden, wurden Lügen gestraft von dem Eifer, mit dem er über seine Macht wachte, und sind gleichfalls Teil seiner gewundenen Taktik. Sie trugen ihm von Sucre am 21. Juli 1829 einen scharfen Tadel ein: «Ich weiß nicht, wie ich diesen Herren Ihren Gedanken beibringen soll, daß Sie im Süden alle Ihre Freunde vereinigen und in Neugranada gegen die demagogische Partei kämpfen wollen, da Sie mich in demselben Brief anweisen, ich solle ihnen mitteilen, jene könnten überhaupt nicht auf Sie rechnen.»

Bolivar blieb aber bei dem Verfahren und verweigerte mit der einen Hand, was er mit der andern forderte. So schrieb er aus Buijó am 13. Juli an Vergara und schlug die Teilung des

Landes vor. Das war ein taktischer Schachzug, um das Militär einzuschüchtern, dessen Macht auf der Union beruhte. Falls sich der Kongreß nicht stark genug fühlt, mögen die Wähler entscheiden. (Dieser merkwürdige Vorschlag taucht später noch wieder auf.) Falls das alles scheitert, hole man die «bolivianische» Verfassung mit dem Präsidenten auf Lebenszeit und erblichen Senat wieder hervor. Hingegen erhebt Bolivar gegen eine auswärtige Dynastie als seine Nachfolger einleuchtende Einwände und begründet diese mit der Armut des Landes. Dafür beauftragte er O'Leary damit, einmal den Versuchsballon loszulassen, daß ein anderer Präsident werde, Bolivar aber als Generalissimus die Macht behalte. Er gebraucht dafür ein Bild, das von seinem Humor zeugt: «Wie ein Stier um seine Herde, würde ich ständig um die Regierung kreisen.» Sein Plan, der später von «starken Männern» in Spanisch-Amerika häufig nachgeahmt worden ist, bestand darin, daß ihm der Stuhl des Präsidenten von einem Mann warmgehalten würde, auf den er sich verlassen und den er lenken konnte. Das sollte Sucre sein. «Er wird wahrscheinlich mein Nachfolger werden», schrieb Bolivar am 5. Dezember an Flores. Den Schlüssel zu diesem Plan findet man in einer Bemerkung, die Bolivar schon 1822 zu Santander gemacht hatte: «Alle billigen ihm hervorragende Eigenschaften zu, nur keine Willensstärke.» Dieses Arrangement umschreibt der in Spanisch-Amerika beliebter Zweizeiler:

Hier ist der Präsident. Der Boß
lebt dort drüben in dem Schloß.

Obwohl Bolivar jedoch in diesem Plan Macht und Freiheit (die beiden Hauptziele dieses Superanarchisten) sah, vermißte er das dritte, den Ruhm. Er zeigt sich bewegt, als Urdaneta ihm schreibt, das Volk finde zu ihm zurück. «Mehr als alle andern Nachrichten erfreut mich, wenn Sie mir schreiben, daß mir die Nation den Glanz meines Ruhmes zurückgibt wie in jenen frühen Tagen meines Aufstiegs. Gott gebe, lieber Freund, daß Sie sich nicht von Ihrem Verlangen täuschen lassen, mich mit dem einzigen Mittel ins Leben zurückzurufen, von dem Sie wissen, daß es diese Wirkung hat. Aber wenn Sie es sagen, glaube ich es Ihnen und beginne nun, den Nektar meiner Gesundung zu schlürfen.»

In seinem innersten Wesen verbarg sich ein wilder persönlicher Ehrgeiz. Darum herum jedoch legte sich seine Enttäuschung über den Zustand Amerikas. Zu jener Zeit sprach er davon, er wolle Amerika seinem Schicksal überlassen. Seine Beweggründe waren typisch für seine gemischten Gefühle: «Sein öffentliches Leben auf würdige Weise zu beenden... Nicht nur in Kolumbien und Peru, sondern auch in den andern spanisch-amerikanischen Republiken das Vertrauen zu stärken, daß er nicht an der Macht bleiben wolle.» Er ersuchte den Kapitän der französischen Fregatte «La Vestale», er möge ihn nach Europa bringen. Mosquera behauptet, er habe Bolivar von diesem Plan abgebracht, weil er ihm die Anarchie ausgemalt habe, die seine Abreise zur Folge haben würde; Córdobas Rebellion sei Bolivar jedoch so nahegegangen, daß er zu seinem ursprünglichen Plan zurückgekehrt sei. Wollen wir Mosquera glauben, so legte Bolivar großen Wert auf seine Freundschaft mit Marschall Davout, «mit dem er seit 1805 befreundet war, als er ihn als jungen Mann in Paris kennengelernt hatte»; durch ihn hoffte er von Karl X. die Erlaubnis zu erhalten, daß er in Petit Trianon leben dürfe. Der Plan übersah den Umstand, daß Davout bereits 1823 gestorben war, doch verrät er Bolivars napoleonische Manie. Mosquera fährt fort: «Dort würde er sich dann damit beschäftigen, seine Memoiren zu diktieren. Er wollte mich dort im Herbst 1830 erwarten, damit ich die Arbeit übernähme, die ich nun schon begonnen hatte. Er sagte zu mir: ‹Obwohl ich nicht in die Verbannung gezwungen werde wie Napoleon, so läßt mich doch der Wunsch, meinen Ruhm zu erhalten, mein Vaterland verlassen, und in diesem freiwilligen Exil würden Sie mein Gourgaud oder Montholon sein.›» Mosquera reiste in der Überzeugung nach

Lima ab, daß er Bolivar im nächsten Jahr in Europa treffen werde. Wenn aber Bolivar Pläne machte, aus dem öffentlichen Leben auszuscheiden, so gingen solche Pläne nie über das Stadium von Wunschträumen hinaus, in denen er sich mit Genuß ausmalte, wie das öffentliche Leben als seine Witwe aussehen würde. Als «Toter» war er lebendig, und «abwesend» war für ihn nur eine Form, gegenwärtig zu sein.

Das Hauptproblem für Bolivar war die Anarchie auf dem ganzen Kontinent, die durch den Sturz des spanischen Regimes entfesselt worden war. Bolivar wurde dadurch veranlaßt, seinen Ministern einen Plan zu unterbreiten, der vorsah, daß Spanisch-Amerika dem Schutz Großbritanniens unterstellt würde. Obwohl auch das rein taktisch gemeint war, beweist der Vorschlag, daß er im Geiste unbewußt das spanische Weltreich wiederaufbaute: Religion, Monarchie, neue Bindung an eine europäische Krone – alles war wieder da, nur nicht Name und Nation Spaniens, die seine ganze Vergangenheit zum Tabu erklärt hatte. Wenn er jetzt von Demagogen sprach, so bezeichnete er damit diejenigen, welche immer noch wollten, was er selber angeblich 1810 gewollt hatte. So sagte er am 3. September 1829 zu Mosquera: «Sie wollen weder Monarchien noch Präsidenten auf Lebenszeit, und schon gar nicht eine Aristokratie. Warum ertränken sie sich nicht ein für allemal in dem lärmenden, lustigen Ozean der Anarchie? Das ist sehr volkstümlich und sollte daher das beste sein; denn nach meinen Grundsätzen muß der Souverän unfehlbar sein.» Diese offenkundig monarchischen Äußerungen sind der wirkliche Ausdruck seines Denkens, und nicht etwa die Schreibereien, mit denen er dieses verhüllte, um seine Beliebtheit zu sichern. Zu solchen Zweckurkunden gehört auch der lange Brief, den er am 13. September an O'Leary schrieb; darin läßt er sich so knapp und einleuchtend wie meistens gegen die Monarchie aus, tritt jedoch für eine Präsidentschaft auf Lebenszeit ein. Dieses Schriftstück wird häufig als Beweis für Bolivars republikanische Haltung zitiert. Warum aber sollte Bolivar seine Ansichten dem Mann schriftlich darlegen, der diese am allerbesten kannte? Der Brief ist ein Stück Propaganda, von der O'Leary vornehmlich in Venezuela Gebrauch machen sollte, wo Páez die öffentliche Meinung gegen Bolivar aufbrachte, weil er selber gern gekrönt werden wollte. Das enthüllt Bolivar in einem Brief an Páez vom 27. Dezember, in welchem er zunächst sagt, wie er sich über Plakate geärgert habe, die in Caracas mit der Aufschrift «Guerra a los Tiranos» veröffentlicht wurden. Dann fährt er fort: «Es befriedigt mich jedoch zu wissen, daß die Veröffentlichung meines vertraulichen Briefes an O'Leary meine Feinde Lügen gestraft hat.» Bolivar verfolgte diesen Plan mit einer inneren Stetigkeit, die sich hinter seiner körperlichen Beweglichkeit verbarg. Es war derselbe Plan, den er schon in Angostura der Welt unterbreitet hatte. Er ließ sich in zwei Worten zusammenfassen: persönliche Macht. Er war so gänzlich außerstande, ohne persönliche Macht zu leben, daß er sie gebrauchte, wie er auch atmete. «Letzte Woche sind hier Monsieur Bresson und der Herzog von Montebello eingetroffen», berichtete Henderson am 21. April 1829 nach London. «Er wurde vom Präsidenten und Ministerrat mit mehr Auszeichnungen aufgenommen als seinerzeit der amerikanische Gesandte General Harrison. Dieser wurde mit sehr wenig Zeremoniell empfangen.» Hierfür wurde Bresson vom französischen Außenminister scharf getadelt; denn er war nur als diplomatischer Agent, nicht jedoch als akkreditierter Gesandter geschickt worden und führte nur ministerielle, nicht aber königliche Beglaubigungsschreiben bei sich. Aber ganz abgesehen von Bressons persönlichem Wunsch hervorzutreten, beruhte der Unterschied darauf, daß Harrison ein kritischer Republikaner war, während von Bresson gesagt wurde, er führe in seinem Diplomatengepäck eine Krone mit; es scheint, als habe er selber bei seinem ersten Gespräch mit Montilla solche Andeutungen gemacht. Am wahrscheinlichsten (wenngleich keineswegs erwiesen) ist, daß Bresson mündliche Weisung hatte, sich darum zu bemühen, daß in Bogotá ein französischer Prinz den Thron bestiege, sofern Einverständnis darüber erzielt würde, daß er im Falle seines Scheiterns alle Schuld auf sich nehmen müßte.

Deshalb verdient Bressons Auffassung über Bolivar, die er sich schon bald zu bilden begann, besonderes Interesse. Auf der Reise von Washington nach Bogotá schrieb er am 24. November 1828 an den französischen Außenminister einen aufschlußreichen Bericht, der sich auf Urkunden *d'une authenticité incontestable* stützt, die er in der amerikanischen Hauptstadt gesehen hatte. Diesen Urkunden zufolge ist «Bolivar machthungrig und arbeitet nur für sich selber. Bonaparte ist sein Vorbild, der Krieg sein Element[1]; jeder Widerspruch macht ihn ungeduldig, er ist hitzig, stürmisch, ist so lange allein an der Spitze gestanden, hat ganz allein so große Dinge fertiggebracht, daß sein Selbstvertrauen schrankenlos ist. Eine Opposition, wie sie in einem freien Staatswesen nur natürlich ist, erscheint ihm als eine Art von militärischer Insubordination, die alsbald unterdrückt werden muß. Alles um ihn herum atmet den Geist der Despotie ... Seine Heuchelei ist ebenso abgründig wie sein Ehrgeiz. Er hat oft verzichtet, nur damit die Macht ihm wieder angeboten werde, damit er den Ruhm der Ablehnung ernten und seine Geltung sich von dem Gefühl der Sicherheit nähren könne, das seine vorgetäuschte Mäßigung geschaffen hat ...» Bresson, der ein überzeugter Bolivarist war, behielt sich sein eigenes Urteil jedoch noch vor und setzte sogar hinzu, selbst Bolivars Fehler ließen sich vielleicht zum Guten wenden.

Als Bresson in La Guaira gelandet war, berichtete er am 19. Februar unter dem Eindruck der Haltung, die er in Venezuela vorfand, folgendes nach Paris: «Es geht nicht mehr um Träume von einem riesigen Imperium oder um die Idee,

---

[1] Das stimmt mit Bolivars eigenem Urteil überein. An Urdaneta schrieb er einmal: «Mein Element ist der Krieg.»

er könne selber über die Geschicke von Guatimala [sic] oder Mexiko entscheiden ... Er wird genug damit zu tun haben, Kolumbien festzuhalten.» Am 16. April traf Bresson in Bogotá ein und wurde drei Tage später empfangen. Er berichtet, es sei, um «ein neues Ocaña» zu verhindern, alles getan worden, «um die vorher von der Regierung aufgestellten Kandidaten durch die Wahl zu bringen». Schon am 14. Mai war er in der Lage, über die Monarchie zu berichten. Er bezeichnete Garcia del Rio als Urheber des Planes, den die Regierung mit Unterstützung von Urdaneta, Montilla, Sucre und Flores verfolge. Dann zitiert Bresson Bolivars Äußerung, er wolle sich an das halten, was immer der Kongreß beschließen möge, und füge hinzu: «Bedeutet das, daß er die Krone annehmen würde? Sicher ist, daß er zunächst ablehnen, sich lange Zeit sträuben und lange Briefe schreiben würde, die absichtlich herumgereicht und veröffentlicht werden sollten.» Er weist darauf hin, wie abhängig Bolivar von Lob und Achtung europäischer und amerikanischer Liberaler sei, «die als erste seinen Namen genannt und gepriesen haben». Weiter schreibt Bresson: «Sollte er zulassen, daß die Pläne seiner Freunde sich entwickeln (und mir fällt es schwer zu glauben, daß er sie vorher nicht gekannt habe, wiewohl man mir sagt, dem sei so), sollte er ihnen nicht sofort Einhalt gebieten ..., so wird er schließlich den Thron besteigen, den man ihm anbietet. Was den Thronerben angeht, so würde das ein französischer Prinz sein, doch darf man das den Engländern nicht sagen.»

«Zeigen Sie diesem Herrn das schrankenlose Vergnügen, das mir sein Kommen und die Haltung der französischen Regierung uns gegenüber bereiten», schrieb Bolivar am 1. Mai an Castillo Rada. Unter so machtvollem Antrieb kamen die monarchischen Pläne voran; am 30. Juni beschloß in Bogotá eine Versammlung einflußreicher Personen aus dem zivilen und militärischen Leben und der Geistlichkeit, den Gedanken in der Öffentlichkeit zu fördern. Wer, wie Restrepo, Bolivar gegen diese Bewegung abzuschirmen sucht, versündigt sich sowohl an der geschichtlichen Wahrheit als auch an Bolivar, den er so naiv in Schutz zu nehmen versucht. Restrepo widerspricht sich selber und enthüllt zugleich die Wahrheit, wenn er schreibt: «In Bolivars Geist tobte ein heftiger Kampf zwischen seiner innersten Überzeugung von der Staatsform, die ihm für Kolumbien am besten geeignet erschien, und der andern Staatsform, deren Einrichtung er für möglich hielt, wenn er den republikanischen Strömungen folgte, die unter den Kolumbianern weit verbreitet und tief verwurzelt waren.» Das ist die Wahrheit. Bolivar war damals ein Monarchist, der nicht den Mut hatte, sich zu seiner Überzeugung zu bekennen. Er hätte närrisch sein müssen, wenn er kein Monarchist gewesen wäre. So war beispielsweise Harrison ein wohlmeinender, aufrichtiger republikanischer Narr. Bresson aber und die Mitglieder der Regierung hatten recht, wenn sie wollten, daß Bolivar sich königliche Rechte zulegte, und ebenso recht hatte Bolivar, wenn er glaubte, er solle sich diese Rechte nehmen. Unrecht hatte er nur, weil er es nicht wagte. Denn wie war die Lage? Páez in Venezuela, Montilla an der Küste, Flores im Süden und Urdaneta in Cundinamarca – was waren sie denn anderes als vier Könige, ja als vier Zaren? Es ist, milde gesagt, naiv, sich bei dem Gedanken zu entsetzen, daß Bolivar sich zum König krönen oder eine monarchische Stellung einnehmen könnte, während er tatsächlich als ungekrönter, uneingeschränkter Diktator über und durch vier despotische Satrapen regierte. Tatsächlich würde damals in Kolumbien eine konstitutionelle Monarchie für das politische Leben im Lande einen ungeheuren Fortschritt bedeutet haben, und jeder Mensch, der politisch dachte und seine fünf Sinne beisammen hatte, mußte damals einfach Monarchist sein.

Die Regierung war einmütig für eine konstitutionelle Monarchie. Als Bolivar den Ministern den Plan vorlegte, Kolumbien in ein britisches Schutzgebiet zu verwandeln, nutzten sie die Gelegenheit. Das hatte Bolivar natürlich beabsichtigt. Sein ganzes Leben lang handelte Bolivar fast immer nach diesem verwickelten Plan: Er marschierte geradewegs in eine Richtung, um dadurch eine ganz anders gerichtete Reaktion hervorzurufen, die jedoch seinen wahren Absichten entsprach. Warum sollte Bolivar ein britisches Schutzgebiet vorschlagen, dessen Absurdität selbst viel weniger scharfsinnigen Leuten offenkundig sein mußte? Ausschließlich, um diese Reaktion hervorzurufen: «Dann schon lieber eine Monarchie unter Bolivar!» Seine Minister waren sich über dieses Spiel sehr wohl im klaren. So lehnten sie den Plan zunächst ab, doch bestand Bolivar darauf und erklärte, Großbritannien solle als Schutzmacht gewählt werden, weil Spanisch-Amerika ihm zweihundert Millionen Pesos schulde.

Inzwischen hatte Bresson dem Außenminister mehrmals versichert, Frankreich werde Kolumbien nicht anerkennen, sofern nicht ein stabiles Regime unter Bolivar errichtet werde. Ohne auch nur einen einzigen Gedanken an die Monroe-Doktrin zu verschwenden, nahm die Regierung Bressons Wink zur Kenntnis. Bresson war skeptisch, als man ihm erzählte, Bolivar wolle sich nicht zum König krönen lassen. Bald begann er Bolivars doppeltes Spiel zu durchschauen. Nachdem er seiner Regierung den Plan der Monarchisten beschrieben hatte, fuhr er in seinem Bericht vom 6. Juni fort: «Der Befreier teilt alle diese Ansichten. Er sagt, der Anblick Spanisch-Amerikas müsse die ganze Welt davon überzeugt haben, daß die Republik die reine Anarchie sei.» Später berichtet er, zwar wolle Bolivar seinen Ministern keine schriftliche Antwort geben, doch sei Urdanetas Bote, der Bolivar den Plan vorlegen sollte, mit der Meldung zurückgekehrt: «Alles geht gut.» Dazu bemerkt Bresson: «Was sollen wir aus diesem Schweigen schließen?... Jedenfalls eines: daß Bolivar die Vorbereitungen nicht mißbilligt.» Trotzdem ist er noch vorsichtig, da er Bolivar nicht traut.

Zu dieser Zeit wurde sein Mißtrauen auf unerwartete Weise genährt. Manuela Sáenz betritt wieder einmal die

Bühne. «Hier hat sie», berichtet Bresson am 11. Juli, «einen liebenswürdigen Mann getroffen, mit dem sie in Lima Umgang hatte... Dieser junge Mann hat sie erobert und genießt ihr Vertrauen.» Durch diesen Kanal kann Bresson seiner Regierung Bolivars innerste Gedanken mitteilen. «Er vergleicht seine Taten gern mit denen Alexanders, Cäsars und Bonapartes und schätzt sich, ohne zu zögern, höher ein als sie... Von Washington hält er nur sehr wenig, und seine Abneigung gegen Nordamerikaner rührt zum Teil daher, daß sie hartnäckig daran festhalten, ihn mit ihrem etwas blassen Revolutionshelden zu vergleichen. Der Ehrgeiz frißt jedes andere Gefühl in ihm auf. Er will kommandieren, will ohne Fesseln und gesetzliche Schranken regieren. Er will, daß Kolumbien ganz und gar sein eigen sei. Er will unentbehrlich sein, und der Gedanke, daß, wenn er dahin ist, alles in Verwirrung geraten müsse, mißfällt ihm nicht. Gleichwohl wirft er die patriotische Maske nicht ab... Er möchte, daß es in Amerika nur eine große Gestalt gebe. Er wird auf den ehrgeizigen Wunsch, über Peru und Bolivien zu herrschen, nicht verzichten. Das riesige Kolumbien ist für ihn zu klein.» Trotzdem beeilt sich Bresson nicht, den Mann zu verdammen, der ihm als der einzig mögliche Herrscher über Spanisch-Amerika erscheint.

Am 28. August kann Bresson endlich eine Antwort auf seine Vorstellungen wegen eines französischen Prinzen melden. Vergara hatte ihm mitgeteilt: «Er glaubt nicht, daß unter den gegenwärtigen Umständen ein Prinz das Angebot schmeichelhaft fände oder daß das Land zu einer Monarchie bereit wäre. Er glaubt jedoch, daß ein Präsident auf Lebenszeit und ein erblicher Senat die monarchistischen Elemente sammeln könnten, die dazu bestimmt wären, die künftige Thronbesteigung eines königlichen Prinzen vorzubereiten. Ferner haben die Generäle Flores und Mosquera soeben Urdaneta durch einen Eilkurier davon unterrichtet, daß General Bolivar, als man ihn aufforderte, seine Meinung unverhohlen kundzutun, erklärt habe, er würde sich den

Wünschen des Landes beugen und die Präsidentschaft auf Lebenszeit annehmen; um jedoch die Zukunft zu sichern, sei es unvermeidlich, einen erblichen Senat zu schaffen und, im Einvernehmen mit einer europäischen Macht, einen Prinzen als seinen Nachfolger auszuersehen... Nachdem General Bolivar nunmehr seine Ansicht kundgetan hat, müssen wir [d. h. die französische Regierung] täglich mit einem amtlichen Schreiben rechnen.» Dieser Bericht stellt endgültig und zweifelsfrei fest, was jeder unparteiische und unterrichtete Kenner jener Zeit ohnehin wissen konnte: Bolivar war Monarchist und insgeheim der Förderer der Monarchie in seinem Heimatland.

DRITTES KAPITEL

Krone ohne König

Bolivars Charakter blieb für Bresson ein Rätsel. Zwar neigt der Franzose von Tag zu Tag mehr der Auffassung derer zu, die in Bolivar einen cäsarischen Typ sehen, doch begünstigt er ihn weiterhin als den einzigen überragenden Mann in Südamerika. «Dieser außerordentliche Mann erscheint mir in so wechselndem Licht, daß ich zwischen Vertrauen und Furcht hin und her schwanke. Unzweifelhaft kennt sein Ehrgeiz keine Schranken. Neben viel Größe stößt man oft auf Kleinlichkeit. Er vertraut blindlings auf seine Macht, und doch prägen Zaudern und Unentschlossenheit sein Handeln. Angesichts seiner klügsten Vorhaben bockt er aus rein persönlicher Eitelkeit oder aus Angst vor einem Zeitungsartikel. Er sucht die Macht, nimmt sie an und stellt sich dann doch an die Spitze derer, die dagegen protestieren.»

Solche urkundlichen Beweise vereiteln die Bemühungen Restrepos und anderer, die Bolivar von jeder Verantwortung für die monarchischen Intrigen freisprechen wollen. Schon Restrepos eigene Korrespondenz straft solche Versuche Lügen. So schrieb er am 8. April 1829 an Bolivar: «Auf dem Wege zu diesem System gibt es Schwierigkeiten, doch halten wir sie nicht für unüberwindlich, da wir auf Ihre Unterstützung und auf die Armee rechnen.» Bolivar antwortete darauf am 6. Mai: «Ich pflichte Ihnen völlig bei, daß es äußerst notwendig ist, in dem früher spanischen Amerika einen verfassungsmäßigen Wechsel vorzunehmen, damit sich das Land konsolidieren kann; auch ich glaube, daß die vorhandenen Schwierigkeiten nicht unüberwindlich sein werden.» Dann wieder Restrepo am 8. Juni: «Ich freue mich, daß Sie der Notwendigkeit einer Verfassungsreform beipflichten... Der etwas schwierige Punkt ist das Fürstenhaus, das Ihnen nachfolgt und dessen Familie sich durch Erbfolge auf dem Thron halten muß... Uns scheint, daß wir, Ihre Freunde, diesen Plan vortragen sollten, während Sie ihm äußerlich unbeteiligt gegenüberstehen sollten, ohne sich ihm jedoch zu widersetzen.» Das entspricht genau der Komödie, die sie alle spielten. Am 5. August schrieb Bolivar an Castillo, brachte alle Einwände vor, die es gegen den Plan geben konnte, schloß jedoch mit der Versicherung, er werde sich ihm keinesfalls widersetzen, vielmehr werde er gern Hilfe leisten, wenn er auf die Unterstützung Frankreichs und Großbritanniens rechnen könne. Solange er *das* nicht wüßte, müßte er sich seine Meinung vorbehalten. Anfang September war klar, daß die Regierung in dem künftigen Kongreß eine ausreichende Mehrheit haben und daß selbst ein so aufsehenerregender Plan, wie sie ihn hegten, Zustimmung finden würde. Daher wurde am 3. September für die Gesandten Frankreichs und Großbritanniens eine Note abgefaßt, in welcher der Plan dargelegt wurde. Die Note befindet sich im französischen Archiv. Bresson hatte sie am 6. September im spanischen Original und in französischer Übersetzung nach Paris geschickt. Die Note schildert zunächst ausführlich die Lage Kolumbiens und fährt dann fort: «S. E. vereinigt alle Stimmen auf sich. Er allein kann die Union erhalten und eine stabile Regierung bilden, weshalb man ihm unbedingt für seine Lebzeiten die Herrschaft über Kolumbien anvertrauen muß; zwar nicht mit dem Titel eines Monarchen, den weder der Kongreß ihm verleihen noch er selber annehmen würde, sondern mit dem Titel Libertador, der für S. E. ruhmreicher Besitz ist. Sein Nachfolger könnte sich Monarch nennen, und diesen Nachfolger würde man wohl am besten, sollten im Lauf der Zeit keine gegenteiligen Umstände auftreten, aus einer königlichen Familie Europas, und zwar wahrscheinlich aus derjenigen Frankreichs auswählen. Mit diesem sollte Kolumbien aus vielen Gründen in engere Beziehungen eintreten. Dergestalt ist der Plan des Ministerrats beschaffen. Bei seiner Abfassung hat sich der Ministerrat nicht auf die ausdrückliche Meinung des Libertadors gestützt, wie es auch für S. E., der soviel Würde zeigt, nicht möglich wäre, sich auf solche Weise mitzuteilen. Das einzige, was der Ministerrat von S. E. bekommen hat, ist ein Versprechen, er wolle sich an jede Entscheidung des Kongresses halten..., und es ist höchst wahrscheinlich, daß der Kongreß sich mit einer solchen Regierungsform einverstanden erklären wird.» Der Ministerrat gibt seiner Befürchtung Ausdruck, daß die Vereinigten Staaten sich dem Plan widersetzen könnten, und schließt damit, daß für einen Erfolg möglicherweise Hilfe aus Europa erforderlich sei, zumal «von der französischen Regierung, da sie an der Ausbreitung monarchischer Grundsätze interessiert ist».

Bresson schickte diese Note mit wertvollen Anmerkungen nach Paris. Er betonte, es handele sich nicht mehr um den plötzlichen Übergang von einer Republik zur Monarchie, sondern um einen subtileren Plan. «Die beabsichtigte Verfassung, die ich gesehen habe, entspricht mehr oder minder der unsrigen, aber ohne die Bezeichnung König.» Alles werde mit und unter Bolivar getan werden. «Heute steht die Mitwirkung Bolivars fest, und man versichert uns nachdrücklich, daß der Kongreß ihm die Krone nicht anbieten werde und daß er sie ablehnen würde, wenn man sie ihm anböte. Außerdem verlautet nicht ein Wort über eine Anleihe oder Finanzhilfe. Gleichwohl würde das eine Folge sein, mit der der künftige Monarch aus der französischen königlichen Familie ausgewählt werden solle. Das ist jedoch eine im voraus vereinbarte Sache, und es ist nur natürlich, daß er nicht eine Entscheidung mitteilt, die rechtlich dem Kongreß zusteht, die dieser aber nur vorbehaltlich der Zustimmung der königlichen Regierung treffen könnte.»

Das französische Außenministerium schrieb Bresson in kühlem Ton und tadelte ihn wegen seines allzu offensichtlichen Vorgehens. Hinsichtlich der geplanten Monarchie heißt es: «Des Königs Regierung ist entschlossen, sich herauszuhalten. Wir lassen uns durch die Anerbietungen, die man uns macht, keineswegs verführen..., und wir werden es nicht bedauern, wenn sie einer andern Regierung gemacht werden.» Der französischen Regierung mißfiel die Anleihe von zwanzig Millionen Pesos, die Kolumbien erwartete. Bresson erhielt Weisung, Bogotá zu verlassen. Es ist schwer zu sagen, wieweit das ernst gemeint oder nur dazu bestimmt war, geheime Aktionen hinter Worten zu verbergen. Auf jeden Fall entschloß sich Bresson zu bleiben, als ihm die Regierung offiziell ihren Plan für eine Monarchie mit französischer Unterstützung unterbreitete. In seinem Begleitbrief zu diesen Vorschlägen gab er für diesen Entschluß höchst verdächtige Gründe an. «Es würde bedeuten, daß ich eine Aufgabe aufgäbe, die ich mit größter Sorgfalt aufgebaut habe und die ich anderswo nicht neu beginnen könnte ... Die Ereignisse, die sich hier abspielen und bald ganz Amerika umfassen werden, und die Rolle, die ich darin spielen soll, lassen mich vielleicht weniger geeignet erscheinen, meine Mission in andern Ländern dieses Kontinents zu erfüllen.» Dann enthüllt er eine Tatsache, die beweist, wie eng er mit Bolivars Regierung beim Gang der Dinge zusammenarbeitete. Er selber unterstreicht die folgenden Worte: «Der Kongreß wird am 2. Januar zusammentreten. *Zwischen mir und der Regierung besteht jedoch Einvernehmen darüber, daß die beiden ersten Monate auf Beratungen reiner Formalitäten verschwendet werden und daß wesentliche Fragen vertagt werden, bis die Regierung Seiner Majestät ihre Absichten kundgemacht hat.*»

Der britische Gesandte Campbell war zwar nicht besonders schlau, aber immerhin kein Narr; er ahnte oder hatte Verdacht, daß der Franzose Geheimnisse vor ihm hatte. Ferner scheint Urdaneta Páez über das, was im Gange war, unterrichtet zu haben, und zwar vielleicht mit allzu vielen Einzelheiten. Páez, der rein persönliche Interessen verfolgte, erzählte Admiral Fleming die Geschichte, der alsbald Campbell einen deutlichen Brief schrieb. Durch die Offenheit, mit der Campbell Bresson alle seine Papiere zeigte, hatte er seinen Kollegen geradezu in Verlegenheit gebracht, woraus der Franzose in einem seiner Berichte kein Hehl machte. Campbell ging sogar so weit, davon zu murmeln, er wolle *la maison de Bavière, qui n'éveillerait aucune jalousie* ins Spiel bringen. Sein Verdacht wuchs noch, als Bresson bekanntgab, der Herzog von Montebello müsse plötzlich «in Familienangelegenheiten» nach Paris reisen. Er glaubte das nicht und machte Bresson einen Besuch, der in Verlegenheit war, weil er in der Tat Montebello mit der geheimen Note, seinem langen, oben zitierten Bericht und mündlichen Instruktionen, die keine Spuren hinterließen, nach Paris schickte. Die Atmosphäre, in der sich das alles vollzog, ergibt sich aus einem Bericht der «Royal Gazette» von Jamaika: «In Maracaibo verlautet gerüchtweise, der Herzog von Montabello [sic!] habe den Auftrag, über die Heirat einer französischen Prinzessin mit Bolivar zu verhandeln, sofern dieser eine Krone annähme, die ihn instandsetzte, mit dem Hause Bourbon eine Verbindung einzugehen. Es verlautete, daß Bolivar diese Bedingungen akzeptiert habe.» Was immer an diesen Gerüchten wahr oder phantastisch sein mochte, so gab Urdaneta jedenfalls Montebello ein Abschiedsessen, bei dem Urdanetas Sohn in Bressons Gegenwart einen Trinkspruch auf Simon I., Kaiser von Peru, ausbrachte. So sahen sie Bolivars Zukunft: mit Feldmarschällen, Herzögen und Grafen. Bresson aber sah sie in anderm Licht: «Ich schwieg über den ungeheuren Vorteil, daß wir die ganze Welt in Besitz nehmen, wenn sie sich uns selber schenkt.»

Ein paar Wochen vergehen, in denen Bresson verschiedene Berichte über das Vorhaben schickt. Einer der wertvollsten besagt, daß Sucre die Verschwörung unterstütze. Im allgemeinen war man der Ansicht, daß Sucre stets eine eindeutig republikanische Haltung eingenommen hatte. Bresson berichtet jedoch am 29. November, Sucre habe die durch seine Hand gehenden amtlichen Papiere für Bolivar geöffnet und «macht sich alle Ansichten der Regierung nachdrücklich zu eigen und bietet seine Unterstützung an». Das kann man schwerlich damit abtun, Bressons Vertrauensmann Vergara habe Sucres Ansichten mißdeutet. Außerdem hat Sucre, wie sich gleich zeigen wird, über die Sache unmittelbar und in unmißverständlicher Weise mit Bresson selber gesprochen. Bald sollten sich jedoch Schwierigkeiten ergeben. Bresson macht sich mit Recht über Páez Sorgen und erkennt auch, wie ernst Córdobas Aufstand ist. Unter den Generälen gab es zwei Parteien: Die einen erhofften sich von einer Monarchie unter Bolivar Beförderung, die andern waren wie Páez zu ehrgeizig oder zu verbittert wie Córdoba, um sich irgend etwas von dem Unternehmen zu erhoffen. Córdobas Aufstand war offensichtlich die Tat eines Ehrgeizigen. Zwar tarnte er sie mit liberalen Grundsätzen, doch war die Triebkraft prätorianisch. Bolivar, der nicht weniger prätorianisch als alle andern war, beging einen schlimmen Fehler. Er schickte an den damals Córdoba unterstellten Oberst Jiménez einen geheimnisvoll formulierten Brief, in dem er ihn aufforderte, er möge «seinen Degen gebrauchen», um jeden Versuch eines Aufstands abzuschneiden, wer immer mit welchem Dienstgrad auch ihn unternehme. Jiménez war aus der Truppe hervorgegangen und konnte nicht lesen. Der Brief wurde ihm vorgelesen und kam dadurch Córdoba zu Ohren. Bolivar schrieb an Córdoba eine gewundene und nicht sehr überzeugende Erläuterung. Córdoba war bereits mit seinem Pronunciamiento beschäftigt, von dem er Santander brieflich berichtete. Am 13. Juli ernannte Bolivar ihn zum Flottenminister; da es keine Flotte gab, fühlte Córdoba sich beleidigt. Am 28. September machte Bolivar noch einen letzten Versuch, ihn dadurch für sich zu gewinnen, daß er ihn zum Gesandten in Holland ernannte. Da aber war Córdoba schon, wenngleich gezwungenermaßen, hervorgetreten. Am 16. September veröffentlichte er in Medellin ein Manifest, das mit den üblichen Worten schloß: «Eine heilige Sache verbindet uns: Die Macht zu erobern, um sie in die Hut des Gesetzes zu geben.»

Als die Nachricht von dem Pronunciamiento Bogotá erreichte, reagierte General Rafael Urdaneta energisch und entsandte achthundert erfahrene Soldaten unter dem inzwischen zum General beförderten O'Leary. Er ließ es nicht darauf ankommen. Córdoba hatte nur wenige, schlecht ausgebildete Soldaten und geringe Gefolgschaft. Während O'Leary in Eilmärschen vorrückte, veröffentlichte Castillo anonym ein Gegenmanifest, worin er Bolivar gegen Córdobas Anschuldigungen entrüstet verteidigte, vor allem gegen die Behauptung, er habe «die Religion aus dieser Welt in die nächste verbannt». Das beweist, wieviel die Religion dem Volk noch zwanzig Jahre nach seiner Befreiung bedeutete. Was die Befreier anging, so stand die Streitmacht, die Urdaneta entsandte, um Córdobas Aufstand gegen den Oberbefreier zu unterdrücken, unter dem Kommando des Iren O'Leary, des Piemontesen Carlo Castelli, des Engländers Thomas Murray und der Iren Crofton, Carr, Hand und anderer. Mit dieser Streitmacht zog O'Leary von Bogotá nach Honda; von dort geriet er entlang des Rio Magdalena und Rio Nare in sumpfiges, malariaverseuchtes Gebiet. Hier war Córdoba in seinem Element und hätte sich trotz der kleinen Zahl seiner Männer lange halten können. O'Leary vertraute auf seine Stärke und lud Córdoba unter großzügigen Bedingungen zu einer Unterredung ein; dieser fürchtete jedoch eine Falle und lehnte jeden Kompromiß ab, der sich nicht auf die Rückkehr zur Verfassung von Cúcuta gründete – was O'Leary nicht annehmen konnte; ganz abgesehen davon, daß er (wie Urdaneta an Bolivar schrieb) nur Zeit für seine Truppenbewegungen gewinnen wollte. Es gelang ihm jedoch, einen von Córdobas Unterführern für sich zu gewinnen, mit dessen Hilfe er in die starke Stellung Córdobas in El Santuario eindringen konnte. Córdoba war von Anfang an verloren. In einer Hütte, die als Feldlazarett diente, auf dem Boden liegend, wurde er auf Befehl O'Learys von dem Iren Rupert Hand am 17. Oktober ermordet.

Córdobas Auflehnung zwang Bolivar, seinen Wohnsitz und vielleicht auch seine Ansichten zu ändern. Am 22. Oktober befand er sich bereits in Quito auf der Reise nach Bogotá. Das ging ihm sehr gegen den Strich, da sein Herz immer noch Peru gehörte. «Ich hatte beabsichtigt, Sucre nach Norden zu schicken und mit der Führung der Operationen zu betrauen», schrieb er am 22. Oktober an Urdaneta, als er von Córdobas Niederlage und Tod noch nichts gehört hatte, «während ich hier abwarten wollte, bis der Friedensvertrag ratifiziert wäre, um ihn dann entsprechend ausführen zu lassen.» Es ist klar, daß er hoffte, nach Peru gehen zu können. Aber er betont zweimal in dem Brief, daß Sucre keine Lust habe, das Kommando gegen Córdoba zu übernehmen; deshalb habe er beschlossen, selber nach Norden zu reisen. Dann empfing er Oberst Austria, den Páez geschickt hatte, um sich über Bolivars politische Ansichten zu orientieren. Páez bereitete den Aufstand gegen Bolivar vor und suchte nach einem Vorwand. Bolivar antwortete wie üblich sehr geschickt, er würde sich nach dem Kongreß richten. Die geheimen Weisungen an den Kongreß, die er aufgesetzt und die Córdoba in einer Proklamation bekanntgegeben hatte, sahen einen Präsidenten auf Lebenszeit vor, der die Vollmacht hätte, seinen Nachfolger zu ernennen und der Legislative mit einem absoluten Veto entgegenzutreten; ferner einen Vizepräsidenten, dessen Befugnisse der Präsident bestimmen sollte; Staatssekretäre, die dem Präsidenten verantwortlich wären, einen Senat auf Lebenszeit, dessen erste Mitglieder vom Präsidenten ernannt würden und deren Amt erblich wäre; ein Repräsentantenhaus, das von Bürgern mit einem Mindestkapital von sechstausend Pesos gewählt würde und jedes zweite Jahr zusammentreten sollte, um die vom Präsidenten vorbereiteten Gesetze zu prüfen; schließlich Richter, die der Präsident ernennen und deren Befugnisse er festlegen würde.

Bolivar dachte also an eine Monokratie mit weitgehenden Vollmachten. Oberst Austrias Mission erschreckte ihn. Er war von jeher bereit gewesen, über diese Frage in panische Angst zu geraten. Das beweist ein Brief, den er im Juli 1819 an Urdaneta schrieb: «Was den Plan einer Monarchie angeht, so gibt es keinen Mann dafür. Weder ich noch irgendein europäischer Prinz möchte ein königliches Schafott besteigen. Sollte ich übrigens einmal vergessen, was ich in Bolivien gesagt habe, so habe ich Iturbide [der Sohn des hingerichteten Kaisers von Mexiko war jetzt sein Adjutant] bei mir, der mich stets daran erinnert. Ich sage Ihnen das, weil Sie, wiewohl Sie am stärksten kompromittiert sind, immer noch einen Ausweg haben. Wenn Sie nicht ins Ausland gehen wollen, gehen Sie nach Caracas... Wollen Sie aber ins Ausland gehen, so biete ich Ihnen die Hälfte meiner Besitztümer an. Darauf dürfen Sie jedenfalls rechnen.» Das ist der letzte Beweis dafür, daß Urdaneta für ihn als Haupt der Monarchistenpartei tätig war. Bresson unterrichtete seine Regierung davon, daß «er [Bolivar] sich am Zwanzigsten in Pópayán von Männern umgeben fand, die der Regierung aus Überzeugung oder persönlichem Interesse abgeneigt waren; dort erreichten ihn die ersten Nachrichten über die Haltung Venezuelas». Angst vor Páez also und die Angst, er könne seinen Ruhm als Liberaler verlieren, trieben ihn dazu, seine Freunde zu verraten.

VIERTES KAPITEL

Der letzte Verzicht

Bolivar war genötigt worden, sich öffentlich von einer Bewegung loszusagen, die er insgeheim anführte. Das lag teilweise an der liberalen Haltung, die er in Popayán zu verspüren glaubte, hauptsächlich aber an der Auflehnung Venezuelas gegen seine Herrschaft. Hinter Venezuela stand Páez. Dieser war niemals Bolivars Freund gewesen. Er war ebenso ehrgeizig wie Bolivar, doch fehlten ihm die Großmütigkeit und die Intelligenz, die Bolivars Ehrgeiz rechtfertigten, milderten und zügelten. In ihrem gegenseitigen Verhältnis war Bolivar stets der Großzügigere und Vernünftigere gewesen, hatte allerdings wohl auch den Bruch mehr gefürchtet. Sein Entgegenkommen hatte aber niemals den feindseligen Kern erobern können, der unter Páez' äußerlichem Eingehen auf seine Freundschaft lag; denn Páez war entschlossen, Bolivar loszuwerden und als absoluter Herrscher Venezuela zu regieren. Damit täuschte er übrigens Bolivar nicht; denn wenn er sich auch hütete, eine nachteilige Meinung über seinen Hauptgegner zu Papier zu bringen, so enthüllte doch Manuela Sáenz seine innersten Gedanken. Zu einer Zeit, da zwischen den beiden Männern äußerlich Eintracht herrschte, schrieb sie im März 1828 an Bolivar: «Gott gebe, daß alle diese bösen Männer wie Paula [Santander], Padilla und Páez sterben möchten, und bei dem letzten muß man immer auf etwas gefaßt sein.» Sie hatte recht. Páez kannte nur ein Ziel, bei dessen Verfolgung er keine Bedenken kannte. Er hatte als erster Bolivar vorgeschlagen, er solle sich krönen lassen. Nun aber, da er merkte, wie Bolivar in Versuchung kam und daß ein fester Plan bestand, sah er seinen Augenblick gekommen: Alle republikanischen Kräfte im Lande würde er gegen Bolivar sammeln.

Páez war keineswegs populär, aber er war mächtig. Auch fand er bereitwillige Unterführer in den Männern, die Bolivar zurückgelassen hatte, als er sich über Venezuela hinaus zu kontinentaler Majestät erhob: Mariño, Soublette, Bermúdez und die übrigen. Der Zusammenbruch des alten Regimes, zumal der Einrichtungen der kommunalen Selbstverwaltung, der Cabildos, hatte das Land den Amtsträgern der Exekutive ausgeliefert: Militärbefehlshaber, Präfekten, Polizeichefs – alles klingende Bezeichnungen für nahezu allmächtige Offiziere. Als Militärbefehlshaber von Venezuela war Páez allmächtig, und die kolumbianische Regierung hatte in seinem Gebiet nichts zu sagen. Eine Schar von Verwaltungsbeamten lastete auf der Bevölkerung in Stadt und Land. Das Monopol des Fleischhandels sicherte Páez einen guten Preis für sein Vieh, und er war darauf bedacht, die Presse so zu knebeln, daß ihr jede Kritik unmöglich wurde. Da seine Befugnisse theoretisch von der diktatorischen Gewalt abgeleitet wurden, die Bolivar zur Zeit der Aufhebung der Verfassung von Cúcuta übertragen worden war, konnte Páez die Verantwortung dafür auf Bolivar abwälzen, gleichzeitig aber die volle politische Ernte selber einbringen.

So war die Lage, als Córdoba sich gegen Bolivar auflehnte. Córdoba bat Páez in einem Brief vom 18. September um Hilfe und erklärte, Páez hätte Venezuela auch allein befreien können, während Bolivar es ohne Páez nicht hätte tun können. «Und da es nicht möglich ist, daß E. E. für Ihren Heldenmut, Ihre Opfer und Ihre Triumphe mit dem entwürdigenden Titel ‹Vasall eines Monarchen› degradiert werden wollen, vertrauen wir alle darauf, daß E. E. General Bolivars Willkürherrschaft ignorieren, sich an die Spitze aller freien Männer jener Provinzen stellen, mit mir Beziehungen aufnehmen und die Tyrannei für immer vernichten werden.» Páez dürfte über die Voraussetzungen und den Ton dieses Briefes, nicht jedoch über seine Schlußfolgerung gelächelt haben. Daß Bolivars Streitkräfte in dem fernen Popayán beschäftigt waren, verschaffte ihm eine glänzende Gelegenheit, die er sich rasch zunutze machte. Die Mauern von Caracas wurden mit Plakaten bepflastert, auf denen Bolivars

Despotismus und seine Absicht, sich als Monarch krönen zu lassen, heftig angegriffen wurden. Daraufhin veröffentlichten Bolivars Freunde seinen Brief an O'Leary, worin er sich gegen die Monarchie aussprach und seinen Wunsch wiederholte, ganz auf die Macht zu verzichten. Die Wirkung entsprach nicht ihren Erwartungen. Der Brief rief neue Plakate hervor, von denen viele ironisch oder komisch waren. Páez und sein Polizeichef Arizmendi schauten zu und warteten ab.

Ihre Stunde kam, als Bolivar seinen unklugen Runderlaß vom 31. August 1829 veröffentlichte, worin angeordnet wurde, die Kommunen sollten ungehindert ihre Auffassung über die Regierungsform, die Verfassung und die als Staatsoberhaupt zu wählende Person kundtun. Der Innenminister stellte Páez diesen Erlaß am 16. Oktober zu. Er erreichte den Satrapen von Venezuela in Valencia, wohin er sich, wie er der Regierung schrieb, begeben hatte, «um über Ruhe und Frieden des Araguatales und der Bevölkerung im Westen zu wachen, die über die Nachricht beunruhigt sind, daß es einen Plan gebe, der Republik monarchische Form zu verleihen». Páez schickte den Runderlaß sofort nach Caracas und in sämtliche Gemeinden mit der Weisung, «Akte» oder Entschließungen zu verabschieden, in denen die Lostrennung Venezuelas angeordnet würde. Arizmendi berief am 25. November ins Kloster San Francisco eine Versammlung von etwa fünfhundert Bürgern von Caracas und verlas dort einen Brief, den Bolivar im September von Guayaquil aus an Páez geschrieben hatte. Es war einer der allzu vielen Briefe, die er schrieb, um seine Meinung eher zu verbergen als kundzutun. Er dankte Páez dafür, daß er ihm sein Haus und seine Besitzung für den Tag angeboten habe, an dem er den Staatsdienst verlassen würde – ein Tag, so setzte er hinzu, der nicht mehr fern sei; doch weigerte er sich zuzulassen, daß Páez, wie dieser vorgeschlagen, seinem Beispiel folge. Beide Männer waren sich gegenseitig darüber im klaren, daß ihr Wunsch, sich ins Privatleben zurückzuziehen, unaufrichtig war. Weiter erläuterte Bolivar seinen Runderlaß und betonte, das Volk habe nunmehr die Freiheit, sich seinen Weg zu wählen. Er selbst erklärte sich hinsichtlich der beiden Lösungen, die er sah, für unparteiisch: die Lostrennung Venezuelas von Neugranada oder eine Monokratie. Bezeichnenderweise setzte er sein Vertrauen auf den Kongreß, der «ausgezeichnet war und daher weise und besonnen entscheiden wird». Bezeichnenderweise warnte er auch Páez vor allen «Unruhestiftern, die unter dem Vorwand der öffentlichen Meinung ein Verbrechen planen könnten, das wir nicht dulden dürfen». Am bezeichnendsten aber war, daß er einen Satz hinzufügte, der offenbar auf Páez selbst gemünzt war: «Ich will die Macht nicht, sollte aber irgend jemand versuchen, sie mir mit Gewalt oder durch Intrigen zu entreißen, so werde ich bis zum bittern Ende kämpfen.»

Páez war nicht der Mann, der sich von Bolivars Drohungen einschüchtern ließ. Aus diesem Brief, der so schillernd und undurchsichtig war wie viele Briefe Bolivars aus jener Zeit, ließ er der Versammlung im Kloster San Francisco einen Absatz vorlesen, in welchem Bolivar scheinbar sagte: «Wenn ihr euch für die Lostrennung erklärt, werde ich mich nicht widersetzen.» Von Arizmendi an Ort und Stelle, von Páez und Soublette diskret aus der Ferne gelenkt, beschloß die Versammlung, sie wolle sich von Kolumbien trennen und die Stellung General Bolivars nicht mehr länger anerkennen, sie wolle sich auf einen Verfassungskonvent vorbereiten, der eine besondere venezolanische Regierung auf republikanischer Grundlage schaffen sollte, und wolle inzwischen Páez die volle militärische und zivile Gewalt übertragen.

Drei Sekretäre der Versammlung übermittelten diese Beschlüsse Páez, der immer noch in Valencia war. Einer der Sekretäre war A. L. Guzmán, der früher einmal in Bolivars Auftrag den Kolumbianern eine Krone hatte verkaufen sollen. Páez war schlau. Aus zwei guten Gründen trat er nicht allzu eifrig hervor. Einmal wollte er die Tatsache verschleiern, daß Anfang und Ende der ganzen Intrige bei ihm lagen. Er schickte einen seiner Adjutanten nach Caracas mit der Weisung, alle gegen Bolivar gerichteten Inschriften zu beseitigen, «den ruhmreichsten Helden dieses Erdteiles, dem wir unendliche Dienste verdanken». Den Delegierten der Versammlung aber antwortete er, er sei durch seinen Eid gehalten, die von Bolivar geschaffene vorläufige Ordnung zu achten. Gleichwohl gab er zu verstehen, den Befürwortern der Veränderungen werde kein Leid geschehen und der nach Bogotá einberufene Kongreß werde endgültig entscheiden. Der zweite Grund für seine Zurückhaltung war die gerade in Venezuela eingetroffene Nachricht, daß der Friedensvertrag mit Peru unterzeichnet und Córdobas Aufstand niedergeschlagen worden war. Das bedeutete, daß Bolivars Streitkräfte jetzt voll verfügbar waren. Páez hielt es daher für klug, nach drei Wochen des Schweigens die Ereignisse von Caracas nach Bogotá zu melden und gleichzeitig seine Ergebenheit für Bolivar zu beteuern. Als aber eine Stadt nach der andern (so spontan, wie Arizmendi es schaffen konnte) sich für die Lostrennung erklärte, wobei manche, etwa Puerto Cabello, dabei noch Bolivar mit Beleidigungen überschütteten, und als Bermúdez Bolivar in einer Proklamation aller möglichen Verbrechen bezichtigte, siedelte Páez nach Caracas über und erbot sich offen, das Pronunciamiento mit seiner Armee zu stützen. Er schrieb an Bolivar und riet ihm, er möge sich der Trennung nicht in den Weg stellen, da Venezuela lieber unter spanischer Herrschaft zurückkehren als sich von Bogotá aus regieren lassen würde.

Bolivar kann von der Verantwortung für diese Ereignisse kaum freigesprochen werden. Seine Haltung, die niemals offen und freimütig gewesen, war mit seiner Rückkehr aus Peru völlig undurchsichtig geworden. Seine Taktik änderte er auch jetzt nicht, sondern erbot sich, unter Páez zu dienen, falls dieser Präsident werden sollte, und «eine ganz aufrichtige und herzliche Liga zwischen Venezuela, Ihnen und mir» zu bilden. Er schließt mit dem Satz: «Meine Gedanken lassen sich in drei Worte fassen: *den Kongreß stützen!*» Einen bezeichnenden Kommentar zu diesem vorsichtigen Brief an seinen gefürchteten Feind liefert das, was er am 28. September an seinen vertrautesten Freund Sucre schrieb: «Mein Freund, so ist also dieser Kontinent voller Narren, die von ein paar Schurken angeführt werden. Vertrauen wir darum auf die Meinung der Mehrheit. Ich gebe zu, daß ich das nicht tun würde, wäre es nur eine Meinung; da diese Meinung sich aber bewaffnet, kann man ihr nicht trotzen, sofern man nicht bereit ist zu kämpfen. In meiner Jugend habe ich das getan, aber ich bin müde.» Daraus erklärt sich seine Weisung an Urdaneta vom 29. Dezember, dieser solle starke Verbände in der Nähe von Bogotá unterhalten. Trotzdem regt er in allen Briefen aus jener Zeit, selbst wenn er auf seinem Rücktritt als Präsident besteht, immer wieder an, er wolle als Generalissimus bleiben, und zwar nicht nur in Venezuela, sondern in ganz Kolumbien. Er näherte sich Bogotá und schrieb unterwegs allenthalben Briefe, vornehmlich an Páez, der seine Gedanken beherrschte. Am 3. Januar erreichte ihn in Cartago die Nachricht von der venezolanischen Rebellion. Betrübt über die Undankbarkeit seiner Landsleute, schrieb er an Castillo Rada: «Mit dieser Bewegung habe ich viel verloren, da ich der Ehre beraubt worden bin, die Macht freiwillig aufzugeben.» Man bedrängte ihn, er möge nach Bogotá kommen und den neuen Kongreß eröffnen. Er gab ohne viel Widerstreben nach und traf am 15. Januar 1830 in der Hauptstadt ein.

«Die Straßen der Hauptstadt waren reicher geschmückt denn je zuvor.» Truppen standen in den Straßen Spalier. Wer immer ein Pferd hatte, ritt ihm entgegen. «Balkons, Fenster und Türme waren schwarz von Menschen; aber trotz der großen Menge siegte ein trauriges Schweigen über die Lebhaftigkeit, und die Salven und Glocken klangen ohne Freude. Der Instinkt der Masse erblickte in der Zeremonie eher das Begräbnis der Republik als den Triumph ihres ruhmreichen Gründers. Als Bolivar erschien, sah ich Tränen fließen. Er war blaß und erschöpft, und seine einstmals so leuchtenden, ausdrucksvollen Augen waren jetzt ohne Glanz, seine tiefe Stimme kaum zu hören; seine Gesichtszüge ..., alles gab Kunde davon, daß die Auflösung seines Leibes nahe bevorstand und daß seine Unsterblichkeit bald beginnen würde.» Diese Schilderung eines Augenzeugen ließe einen schwerlich vermuten, wieviel Energie und Ehrgeiz immer noch in dem gebrechlichen Körper loderten. Immer noch meisterte er dank seinem überlegenen Prestige und seiner magnetischen Anziehungskraft die Fülle der im Kongreß versammelten Führer des Landes; die erste Sitzung fand am 20. Januar unter seinem Vorsitz statt. Vor der Sitzung führte Bolivar die Delegierten vom Palast in die Kathedrale, wo eine Messe zelebriert wurde. Als Staatschef wurden Bolivar (wie sich erweisen sollte, zum letzten Mal) militärische Ehren erwiesen. Aus der Kathedrale kehrte die Prozession in den Versammlungssaal zurück, wo er vom Präsidentenstuhl aus eine Ansprache hielt und den Eid ablegte. Dann wurden Sucre zum Präsidenten und der Bischof von Santa Marta zum Vizepräsidenten des Kongresses gewählt. Diese Wahl, hinter der man Bolivars Meisterhand verspürt, war dazu bestimmt, Sucres Wahl zum Präsidenten der Exekutive vorzubereiten und darzutun, wie stark Bolivar sich auf die Kirche stützte. Nach einer kurzen Ansprache Sucres nahm Bolivar abermals das Wort und empfahl «Institutionen, welche eine kraftvolle Regierung mit der Freiheit des Volkes vereinen sollten». Und dann sagte er etwas, was ein klügerer Mann unausgesprochen gelassen hätte: «Ich ziehe mich zurück im vollsten Vertrauen auf den Erfolg eines Kongresses, dessen Vorsitz der Großmarschall von Ayacucho führt, der würdigste aller kolumbianischen Generäle.» Urdaneta war zugegen. Er war von Anfang an Bolivars Gefolgsmann gewesen, sein Propagandachef, sein Richter und sein Henker. «Er schlug sich mit der Hand vor den Kopf und verriet alle Anzeichen von Aufregung und Mißfallen», berichtete Turner dem Foreign Office.

Bolivar erkannte, welchen Bock er geschossen hatte, und schrieb daher in dem gedruckten Text seiner Rede «einer der würdigsten» anstatt «der würdigste». Es war aber zu spät. Urdaneta war verletzt und sollte das bald zeigen.

Am 24. Januar richtete Bolivar eine seiner üblichen Botschaften an den Kongreß. Er begann mit einer Zusammenfassung der Ereignisse, die zur Einberufung dieser Versammlung geführt hatten, und nutzte die Gelegenheit, um seine Geschichte auf seine besondere Weise zu schreiben. Dann kam er auf die Frage, die sein ganzes Leben hindurch im Mittelpunkt solcher Erklärungen gestanden war: Wer sollte herrschen? «Ich fürchte nicht ohne Grund, daß meine Aufrichtigkeit in Zweifel gezogen werde, wenn ich zu Ihnen über den Mann spreche, der an der Spitze der Republik stehen soll ... Die Ehre hindert mich daran, bei diesem Posten an mich selber zu denken. Werden Sie wagen, mir Ihre Stimme zu geben, ohne dadurch an Ansehen zu verlieren? Wäre das nicht so, als ernenne ich mich selber? Befreien Sie mich von den Vorwürfen, die meiner warten, wenn ich im Amt bleibe ... Glauben Sie mir: ein neuer Präsident ist für die Republik unentbehrlich geworden. Das Volk möchte wissen, ob ich jemals aufhören werde zu regieren ... Die Republik wird glücklich sein, wenn Sie meinen Verzicht annehmen und einen von der Nation geliebten Bürger zum Präsidenten machen. Sie würde untergehen, würden Sie hartnäckig darauf bestehen, daß ich sie regiere. Hören Sie auf meine Vorstellungen, retten Sie die Republik!» Gerade sein Drängen beweist, wie schmerzlich er empfand, daß er insoweit keinen politischen Kredit mehr genoß. Aber wie weit glaubte er selber das, was er sagte? Die Antwort ist nicht einfach und umfaßt drei Punkte. Er war müde, niedergeschlagen und fast geneigt, sein Lebenswerk zu bereuen. Er wollte eine Weile ohne Amt bleiben und die Zügel Sucres getreuen Händen anvertrauen. Er hatte jedoch seinen Ehrgeiz und seinen Machthunger noch keineswegs aufgegeben.

Diese Botschaft an den Kongreß zeigt auch, wie weit er

sich von den politischen Anschauungen seiner Jugend entfernt hatte. «Sie werden mir gestatten, daß meine letzte Handlung sei, Ihnen den Schutz der heiligen Religion anzuempfehlen, zu der wir uns bekennen – eine unerschöpfliche Quelle himmlischen Segens.» Derselbe Bolivar, der einstmals seinen düsteren Ehrgeiz mit dem abstrakten Himmel Rousseaus aufgehellt, der über den Schlachtfeldern Amerikas die Fahnen des Republikanertums und der Freidenkerei entfaltet hatte, sah jetzt in Monokratie und «unserer heiligen Religion» die Rettung Kolumbiens. Das hat zu der allgemein akzeptierten Auffassung geführt, Bolivar sei zu Beginn seiner Laufbahn ein liberaler und demokratischer Republikaner gewesen und erst später, und auch dann nur für eine Weile, ein «Reaktionär» voll Ehrgeiz und diktatorischen Gelüsten geworden. Tatsächlich aber ist der Hunger nach persönlicher Macht nicht nur eine konstante Eigenschaft, nicht nur die Achse, die alle seine Taten verbindet und seine Worte erklärt, sondern überhaupt Triebkraft und Inspiration seines ganzen Lebens. Als Bolivar auf Jamaika oder in Cartagena seine Manifeste à la Rousseau schrieb, waren seine Absicht und sein einhelliges Streben nicht weniger deutlich auf die persönliche Macht gerichtet, als wenn er später in Bogotá den Kongreß um Schutz für «unsere heilige Religion» bat. Die Mittel hatten gewechselt, das Ziel war dasselbe geblieben. Der Wechsel der Mittel beruhte teilweise auf Erfahrung, teilweise aber auch auf dem Umstand, daß das Republikanertum und die Religionslosigkeit seiner frühen Zeit nicht ganz aufrichtig gewesen waren. Zuerst waren es nur oberflächliche Redensarten gewesen, die Simon Bolivar sich von Simon Rodriguez ausgeliehen hatte. Teils glaubte er daran, denn Bolivar war jung und aufgeschlossen; teils lächelte er darüber, denn Bolivar war gescheit und witzig; teils benutzte er sie als Werkzeug, denn Bolivar war ehrgeizig und zynisch. Dieser nicht ganz aufrichtige Radikalismus seiner frühen Jahre war von der Erfahrung erschüttert worden, weil ihm Zweifel gekommen waren, ob er als Mittel zu seinem Zweck tauge und zur Eroberung der Macht geeignet sei. Als sich sein geistiger Himmel zur Dämmerstunde seines Lebens hin verdunkelte, zog ihn die väterliche Erde näher zur Vergangenheit hin. Seine Briefe – die, wenn man sie sorgfältig liest, die wahre Geschichte seines Innenlebens sind – zeigen, wie er langsam etwas von der Weisheit begriff, die hinter vielen alten Institutionen oder Überlieferungen des spanischen Regimes steckte, das er zerstört hatte. Die rätselvollen Probleme, die allenthalben im Lande aufbrachen, als er das spanische System beseitigte (welches im Laufe von dreihundert Jahren geschaffen worden war, um ebendiese Probleme zu lösen), beschäftigten ihn und raubten ihm die Ruhe. Sucre berichtete, die Indianer wollten lieber zu der alten spanischen Kopfsteuer zurückkehren, von der die Unabhängigen sie «befreit» hatten. Páez bat ihn, zu der spanischen Form der Rechtspflege zurückzukehren. Er selbst überzeugte sich mehr und mehr von der stabilisierenden Wirkung der Kirche und von der Notwendigkeit einer Monokratie oder Monarchie, falls Kolumbien gerettet werden sollte. Wofür hatte er also gekämpft? «Bürger», so schloß er, «ich schäme mich, es auszusprechen: die Unabhängigkeit ist das einzige Gut, das wir auf Kosten aller andern errungen haben.»

Bresson schickte seiner Regierung einen Geheimbericht über eine Unterhaltung, die er mit Bolivar am Tage nach dessen Rede vor dem Kongreß gehabt hatte. Bolivar begann auf die übliche Weise damit, die Anarchie Spanisch-Amerikas zu betonen und Unheil zu verkünden, sofern Europa nicht hülfe. Dann referiert Bresson weiter: «Er selbst habe so lange wie möglich gekämpft, um die Ordnung aufrechtzuerhalten. Hätte er die Unterstützung Europas gefunden und sich von früheren Verpflichtungen gegenüber dem Liberalismus frei gefühlt, so würde er in allen Ländern Regierungen eingerichtet haben, die in republikanischem Gewande einem Königtum nahegekommen wären. In der bolivianischen Verfassung habe er nicht so weit gehen können, wie er gewollt habe, aber jetzt fühle er sich zum Kampf zu schwach und könne nicht mehr tun, als auf seinen Ruhm bedacht sein. Zudem sei alles besser als der derzeitige Zustand, und wenn Europa nicht endlich bereit sei, eine Anstrengung zu unternehmen, dann würde es viel besser sein, wenn er Spanien hülfe, die Länder zurückzuerobern und wieder als Kolonien zu behandeln...» Auf Bressons Ersuchen legte Bolivar sein Programm für eine europäische Intervention dar. Sein erster Punkt war ein Abkommen mit Spanien. Dann sollten die europäischen Mächte «den neuen Staaten erklären, daß sie, falls sie anerkannt und als Nationen behandelt zu werden wünschten, sich Regierungen schaffen müßten, die man anerkennen könne, die ihrer Form nach den europäischen ähnelten und mehr Dauer versprächen. Diese Erklärung sollte nötigenfalls mit einer Machtdemonstration verbunden sein. Die Kongresse dieser Staaten sollten sich versammeln, handeln und frei wählen, aber die Völker sollten gehalten sein, diese Entscheidungen zu befolgen. Mexiko solle in eine Monarchie unter einem europäischen Fürsten verwandelt werden; am besten würde dort ein französischer Prinz aufgenommen werden, doch könne man auch an einen spanischen Prinzen oder sonst einen denken, wie es die Außenpolitik erfordere. Nach Ansicht des Befreiers ist Mexiko heute das einzige Land, das genügend monarchische Elemente aufweist. Dort gebe es Namen, Adel und Reichtum. Überall sonst fehlten tragfähige Grundlagen, obwohl zumal der Klerus und auch die Armee durchweg für die Monarchie seien. Trotzdem könne man ihnen stärkere und dauerhaftere Institutionen geben, beispielsweise einen erblichen Senat.» Bresson fragte Bolivar, ob er einem solchen Programm seine Unterstützung leihen würde; er antwortete, er würde es fördern und besäße in Peru und Bolivien immer noch viele Anhänger. Dem Drängen, seine Ansichten zu Papier zu bringen, verschloß er sich; aber er versicherte Bresson, falls die europäischen Mächte sich entschließen sollten, mit ihm auf dieser Grundlage zu verhandeln, so würde ein Abkommen möglich sein. Auf Bresson machten diese Anzeichen so starken Eindruck, daß er sie sich in den nächsten Tagen (28. und 30. Januar) nochmals bestätigen ließ.

Der Kongreß stand vor einer schwierigen Aufgabe. Die herkömmliche Ansicht, daß Bolivar unentbehrlich sei, begann fadenscheinig zu werden. Das willkürliche Regime, 1826 von ihm eingeführt, hatte seine Volkstümlichkeit allenthalben untergraben: in seiner Heimat Venezuela, weil Páez und Arizmendi gegen ihn wühlten, und in Neugranada, weil seine Werkzeuge dort fast alle Venezolaner waren, deren Unbeliebtheit auf ihn zurückfiel. So erschüttert sein Ansehen aber war, blieb es dennoch die einzige Klammer, welche die klapprige Maschine noch zusammenhielt. Um Zeit zu gewinnen, antwortete der Kongreß daher auf Bolivars Botschaft, sein Rücktritt könne nicht angenommen werden, bis die neue Verfassung fertig und die neuen Führer vereidigt worden seien. Der Kongreß mußte den Staat neu durchdenken und wurde gleichzeitig von denen geplagt, die seinen Entscheidungen zuvorkommen und den Staat spalten wollten. Páez wurde immer herausfordernder. Da er die Kommandeure im Lande hinter sich wußte, rief er am 13. Januar Venezuela offiziell als unabhängigen, souveränen Staat aus und schuf ein Kabinett mit drei Staatssekretären für Inneres, Justiz und Polizei, für Finanzen und für Auswärtiges, Heer und Marine. In diese Ämter berief er Peña, Diego Bautista Urbaneja und Soublette. Einen verfassunggebenden Kongreß berief er auf den 30. April ein. Das waren zwar revolutionäre Maßnahmen, doch standen sie nicht in Widerspruch zu den Auffassungen, zu denen sich Bolivar damals bekannte; der Kongreß hatte jedoch nichts für eine Teilung übrig, wiewohl er nicht bereit war, einen Bürgerkrieg zu riskieren, um die Teilung zu verhindern. Bolivar schlug dem Kongreß am 27. Januar vor, er wolle die Regierung Castillo überlassen und selber nach Venezuela gehen, um mit Páez zu sprechen; aus dem Plan wurde jedoch nichts, weil dem Kongreß der richtige Zeitpunkt für Bolivars Abreise noch nicht gekommen schien und weil Páez nicht die Absicht hatte, sich mit Bolivar zu treffen oder gar zu einigen. Bolivar, der seinen Páez kannte, stellte eine möglichst starke Streitmacht zusammen; die nördliche Abteilung unterstellte er dem Schweden Adelcreutz, die südliche dem Iren O'Leary und gab beiden Befehl, sich defensiv zu verhalten – woran er im Falle Córdoba nicht im Traum gedacht hätte. Ein Teil von Adelcreutz' Truppen meuterte unter Führung des granadischen Obersten Vargas und lief zu Páez über. Dadurch wurde das Vertrauen der Regierung in die übrigen Truppen stark erschüttert. Da der Kongreß einen Bürgerkrieg vermeiden wollte, beauftrage er seinen Präsidenten und Vizepräsidenten (Sucre und den Bischof von Santa Marta), sie sollten mit Páez auf der Grundlage verhandeln, daß es nicht zur Trennung komme, daß eine republikanische Regierung gebildet werde und daß Repressalien unzulässig seien (d. h. daß Páez straffrei bliebe). Sucre, der seinen Páez gleichfalls kannte, sagte einen Fehlschlag voraus. Die Verhandlungen fanden vom 18. April an in El Rosario statt, doch weigerten sich Páez' Delegierte, auf einer andern Grundlage als der Anerkennung des derzeitigen venezolanischen Regimes zu verhandeln. So führte die Konferenz zu gar nichts.

Bolivar trat aus Gesundheitsgründen zurück und bat den Kongreß, einen Nachfolger zu ernennen, was der Kongreß verweigerte. Darauf ernannte Bolivar General Domingo Caicedo, der aus reicher granadischer Familie kam, zum vorläufigen Präsidenten und zog sich Anfang März in ein Landhaus in Fucha zurück, um sich von einem Gallenanfall zu erholen. Der Ehrgeiz glühte unvermindert in seinem Herzen; aber seine Körperkräfte schwanden dahin, und sein Geist ermüdete angesichts der niederdrückenden Enttäuschungen im Innern und der Anarchie und, wie er es nannte, Undankbarkeit in den auswärtigen Beziehungen. Diese «Undankbarkeit» rührte großenteils von der Enttäuschung her, die er so vielen seiner politischen Freunde bereitet hatte, als er sie seiner widerspruchsvollen Politik opferte. In Fucha empfing er Kongreßmitglieder, die wie er dachten. Einer von diesen, Posada Gutiérrez, hat seinen Besuch dort geschildert. «Er ging langsam und müde, und seine Stimme war so leise, daß er sich anstrengen mußte, um gehört zu werden. Er spazierte am Ufer eines Baches entlang, der sich durch die malerische Landschaft windet, und blieb mit gekreuzten Armen stehen, um das strömende Wasser zu betrachten, ein Sinnbild des Lebens. ‹Wie lange›, so sprach er zu mir, ‹wird dies Wasser rinnen, bis es sich im Ozean verliert, wie der Mensch sich in der Verwesung des Grabes in der Erde verliert, aus der er gekommen ist? Viel davon wird verdunsten und sich veredeln wie menschlicher Ruhm und Ansehen.›» Und dann verspürte der große Mann, dessen Wesen sich bereits der Erde zuneigte,

Comme un bœuf ayant soif penche son front vers l'eau,

eine plötzliche Auflehnung seines cäsarischen Geistes: «Mein Ruhm! Mein Ruhm! Warum entreißt man ihn mir? Warum schmäht man mich?» Während seine Kräfte sich dem Ende zuneigten, empfand er um so gebieterischer jenen Ruf zur Größe, der an jenem herrlichen Sonnentag in Italien, als er Napoleons Krönung sah, in seinem jungen Herzen Widerhall gefunden hatte. Sollte er nun unter dem Gerassel von Worten und Säbeln untergehen, zwischen den Intrigen geschwätziger Advokaten und dem Verrat schurkischer Häuptlinge? Er, der größte Geist, den die amerikanische Revolution aus den Tiefen emporgerufen hatte, Wort und Tat in einer Person, Vision und Wille des spanisch-amerikanischen Kontinents – er sollte nun zwischen einer Abstimmungsniederlage in Bogotá und dem Staub galoppierender Cowboys im Apuretal ins Nichts versinken? Während er über die grünen Wiesen von Fucha wanderte, verdüsterten solche trüben Gedanken Bolivars Stirn. «Ich bin entschlossen, Kolumbien zu verlassen», schrieb er am 8. März aus Fucha an Joaquin Mosquera, «um in der Fremde vor Trauer und Armut zu sterben. Ach, mein Freund, mein Kummer ist unermeßlich, denn Verleumdungen ersticken mich wie die Schlangen des Laokoon!»

Immer wieder trafen schlechte Nachrichten ein. Castillo schlug vor, der Kongreß solle sich vertagen und die Führung der Geschäfte einem Präsidenten, einem Vizepräsidenten und einem Senat überlassen, bis günstigere Verhältnisse die Formulierung einer Verfassung gestatten würden. Der Antrag wurde zwar abgelehnt, entsprach aber einer verbreiteten Auffassung. Kaum hatte sich Bolivar von dem Schock erholt, den ihm diese Nachricht bereitet hatte, als Popayán dem Kongreß eine Petition vorlegte, worin angeregt wurde, den Kongreß für Kolumbien aufzulösen und einen Kongreß nur für Neugranada einzuberufen. Damit hätte Bolivar kein Land mehr zu regieren gehabt. Diese seinen Interessen so abträgliche Petition wurde unterstützt und sogar gelenkt von Joaquin Mosquera. Auf dem Fuße folgte die Nachricht, daß Oberst Macero in Casanare gemeutert hatte. Er war ein Granadino, der es in einer Proklamation, die von großen Worten strotzte, übernahm, die Provinz Casanare an Venezuela anzuschließen. In diesem Wahnsinn war Methode. Die Jesuiten hatten im Tal des Meta durch Viehzucht unübersehbaren Reichtum geschaffen, und dieser Reichtum war, als die Jesuiten unter Karl III. vertrieben wurden, der Krone zugefallen. Nachdem die Güter jahrelang jeder Besatzungsarmee Fleisch und andere Beute geliefert hatten, verfügten sie 1829 immer noch über dreißig- bis vierzigtausend Stück Rindvieh und über etwa fünftausend Pferde. Bolivar hatte diese Güter an Urdaneta «verpachtet», dessen Verwalter Carvajal mit den Viehdieben nicht fertig wurde, aber diejenigen, welche er fing, auspeitschen ließ. Macero legte es darauf an, Carvajal loszuwerden, und ließ ihn durch seine Leute ermorden. Zwölf Jahre nach Maceros Meuterei gab es auf den Gütern noch fünfhundert Rinder – «ein Ruin, den jene herbeiführten», schreibt Restrepo, «die von Freiheit und Unabhängigkeit kündeten, um ungestraft rauben zu können».

Das alles mußte auf einen Mann, der so großzügig und materiellen Interessen gegenüber so gleichgültig war wie Bolivar, deprimierend wirken. Sein Machthunger hielt jedoch unvermindert an. Während er in Fucha war, kam ihm zu Ohren, daß Mariano Paris, einer seiner nahen Freunde, sich an die Spitze der Miliz, in der er Oberst war, stellen, die Unabhängigkeit Neugranadas von Venezuela verkünden und Urdaneta zum Präsidenten von Neugranada ausrufen wolle.

Er kehrte sofort nach Bogotá zurück. Caicedo war bereits mit dieser Verschwörung fertig geworden, deren Ausmaß und Ernsthaftigkeit immer noch umstritten sind; der Vorfall beweist jedoch, wie dünnhäutig Bolivar in politischen Dingen immer noch war. Caicedo folgte dem Vorbild Castillos und Joaquin Mosqueras und schickte dem Kongreß am 15. April eine Botschaft, in der er abermals vorschlug, es solle eine Exekutivgewalt geschaffen werden und der Kongreß solle sich vertagen, um dann durch einen Verfassungskonvent nur für Neugranada ersetzt zu werden. Diesmal führte der Vorschlag, vielleicht weil er von dem vorläufigen Präsidenten ausging, zu einer diplomatischen Intervention. Die Gesandten von Brasilien und Großbritannien überreichten am 19. April Noten, in denen sie ankündigten, sie würden sich zurückziehen, da sie bei Kolumbien und nicht bei Neugranada akkreditiert seien. Der britische Gesandte setzte hinzu, daß damit der Vertrag mit Großbritannien ein Ende finden würde («was gar nicht schlecht wäre», meint Posada Gutiérrez, weil er glaubte, der Vertrag sei der Ruin Kolumbiens). Caicedos Antrag fiel durch, vielleicht infolge der ausländischen Proteste. Alle diese Versuche, das Durcheinander durch Lostrennung zu entwirren, hatten drei Ursachen: Furcht vor Páez, die jedermann gegen einen Krieg einnahm; der Wunsch der Granadinos, die venezolanischen Generäle und Offiziere loszuwerden, die sich als ihre Herren aufspielten und ihr Geld verzehrten; schließlich das Tauziehen um Bolivars Persönlichkeit. In diesem Licht muß man auch

Caicedos Beschluß sehen, die Presse von den Fesseln zu befreien, die Bolivar 1828 mit seiner Verordnung geschaffen hatte, welche die Drucker neben den Verfassern und Verlegern für alle Druckerzeugnisse verantwortlich machte; dadurch war es nahezu unmöglich geworden, Drucker zu finden, die etwas anderes als ihre eigenen Geisteserzeugnisse zu drucken bereit waren. Caicedos Gegenmaßnahme ermutigte Journalisten und Verfasser von Flugschriften und heizte eine bereits erregte Stimmung weiter an.

Bolivar wußte sehr wohl, daß das beste Mittel, um zum Präsidenten gewählt zu werden, darin besteht, daß man bereits Präsident ist. Daher erwog er abermals, Caicedo die Zügel der Macht wieder abzunehmen. Zum zweitenmal rief er daher dieselben Personen, die dieserhalb bereits in Fucha zusammengekommen waren, zu einer Beratung zu sich. Die Sitzung fand am 21. April in seinem Haus in Bogotá statt. Das berichtet uns Restrepo. Urteilt man jedoch nach dem Brief, den Bolivar drei Tage früher an Urdaneta geschrieben hatte, so mag er an stärkere Maßnahmen gedacht haben. «Angesichts der mißlichen Lage, die auf mangelnde Energie unsererseits und auf zuviel Energie bei unseren Gegnern zurückzuführen ist, sind wir entschlossen, eine Entscheidung zu treffen, die vielleicht das Vaterland retten kann; dieserhalb versammeln wir alle einflußreichen Männer, die in Übereinstimmung mit der Regierung ausführen sollen, was immer beschlossen werden mag. Zu diesem Zweck wagen wir, auf Ihre Mitarbeit zu rechnen. Ich bitte Sie daher, eilends zu kommen und den Versuch zu machen, bei der Ausführung dessen, was wir beschließen, mitzuwirken. Ich biete Ihnen meine alte Freundschaft und die Hand zu einer vollständigen, herzlichen Versöhnung.» Urdaneta kam. Die Sitzung fand statt. Niemand wollte offen reden, wiewohl Urdaneta Bolivar unter vier Augen riet, er solle außer Landes gehen. Das empfand Bolivar als Peitschenschlag. Schließlich bieb er wieder allein mit seinen bitteren Gedanken, seiner schlechten Gesundheit und seinem unstillbaren Ehrgeiz.

Frühmorgens am 22. April war die Stadt voll von Gerüchten über kommende Ereignisse. Man sammelte Unterschriften zugunsten von Bolivars Wiederwahl, die Prälaten wollten ihn bitten, um der Religion und des Landes willen im Amt zu bleiben, und ein spanischbürtiger Oberst Demetrio Diaz (wie sich herausstellte, war er etwas verrückt) ging umher und drohte, er werde an der Spitze einer Milizkompanie Bolivar zum Präsidenten und Diktator ausrufen. Wie Posada Gutiérrez berichtet, ritt Caicedo gelassen durch die Stadt und beruhigte die Bevölkerung; hingegen schreibt Turner, daß Caicedos Adjutanten durch die Straßen galoppierten und das politische Fieber schürten, während Obando, der das Kommando über die Miliz übernommen hatte, vor Passanten Brandreden gegen Bolivar hielt. Die Nachricht, daß Bolivar entschlossen sei, das Land zu verlassen, war irgendwie bekannt geworden und rief bei den Ausländern Verzweiflung hervor. Die britischen Kaufleute fürchteten die liberale oder «wilde» Partei, die offen von dem Wunsch sprach, sie alle auszuweisen «angesichts ihrer Konkurrenz, die den einheimischen Händlern abträglich ist». Die Gesandten der Vereinigten Staaten und Brasiliens hatten, wie Turner berichtet, «eine offizielle Unterredung mit dem Befreier, um ihn zum Bleiben zu überreden. Ich hielt das für unnötig ..., nachdem ich am 19. ds. davon unterrichtet worden war, daß S. E. die Absicht bekundet hatte, hierzubleiben und die Präsidentschaft zu übernehmen, falls er wieder vom Kongreß gewählt würde, woran hier kein Zweifel besteht. Während ich den Befreier gestern morgen besuchte, bekundete S. E. mir gegenüber dieselben Absichten wie gegenüber meinen Kollegen. Ich sagte alles nur mögliche, um ihn darin zu bestärken.» Diese deutliche Erklärung Bolivars gegenüber den drei ausländischen Gesandten, daß er im Falle seiner Wahl die Präsidentschaft übernehmen werde, steht im Widerspruch zu den eindeutigen Versicherungen, er werde das Amt ablehnen, die er öffentlich abgab. Daran zeigt sich wieder einmal seine Taktik, die man auch berücksichtigen muß, wenn man weiter in Turners Bericht liest, wie Bolivar «entrüstet leugnete, daß er jemals die geringste Absicht gehabt habe, die Krone anzustreben oder anzunehmen». Dieser Bericht verdient auch Beachtung wegen einer düsteren Prophezeiung, die bald in Erfüllung gehen sollte: «Seine innere Niedergeschlagenheit drückt sich in seinen Gesichtszügen aus und hat so ernste Folgen für seine Gesundheit, daß Kolumbien, falls nicht eine Wendung zum Besseren eintritt, bald den Verlust seines einzigen Bürgers zu beklagen haben wird, der imstande ist, dem Land den Frieden zu bewahren oder seinen Zustand zu verbessern.»

Bolivar hatte in der Stadt genug Offiziere, um einen Staatsstreich zu unternehmen. Wäre er jünger gewesen, so hätte er das gewiß getan. Aber er hatte einen Punkt erreicht, an dem ihm die Kraft fehlte, die Macht fahren zu lassen oder sie neu zu erobern. Auf einem Blatt mit Weisungen, die wahrscheinlich für Briceño Méndez bestimmt waren, schlägt er am 22. April vor, der Kongreß solle ihm seinen Rücktritt vorschlagen, da er selber «ihn nicht vorschlagen könne, solange ihm Gefahren und Meuterei drohten». Am 23. April übernahm Urdaneta das Kommando über die Garnison von Bogotá und über die Provinz. Der Kongreß bat die Regierung, sie möge die Briten, Franzosen und Brasilianer von der Teilung Kolumbiens unterrichten, aber die Regierung weigerte sich drei Tage lang, eine solche Mitteilung weiterzuleiten. Alle diese Aktionen erklärten sich daraus, daß der Kongreß die letzte Hand an die Verfassung legte, so daß bald die Wahlen des Präsidenten und Vizepräsidenten stattfinden würden. Eine Partei unter Führung von Garcia del Rio trat für Bolivars Wahl ein; in ihr betätigten sich die meisten Abgeordneten aus Venezuela und dem Süden. Die meisten Granadinos waren jedoch für Urdaneta, den jetzt auch die Liberalen unterstützten, obwohl er nach dem Anschlag auf Bolivar vom September 1828 so scharf gegen die Liberalen vorgegangen war. Man glaubte, die erste Partei könne auf zweiunddreißig, die andere auf zwanzig Stimmen zählen, so daß Bolivars Wiederwahl gesichert erschien. Aber aus Gründen, die nicht klar sind, vermutlich eine Mischung aus perfiden Ratschlägen einiger seiner Anhänger und seiner eigenen Hilflosigkeit, rief Bolivar zum drittenmal seine Minister und andere Notabeln zusammen, damit sie, diesmal in seiner Abwesenheit, untersuchten, ob es ratsam sei, dem Kongreß seinen Namen für die Präsidentschaft vorzuschlagen. Diesmal wurde einmütig beschlossen, es sei «um des Friedens und der Unversehrtheit Kolumbiens willen ratsam, daß der Libertador vom Kongreß *nicht* wiedergewählt werde, daß er aber, wenn die im nächsten Oktober zusammentretenden Wahlkollegien ihm ihre Stimmen geben würden, annehmen solle». Caicedo, Herrán und der frühere Präsident des Senats, Baralt, wurden beauftragt, Bolivar diesen Beschluß mitzuteilen. Als Caicedo ihn vorlas, verlor Bolivar die Geduld und unterbrach ihn: «Wie stehe ich da, dem Spott meiner Feinde ausgeliefert, der Welt als ein Verbannter erscheinend? Warum hat der Kongreß nicht gleich meinen Rücktritt angenommen, dann hätte ich Amt und Land auf elegantere Weise verlassen können?» Baralt wies darauf hin, daß er in Kolumbien immer die ruhmreichste Gestalt des Vaterlandes sein werde, was Herrán etwas genauer ausdrückte: «Ja, Sire, in Neugranada werden Sie allenthalben unser Washington sein.» In Neugranada – denn Venezuela hatte seinen größten Sohn bereits verstoßen. Etwas beruhigt entschuldigte sich Bolivar bei Caicedo, an dem er seinen ersten Groll ausgelassen hatte, und beugte sich dann dem Unvermeidlichen. Caicedo fürchtete ein Attentat auf Bolivar, falls er wiedergewählt würde. Bolivar verfaßte seine letzte Botschaft an den Kongreß, mit der er am 27. April auf die Präsidentschaft verzichtete, «selbst wenn mir die Ehre Ihrer Wahl zuteil würde». Ferner gab er seine Absicht kund, «mich für immer von dem Lande zu trennen, das mir das Leben geschenkt hat».

Am 4. Mai wurden der Präsident und der Vizepräsident gewählt. Die Bolivaristen hatten als Kandidaten Eusebio

Maria Canabal, einen Juristen und angesehenen Bürger von Cartagena, aufgestellt, die Liberalen Joaquin Mosquera. Bolivar selber hatte Mosqueras Kandidatur angeregt, ein Geheimnis, das alsbald seine Erklärung finden wird. Der erste Wahlgang ergab sechsundzwanzig Stimmen für Canabal, siebzehn für Mosquera und fünf für Caicedo. Der britische Gesandte, der zugegen war, vertrat die Ansicht, die Intrige, die schließlich zur Niederlage von Bolivars Partei führte, sei von Márquez und Osorio gesponnen, zwei Kabinettsministern und Führern der liberalen Gruppe. Eine randalierende Menge von hundert oder zweihundert Menschen, größtenteils Studenten des benachbarten Kollegs von San Bartolomé, protestierte schreiend auf der Tribüne und rief, während die Wahl im Gange war: «Gehen wir in die Kaserne!» Sie widersetzten sich Canabal und ahnten nicht, daß Bolivar Mosquera unterstützte. Trotz der Beredsamkeit von Garcia del Rio und andern ließ sich der Kongreß einschüchtern und wählte schließlich Mosquera. An demselben Tage schrieb Bolivar an den neuen Präsidenten: «Es würde mich nicht wundern, wenn Ihnen zu Ohren käme, ich sei gegen Ihre Wahl gewesen; denn ich habe immer gemeint, Sie würden einen mit soviel Sorgen und Gefahren beladenen Posten nicht annehmen. Obwohl ich bei dieser Meinung bleibe, spreche ich Ihnen meine Glückwünsche aus.» Hier liegt der Schlüssel zu dem Geheimnis. Bolivar hatte Mosqueras Namen vorgeschlagen, weil er überzeugt war, dieser werde die Wahl nicht annehmen, so daß er dann schließlich selber wieder in das Präsidentenamt zurückkehren würde. Diese Überzeugung stützte sich auf die geringe Meinung, die er von Mosqueras Mut hatte. Noch am 31. Mai schrieb Bolivar an José Fernandez, Madrid, den kolumbianischen Gesandten in London: «Ich rate zur Union, doch fürchte ich, daß sie nicht zustande kommt. Mosquera wird die Präsidentschaft nicht annehmen, weil er fürchtet, er könne das Opfer der Studenten von Bogotá werden; denn bei uns haben Kinder die Kraft von erwachsenen Männern und reife Männer die Weichheit hinfälliger Greise.» Am 9. Juni aber erfuhr er, daß Mosquera (der verreist war) angenommen hatte, und schrieb ihm folgende Zeilen, die mit den früheren so gar nicht im Einklang sind: «Nicht ohne Überraschung habe ich soeben erfahren, daß Sie das Amt des Staatspräsidenten angenommen haben. Das freut mich für das Land und für mich selber; aber um Ihretwillen bedaure ich es und werde es immer bedauern, denn ich kann den Gedanken nicht loswerden, daß Kolumbien dem Beispiel von Buenos Aires folgen wird. Werden Sie gekränkt sein, weil ich für Sie gedacht habe, was ich für mich auch denke? Vielleicht haben Sie gehört, daß ich Ihre Wahl nicht gewollt habe. Glauben Sie das nicht, nein; denn wer das sagt, spricht nicht die Wahrheit.»

Eine Delegation des Kongresses besuchte Bolivar und teilte ihm mit, daß Mosquera zum Präsidenten und Caicedo zum Vizepräsidenten gewählt worden waren, wodurch das Dekret vom August 1828, das ihm außerordentliche Vollmachten übertragen hatte, aufgehoben sei. Bolivar entgegnete, er ziehe sich ins Privatleben zurück und sei bereit, dem Kongreß jeden gewünschten Beweis dafür zu liefern, daß er der Verfassung und den Gesetzen blindlings gehorche. Die Menge feierte geräuschvoll Bolivars Sturz und zog mit Hochrufen auf Santander und andere verbannte Liberale unter seinem Fenster vorbei. In Bogotá war Bolivar unpopulär, und die Menge neigte dazu, ihn seines hageren Körpers wegen zu verspotten; sie hatte ihn «Longaniza» (Wurst) getauft. Der 4. Mai war ein bitterer Tag für den gestürzten Diktator. Immerhin kam es nicht zu Ausschreitungen. Der Kongreß billigte einmütig ein Dekret, das die frühere Verordnung vom Juli 1823 bestätigte und Bolivar dreißigtausend Pesos jährlich auf Lebenszeit zusprach. Bolivar hatte beschlossen, Bogotá am 8. Mai zu verlassen. Er besaß kein Bargeld. Er gab viel aus und verschenkte den Rest. Zwei Monate vorher hatte er sein silbernes Tafelgeschirr an die Münze verkauft, aber nur zweitausendfünfhundert Pesos dafür bekommen. Er verkaufte Juwelen und Pferde und bekam dadurch siebzehnhundert Pesos zusammen. Dann begann er mit Reisevorbereitungen. Am 7. Mai besetzten die Grenadiere und die Apurehusaren strategische Punkte in der Hauptstadt. Ihre Anführer Portocarrero und General Luque (der nach seinem Angriff gegen eine bolivarfeindliche Drukkerei 1828 befördert worden war) standen hinter dem Pronunciamiento. Portocarrero scheint zugleich entschlossen und vernünftig gewesen zu sein. Als Kommandeur der venezolanischen Truppen hegte er keinerlei Hoffnung, daß er nach Bolivars Abreise noch in Bogotá bleiben könne. In aller Stille wurde über den Abzug der Truppen und ihre Rückkehr nach Venezuela verhandelt, allerdings nicht ganz ohne Aufregung unter Bolivars Feinden, die ihn beschuldigten, er sei in Kasernen umhergegangen und habe Soldaten aufgewiegelt. Das war Verleumdung, selbst wenn wir nicht soweit gehen wie Posada Gutiérrez, der behauptet, Bolivar habe Caicedo seine Vermittlung angeboten, doch habe die Regierung das Angebot abgelehnt. Turner, der durchweg sehr gut unterrichtet war, sagt gerade das Gegenteil. Am 7. Mai bat Caicedo Bolivar, er möge eingreifen, was Bolivar ablehnte. «General Caicedo lief sofort zu General Bolivar und flehte ihn an, er möge seinen Einfluß auf die Truppe dazu benutzen, um diese zu beruhigen und zum Bleiben zu bewegen. Das verweigerte der Libertador jedoch entschieden und gab als Grund an, er wolle sich nicht der Gefahr einer Ablehnung aussetzen.» Die venezolanischen Truppen verließen die Stadt in mustergültiger Ordnung, und Turner berichtet, der «zerlumpte Haufen», den die Regierung als Miliz aufgestellt hatte, habe Diebstähle aller Art und andere Ausschreitungen verübt. Für Bolivar und seine Freunde wurde es in der Stadt gefährlich. Caicedo hielt es für nötig, die Nacht auf den 8. Mai in Bolivars Haus zu verbringen. Am nächsten Morgen überreichte er Bolivar eine Abschiedsadresse, die etliche Führer des zivilen, militärischen und kirchlichen Lebens unterschrieben hatten. Bolivar las die Adresse und umarmte den Vizepräsidenten in tiefer Bewegung. «Dann verabschiedete er sich von allen Anwesenden, darunter viele Damen, und bestieg sein Pferd; seine Augen waren feucht, sein Körper bebte, und sein Herz schlug heftig. Die Minister, das diplomatische Korps, viele angesehene Militärs und Zivilisten, nahezu alle Ausländer in Bogotá, zumal die ritterlichen Engländer, die damals sehr zahlreich waren, begleiteten ihn über zwei Meilen weit aus der Stadt hinaus. Einige ritten mit bis nach Facatativá, wo er die Nacht verbringen wollte.»

FÜNFTES KAPITEL

Die letzte Revolution

Eines der merkwürdigen Dinge bei Bolivars Exil war, daß er in Bogotá seine Geliebte Manuela Sáenz zurückließ, die er nicht wiedersehen sollte. Obwohl ihr aus dem Rahmen des Gewohnten fallendes Betragen einer der Gründe dafür war, daß er seine Volkstümlichkeit einbüßte, war ihre gegenseitige Zuneigung doch unvermindert stark. So schrieb Bolivar ihr zärtlich am 11. Mai aus Guaduas: «Meine Geliebte, es freut mich, Dir mitzuteilen, daß ich wohlauf bin und voll Kummer über Deinen und meinen Schmerz, weil wir getrennt worden sind. Meine Geliebte, ich liebe Dich sehr, werde Dich aber noch mehr lieben, wenn Du jetzt Vernunft annimmst. Bedenke wohl, was Du tust; denn sonst wirst Du uns, wirst Dich selber ruinieren. Ich bin stets Dein getreuer Liebender – Bolivar.» Diese Warnung wurde nicht beachtet. Am 9. Juni sollte Fronleichnam unter anderem auch mit einem Feuerwerk gefeiert werden. Dabei sollten einige groteske Puppen verbrannt werden, darunter auch die Darstellungen von Despotismus und Tyrannei. Man nahm allgemein an, diese beiden Gestalten würden Karikaturen von Bolivar und Manuela sein. Die tapfere Dame ritt aus, wie so häufig in Männerkleidung und begleitet von ihren beiden Negerinnen Natán und Jonatás in ähnlicher Gewandung sowie von zwei oder drei Soldaten, die sie in ihre Haushaltung übernommen hatte; sie zog eine Pistole und drohte unter regierungsfeindlichen Reden, den Aufbau des Feuerwerks zu zerstören. Caicedo mußte eingreifen; zur Empörung der liberalen Presse besuchte er Manuela, um sie zu beschwichtigen, «anstatt sie einzusperren und nach dem Gesetz bestrafen zu lassen». Keineswegs eingeschüchtert, bepflasterte Manuela die Stadt mit Plakaten: «Es lebe Bolivar, der Gründer der Republik!» Man machte ihr den Prozeß und wies sie aus. Aber selbst dann, als sie Bogotá vorübergehend verließ, begab sie sich nicht zu Bolivar. Das ist merkwürdig. Warum sollte Bolivar, der aus seinen Beziehungen zu ihr, solange er im Amt war, niemals ein Hehl gemacht hatte, sie sich ausgerechnet jetzt vom Leibe halten, da er sich ins Privatleben zurückzog? Darauf gibt es zwei Antworten. Bolivar zog sich keineswegs ins Privatleben zurück, sondern folgte lediglich dem Rezept des *«reculer pour mieux sauter»*. Außerdem mögen seine Ärzte ihn gewarnt haben, weil er nicht mehr genug Kräfte besaß, um mit einer so anspruchsvollen Schönen zusammenzuleben.

Während Bolivar langsam seines Weges nach Cartagena zog und dabei stets ein Ohr nach Bogotá gespitzt hatte, wurden die schwachen Männer, die er ausgewählt hatte, damit sie das Land als seine Werkzeuge regierten, rasch zu Werkzeugen seiner Feinde. Am 22. Mai wurde im Beisein einiger Würdenträger von den Stufen der Kathedrale die Verfassung verlesen; die Bürger nahmen kaum Anteil daran, sondern blickten im Vorübergehen flüchtig hin, «als ginge sie das nichts an». Turner fährt fort: «Am nächsten Tag nahm an dem Gottesdienst in der Kathedrale kaum ein angesehener Bürger teil, sofern er nicht irgendein Amt bekleidete, und nicht ein einziger Hochruf kam aus der Bevölkerung, als sich die Prozession von der Kathedrale zum Palast begab.» So kühl war die Haltung des Volkes, daß Caicedo im Gespräch mit ausländischen Diplomaten darauf hinwies und daran erinnerte, mit wieviel Begeisterung es frühere Verfassungen begrüßt hatte.

Sucre war am 5. Mai nach Bogotá zurückgekehrt. Als er mit der Absicht, Bolivar ein paar Meilen das Geleit zu geben, in dessen Haus eintraf, war sein Freund und Führer bereits fort. Er schrieb ihm einen schlichten, rührenden Abschiedsbrief, worin sich, obwohl er von den Tränen schreibt, die er vergieße, dieser typische Satz findet: «Sie wissen, daß es nicht Ihre Macht, sondern Ihre Freundschaft war, die mir die zärtlichste Zuneigung zu Ihrer Person geweckt hat.» Bolivars Antwort ist der Gelegenheit nicht ganz angemessen. Zwar erklärt er, er sei «voll Zärtlichkeit», aber eine politische Unterströmung verdirbt alles, was er schreibt. Er verfällt sogar auf den Satz: «Ich werde Sie vergessen, wenn die Liebhaber des Ruhmes Pichincha und Ayacucho vergessen.» Dieser Unterschied in der Stimmung der beiden Männer verminderte nicht die Freundschaft, die Bolivar für Sucre empfand; sie war tief und aufrichtig. Der Unterschied erklärt sich aus ihrer verschiedenen Einstellung zur Lage. Sucre glaubte, er werde Bolivar lange, vielleicht überhaupt nicht wiedersehen, denn er wußte, daß Bolivar krank war, und er glaubte wirklich, daß jener ins Exil ginge. Bolivar hingegen glaubte, er werde bald wieder in Bogotá sein und Sucre dort wiedersehen. Das war ein doppelter Irrtum; denn er kam nie wieder nach Bogotá, und Sucre wurde eine Woche später ermordet.

Drei verschiedene Kräfte wirkten zusammen, um dem jungen General ein so vorzeitiges Ende zu bereiten: Die Gewalttätigkeit der liberalen Partei, Caicedos Vertrauen auf seinen Einfluß im Süden und die Leichtfertigkeit, mit der Sucre wiederholte Warnungen in den Wind schlug. Eine liberale Junta, die aus bolivarfeindlichen Heißspornen bestand und sich im Hause von Don Pacho Montoya gegenüber der Kathedrale zu treffen pflegte, beschloß Sucre zu beseitigen, da sie in ihm Bolivars stärkste Stütze sah. Einer der Anwesenden, Don Genaro Santamaria, verließ die Sitzung als erster. In späteren Jahren erzählte er einem Freunde: «Ich traf Sucre, der mit verschränkten Armen auf dem Platz vor der Kathedrale auf und ab ging. Ich war entsetzt, als ob ich ein Gespenst gesehen hätte, da ich doch eben erst seinen Tod beschlossen hatte.» Als Caicedo hörte, Sucre wolle nach Süden abreisen, drängte er ihn mehrmals, er möge bald reisen und dadurch die Verbindung zwischen Quito und Bogotá aufrechterhalten, die Flores zerstören wollte. Caicedo bestand darauf, daß Sucre den Seeweg wählte, weil er seine Feinde in Pasto fürchtete; aber Sucre war entschlossen, den Antoniustag in seinem Hause zu verleben, und wollte deshalb über Land reisen. Am Tage seiner Abreise schickte die liberale Junta einen Schmied als Boten zu Obando, um diesen zu verständigen. Am 1. Juni brachte die liberale Zeitung «El Demócrata» einen scharfen Artikel gegen Sucre, der mit den unheilvollen Worten schloß: «Vielleicht tut Obando Sucre an, was wir Bolivar anzutun unterlassen haben.» Als Sucre drei Tage später in Berruecos, nicht weit von Salto de Mayo, durch eine enge Schlucht ritt, wurde er von Männern erschossen, die Obando und José Hilario López dorthin geschickt hatten. Bald darauf wurde López zum General befördert.

«Der neue Präsident, der hier am 12. ds. eintraf, wurde nicht sehr begeistert empfangen», schrieb Turner am 14. Juni an das Foreign Office. Am 13. Juni empfing Mosquera das diplomatische Korps, worüber Turner berichtet: «Das vornehme und würdige Auftreten von Señor Mosquera bestätigt die Berichte, die wir über ihn bekommen hatten, und gab uns die Gewißheit, daß die wahllose Zulassung des Pöbels von Bogotá zum Empfangssaal, wo wir herumgestoßen wurden, nicht auf ihn zurückzuführen war und von ihm auch nicht gebilligt wurde.» In Turners Bericht findet sich noch ein aufschlußreicher Hinweis. Aus mannigfachen Gründen «vermehrt sich täglich die Zahl derer, die Bolivar verteidigen, sowohl in der Stadt wie in ihrer Umgebung. Der Libertador ist noch in Cartagena, wo er, wie es heißt, noch eine Weile bleiben wird. Viele Leute hier glauben, in Kürze schon werde die wachsende Überzeugung, daß S. E. der einzige Mann sei, der das Vertrauen des Landes genießt, dafür sorgen, daß er fast einstimmig an die Macht zurückgerufen wird.»

Damit gab Turner, wie so oft, der Auffassung der Bolivaristen Ausdruck. Er wußte, daß Bolivars Abwesenheit eine Finte oder doch mindestens nur ein Schachzug war. Gewiß war Bolivar halbwegs zum Gehen entschlossen. So hatte er in einem Brief, den er aus Guaduas an seinen Freund und Sachwalter Gabriel Camacho schrieb, gebeten, man möge ihm wenigstens sein persönliches Eigentum sicherstellen; denn obwohl der Kongreß ihm dreißigtausend Pesos ausgesetzt hatte, fürchtete er doch, daß durch die politische Unsicherheit diese Gabe in Frage gestellt werden könnte.

Sein Freund Posada Gutiérrez hat uns eine Skizze seines Aufenthalts in Honda hinterlassen, die deutlich macht, welcher Kampf sich damals in Bolivars Innerem zwischen der sinkenden Sonne seines Ehrgeizes und dem aufsteigenden Mond seiner Reue abspielte. Während Sampans für seine Fahrt den Magdalena hinunter ausgerüstet wurden, stattete er den Silbergruben von Santa Ana einen Besuch ab. Als sie zwischen zwei Ritten am Flußufer rasteten, erwachte er plötzlich aus kurzem Schlummer und fragte Posada: «Weshalb meinen Sie, daß ich hier bin, lieber Oberst?» – «Das ist Schicksal, Herr General.» – «Schicksal?» erwiderte er heftig. «Nein, ich bin hier, weil ich mich geweigert habe, die Republik dem Kolleg von San Bartolomé[1] auszuliefern.» Dann schwieg er und hing gesenkten Kopfes seinen Gedanken nach. Als sie oben auf dem Berg ankamen, blieb er lange stehen und bewunderte die herrliche kolumbianische Landschaft. Posada schreibt darüber: «Als er aus seiner Hingerissenheit erwachte, waren die ersten Worte: ‹Wie groß, wie großartig! Gott ist zu sehen, zu fühlen, anzurühren. Wie ist es nur möglich, daß Menschen das leugnen?» Alte Saat, die lange unfruchtbar in ihm geruht, begann sich im Gedenken an seine Vorfahren zu regen. Später jedoch, nachdem er von den englischen Bergleuten und einheimischen Arbeitern begeistert begrüßt worden war, versuchte sein Gefährte, ihn zu einem Besuch der alten Adelsstadt Mariquita zu verlokken; es war die erste Stadt, die Quesada, der Entdecker und Eroberer von Neugranada, im Landesinnern gebaut hatte. Posada schilderte die Stadt in glühenden Farben und vergaß auch nicht die Gräben mit klarem Wasser, die sich durch alle Straßen zogen, sowie die Königsstandarte von Quesada;

[1] Ein liberales Kolleg mit aufsässigen Studenten in Bogotá.

diese war der Überlieferung zufolge von Königin Isabella gestickt und daher fast wie eine Reliquie verehrt worden, bis sie nach der Schlacht von Boyacá von dem unabhängigen Gouverneur auf dem Marktplatz verbrannt worden war. «Herr General», beendete Gutiérrez seine Schilderung, «verzeihen Sie mir, daß ich so lange über eine Stadt gesprochen habe, die heute darniederliegt wie alles, was seinen alten Glanz verloren hat; meine Mutter ist dort geboren worden.» Bolivar wollte die Stadt nicht betreten. Für ihn wäre es eine Gespensterstadt gewesen.

Am 25. Mai kam Bolivar in schlechter körperlicher und seelischer Verfassung in Turbaco an. Er wurde mit Achtung und Zuneigung empfangen, und die Stadt beschwor die Verfassung sozusagen im Schutz seines Ansehens. Am 14. Juni reiste er nach Cartagena weiter, augenscheinlich um an Bord eines britischen Schiffes von hinnen zu segeln. Cartagena empfing den gestürzten Führer, als käme er im Triumphzug – mit geschmückten Fenstern, Musik, Truppen und Festbeleuchtung. Dieser Empfang scheint einer wirklichen Sympathie der Bürger entsprungen zu sein; wäre jedoch jemand anders als der Bolivarist Montilla dort an der Macht gewesen, so hätten die Dinge wohl einen andern Verlauf genommen. Der Empfang verfolgte einen politischen Zweck: Die Partei der Bolivaristen war entschlossen, ihn nicht abreisen zu lassen. Man stellte ihm vor, daß es auf dem britischen Postschiff an Bequemlichkeiten fehle. Bolivar wollte aber auch selber gar nicht an Bord gehen; das geht aus seinen umständlichen Erklärungen hervor, warum er es nicht getan habe. So schrieb er am 24. Juni an Präsident Mosquera: «Mit der letzten Post erhielt ich meinen Paß und begab mich sofort hierher, um mich auf einem britischen Postschiff, das im Hafen vor Anker lag, einzuschiffen; dann aber fand ich die Kabine bereits von einer Schar Damen besetzt. Außerdem war bedenklich wenig Zeit vorhanden, um alles zu ordnen, und es erschien mir nicht angebracht, inmitten einer Völkerwanderung von Frauen zu reisen. Selbstverständlich wäre das nur, wenn ich flüchten müßte.» Bolivar entschuldigt sich zuviel. Er blieb, weil er niemals ernstlich hatte reisen wollen; und er wollte nicht reisen, weil er mittels seiner Freunde intrigierte, um Mosquera und Caicedo zu stürzen und selber wieder die Macht zu übernehmen.

Eines Abends war er allein mit seinem Neffen Ferdinand in einem der neu errichteten Bohios am Fuße des Berges Popa, als sich gegen neun Uhr zwei Wagen näherten. General Montilla, Don Juan de Francisco Martin und noch einige Freunde aus Cartagena betraten aufgeregt das Haus. «Was ist los?» fragte Bolivar. «Herr General», antwortete Montilla, «Sucre ist in den Bergen von Berruecos ermordet worden.» Bolivar schlug sich mit der Hand vor die Stirn, bat um Einzelheiten und ersuchte seine Freunde dann, ihn mit seinen Gedanken allein zu lassen. Lange schritt er im Patio auf und ab. Er ging spät zu Bett, erhob sich bei Morgengrauen und ging wieder ruhelos im Patio hin und her. Er holte sich dabei eine fiebrige Erkältung, die er bis zu seinem Tode nicht mehr loswerden sollte. Ihn bedrückte der persönliche Verlust, aber auch der Abgrund von Gewalttätigkeit und Anarchie, den die Tat offenbart hatte. Eine Zeitlang gewann der Teil seines Wesens die Oberhand, der sich nach Freiheit, nach Europa und nach einer Veränderung sehnte. Das merkten seine Freunde, die deshalb bald zurückkehrten, um ihn zum Bleiben zu überreden. Er bedurfte des Zuredens nicht, wiewohl er sich verstellte. «Was mich angeht», schrieb er am 24. Juli an seinen Vetter Leandro Palacios, «so weiß ich nicht, was ich tun soll. Meine Freunde wollen, daß ich bleibe, doch widersetze ich mich, weil ich keinen Sinn darin sehe.» Am selben Tage aber schrieb er an Fernandez Madrid: «In Venezuela ist eine Partei, die für mich ist, wieder im Aufstieg begriffen, und wenn ich mich nicht irre, ist sie stark.»

Er war also nicht aufrichtig, wenn er von seiner beabsichtigten Abreise sprach. Er wußte, daß Urdaneta, Manuela und die andern gegen die Regierung Pläne schmiedeten. Dann traf sein Herz ein zweiter Schlag, nicht weniger hart als Sucres Tod. Er berichtet seinem Vetter davon in demselben Brief: «Inzwischen sind diese Schurken im venezolanischen Kongreß aus Angst nicht davor zurückgescheut, mich auszustoßen.» Der Kubaner Yanes war zum Präsidenten des revolutionären venezolanischen Kongresses gewählt worden, der als parlamentarisches Feigenblatt für Páez' Diktatur diente. Ende Mai schickte Yanes an den Präsidenten des Verfassungskongresses von Kolumbien eine Note (ohne Datum), worin mitgeteilt wurde, daß der venezolanische Kongreß zwar entschlossen sei, sich von Cundinamarca und Quito zu trennen, aber gleichwohl bereit, «in Beziehungen und Verhandlungen mit ihnen einzutreten». Da aber Venezuela «aus einer Reihe mannigfaltiger Übelstände gelernt habe, vorsichtig zu sein, und da es in General Simon Bolivar die Quelle aller dieser Übel sehe und noch bei dem Gedanken zittere, daß es jemals für Dauer sein Besitz hätte werden können, erkläre Venezuela, daß solche Beziehungen nicht aufgenommen werden könnten, solange er sich auf kolumbianischem Gebiet aufhalte». Vicente Azuero, ein eingeschworener Feind Bolivars, antwortete zurückhaltend, betonte, wie wichtig Verhandlungen seien, aber ignorierte die unzumutbare Bedingung. Dann entwarf er einen Brief an Bolivar des Inhalts, daß der Präsident sich in Verlegenheit befinde, was er tun solle, weshalb er ihm die Note weiterleite. Mosquera erbat sich Bedenkzeit, aber Azuero veröffentlichte die Note, seine Antwort und seinen Brief an Bolivar, ohne vom Präsidenten dazu ermächtigt zu sein. Mosquera ließ die Dinge laufen, anstatt seinen Minister zu entlassen. «Ich versichere Ihnen», sagte Bolivar zu einem Besucher, «daß dieses Ereignis mich tiefer getroffen hat als irgendein anderes in meinem Leben.»

«Es soll mich nicht wundern, wenn tausend Torheiten begangen und dann mir zugeschrieben werden», hatte Bolivar am 1. Juni von Turbaco aus an Caicedo geschrieben.

Solche Prophezeiungen bedeuteten fast immer, daß er wußte, seine Freunde bereiteten das vor, was er ankündigte. Auf Jamaika leiteten Bedford Wilson und O'Leary, die zu denen gehörten, die Bolivar am besten kannten, eine Pressekampagne gegen Caicedo und Mosquera. Das ist so gut wie ein Beweis dafür, daß Bolivar daran arbeitete, die Regierung zu stürzen, die er angeblich anerkannte. Urdaneta und Manuela Sáenz waren mit derselben Aufgabe beschäftigt. Urdaneta war üblicherweise der Mittelsmann, über den Bolivar Manuela Geld zukommen ließ; und beide waren dadurch sozusagen brüderlich vereint, daß sie beinahe das Opfer von Anschlägen liberaler Heißsporne geworden wären. Die Verhältnisse verschlimmerten sich laufend; der Finanzminister hatte keinerlei Mittel, um den Verpflichtungen der Staatskasse nachzukommen, und bemühte sich bei den Kaufleuten von Bogotá vergeblich um eine Anleihe. Die Armee war politisch gespalten. Am 27. Juli marschierte das Regiment Boyacá, das liberal, also antibolivaristisch gesonnen war, durch die Stadt; die Soldaten trugen rote Bänder mit der Aufschrift «Libertad o Muerte!» Es gab Fahnen und Raketen, Reden und Tränen, und Rufe ertönten: «Tod für Urdaneta! Tod den Untertänigen! Es leben Santander und die Helden vom 28. September!» Mosquera versuchte der verderblichen Tendenz Einhalt zu gebieten, aber seine zaghaften Maßnahmen förderten sie nur. «Die Straßen», so berichtet Turner, «waren voll von Bewohnern mit grünen Bändern, der Farbe Bolivars, gelben für Urdaneta und schwarzen als Zeichen der Liberalen. Es kam zu zahlreichen Streitereien auf offener Straße.» Urdaneta ging außer Landes, angeblich um sich von einer Krankheit zu erholen, in Wirklichkeit aus Angst, er könne ermordet werden, und um einen Staatsstreich vorzubereiten. Mosquera wurde aus Kummer krank und zog sich am 1. August nach Anolaima zurück.

«Am 9. ds.», so unterrichtete Turner seine Regierung, «verließ das Regiment Callao auf Befehl der Regierung die Hauptstadt auf dem Wege nach Tunja. Da dieses Regiment sich hier für die Bolivar-Partei ausgesprochen hatte, die alles zusammenfaßt, was Rang und Eigentum besitzt, sind der Regierung zahlreiche Gesuche von Angehörigen dieser Partei zugegangen, die darum bitten, das Regiment Callao möge in der Hauptstadt bleiben; sein Abzug würde, so sagen sie, von den Liberalen alsbald als Signal dafür angesehen werden, daß sie mit Hilfe des Regiments Boyacá ihre Pläne ausführen, plündern und ihre politischen Gegner umbringen könnten. Da die Regierung bekanntlich von Marquez und Azuero, zwei wütenden Liberalen, beherrscht wird, wurden die Gesuche abgelehnt. Das Regiment zog ab... Als es in Zipaquirá ankam, bedrängten zahlreiche Angehörige (manchen Berichten zufolge zweitausendfünfhundert Menschen) des wohlhabenden Grundbesitzes in der Umgebung von Bogotá (die hier Orejones genannt werden) die Soldaten, sie sollten sich ihrer Partei anschließen. Für den Fall boten sie ihnen Sold und Verpflegung an; andernfalls drohten sie ihnen, daß sie ihren weiteren Marsch behindern und ihnen keine Transportmittel zur Verfügung stellen würden.» Das Regiment nahm das Angebot an. Turner schreibt weiter: «Anscheinend wurden die Grundbesitzer von General Urdaneta unterstützt (oder gar geführt).» Er sagt, der General habe alles mit Manuela vorbereitet, «die große Besitztümer hat, welche sie freigebig verteilt; dadurch besitzt sie in und um Bogotá großen Einfluß, wobei ihr ein Teil der Geistlichkeit und die Häupter der Bolivar-Partei in der Hauptstadt und deren Umgebung behilflich sind. Die ganze Gruppe schmückte sich mit grünen Bändern mit der Aufschrift ‹Por la Religión›.» Zunächst nahm die Regierung das nicht ernst, veröffentlichte dann aber später eine Proklamation, in der sie den Rebellen die ganze Strenge des Gesetzes gegen Verschwörungen androhte. Die Schärfe dieses Gesetzes war einer der Hauptvorwürfe, den die Liberalen gegen Bolivar erhoben; seine Freunde gaben zurück, es handle sich nur um die Abschriften eines vorher schon von Santander erlassenen Dekrets. Die mit grünen Bändern geschmückten Bolivaristen ließen sich jedoch nicht einschüchtern und rückten auf Bogotá vor; ihre Kavallerie stand unter dem Befehl des Engländers Oberst Johnson, der zu diesem Zweck die Salzgruben im Stich gelassen hatte, die ihm vom Staat verpachtet worden waren. Die Bolivaristen in der Stadt verlangten die Entlassung der drei Minister Marquez, Osorio und Rieux. Caicedo war willens, sie fallenzulassen, aber die Liberalen widersetzten sich. Durch eine Proklamation wurden alle Männer zwischen fünfzehn und fünfzig Jahren zu den Waffen gerufen. Nur siebenundzwanzig Männer stellten sich. Indianische Bauern, die auf dem Markt ihre Erzeugnisse verkaufen wollten, wurden in die Kasernen gezerrt und bewaffnet.

In der Morgendämmerung des 15. August erreichte die meuternde Division unter Oberst Jiménez die Umgebung von Bogotá. Die Regierung hätte Widerstand leisten können, zog es aber vor, zu verhandeln. Die Rebellen forderten, daß einer Reihe von Beschwerden stattgegeben werde, die teilweise töricht waren, und daß Urdaneta zum Kriegsminister ernannt werde. Mosquera kehrte nach Bogotá zurück und verlor unterwegs seine Eskorte in einem Gefecht mit aufrührerischen Partisanen; immerhin verhielt er sich besonnen und stellte dadurch sein Ansehen wieder her. Er bemühte sich, sehr zur Entrüstung der Liberalen, die beiden kriegführenden Parteien miteinander zu versöhnen, und begab sich dieserhalb persönlich nach Techo, das in einiger Entfernung von Bogotá gelegen war. Am 23. August erhielt die Regierung fünfhundert Mann Verstärkung. Azuero verfaßte (und der schwache Mosquera unterschrieb) ein Amnestiegesetz, das unweigerlich abgelehnt werden mußte. Urdaneta, den Mosquera als Unterhändler zu den Rebellen schickte, riet diesen auch, es abzulehnen. Er spielte nicht nur ein doppeltes, sondern ein dreifältiges Spiel. Der Regierung schrieb er, er tue sein möglichstes, den Aufstand förderte er mit Hilfe von Bolivars Freunden und versuchte gleichzeitig, Bolivar fernzuhalten und selber die Macht zu übernehmen.

Zwei Umstände dieser kleinen Revolution verdienen hervorgehoben zu werden: die leidenschaftlich antibritische Haltung der sogenannten Liberalen und der «volkstümliche» Charakter der Bolivaristen. Da es Mosquera nicht gelang, die Rebellen zu überzeugen, gab er widerwillig seine Zustimmung dazu, daß ein Expeditionskorps gegen sie entsandt wurde. Es wurde am 27. August geschlagen, und einen Tag später unterzeichnete Mosquera eine Kapitulationsurkunde, in der er sich bereit erklärte, vierzehn «September-Santanderisten» zu verbannen, darunter die Minister Azuero und Márquez. Um fünf Uhr nachmittags besetzten die Rebellen in völliger Ordnung die Stadt. Der Staatsrat bemühte sich, die schlimmsten Bedingungen der Kapitulation zu verwässern und insbesondere die Verbannung der vierzehn Liberalen zu vermeiden. Mosquera aber fügte sich dem unverschämten Drängen der beiden englischen Söldnerobersten Johnson und Jackson, blieb widerwillig im Amt und ernannte eine neue Regierung mit Urdaneta als Kriegsminister und Gual als Außenminister. Verschiedene Provinzstädte riefen Bolivar zum Präsidenten aus. «Eine Versammlung von Familienvätern» trat am 2. September in Bogotá zusammen und nahm zwei Entschließungen an: «Daß der Libertador zurückgerufen werde, um das Schicksal Kolumbiens in die Hand zu nehmen und nach seinem Belieben zu handeln, damit das Land gerettet werde, und daß inzwischen der Oberbefehl General Urdaneta übertragen werde, damit er so handele, wie es ihm zum Wohl des Volkes am besten erscheint.» Der typisch diktatorische Charakter beider Entschließungen liegt auf der Hand. Er wird noch durch einen dritten Beschluß unterstrichen, demzufolge die Garantien, welche die Verfassung dem einzelnen Bürger gab, «vorbehaltlich der Entscheidung des Libertadors» in Kraft bleiben sollten. Die Versammlung, so berichtet Restrepo, «war weder durch die Zahl noch durch das Gewicht der Bürger, die diese Beschlüsse faßten, sonderlich bemerkenswert». Ihr folgte, was Restrepo «eine weitere alberne Farce» nennt. «Eine Menschenmenge unter Führung einiger Militärs trug ein Bild Bolivars durch die Straßen, wozu Musik, Raketen und Kirchenglocken ertönten ... Fast der ganze Welt- und Ordensklerus der Hauptstadt war für Bolivars Herrschaft.» Sie hatten seit der Zeit, da sie Santander vor Bolivars Kugeln schützten, offensichtlich eine Schwenkung vorgenommen. Mosquera fragte Urdaneta, ob die Regierung auf die Armee rechnen könne, um die Verfassung zu verteidigen. Die Antwort lautete, die Armeeführer würden gehorchen, wenn Bolivar an die Spitze der Nation berufen würde; sonst nicht. Am 4. September schieden Mosquera und Caicedo aus der Regierung aus, und Urdaneta übernahm die Macht.

SECHSTES KAPITEL

Das letzte Exil

Das alles hatte Bolivar erwartet. Wieweit auch die Führung bei ihm gelegen hat, ist umstritten. Vielleicht nicht sehr weit, da er weit fort und bei schlechter Gesundheit war. Wenn er aber wahrscheinlich nicht der eigentliche Anführer war, so hat er doch jedenfalls den ganzen Aufstand inspiriert. Er selbst hat Vallarino am 11. November erzählt, er habe erwartet, daß Mosquera ihn zum Generalissimus ernennen werde, das heißt, Mosquera sollte mit dem Schatten der Macht zufrieden sein und Bolivar deren Inhalt geben. Als er sah, daß das nicht geschah, nahm er eine Haltung ein, die mindestens seinen Freunden gestattete und sie dazu ermutigte, ihr möglichstes zu tun, um die Regierung zu stürzen. Schließlich stand ihm die britische Fregatte «Shannon» zur Verfügung, warum also sollte er nicht nach Jamaika segeln? Man nannte eine Reihe von Hindernissen, vornehmlich den Umstand, daß die Fregatte Weisung hatte, zunächst nur nach La Guaira und zurück zu fahren. Bolivar wartete also, bat aber seinen Sachwalter Camacho brieflich wieder um Geld, da seine Kasse sich leerte. Er war ein reicher Mann, hatte aber nur wenig Bargeld; das lag teils an juristischen Schwierigkeiten, die mit dem Verkauf seines Bergwerkes in Aroa an ein britisches Syndikat zusammenhingen, teils an Páez' Boshaftigkeit und teils an Maria Antonias Geiz. Von Cartagena aus beklagte er sich brieflich bei Briceño Méndez, daß er nichts von ihm höre, und setzte hinzu: «In Venezuela geht alles gut; denn unsere Partei ist so verbreitet, daß sie jede Opposition hinwegfegen kann, so daß wir uns sogar das Unheil eines Bürgerkrieges ersparen können.»

Am 18. September empfing er Oberst Vicente Piñeres, den Urdaneta geschickt hatte, und Oberst Santa Maria als Abgesandten des Stadtrates von Bogotá, die ihm die Akte und eine Botschaft Urdanetas überbrachten; dieser drängte ihn, er solle nach Bogotá kommen und wieder die Macht übernehmen. Urdaneta schrieb: «Ich flehe Sie an, uns in einer so schweren Krise nicht im Stich zu lassen und nicht einen Augenblick zu zweifeln, sondern die Entscheidung zu treffen, die dem Wohl der Nation dient und ihr wie auch Ihnen zum Ruhme gereicht.» Er versicherte Bolivar «unserer treuen Freundschaft und ständigen Anhänglichkeit an Ihre Person». Bolivar schickte Urdaneta eine offizielle und eine private Antwort, die zusammen ihn ganz und gar zeigen, wie er war. Offiziell sagte er Urdaneta jede Hilfe zu. «Natürlich werde ich die Reise in die Hauptstadt antreten, um dort meine feierlichen Erklärungen zu wiederholen, daß ich den nunmehr geschaffenen Gesetzen und Behörden gehorchen will, bis uns verfassungsmäßige Wahlen den Vorteil einer Legislative verschaffen... Bis dahin werde ich nur als schlichter Bürger und als Soldat Dienst tun.» Das bedeutete, daß er Urdaneta mit seinem moralischen Ansehen in Armee und Nation stützen wollte, während jener das Odium auf sich nehmen sollte, die Verfassung zu brechen, bis er, Bolivar, zum verfassungsmäßigen Präsidenten gewählt würde. Sein Privatbrief setzt nur noch den Punkt auf dieses i. «Was soll ich gegen eine erzene Schranke ausrichten, die mich von der Präsidentschaft trennt? Diese Schranke ist das Gesetz. Ich werde die Regierung mit meinem ganzen Einfluß und aller meiner Kraft unterstützen...» Seiner Selbstsucht bewußt, setzt er hinzu: «Ich erbiete mich, an der schwierigsten und gefährlichsten Stelle zu dienen; dadurch erspare ich mir den Vorwurf, daß ich selbstsüchtig sei.» Man beachte diese mittelbare Einstellung zu seinem Verhalten, die eine seiner typischen Eigenschaften ist. Nicht «dadurch bin ich nicht selbstsüchtig», sondern «dadurch erspare ich mir den Vorwurf, daß ich selbstsüchtig sei». Ferner schreibt er: «Meine offizielle Antwort an Sie muß veröffentlicht werden, damit jedermann sehe, daß ich bereit bin, die Regierung zu unterstützen.» Schließlich: «Ich schicke Ihnen eine Proklamation mit Äußerungen, die darauf abzielen, denen zu schmeicheln, die am meisten Verlangen nach mir tragen.» Man möge verlauten lassen, «daß ich mit zweitausend Mann komme und daß man bei meiner Ankunft endgültig wissen wird, ob ich annehme oder nicht. An diesem Punkt wird das Flehen und Drängen beginnen und wird alles erreicht werden.»

Dieser Brief bestätigt abermals eine Reihe von andern Eigenschaften, die bei Bolivar immer wiederkehren. Zunächst seine Unerbittlichkeit, seine Neigung, hart vorzugehen. So drängte er Urdaneta, er solle «mit aller Festigkeit und Härte vorgehen, wie die grausamen Verhältnisse es gebieterisch verlangen. Regierungen müssen, wenn die Verhältnisse entsetzlich sind, unerbittlich sein.» Ferner schreibt er im Zusammenhang mit Beschwerden gegen die neue Regierung: «Man hört auch Kritik wegen der Toleranz, die, wie man meint, die Regierung gegenüber Dieben und Mördern zeigen wird.» (Damit meint er offenbar seine politischen Gegner, von denen manche allerdings diese Kennzeichnung verdienten.) «Hierzu will ich nichts mehr sagen, denn Sie wissen ja, wie man in solchen Fällen vorgeht, und Sie sind der verantwortliche Mann.» Ferner verrät dieser Brief Bolivars Neigung, seine Mitarbeiter fast ausschließlich danach zu beurteilen, wie treu sie zu ihm und seinen Auffassungen halten. «Ich halte es für unumgänglich, in das Caucatal einen vorzüglichen Kommandeur zu schicken. Wenn Sie Jiménez zum General befördern, ist er der beste.» Wer war dieser Jiménez, der Mosqueras und Caicedos Regime gestürzt hatte? Posada Gutiérrez, ein entschiedener Bolivarist, der auch an diesem Pronunciamiento teilhatte, berichtet uns: «Oberst Jiménez ist ein Mulatte, der schon in sehr jungen Jahren Hacke und Spaten des Bauern verließ, um als Soldat in eine Truppe der Patrioten einzutreten... Er konnte weder lesen noch schreiben und lernte erst spät, mit einer Art von Hieroglyphe zu unterzeichnen, die weder er noch sonst jemand entziffern konnte. Ein schlichter, naiver Mann von untadeligem Privatleben, religiös bis zu tiefer Frömmigkeit, aber völlig außerstande, selbständig zu überlegen und daher von anderer Leute Meinungen leicht zu beeinflussen ... Seine Beförderung hatte er seines Mutes wegen verdient. Er war ein tüchtiger Vorgesetzter, aber zu allem andern untauglich.» Dieser Jiménez war der Mann, dem Bolivar geschrieben hatte, er möge Córdoba im Auge behalten und notfalls von seinem Degen Gebrauch machen. Ihn schlug er jetzt zur Beförderung zum General vor.

Eines ist sicher: Bolivars Geist war immer noch viel stärker, als sein hinfälliger Körper es rechtfertigte. Sein Brief an Justo Briceño vom 11. September ist knapp und bestimmt wie der Brief eines Oberbefehlshabers und handelt nur von Truppen und Truppenbewegungen. Der Brief an Diego Ibarra vom 20. September ist nicht weniger lebendig und enthält folgenden vielsagenden Satz: «Hier sind wir alle sehr munter, wenngleich nicht so sehr, wie Sie vielleicht glauben, denn des Menschen Unheil ist, daß er niemals zufrieden ist.» An demselben Tag schreibt er an Pedro Briceño Méndez eine optimistische Nachricht: «Endlich bin ich zum Chef oder Präsidenten ernannt worden, und Urdaneta hat bis zu meiner Ankunft vorläufig die Regierung übernommen.» Es folgt abermals die Versicherung, er wolle nicht als Präsident fungieren, bis er durch eine wirkliche Volkswahl dazu gewählt worden sei. Danach: «Ich bin alt, krank, müde, enttäuscht, verleumdet und schlecht bezahlt. Ich will keine Belohnung, sondern nur Ruhe und die Wahrung meiner Ehre.» Dann aber wieder: «In acht Tagen reise ich nach Ocaña ab.» Gleich darauf spricht er von seinem Gefolgsmann Diego Ibarra: «Diego und seine Brüder können zusammen mit andern viel oder sogar sehr viel tun, wenn Gott dort [in Venezuela] abermals ein Wunder tut, wie bei Jiménez und dem Regiment Callao.» Ein paar Zeilen weiter hält er es für wahrscheinlich, daß er bald seine Schwestern wiedersieht, das heißt, daß Páez bald gestürzt wird. Am bezeichnendsten unter allen Briefen aus dieser Zeit ist aber vielleicht derjenige an Vergara vom 25. September; denn in diesem Brief, in dem er offiziell die Ansicht vertritt, er könne die Macht nicht von Meuterern übernehmen, läßt er Worte fallen, die ein Echo seines Gesprächs mit Turner sind: «Ich versichere Ihnen, daß ich Aufstände niemals gern gesehen habe, und in letzter Zeit beklage ich sogar unsern Aufstand gegen die Spanier.» Diese reumütige Erklärung ist leicht zu verstehen. Zum erstenmal in seinem Leben hatte er erfahren, was es heißt, in einem demagogischen Schauspiel, das ein paar Agitatoren mit Hilfe der Armee in Szene setzen, auf der verlierenden Seite zu stehen. Er war aus Bogotá verdrängt, Mosquera und Caicedo waren gewählt worden, und zwar mit denselben Methoden, die Cortés Madariaga und Martin Tovar Ponte benutzt hatten, um Emparan loszuwerden. Er leerte den bitteren Kelch der Enttäuschung jetzt bis zur Neige. Obwohl er zum tausendstenmal seine Abneigung gegen die Macht darlegt, fügt er diesmal hinzu: «Alle meine Gründe beruhen auf dem einen: *Ich habe keine Hoffnung mehr für die Rettung des Vaterlandes.»* Die Unterstreichung stammt von ihm.

Und doch, und doch ... in demselben Brief: «Sagen Sie General Urdaneta, ich hätte mit dieser Post keinen Brief von ihm bekommen.» Da er es aber nicht länger aushalten konnte, schrieb er am 2. Oktober unmittelbar an Urdaneta: «Eben kam die Post, und immer noch kein Brief von Ihnen; das ist unter diesen Umständen zuviel des Schweigens.» Man höre die Stimme der Autorität in diesem Mann, der ein körperliches Wrack war, ein Verbannter, ein Wanderer ohne Heimat, wie er den Inhaber der Macht in Bogotá schilt, als wäre dieser bloß sein Privatsekretär. So sicher war er seiner Seele, daß er alsbald mit einer Aufzählung seiner Leiden beginnt – Galle, Nerven, Rheumatismus – und zu dem Schluß gelangt: «Der Zustand, in welchem sich meine Natur befindet, ist nicht zu glauben. Sie ist nahezu erschöpft, und ich habe keine Hoffnung, meine Gesundheit vollauf wiederherzustellen.» Er plante, nach Santa Marta überzusiedeln, weil er hoffte, er könne helfen, einen Aufstand niederzuschlagen, der in Rio Hacha aufgeflammt war; er wollte sich mit

Montilla und andern Generälen beraten und hoffte, in der Sierra Nevada oberhalb der Stadt ein kühleres Klima zu finden. Im übrigen beschäftigt sich dieser Brief mit Verwaltungsfragen, Strategie, Polizeiwesen und mit seinem Ehrgeiz; nicht anders ist ein Brief, den er am selben Tag an Justo Briceño schreibt. Daß sein Leben sich dem Ende näherte, kann man trotzdem aus den unterwürfigen Nachschriften schließen, die Bolivars Neffe und Gehilfe Ferdinand aus eigenem Antrieb den Briefen an seines Onkels mächtige Adressaten anfügt.

Gegen Mitte Oktober hielt sich Bolivar in Soledad in der Nähe von Barranquilla auf, wohin er sich auf der Suche nach Genesung begeben hatte. Am 16. Oktober berichtet er Urdaneta: «Die Krankheit, an der ich leide, hat sich auf sehr schmerzhafte Weise kompliziert.» Er plante eine Seereise, um durch Seekrankheit seine Galle loszuwerden, denn er hatte eine Abneigung gegen Medikamente, «schon gar, wenn ich an jenes Brechmittel in Bogotá denke, das mich im kritischsten Augenblick zwang, die Macht aus der Hand zu geben, und mich damit der Kritik preisgab, vielleicht sogar dem Verzicht». Er fürchtete die kalte Bergluft wegen seines Rheumas und das heiße Klima seiner Nerven wegen, «so daß ich unter großen Schmerzen in Bewegung bleibe und im Hause auf und ab gehe; aber ein Treppenhaus ertrage ich nicht, weil ich dabei zuviel leiden muß». Er entschloß sich, ganz seiner Gesundheit zu leben, aber gab Urdaneta Ratschläge. Er fürchtet die Schwäche der Regierung und die wilde Art der «jungen Demagogen». Daher: «Verlassen Sie sich darauf, die Geschichte hat bewiesen, daß in allen Bürgerkriegen der Wildeste oder der Energischste Sieger bleibt, je nachdem wie man das Wort auffaßt.» Mittlerweile war Bolivar am Zustand Amerikas vollständig verzweifelt. «Wie hätte irgend jemand sich vorstellen können, daß eine ganze Welt so wahnsinnig würde, Ihresgleichen wie Kannibalen zu verschlingen?»

Am 31. Oktober schreibt er abermals an Urdaneta, er glaube, daß sein letztes Stündlein gekommen sei. Gleichwohl fährt er fort und schreibt sogar einen seiner längsten, politisch klarsten Briefe. Sein Verstand bleibt ungetrübt, seine Gedanken klar, sein Stil knapp und elegant. Ein dritter Brief an Urdaneta, in Soledad am 4. November geschrieben, ist gleichfalls von bewundernswürdiger Klarheit. Er empfiehlt darin baldige Wahlen, um die Lage zu normalisieren, und schreibt dann: «Ich muß Ihnen von einer delikaten Angelegenheit sprechen... Die schlechte Laune und gallige Stimmung, die mich auffressen, und die Hoffnungslosigkeit hinsichtlich der Rettung des Landes bringen mich auf die schwärzesten Gedanken und unhöflichsten Äußerungen. Ich sage es offen heraus: Ich möchte, daß Sie alle meine Briefe aus dieser letzten Zeit Oberst Austria aushändigen; denn während einer Revolution könnten sie meinen Feinden in die Hand fallen, die ihnen eine üble Auslegung geben könnten, wiewohl ich in ihnen allen tausendmal auf die oberste Gewalt verzichtet und erklärt habe, daß ich an der Reaktion keinerlei Anteil gehabt habe. Austria wird sie mir dann schicken, und falls Sie das wünschen, werde ich Ihre Briefe zurückgeben oder verbrennen; obwohl die Ihrigen wegen Ihrer Anhänglichkeit erbaulich sind. Auch bitte ich Sie, die Briefe zu zerreißen, die ich Ihnen noch schreibe, denn ich bin entschlossen, Ihnen manchmal mitzuteilen, was ich denke, da mir niemand ausreden kann, daß Sie einem wütenden Sturm entgegengehen. Ich bedauere Sie herzlich als einen guten, alten Kameraden.»

Am 6. November meldet er Vergara, es gehe ihm etwas besser. Das war entweder diplomatisch oder voreilig, da er am selben Tag Urdaneta schreibt, es gehe ihm schlechter und er sei so schwach, daß er plötzlich wie ein Halbtoter ohnmächtig geworden sei. Am 8. November bittet er Montilla um Brot und Wein, etwas Bier und etwas Sherry. In diesem Brief, der neununddreißig Tage vor seinem Tod geschrieben wurde, nimmt er Bezug auf Nachrichten über Flores und

Espinar, die beide in ihren Satrapien in Ecuador und Panama zu Aufrühern geworden waren, und schreibt noch einmal: «Es steht absolut fest, daß die Bevölkerung in beiden Ländern mir besonders ergeben ist ... Es ist mit gutem Grund zu hoffen, daß beim Eintreffen meiner Antwort alles ein gutes Ende nehmen wird.»

Einen Eindruck von Bolivars Leben in Soledad erhalten wir durch einen seiner Offiziere, José Vallarino, der am 10. November dort eintraf, um über Panama zu berichten. «S. E. empfing mich in seinem Schlafzimmer ... Sein Kopf war mit einer seidenen Kappe von der Farbe einer Mandelschale bedeckt. Nach der Suppe sprach er mit mir – sehr liebenswürdig. Es gab Linsen, und er merkte, daß sie in Öl gekocht waren, was er dem Koch verübelte ... Dann wendete er sich mir wieder zu und sagte: ‹Wie Sie sehen, bin ich etwas schwierig; aber was wollen Sie, man scheint außerstande, es mir recht zu machen, und mein Gesundheitszustand macht mich unduldsam.› Das Essen dauerte nicht lange. Später gab es Kaffee. Es wurde dunkel, und die Moskitos begannen lästig zu werden. S. E. ging mit mir auf den Balkon hinaus, nachdem er sich vorher in einen Umhang aus besticktem blauen Tuch, der mit rotem Samt gefüttert war, gehüllt hatte; dann bat er um seine Stiefel, da die Moskitos ihn in die Füße stachen. Wir sprachen bis neun über die Landenge und politische Fragen, dann zog ich mich zurück. S. E. begleitete mich freundlicherweise bis an die Treppe. Ich fragte ihn nach seinem Befinden, und er sagte: ‹Es geht mir besser› ... Wir sprachen noch über die politischen Verhältnise in Kolumbien. Er sagte: ‹Das Volk ist müde und will nichts als Frieden und Ordnung; denn es ist ein Irrtum zu glauben, die liberalen Ideen seien allgemein verbreitet. Viele kluge Leute sind gegen das repräsentative System, weil sie meinen, es passe nicht zu diesen Ländern.› Ich wendete ein, ein neues Volk dürfe sich jegliche Verfassung erwählen, solange diese nur lange genug gesichert bleibe, damit sich das Volk daran gewöhnen könne. ‹Glauben Sie das nicht!› erwiderte er lebhaft. ‹Hier sind die Leute an das spanische System gewöhnt, und keine Macht ist stark genug, um Gewohnheiten umzustoßen, die im Herzen verwurzelt sind.›» Nicht weniger lebhaft sprach er über viele andere Dinge aus Gegenwart und Vergangenheit. Vallarino berichtet über noch eine weitere Begegnung: «Bei Sonnenuntergang traf ich den Libertador, der von einem Spaziergang zurückkam; er stützte sich auf Major Glens Arm und war in seinen bestickten Umhang gehüllt. Ich ging mit ihm ins Haus. Beim Hinaufsteigen mußte er sich auf Glen stützen, da ihm das Atmen schwerfiel; er ruhte sich eine Weile auf einem Stuhl aus, ging ins Schlafzimmer, kam wieder heraus und aß ein paar Süßigkeiten, die er auch mir anbot und von denen ich nahm. Etwas später lud er mich ein, mit nach unten zu kommen, wo er zum Kartenspiel erwartet wurde. Er stützte sich beim Hinuntergehen auf seinen Adjutanten Iturbide. Er ging an den Tisch, wo ihn Señora Molinares, die Dame des Hauses, erwartete, nahm die Karten, rief Molinares und bat mich, als vierter mitzuspielen. Wir spielten zwei Stunden, und mir fiel auf, daß er mißmutig wurde, wenn er schlechte Karten bekam, und daß er oft ermüdete. Er aß etwas Sago mit Eigelb und Wein, rief Iturbide, damit er ihm hinaufhelfe, und verabschiedete sich von uns.»

Am 24. Oktober teilte Gasterbond, Bolivars Arzt, ihm mit, er könne die Verantwortung für sein Leben nicht übernehmen, wenn er nicht ein anderes Klima aufsuche. Bolivar bat Montilla, er möge ihm ein Schiff schicken. Am Sechsundzwanzigsten bat er Urdaneta brieflich um einen Paß, da er nach Jamaika fahren wollte. Am Mittwoch, den 1. Dezember, traf er um halb acht Uhr abends nach einer Überfahrt, die an sich gut, für ihn aber beschwerlich war, an Bord der Brigg «Manuel» in Santa Marta ein. Er mußte in einer Sänfte getragen werden. Noch am selben Abend brachte Montilla den Franzosen Alexandre Prospère Révérend zu Bolivar, damit er sich um den Patienten kümmere. Einige Historiker haben Révérend den Titel eines Doktors der Medizin verliehen, den er bestimmt nicht besessen hat. Er behandelte Bolivar mit mehr Hingabe als Wissenschaft und stellte sofort die Diagnose, daß «seine Lungen in schlechtem Zustand» seien, was kaum falsch sein konnte. Am nächsten Tag zog Révérend Dr. M. Night zu, den Schiffsarzt der nordamerikanischen Schaluppe «Grampus», der einen chronischen Lungenkatarrh feststellte. Bolivar aß wenig, schlief nur drei Stunden und sprach oft in Fieberphantasien. Night und Révérend behandelten ihn weiter, so gut sie konnten. Révérend hatte es mit offenen Fenstern versucht; Bolivar ließ sie wieder schließen. Am 5. Dezember segelte Night von dannen. Révérend empfahl den Umzug aufs Land. Man beschloß, den Patienten nach San Pedro Alejandrino in Miers Landhaus zu bringen. Montilla trug Vorsorge, daß er in einer Hängematte befördert würde; dann aber begann es zu regnen, so daß Bolivar schließlich einen Wagen benutzte. Am nächsten Tag fühlte er sich viel besser, und am 7. Dezember schrieb er an Justo Briceño, er «hoffe auf rasche Wiederherstellung». Ähnlich schrieb er an Urdaneta in einem sachlichen, geschäftsmäßigen Brief.

In den Briefen aus dieser Zeit versuchte er den Streit zwischen Urdaneta und Justo Briceño beizulegen, der hauptsächlich darauf beruhte, daß Urdaneta keine Neigung verspürte, Briceño zum Divisionsgeneral zu befördern. Am 8. Dezember schrieb Bolivar an Vergara, er werde angesichts der Besserung seines Befindens nicht nach Jamaika fahren; viele aus Venezuela vertriebene Offiziere hätten ihn besucht und berichtet, die öffentliche Meinung dort sei «sehr günstig». Am selben Tag schrieb er auch wieder an Urdaneta, und an ebendiesem Tag verzeichnet Révérend: «Der Patient verbirgt seine Schmerzen, denn wenn er allein ist, stöhnt er..., eine sichtliche Abnahme seiner Verstandeskraft.» Unglücklicherweise begann Révérend Cantharis zu verordnen, weil er glaubte, «der kranke Stoff steige infolge einer metastatischen Bewegung des Brustkorbes in den Kopf hinauf» – was zweifellos irgendeinen Sinn gehabt haben muß. Am nächsten Tag ging es Bolivar schlechter, und er phantasierte wieder. Am Morgen des Zehnten war er so elend, daß Montilla einen Brief mit der seltsamsten Bitte erhielt: «Er möge die Regimentskapelle schicken, damit sie ihn unterhalte.» Wer diesen genialen Einfall hatte, wird leider nicht überliefert. Der engste Kreis um Bolivar bestand damals aus drei jungen Männern: Bedford Wilson, Iturbide und Fernando Bolivar. Die wahrscheinlichste Erklärung für diesen tragikomischen Vorfall ist wohl, daß der Raum neben dem Zimmer, in welchem Bolivar im Sterben lag, voller verbannter Generäle war, die Karten spielten und laute politische Gespräche führten. Einer von diesen, der außerstande war, das Drama zu begreifen, das sich in des Sterbenden Seele abspielte, muß auf den Gedanken gekommen sein, daß es gegen Melancholie kein besseres Heilmittel gebe als Militärmusik. Keine Frau war da, die nein sagen konnte. Am Krankenbett dieses Frauenjägers saß keine Frau, keine Geliebte, Schwester, Nichte oder Freundin; nicht eine einzige Frau schützte gelassen den sterbenden Mann vor dem Kasernenlärm und dem Gestank, die ihn bis zu seinem letzten Tage quälten. Vielleicht war das die Rache für ein Leben, das in Frauen niemals etwas anderes gesucht hatte als das Vergnügen, das ihre Hingabe bereitete.

Ein zweiter Brief an Montilla brachte den Bischof herbei, mit dem Bolivar «plauderte, während ein paar Querpfeifen bliesen, die man endlich zu seiner Erheiterung besorgt hatte». Der Bischof entfernte sich, um nachzudenken, und kehrte zurück, um Bolivar zu empfehlen, er möge sein Haus bestellen, weil er sterblich sei. Bolivar machte eine Willensanstrengung. Er rief seine Angehörigen herbei (Fernando Bolivar und sein Schwager Silva waren zugegen) und fragte sie, ob der Doktor die Ansicht des Bischofs teile; man sagte ihm, das tue er. Bolivar aber gab beiden nicht recht. So schlecht fühlte er sich nicht. Er stieg aus der Hängematte und begann auf und ab zu gehen. «Lange versuchte er mit der Natur zu ringen und sagte, er werde nicht zugeben, daß er aus Schwäche sterbe. Sein Körper war aber außerstande, eine so heftige Anstrengung lange zu ertragen. Montilla machte ihm einen Besuch, und sie plauderten. Dann fühlte Bolivar sich schwach und legte sich wieder in die Hängematte. Der General und der Bischof bedrängten ihn, er möge in der kurzen Spanne, die ihm bliebe, sein Seelenheil bedenken. Er bat um Bedenkzeit. Offensichtlich empfand er keine persönliche, innere Neigung, im Schoß der Kirche zu sterben; aber seine beiden Ratgeber, der General und der Bischof, wiesen ihn auf seine ungewöhnliche Lage hin, auf die moralische Wirkung, die es hätte, wenn der Libertador ohne die Sakramente der Kirche stürbe. Er bat abermals um Bedenkzeit, erhob sich und ging im Zimmer hin und her. Zunächst gab er Montilla Weisungen wegen seiner Besitztümer, dann «blieb er einige Zeit in Gedanken versunken. Bis zum Mittagessen war er unruhig, sprach manchmal und rang sichtbarlich in seinem Innern mit seinen Gedanken». Montilla drängte ihn abermals, er möge sich vorbereiten und mit der Kirche ins reine kommen. Er wendete ein, das «wäre zu feierlich, solange er auf dem Lande lebte». Offensichtlich verspürte er Abneigung dagegen, sich allein aus politischen Gründen zu bekehren. «Man versicherte ihm, davon könne keine Rede sein, sondern daß er dem sittlichen Einfluß schuldig sei, den der Akt haben würde.» Dann, so schreibt sein Neffe Fernando, der zugegen war, gab er «mit einer Seelengröße, der nichts gleichkommen kann, seine Einwilligung, es sofort zu tun, und bewies damit sein großes Interesse für die lobenswerten Ziele, um die es ging, ohne sich um kleinliche Hindernisse zu kümmern.» Noch am selben Abend wurde ihm von dem Dorfpfarrer des nahegelegenen Mamatoco (einem Indianer) die letzte Ölung gegeben – eine schlichte, fast dürftige Zeremonie im Beisein einiger Indianer.

Kaum war der Priester gegangen, als der Notar Catalino Noguera im Kreise von Generälen und andern Freunden

Bolivars letzte Adresse an die Kolumbianer zu verlesen begann. «Ihr habt erlebt, wie ich mich bemüht habe, dort Freiheit zu säen, wo einstmals Tyrannei herrschte. Ich habe selbstlos darum gerungen und mein Vermögen, ja meinen Frieden preisgegeben. Ich trennte mich von der Macht, als ich zu der Überzeugung kam, daß ihr meiner Selbstlosigkeit mißtrautet. Meine Feinde haben Eure Gutgläubigkeit mißbraucht und das mit Füßen getreten, was mir am heiligsten ist: meinen Ruf und meine Freiheitsliebe. Ich bin das Opfer von Peinigern geworden, die Euch an den Rand des Grabes geführt haben. Ich vergebe ihnen.» Der Vorleser war so bewegt, daß er nicht fortfahren konnte, und reichte die Bogen dem Armeeanwalt Dr. Manuel Recuero, der fortfuhr: «Da ich nun aus Eurer Mitte verschwinde, sagt mir meine Liebe, daß ich Euch meine letzten Wünsche mitteilen muß: Ich suche keinen andern Ruhm als den, Kolumbien zu festigen. Ihr alle müßt für das unschätzbare Ziel der Union arbeiten – das Volk, indem es der jetzigen Regierung gehorcht, um sich von Tyrannei zu befreien; die Diener der Kirche, indem sie ihre Gebete gen Himmel schicken; das Militär, indem es seinen Degen in den Dienst sozialer Garantien stellt. Kolumbianer, meine letzten Wünsche gelten dem Glück des Vaterlandes. Wenn mein Tod dazu beitrüge, allen Parteiungen ein Ende zu bereiten und die Union zu festigen, würde ich in Frieden ins Grab sinken.» – «Ja, ins Grab», bestätigte der Sterbende. «Dorthin schicken mich meine Landsleute, aber ich vergebe ihnen.» Die Stimme, die von «den Pforten des Grabes» zu ihnen drang, rührte die Männer, die ihn umstanden und größtenteils im Kriege hart geworden waren, zu Tränen. Schweigend gingen sie von hinnen.

Am nächsten Tag schrieb der Mann, dem der Tod bestimmt war, seinen letzten Brief. «Ich schreibe Ihnen diesen Brief in den letzten Augenblicken meines Lebens, um Sie zu bitten, daß Sie sich als letzten Beweis Ihrer Zuneigung und Achtung guten Glaubens mit General Urdaneta versöhnen und sich hinter die Regierung stellen. Mein Herz sagt mir, lieber General, daß Sie mir diese letzte Pflicht und diesen Freundesdienst nicht verweigern werden. Nur wenn Sie Ihre persönlichen Gefühle unterdrücken, können unsere Freunde Kolumbien vor der Anarchie bewahren.» Die Einheit Kolumbiens war sein letzter Gedanke. Er sprach häufig im Schlaf oder auch in dem halbwachen Zustand, in dem er seine letzten Tage verbrachte. Wir können ahnen, was in seinem fiebernden Kopf vorging. Er hatte es schon wenige Wochen vorher in einem Brief an Flores, den er am 9. November aus Barranquilla geschrieben hatte, zum Ausdruck gebracht: «Ich habe, wie Sie wissen, zwanzig Jahre lang die Macht in Händen gehabt und bin dabei nur zu wenigen sicheren Erkenntnissen gelangt. 1. Amerika läßt sich von uns nicht regieren. – 2. Wer einer Revolution dient, pflügt im Meer. – 3. Das einzige, was man in Amerika tun kann, ist auszuwandern. – 4. Dies Land wird unweigerlich einer unzähmbaren Schar kleinlicher Tyrannen in die Hände fallen, die allen Farben und Rassen angehören und fast zu winzig sind, um beachtet zu werden. – 5. Verzehrt von allerlei Verbrechen und ausgelöscht durch Ungestüm, werden wir von den Europäern verachtet werden, die sich nicht dazu herablassen werden, uns zu erobern. – 6. Wäre es einem Teil der Welt möglich, in ein primitives Chaos zurückzusinken, dann würde Amerika das tun.»

Die Wurzel dieses Pessimismus war Páez, der kleinliche Tyrann aller Farben und Rassen. Páez war der wichtigste Faktor in Bolivars Leben gewesen, und nun, da sein Haupt auf dem Kissen im Hause eines der wenigen Spanier ruhte, die er in Kolumbien am Leben gelassen hatte, konnte Bolivar gar nicht anders empfinden. Denn nach Bogotá und von dort nach Peru war er nur gegangen, um sich schließlich wieder gegen Páez wenden zu können. Der Zusammenschluß Kolumbiens und das Andenreich waren die beiden großartigen Stufen, die er sich gebaut hatte, damit Páez die Herrschaft über Venezuela behielte – und doch keine bliebe. Das Imperium hatte sich als Chimäre erwiesen. Nachdem Bolivar es in

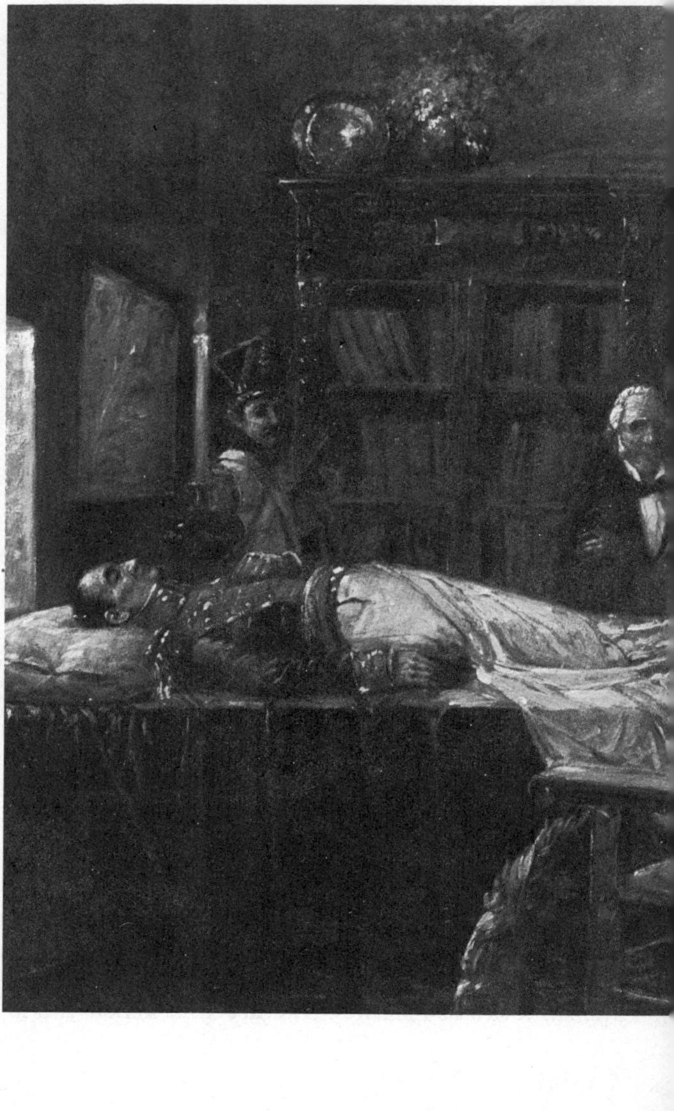

SEITE 870/871:

DER TOD DES BEFREIERS SIMON BOLIVAR

dem herrlichen Lima fast schon erreicht hatte, mußte er es fahren lassen und nach Norden zurückkehren. Jede Tagereise gen Norden brachte ihn einen Tag näher zu Páez, einen Tag näher an die Niederlage heran. Aber es gab immer noch Bogotá. Die Union Kolumbiens wurde ihm heilig, weil sie das einzige Mittel war, durch das er als Venezolaner über Nueva Granada und Quito herrschen konnte, und dazu auch über Venezuela – das einzige Mittel, um auch über Páez zu herrschen. Die Monokratie war nur die eine Seite dieses Mittels und sollte dazu dienen, es zu festigen. Seine wichtigsten Mitarbeiter waren venezolanische Generäle, die Páez nach Westen vertrieben hatte. Alle venezolanischen Generäle, die im Osten geblieben waren, hatte der gefürchtete Cowboy neutralisiert, zur Ohnmacht verdammt, zum Gehorsam oder zu eitlen Aufständen gezwungen: Soublette, Bermúdez, Mariño, Monagas und alle die andern. Die nach Westen oder Süden gegangen waren, hatten keine andere Hoffnung als Kolumbien. Urdaneta, Montilla und Flores waren als Venezolaner verloren; nur als Kolumbianer konnten sie gedeihen und kommandieren. Gewiß hatte Flores sich in Quito ein Königreich geschaffen – aber für wie lange? Union und abermals Union, sagte Bolivar. Union und abermals Union, dröhnten die Generäle, wenn sie ihre Karten nebenan in dem von Pfeifenrauch durchwölkten Zimmer auf den Tisch knallten. Die Union war der einzige Weg für alle, die zu Macht und Ruhm gelangten. Und dazu eine Monokratie; denn Bolivars Erfahrung hatte ihn gelehrt, daß die Union eine starke Regierung brauchte und daß Spanisch-Amerika allzu sehr an das spanische System gewöhnt war, um andere als monokratische Institutionen zu ertragen. Schließlich hatte nicht Spanien unrecht. Er, Bolivar, war im Unrecht gewesen. Jetzt erkannte er es – zu spät. Der Sterbende verfiel in unzusammenhängendes Reden. «Laßt uns gehen . . ., laßt uns gehen . . ., dies Volk will uns hierzulande nicht haben! . . . Laßt uns gehen, Jungen . . ., mein Gepäck . . ., bringt mein Gepäck an Bord der Fregatte . . .» Um ein Uhr in der Frühe des

17. Dezember 1830, genau an dem Tag und zu der Stunde, da er 1819 die Union Kolumbiens in Angostura unterzeichnet hatte, lichtete die Fregatte die Anker und segelte in die Ewigkeit.

EPILOG

Verzicht im Jenseits

Bolivar stellte sich vor die Schranke der Geschichte und sprach: Ich trete vor euch und unterbreite zum erstenmal aus ganzem Herzen meinen Rücktritt. Ich komme, um auf meinen Titel als Befreier zu verzichten.

Ihr wundert euch nicht. Das habe ich erwartet. In der Entfernung, aus der ihr mich betrachtet, hört alles Wundern auf. Diejenigen aber, die auf Erden meine Gefährten waren und deren leibliches Leben mit dem meinigen verknüpft war, hätten die Augen weit aufgerissen, wenn sie hören würden, was ihnen als eine Blasphemie meiner selbst erschienen wäre. «Befreier» war von jeher mein kostbarster Ruhmestitel. «Entweder Befreier oder tot», hat meine Schwester einmal gesagt. Heute verzichte ich auf meinen Titel als Befreier, weil ich leben möchte.

Ich möchte leben als einer, der in der Geschichte lebt – im Lichte der Wahrheit. Von diesen Höhen, endlich befreit vom Lehm, der die Seele auf Erden gebunden hält, erkenne ich, daß der Titel Befreier, den ich mir selber mit dem Schwert aus dem Leib von fünf Nationen geschnitzt habe, mein ewiges Ich zu Boden zieht und es daran hindert, sich vor dem Hintergrund der Dinge, wie sie wirklich sind, zu seiner wahren Größe zu erheben.

Wer könnte geben, was er nicht besitzt? Wie konnte ich euch eine Freiheit geben, die ich nicht besaß? Nun werdet ihr fragen: Aber warest du nicht reich und vornehm? Vornehm und reich, gewiß; aber nicht frei. Denn Freiheit ist eine Himmelsgabe, die nur wenigen verliehen wird, und ich gehörte nicht zu den also Erwählten. Meine Wiege hing an den goldenen Ketten der Privilegien, und ich wurde geboren als ein Sklave der Machtgier, weniger frei als meine Negersklaven, mehr ihr Sklave, als sie die meinen waren.

Mein ganzes Leben lang war ich ein Sklave meiner Leidenschaften. Ich will nicht bei dem größten Ärgernis verweilen – und doch war es vielleicht unter allen Leidenschaften die verzeihlichste. Ich will euch nur daran erinnern, daß ich von dem Tage an, als ich in Quito einzog, an eine Frau gefesselt blieb mit einer Rosenkette, deren verborgene Dornen sie nicht weniger willkommen machten. Ich war grausam. Bestreitet es nicht. Was nützt euch aus dieser Ferne euer freundliches Verschweigen? Ich war grausam zu den Spaniern, so grausam, daß ich einmal aufschrie: «Nachdem ich für die Spanier ein Nero war, habe ich genug des Bluts!» Grausam war ich auch zu den Indianern, und die Männer von Pasto ließ ich auslöschen, weil sie sich mir in den Weg stellten.

Ich war ehrgeizig, und um meinem Ehrgeiz zu frönen, zögerte ich nicht, die Verfassungen, die zu achten ich geschworen hatte, zu zerreißen, kaum daß die Tinte auf dem Papier getrocknet war. Auch bebten meine Hände nicht, wenn ich die Häuser durch erzwungene Aufgebote ihrer Jugend beraubte, noch wenn ich Stadt und Land durch meine Kriege verwüstete. Ich überquerte die Anden um den Preis einer Hekatombe und nahm Guayaquil um den Preis einer zweiten.

Wie hätte ich euch befreien können? Nichts habe ich getan, als mit meinem Schwert eine dreihundertjährige Überlieferung zerfetzt. Sie war mit euern eigenwilligen Freiheiten zu einer Gesellschaftsordnung verwoben, in welche die Geschichte ein indianisch-spanisches Muster gestickt hatte. Das Schwert aber webt nicht, noch stickt es. Als ich dann versuchte, in drei Jahren neu zu schaffen, was Spanien in drei Jahrhunderten geschaffen hatte, verwandelte sich das vielfarbige Gewirr menschlicher Fetzen, die halb aus jenem Gewebe herausgerissen worden waren, plötzlich in eine demagogische Hydra, die mein Herz verschlang und mich in ein einsames Grab stieß.

Hundertzwanzig Jahre sind seither vergangen, und was für Jahre! Hätte ein böser Geist sie mir enthüllt, als ich auf dem Monte Sacro schwor, euch zu befreien, als ich Spanien den

Krieg erklärte, als ich mein Antlitz in Puerto Cabello in meinen Händen verbarg, als ich bei Boyacá und Carabobo siegte, als ich endlich Kolumbien auf die Beine gestellt hatte und Peru mir zu Füßen lag – glaubt mir: Hätte ich damals diese hundert Jahre voller Obandos, Gamarras und Páez' gesehen, angefüllt mit papierenen Verfassungen und windigen Parlamenten, mit Gefängnissen, Verbannten und Diktatoren – vielleicht...

Aber nein! Ich hätte nicht geschwankt. Gewiß, es ist tausendmal richtig, daß ich euch nicht befreit habe. Darin liegt ja gerade das Wesen der Freiheit, daß man nur sich selber befreien kann. Aber gewiß ist auch, daß ich, als ich euch sagte, ich sei euer Befreier, aufrichtig daran glaubte. Die geschichtliche Stunde hatte geschlagen, als Erde, Blut und Geist, als alles danach schrie, euch von Spanien zu trennen. Die Stunde erforderte ihren Mann. Dieser Mann war ich. Wer erwählte mich zu dieser geschichtlichen Bestimmung? Mein Ehrgeiz. So wurde zwischen euch und mir ein starkes Band gegenseitigen Dienens geschmiedet: Ich sollte euch von Spanien befreien – ihr solltet mich von meinem Ehrgeiz befreien und von jener Leidenschaft zu kommandieren, die mich kommandierte. Wie die Natur sich der menschlichen Lust bedient, um die Art zu erhalten, so nutzte die Geschichte meinen Ehrgeiz, um den Knoten des spanischen Weltreiches in Amerika aufzulösen.

Schaut mich nun in meiner wahren Größe, von meiner eigenen Hand des Titels Befreier entkleidet, den ihr mir verliehen hattet. Ich bin so wenig Befreier wie Cortés Eroberer oder Kolumbus Entdecker; keiner der drei Helden dieser Trilogie ist das, als was er erscheint. Wir drei sind über die Bühne der Geschichte mit dem festen Tritt derer geschritten, die ihren Stammbaum selber pflanzen, auf Ruhm und Anerkennung bedacht. Wir drei sind nur Werkzeuge eines Etwas gewesen, das wir selbst jetzt noch nicht ergründen können. Kolumbus wußte nicht, daß er Amerika entdeckte. Cortés sah nicht, daß er die Republik Mexiko schuf. Ich ließ mir nicht träumen, daß die Seele des Tyrannen Aguirre, die wie ein Irrlicht über den Ebenen Venezuelas brannte, euch abermals tyrannisieren und sich als ein Meer unfruchtbaren Öls über eure einstmals blühenden Täler ergießen würde. Der Mensch denkt und Gott lenkt, sagt ein Sprichwort, das spanisch und damit unser ist. Kolumbus hat sich nicht selber entdeckt, Cortés sich nicht selber besiegt und ich mich nicht selber befreit. Auch könnte, wer es unternähme, uns drei zu erklären, sich selber nicht erklären noch ahnen, was das tragische Triptychon, das er aus unsern Lebensläufen geschaffen hat, in der Geschichte einstmals wirken wird.

Anhang

EDITORISCHE NOTIZ

Die vorliegende Ausgabe beruht auf der von Helmut Lindemann besorgten deutschen Übersetzung des Werkes *Bolivar* (London 1947), die zuerst unter dem Titel *Bolivar* (Stuttgart 1961) erschien. Für die Neuausgabe des Werkes wurde zur besseren Verdeutlichung seines Charakters der Titel in *Simon Bolivar. Der Befreier Spanisch-Amerikas* geändert.

Mit diesem Werk beschloß Salvador de Madariaga eine «Trilogie der Neuen Welt», die er 1940 mit einer Columbus-Biographie (deutsch: *Christoph Columbus. Das Leben des sehr hochmögenden Señor Don Christobal Colon.* Stuttgart 1951) begonnen und ein Jahr später mit einer Lebensbeschreibung von Cortes (deutsch: *Cortes – Eroberer Mexikos.* Stuttgart 1956) fortgesetzt hatte (siehe dazu auch das Vorwort des Verfassers Seite 27).

Das einleitende Essay von Golo Mann ist die erweiterte Fassung eines Porträts, das am 20. Oktober 1984 in der Frankfurter Allgemeinen Zeitung unter dem Titel *Ich werde triumphieren. Simon Bolivar – der Befreier Spanisch-Amerikas als Opfer und Prophet zugleich* erschien und das wir mit freundlicher Genehmigung des Verfassers hier wiedergeben. Zu danken ist an dieser Stelle auch den Mitarbeitern des Ibero-Amerikanischen Instituts Preußischer Kulturbesitz in Berlin sowie der Botschaft der Republik Venezuela, die bei der Beschaffung des Bildmaterials wertvolle Hilfe geleistet haben.

BILDNACHWEIS

Die beiden Kartenwerke auf dem vorderen und hinteren Vorsatz sind dem *Atlas of the World, illustrating physical and political geography*. By George W. Colton. Vol.I. North and South America, etc., New York and London 1855, entnommen. Sie stehen dort unter der Nummer 59 und 60.

Seite 15:
Simon Bolivar in Carabobo (Venezuela). Druck nach einem Gemälde von Arturo Michelena. Bildquelle: Bildarchiv Preußischer Kulturbesitz, Berlin.

Seite 32:
Napoleon Bonaparte als erster Konsul. Gemälde von Dominique Ingres. Bildquelle: Bildarchiv Deutsche Verlags-Anstalt, Stuttgart.

Seite 33:
Simon Bolivar. Lithographie nach einem Gemälde von Carmelo Fernández. Bildquelle: Bolivar y Colombia, Bicentenario natalicio del Libertador, Bogotá 1983, Seite 13.

Seite 63:
Francisco Miranda. Aquarell aus der Sammlung Alfredo Boulton. Bildquelle: Simon Bolivar. Bicentenario de su nacimiento 1783–1983. Galeria de Arte Nacional y Museo de Bellas Artes, Caracas 1983.

Seite 113:
Alexander von Humboldt und Aimé Bonpland in ihrem Dschungel-Laboratorium am Orinoco. Gemälde von Eduard Ender. Bildquelle: Deutsche Akademie der Wissenschaften, Berlin-Ost.

Seite 121:
General Daniel Florencio O'Leary, después de la batalla de Carabobo. Gemälde von Martin Tovar y Tovar. Bildquelle: Diego Carbonell, General O'Leary, intimo. Caracas 1937.

Seite 131:
Simon Bolivar. Lithographie nach einem Gemälde von J. M. Espinosa. Bildquelle: Bolivar y Colombia etc., Seite 16.

Seite 185:
Arthur Wellesly, Herzog von Wellington. Gemälde von Thomas Lawrence. Bildquelle: Bourgoing, Der Wiener Kongress, Brünn 1943.

Seite 227:
Ferdinand VII. Gemälde von Francisco Goya. Bildquelle: Colección Museo del Prado, Madrid.

Seite 247:
Miguel Peña. Lithographie von Thierry. Bildquelle: Raphael M. Baralt y Ramon Díaz, Resumen de la historia de Venezuela desde el año de 1797 hasta el de 1830. T.2, Paris 1841, Seite 151.

Seite 257:
Santiago Mariño. Anonymes Gemälde. Bildquelle: Guillermo Moron, Historia de Venezuela, 5. La nacionalidad. Caracas 1971, Seite 189.

Seite 343:
Die Schlacht von Carabobo. Gemälde von Martin Tovar y Tovar (Fragment). Colección Eliptico del Palacio Federal. Bildquelle: Simon Bolivar, Bicentenario etc., Seite 107.

Seite 349:
José Felix Ribas. Lithographie von Thierry. Bildquelle: Baralt/Díaz, a.a.O., Curazao 1887, Seite 258.

Seite 350:
Manuel Piar. Lithographie von Thierry. Bildquelle: Baralt/Díaz, a.a.O., Curazao 1887, Seite 513.

Seite 390:
Almirante Louis Brion. Gemälde aus der Galería de Commandantes Generales de la Marina, Commandancia General de la Marina, Caracas. Bildquelle: Francisco Alejandro Vargas, Nuestros proceres navales. Caracas 1964.

Seite 400:
Juan Bautista Arizmendi. Lithographie von Thierry. Bildquelle: Baralt/Díaz, a.a.O., Curazao 1887, Seite 259.

Seite 416:
Francisco J. Yanez. Lithographie von Thierry. Bildquelle: Baral/Díaz, a.a.O., Curazao 1887. Seite 54.

Seite 423:
José Francisco Bermúdez. Bildquelle: General en Jefe José Francisco Bermúdez, Bicentenario de su nacimiento – homenaje, Caracas 1982.

Seite 433:
José Antonio Páez. Anonymes Gemälde. Bildquelle: Moron, a.a.O., Seite 276.

Seite 454:
Don José de San Martin. Anonymes Gemälde. Bildquelle: Rubén Vargas Ugarte S.J., Historia general del Perú. T.6: Emancipación 1816–1825. Lima 1966, Seite 243.

Seite 479:
Francisco de Paula Santander. Gemälde aus der Colección hermanas Cantillo O'Leary. Bildquelle: Carbonell, a.a.O., Seite 149.

Seite 488/489:
Teilansicht der Schlacht von Boyaca. Anonymer Kupferstich. Bildquelle: Bolivar y Colombia etc., Seite 21.

Seite 494:
Francisco Antonio Zea. Lithographie von Thierry. Bildquelle: Baralt/Díaz, a.a.O., Curazao 1887, Seite 283.

Seite 535:
Rafael Urdaneta. Gemälde von Martin Tovar y Tovar. Bildquelle: Archivo del general Rafael Urdaneta. Documentos para la historia del maximo héroe del Tulia. T.1: 1788–1820. Caracas 1970.

Seite 549:
General Carlos Soublette, cuñado del General O'Leary. Gemälde aus der Colección hermanas Cantillo O'Leary. Bildquelle: Carbonell, a.a.O., Seite 333.

Seite 563:
Agustin Iturbide. Postkarte aus der Serie «Patria», Mexiko o.J. Bildquelle: Ibero-Amerikanisches Institut Preußischer Kulturbesitz, Berlin.

Seite 577:
Antonio José Sucre. Anonymes Gemälde aus der Colección Ministerio de Relaciones Exteriores, Caracas. Bildquelle: Simon Bolivar, Bicentenario etc., Seite 110.

Seite 628:
Lord George Canning. Zeichnung von S. Bendigsen. Bildquelle: Pflugk-Harttung, Neuzeit seit 1815, Berlin 1910, Seite 140.

Seite 648/649:
Die Schlacht von Junin. Gemälde von Martin Tovar y Tovar. Bildquelle: Simon Bolivar, Bicentenario etc., Seite 103.

Seite 660/661:
Die Schlacht von Ayacucho. Gemälde von Martin Tovar y Tovar. Bildquelle: Simon Bolivar, Bicentenario etc., Seite 101.

Seite 734:
General Andrés de Santa Cruz. Anonymes Gemälde. Bildquelle: Vargas Ugarte, a.a.O., T.8: La república 1833–1843, Lima 1971, Seite 120.

Seite 746:
Mariano Montilla. Lithographie von Thierry. Bildquelle: Baralt/Díaz, a.a.O., Paris 1841, Seite 58.

Seite 753:
Pedro Briceño Méndez. Lithographie von Thierry. Bildquelle: Baralt/Díaz, a.a.O., Curazao 1887, Seite 566.

Seite 779:
Agustin Gamarra. Anonymes Gemälde. Bildquelle: Museo Nacional de Historia, Lima.

Seite 789:
Juan José Flores. Lithographie von Thierry. Bildquelle: Baralt/Díaz, a.a.O., Paris 1841, Seite 197.

Seite 870/871:
Der Tod des Befreiers Simon Bolivar. Gemälde von Pedro Quijano. Bildquelle: Bolivar y Colombia etc., Seite 24.

INHALTSVERZEICHNIS

GOLO MANN
Simon Bolivar. Der Befreier als Opfer und Prophet.... 5

VORWORT ... 27

ERSTES BUCH
Scheitern und Hoffnung

ERSTER TEIL
Der Mann und seine Scholle

ERSTES KAPITEL Die Scholle ... 41
ZWEITES KAPITEL Die Wurzeln ... 50
DRITTES KAPITEL Das Elternhaus ... 61
VIERTES KAPITEL Der geistige Horizont ... 73
FÜNFTES KAPITEL Das Zeitalter ... 83
SECHSTES KAPITEL Durch Neuspanien ins alte Spanien 94
SIEBTES KAPITEL Die spanische Heirat ... 101
ACHTES KAPITEL Wanderjahre ... 109
NEUNTES KAPITEL Der Mann ... 128

ZWEITER TEIL
Bolivar erklärt Spanien den Krieg

ERSTES KAPITEL Miranda scheitert ... 155
ZWEITES KAPITEL Jahre des Wartens ... 168

DRITTES KAPITEL Freiheit wovon? 179
VIERTES KAPITEL Bolivars Kriegserklärung 194
FÜNFTES KAPITEL Der 19. April 205
SECHSTES KAPITEL Stillschweigende Unabhängigkeit 220
SIEBTES KAPITEL Erklärte Unabhängigkeit. 232

DRITTER TEIL

Krieg bis zum Tod

ERSTES KAPITEL Das Erdbeben 251
ZWEITES KAPITEL Der Hammer des Mißgeschicks . . . 269
DRITTES KAPITEL Bolivars erstes Exil 282
VIERTES KAPITEL Krieg bis zum Tod. 298
FÜNFTES KAPITEL Bolivars erster Triumph 312
SECHSTES KAPITEL Die erste Diktatur 324
SIEBTES KAPITEL Flucht gen Osten. 340
ACHTES KAPITEL Bolivar nimmt Santa Fé und verliert Neugranada 353

VIERTER TEIL

Vom Exil zur Diktatur

ERSTES KAPITEL Morillo. 373
ZWEITES KAPITEL Exil auf Jamaika und Haiti 385
DRITTES KAPITEL Bolivar scheitert in Venezuela und Morillo erobert Neugranada 399
VIERTES KAPITEL Morillo verliert Margarita und Guayana. Bolivar wird bei El Semen geschlagen 414
FÜNFTES KAPITEL Die britischen Hilfstruppen 439
SECHSTES KAPITEL Von Angostura aus sieht Bolivar San Martins Stern über den Anden aufgehen. 451

ZWEITES BUCH

Sieg und Enttäuschung

ERSTER TEIL

Vom Chaos zum Sieg

ERSTES KAPITEL	Die Ansprache von Angostura	467
ZWEITES KAPITEL	Von Angostura nach Boyacá	476
DRITTES KAPITEL	Neue Hilfe aus England	491
VIERTES KAPITEL	Von Boyacá nach Angostura	500
FÜNFTES KAPITEL	Die Sorgen des Mächtigen	511
SECHSTES KAPITEL	Das spanische Volk rettet Bolivar	520
SIEBTES KAPITEL	Waffenstillstand	530
ACHTES KAPITEL	Sieg	540

ZWEITER TEIL

Sonnenuntergang eines Weltreiches

ERSTES KAPITEL	San Martins Einzug in Lima	555
ZWEITES KAPITEL	Südwärts	567
DRITTES KAPITEL	Die Kämpfe um Quito	580
VIERTES KAPITEL	Die Begegnung in Guayaquil	592
FÜNFTES KAPITEL	Die Versuchung von Peru	606
SECHSTES KAPITEL	Bolivars Einzug in Lima	619
SIEBTES KAPITEL	Die Schlacht bei Junin	635
ACHTES KAPITEL	Die Schlacht bei Ayacucho	652

DRITTER TEIL

Das Andenreich

ERSTES KAPITEL	Die Versuchung der Krone	669
ZWEITES KAPITEL	Die Geburt Boliviens	686
DRITTES KAPITEL	Die «Bolivianische» Verfassung	701
VIERTES KAPITEL	Die heimliche Idee	714
FÜNFTES KAPITEL	Ein Jahr der Ungewißheit	729
SECHSTES KAPITEL	Der Konvent von Ocaña	743
SIEBTES KAPITEL	Das Attentat auf Bolivar	758

VIERTER TEIL
Der Abstieg

ERSTES KAPITEL Der Krieg gegen Peru 777
ZWEITES KAPITEL König ohne Krone 799
DRITTES KAPITEL Krone ohne König 810
VIERTES KAPITEL Der letzte Verzicht. 819
FÜNFTES KAPITEL Die letzte Revolution. 843
SECHSTES KAPITEL Das letzte Exil 856

EPILOG Verzicht im Jenseits 875

Anhang

EDITORISCHE NOTIZ 881

BILDNACHWEIS 883

CIP-Titelaufnahme der Deutschen Bibliothek

Madariaga, Salvador de:
Simon Bolivar: d. Befreier Span.-Amerikas /
Salvador de Madariaga.
Mit e. einl. Essay von Golo Mann.
[Ins Dt. übertr. von Helmut Lindemann]. –
2. Aufl. – Zürich: Manesse Verlag, 1989.
(Manesse Bibliothek der Weltgeschichte)
Einheitssacht.: Bolivar ⟨dt.⟩
ISBN 3-7175-8066-3 Gewebe
ISBN 3-7175-8067-1 Ldr.

Umschlag und typographisches Konzept:
Hans Peter Willberg, Eppstein

Titel der englischen Originalausgabe:
«Bolivar», erschien bei Hollis & Carter, London
Ins Deutsche übertragen von Helmut Lindemann

LONGITUDE WEST
82
80
78
76
74
72
E C U A D O R
A M A Z O N A S
J U N I N
P E R U
P A C I F I C O C E A N
R. Amazona
Maranon
Pebas
Loreto
Tabating
Iquitos
Oran
Cochiquinas
Peruate
Camucheros
S. Barbara
S. Regis
Juaquin de Omaguas
R. Yavari or Jabary
Lepishka Nueva
Sacarata I.
Bento
Mission de Cuntamana
R. Ucayali
Vuelta del Diablo. The Ucayali is navigable for large vessels to this place.
San Matias
Tumbes
Pt. de los Picos
C. Blanco
Pt. Parinas
Payta
Colan
PIURA
Sechura
Bay of Sechura
Pt. Aguja
Lobos de Tierra I.
Lobos de Afuera
Chiclayo
Loja
Malacatos
Valladolid
Chunchi
Santiago
S. Borja
Jaen
Huancabamba
Xeberos
Tarapoto
CHACHAPOYAS
Lamas
Sarayacu
Saposoa
Pachiza
Balsayaquilla
Pacasmayo
Pajjan
R. Chicama
TRUXILLO
Viru
Santa
Nepeña
Samanco B.
Casma
Huarmey
Cajatambo
Huacho
Supe
Huaca
Chancay
Huaura
Callao
LIMA
S. Rosa de Quivi
Matucana
Lurin
Chilca
Yauyos
Asia
Mala
Canete
Chincha
Pisco
S. Juan
Ica
Palpa
Nasca
Independence B.
Monte Quemado
Huanuco
Huariaca
Pasco
Acobamba
Tarma
Jauja
Andamarca
Huamanga
AYACUCHO
HUANCAVELICA
Huanta
S. Ramon
Jesus Maria
El Encuentro
Antes
Cocahuasbilla
Inchacate
Mayapo
Chancamay
Buenos Ayres
Colca
Paucartambo
Abancay
CUZCO
Tambobamba
Condoroma
Chivai
Cabana
Caylloma
Chuquibamba
Ocoña
Atico
Chala
Camana
AREQUIPA
Yslay
Moquegua
Ylo
TACNA
Iquique
River Loa
Arenas Pond
Cobija Bay or El Puerto de Lamar
Mexillones B.
Herradura B.
Constitucion Cove
Moreno B.
Pt. Chancaral
Pt. dos Reyes
R. & Pt. Camarones
4
6
8
10
12
14
16
18
20
22
CITY OF LIMA
7
WEST
5
3
LONGITUDE FROM 1 WASHINGTON
1
3
EAST